Beck'sches Examinatorium
Zivilrecht

Herausgegeben von
Prof. Dr. Jörg Neuner und
Prof. Dr. Hans Christoph Grigoleit

Schuldrecht IV
Deliktsrecht und Schadensrecht

von

Professor Dr. Hans Christoph Grigoleit

und

Dr. Thomas Riehm

Verlag C.H. Beck München 2011

Verlag C. H. Beck im Internet:
beck.de

ISBN 978 3 406 59519 6

© 2011 Verlag C. H. Beck oHG
Wilhelmstraße 9, 80801 München
Druck und Bindung: Nomos Verlagsgesellschaft
In den Lissen 12, 76547 Sinzheim

Satz: Uhl + Massopust GmbH, Aalen

Gedruckt auf säurefreiem, alterungsbeständigem Papier
(hergestellt aus chlorfrei gebleichtem Zellstoff)

Vorwort

Der vorliegende Band zum Deliktsrecht und Schadensrecht (Schuldrecht IV) setzt die Publikation der Materialien fort, die aus dem *Examinatorium Zivilrecht* an der Ludwig-Maximilians-Universität München hervorgegangen sind und im Wesentlichen von den Schülern von Prof. Dr. Dr. h.c.mult. *Claus-Wilhelm Canaris* konzipiert und weiterentwickelt werden. Das Buch ergänzt die Bände zum Sachenrecht (*Neuner*, 3. Aufl. 2008), BGB Allgemeiner Teil (*Grigoleit/Herresthal*, 2. Aufl. 2010) und zum Bereicherungsrecht (*Grigoleit/Auer*, Schuldrecht III, 2009). Der Band zum Allgemeinen Schuldrecht (*Grigoleit/Herresthal*, Schuldrecht I) wird im Verlaufe des Jahres 2011 fertiggestellt. Die Publikation des Bandes zu den besonderen Vertragstypen (*Neuner/Grigoleit*, Schuldrecht II) ist für das Jahr 2012 vorgesehen. Wir planen ferner, in nächster Zeit auch mit der Publikation der Bände zu den „Nebengebieten" (Familien- und Erbrecht; Handels- und Gesellschaftsrecht; Arbeitsrecht; Zivilprozessrecht) zu beginnen.

Im Grundsatz verfolgen wir weiter die bewährte Konzeption des *Examinatoriums Zivilrecht*, indem wir die Lerninhalte in einer Kombination aus anspruchsvollen Fällen mit Lösungen und Systematischen Darstellungen präsentieren. Die vier für diesen Band verfassten Systematischen Darstellungen („Allgemeines Deliktsrecht"; „Schadensrecht"; „Haftung im Straßenverkehr"; „Produkthaftungsrecht") decken den Lernstoff auf etwa 130 Seiten umfassend ab. Der Band enthält daher (auch) ein kompaktes systematisches Lehrbuch zum Delikts- und Schadensrecht. Die Fälle dienen zur Einübung der im Staatsexamen unverzichtbaren Falltechnik, zur Vertiefung wichtiger Problemkreise und zur exemplarischen Demonstration zivilrechtlicher Argumentation. Die verschiedenen Themenbereiche werden durch Rechtsprechungsübersichten abgerundet, die aktuelle Tendenzen widerspiegeln.

Die Auswahl der Inhalte orientiert sich an den Anforderungen juristischer Prüfungen. Daher werden Bereiche vernachlässigt, die in der Prüfungspraxis keine wesentliche Rolle spielen oder keine wesentlichen Probleme bereiten. Andererseits enthalten aber die Fälle – wiederum der Examenspraxis entsprechend – nicht allein Probleme des Delikts- und Schadensrechts, so dass in den Falllösungen auch zahlreiche Fragen aus anderen Rechtsgebieten angesprochen und vertieft werden.

Dem Schwierigkeitsgrad nach richtet sich der Band vor allem an Examenskandidaten. Da sich aber die Prüfungsinhalte im Staatsexamen nicht wesentlich von denjenigen in früheren Stadien des Studiums unterscheiden, sind wir davon überzeugt, dass auch Studierende mittlerer Semester und sogar Anfänger von der Lektüre des Examinatoriums profitieren können. Insbesondere präsentieren die Systematischen Darstellungen den Lernstoff gleichermaßen kompakt für Studierende in allen Studienabschnitten.

Der kooperative Charakter des zugrundeliegenden Lehrprojekts hat es mit sich gebracht, dass eine große Zahl von Kollegen in den verschiedensten Phasen und Weisen zur Entstehung dieses Buchs beigetragen haben. Wir danken dafür insbesondere dem Mitherausgeber Prof. *Dr. Jörg Neuner* sowie Prof. *Dr. Felix Hey, Dr. Luidger Röckrath, Benedikt Berger, Stefanie Bucher, Benedikt Schreindorfer, Benedikt Goslich, Corinna Dexl, Tobias Rottmeir, Stefan Schneider, Lovro Tomašić* und *Benjamin Weingarten*.

Auch bei der Vorbereitung der Drucklegung haben wir wertvolle Unterstützung erfahren. Unser Dank dafür gilt vor allem *Franz Bauer, Philip Bender, Nele Briesemeister, Bettina Danzer, Franziska Gruber, Aurelia Kössinger, Tim Kupfer, Marika Öry, Piotr Rataj, Daniel Reich, Simone Rösch, Birgit Schaffitzel, Wolfgang Sigler, Anna Turczyn*.

München, im Oktober 2010

Hans Christoph Grigoleit
Thomas Riehm

Inhaltsübersicht

Literaturauswahl

I. **Lehrbücher zum Deliktsrecht und Schadensrecht**
    Brox/Walker, Besonderes Schuldrecht, 34. Aufl., 2010
    Deutsch, Allgemeines Haftungsrecht, 2. Aufl., 1996
    Deutsch/Ahrens, Delikts- und Schadensrecht, 5. Aufl., 2009
    Emmerich, Schuldrecht Besonderer Teil, 12. Aufl., 2009
    Esser/Weyers, Schuldrecht II/2, 8. Aufl., 2000
    Kötz/Wagner, Deliktsrecht, 11. Aufl., 2010
    Lange/Schiemann, Schadensersatz, 3. Aufl., 2003
    Larenz/Canaris, Schuldrecht II/2, 13. Aufl., 1994
    Looschelders, Schuldrecht Allgemeiner Teil, 7. Aufl., 2009
    Looschelders, Schuldrecht Besonderer Teil, 4. Aufl., 2010
    Medicus, Gesetzliche Schuldverhältnisse, 5. Aufl., 2007
    Medicus/Lorenz, Schuldrecht I – Allgemeiner Teil, 18. Aufl., 2008
    Medicus/Lorenz, Schuldrecht II – Besonderer Teil, 15. Aufl., 2010
    Schlechtriem/Schmidt-Kessel, Schuldrecht Allgemeiner Teil, 6. Aufl., 2005
    Schlechtriem, Schuldrecht Besonderer Teil, 6. Aufl., 2008

II. **Fallsammlungen zum Delikts- und Schadensrecht**
    Fritzsche, Fälle zum Schuldrecht II, 2009
    Köhler/Lorenz, Schuldrecht I – Allgemeiner Teil (Prüfe dein Wissen), 21. Aufl., 2010
    Köhler/Lorenz, Schuldrecht II – Besonderer Teil (Prüfe dein Wissen), 18. Aufl., 2007
    Wieling/Finkenauer, Fälle zum Besonderen Schuldrecht, 6. Aufl., 2007

III. **Sonstige Lehrbücher und Fallsammlungen**
    Baur/Stürner, Sachenrecht, 18. Aufl., 2009
    Esser/Schmidt, Schuldrecht I/2, 8. Aufl., 1995
    Grigoleit/Auer, Examinatorium Schuldrecht III – Bereicherungsrecht, 2009
    Grigoleit/Herresthal, Examinatorium BGB Allgemeiner Teil, 2. Aufl., 2010
    Larenz, Schuldrecht I, 14. Aufl., 1987
    Larenz/Wolf, Allgemeiner Teil des Bürgerlichen Rechts, 9. Aufl., 2004
    Lorenz/Riehm, Lehrbuch zum neuen Schuldrecht, 2002
    Medicus, Allgemeiner Teil, 9. Aufl., 2006
    Medicus/Petersen, Bürgerliches Recht, 22. Aufl., 2009
    Neuner, Examinatorium Sachenrecht, 3. Aufl., 2008
    Oetker/Maultzsch, Vertragliche Schuldverhältnisse, 3. Aufl., 2007
    Prütting, Sachenrecht, 33. Aufl., 2008
    Rosenberg/Schwab/Gottwald, Zivilprozessrecht, 17. Aufl., 2010
    Westermann, Sachenrecht, 7. Aufl., 1998
    Wilhelm, Sachenrecht, 3. Aufl., 2007
    Wolf/Wellenhofer, Sachenrecht, 25. Aufl., 2010

IV. **Kommentare**
    Anwaltkommentar, BGB, Band 1, 2. Aufl., 2010
    Bamberger/Roth, Beck'scher Online-Kommentar zum BGB (BeckOK), Edition 18, Stand: 1. 8. 2010
    Erman, Bürgerliches Gesetzbuch, 12. Aufl., 2008
    Fischer, StGB, 57. Aufl., 2010
    Hentschel/König/Dauer, Straßenverkehrsrecht, 40. Aufl., 2009
    Jagow/Burmann/Heß, Straßenverkehrsrecht, 20. Aufl., 2008

Jauernig, BGB, 13. Aufl., 2009

Kropholler, Studienkommentar BGB, 12. Aufl., 2010

Münchener Kommentar zum BGB, 5. Aufl., 2006 ff.

Münchener Kommentar zur ZPO, 3. Aufl., 2007

Palandt, Bürgerliches Gesetzbuch, 69. Aufl., 2010

Schönke/Schröder, StGB, 28. Aufl., 2010

Schulze u. a., Handkommentar zum BGB, 6. Aufl., 2009

Soergel, Bürgerliches Gesetzbuch, 13. Aufl., 2002 ff.

Staudinger, Kommentar zum Bürgerlichen Gesetzbuch, 1999 ff.

Thomas/Putzo, Zivilprozessordnung, 31. Aufl., 2010

Zöller, Zivilprozessordnung, 28. Aufl., 2010

1. Kapitel. Allgemeines Deliktsrecht

A. Systematische Darstellung Deliktsrecht

Inhaltsübersicht

I. Grundlagen

Das Deliktsrecht betrifft – in der Terminologie des BGB – die Haftung für **unerlaubte Handlungen**. Das zentrale Charakteristikum des Deliktsrechts liegt darin, dass die betreffenden Haftungstatbestände keinen Vertrag und **keine vorvertragliche oder sonstige Sonderverbindung (vgl. §§ 241, 311 BGB)** zwischen dem Schädiger und dem Geschädigten voraussetzen, sondern in allen Kontakten des Sozialverkehrs anwendbar sind. Die deliktsrechtlich sanktionierten Pflichten entstehen nicht durch die freiwillige Eingehung rechtlicher Bindung, sondern bestehen zwischen allen Privatrechtssubjekten. Das Deliktsrecht begründet eine Haftung für Handlungen, die *jedermann* verboten und in diesem Sinne unerlaubt sind (**Jedermannhaftung**).

1

1. Ausgangspunkt: *Casum sentit dominus*

2   Außerhalb vertraglicher oder ähnlicher Sonderbeziehungen gilt zunächst der Grundsatz „casum sentit dominus", d.h. der Zufall – also der Eintritt von Umständen, die keinem anderen im rechtlichen Sinne zurechenbar sind – geht ausschließlich zu Lasten des Rechtsgutträgers;[1] das **allgemeine Lebensrisiko** trägt allein der Rechtsgutträger selbst. Jede **Überwälzung eines Schadens** auf einen Anderen bedarf daher eines **besonderen Grundes**, der den Schadensfall von der Realisierung des allgemeinen Lebensrisikos abgrenzt. Dabei sind zwei grundlegend verschiedene Haftungsgründe zu unterscheiden: Einerseits die Haftung für unerlaubte Handlungen, d.h. für *rechtswidriges und schuldhaftes Verhalten* (§§ 823 ff. BGB), und andererseits die *Gefährdungshaftung*, d.h. die Haftung für spezifische Risiken, die mit bestimmten (als solchen generell erlaubten) Handlungen verbunden sind und typischerweise demjenigen zur Last fallen sollen, der einerseits die Gefahrenquelle kontrolliert und andererseits die mit dem Risiko korrespondierenden Vorteile genießt (z.B. §§ 833 S. 1 BGB, 7 StVG, 1 ProdHaftG, 1 HaftPflG).[2]

2. „Drei kleine Generalklauseln" statt einer „großen"

3   Die Verfasser des BGB haben bewusst keine „große deliktsrechtliche Generalklausel" im Sinne einer allgemeinen Haftung für jede rechtswidrige und schuldhafte Handlung[3] geschaffen. Allerdings ist das Deliktsrecht des BGB auch nicht als strenges System enumerativer Einzeltatbestände[4] konzipiert. Vielmehr liegt ihm ein kombiniertes Konzept aus (verhältnismäßig) präzisen Einzeltatbeständen und **drei** „**kleinen Generalklauseln**" zu Grunde, das auf dem Gedanken des Rechtsgüterschutzes – präziser: des Schutzes einzelner Rechtsgüter – beruht und einen allgemeinen Vermögensschutz nur in engen Grenzen vorsieht.[5] Grundtatbestand – und zugleich eine der „drei kleinen Generalklauseln" – ist § 823 I BGB, der eine Haftung für die schuldhafte und rechtswidrige Verletzung der dort genannten Rechtsgüter Leben, Körper, Gesundheit, (Fortbewegungs-)Freiheit und Eigentum statuiert. Eine generalklauselartige Tendenz ist hier im Merkmal der „fahrlässigen widerrechtlichen Verletzung" angedeutet, das letztlich über den Begriff der Fahrlässigkeit auf das allgemeine Konzept der Verkehrspflichten verweist. Die weiteren „kleinen Generalklauseln" finden sich in § 823 II BGB in Gestalt der allgemeinen Verweisung auf Schutzgesetze und schließlich in § 826 BGB in dem Verweis auf die guten Sitten. Hinzu kommen schließlich weitere deliktische Einzeltatbestände in den §§ 824, 825, 831–839 BGB, die aber im Wesentlichen nur Modifikationen (insbesondere hinsichtlich der Beweislast) und Präzisierungen des § 823 I BGB darstellen.[6]

4   Der wesentliche Unterschied dieses Konzepts gegenüber einer großen deliktischen Generalklausel besteht in der **Beschränkung der geschützten Güter**, die sich implizit aus § 823 I BGB ergibt.[7] Denn der Begriff des **Eigentums** in § 823 I BGB umfasst gem. § 903 BGB nur das Eigentum an Sachen (§ 90 BGB), also an körperlichen Gegenständen; sonstige Rechte i.S.v. § 823 I BGB sind nur absolute Rechte, keine rein relativen Rechte wie z.B. Forderungen[8]. Zudem ist der Begriff der Freiheit in § 823 I BGB auf die Fortbewegungsfreiheit beschränkt und umfasst gerade nicht die allgemeine Handlungsfreiheit.[9] Damit nimmt das BGB die sog. **primären** (oder reinen) **Vermögensschäden**, die also **nicht als Folgeschaden einer Rechtsgutsverletzung** i.S.v. § 823 I BGB eintreten, ebenso wie Beeinträchtigungen der **allgemeinen Handlungsfreiheit** grundsätzlich von der deliktischen Haftung für fahrlässige Verletzungen aus. Primäre Vermögensschäden sind nur nach § 823 II BGB (Verletzung eines Schutzgesetzes) oder nach § 826 BGB (vorsätzliche sittenwidrige Schädigung), d.h. unter zusätzlichen, strengen Voraussetzungen ersatzfähig.

---

[1]   Vgl. auch *Larenz/Canaris*, Schuldrecht II/2, § 75 I 2 (S. 351 ff.); *Kötz/Wagner*, Deliktsrecht, Rn. 21.
[2]   Vgl. dazu eingehend unten Rn. 228 ff.
[3]   Eine solche kennt etwa das französische Recht (Art. 1382 f. Code civil). Vgl. zu den Konsequenzen einer „großen Generalklausel" etwa *Medicus*, Gesetzliche Schuldverhältnisse, S. 13.
[4]   So etwa der Ausgangspunkt des britischen *common law*.
[5]   Vgl. eingehend *Larenz/Canaris,* Schuldrecht II/2, § 75 I 3 (S. 354 ff.); *Canaris*, VersR 2005, 577 (581).
[6]   Vgl. *Larenz/Canaris*, Schuldrecht II/2, § 79 vor I (S. 463).
[7]   Vgl. *Larenz/Canaris*, Schuldrecht II/2, § 75 I 3 b (S. 356 f.).
[8]   Vgl. näher unten Rn. 38.
[9]   Vgl. näher unten Rn. 27.

Diese **rechtspolitische Entscheidung**, die rechtsvergleichend durchaus nicht selbstverständlich ist,[10] geht letztlich auf den **Schutz der freien Entfaltung der Persönlichkeit und des Wettbewerbs** zurück. Denn ein deliktsrechtlicher Schutz des Vermögens und der allgemeinen Handlungsfreiheit gegen jegliche fahrlässige Verletzung führt letztlich zu einer Beschränkung des Wettbewerbs und der allgemeinen Handlungsfreiheit der Anderen, weil einerseits jede wettbewerbliche Handlung geradezu vorsätzlich darauf abzielt, einem Konkurrenten einen Vermögensnachteil zuzufügen – und sich selbst den korrespondierenden Vorteil zu sichern –, und andererseits die Ausübung der eigenen Handlungsfreiheit nahezu zwangsläufig mit der Handlungsfreiheit anderer kollidiert. Daher bestehen auch in den Rechtsordnungen, die eine Haftung für primäre Vermögensschäden grundsätzlich anerkennen, stets Mechanismen, die insoweit besondere Einschränkungen enthalten. Diese sind jedoch meist wesentlich vager und schwerer fassbar als die rigorose Lösung des BGB.[11] Die systematische Konzeption des deutschen Deliktsrechts trägt daher auch dem Gesichtspunkt der **Rechtssicherheit** Rechnung; zudem führt sie in **kompetenzieller** Hinsicht dazu, dass die Reichweite des Ersatzes primärer Vermögensschäden vorrangig durch den Gesetzgeber (durch den Erlass von Schutzgesetzen i.S.v. § 823 II BGB) und nicht durch Richterrecht festgelegt wird.

5

3. Die wesentlichen Unterschiede zwischen deliktischer und vertraglicher Haftung

Die restriktive Konzeption der deliktischen (Jedermann-)Haftung steht nach der Systematik des BGB in scharfem Kontrast zu dem strengeren Haftungsregime in den sog. Sonderverbindungen, also vor allem dann, wenn zwischen den Parteien ein vertraglicher, vorvertraglicher oder sonstiger geschäftlicher Kontakt besteht (vgl. §§ 280, 241, 311 BGB). Hinsichtlich der **Leistungspflichten** (§ 241 I BGB) wird das in Sonderverbindungen bestehende, erhöhte Haftungsniveau ohne Weiteres schon durch den besonderen Haftungsgrund, d.h. insbesondere durch das vertragliche Versprechen gerechtfertigt (bzw. bei gesetzlichen Sonderverbindungen durch den diesen zugrunde liegenden Zwecken). Bei den **Schutzpflichten** (§ 241 II BGB), die z.T. den deliktischen Verhaltenspflichten ähneln, ergibt sich die strengere Haftung vor allem daraus, dass die Parteien im Rahmen der Sonderverbindung ihre Rechtsgüter der Einwirkung der Gegenseite in besonderem Maße aussetzen und deswegen eines besonderen Schutzes ihres Vertrauens bedürfen („Einwirkungskontrolle"; „Vertrauenshaftung").[12]

6

Im Wesentlichen betrifft die Haftungsverschärfung in Sonderverbindungen drei Aspekte:

7

■ Erstens gilt **in Sonderverbindungen** eine **generelle Haftung für Vermögensschäden** bei Verletzung von Leistungs- oder Schutzpflichten; im Deliktsrecht besteht dagegen grundsätzlich keine Haftung für primäre Vermögensschäden.

■ Zweitens trifft die Parteien in Sonderverbindungen nach § 278 BGB eine (nahezu) unbedingte **Einstandspflicht für Hilfspersonen**; im Deliktsrecht besteht nach § 831 BGB dagegen nur eine eingeschränkte Haftung für unerlaubte Handlungen sozial abhängiger Hilfspersonen unter Zulassung des Entlastungsbeweises des Geschäftsherrn hinsichtlich des Auswahl- oder Überwachungsverschuldens.

■ Schließlich sieht innerhalb von Sonderverbindungen § 280 I 2 BGB für die Verletzung von Leistungs- und Schutzpflichten eine **Beweislastumkehr** hinsichtlich des Verschuldens (Vertretenmüssens) vor; im Deliktsrecht trägt dagegen grundsätzlich der Geschädigte die Beweislast für das Verschulden.

---

[10] So geht etwa Frankreich aufgrund seiner „großen Generalklausel" mit Selbstverständlichkeit von einer grundsätzlichen Ersatzfähigkeit primärer Vermögensschäden aus, die nur ausnahmsweise anhand des Kriteriums eingeschränkt wird, dass der Schaden „eine unmittelbare und direkte Folge des Schädigerverhaltens" darstellen muss, vgl. näher *Zweigert/Kötz*, Einführung in die Rechtsvergleichung, 3. Aufl., 1996, § 40 V (S. 631 f.). M.a.W. besteht also keine Haftung für lediglich mittelbar verursachte primäre Vermögensschäden, die in der Tat rechtspolitisch das gravierendste Problem darstellen. S. zum Ganzen näher *Koziol*, ZEuP 1995, 359 ff.

[11] Vgl. etwa Art. 2:102 IV der Grundsätze eines Europäischen Deliktsrechts (Principles of European Tort Law): „Der Schutz reiner Vermögensinteressen oder schuldrechtlicher Beziehungen kann geringer sein. Zu beachten sind insbesondere die Nähebeziehung zwischen Handelndem und Gefährdetem und das Bewusstsein des Handelnden, Schaden zuzufügen, obwohl seine Interessen jedenfalls geringer zu bewerten sind als jene des Geschädigten."

[12] Vgl. grundlegend *Canaris*, JZ 1965, 475 ff.; näher zur Unterscheidung von Leistungs- und Schutzpflichten *Grigoleit*, FS Canaris, Bd. 1, 2007, S. 275 ff.

4. Der dreistufige Deliktsaufbau

8   Herkömmlicherweise wird das Vorliegen einer unerlaubten Handlung in drei Stufen geprüft: **Tatbestandsmäßigkeit, Rechtswidrigkeit** und **Verschulden**. Der **Tatbestand** hat dabei die Funktion, grundsätzlich – d. h. ungeachtet der besonderen Umstände des konkreten Falles – **verbotene Verhaltensweisen zu identifizieren**. Der vielzitierte Satz „Die Tatbestandsmäßigkeit indiziert die Rechtswidrigkeit" bedeutet mithin nichts anderes, als dass der Tatbestand der Haftungsnormen Verhaltensweisen umschreibt, die als solche grundsätzlich verboten (also rechtswidrig) sind. Im Rahmen der **Rechtswidrigkeit** bleibt dann zu erörtern, ob das betreffende Verhalten **ausnahmsweise** durch einen **Rechtfertigungsgrund** (z. B. Notwehr, Notstand oder Selbsthilfe) gedeckt ist. Am Ende der Rechtswidrigkeitsprüfung steht fest, dass das Verhalten im konkreten Fall tatsächlich rechtswidrig (verboten) war; es stellt sich dann noch die Frage, ob es dem Handelnden in einer Weise persönlich vorwerfbar ist, dass es seine Haftung begründen kann. Diese persönliche Vorwerfbarkeit wird als Schuld oder Verschulden bezeichnet und in Vorsatz und Fahrlässigkeit unterteilt.

a) Tatbestandsmäßigkeit

9   Die Tatbestandsmäßigkeit beschreibt den Grund der Haftung. Dieser ist je nach anzuwendender Haftungsnorm unterschiedlich: Bei § 823 I BGB ist etwa eine Handlung erforderlich, die für eine Rechtsguts- oder Rechtsverletzung im Sinne dieser Vorschrift kausal ist; bei § 823 II BGB besteht die Tatbestandsmäßigkeit im Verstoß gegen das Schutzgesetz, bei § 826 BGB in der sittenwidrigen Zufügung eines Schadens und bei den §§ 831, 832 BGB in der Verletzung einer Auswahl- oder Überwachungspflicht durch den Geschäftsherrn bzw. die Eltern, die vermutet wird, wenn die beaufsichtigte Person ihrerseits eine rechtswidrige unerlaubte Handlung begangen hat. Jeweils ist durch den Tatbestand ein **grundsätzlich verbotenes Verhalten** beschrieben, welches nur ausnahmsweise gerechtfertigt sein kann.

10   Für die Rechtsgutsverletzung im Sinne des § 823 I BGB bedarf dies allerdings der Präzisierung: Bei **unmittelbaren Rechtsgutsverletzungen**, d. h. solchen, bei denen die Rechtsgutsverletzung im unmittelbaren Wirkungsfeld des Verletzers liegt und zwischen der kausalen Handlung des Schädigers und der Rechtsgutsverletzung kein weiterer Kausalbeitrag erforderlich war, ist die Rechtswidrigkeit ohne Weiteres durch die Verletzung des Rechtsguts selbst indiziert (sog. Lehre vom **Erfolgsunrecht**).[13] Die unmittelbare Herbeiführung einer Rechtsgutsverletzung ist somit stets tatbestandsmäßig i. S. d. § 823 I BGB.[14]

11   Bei **mittelbaren Rechtsgutsverletzungen**, bei denen der Schädiger lediglich eine *Gefahr* geschaffen hat, die sich erst in Folge eines weiteren Kausalbeitrags – des Opfers oder eines Dritten – realisiert hat, sowie bei Rechtsgutsverletzungen durch **Unterlassen** genügt diese Betrachtung indessen nicht. Denn nicht jedes Verhalten, das entfernt kausal für eine Rechtsgutsverletzung ist, ist zugleich als solches verboten. So ist etwa der Verkauf eines Autos selbstverständlich erlaubt, auch wenn das Auto ein Gefahrenpotential begründet, das letztlich zu einer Rechtsgutsverletzung bei einem Dritten führen kann. Hier muss zu dem kausalen Verhalten ein weiterer Umstand hinzutreten, um der Indikationsfunktion des Tatbestandes Rechnung zu tragen. Diese Filterfunktion erfüllt die sog. **Verkehrspflichtverletzung**. Nur wenn die mittelbar verletzende Handlung eine Verkehrspflicht verletzt, ist das Verhalten tatsächlich *als solches* verboten und kann sinnvollerweise dafür herangezogen werden, die Rechtswidrigkeit der betreffenden Handlung zu indizieren (sog. Lehre vom **Verhaltensunrecht**). So verstößt etwa der Hersteller eines Pkw gegen eine Verkehrspflicht, wenn er hergestellte Autos überhaupt keiner elementaren Funktionsprüfung unterzieht, mit der Folge, dass das *ungeprüfte* Inverkehrbringen eines Autos – anders als der Verkauf als solcher – eine grundsätzlich rechtswidrige Handlung darstellt, die den Tatbestand des § 823 I BGB erfüllen kann.[15] Tatbestandsmäßig ist in diesen Fällen mittelbarer Verletzung somit die **Schaffung eines unerlaubten Risikos** für das Rechtsgut, welches sich später realisiert.

---

[13] Vgl. *Larenz/Canaris*, Schuldrecht II/2, § 75 II 3 b (S. 365 ff.).

[14] Vgl. zu Sonderfragen bei den sog. „Rahmenrechten", d. h. dem Allgemeinen Persönlichkeitsrecht und dem Recht am eingerichteten und ausgeübten Gewerbebetrieb näher unten Rn. 52 und Rn. 66.

[15] Vgl. zu den Verkehrspflichten und ihrem Standort im Deliktsaufbau noch eingehend unten Rn. 72 ff.

b) Rechtswidrigkeit

Nach dem eben dargelegten Indikationsmodell indiziert die Tatbestandsmäßigkeit eines Verhaltens seine Rechtswidrigkeit. Zu prüfen bleibt daher an dieser Stelle lediglich, ob ein **Rechtfertigungsgrund** für dieses Verhalten bestand, z.B. Notwehr, Notstand oder Einwilligung.[16]

12

c) Verschulden

Die deliktische Haftung setzt grundsätzlich Verschulden des Schädigers voraus. Dieses ist regelmäßig **vom Geschädigten zu beweisen**; das betrifft die praktisch wichtigen Anspruchsgrundlagen der §§ 823 I, II, 824 und 826 BGB. Lediglich bei den §§ 830–832 BGB wird das Verschulden des Schädigers vermutet. § 833 BGB (Tierhalterhaftung) schließlich verzichtet für private Tierhalter ganz auf ein Verschuldenserfordernis, begründet also eine Gefährdungshaftung.

13

Zum Verschulden zählen zum einen die **Verschuldensfähigkeit** (§§ 827 f. BGB), zum anderen **Vorsatz** und **Fahrlässigkeit**.[17]

5. Die Unterscheidung zwischen Haftungsbegründungs- und Haftungsausfüllungstatbestand

Aus aufbau- und verfahrenstechnischen Gründen wird die Prüfung eines deliktischen Schadensersatzanspruchs in Haftungsbegründungs- und den Haftungsausfüllungstatbestand aufgeteilt. Zum Haftungsbegründungstatbestand gehören die soeben erwähnten drei Deliktsstufen, d.h. die tatbestandsmäßige Handlung, deren Rechtswidrigkeit und das Verschulden. Im Haftungsausfüllungstatbestand werden der Schaden, die haftungsausfüllende Kausalität und das Mitverschulden (§ 254 BGB) behandelt. Im Haftungsbegründungstatbestand wird die Verhaltensverantwortlichkeit des Schädigers festgestellt, während der Haftungsausfüllungstatbestand auf die Bestimmung von Inhalt und Höhe des Schadensausgleichs abzielt.

14

Die Trennung zwischen Haftungsbegründungs- und Haftungsausfüllungstatbestand ist aus systematischen Gründen zweckmäßig, weil die Bestimmung des ersatzfähigen Schadens für alle Schadensersatzansprüche nach den im Wesentlichen gleichen Regeln – denen des allgemeinen Schuldrechts (§§ 249 ff. BGB) – vollzogen wird, so dass der Haftungsausfüllungstatbestand einheitlich konturiert werden kann. Es kommt hinzu, dass sich das **Verschuldenserfordernis** grundsätzlich **nicht auf den Schaden** und den übrigen Haftungsausfüllungstatbestand, sondern allein auf die Haftungsbegründung bezieht (vgl. insbesondere den Wortlaut des § 823 I BGB). Auch gilt ein jeweils anderes **Beweismaß** für die Haftungsbegründung und die Haftungsausfüllung, nämlich für Erstere der sog. Vollbeweis nach § 286 ZPO, während im Rahmen der Haftungsausfüllung die Beweismaßsenkung nach § 287 ZPO eingreift, wonach u.U. sogar eine Schätzung des Schadens zulässig ist.[18] Schließlich erlangt die Unterscheidung im Streitverfahren auch dadurch Bedeutung, dass hinsichtlich des Haftungsbegründungstatbestands aus Gründen der Prozessökonomie vorab ein Grundurteil nach § 304 ZPO ergehen kann, welches gem. § 318 ZPO Bindungswirkung entfaltet. Die Entscheidung über die Schadenshöhe bleibt dem folgenden Betragsverfahren überlassen.

6. Anwendbarkeit des allgemeinen Deliktsrechts

Aufgrund ihrer Funktion, einen Mindestschutz im „Jedermannsverkehr" zu gewährleisten, sind die Regelungen der §§ 823 ff. BGB grundsätzlich in allen Rechtsverhältnissen anzuwenden, also auch dann, wenn (zusätzlich) besondere Haftungsregeln vorgesehen sind. Insbesondere ist der Deliktsschutz neben folgenden Rechtsinstituten anwendbar:

15

- Ansprüche nach dem **StVG** (§§ 7, 18 StVG), vgl. § 16 StVG;
- Ansprüche aus **Produkthaftung** nach § 1 ProdHaftG, vgl. § 15 II ProdHaftG;

---

[16] Vgl. unten Rn. 119 ff.
[17] Vgl. dazu im Einzelnen unten Rn. 140 ff.
[18] Vgl. auch unten *Systematische Darstellung Schadensrecht* (Rn. 530).

■ Ansprüche aus **Gewährleistung** (z. B. §§ 437 Nr. 3, 634 Nr. 4 BGB), wie überhaupt **vertragliche Schadensersatzansprüche** aus Pflichtverletzung, denn allein das Bestehen eines vertraglichen Verhältnisses soll den Parteien den deliktischen Schutz nicht nehmen.[19] Allerdings ist das Verhältnis zwischen der gewährleistungsrechtlichen und der deliktischen Schadensersatzhaftung für Mangelfolgeschäden umstritten (Stichwort: Weiterfresserschäden[20]).

Gesetzliche **Haftungsprivilegien**, die für den vertraglichen Anspruch bestehen (z. B. §§ 521, 599, 690 BGB), erfassen ihrem Sinn nach regelmäßig auch den deliktischen Anspruch. Denn andernfalls würden sie ihren Zweck – die Freistellung des Schädigers – verfehlen. Das Gleiche gilt im Zweifel auch bei **vertraglichen Beschränkungen** der Haftung (Auslegungsfrage). Sofern für konkurrierende Ansprüche eine **verkürzte Verjährungsfrist** vorgesehen ist, kommt dem Deliktsanspruch grundsätzlich ein eigenständiger Geltungsanspruch unter Anwendung der allgemeinen Verjährungsfrist zu; etwas anderes gilt nur, wenn das Eingreifen des Deliktsanspruchs die besondere Verjährungsanordnung vollständig entwerten würde (z. B. bei § 548 I BGB[21]).

Das allgemeine Deliktsrecht ist dagegen **weitgehend verdrängt** im Rahmen eines **Eigentümer-Besitzer-Verhältnisses**. Die §§ 989 ff. BGB enthalten eine Sonderregelung, die den gutgläubigen unverklagten Besitzer privilegiert, so dass insoweit das allgemeine Deliktsrecht nicht anwendbar ist, vgl. § 993 I Hs. 2 BGB.[22] Lediglich soweit die §§ 989 ff. BGB ausdrücklich den Rückgriff auf das allgemeine Deliktsrecht gestatten, ist dieses anwendbar. Das betrifft zunächst den deliktischen Besitzer i. S. v. § 992 BGB, der seinen Besitz durch verbotene Eigenmacht oder durch eine Straftat erlangt hat. Hinzu kommen nach h. M. die Fälle des sog. Fremdbesitzerexzesses, d. h. der Beschädigung einer Sache durch ihren *unberechtigten* Fremdbesitzer unter Überschreitung seines angenommenen Besitzrechts (z. B.: Mieter bei nichtigem Mietvertrag zerstört schuldhaft die Mietsache).[23]

II. Verletzung von absoluten Rechten und Rechtsgütern (§ 823 I BGB)

16   Den wichtigsten Grundtatbestand des Deliktsrechts bildet die Regelung des § 823 I BGB. Diese Norm gewährt bei rechtswidriger und schuldhafter Verletzung der darin aufgezählten Rechtsgüter sowie „sonstiger Rechte" Schadensersatz.

Prüfungsaufbau und Problemübersicht

> I. Verletzung eines geschützten Rechtsgutes oder Rechts
> II. Handlung des Anspruchsgegners
> III. Haftungsbegründende Kausalität
> IV. Rechtswidrigkeit
> V. Verschulden
> VI. Rechtsfolge: Schadensersatz nach §§ 249 ff. BGB, modifiziert durch die §§ 842 ff. BGB

1. Rechtsgutsverletzung

17   Erste Voraussetzung eines Anspruchs aus § 823 I BGB ist die Verletzung eines geschützten absoluten Rechts oder Rechtsguts.

Geschützt sind folgende Rechtspositionen:
■ Leben, Körper und Gesundheit
■ Freiheit

---

[19] Vgl. *BGH* NJW-RR 1996, 1121; Palandt/*Sprau,* Einf v § 823 Rn. 5.

[20] Vgl. dazu unten Fall 9 *„Das Montagsauto"* (Rn. 920 ff.).

[21] Vgl. *BGH* NJW 2006, 2399 f., wonach die kurze Verjährungsfrist des § 548 BGB auf Deliktsansprüche auch zugunsten solcher Schädiger anzuwenden ist, die auf Seiten des Mieters in den Schutzbereich des Mietvertrags einbezogen sind (Familienmitglieder), und auch eingreift, soweit Beschädigungen eines nicht gemieteten Gebäudeteils oder die gänzliche Zerstörung der Mietsache eingetreten sind.

[22] Vgl. dazu *Neuner,* Examinatorium Sachenrecht, Rn. 107.

[23] Vgl. nur BGHZ 24, 188 (196); BGHZ 31, 129 (132); *Ebenroth/Zeppernick* JuS 1999, 209 (215).

■ Eigentum

■ Sonstige Rechte, z. B.: Recht am eingerichteten und ausgeübten Gewerbebetrieb, Allgemeines Persönlichkeitsrecht, Recht zum Besitz.

Nicht geschützt ist damit, wie bereits erwähnt, das **Vermögen als solches**, d. h. unabhängig von seiner Verkörperung im Eigentum an einer Sache oder in einem sonstigen Recht. Diese Grundwertung des deutschen Deliktsrechts ist bei seiner Auslegung stets zu berücksichtigen, insbesondere bei der Bestimmung der Reichweite des Schutzes von „sonstigen Rechten". In der Qualität der in § 823 I BGB angeführten Rechtsgüter kommt das Prinzip der Haftungsbegrenzung und der Haftungstransparenz deutlich zum Ausdruck. Alle benannten Rechtsgüter sind von **elementarer Bedeutung**, sie haben einen anerkannten **Zuweisungsgehalt** sowie eine eindeutige **Ausschlussfunktion (vgl. § 903 BGB).** Die **Reichweite** der von § 823 I BGB geschützten Rechtsgüter ist (insbesondere aufgrund der Verkörperung der Rechte) für potenzielle Schädiger **offenkundig.**[24]

a) Leben, Körper und Gesundheit

aa) Definitionen

Eine Verletzung des **Lebens** liegt bei der **Tötung** eines Menschen vor. In diesem Fall richten sich die Ersatzansprüche anderer Personen, insbesondere der Hinterbliebenen, nach den §§ 844 ff. BGB. Praktisch bedeutsam ist nur der Ersatz der gem. § 1968 BGB grundsätzlich von den Erben zu tragenden **Beerdigungskosten** und des **Unterhalts** nach § 844 BGB. Der Ausgleich für entgangene Dienste ist nahezu bedeutungslos, da eine Dienstpflicht i. S. v. § 845 BGB nur zu Lasten von Kindern gegenüber ihren Eltern besteht (§ 1619 BGB).[25]

20

Körperverletzung ist jede **Beeinträchtigung der äußeren körperlichen Integrität.** Hierbei kommt es auf einen Krankheitswert oder Schmerzen ebenso wenig an wie auf einen Eingriff in die körperliche Substanz.[26] Daher sind auch eine Ohrfeige oder das Abschneiden der Haare Körperverletzungen. Problematisch ist die Behandlung **abgetrennter Körperteile:** Sollen die Körperteile wieder eingegliedert werden (z. B. abgetrennter Finger; gespendete Organe; eingefrorenes Sperma, das zu einem späteren Zeitpunkt zur künstlichen Befruchtung verwendet werden soll), so betrachtet der *BGH* sie – ausgehend von einem weiten Verständnis des „Rechts am eigenen Körper" als gesetzlich ausgeformten Teil des allgemeinen Persönlichkeitsrechts – noch als Körperteile. Eine Einwirkung auf sie gilt daher als Körperverletzung und begründet einen Anspruch auf Schmerzensgeld nach § 253 II BGB.[27] In der Literatur wird dagegen überwiegend vorgeschlagen, abgetrennte Körperteile als Sachen zu behandeln[28] und bei einer fehlgeschlagenen Wiedereingliederung eine Verletzung des allgemeinen Persönlichkeitsrechts anzunehmen.[29]

Gesundheitsverletzung ist eine **pathologische** – d. h. im medizinischen Sinne behandlungsbedürftige – **Störung** der **physischen** oder **psychischen Befindlichkeit** eines Menschen (z. B. die Infektion mit HIV).[30] Erscheinungen wie Schmerz, Trauer oder Niedergeschlagenheit sind demgegenüber keine Gesundheitsverletzungen, sofern sie vom medizinischen Standpunkt aus die Grenze des krankhaften Zustands nicht überschreiten.[31] Die Kriterien „Körper-" und „Gesundheitsverletzung" können sich überschneiden; da sie mit denselben Rechtsfolgen verknüpft sind, ist eine genaue Abgrenzung nicht erforderlich.[32]

bb) Psychische Vermittlung von Gesundheitsverletzungen und Schockschäden

Dass eine Gesundheitsverletzung nicht direkt (physisch) durch den Schädiger hervorgerufen wurde, sondern auf eine **psychische Vermittlung** zurückgeht (z. B. bei einem Herzinfarkt wegen Erschreckens), **schließt die Haftung nicht grundsätzlich aus.** Allerdings bedarf die Zurechnung in Fällen psychischer

18

19

21

---

24 Vgl. *Larenz/Canaris*, Schuldrecht II/2, § 76 I 1 (S. 373 ff.).

25 Vgl. näher unten *Systematische Darstellung Schadensrecht* (Rn. 644).

26 Vgl. *Larenz/Canaris*, Schuldrecht II/2, § 76 II 1 a (S. 377).

27 Vgl. BGHZ 124, 52 = JuS 1994, 351.

28 So aber MünchKomm/*Holch*, § 90 Rn. 30.

29 Vgl. *Taupitz*, NJW 1995, 745 (747 ff.); MünchKomm/*Wagner*, § 823 Rn. 69 m. w. N.

30 Vgl. *Larenz/Canaris*, Schuldrecht II/2, § 76 II 1 a (S. 377).

31 Vgl. BGHZ 56, 163.

32 Vgl. *Larenz/Canaris*, Schuldrecht II/2, § 76 II 1 b (S. 378).

Vermittlung u. U. einer besonderen Prüfung. Begrenzt wird nach h. M. insbesondere die **haftungsbegründende Zurechnung** bei **Schockschäden**, die eine Person nicht unmittelbar als Unfallopfer erleidet, sondern nur mittelbar dadurch, dass sie den Unfall entweder miterlebt oder von der Verletzung oder Tötung einer ihr nahe stehenden Person erfährt. Nach h. M. setzt die Zurechnung mittelbarer Schockschäden eine besondere Schwere des Schocks, ein Näheverhältnis zwischen Unfallopfer und mittelbar Betroffenem sowie die Verständlichkeit von dessen Reaktion voraus.[33]

cc) Ärztliche Behandlung/Kunstfehler

Bei ärztlichen Eingriffen ist zu unterscheiden:

22   ■ **Kunstfehler**, d. h. Eingriffe, die nicht den Regeln der ärztlichen Kunst gemäß erfolgen, sind stets rechtswidrige Körperverletzungen i. S. v. § 823 I BGB.[34]

23   ■ Bei **kunstgerechten Heileingriffen** ist dies dagegen str.: Nach h. M. liegt auch bei kunstgerechten Heileingriffen stets ein Eingriff in die körperliche Integrität bzw. Gesundheit vor, so dass der **Tatbestand der Körper- bzw. Gesundheitsverletzung nach § 823 I BGB erfüllt** ist. Allerdings sind diese Eingriffe grundsätzlich durch die (wirksame, insbesondere auf angemessener Aufklärung beruhende) **Einwilligung**[35] des Patienten bzw. in Notfällen durch **berechtigte GoA oder mutmaßliche Einwilligung** gerechtfertigt.[36] Nach einer Mindermeinung in der Lit. handelt es sich dagegen bei Eingriffen, die zum Zweck der Heilung vorgenommen werden, schon tatbestandlich nicht um Körper*verletzungen* i. S. v. § 823 I BGB. Vielmehr liege bei Eingriffen ohne Einwilligung des Patienten ein Eingriff in dessen Selbstbestimmungsrecht als Ausfluss des **Allgemeinen Persönlichkeitsrechts** vor.[37]

Die Ansichten unterscheiden sich vor allem hinsichtlich der – symbolischen – Präzisierung des maßgeblichen **Verhaltensvorwurfs**: Die Mindermeinung konzentriert den Verhaltensvorwurf auf die Einholung der Einwilligung und erspart dem Arzt bei kunstgerechten Eingriffen den Vorwurf einer Körperverletzung. Aus praktischer – d. h. die zivilrechtlichen Haftungsfolgen betreffender – Sicht ergeben sich indessen keine wesentlichen Unterschiede. Zwar gelten für die Zuerkennung eines **Schmerzensgelds** wegen Persönlichkeitsverletzung strengere Anforderungen als bei Körperverletzungen.[38] Jedoch belassen diese Anforderungen einen erheblichen Wertungsspielraum und beruhen auf einer richterlichen Rechtsfortbildung; daher steht es den Gerichten offen, bei Persönlichkeitsverletzungen, die mit einem unerwünschten Heileingriff verbunden sind, grundsätzlich ein Schmerzensgeld zu gewähren. Im Übrigen kann sich ein Unterschied allenfalls hinsichtlich der **Beweislastverteilung** ergeben: Die Einwilligung des Patienten zum Ausschluss der Rechtswidrigkeit ist vom Arzt zu beweisen, während ihr Fehlen bzw. ihre Unwirksamkeit bei einer Verletzung des Allgemeinen Persönlichkeitsrechts zum Tatbestand gehört[39] und damit vom Patienten zu beweisen ist. Indessen löst sich auch dieser Unterschied auf, wenn man aufgrund einer wertenden Betrachtung nach dem Sphärengedanken (spezifische Nähe des Arztes zu den Beweistatsachen und besondere Möglichkeit der Dokumentation) auch hinsichtlich des Tatbestands der Persönlichkeitsrechtsverletzung (ausnahmsweise) von einer Beweislast des Verletzers, also des Arztes für das Vorliegen einer wirksamen Einwilligung ausgeht.[40] Angesichts dessen ist es vorzugswürdig, bei *kunstgerechten* Heileingriffen den Verhaltensvorwurf mit der Mindermeidung auf den Eingriff in das Persönlichkeitsrecht zu konzentrieren.

dd) Ungewollte Schwangerschaft/Fehlgeschlagene Abtreibung

24   Kommt es infolge einer Fehlbehandlung eines Arztes (z. B. bei der Sterilisation) zu einer **ungewollten Schwangerschaft**, so besteht weitgehend Einigkeit darüber, dass *bei der Mutter* der Tatbestand der Körperverletzung – wie bei anderen ärztlichen Kunstfehlern – erfüllt ist.[41] Selbst bei der fehlgeschlagenen Sterilisation des Mannes soll nach dem *BGH* die ungewollte Schwangerschaft der Frau den Tatbestand der Körperverletzung erfüllen und außerdem noch ein Zurechnungszusammenhang zwischen der ärztlichen Pflichtverletzung und der Schwangerschaft bestehen.[42] Wurde indessen eine rechtmäßige **Abtrei-**

---

33 Vgl. dazu eingehend unten Rn. 103 sowie Fall 7 *„Auf der Flucht"* (Rn. 800 ff.).
34 Vgl. *Larenz/Canaris,* Schuldrecht II/2, § 76 II 1 g (S. 383).
35 Vgl. dazu unten Rn. 135 ff.
36 Vgl. Staudinger/*Hager,* 2009, § 823 Rn. I 1 ff., I 76 ff.; *Medicus/Lorenz,* Schuldrecht II, Rn. 1274.
37 Vgl. *Larenz/Canaris,* Schuldrecht II/2, § 76 II 1 g (S. 383).
38 Vgl. näher unten Rn. 59.
39 Vgl. unten Rn. 49.
40 So überzeugend *Larenz/Canaris,* Schuldrecht II/2, § 76 II 1 g (S. 384).
41 Vgl. BGHZ 76, 259 = JuS 1980, 757; *BGH* NJW 1995, 2407 = JuS 1996, 71; MünchKomm/*Wagner,* § 823 Rn. 89; a. A. *OLG Köln* VersR 1997, 1006.
42 Vgl. *BGH* NJW 1995, 2407 = JuS 1996, 71.

bung aufgrund eines ärztlichen Beratungsfehlers **unterlassen** (z.B. wenn der Arzt fahrlässig nicht er-kannt hat, dass das Kind behindert zur Welt kommen wird, und die Mutter sich bei Kenntnis der Behinderung für eine Abtreibung entschieden hätte), so liegt nach der Rspr. des *BGH* eine Körper- oder Gesundheitsverletzung allenfalls hinsichtlich der evtl. größeren Schwangerschaftsbeeinträchtigungen gerade wegen der Behinderungen des Kindes vor (etwa wenn wegen der Behinderung ein Kaiserschnitt erforderlich war).[43]

Allerdings umfasst der **Schutzzweck des § 823 I BGB** nur die **Verletzung der Mutter**, so dass sie ins-besondere einen Schmerzensgeldanspruch aus § 253 II BGB hat.[44] Der **Unterhaltsschaden** ist dagegen nicht vom Schutzzweck umfasst, weil aus der gesetzlichen Regelung des § 823 I BGB – im Lichte der verfassungsrechtlichen Schutzpflicht zu Gunsten des Lebens (Art. 2 II 1 GG) – keine Verkehrspflicht zur Verhinderung des Lebens des ungewollten Kindes abgeleitet werden kann. Insoweit kann sich eine Scha-densersatzpflicht aber nach h.M. aus einer Verletzung des ärztlichen Behandlungsvertrages ergeben.[45] Hinsichtlich des **Vaters** fehlt es ohnehin an jeglicher Rechtsgutsverletzung, so dass insoweit ebenfalls nur vertragliche Ansprüche in Betracht kommen, wenn der Vater in den Schutzbereich des Behandlungs-vertrages einbezogen ist.[46]

Beim **Kind selbst** liegt schon kein Verletzungstatbestand des § 823 I BGB vor, da es ihm gegenüber keine gesetzliche „Lebensverhinderungspflicht", sondern gerade eine verfassungsrechtliche Lebens-schutzpflicht gibt (Art. 2 II 1 GG; keine Haftung für **„wrongful life"**).[47]

ee) Vorgeburtliche Schädigungen

Bei vorgeburtlichen Schädigungen stellt sich die Frage nach dem Beginn des zivilrechtlichen Lebens-bzw. Gesundheitsschutzes:

- Grundsätzlich beginnt nach § 1 BGB die Rechtsfähigkeit des Menschen (und damit die Fähigkeit, ein „Anderer" i.S.v. § 823 I BGB zu sein) mit der **Vollendung der Geburt**. Nach zutreffender h.M. regelt § 1 BGB aber nur die Fähigkeit, Träger von Rechten und Pflichten zu sein, nicht dagegen die **Verlet-zungsfähigkeit von Rechtsgütern**.[48] Damit kann dem Kind zwar ein *Schadensersatzanspruch* frühes-tens ab der Vollendung seiner Geburt zustehen; der *Kausalverlauf*, der zu einer Gesundheitsverletzung des (später geborenen) Kindes geführt hat, kann aber bereits beim **nasciturus**[49] oder sogar noch vor seiner Zeugung begonnen haben (z.B. bei der Infektion der Mutter mit Lues[50]).
- **Überlebt** das Kind die Schädigung im Mutterleib **nicht** und wird daher nicht (lebend) geboren, so wertet die Rechtsprechung die Schädigung des Embryos als **Körperverletzung der Mutter** und ge-währt dieser daher einen deliktischen Anspruch.[51]

b) Freiheit

Das Kriterium Freiheit i.S.v. § 823 I BGB wird nach allgemeiner Meinung **auf die Fortbewegungsfreiheit konzentriert**, es erstreckt sich also nicht auf die allgemeine Handlungsfreiheit.[52] Wäre die allgemeine Handlungsfreiheit umfassend geschützt, dann könnte unter dem Gesichtspunkt der Freiheitsverletzung das enumerative Haftungssystem der §§ 823 ff. BGB ausgehebelt werden. Verletzungen der Fortbe-wegungsfreiheit liegen beim Einsperren oder sonstigem Ausschluss der Fortbewegung vor (vgl. auch § 239 StGB). Beispiele sind etwa das Fesseln einer Person oder das Steckenbleiben im Fahrstuhl. Praktisch re-levante Konstellationen sind insbesondere die Veranlassung einer unberechtigten Inhaftierung (z.B.

---

[43] Vgl. BGHZ 86, 240 (248) = JuS 1983, 632.

[44] Vgl. *BGH* NJW 1995, 2407 = JuS 1996, 71.

[45] Vgl. BGHZ 76, 259 (261) = JuS 1980, 757; BGHZ 143, 389 = JuS 2000, 919. Zum Problem „Kind als Scha-den" auf Rechtsfolgenseite näher unten *Systematische Darstellung Schadensrecht* (Rn. 601 ff.).

[46] Vgl. dazu BGHZ 76, 259 (262) = JuS 1980, 757; BGHZ 124, 128 (132) = JuS 1994, 608.

[47] Vgl. BGHZ 86, 240 = JuS 1983, 632; vgl. hierzu Staudinger/*Hager*, 1999, § 823 Rn. B 50 ff.

[48] Vgl. MünchKomm/*Wagner*, § 823 Rn. 93; *Larenz/Canaris*, Schuldrecht II/2, § 76 II 1 h (S. 385).

[49] Vgl. BGHZ 106, 153.

[50] Vgl. BGHZ 8, 243.

[51] Vgl. *OLG Koblenz* NJW 1988, 2959 (2960); *OLG Oldenburg* NJW 1991, 2355; BeckOK/*Spindler*, § 823 Rn. 35.

[52] Vgl. *Larenz/Canaris*, Schuldrecht II/2, § 75 I 3 b (S. 356); *Deutsch/Ahrens*, Deliktsrecht, Rn. 244.

25

26

27

durch eine falsche Beschuldigung) oder Einweisung in eine geschlossene Heilanstalt (z. B. durch eine fehlerhafte medizinische Diagnose[53]).

Beim Steckenbleiben in einem **Verkehrsstau** (z. B. aufgrund eines Unfalls) liegt dagegen keine Beeinträchtigung der körperlichen Fortbewegungsfreiheit vor, da sich der Betroffene – ohne Auto – problemlos fortbewegen kann; lediglich sein Auto kann er nicht mitnehmen. Darin liegt möglicherweise eine Eigentumsverletzung, aber jedenfalls keine Freiheitsverletzung.[54]

c) Eigentumsverletzung

28 Der Haftungstatbestand des § 823 I BGB schützt **nicht das Vermögen als solches**, sondern **nur das Eigentum** an einer Sache i. S. v. § 90 BGB, d. h. an einem **körperlichen Gegenstand** (oder an einem Tier, § 90a BGB). Aus diesem Verzicht auf eine umfassende vermögensschützende Generalklausel folgt, dass nicht jede beliebige Störung der Eigentümerbefugnisse aus § 903 BGB als Eigentumsverletzung i. S. v. § 823 I BGB qualifiziert werden kann.[55]

Eine Eigentumsverletzung liegt unter Anknüpfung an die Eigentümerbefugnisse aus § 903 BGB vor allem in den folgenden Fällen vor:

29 ■ Jede **unbefugte physische Einwirkung** auf die Sache, z. B. tatsächliche Verletzungen der **Sachsubstanz**, d. h. Beschädigung, Verunstaltung oder Zerstörung der Sache; des Weiteren auch die Wegnahme der Sache bzw. die **Vorenthaltung des Besitzes**, das unbefugte Betreten eines fremden Grundstücks etc.

30 ■ **Rechtliche** Eingriffe in das **Eigentum**, z. B. durch wirksame Verfügung eines Nichtberechtigten (z. B. nach § 932 BGB) oder durch Verbindung, Vermischung (§§ 946ff. BGB) oder Verarbeitung (§ 950 BGB), sowie durch unberechtigte Zwangsvollstreckung (insbesondere durch Pfändung und Verwertung einer schuldnerfremden Sache[56]).

Soweit die Rechtsordnung das Eigentumsrecht jedoch auch **materiell dem Erwerber definitiv zuordnet**, liegt darin ein **Rechtfertigungsgrund für den Eingriff des Erwerbers**, so dass dieser keiner deliktischen Haftung unterliegt. Das gilt insbesondere beim gutgläubigen Erwerb nach §§ 932ff. BGB oder § 892 BGB, der nicht nur sachenrechtlich wirksam, sondern zugunsten des Erwerbers zudem grundsätzlich kondiktionsfest (arg. ex § 816 I 1 BGB)[57] und konsequenterweise auch deliktsrechtlich gerechtfertigt ist. In gleicher Weise ist bei der **Pfändung einer schuldnerfremden Sache** nach h. M. der **Erwerb** in der Zwangsversteigerung zwar kondiktionsfest und deliktsrechtlich gerechtfertigt; in beiden Fällen kann aber der **Veräußerer** bzw. der die Zwangsversteigerung veranlassende **Gläubiger** – neben einer etwaigen Bereicherungshaftung (insbesondere aus § 812 I 1 Alt. 2 BGB) – im Verschuldensfalle auch aus § 823 I BGB haften.[58] Bei der unberechtigten **Vermischung** oder Verarbeitung (§§ 946f. BGB) ist der Eigentumserwerb nach der gesetzlichen Wertung dagegen lediglich sachenrechtlich wirksam, aber nicht materiell dauerhaft (vgl. § 951 BGB), so dass insoweit auch eine deliktische Haftung **des Erwerbers** in Betracht kommt, wenn er etwa schuldhaft fremde Sachen verarbeitet und dadurch Eigentum erworben hat (vgl. § 951 II 1 BGB).[59]

31 ■ Sonstige **Störungen der Eigentümerbefugnisse**, d. h. solche, die weder eine physische Einwirkung noch eine Rechtsverletzung zum Gegenstand haben, sondern lediglich die Verwendung der Sache betreffen (Nutzungsstörungen), sind nur dann Eigentumsverletzungen i. S. v. § 823 I BGB, wenn dadurch der **bestimmungsgemäße** Gebrauch der Sache **vollständig** aufgehoben wird, der Eigentümer die Sache also **nicht mehr sinnvoll benutzen kann** (z. B. Einschluss eines Schiffes in einem Stichkanal, vgl. den sog. Fleetfall[60]). Wenn der Eigentümer die Sache dagegen lediglich **nicht so verwenden kann**, wie er konkret gerne würde, liegt ein Eingriff in seine (deliktsrechtlich grundsätzlich nicht geschützte) Handlungsfreiheit, nicht aber in sein Eigentum vor, da dieses objektiv nach wie vor nutzbar ist (z. B. Ver-

---

[53] Vgl. dazu etwa *OLG Nürnberg* NJW-RR 1988, 791; einschränkend BGHZ 62, 54 = JuS 1974, 457.

[54] Vgl. *Larenz/Canaris*, Schuldrecht II/2, § 76 II 2 b (S. 386); *Looschelders*, Schuldrecht BT, Rn. 1207.

[55] Vgl. *Larenz/Canaris*, Schuldrecht II/2, § 76 II 3 (S. 386ff.).

[56] Vgl. BGHZ 118, 201; Staudinger/*Hager*, 1999, § 823 Rn. B 69ff.

[57] Vgl. *Larenz/Canaris*, Schuldrecht II/2, § 67 III 2 a (S. 138f.).

[58] Vgl. *BGH* NJW 1996, 1535 (zu § 932 BGB); BGHZ 118, 201 (205) (zur unberechtigten Zwangsvollstreckung); bzgl. Letzterem für eine Lösung unter unmittelbarer Anwendung der §§ 989, 990 I BGB MünchKomm-ZPO/*Gruber*, § 804 Rn. 46 m.w. N.; für eine entsprechende Anwendung Staudinger/*Hager*, 1999, § 823 Rn. B 72; Stein/Jonas/*Münzberg*, ZPO, 22. Aufl., 2002, § 771 Rn. 90. Als Konsequenz ist nach der Rspr. die Haftung schon bei Fahrlässigkeit zu bejahen (vgl. *BGH* NJW 1992, 2014 [2015f.]), wohingegen die Gegenauffassung Bösgläubigkeit, d. h. grobfahrlässige Unkenntnis vom Recht des Dritten fordert.

[59] Vgl. BGHZ 109, 297 (300).

[60] BGHZ 55, 153; s. dazu eingehend unten Fall 1 *„Kein Schiff wird kommen"* (Rn. 274ff.).

hindern der Einfahrt eines Schiffes in einen Hafen). Diese Einschränkung folgt unmittelbar aus der zentralen Wertungsentscheidung des BGB-Gesetzgebers gegen einen umfassenden deliktischen Schutz der allgemeinen Handlungsfreiheit, denn diese manifestiert sich gerade im beliebigen Umgang mit seinem Eigentum; würde man jede noch so geringe Beeinträchtigung der Sachnutzung als Eigentumsverletzung ansehen, so wäre faktisch doch die allgemeine Handlungsfreiheit geschützt. Die vollständige Aufhebung jeder sinnvollen Nutzungsmöglichkeit entspricht demgegenüber der Wegnahme der Sache und muss daher dem deliktischen Schutz unterfallen.

Danach stellt das **totale Zuparken** eines Kfz bzw. die Verursachung einer **Totalblockade im Stau** grundsätzlich eine haftungsrelevante Eigentumsverletzung dar. Allerdings scheitert die Haftung eines Unfallverursachers wegen einer staubedingten Blockade an der objektiven Zurechnung des Schadens, weil anderenfalls eine uferlose Haftungsgefahr für Verkehrsteilnehmer bestünde; verkehrsbedingte Verzögerungen fallen vielmehr unter das allgemeine Lebensrisiko.[61] Bei Grundstücken ist die Totalsperre des Zugangs ebenfalls als Eigentumsverletzung zu qualifizieren (etwa auch: Unternehmensblockade), nicht aber die weiträumige Blockade von Straßen mit mittelbarer Sperrwirkung.[62]

Eine bloße Nutzungsstörung und keine Eigentumsverletzung ist ferner etwa bei einer durch Bauarbeiter verursachten **Unterbrechung der Stromversorgung** gegeben, weil deren Funktionsfähigkeit nicht vom Schutzzweck des Eigentums umfasst ist. Allerdings kann sich eine haftungsrelevante Eigentumsverletzung aus den Folgen eines Stromausfalls ergeben, wenn etwa Lebensmittel infolge eines Versagens der Kühleinrichtung verderben.[63]

- Bloß **immaterielle** oder **ideelle** Beeinträchtigungen des Eigentums sind dagegen vom Zuweisungsgehalt des Eigentums grundsätzlich nicht erfasst und stellen daher keine Eigentumsverletzungen i.S.v. § 823 I BGB dar (z.B. Fotografieren eines Hauses von einer öffentlich zugänglichen Stelle aus, also ohne Betreten des Hausgrundstücks;[64] Bordellbetrieb in der Nachbarschaft[65]).[66] Demgegenüber können nach h.M. **falsche Behauptungen über die Sache** – wie z.B. das Bestreiten der Eigentümerstellung oder die Bezeichnung eines Kunstwerks als Fälschung – u.U. eine Eigentumsverletzung darstellen, weil die Wahrnehmung der Rechtsverhältnisse bzw. der Herkunft der Sache zu den elementaren Funktionsbedingungen des Eigentums gehört und daher einer rechtlichen Beeinträchtigung ähnelt (vgl. auch § 12 BGB).[67] — 32

- Schwierigkeiten wirft das Kriterium der Eigentumsverletzung ferner beim Kauf von Sachen in den Fällen der sog. **weiterfressenden Mängel** auf: Ist eine gekaufte Sache mangelhaft und wird sie infolge des Mangels beim Käufer weitergehend beschädigt (z.B.: Autounfall infolge Bremsversagens; beachte: hinsichtlich anderer zerstörter Sachen liegt unproblematisch eine Eigentumsverletzung vor), so ist zweifelhaft, ob eine Eigentumsverletzung im Sinne des § 823 I BGB vorliegt, weil die Sache ja von vornherein (begrenzt) mangelhaft war, der Käufer also niemals über mangelfreies Eigentum verfügte. Freilich ist die Anknüpfung der Lösung derartiger Fälle an das Kriterium der Eigentumsverletzung rein formaler Natur; bei wertungsmäßiger Betrachtung geht es allein um eine sinnvolle Ordnung des Konkurrenzverhältnisses zum Recht der vertraglichen Mangelhaftung, deren Beschränkungen (z.B. Verjährung) durch die Zulassung einer parallelen deliktischen Haftung unterlaufen zu werden drohen.[68] — 33

d) Sonstige Rechte

Nach § 823 I BGB sind nicht nur die dort explizit genannten Rechtsgüter und Rechte geschützt, sondern auch „sonstige Rechte". Dieses Kriterium kann nicht etwa auf alle subjektiven Rechte erstreckt werden, — 34

---

[61] Vgl. *Larenz/Canaris*, Schuldrecht II/2, § 76 II 3 c (S. 389 f.); s. dazu auch unten *Systematische Darstellung Haftung im Straßenverkehr* (Rn. 722).

[62] Vgl. *Larenz/Canaris*, Schuldrecht II/2, § 76 II 3 c (S. 390).

[63] Vgl. BGHZ 41, 123 (125 ff.) – Bruteierfall; *Larenz/Canaris*, Schuldrecht II/2, § 76 II 3 c (S. 390).

[64] Dafür spricht auch der Rechtsgedanke von § 59 UrhG, vgl. *BGH* NJW 1989, 2251 (2252 f.); insoweit kann aber u.U. eine Verletzung des Allgemeinen Persönlichkeitsrechts vorliegen, vgl. *LG Köln* NJW 2009, 1825 f. und unten Rn. 47.

[65] Vgl. BGHZ 95, 307 = JuS 1986, 64.

[66] S. auch *Larenz/Canaris*, Schuldrecht II/2, § 76 II 3 e (S. 391).

[67] Vgl. *Larenz/Canaris*, Schuldrecht II/2, § 76 II 3 d (S. 391); s. auch Staudinger/*Hager*, 1999, § 823 Rn. B 78.

[68] Siehe dazu eingehend unten Fall 9 *„Das Montagsauto"* (Rn. 920 ff.).

weil damit § 823 I BGB – unter Einebnung der differenzierenden Haftungsschranken der §§ 823 ff. BGB – die Funktion einer weitgehend unbeschränkten Generalklausel zugemessen werden würde.[69] Eine bloße Verletzung der allgemeinen Handlungsfreiheit oder eine primäre Vermögensverletzung stellt daher noch nicht die Verletzung eines sonstigen Rechts im Sinne von § 823 I BGB dar. Vielmehr sind aus systematischen Gründen nur solche Rechte, die mit den in § 823 I BGB genannten Rechtsgütern und Rechten ähnlich sind, als „sonstige Rechte" zu qualifizieren. Aus dem Ähnlichkeitsbezug ergibt sich, dass es sich um **absolute Rechte** handeln muss, die – wie das Eigentum – durch **Zuweisungsfunktion** und **Ausschlussfunktion** gekennzeichnet werden:[70]

- **Zuweisungsfunktion** bedeutet, dass die Rechtsordnung dem Inhaber eine bestimmte Rechtsposition in der Weise zuweist, dass er mit ihr „nach Belieben verfahren kann" (vgl. § 903 S. 1 Alt. 1 BGB).

- **Ausschlussfunktion** bedeutet, dass der Inhaber alle anderen von der Einwirkung auf das jeweilige Recht ausschließen kann (§ 903 S. 1 Alt. 2 BGB).

aa) „Einfache" Anwendungsfälle

35   Unstreitige Fälle sonstiger Rechte sind:

- **Beschränkte dingliche Rechte** auf Nutzung oder Verwertung, z.B. Grundschuld, Hypothek, Mobiliarpfandrecht, Dienstbarkeit oder Nießbrauch. (Grund-)Pfandrechte können insbesondere dann verletzt i.S.v. § 823 I BGB sein, wenn die als Sicherheit dienende Sache durch Dritte beschädigt wird und dadurch an Wert für den Sicherungsgeber verliert.[71] Bei dinglichen Nutzungsrechten löst die Vereitelung der Nutzung deliktische Ansprüche aus § 823 I BGB aus.[72]

- **Anwartschaftsrechte.** Hier besteht allerdings das Problem, dass zugleich mit dem Inhaber des Anwartschaftsrechts auch der Eigentümer der betroffenen Sache eine Rechtsgutsverletzung erleidet. Daher ist nach h.M. der Schadensersatz nach dem Rechtsgedanken der §§ 432, 1077, 1281 BGB an beide Berechtigte gemeinsam zu leisten, die die Verteilung der Schadenssumme im Innenverhältnis selbst bestimmen müssen.[73]

- **Gesetzlich konkretisierte Persönlichkeitsrechte**, z.B. das Namensrecht (§ 12 BGB) oder das Recht am eigenen Bild (§§ 22, 23 KUG). Letzteres betrifft allerdings nur den Schutz vor Verbreitung und öffentlicher Zurschaustellung von Fotos; im Übrigen, insbesondere hinsichtlich des Schutzes vor der Anfertigung von Fotos, ist auf das Allgemeine Persönlichkeitsrecht zurückzugreifen.[74]

- Absolut geschützte **Immaterialgüterrechte** (z.B. Urheberrechte, Patente, gewerbliche Schutzrechte).

- Das elterliche **Sorgerecht** (relevant z.B. für die Geltendmachung der Detektivkosten bei Kindesentziehung).
- Der sog. **räumlich-gegenständliche Bereich der Ehe** (d.h. die gemeinsame Ehewohnung) ist gegenüber Dritten (insbesondere dem neuen Partner eines der Ehegatten) als sonstiges Recht geschützt.[75] Im Übrigen sind die ehelichen Rechte im Verhältnis zwischen den Ehepartnern nicht als sonstige Rechte i.S.v. § 823 I BGB anzuerkennen, insbesondere nicht das Recht auf eheliche Treue (§ 1353 BGB), weil das Eherecht insoweit abschließende Regelungen enthält.
- **Mitgliedschaftsrecht** (im Verein bzw. in einer Gesellschaft) nur insoweit, als die Mitgliedschaft entzogen oder in ihrem Kern berührt ist.[76] Dabei ist nicht etwa jede Störung von Mitgliedschaftsrechten (z.B. Stimmrecht, Gewinnbezug etc.) eine Rechtsverletzung i.S.v. § 823 I BGB; insoweit ist die vereins- bzw. gesellschaftsrechtliche Ausgestaltung des Mitgliedschaftsrechts *lex specialis*.

---

[69] Vgl. *Larenz/Canaris*, Schuldrecht II/2, § 76 II 4 a (S. 392).

[70] Vgl. *Larenz/Canaris*, Schuldrecht II/2, § 76 I 1 (S. 373); Staudinger/*Hager*, 1999, § 823 Rn. B 124; kritisch zum Kriterium der Eigentumsähnlichkeit *Schiemann*, FS Deutsch, 2009, S. 895 (899).

[71] Vgl. etwa *BGH* NJW 1976, 189: Teilweiser Abriss von Häusern auf dem mit Grundpfandrecht belasteten Grundstück; *BGH* NJW 1991, 695 = JuS 1991, 331: Entfernung von Zubehörstücken, die gem. § 1120 BGB in den Haftungsverband der Hypothek fallen.

[72] Vgl. etwa *BGH* VersR 1964, 1201.

[73] Vgl. *Larenz/Canaris*, Schuldrecht II/2, § 76 II 4 b (S. 393); *Neuner*, Sachenrecht, Rn. 355. Teilweise wird demgegenüber eine Aufteilung des Schadensersatzanspruchs zwischen Vorbehaltskäufer und -verkäufer entsprechend der geleisteten Kaufpreisraten oder auch die Möglichkeit der alleinigen Geltendmachung des gesamten Anspruchs durch den Inhaber des Anwartschaftsrechts vertreten; vgl. dazu eingehend *Baur/Stürner*, Sachenrecht, § 59 Rn. 45 m.w.N.

[74] Vgl. dazu unten Rn. 40 ff.

[75] Vgl. BGHZ 6, 360 (366); *BGH* NJW 1990, 706 (708); *Looschelders*, Schuldrecht BT, Rn. 1221.

[76] Vgl. BGHZ 110, 323 (334) = JuS 1991, 152.

■ Das **Recht am Arbeitsplatz** genießt hingegen keinen deliktsrechtlichen Schutz. Insofern handelt es sich lediglich um ein Bündel schuldrechtlicher Beziehungen zwischen den Arbeitsvertragsparteien ohne Ausschlusswirkung gegenüber Dritten.[77] Dementsprechend kann ein Arbeitnehmer, der durch das Verschulden eines Dritten (z. B. fahrlässige Verbreitung unwahrer negativer Gerüchte) seinen Arbeitsplatz verliert, keine Ansprüche gegen diesen Dritten aus § 823 I BGB geltend machen.

bb) Problemfälle

(1) Besitz

Der Besitz als solcher bezeichnet lediglich ein tatsächliches Verhältnis und sagt nichts über die Berechtigung des Besitzers aus. Besitz allein kann daher nicht Grundlage einer Zuweisungsfunktion sein.[78] Nach h. M. wird jedoch der **berechtigte Besitz** nach § 823 I BGB (z. B. gegen die Besitzentziehung durch einen Dieb) geschützt:[79] Der berechtigte Besitz hat einen **Zuweisungsgehalt**, da dem Besitzer aufgrund seines Besitzrechts grundsätzlich die Nutzungen der Sache zugewiesen sind (vgl. auch §§ 987, 988, 990, 993 I Hs. 2 BGB) und er mit ihr – im Rahmen seines Besitzrechts – nach Belieben verfahren kann. Auch die **Ausschlussfunktion** kommt dem berechtigten Besitz grundsätzlich zu, und zwar über die Besitzschutzansprüche nach §§ 861 f., 1007 BGB. Teilweise wird sogar der **unberechtigte, aber redliche Besitzer** als Inhaber eines sonstigen Rechts anerkannt, weil er seinen Besitz ebenfalls nach § 861 BGB verteidigen kann und ihm auch die Nutzungen nach § 993 I Hs. 2 BGB zugewiesen sind.[80] Diese Anknüpfungen sind freilich zu schwach ausgeprägt, um auch ohne ein Recht zum Besitz eine absoluten Rechten ähnliche Rechtsposition zu begründen.[81] Die gleichen Einschränkungen, die für den Schutz des Besitzes als „sonstigem Recht" angeführt werden, sind auch zu beachten, wenn § 858 BGB als Schutzgesetz i. S. v. § 823 II BGB angewendet wird. Insbesondere kann zwar der Dieb seinen nichtberechtigten Besitz am Diebesgut gem. § 858 BGB gegen Dritte verteidigen, darf aber nicht aus § 823 I BGB i. V. m. § 858 BGB Schadensersatzansprüche auf die Verletzung seines Besitzes stützen.[82]

Problematisch sind einige Detailfragen:
■ Schutz des **mittelbaren Besitzers** (z. B. des Zwischenvermieters, der selbst nicht Eigentümer der Mietsache ist): Dessen Besitzschutzansprüche richten sich gem. § 869 BGB nicht gegen den unmittelbaren Besitzer, sondern nur gegen Dritte. Zwischen mittelbarem Besitzer und Besitzmittler ist vielmehr das bestehende Besitzmittlungsverhältnis einziger Maßstab und Grund für (vertragliche) Schadensersatzansprüche.[83] Daher können dem mittelbaren Besitzer auch Ansprüche aus § 823 I BGB nur gegenüber Dritten zustehen.
■ Schutz gegenüber **Mitbesitzern**: Im Verhältnis der Mitbesitzer untereinander sind Besitzschutzansprüche nach § 866 BGB zwar im Wesentlichen ausgeschlossen. Diese Sondervorschrift suspendiert jedoch nicht die Ausschlussfunktion des Besitzes, sondern sie soll lediglich verhindern, dass der possessorische Prozess nach §§ 861 f. BGB mit dem petitorischen Problem der Abstimmung der Besitzrechte belastet wird. Da im Schadensersatzprozess nach § 823 I BGB der Umfang der Besitzberechtigung ohnehin voll geprüft werden muss, steht § 866 BGB auch im Verhältnis zwischen den Mitbesitzern dem Eingreifen deliktischen Schutzes nicht entgegen; jeder Mitbesitzer genießt daher auch gegenüber den übrigen Mitbesitzern derselben Sache den vollen Schutz des § 823 I BGB.[84]

(2) Obligatorische Forderungen

Nach einer in der Lit. verbreitet vertretenen Auffassung kommt obligatorischen Forderungen Zuweisungsgehalt und eine Ausschlussfunktion insofern zu, als nur der wahre Gläubiger zur Einziehung der Forderung berechtigt ist.[85]

36

37

38

---

[77] Vgl. *OLG Koblenz* NJW 2003, 1673 m. w. N. auch zur Gegenauffassung; MünchKomm/*Wagner*, § 823 Rn. 176; offengelassen bei *BAG* NJW 1999, 164.

[78] Vgl. *Larenz/Canaris*, Schuldrecht II/2, § 76 II 4 f (S. 396 f.).

[79] Vgl. BGHZ 137, 89 = JuS 1998, 459; *Kötz/Wagner*, Deliktsrecht, Rn. 158; Staudinger/*Hager*, 1999, § 823 Rn. B 167 ff.; i. E. auch *Larenz/Canaris*, Schuldrecht II/2, § 76 II 4 f (S. 396 f.) die aber nicht den Besitz selbst, sondern das Recht zum Besitz als Schutzgegenstand ansehen.

[80] *Medicus/Petersen*, Bürgerliches Recht, Rn. 607.

[81] Ebenso *Larenz/Canaris*, Schuldrecht II/2, § 76 II 4 f (S. 397) unter Hinweis auf mögliche Ansprüche aus §§ 823 II, 858 BGB.

[82] Vgl. dazu näher MünchKomm/*Wagner* § 823 Rn. 159.

[83] Vgl. BGHZ 32, 194 (205).

[84] Vgl. BGHZ 62, 243 – Lastenaufzug.

[85] Vgl. *Larenz/Canaris*, Schuldrecht II/2, § 76 II 4 g (S. 397 f.) m. w. N.; ebenso und unter Abgrenzung des Rechts *an* der Forderung vom Recht *aus* der Forderung *Picker*, FS Canaris, Bd. 1, 2007, S. 1001 ff.; Staudinger/*Hager*, 1999, § 823 Rn. B 164 f.

Zieht ein Anderer eine Forderung unberechtigterweise (wirksam) ein (vgl. z. B. § 407 BGB), so kann darin ein Eingriff in die **Forderungszuständigkeit** gesehen werden, die dem Inhaber ähnlich den in § 823 I BGB angeführten absoluten Rechten ausschließlich zugewiesen ist. Für die Einordnung der Forderungszuständigkeit als absolutes Recht kann auch die Parallele zur unberechtigten Veräußerung fremder Sachen angeführt werden (§§ 932 ff. BGB), bei der ein Eingriff in das Eigentum unstreitig bejaht wird. Von praktischer Bedeutung ist der Deliktsschutz in den betreffenden Konstellationen etwa dann, wenn der Geschäftsführer einer insolventen GmbH schuldhaft die dem Dritten zustehende Forderung zum Gesellschaftsvermögen eingezogen hat und der Forderungsinhaber daher nur gegen den Geschäftsführer erfolgversprechend vorgehen kann. Im Übrigen ist – wiederum in Parallele zu den §§ 932 ff. BGB[86] – freilich der in den §§ 407, 2367 BGB angelegte Vertrauensschutz auf den Deliktsanspruch zu übertragen, d. h. der Leistende ist grundsätzlich keinem deliktischen Schadensersatz ausgesetzt. Außerdem wird der **Gegenstand**, auf den sich die Forderung bezieht, nicht nach § 823 I BGB geschützt. Die Zerstörung einer verkauften, aber noch nicht übereigneten Sache führt also auch nach dieser Mindermeinung nicht zu einem deliktischen Schadensersatzanspruch des Käufers.

Die h. M. lehnt freilich eine Ausdehnung des § 823 I BGB auf die Forderungszuständigkeit hinsichtlich obligatorische Rechte bislang – mit allzu förmlicher Argumentation – ab: Zumeist wird pauschal auf den relativen Charakter obligatorischer Rechte verwiesen, die einer Gleichstellung mit den absoluten Rechten entgegenstehe. Zudem sei der Gläubiger einer Forderung bei deren unberechtigter Einziehung durch § 816 II BGB hinreichend geschützt.[87]

e) Die sogenannten Rahmenrechte

39   Ebenfalls den „sonstigen Rechten" zuzuordnen sind die sog. Rahmenrechte, d. h. das Allgemeine Persönlichkeitsrecht und das Recht am eingerichteten und ausgeübten Gewerbebetrieb. Verglichen mit den übrigen „sonstigen" Rechten weisen diese ungeschriebenen Rechte aber eine eigenständige und komplexere Struktur auf. Insbesondere sind der Zuweisungsgehalt, die Ausschlussfunktion und die sozialtypische Transparenz der Rahmenrechte nicht in gleichem Maße ausgeprägt wie bei den regulären „absoluten Rechten". Wegen dieses Defizits an Kontur indiziert nicht jede Beeinträchtigung der Rahmenrechte die Rechtswidrigkeit der Handlung; vielmehr ist die Rechtswidrigkeit von einer Interessenabwägung im Einzelfall abhängig.

aa) Allgemeines Persönlichkeitsrecht

40   Der Schutz der persönlichen oder geschäftlichen Ehre ist im BGB – abgesehen von § 824 BGB[88] – nicht ausdrücklich niedergelegt. Auch im übrigen geschriebenen Recht bestehen nur einzelne, punktuelle Ausprägungen des Ehr- oder Persönlichkeitsschutzes (z. B. in den §§ 185 ff. StGB, 12 BGB, 17 HGB, 22 ff. KUG). Diese Normen können zwar als Schutzgesetze i. S. v. § 823 II BGB (§§ 185 ff. StGB) oder als „sonstige Rechte" i. S. v. § 823 I BGB (Namensrecht, Firma, Recht am eigenen Bild) für Teilbereiche einen deliktischen Schutz des Persönlichkeitsrechts begründen. Sie werden aber nach heutigem Verständnis weder den Gefährdungen der Persönlichkeitsentfaltung in der modernen (Medien-)Gesellschaft noch den verfassungsrechtlichen Anforderungen eines umfassenden Persönlichkeitsschutzes (Art. 2 I i. V. m. Art. 1 I GG) gerecht. Um die Lücken im bestehenden System des Ehr- und Persönlichkeitsschutzes zu schließen, hat der *BGH* das **Allgemeine Persönlichkeitsrecht** als sonstiges Recht i. S. v. § 823 I BGB anerkannt.[89] Diese richterliche Rechtsfortbildung ist heute im Grundsatz allgemein anerkannt.

(1) Anwendbarkeit

41   Die Haftung aus § 823 I BGB i. V. m. dem Allgemeinen Persönlichkeitsrecht ist nach h. M. grundsätzlich gegenüber den speziellen Ausprägungen des Persönlichkeitsrechts – seien es die sonstigen Rechte i. S. v. § 823 I BGB (z. B. Namensrecht) oder die Schutzgesetze i. S. v. § 823 II BGB – **nicht subsidiär**. Die Anspruchsgrundlagen sind also nebeneinander anwendbar.[90] Soweit allerdings Teilbereiche des Persönlichkeitsrechts in den jeweiligen Spezialnormen *abschließend* geregelt sind (z. B. beim Recht am eigenen

---

[86] Vgl. oben Rn. 30.

[87] Vgl. *Medicus/Petersen*, Bürgerliches Recht, Rn. 610; Palandt/*Sprau*, § 823 Rn. 11.

[88] Vgl. dazu unten Rn. 166 ff.

[89] Vgl. grundlegend BGHZ 13, 334 – Schacht-Leserbrief; s. auch *Larenz/Canaris*, Schuldrecht II/2, § 80 I 1–3 (S. 491 f.).

[90] Vgl. *Larenz/Canaris*, Schuldrecht II/2, § 80 I 6 (S. 496 f.).

Bild, vgl. §§ 22 ff. KUG[91]), darf der Rückgriff auf das Allgemeine Persönlichkeitsrecht nicht zu einer Erhöhung des Schutzniveaus führen.[92]

Das Allgemeine Persönlichkeitsrecht kann nicht nur natürlichen Personen, sondern im Grundsatz auch **juristischen Personen** zustehen (als sog. **Unternehmenspersönlichkeitsrecht**). Voraussetzung hierfür ist nach der Rspr. des *BGH* allerdings, dass die juristische Person zur Ausübung ihrer Funktion des spezifisch persönlichkeitsrechtlichen Rechtsschutzes bedarf. Dies ist (ausnahmsweise) dann der Fall, wenn sie **in ihrem sozialen Geltungsanspruch als Arbeitgeber oder Wirtschaftsunternehmen betroffen** wird.[93] Außerhalb dieses Bereichs kommt eine Verletzung des Rechts am eingerichteten und ausgeübten Gewerbebetrieb in Betracht, wobei dann allerdings ein betriebsbezogener Eingriff vorliegen muss.[94]   **42**

In zeitlicher Hinsicht ist zu beachten, dass das Persönlichkeitsrecht nicht mit dem **Tod des Inhabers** erlischt. Vielmehr besteht auch ein – eingeschränkter – Schutz der Persönlichkeit eines Verstorbenen. Hinsichtlich der Geltendmachung dieses **postmortalen Persönlichkeitsrechts** ist, sofern insoweit vom Verstorbenen keine (z.B. testamentarischen) Anordnungen getroffen wurden, nach h.M. zu unterscheiden:[95]   **43**
- Die **ideellen Bestandteile** des Persönlichkeitsrechts (insbesondere der Schutz vor Verunglimpfung) sind nach h.M. unvererblich; sie können nach dem Tod aber durch die *Angehörigen* geltend gemacht werden, auch wenn diese nicht Erben sind.[96] Eine Entschädigung in Geld scheidet indes aus, weil dem Verstorbenen weder Ausgleich noch Genugtuung für die Verletzung seines Persönlichkeitsrechts zuteil werden können. Den Angehörigen verbleiben lediglich Abwehransprüche.[97]
- Die **vermögenswerten Bestandteile** des Persönlichkeitsrechts (insbesondere der Schutz vor unberechtigter wirtschaftlicher Verwertung von Persönlichkeitsaspekten, z.B. Ausnutzung des Namens des Verstorbenen zu Werbezwecken) sind dagegen vererblich und können grundsätzlich von den *Erben* als regulärer Nachlassgegenstand geltend gemacht werden.[98]

(2) Schutzbereiche und Fallgruppen

Das Allgemeine Persönlichkeitsrecht ist ein umfassendes Recht auf Achtung und Entfaltung der Persönlichkeit (vgl. auch Art. 1 I 1, 2 I GG). Im Einzelnen lassen sich – insbesondere auch unter Berücksichtigung der verfassungsrechtlichen Vorgaben – folgende Schutzbereiche unterscheiden:[99]   **44**
- Schutz vor **Angriffen auf Ehre und persönliche Integrität**: Der klassische Schutzbereich des Persönlichkeitsrechts ist der Ehrschutz, der einerseits durch die §§ 185 ff. StGB (i.V.m. § 823 II BGB) und andererseits durch das Allgemeine Persönlichkeitsrecht gem. § 823 I BGB sichergestellt wird. Der Schutz gilt gegenüber klassischen Beleidigungen durch Worte oder Zeichen („Stinkefinger"), aber auch gegenüber der Behauptung ehrenrühriger (unwahrer) Tatsachen.[100]   **45**
- Schutz vor **Entstellungen der Identität**: Jede Person hat ein schutzwürdiges Interesse daran, über ihre Präsentation im gesellschaftlichen Kontext oder in der Öffentlichkeit selbst zu entscheiden. Dieser Schutzbereich ist etwa tangiert, wenn einer Person Äußerungen in den Mund gelegt werden, die sie nicht getätigt hat,[101] oder wenn über eine Person verzerrend berichtet wird, so dass ein falsches Bild in der Öffentlichkeit entsteht. Auch die Einstellung eines Bildes in einen irreführenden Kontext (beispielsweise zur Werbung[102]) oder u.U. sogar seine Verfremdung zu Satirezwecken können Eingriffe   **46**

---

[91] S. dazu unten Rn. 47.

[92] Vgl. MünchKomm/*Rixecker*, Anh. zu § 12 Rn. 40.

[93] Vgl. BGHZ 98, 94 (97) = JuS 1987, 69 – „BMW/Bumms Mal Wieder" (im Fall rechtswidrige Persönlichkeitsverletzung ablehnend); *KG* NJW 2000, 2210: Ungenehmigte Filmaufnahmen gestellter Diebstahlsszenen in Zügen der Deutschen Bahn AG; rechtswidrige Persönlichkeitsverletzung bejahend.

[94] Vgl. unten Rn. 60 ff.

[95] Vgl. MünchKomm/*Rixecker*, Anh. zu § 12 Rn. 33 ff.; *Lettmaier*, JA 2008, 566 (570 f.).

[96] Vgl. BGHZ 50, 133 – Mephisto; BGHZ 107, 384 = JuS 1990, 933 – Emil Nolde.

[97] Vgl. BGHZ 165, 203 (206 ff.) = JuS 2006, 458; Staudinger/*Hager*, 1999, § 823 Rn. C 47.

[98] Vgl. BGHZ 143, 214 = JuS 2000, 1222 – Marlene Dietrich; *BGH* NJW 2000, 2201 – Der blaue Engel, m. zust. Anm. *Götting*, NJW 2001, 585. S. ferner *BGH* NJW 2007, 684 (685 f.) = JuS 2007, 776: Zeitliche Begrenzung des Schutzes auf 10 Jahre nach dem Tod in Anlehnung an § 22 S. 3 KUG.

[99] Vgl. ausführlich MünchKomm/*Rixecker*, Anh. zu § 12 Rn. 40 ff; *Lettmaier*, JA 2008, 566 (567 ff.).

[100] Vgl. *BGH* NJW 1993, 930: Vorwurf illegalen Handels mit Tierprodukten; *BGH* NJW 1979, 266: Angebliche Falschaussage vor einem parlamentarischen Untersuchungsausschuss.

[101] Vgl. BGHZ 128, 1 = JuS 1995, 646; *BVerfG* NJW 2000, 1021 = JuS 2000, 912 – Caroline von Monaco.

[102] Vgl. BGHZ 26, 349 – Herrenreiter.

in das Persönlichkeitsrecht sein.[103] Auf die Ehrenrührigkeit kommt es in diesem Zusammenhang nicht an.

47   ■ **Schutz vor der Herstellung und Verbreitung von Bildnissen** („**Recht am eigenen Bild**"): Insoweit beschreiben die §§ 22 ff. KUG den Schutzumfang abschließend. Danach darf jeder grundsätzlich selbst bestimmen, ob bzw. in welcher Weise er abgebildet und der Öffentlichkeit präsentiert wird; ohne Zustimmung der abgelichteten Personen dürfen Bildnisse grundsätzlich weder hergestellt noch verbreitet werden. Der Schutz richtet sich dabei etwa gegen sog. **Paparazzi**,[104] kann aber auch von jedermann gegen die Herstellung oder Verbreitung privater Bilder (z. B. im Internet, Aufnahme in einen Kalender) geltend gemacht werden.

Eine Grenze findet der Schutz des eigenen Bildes bei sog. **Personen der Zeitgeschichte**, von denen Bilder im Informationsinteresse der Allgemeinheit auch ohne Einwilligung hergestellt und verbreitet werden dürfen. Dabei wird hinsichtlich des Schutzniveaus zwischen **absoluten** Personen der Zeitgeschichte, die selbst von öffentlichem Interesse sind (z. B. führende Politiker, Schauspieler, sonstige Prominente), und **relativen** Personen der Zeitgeschichte, die nur wegen ihrer Anwesenheit bei einem berichtenswerten Ereignis (z. B. Teilnehmer einer Demonstration, Täter oder Opfer eines Verbrechens) von öffentlichem Interesse sind, unterschieden.[105] Nach der Rechtsprechung des *BVerfG*, des *EGMR* und nunmehr auch des *BGH* hängt die Rechtmäßigkeit der Präsentation von Bildern auch bei Personen der Zeitgeschichte von einem **legitimen Informationsinteresse** der Bevölkerung ab; das bloße Unterhaltungsinteresse, d. h. die Befriedigung der Neugier nach dem Leben der Prominenten reicht dafür nicht aus. Diese Einschränkung folgt aus einer Abwägung der Pressefreiheit mit dem kollidierenden Schutz der Privatsphäre nach Art. 8 EMRK bzw. Art. 1 I, 2 I GG. Daher dürfen Bilder, welche die Personen **in rein privatem Kontext** zeigen, ohne dass ein Ereignis von legitimem Informationswert betroffen ist, nicht ohne Einwilligung der abgebildeten Personen veröffentlicht werden. Anstelle einer starren, kategorialen Einteilung nach absoluten/relativen Personen der Zeitgeschichte erfolgt eine Einzelfallabwägung unter Berücksichtigung der jeweiligen Grundrechtspositionen.[106]

48   ■ **Der Schutz vor dem Eindringen in den persönlichen Bereich:** Das Persönlichkeitsrecht schützt die Privat- und Intimsphäre vor der Ausforschung und Veröffentlichung. Das betrifft etwa die **Vertraulichkeit des gesprochenen und geschriebenen Wortes** (Schutz vor Abhören und Mitschneiden,[107] Schutz des Briefgeheimnisses und von Tagebuchaufzeichnungen[108]), die **Beobachtung** einer Person in ihrer Privatsphäre,[109] die **Videoüberwachung** von Privatpersonen[110] oder die Publikation von Fotos von Privatwohnungen, die nicht ohnehin von allgemein zugänglichen Stellen eingesehen werden können.[111] In diesem Zusammenhang gehört auch der Schutz vor **heimlichen Gentests** (z. B. zur Vaterschaftsfeststellung[112]) oder vor Leibesvisitationen und Taschenkontrollen[113]. Auch die **Veröffentlichung intimer Details** (etwa durch einen Ex-Partner) ist ein Eingriff in das Persönlichkeitsrecht.[114]

---

[103] Vgl. *BGH* NJW 2006, 603: Verletzung des Allgemeinen Persönlichkeitsrechts durch Verwendung eines manipulierten Fotos einer Person im Rahmen einer satirischen Bilddarstellung.

[104] Vgl. BGHZ 131, 332 und dazu *BVerfG* NJW 2000, 1021 = JuS 2000, 912 – Caroline von Monaco.

[105] Vgl. MünchKomm/*Rixecker*, Anh. zu § 12 Rn. 53 f.; Staudinger/*Hager*, 1999, § 823 Rn. C 198 ff.

[106] Vgl. *EGMR* NJW 2004, 2647 = JuS 2005, 160; dem folgend *BVerfG* NJW 2008, 1793 = JuS 2008, 1107; *BGH* NJW 2007, 1981; NJW 2008, 3141; NJW 2009, 754 (756 f.) – alle betreffend Caroline von Monaco; siehe auch *BGH* NJW 2007, 3440 – Herbert Grönemeyer; *BGH* NJW 2008, 749 – Oliver Kahn; BGHZ 177, 119 – Heide Simonis; *BGH* NJW 2008, 3138; NJW 2009, 1502 – Sabine Christiansen; *BGH* NJW 2009, 3032 – Wer wird Millionär; siehe zum Ganzen *Teichmann*, NJW 2007, 1917 ff.; *Frenz*, NJW 2008, 3102 ff.; *Lettmaier*, JA 2008, 566 (567 f.); *Hofmann-Riem*, NJW 2009, 20 ff.; *Stender-Vorwachs*, NJW 2009, 334 ff.

[107] Vgl. BGHZ 73, 120: Abgelauschtes Telefongespräch zwischen Spitzenpolitikern; s. auch *BGH* NJW 2003, 1727 (1728): Beweisrechtliche Unzulässigkeit der Vernehmung eines Zeugen über ein verdeckt abgehörtes Gespräch; in diesen Fällen besteht regelmäßig auch ein Anspruch aus § 823 II BGB i. V. m. § 201 StGB.

[108] Vgl. MünchKomm/*Rixecker*, Anh. zu § 12 Rn. 92 ff.

[109] Vgl. *OLG Oldenburg* NJW 2008, 3508: Beweisrechtliche Unzulässigkeit einer heimlichen privaten GPS-Überwachung.

[110] Vgl. *BGH* NJW 1995, 1955; *BAG* NJW 2003, 3436.

[111] Vgl. *BGH* NJW 2004, 762; NJW 2004, 766: Publikation von Fotos der Ferienhäuser prominenter Personen; s. auch *LG Köln* NJW 2009, 1825 f.: Verbot der Anfertigung von Fotos eines öffentlich nicht einsehbaren Saunabereiches auf einer privaten Dachterrasse durch den Hausverwalter zu Dokumentationszwecken.

[112] Vgl. BGHZ 162, 1.

[113] Vgl. dazu unten Fall 6 „*Big Brother*" (Rn. 679 ff.).

[114] Vgl. insbesondere *BGH* NJW 2005, 2844 = JuS 2006, 172; *BVerfG* NJW 2008, 39 = JuS 2008, 363; *BGH* NJW 2008, 2587 – Esra.

■ Schutz der **körperlichen und sexuellen Selbstbestimmung**: Das Persönlichkeitsrecht umfasst auch die   **49**
Dispositionsfreiheit über den eigenen Körper, insbesondere hinsichtlich der Zulassung körperlicher
Eingriffe (nach hier vertretener Auffassung also insbesondere die Zulassung jeglicher medizinischer
Heileingriffe) und der Verwendung von Bestandteilen des Körpers (z. B. einer Blutprobe zu anderen
als vom Patienten gewünschten Zwecken) sowie hinsichtlich der Vornahme sexueller Handlungen
(wobei insoweit auch § 823 II BGB i.V.m. §§ 174 ff. StGB und § 825 BGB zu beachten sind[115]).[116]

■ Schutz vor der **Erhebung und Verarbeitung von personenbezogenen Daten**: Dieser folgt aus dem ver-   **50**
fassungsrechtlich anerkannten Recht auf informationelle Selbstbestimmung.[117] Jeder darf selbst entscheiden, wem er welche personenbezogenen Informationen zur Verfügung stellt. Insoweit enthält
v. a. das BDSG spezielle Regelungen des Datenschutzes.[118]

■ Schutz vor **unbefugter wirtschaftlicher Nutzung der Persönlichkeit**: Auch die kommerzielle Ausbeu-   **51**
tung der Persönlichkeit fällt in den Schutzbereich des Allgemeinen Persönlichkeitsrechts. Dazu zählt
etwa die Verwendung von Bildnissen, des Namens oder auch der Stimme einer Person in der Werbung.[119]

(3) Widerrechtlichkeit

Nicht alle Beeinträchtigungen des Allgemeinen Persönlichkeitsrechts sind per se rechtswidrig. Auf-   **52**
grund dessen unscharfer Kontur ist stets zu erwägen, ob die Beeinträchtigung nicht durch normativ
gewichtigere Interessen des Schädigers gerechtfertigt wird. Die Anforderungen an diese **Interessenabwägung** hängen nach der Rechtsprechung davon ab, welche Sphäre auf Seiten des Geschädigten berührt ist:

■ Die **Intimsphäre** umfasst die innere Gedanken- und Gefühlswelt mit deren Äußerung nach außen, z. B.
in Tagebüchern oder vertraulichen Briefen, sowie diejenigen Informationen, für die „ihrer Natur nach
ein Anspruch auf Geheimhaltung besteht" (Gesundheitszustand,[120] Sexualleben[121]). Die Intimsphäre
ist **absolut geschützt**, d. h. insoweit ist die Rechtswidrigkeit – wie bei einem „regulären" absoluten
Recht – durch den Eingriff indiziert, scheidet also eine Rechtfertigung aufgrund schutzwürdiger Interessen des Schädigers grundsätzlich aus.

■ Die **Privatsphäre** umfasst das Leben im häuslichen Bereich oder im Familienkreis und das sonstige   **53**
Privatleben, sofern sich der Betroffene erkennbar in eine Situation der Abgeschiedenheit „zurückge-
zogen" hat. Davon zu unterscheiden ist die **Sozialsphäre**, welche die Kontakte der Person zur „Außenwelt" (Beruf, allgemeine Sozialkontakte, Auftreten in der Öffentlichkeit) und das Recht des Einzelnen umfasst, über die Art und Weise der öffentlichen Darstellung der Person zu entscheiden.[122] Bei
Eingriffen in diese beiden Sphären ist eine Interessenabwägung vorzunehmen, in deren Rahmen die
besondere Sensibilität der Privatsphäre höhere Anforderungen an die Legitimierung von Eingriffen
bedingt; im Einzelnen sind folgende Gesichtspunkte zu berücksichtigen:[123]
– Begründungsanforderungen nach Art der Sphäre: Während in die **Privatsphäre nur aus zwingen-
dem Grund** eingegriffen werden darf („Ausnahmecharakter"), muss sich der Geschädigte „einfache" Beeinträchtigungen seiner Sozialsphäre schon deswegen gefallen lassen, weil die freiwillige
Öffnung gegenüber der Außenwelt die Person unvermeidlich in ein vielfältiges Spannungsverhältnis
zu den – nicht per se weniger schutzwürdigen – Interessen Anderer stellt.
– **Art und Schwere des Eingriffs** und seiner Folgen.

---

[115] Vgl. dazu unten Rn. 172 f.
[116] Vgl. *Larenz/Canaris*, Schuldrecht II/2, § 80 II 6 c-e (S. 514 f.).
[117] Vgl. BVerfGE 65, 1 – Volkszählung.
[118] S. dazu näher MünchKomm/*Rixecker,* Anh. zu § 12 Rn. 105 ff.
[119] Vgl. z. B. *BGH* NJW 1992, 2084 – Joachim Fuchsberger.
[120] Vgl. *BGH* NJW 2009, 754 ff.
[121] Vgl. *BGH* NJW 2005, 2844 = JuS 2006, 172; *BVerfG* NJW 2008, 39 = JuS 2008, 363; *BGH* NJW 2008,
2587 – Esra.
[122] Zur Unterscheidung der Sphären näher und m.w. N. Palandt/*Sprau*, § 823 Rn. 87.
[123] Vgl. näher und m.w. N. Palandt/*Sprau*, § 823 Rn. 95 ff. Vgl. aber auch *Larenz/Canaris*, Schuldrecht II/2, § 80
II (S. 498 ff.), die aufgrund deutlicherer Konturierung einzelner Schutzbereiche einen weiteren Anwendungsbereich
für das Indikationsmodell befürworten.

– Zweck und Motiv des Eingriffs: Hier sind insbesondere die **Grundrechte** aus Art. 5 I GG (Meinungs- oder Pressefreiheit) und Art. 5 III GG (Kunstfreiheit) zu berücksichtigen, die für den Verletzer streiten können.[124]
– Das **Vorverhalten des Verletzten**, das etwa im öffentlichen Meinungskampf ein „Recht zum Gegenschlag" gewähren kann, wenn der Verletzer im Vorfeld massiv angegriffen wurde.[125]
– **Verhältnismäßigkeit** zwischen Eingriff und (legitimem) Motiv.

54   ■ Für die in der Praxis besonders bedeutsamen Fallgruppen **nachteiliger öffentlicher Äußerungen** über den Geschädigten hat die Rechtsprechung standardisierte Abwägungsgrundsätze für die Kollision zwischen Persönlichkeitsrecht und Meinungsfreiheit (Art. 5 I GG) entwickelt,[126] die dogmatisch im Rechtfertigungsgrund der **Wahrnehmung berechtigter Interessen** zu verorten sind:[127]
– **Bewusst unwahre Tatsachenbehauptungen** zu Lasten eines Anderen sind grundsätzlich rechtswidrig; die vorsätzliche Lüge ist nicht grundrechtlich geschützt.[128]
– Bei **fahrlässig unwahren Tatsachenbehauptungen** kommt es darauf an, ob der Verletzer in angemessenem Umfang recherchiert hat;[129] eine Behauptung negativer Tatsachen „ins Blaue hinein" ist rechtswidrig.
– **Wahre Tatsachenbehauptungen** sind regelmäßig auch dann zulässig, wenn sie andere beeinträchtigen, sofern sie nicht die Intimsphäre betreffen oder durch einen Vertrauensbruch (Abhören, Verletzung des Briefgeheimnisses) erlangt wurden.
– **Werturteile** sind grundsätzlich von der Meinungsfreiheit gedeckt und daher in der Regel rechtmäßig; dies gilt auch dann, wenn sie scharf formuliert oder verletzend sind. Eine Grenze findet die Meinungsfreiheit erst bei strafrechtlich relevanten Beleidigungen (§ 185 StGB) sowie (u. U. auch ohne strafrechtliche Relevanz der Herabsetzung) bei der sog. **Schmähkritik;** darunter sind Äußerungen zu verstehen, die nach Form und Inhalt vorrangig die Verletzung des Geschmähten zum Ziel haben, während das sachliche Anliegen der Meinungsäußerung im Hintergrund steht.[130]

(4) Rechtsfolgen

55   Die Verletzung des Allgemeinen Persönlichkeitsrechts kann verschiedene Rechtsfolgen nach sich ziehen, die teilweise Besonderheiten gegenüber den allgemeinen Sanktionen des Deliktsrechts aufweisen:

56   ■ Dem Verletzten steht zunächst analog § 1004 BGB ein Anspruch auf **Beseitigung der Beeinträchtigung** zu (sog. quasi-negatorischer Anspruch), der insbesondere den **Widerruf** einer ehrverletzenden Äußerung (in gleicher Weise wie die Verletzung selbst[131]) zum Gegenstand haben kann. Dieser Anspruch setzt kein Verschulden des Verletzers voraus. Bei **Werturteilen** ist einschränkend zu beachten, dass das Grundrecht der Meinungsfreiheit nach h. M. verbietet, einen Verletzer zum Widerruf seiner Meinungsäußerung zu zwingen; insoweit bleibt es beim Unterlassungsanspruch für die Zukunft.[132]

Neben diesen Anspruch treten in der Praxis spezifisch presserechtliche Ansprüche nach den Pressegesetzen der Länder, insbesondere der Anspruch auf **Gegendarstellung** nach Art. 10 BayPrG[133]. Dieser Anspruch zählt jedoch nicht zum Ausbildungsstoff nach den Prüfungsordnungen der Länder.

57   ■ Analog § 1004 BGB kann der Verletzte zudem für die Zukunft **Unterlassung** der Persönlichkeitsrechtsverletzung verlangen, sofern Wiederholungsgefahr besteht. Diese wird bei einer Erstbegehung vermutet, kann aber z. B. durch die Abgabe einer vertragsstrafebewehrten Unterlassungserklärung ausgeräumt werden.[134] Auch der Unterlassungsanspruch ist verschuldensunabhängig.

---

[124] Vgl. z. B. BGHZ 143, 199; *BVerfG* NJW 2000, 2189; BGHZ 131, 122; s. auch *BGH* NJW 2009, 3576 (3577) („Kannibale von Rothenburg").

[125] Vgl. BGHZ 45, 296.

[126] Vgl. dazu *Grimm,* NJW 1995, 1697 ff.

[127] Vgl. *BGH* NJW 1987, 2225 (2226 f.); *Larenz/Canaris,* Schuldrecht II/2, § 80 V 1 a (S. 522 ff.).

[128] Vgl. *BVerfGE* 54, 208 (219); *BVerfGE* 90, 241 (249); *BVerfGE* 99, 185 (197); krit. v. Münch/Kunig/*Wendt,* GG, 5. Aufl. 2000, Art. 5 Rn. 10 m. w. N.

[129] Vgl. etwa *BGH* NJW 1987, 2225.

[130] Vgl. *BGH* NJW 2009, 1872 m. w. N.; als Beispiel siehe *BVerfG* NJW 2009, 749: Bezeichnung als „Dummschwätzer" ist keine Schmähkritik, sondern kann u. U. noch im Rahmen einer Sachauseinandersetzung liegen; ebenso *BVerfG* NJW 2009, 3016 ff.: „Durchgeknallter Staatsanwalt" nicht zwingend Schmähkritik; siehe auch Palandt/*Sprau,* § 823 Rn. 102.

[131] Vgl. BGHZ 128, 1 = JuS 1995, 646 – Caroline von Monaco.

[132] Vgl. BGHZ 176, 175.

[133] Entspricht z. B. § 10 BlnPrG; § 11 LPrG NRW; § 11 NdsPrG.

[134] Vgl. *BGH* NJW 2004, 1035; MünchKomm/*Baldus,* § 1004 Rn. 135.

■ Weiterhin steht dem Verletzten im Verschuldensfalle der **Schadensersatzanspruch** aus § 823 I BGB   **58**
i.V.m. §§ 249 ff. BGB zu. Die Naturalrestitution (§ 249 I BGB) kann auch hier im **Widerruf** einer ehrverletzenden Äußerung bestehen. Hinsichtlich des **Vermögensschadens** gewährt die Rechtsprechung
dem Verletzten die Wahl zwischen zwei Berechnungsmethoden:[135] Er kann entweder seinen **konkreten
materiellen Schaden** ersetzt verlangen (z.B. Kosten für die Veröffentlichung einer Gegendarstellung;
Umsatzeinbußen infolge einer geschäftlichen Rufschädigung) oder – v.a. bei einer unbefugten wirtschaftlichen Ausbeutung der Persönlichkeit – den Marktwert einer entsprechenden Lizenz (sog.
Lizenzanalogie; vgl. auch § 97 II UrhG).[136] Die im Immaterialgüterrecht ebenfalls geläufige Schadensberechnung nach dem **Verletzergewinn** (vgl. § 97 II UrhG) hat der *BGH* bisher für Persönlichkeitsverletzungen nicht allgemein zugelassen;[137] er berücksichtigt diesen aber bei der Bemessung der Geldentschädigung.[138]

■ Über den Ausgleich erlittener Vermögenseinbußen hinaus erkennt die Rechtsprechung seit langem   **59**
auch einen Anspruch auf **Geldentschädigung für erlittene immaterielle Beeinträchtigungen (Schmerzensgeld)** an. Für diesen Anspruch fehlt zwar eine Anknüpfung im Wortlaut des § 253 II BGB. Der
BGH hat den Anspruch aber zunächst auf eine Analogie zu § 847 BGB a.F. (heute § 253 II BGB),[139]
später unmittelbar auf Art. 1 I 1 i.V.m. Art. 2 I GG gestützt[140]. Dogmatisch überzeugender ist die
Analogie zu § 253 II BGB, da Gewicht und Verletzlichkeit des Persönlichkeitsrechts in der modernen
Gesellschaft eine Gleichbehandlung mit den in § 253 II BGB genannten Rechtsgütern „Gesundheit,
Freiheit, sexuelle Selbstbestimmung" gebieten.[141] Zu Recht werden allerdings bei Persönlichkeitsrechtsverletzungen **besonders strenge Anforderungen an die Gewährung eines Schmerzensgelds** gestellt; dadurch wird einerseits wiederum der unscharfe Kontur des Persönlichkeitsrechts sowie andererseits dem hohen Gewicht der in § 253 II BGB genannten Rechtsgüter Rechnung getragen.
Voraussetzung für die Zuerkennung des Schmerzensgelds ist, dass der Eingriff **schwer wiegt** und die
entstandenen Nachteile **anders** (z.B. durch Widerruf) **nicht hinreichend ausgeglichen** werden können.
Die **Höhe** der Geldentschädigung richtet sich nach verschiedenen Faktoren, vor allem nach der
Schwere des Eingriffs, nach den Beweggründen des Verletzers, nach der Schuldform (typischerweise
ist Vorsatz erforderlich) und ggf. (aus Präventionsgründen) auch nach dem vom Verletzer erzielten
Gewinn.[142]

bb) Recht am eingerichteten und ausgeübten Gewerbebetrieb

Das **Recht am eingerichteten und ausgeübten Gewerbebetrieb** beruht auf einer **richterlichen Rechtsfort**   **60**
bildung, die Lücken im deliktischen und wettbewerbsrechtlichen Unternehmensschutz schließen soll:
Zwar sind die einzelnen Sachen (z.B. Maschinen), Rechte (z.B. Patente) und sonstigen Gegenstände
(z.B. sog. *good-will*) eines Unternehmens sehr weitgehend durch das Deliktsrecht geschützt, nämlich
durch das Eigentum, den Schutz sonstiger absoluter (Einzel-)Rechte (z.B. Immaterialgüterrechte) und
auch durch die Regeln des Wettbewerbsrechts; das „lebende" **Unternehmen als funktionale Einheit** ist
aber mehr als die Summe seiner einzelnen Elemente und *als solches* weder vom Eigentumsschutz noch
vom Schutz sonstiger absoluter Rechte erfasst. Diesem Schutzdefizit soll das Recht am eingerichteten
und ausgeübten Gewerbebetrieb Rechnung tragen. Am Beginn der Entwicklung dieses sog. Rahmenrechts standen Fälle der sog. unberechtigten Schutzrechtsverwarnung, in denen ein Unternehmen da-

---

[135] Vgl. näher MünchKomm/*Wagner,* § 823 Rn. 181 m.w.N., der seinerseits als dritte Berechnungsmethode –
freilich jenseits der schadensrechtlichen Dogmatik – auf den Verletzergewinn abstellt.

[136] Vgl. BGHZ 26, 349 (352) – Herrenreiter; BGHZ 20, 349 (353) – Paul Dahlke; im letztgenannten Urteil hat
der *BGH* auch einen Bereicherungsanspruch in Höhe der ersparten (üblichen) Lizenzvergütung für möglich gehalten.

[137] Für eine bereicherungsrechtliche Herausgabeverpflichtung *Canaris,* FS Deutsch, 1999, S. 85 ff.; *Lettemaier,*
JA 2008, 566 (570).

[138] Vgl. BGHZ 128, 1 = JuS 1995, 646 – Caroline von Monaco.

[139] Vgl. BGHZ 26, 349 (352) – Herrenreiter.

[140] Vgl. BGHZ 128, 1 = JuS 1995, 646 – Caroline von Monaco; *BGH* NJW 1996, 984 – Caroline von Monaco II.

[141] Vgl. näher *Larenz/Canaris,* Schuldrecht II/2, § 80 I 4 a (S. 494 f.).

[142] Vgl. BGHZ 128, 1 = JuS 1995, 646 – Caroline von Monaco; näher MünchKomm/*Rixecker,* Anh. zu § 12
Rn. 226 ff.

durch geschädigt wird, dass ein Konkurrent unter unberechtigter Berufung auf ein Schutzrecht (Patent o.ä.) den Vertrieb eines Produktes verbieten lässt.[143] Ein solcher Schaden unterfällt in der Tat keinem in § 823 I BGB erwähnten Rechtsgut.

61   Allerdings ist die Anerkennung eines deliktsrechtlich geschützten, allgemeinen Rechts am Unternehmen schon im Grundsatz umstritten. Insbesondere gerät eine solche Rechtsfortbildung in die Gefahr eines Konflikts mit dem **grundsätzlichen Ausschluss einer deliktischen Haftung für primäre Vermögensschäden** und mit verschiedenen Normen, welche die unternehmerische Entfaltung in konkreten Einzelausprägungen schützen. Besonders deutlich wird dieser Konflikt im unternehmerischen Wettbewerb: Jede, insbesondere auch jede erlaubte wettbewerbliche Handlung führt zwangsläufig – und durchaus beabsichtigt – zu einer Beeinträchtigung der unternehmerischen Tätigkeit der Konkurrenten. Die Grenzen zulässigen Wettbewerbs werden durch eine Vielzahl von Einzelvorschriften abgesteckt, namentlich denen des UWG. Die Anerkennung eines allgemeinen Rechts am Unternehmen birgt die Gefahr, dass das differenzierende positivrechtliche System des Unternehmensschutzes durch freie richterliche Rechtsschöpfung gesprengt und die freie unternehmerische Entfaltung – entgegen der Grundwertung des § 823 I BGB – allzu sehr beeinträchtigt wird. Aufgrund dieser Erwägungen spricht ein erheblicher Teil der Literatur dem Recht am Unternehmen die Anerkennung als deliktsrechtlich geschütztes Rechtsgut ab und verweist darauf, dass ein hinreichender Deliktsschutz für Unternehmen auf der Grundlage anderer Rechtsgüter des § 823 I BGB (z.B. dem allgemeinen [Unternehmens-]Persönlichkeitsrecht), der §§ 824, 826 BGB und vor allem der wettbewerbsrechtlichen Regelungen (z.B. §§ 3 ff. UWG; §§ 19, 20, 33 III GWB) gewährleistet werden kann.[144] Der große Zivilsenat des *BGH* hat diese Kritik allerdings ausdrücklich zurückgewiesen.[145]

62   Indessen ist auch auf der Grundlage der Position der Rechtsprechung unzweifelhaft, dass dem allgemeinen Recht am Unternehmen im positivrechtlichen System des Unternehmensschutzes lediglich eine sehr zurückgenommene, ergänzende Funktion zukommen kann. Der deliktische Unternehmensschutz auf der Grundlage des § 823 I BGB **unterliegt daher strengen Anforderungen**, die dazu führen, dass eine haftungsrechtlich relevante Verletzung des Rechts am eingerichteten und ausgeübten Gewerbebetrieb im Ergebnis nur sehr selten anzunehmen ist;[146] die effektiven Anwendungsfälle lassen sich im Wesentlichen mit wenigen Fallgruppen erfassen.[147]

(1) Anwendbarkeit

63   Der lückenfüllende Charakter des Rechts am eingerichteten und ausgeübten Gewerbebetrieb kommt im Grundsatz der **Subsidiarität** zum Ausdruck:[148] Eine Haftung aus § 823 I BGB unter dem Gesichtspunkt des Rechts am Unternehmen kommt nur dann in Betracht, wenn eine Schutzlücke in dem Sinne besteht, dass die zu beurteilende Interessenverletzung nicht eine bestimmte Ausprägung der Unternehmensentfaltung betrifft, die schon bei isolierter Betrachtung (z.B. als Eigentum) durch § 823 I BGB oder einen sonstiger Deliktstatbestand (z.B. § 824 BGB) geschützt ist.[149]

(2) Schutzgegenstand

64   Das Recht am eingerichteten und ausgeübten Gewerbebetrieb soll die Fortsetzung einer bisher rechtmäßig ausgeübten Unternehmensentfaltung sichern. Es **umfasst daher alles, was in seiner Gesamtheit den wirtschaftlichen Wert eines Betriebes ausmacht**, insbesondere Bestand, Erscheinungsform, Tätigkeitskreis, guten Ruf, Daten und Kundenstamm.[150] Mangels relevanter Unterschiede erstreckt sich der de-

---

[143] Vgl. RGZ 58, 24; aus jüngerer Zeit etwa BGHZ 165, 311; s. auch *Kötz/Wagner*, Deliktsrecht, Rn. 258 ff; eingehend *Schiemann*, FS Deutsch, 2009, S. 895 (902 ff.).

[144] Vgl. *Larenz/Canaris*, Schuldrecht II/2, § 81 II-IV (S. 544 ff.); *Emmerich*, Schuldrecht Besonderer Teil, § 22 Rn. 6 ff.; krit. auch *Medicus/Petersen*, Bürgerliches Recht, Rn. 611 ff. sowie *Schiemann*, FS Deutsch, 2009, S. 895 (903 ff.)

[145] Vgl. BGHZ (GS) 164, 1 = JuS 2005, 1125; vgl. dazu *Wagner/Thole*, NJW 2005, 3470; *Emmerich*, JuS 2005, 1125; MünchKomm/*Wagner*, § 823 Rn. 191 f.

[146] Vgl. dazu ausführlich unten Fall 1 „*Kein Schiff wird kommen*" (Rn. 299 ff.).

[147] Vgl. sogleich Rn. 67 f.

[148] Vgl. *Emmerich*, Schuldrecht Besonderer Teil, § 22 Rn. 10.

[149] Da § 826 BGB eine allgemeine, äußerste Grenze zulässiger Beeinträchtigungen markiert, scheidet diese Vorschrift aus der Subsidiaritätsbetrachtung aus; vgl. Palandt/*Sprau*, § 823 Rn. 126.

[150] Vgl. Palandt/*Sprau*, § 823 Rn. 127.

liktsrechtliche Schutz ungeachtet der traditionellen Begriffsbildung (Gewerbebetrieb) ohne Weiteres auch auf die freiberufliche Tätigkeit (z. B. Rechtsanwalt, Arzt etc.).

(3) Betriebsbezogener Eingriff

Um die Beeinträchtigung des freien Wettbewerbs in Grenzen zu halten, wird der allgemeine deliktsrechtliche Schutz des Unternehmens auf sog. **betriebsbezogene Eingriffe** beschränkt, d. h. auf subjektiv (final) oder objektiv **in spezifischer Weise auf den Betrieb als funktionale Einheit bezogene Verletzungshandlungen.** An der Betriebsbezogenheit fehlt es u. a. dann, wenn der Eingriff sich auf Rechte oder Rechtsgüter bezieht, die vom Gewerbebetrieb ohne Weiteres ablösbar sind.[151] Im Übrigen sichert dieses Tatbestandsmerkmal die Berücksichtigung der Grundwertungen des § 823 I BGB, insbesondere die Ablehnung eines allgemeinen Vermögensschutzes, so dass Beeinträchtigungen, die ebenso bei Privatpersonen vorkommen können und dort nicht deliktsrechtlich sanktioniert sind, auch nicht unter dem Gesichtspunkt der Verletzung des Rechts am eingerichteten und ausgeübten Gewerbebetrieb zu Ersatzansprüchen führen. Ein Eingriff wurde daher z. B. verneint bei der (allgemeinen) Unterbrechung von Telefon- oder Stromkabeln, Verletzung eines Angestellten, Unterbrechung der Zufahrtswege zum Betriebsgelände.[152]

(4) Widerrechtlichkeit

Angesichts der unscharfen Kontur des Rechts am Gewerbebetrieb ist die Rechtswidrigkeit von Eingriffen ebenso wie beim Allgemeinen Persönlichkeitsrecht im Wege der **Interessenabwägung** festzustellen; das Indikationsmodell[153] findet keine Anwendung.[154] **Auf Seiten des Geschädigten** sind bei der Interessenabwägung vor allem die Intensität und Art der Betroffenheit, die Umstände des Eingriffs und das eigene Vorverhalten des Unternehmens zu berücksichtigen. **Auf Seiten des Schädigers** ist festzustellen, ob dessen Zwecke in einem angemessenen Verhältnis zur Beeinträchtigung des Unternehmens stehen. Diese Bewertung hängt insbesondere auch vom normativen Gewicht der Interessen des Schädigers ab, wobei die objektive Wertordnung der Grundrechte zu beachten ist. So kann ein Eingriff u. U. gerechtfertigt werden durch das Informationsinteresse der Allgemeinheit (z. B. bei Testurteilen, vgl. Art. 5 I 1 GG), die Meinungsfreiheit (z. B. bei Boykottaufrufen, vgl. Art. 5 I 1 GG), die Pressefreiheit (z. B. bei kritischen Zeitungsberichten), die Kunstfreiheit (z. B. bei Bezugnahme in einem Kunstwerk, vgl. Art. 5 III GG), die Wissenschaftsfreiheit (z. B. bei kritischen Forschungsstudien, vgl. Art. 5 III GG) oder die Koalitionsfreiheit der Gewerkschaften (z. B. bei Streiks, vgl. Art. 9 III GG).

(5) Fallgruppen

Aus Gründen der Rechtssicherheit ist eine Orientierung an bestimmten, verhältnismäßig deutlich konturierten Fallgruppen zweckmäßig:

- **Kritik: Vergleichende Warentests, Kritik an Produkten, Preisvergleich, Boykottaufruf u. ä.:** Soweit derartige Schädigungen innerhalb eines Wettbewerbsverhältnisses stattfinden, ist § 4 UWG speziell, so dass keine relevanten Eingriffe in das Recht am eingerichteten und ausgeübten Gewerbebetrieb vorliegen. Im Übrigen ist stets die **Meinungsfreiheit** des Kritikers zu beachten, weshalb ein verbotener Eingriff in das Recht am eingerichteten und ausgeübten Gewerbebetrieb nur vorliegt, wenn eine Abwägung zwischen der Meinungsfreiheit und den wirtschaftlichen Interessen des Unternehmers zu Lasten der Meinungsfreiheit ausfällt.[155] Dies kann insbesondere dann der Fall sein, wenn eine kritische Bewertung auf einer unsorgfältigen Sachverhaltsermittlung beruht (beachte: hinsichtlich einer *Tatsachenbehauptung* greift § 824 BGB) oder wenn sie in unverhältnismäßiger Weise unsachlich ist (sog. Schmähkritik).[156] Ein Boykottaufruf kann vor allem dann den Rahmen zulässiger Meinungsäußerung überschreiten, wenn sich der Aufrufende besonderen wirtschaftlichen Drucks oder ähnlicher nicht-

65

66

67

---

151 Vgl. BGHZ 29, 65.
152 Vgl. Palandt/*Sprau,* § 823 Rn. 128 m.w.N.
153 Vgl. unten Rn. 117 ff.
154 Vgl. *BGH* NJW 2006, 830 (840); Palandt/*Sprau,* § 823 Rn. 126.
155 Vgl. BGHZ 65, 325 (339) – Stiftung Warentest.
156 Vgl. *BGH* NJW 2002, 1192; Palandt/*Sprau,* § 823 Rn. 129.

sachbezogener Mittel bedient.[157] Nach der Mindermeinung, welche die Anerkennung eines allgemeinen deliktsrechtlichen Unternehmensschutzes ablehnt, sind die Fälle schädigender Unternehmenskritik, in denen ohnehin regelmäßig ein bedingter Schädigungsvorsatz vorliegt, unter Heranziehung ähnlicher Maßstäbe nach § 826 BGB zu beurteilen.[158]

- Das BAG sieht in **rechtswidrigen Streiks** ebenfalls Eingriffe in das Recht am eingerichteten und ausgeübten Gewerbebetrieb.[159]

68   - Auch **unberechtigte Schutzrechtsverwarnungen** (Abmahnungen) sind nach der Rspr. von *RG*[160] und *BGH*[161] Eingriffe in das Recht am eingerichteten und ausgeübten Gewerbebetrieb. Nach der ein solches Recht ablehnenden Gegenansicht sind diese ausschließlich an § 4 Nr. 10 UWG zu messen.[162]

- Nach einer neuen Entscheidung des *BGH* soll auch die **unverlangte Zusendung einer E-Mail** (sog. *Spam*) ein Eingriff in das Recht am eingerichteten und ausgeübten Gewerbebetrieb sein,[163] weil sie Gewerbebetrieben einen erhöhten Aufwand für die Aussortierung der unerwünschten Nachrichten und ggf. auch höhere Internet-Kosten verursacht. Bei Privatpersonen kommt insoweit eine Verletzung des allgemeinen Persönlichkeitsrechts in Betracht.[164]

2. Handlung

a) Aktives Tun und Unterlassen

69   Die Haftung aus § 823 I BGB setzt aufgrund des Prinzips personaler Verantwortlichkeit (implizit) voraus, dass die Rechtsgutsverletzung auf einer Handlung des Schädigers beruht. **Handlung** im Sinne des Deliktsrechts ist **jedes menschliche Verhalten**, das der Bewusstseinskontrolle und Willenslenkung grundsätzlich unterliegt. Dabei kommt es nicht darauf an, ob das konkrete Verhalten tatsächlich *kontrolliert* war, sondern nur darauf, ob es durch den „natürlichen Willen" *kontrollierbar* war (so dass z. B. auch das versehentliche Umwerfen einer Vase eine Handlung ist[165]). Ob dieser natürliche Wille haftungsrechtlich zu verantworten ist, hängt von der **Verschuldensfähigkeit** des Schädigers ab (§§ 827 f. BGB)[166] und ist für die Einordnung als Handlung unerheblich, so dass etwa auch Kleinkinder deliktsrechtlich relevante Handlungen begehen können.

70   Am Merkmal der Handlung fehlt es danach im Wesentlichen nur bei **vis absoluta**, bei Reflexen und bei Kausalbeiträgen, die im Schlaf oder in Bewusstlosigkeit des Täters vollzogen werden; insoweit ergibt sich eine Parallele zum Handlungswillen bei der Willenserklärung.[167] Bei Bewusstseinsstörungen ist aber stets zu prüfen, ob eine relevante kausale (und schuldhafte) Handlung nicht darin liegt, dass der Täter sich in den fraglichen Zustand versetzt hat (z. B. durch Alkohol- oder Drogenkonsum).

71   Das **Unterlassen** einer Handlung steht dem positiven Tun gleich, wenn eine Rechtspflicht **zum Handeln** bestand. Eine solche Rechtspflicht kann sich aus einem **Vertrag** ergeben (z. B. Babysitter, Wachpersonal), der dann freilich auch eine vertragliche Haftung begründet, neben der die deliktische Haftung zumeist keine wesentliche praktische Funktion hat. Darüber hinaus ordnen verschiedene gesetzliche Regelungen Handlungspflichten an, z. B. die elterliche Sorgepflicht (§ 1626 I 1 BGB; zu Schädigungen Dritter vgl.

---

[157] Vgl. Palandt/*Sprau*, § 823 Rn. 131.
[158] Vgl. *Larenz/Canaris*, Schuldrecht II/2, § 81 II 2, 3 (S. 545).
[159] Vgl. näher zu den Voraussetzungen der Rechtswidrigkeit *BAG* NJW 1989, 57 (61) = JuS 1989, 320; dazu und näher zu den Voraussetzungen der Rechtmäßigkeit *Otto*, in: Münchener Handbuch des Arbeitsrechts, Bd. 3, 3. Aufl., 2009, § 285 Rn. 1 ff.; § 289 Rn. 6. Für eine Einordnung in die Schutzpflichtdogmatik *Larenz/Canaris*, Schuldrecht II/2, § 81 IV 6 (S. 559 f.).
[160] Vgl. grundlegend RGZ 58, 24.
[161] Vgl. z. B. *BGH* NJW 1979, 916; zuletzt BGHZ (GS) 164, 1 = JuS 2005, 1125; vgl. dazu *Looschelders*, Schuldrecht BT, Rn. 1254.
[162] Vgl. *Larenz/Canaris*, Schuldrecht II/2, § 81 III 4 (S. 554); *Schiemann*, FS Deutsch, 2009, S. 895 (903); insofern zustimmend *Wilhelm*, FS Canaris, Bd. 1, 2007, S. 1293 (1305 f.).
[163] Vgl. *BGH* NJW 2009, 2958.
[164] Vgl. *AG Brakel* NJW 1998, 3209; *LG Berlin* MMR 2003, 419 (SMS-Werbung); BGHZ 106, 229 = JuS 1989, 495 (Briefkastenwerbung).
[165] Vgl. *Larenz/Canaris*, Schuldrecht II/2, § 75 II 1 a (S. 361).
[166] Vgl. dazu unten Rn. 141 ff.
[167] Vgl. dazu *Grigoleit/Herresthal*, BGB Allgemeiner Teil, Rn. 7.

die Sonderregelung des § 832 BGB) oder die Pflicht zur Hilfeleistung nach § 323c StGB.[168] Die wichtigste Grundlage für die Begründung von Handlungspflichten bilden indessen die sog. Verkehrspflichten.

b) Verletzung von Verkehrspflichten

Unter Verkehrspflichten versteht man generalklauselartige Verhaltenspflichten, die aus der Kontrolle über Gefahrenquellen abgeleitet werden und der Präzisierung haftungsrelevanter Deliktshandlungen dienen. Die genaue dogmatische Funktion der Verkehrspflichten ist umstritten: Während einige Autoren sie als (richterrechtliche) **Schutzgesetze** i. S. v. § 823 II BGB qualifizieren wollen,[169] ordnet die h. M. sie zutreffend dem **Tatbestand des § 823 I BGB** zu. Hier können die Verkehrspflichten insbesondere die **Haftungsrelevanz eines Unterlassens** durch eine Rechtspflicht zum Handeln begründen (z. B. Haftung für das unterlassene Fällen eines morschen Baums). Darüber hinaus kann aus der Verletzung einer Verkehrspflicht aber auch – als zweite Funktion – die haftungsbegründende Kausalität i. w. S. (normative Zurechnung) von **mittelbaren (entfernten) Verursachungsbeiträgen** (d. h. der Verletzungserfolg liegt außerhalb des unmittelbaren Wirkungsfelds der schädigenden Handlung; z. B.: Haftung für das Inverkehrbringen fehlerhafter Produkte) abgeleitet werden.[170]

72

aa) Begründung von Verkehrspflichten

Verkehrspflichten können aus verschiedenen Gesichtspunkten entstehen; sie lassen sich mit folgender allgemeiner Formel zusammenfassen:[171]

73

> Wer eine **Gefahrenquelle** für geschützte Rechtsgüter oder Rechte anderer **schafft, unterhält** oder **durch Übernahme einer gefahrbezogenen Aufgabe steuert,** ist verpflichtet, **alle zumutbaren und geeigneten Vorkehrungen** zu treffen, damit sich die Gefahr nicht realisiert.

Diese allgemeine Formel der Entstehung von Verkehrspflichten kann im Hinblick auf verschiedene Konstellationen konkretisiert werden.

(1) Eröffnung oder Duldung eines Verkehrs (Bereichshaftung)

Derjenige, der einen für andere zugänglichen Verkehrsbereich (z. B. Straße, Grundstück, Gebäude, Veranstaltungsort) eröffnet oder unterhält, ist wegen seiner besonderen Kontrollmöglichkeiten zu dessen Sicherung verpflichtet (sog. **Bereichshaftung**). Diejenigen, die sich – auf seine Einladung hin oder zumindest in vorhersehbarer Weise – in dem betreffenden Verkehrsbereich aufhalten, dürfen darauf vertrauen, dass Gefahrenquellen hinreichend gesichert sind.[172] Grundgedanke ist danach die **tatsächliche Bestimmungsgewalt über eine Gefahrenquelle**; auf die Eigentumsverhältnisse kommt es dabei nicht an. Die Verkehrspflichten wegen Beherrschung einer Gefahrenquelle betreffen auch den Besitzer gefährlicher beweglicher Sachen und denjenigen, der gefährliche Sachen in Verkehr bringt (z. B. Waffenbesitzer, Hersteller fehlerhafter Produkte[173]). Gesetzliche Ausprägungen der Bereichshaftung finden sich in den §§ 831 I, 833, 836 f. BGB.

74

---

[168] Str., vgl. bejahend *Larenz/Canaris,* Schuldrecht II/2, § 77 III 1 d (S. 441), ablehnend MünchKomm/*Wagner,* § 823 Rn. 254, jeweils m. w. N.

[169] So etwa *Larenz,* FS Dölle, Bd. 1, 1963, S. 169 (193 f.); *Deutsch,* Allgemeines Haftungsrecht, Bd. 1, § 10 III 5 (S. 130); *Deutsch/Ahrens,* Deliktsrecht, Rn. 360; *von Bar,* Verkehrspflichten, 1980, S. 157 ff.

[170] Vgl. *Medicus/Petersen,* Bürgerliches Recht, Rn. 647; *Brox/Walker,* Besonderes Schuldrecht, § 41 Rn. 51; *Larenz/Canaris,* Schuldrecht II/2, § 75 II 3 c (S. 368 f.); s. zum Ganzen *Raab,* JuS 2002, 1041 ff. Näher zu den Fragen der Zurechnung unten Rn. 87 ff., zur Produkthaftung unten *Systematische Darstellung Produkthaftungsrecht* (Rn. 879 ff.).

[171] *BGH* NJW 2007, 762 (763) = JuS 2007, 389; vgl. *Larenz/Canaris,* Schuldrecht II/2, § 76 III 3 (S. 406 ff.); s. auch die etwas abweichende Einteilung bei *Medicus/Lorenz,* Schuldrecht II, Rn. 1244 ff.; Staudinger/*Hager,* 2009, § 823 Rn. E 12 ff.

[172] Vgl. als Beispiel etwa *OLG Stuttgart* NZV 2008, 523: Verkehrssicherungspflicht des Betreibers einer Diskothek für die Sicherheit des zugehörigen Parkplatzes; s. auch *Deutsch/Ahrens,* Deliktsrecht, § 17 Rn. 338 ff.

[173] Vgl. dazu unten *Systematische Darstellung Produkthaftungsrecht* (Rn. 907).

(2) Übernahme einer Aufgabe (Übernahmehaftung)

75   Wer eine bestimmte Aufgabe übernimmt, trägt damit – auch gegenüber Dritten – die Verantwortung für deren **ordnungsgemäße und sorgfältige Erfüllung** (z. B. Sicherung der Baustelle durch den Bauunternehmer).[174] Dadurch entstehen Verkehrspflichten des Übernehmers bezüglich der Rechtsgüter, die bei der Erfüllung dieser Aufgabe gefährdet sind (sog. **Übernahmehaftung**). Diese Haftung basiert – wie auch die Bereichshaftung – auf dem **Vertrauensgedanken**, d. h. der Übernehmer einer Aufgabe weckt beim Rechtsverkehr Vertrauen auf die ordnungsgemäße Erfüllung der übernommenen Aufgabe, weshalb andere ggf. auf eigene Vorsichtsmaßnahmen verzichten. So haftet etwa der Werkunternehmer, der eine Alarmanlage einbaut, aus § 823 I BGB für Diebstahlsschäden, wenn die Diebe wegen einer fehlerhaften Einstellung der Anlage erfolgreich waren. Auf die rechtliche Wirksamkeit der Übernahme kommt es dabei nicht an, so dass die deliktische Übernahmehaftung auch dann eintreten kann, wenn der zu Grunde liegende Vertrag nichtig ist oder angefochten wurde.[175] Gesetzliche Ausprägungen der Übernahmehaftung finden sich in §§ 831 II, 832 II, 834, 838 BGB.

(3) Vorangegangenes gefährdendes Tun (Ingerenz)

76   Eine pflichtenbegründende Gefahrenquelle kann ferner auch durch gefährdendes Vorverhalten (Ingerenz) entstehen. Wer etwa ätzende Flüssigkeiten in herkömmlichen Getränkeflaschen lagert, muss der Verwechslung durch hinreichende Maßnahmen vorbeugen.[176] Anders als im Strafrecht[177] kommt es im Zivilrecht insoweit nach h. M. nicht darauf an, dass das vorangegangene Tun eo ipso rechts- oder pflichtwidrig war. Vielmehr entsteht durch jedes gefährliche Tun eine Gefahrvermeidungspflicht, auch wenn das Tun als solches erlaubt war. Zur Vermeidung einer völligen Konturlosigkeit der Ingerenzhaftung verlangt die h. M. aber, dass die geschaffene Gefahr *besonders groß* sein muss.[178]

(4) Fürsorge- und Obhutspflichten

77   Über die bisher beschriebenen Verkehrspflichten hinaus, die jeweils die Zuständigkeit für die **Beherrschung einer Gefahrenquelle** begründen (sog. **Sicherungspflichten**), knüpft eine weitere Form der Verkehrspflichten an die Zuständigkeit für den **Schutz eines Rechtsguts** an. Die Begründung der Pflicht ist dann gewissermaßen auf Opferseite angesiedelt (sog. **Fürsorge- oder Obhutspflichten**). Diese Pflichten können sich aus rechtsgeschäftlicher Übernahme ergeben (z. B. Aufsichtspflicht des Babysitters), ohne dass es dabei auf die Wirksamkeit des Vertrages ankäme.[179] Gesetzliche Fürsorgepflichten betreffen insbesondere den sozialen Nahbereich, etwa die **Fürsorgepflichten der Eltern für ihre Kinder (§ 1626 I BGB)** oder zwischen Ehegatten (§ 1353 I BGB), die – über die allgemeine Hilfeleistungspflicht des § 323c StGB hinaus – ein aktives Einschreiten gegen Gefahren erfordern, die dem Kind bzw. dem anderen Ehegatten drohen. Ähnliches kann innerhalb sog. **Gefahrengemeinschaften** gelten (z. B. einer Seilschaft von Bergsteigern), nicht aber in lediglich sozialen (d. h.: rechtlich nicht verfestigten) Verbindungen wie etwa beim Zusammenleben in einer Wohngemeinschaft.[180]

bb) Inhalt und Umfang von Verkehrspflichten

78   Der Umfang von Verkehrssicherungspflichten wird im Wesentlichen durch die folgenden (primär ökonomischen) Kriterien bestimmt:[181]

---

[174]   Vgl. etwa RGZ 102, 372: Haftung eines Tierarztes für Schäden eines Metzgers, der mit der Notschlachtung eines an Milzbrand erkrankten Rindes betraut wurde, weil er (der Tierarzt) nicht für dessen ordnungsgemäße Desinfektion gesorgt hatte, so dass der Metzger schwer erkrankte; *BGH* NJW 1985, 194 = JuS 1985, 231: Haftung des Herstellers einer Dachdeckfolie für Schäden an der Dachkonstruktion infolge mangelnder Dichtigkeit.
[175]   Vgl. *BGH* NJW 1979, 1248 (1249); NJW 1989, 1094; NJW 2008, 1440 (1441) = JuS 2008, 556; MünchKomm/*Wagner*, § 823 Rn. 296 f.
[176]   Vgl. *BGH* NJW 1968, 1182.
[177]   Vgl. zum strafrechtlichen Parallelproblem etwa *Fischer*, StGB, § 13 Rn. 27.
[178]   Vgl. *Larenz/Canaris*, Schuldrecht II/2, § 76 III 3 c (S. 410 f.) m. w. N.
[179]   Vgl. MünchKomm/*Wagner*, § 823 Rn. 249.
[180]   Vgl. näher MünchKomm/*Wagner*, § 823 Rn. 252 f.
[181]   Vgl. etwa *BGH* NJW 2008, 3775 (3776); *Larenz/Canaris*, Schuldrecht II/2, § 76 III 4 b (S. 414); Staudinger/*Hager*, 2009, § 823 Rn. E 25 ff.; ähnlich *Medicus/Lorenz*, Schuldrecht II, Rn. 1249.

- Berechtigte **Erwartungen des Verkehrs** in die Sicherheit der jeweiligen Gefahrenquelle,
- **Wahrscheinlichkeit** eines Schadenseintritts,
- **Schwere** des zu erwartenden Schadens,
- **Aufwand**, der zur Sicherung erforderlich ist.

Der **persönliche Schutzbereich** der Verkehrspflichten umfasst alle diejenigen, die **bestimmungsgemäß, d.h. befug-** 79 **termaßen in den Gefahrenbereich gelangen**.[182] Besondere Anforderungen gelten gegenüber **Kindern**, da diese erfahrungsgemäß dazu neigen, sich selbst zu gefährden und herkömmliche Sicherungsmaßnahmen (Schilder oder „symbolische", leicht überwindbare Absperrungen) zu ignorieren. Daher sind Gefahrenquellen auch im Hinblick auf (absehbare) unbefugte Kontakte mit Kindern zu sichern; bei den Sicherungsmaßnahmen ist den spezifisch kindlichen Schwächen Rechnung zu tragen.[183]

Ob der Verkehrspflichtige die maßgeblichen Umstände für das Bestehen und den Inhalt der Verkehrspflichten **kannte**, und ob er sich im konkreten Fall überhaupt pflichtgemäß hätte verhalten können, spielt bei der Bestimmung des Pflichteninhalts nach richtiger Auffassung keine Rolle; dies ist vielmehr eine Frage des **Verschuldens**.[184]

cc) Passivlegitimation

Die Verkehrspflicht trifft bei der **Bereichshaftung** grundsätzlich denjenigen, der die **Bestimmungsgewalt** 80 über den Gefahrenbereich hat; dies ist häufig, aber nicht notwendig der Eigentümer (vgl. auch §§ 833, 836 III BGB: Haftung des Halters bzw. des Eigenbesitzers). Konkurrierende Passivlegitimationen sind möglich (etwa zwischen Vermieter und Mieter).[185] Bei der **Übernahmehaftung** ist der Übernehmer der Aufgabe (bzw. das betreffende Unternehmen) verpflichtet, in den Fällen der **Ingerenz der für das Vorverhalten Verantwortliche**.

Bei **juristischen Personen** trifft die Verkehrspflicht zwar die juristische Person selbst; *erfüllt* (oder vernachlässigt) 81 werden kann sie aber nur durch deren **Organe**, deren Pflichtverletzung ebenso wie ihr Verschulden der juristischen Person nach § 31 BGB zugerechnet wird. Umstritten ist, ob die Organe daneben auch einer **persönlichen Haftung** wegen Verletzung von Verkehrspflichten *der juristischen Person* unterliegen. Der *BGH* hat eine solche Organhaftung angenommen.[186] Diese Rechtsprechung ist wegen der resultierenden Haftungsrisiken für Geschäftsleiter und wegen des Spannungsverhältnisses zur Haftungsbeschränkung bzw. zur haftungsrechtlichen Verselbständigung juristischer Personen kritisiert worden.[187] Indessen ist zu berücksichtigen, dass das Organ in den fraglichen Fällen ohnehin *gegenüber der Gesellschaft* persönlich haftet, weil es diese einer deliktischen Haftung gegenüber externen Gläubigern ausgesetzt hat. Ob die Deliktsgläubiger der Gesellschaft diesen Regressanspruch pfänden oder unmittelbar gegen das Organ vorgehen, ist wirtschaftlich betrachtet gleichwertig. Eine generalisierende Einschränkung der Organaußenhaftung kann daher nicht überzeugend begründet werden. Der Schutz vor ausufernder Haftung kann – unter Anwendung allgemeiner Grundsätze – durch eine maßvolle Formulierung der Verkehrspflichten sowie durch eine sorgfältige Prüfung des individuellen Verschuldens gewährleistet werden.[188]

dd) Übertragung der Erfüllung auf Dritte

Häufig wird die Sicherungsaufgabe auf Dritte übertragen. Fraglich ist dann zum einen die Haftung des eigentlich Pflichtigen, zum anderen die des Gehilfen:

---

[182] Vgl. *BGH* NJW 1985, 1078; s. ferner *OLG Saarbrücken* MDR 2004, 1351, wonach im Falle naheliegender bestimmungswidriger Nutzung auch Unbefugte geschützt sind; differenzierend Staudinger/*Hager*, 2009, § 823 Rn. E 42 ff.

[183] Vgl. Staudinger/*Hager*, 2009, § 823 Rn. E 45 ff.

[184] Vgl. *Larenz/Canaris*, Schuldrecht II/2, § 76 III 7 a (S. 426); *Medicus/Petersen*, Bürgerliches Recht, Rn. 659; *Riehm*, FS Canaris, Bd. 1, 2007, S. 1079 (1101); a.A. MünchKomm/*Wagner*, § 823 Rn. 63 f., der die Verschuldensprüfung vollständig in die Prüfung der Verkehrspflichtverletzung integriert.

[185] Näher zu den Einzelheiten etwa *Larenz/Canaris*, Schuldrecht II/2, § 76 III 5 a (S. 418 f.); ausführlich Staudinger/*Hager*, 2009, § 823 Rn. E 55 ff. Zum in Konkurrenzfällen häufig virulenten Problem der Übertragung der Sicherungsaufgabe sogleich näher im Text.

[186] Vgl. BGHZ 109, 297 (302 ff.): Eigentumsverletzung durch abredewidrigen Einbau von unter Eigentumsvorbehalt gekauften Sachen; *BGH* NJW 1996, 1535 (1536). Zum strafrechtlichen Parallelproblem vgl. BGHSt 37, 106 = JuS 1991, 253 („Lederspray").

[187] Vgl. etwa *K. Schmidt*, Gesellschaftsrecht, 4. Aufl. 2002, § 14 V 2 (S. 427 f.); s. auch MünchKomm/*Wagner*, § 823 Rn. 414 ff.; Lutter/Hommelhoff/*Kleindiek*, GmbHG, 17. Aufl., 2009, § 43 Rn. 73 ff.; Baumbach/Hueck/*Zöllner/Noack*, GmbHG, 19. Aufl. 2010, § 43 Rn. 76 ff.

[188] Im Wesentlichen wie hier *Larenz/Canaris*, Schuldrecht II/2, § 76 III 5 d (S. 421 ff.).

82　■ Der originär **Verkehrspflichtige** wird nicht automatisch durch die Übertragung der Sicherungsaufgabe von der eigenen Verkehrspflicht befreit.[189] Jedoch kann die Einschaltung des Gehilfen als (seinerseits) hinreichende Erfüllung der Verkehrspflicht zu qualifizieren sein. Voraussetzung dafür ist aber, dass der originär Verpflichtete den Gehilfen sorgfältig auswählt und überwacht. Die Aufsichtspflicht kann sich in Bereichen, in denen stets Gefahren entstehen können (z.B. in Pressebetrieben hinsichtlich des Allgemeinen Persönlichkeitsrechts potenziell Betroffener), oder in Großbetrieben zu einer weitreichenden **Organisationspflicht** verdichten.[190] Verletzt der originär Verkehrspflichtige seine Auswahl- bzw. Überwachungspflicht, so haftet er für daraus folgende Schädigungen – wie auch ohne Übertragung der Sicherungsaufgabe – nach § 823 I BGB. Eines Rückgriffs auf § 831 BGB bedarf es nicht.[191] Die Übertragung der Verkehrspflicht führt aber nicht dazu, dass der Verkehrspflichtige nach § 278 BGB für die Schlechterfüllung der Pflicht durch den Übernehmer haftet, denn § 278 BGB ist nur innerhalb von Sonderverbindungen anwendbar, die durch eine gegenüber jedermann geltende Verkehrspflicht gerade nicht begründet werden.[192] Lediglich juristische Personen haften nach § 31 BGB (analog) für die Verletzung von Verkehrspflichten durch ihre Organe.

83　■ Der **Übernehmer** selbst kann zunächst aus §§ 280 I, 241 II BGB (positive Forderungsverletzung) i.V.m. den Grundsätzen des Vertrags mit Schutzwirkungen zugunsten Dritter haften, wenn der Vertrag zwischen Sicherungspflichtigem und Übernehmer im Einzelfall deren Voraussetzungen erfüllt, insbesondere ein Näheverhältnis zwischen dem Sicherungspflichtigen und dem Geschädigten besteht.[193] Zudem kann er als Übernehmer einer Aufgabe **selbst Träger von Verkehrspflichten** sein, soweit er Vertrauen für die ordnungsgemäße Erfüllung in Anspruch nimmt und der eigentlich Sicherungspflichtige daher auf weitere Sicherungsmaßnahmen verzichtet (**Übernahmehaftung**).[194] Dies ist aber regelmäßig nur dann der Fall, wenn der Übernehmer als selbständiger Unternehmer agiert; Angestellte des pflichtigen Rechtsträgers trifft dagegen grundsätzlich keine eigene Übernahmehaftung.[195]

ee) Fallgruppen

Wichtige Fallgruppen von Verkehrssicherungspflichten sind:

84　■ **Streupflicht:** Grundsätzlich ergibt sich für den Privatbürger keine Streupflicht aus § 823 I BGB für den Bürgersteig vor seinem Grundstück, da dieser nicht zu seinem Eigentum gehört und auch sonst keine von ihm (sondern nur von der Gemeinde) beherrschte Gefahrenquelle ist.[196] Etwas anderes gilt nur dann, wenn ein Anlieger, z.B. ein Gastwirt, gerade den öffentlichen Gehsteig nutzt, um Kunden anzulocken bzw. in seinen Betrieb zu führen.[197] Eine *allgemeine* Streupflicht kann sich aber aus öffentlich-rechtlichen Vorschriften ergeben, die dann Schutzgesetze i.S.v. § 823 II BGB sind; solche (landesrechtlichen) Übertragungsvorschriften sind sehr verbreitet.[198]

85　■ **Sicherung von Baustellen:** Grundsätzlich sind Baustellen so abzusichern, dass von ihnen keine Gefahren ausgehen. Bestehen Anhaltspunkte dafür, dass Kinder in der Baustelle spielen (nahegelegener Spielplatz, Erfahrungen, besonderer Anreiz), so sind Sicherungsmaßnahmen zu treffen, die auch Kinder effektiv (und nicht nur symbolisch) vom Spielen im Gefahrenbereich abhalten können. Die Haftung hieraus trifft den Bauherrn (der die Verkehrspflicht aber regelmäßig auf den Bauunternehmer überträgt), den Bauunternehmer und den Bauleiter.[199]

86　■ **Straßenunterhalt:** Straßen müssen allgemein den Sicherheitszustand haben, den der Verkehr nach der Art der Straße und deren Widmung erwarten kann. Danach gelten für Autobahnen selbstverständlich höhere Sicherheitsanforderungen als für Waldwege.[200] Zu beachten ist in diesem Zusammenhang auch, dass die Verkehrssicherungspflicht für Straßen nach traditionellem Verständnis als **privatrechtliche** Verhaltenspflicht im Sinne von § 823 I BGB qualifiziert wird; daher kommen nach h.M. bei einer Verletzung grundsätzlich keine Amtshaftungsansprüche aus § 839 BGB in Betracht, sondern ausschließlich Ansprüche aus dem allgemeinen Deliktsrecht.[201]

---

[189] Vgl. *OLG Stuttgart* NJW 2008, 2514 f.; *Medicus/Petersen*, Bürgerliches Recht, Rn. 656.
[190] Vgl. *BGH* NJW 1980, 2810.
[191] Vgl. *BGH* NJW 2008, 1440 = JuS 2008, 556.
[192] Vgl. *Medicus/Petersen*, Bürgerliches Recht, Rn. 656; *Larenz/Canaris*, Schuldrecht II/2, § 76 III 5 c (S. 419 ff.).
[193] Vgl. *BGH* NJW 2008, 1440 (1441 f.) = JuS 2008, 556 und dazu unten Rn. 519.
[194] Vgl. *Medicus/Petersen*, Bürgerliches Recht, Rn. 658; Staudinger/*Hager*, 2009, § 823 Rn. E 63 ff.
[195] Vgl. *BGH* NJW 1987, 2510 (2511).
[196] Vgl. Palandt/*Sprau,* § 823 Rn. 224.
[197] Vgl. *Larenz/Canaris*, Schuldrecht II/2, § 76 III 4 a (S. 413).
[198] Vgl. etwa Art. 51 IV, V BayStrWG; § 4 I StrReinG NRW; § 52 IV NdsStrG; § 4 I BlnStrReinG.
[199] Vgl. *BGH* NJW-RR 2007, 1027 f.; NJW 1996, 2035 (2037); Palandt/*Sprau,* § 823 Rn. 187, 191.
[200] Vgl. *Medicus/Lorenz*, Schuldrecht II, Rn. 1249.
[201] Vgl. näher unten Fall 1 „*Kein Schiff wird kommen*" (Rn. 266 ff.).

3. Haftungsbegründende Kausalität

Das Kriterium der haftungsbegründenden Kausalität (i.w.S.) betrifft die Frage, ob die **Rechtsgutsverlet-** 87
zung der Handlung des Schädigers („als dessen Werk") zugerechnet werden kann. Nach im Wesentlichen gleichen Grundsätzen beantwortet das Kriterium der haftungsausfüllenden Kausalität, ob der fragliche Schaden der Rechtsgutsverletzung zugerechnet werden kann.[202]

Herkömmlicherweise werden drei **Stufen der Zurechnung** unterschieden: 88

> 1. Äquivalenzformel
> 2. Adäquanzformel
> 3. Schutzzweck der Norm (normative Zurechnung)

a) Äquivalenzformel

aa) Grundlagen

Nach der sog. Äquivalenzformel[203] ist eine Handlung kausal für einen bestimmten Erfolg, wenn sie nicht 89
hinweggedacht werden kann, ohne dass der Erfolg in seiner konkreten Gestalt entfiele (**Conditio-sine-qua-non-Formel**; z.B.: ein Fahrfehler ist kausal für eine Körperverletzung, weil diese ohne die Kollision nicht eingetreten wäre). Man spricht insoweit auch vom **naturwissenschaftlichen bzw. logischen Ursachenzusammenhang.** Besteht die Handlung in einem pflichtwidrigen **Unterlassen**, so ist sie – in konsequenter Abwandlung der Ausgangsformel – kausal, wenn die geschuldete Handlung nicht *hinzu*gedacht werden kann, ohne dass der Erfolg in seiner konkreten Gestalt entfiele.[204]

bb) Besonderheiten bei Beteiligung mehrerer Personen

Gewisse Besonderheiten können für die Äquivalenzformel in Fällen gelten, in denen mehrere Personen an der Rechtsgutsverletzung beteiligt waren. Insoweit sind verschiedene Konstellationen zu unterscheiden:

- In Fällen der **Doppelkausalität**, wenn also mehrere Handlungen eine Rechtsgutsverletzung dergestalt verursa- 90
  chen, dass auch jede Handlung für sich alleine kausal gewesen wäre (z.B.: Zwei Täter geben unabhängig voneinander je eine tödliche Dosis Gift in die Suppe des Opfers; von fünf Gesellschaftern einer GmbH stimmen in der Gesellschafterversammlung vier für ein rechtswidriges Verhalten der Gesellschaft[205]), ist nach allgemeiner Auffassung eine normative Korrektur der Conditio-sine-qua-non-Formel vorzunehmen. Danach liegt Kausalität im Sinne der Äquivalenzformel schon dann vor, wenn die beiden Ereignisse zwar nicht alternativ, aber doch kumulativ nicht hinweggedacht werden könnten, ohne dass der Erfolg entfiele. Dies wird damit gerechtfertigt, dass der Geschädigte anderenfalls seinen Haftungsschutz verlöre, ohne dass einer der beiden Schädiger schutzwürdig ist; da beide Parteien die Verletzung jedenfalls potenziell verursacht haben, stellt das Hinzutreten des rechtswidrigen Verhaltens eines Anderen aus normativer Sicht keine überzeugende Entlastung dar.[206]
- In den Fällen der **kumulativen Kausalität (Gesamtkausalität)** sind mehrere Handlungen in der Weise kausal, dass 91
  nicht jede für sich, sondern nur ihr Zusammenwirken die Rechtsgutsverletzung verursacht haben (z.B.: Zwei Täter geben unabhängig voneinander je eine nicht-tödliche Dosis Gift in die Suppe des Opfers, erst die Summe beider Dosen ist tödlich; von fünf Gesellschaftern einer GmbH stimmen in der Gesellschafterversammlung drei für ein rechtswidriges Verhalten der Gesellschaft). Hier führt die Äquivalenzformel ohne Korrekturen zum richtigen Ergebnis (Kausalität *aller* Tatbeiträge), denn für jeden Tatbeitrag gilt, dass er nicht hinweggedacht werden kann, ohne dass der Erfolg entfiele.[207] Der Umstand, dass für den Eintritt des Verletzungserfolgs ein weiterer Kausalbeitrag erforderlich war (sog. **mittelbare Verletzung**), lässt die Zurechnung nicht entfallen.[208] Beide Täter haften dann als Nebentäter (§ 840 BGB).[209]

---

[202] Vgl. unten *Systematische Darstellung Schadensrecht* (Rn. 531 ff.).

[203] Die Bezeichnung geht darauf zurück, dass nach dieser Lehre alle (auch noch so entfernten) Ursachen einer Rechtsgutsverletzung gleichwertig sind.

[204] Vgl. BGHZ 34, 206 (215); *BGH* NJW 1990, 2126; NJW 2003, 295 (296).

[205] Hier könnte sich jeder einzelne Gesellschafter darauf berufen, dass auch ohne seine Stimme eine Mehrheit von drei zu zwei Stimmen bestanden hätte.

[206] Vgl. MünchKomm/*Oetker*, § 249 Rn. 130; Palandt/*Grüneberg*, Vorb v § 249 Rn. 34.

[207] Eine andere Frage ist, ob sich das Verschulden jeweils auf die schließlich eingetretene Rechtsfolge bezogen hat.

[208] Vgl. unten Rn. 105 f.

[209] Vgl. dazu unten Rn. 243.

92   ■ Ist unklar, wer von **mehreren potenziellen Schädigern** die tatsächlich rechtsgutsverletzende Handlung vorgenommen hat (z. B. bei Steinwürfen aus einer Gruppe heraus, von denen einer das Opfer verletzt, ohne dass der Werfer gerade des verletzenden Steines festgestellt werden kann), so ist keine der Handlungen nachweislich kausal. Es kommt aber eine **Haftung aller potenziellen sog. Alternativtäter aus § 830 I 2 BGB in Betracht.**[210] Wenn mehrere Beteiligte im Sinne strafrechtlicher Mittäterschaft, Anstiftung oder Beihilfe zusammenwirken, haften sie nach § 830 I 1, II BGB ohnehin unabhängig von der Kausalität ihrer individuellen Beiträge als Gesamtschuldner.[211]

cc) Notwendige Einschränkungen der Zurechnung

93   Die naturwissenschaftliche Kausalität im Sinne der Äquivalenzformel ist **allein für die haftungsbegründende Zurechnung nicht genügend.** Vielmehr wird die Zurechnung durch wertende bzw. normative Kriterien ergänzt, weil anderenfalls die deliktische Haftungsverantwortlichkeit auszuufern droht. Denn im Sinne einer „conditio sine qua non" ist nicht nur die Handlung des Schädigers kausal, sondern auch die Herstellung einer etwa beteiligten Sache (z. B. Waffe), die Zeugung des Schädigers, dessen Transport zum Schädigungsort durch ein Taxi und sogar das Verhalten des Opfers selbst. Ein gewisser Filter ist insoweit das Verschuldenskriterium, das zumindest diejenigen Handlungen ausschließt, bei denen die spätere Rechtsgutsverletzung nicht vorhersehbar oder nicht mit vertretbarem Aufwand vermeidbar war. Dieses Kriterium allein kann die gebotene **Konkretisierung der Haftungsverantwortlichkeit** aber nicht gewährleisten. Denn nur die Verankerung von Einschränkungen im Rahmen des Zurechnungszusammenhangs erlaubt eine einheitliche Behandlung des Zurechnungsproblems bei der Verschuldens- und bei der Nicht-Verschuldenshaftung. Es kommt hinzu, dass sich das Verschuldenskriterium lediglich auf den Haftungsbegründungstatbestand bezieht und daher etwaigen Zurechnungsstörungen im Haftungsausfüllungstatbestand nicht Rechnung tragen kann. Schließlich unterscheidet sich das Kriterium der objektiven Zurechnung auch inhaltlich wesentlich vom Verschulden: Während bei der Zurechnung objektive „Schwächen" des Zurechnungszusammenhangs Berücksichtigung finden (Ist die Rechtsgutsverletzung/der Schaden das Werk des Schädigers?), betrifft das Verschulden die subjektive Verantwortlichkeit des Schädigers (Ist der Schädiger für sein Werk verantwortlich?).

Daher besteht Einigkeit dahingehend, dass die Äquivalenzformel nur einen **Negativfilter** darstellt, der eine erste Begrenzung der potenziell haftungsrelevanten Handlungen leistet,[212] darüber hinaus aber weiterer Einschränkungen bedarf. Diese Einschränkungen werden nach herrschender Praxis und Lehre durch die sog. Adäquanzformel und (vor allem) durch das Kriterium des Schutzzwecks der Norm konkretisiert.

b) Adäquanzformel

94   Die Adäquanzformel schränkt die deliktsrechtlich relevanten Handlungen dadurch ein, dass der Erfolg nur einer solchen Handlung zugerechnet werden kann, die **vom Standpunkt eines optimalen Beobachters** (in der jeweiligen Position des Schädigers) **generell geeignet** ist, diesen Erfolg herbeizuführen. Deutlicher wird der Inhalt des Adäquanzkriteriums bei negativer Formulierung: Eine Handlung ist nur dann keine adäquate Ursache des Erfolges, wenn die Verursachung nur unter ganz eigenartigen, unwahrscheinlichen und nach dem regelmäßigen Verlauf der Dinge außer Betracht zu lassenden Umständen zur Herbeiführung des Erfolgs geeignet war.[213] Der Erfolg darf also **nicht außerhalb jeder Wahrscheinlichkeit** liegen.[214]

95   Die Adäquanzformel wird jedoch in verschiedenen Konstellationen **nicht angewendet:**
   ■ Im Rahmen der **Gefährdungshaftung,** da es gerade der Sinn der Gefährdungshaftungstatbestände ist, auch bei außergewöhnlichen, unvorhersehbaren Schäden einen Ersatzanspruch zu gewähren.[215]
   ■ Bei **Vorsatztaten,** wenn der Schädiger gerade den unwahrscheinlichen Erfolg gewollt hat.[216]

---

[210] Vgl. dazu unten Rn. 251 ff.
[211] Vgl. dazu unten Rn. 245 ff.
[212] Vgl. nur MünchKomm/*Oetker*, § 249 Rn. 99 ff. m. w. N.
[213] Vgl. BGHZ 137, 11 (19).
[214] Vgl. RGZ 152, 397 (401); Palandt/*Grüneberg*, Vorb v § 249 Rn. 26.
[215] Vgl. BGHZ 79, 259; BGHZ 115, 84; s. auch unten Fall 8 „*Sauerei*" (Rn. 826).
[216] Vgl. BGHZ 79, 259 (262); *Lange*, JZ 1976, 198 (200); Palandt/*Grüneberg*, Vorb v § 249 Rn. 27; a. A. MünchKomm/*Oetker*, § 249 Rn. 108.

■ Wenn der **Schutzzweck der verletzten Norm** ausnahmsweise die Haftung auch für völlig unwahrscheinliche Schäden gebietet.[217]

Der verhältnismäßig zurückgenommene Maßstab der Adäquanzformel und die Ausnahmen zeigen, dass dem Kri-   **96**
terium letztlich **keine wesentliche Bedeutung für die Zurechnung des Verletzungserfolges** zukommt. Die Fälle, in
denen die Zurechnung unter dem Gesichtspunkt der Adäquanz tatsächlich abgelehnt wurde, sind denn auch höchst
selten (z. B.: Geschädigter erleidet anlässlich eines harmlosen Verkehrsunfalls infolge der Aufregung und der Diskussion mit dem Schädiger einen Schlaganfall[218]). Daher wird die Sinnhaftigkeit der Adäquanzformel als Zurech-
nungskriterium in der neueren Lit. zunehmend angezweifelt.[219] Die Unwahrscheinlichkeit des Erfolgseintrittes
alleine ist kein taugliches Merkmal, um die Haftung auszuschließen. Vielmehr zeigen gerade die Ausnahmen, dass
die Zurechnung im Einzelfall auch bei ungewöhnlichen Kausalverläufen von **normativen Wertungen** abhängt, die
nicht (vollständig) durch eine Wahrscheinlichkeitsbetrachtung ersetzt werden können. Der **berechtigte Kern der
Adäquanzformel** liegt danach lediglich in der (**widerleglichen**) Annahme, dass Schäden, die außerhalb jeder Wahrscheinlichkeit liegen, **typischerweise nicht vom Schutzzweck** der (Verschuldenshaftungs-)Norm umfasst sind.[220]

c) Schutzzweck der Norm

Die zentralen Kriterien zur Konkretisierung der Zurechnung haben angesichts der Unschärfen der Äqui-   **97**
valenz- und Adäquanzformel normativen Charakter, d. h. es handelt sich um spezifisch rechtliche und
nicht um empirische Zurechnungskriterien. Man spricht insoweit als Oberbegriff für verschiedene Erwägungen vom sog. **Schutzzweck der Norm**. Die Zurechnung ist ausgeschlossen, wenn die geltend gemachte Rechtsgutsverletzung bzw. der geltend gemachte Schaden **nach Art und Umfang nicht demjenigen Risiko entsprechen, vor dem die betreffende Verhaltensnorm schützen soll,** sondern vielmehr **dem
allgemeinen Lebensrisiko zuzurechnen** sind. Die Einschränkung der Zurechnung nach dem Schutzzweck der Norm ist (selbstverständlicher) Ausdruck teleologischer Auslegung. Der Schutzzweck der
Norm als Zurechnungsfilter wirkt sich vor allem **im Haftungsausfüllungstatbestand** des § 823 I BGB
bzw. im Rahmen von § 823 II BGB aus; insoweit ist zu prüfen, ob der Schaden im Schutzbereich des
geschützten Rechtsguts (§ 823 I BGB) bzw. des verletzten Schutzgesetzes (§ 823 II BGB) liegt. Im Haftungsbegründungstatbestand des § 823 I BGB steht niemals der Schutzbereich der in § 823 I BGB genannten Rechtsgüter in Frage, denn deren Beeinträchtigung ist bereits festgestellt, wenn der Schutzzweckzusammenhang thematisiert wird. Vielmehr geht es **im Haftungsbegründungstatbestand des
§ 823 I BGB allein um den Schutzzweck der verletzten Verkehrspflicht**; der Schutzzweckzusammenhang
ist stets nur bei mittelbaren Verletzungshandlungen zweifelhaft, so dass die Prüfung einer Verkehrspflichtverletzung in den betreffenden Fällen stets erforderlich ist. Danach ist zu differenzieren:

■ **Unmittelbare Verletzungen** der erfassten Rechtsgüter, d. h. solche, bei denen der Verletzungserfolg im   **98**
unmittelbaren Wirkungsfeld der schädigenden Handlung liegt und daher kein (erheblicher) weiterer
Kausalbeitrag zwischen die Handlung des Schädigers und die Rechtsgutsverletzung tritt (Bsp.: Diebstahl einer Sache; Eigentumsverletzung durch Verursachung eines Autounfalls; Körperverletzung
durch Pistolenschuss o. ä.), sind vom Schutzzweck § 823 I BGB stets umfasst. Die gesonderte Prüfung
einer Verkehrspflichtverletzung erübrigt sich; allein die unmittelbare Verletzung eines Rechtsguts indiziert bereits die Rechtswidrigkeit.

■ **Mittelbare Verletzungen** – d. h. solche, bei denen der Verletzungserfolg außerhalb des unmittelbaren   **99**
Wirkungsfelds der schädigenden Handlung liegt, bei denen der Schädiger also nur eine *Gefahr* geschaffen hat, die sich erst aufgrund anderer Kausalbeiträge (des Verletzten, eines Dritten oder durch
äußere Umstände) verwirklicht hat[221] – sind vom Schutzzweck des § 823 I BGB nur dann erfasst,
wenn die Rechtsgutsverletzung auf ein vom Täter geschaffenes unerlaubtes Risiko zurückgeht. Das
ist der Fall, wenn der Täter die Gefahr im Widerspruch zu einer **Verkehrspflicht** geschaffen hat (z. B.:

---

[217] Vgl. *BGH* NJW 1982, 572 (573): Haftung des Notars für einen – zwischenzeitlich geheilten – Beurkundungs-
fehler, wenn ein Gericht die Heilung verkannt und deswegen zu Lasten des Geschädigten entschieden hat.
[218] Vgl. BGHZ 107, 359 (364 ff.) = JuS 1990, 143; *BGH* NJW 1976, 1143: Hirnblutung wegen Schubsens bzw.
geringfügiger Beleidigung als „kleiner Scheißer".
[219] Vgl. etwa MünchKomm/*Oetker*, § 249 Rn. 111 f. m. w. N.
[220] So auch MünchKomm/*Oetker*, § 249 Rn. 113 f.; *Medicus/Lorenz*, Schuldrecht I, Rn. 640; a. A. Palandt/
Grüneberg, Vorb v § 249 Rn. 28.
[221] Vgl. MünchKomm/*Wagner*, § 823 Rn. 22; s. auch ebd. Rn. 7 zu weiteren Versuchen der Abgrenzung zwischen mittelbaren und unmittelbaren Rechtsgutsverletzungen.

Haftung für das Inverkehrbringen fehlerhafter Produkte).[222] Daher ist im Rahmen des Schutzzwecks der Norm zu prüfen, ob der Täter eine Verkehrspflicht verletzt hat[223] und ob die verletzte Verkehrspflicht gerade dem Schutz vor derartigen Rechtsgutsverletzungen dient.[224] Nur unter diesen Voraussetzungen indiziert die mittelbare Verletzung eines Rechtsguts des § 823 I BGB auch die Rechtswidrigkeit.

d) Einzelfragen

100   Unter dem Gesichtspunkt der normativen Zurechnung werden verschiedene Einzelprobleme diskutiert, von denen die meisten sowohl bei der haftungsbegründenden als auch bei der haftungsausfüllenden Kausalität[225] auftreten können. Stets ist zu berücksichtigen, dass das **Zusammenwirken verschiedener Ursachen als solches die Zurechnung nicht ausschließt** (vgl. etwa im Hinblick auf Mitwirkungsbeiträgen des Geschädigten § 254 BGB; zur Beteiligung mehrerer Schädiger vgl. §§ 830, 840 BGB). Auch rechtfertigt die **Mittelbarkeit der Verursachung** noch keinen hinreichenden Grund für den Zurechnungsausschluss.

aa) Besondere Schadensanlagen

101   Besondere Schadensanlagen des Opfers (z.B. Bluterkrankheit, Labilität aufgrund hohen Alters etc.) schließen die Zurechnung nicht grundsätzlich aus, weil die Rechtsordnung gerade auch zum Schutze sensibler Parteien und Rechtsgüter berufen ist.[226] Der Schädiger haftet also auch für Rechtsgutsverletzungen, die erst aufgrund **einer besonderen Disposition des Geschädigten** eingetreten oder besonders gravierend ausgefallen sind. Eine Grenze findet die Zurechnung erst bei völlig unvorhersehbaren Schadensanlagen (Adäquanz; z.B.: Geschädigter erleidet anlässlich eines harmlosen Verkehrsunfalls infolge der Aufregung und der Diskussion mit dem Schädiger einen Schlaganfall[227]).

bb) Psychisch vermittelte Kausalität

102   Auch der Umstand, dass die Kausalität lediglich **psychisch vermittelt** wurde, schließt die Zurechnung nicht grundsätzlich aus.[228] Hinsichtlich einer besonderen psychischen Empfindlichkeit des Opfers gilt nichts anderes als sonst bei besonderen Schadensanlagen. Allerdings begegnet die Haftungsbegründung bei psychischen Kausalitätselementen besonderen Schwierigkeiten. Insbesondere sind im Bereich psychischer Kausalität die Feststellungen besonders unsicher, die Gefahr einer Überwälzung des allgemeinen Lebensrisikos bzw. die Gefahr missbräuchlicher Anspruchsbehauptung besonders hoch und es droht in besonderem Maße eine ausufernde Haftung. Gewisse Einschränkungen der Haftung ergeben sich bei **ungewöhnlichen Geschehensverläufen** bereits unter dem Gesichtspunkt fehlender **Adäquanz** (z.B.: Harmlose Körperverletzung löst einen Herzinfarkt aus) oder fehlender **Fahrlässigkeit** (z.B. bei scherzhaftem Erschrecken eines unerkennbar Herzkranken).

Im Übrigen ist bei psychisch vermittelter Kausalität stets genau zu prüfen, ob nicht aufgrund besonderer Umstände ein **Zurechnungsausschluss** in Betracht kommt, weil die Verursachungskette außerhalb des Schutzbereichs der Norm liegt und die Schadensverursachung daher in den Bereich des **allgemeinen Lebensrisikos** fällt. Nach der Rechtsprechung ist die objektive Zurechnung insbesondere in zwei Konstellationen näher zu begründen:

(1) Schockschäden

103   Bei mittelbaren **Schockschäden**, d.h. Gesundheitsbeeinträchtigungen in Form eines Schocks, die ein Dritter infolge der Nachricht von dem Primärereignis oder durch das bloße Miterleben einer Schädigung erleidet, gelten nach h.M. besondere Voraussetzungen für die Zurechnung.

---

[222] Vgl. *Medicus/Petersen*, Bürgerliches Recht, Rn. 642 f.; *Larenz/Canaris*, Schuldrecht II/2, § 76 III 1 c (S. 401 f.).
[223] Vgl. dazu eingehend oben Rn. 74 ff.
[224] Vgl. *Larenz/Canaris*, Schuldrecht II/2, § 76 III 6 a (S. 423 ff.).
[225] Vgl. dazu unten *Systematische Darstellung Schadensrecht* (Rn. 535 ff.).
[226] Vgl. MünchKomm/*Oetker*, § 249 Rn. 133 ff.
[227] Vgl. oben Fn. 218.
[228] Vgl. dazu eingehend *Medicus*, JuS 2005, 289 ff.

- Erstens postuliert der *BGH* unter dem Gesichtspunkt des **allgemeinen Lebensrisikos** besondere Anforderungen an die Schwere des Schocks. Ersatzfähig sind nur solche Störungen, die nach **Art und Schwere deutlich über das hinausgehen,** was Nahestehende als mittelbar Betroffene in derartigen Fällen – als Ausprägung des allgemeinen Lebensrisikos – erfahrungsgemäß an Beeinträchtigungen erleiden. Erforderlich sind danach eine „traumatische Schädigung" bzw. gewichtige psychopathologische Ausfälle von einiger Dauer; die medizinische Behandlungsbedürftigkeit allein genügt danach nicht.[229]
- Zweitens soll ein Ausgleich unter dem Gesichtspunkt des Schutzzwecks der Norm nur dann in Betracht kommen, wenn es sich bei dem unmittelbar Betroffenen um einen **nahen Angehörigen** handelt. Diese personale Einschränkung dient insbesondere dazu, eine Umgehung der §§ 844, 845 BGB und eine Ausuferung der Haftung (z. B.: Schock von Fans beim Unfalltod eines Popstars) zu vermeiden.[230] Nach einer – die Zurechnung etwas weiter fassenden – Auffassung soll es allein auf das **persönliche Näheverhältnis** bzw. auf die **besondere emotionale Bindung** ankommen; diese Meinung ist allerdings mit zusätzlichen Abgrenzungsschwierigkeiten konfrontiert.[231] Bloße Zeugen, die am Unfallgeschehen nicht unmittelbar beteiligt sind, werden jedenfalls nach der Rechtsprechung und der ganz überwiegenden Auffassung nicht vom Schutzzweck des § 823 I BGB umfasst.[232]
- Drittens muss der **Schock als Reaktion auf das Primärereignis verständlich** sein; eine Überempfindlichkeit gegen unerfreuliche Ereignisse darf nicht zu Lasten des Schädigers gehen. Das Primärereignis muss daher auch von **erheblichem Gewicht** sein (typischerweise der Tod oder die schwere Verletzung einer nahestehenden Person; nicht dagegen der Tod eines Haustiers oder bloße Sachschäden).[233]

Zu beachten ist ferner, dass der *BGH* ein **Mitverschulden des primär Geschädigten** nach §§ 254, 242 BGB auch dem Angehörigen, der den Schockschaden erlitten hat, zurechnet und damit dessen Anspruch kürzt.[234]

(2) Psychische Folgeschäden

Auch **psychische Folgeschäden** (z. B. posttraumatische Belastungsstörung) eines Primärereignisses sind grundsätzlich vom Schutzzweck des § 823 I BGB umfasst.[235] Allerdings schränkt auch hier die Rechtsprechung die Zurechnung ein, indem sie bei einer sog. **Rentenneurose** (Begehrensneurose) die Haftung ablehnt, wenn also der Geschädigte in dem neurotischen Streben nach Versorgung und Sicherheit den Unfall lediglich zum Anlass nimmt, den Schwierigkeiten und Belastungen des Erwerbslebens auszuweichen.[236]

104

cc) Hinzutretende Kausalbeiträge Dritter

Grundsätzlich steht es der **Zurechnung zur Handlung eines Erstschädigers nicht entgegen,** wenn die Rechtsgutsverletzung bzw. der Schaden erst **durch das Hinzutreten der Handlung eines Zweitschädigers verursacht** worden ist, solange auch der Erstbeitrag für den Verletzungserfolg kausal im Sinne der Äquivalenzformel gewesen ist. In diesen Fällen haften Erst- und Zweitschädiger für den „Zweitschaden" **grundsätzlich gesamtschuldnerisch** (§ 840 BGB). So haftet z. B. der Verursacher eines Verkehrsunfalls auch für die Schäden aus Auffahrunfällen, die sich im Anschluss ereignen, für die Folgen eines im Rahmen des üblichen Klinikrisikos liegenden Behandlungsfehlers des Arztes,[237] oder auch für einen weiteren Unfall während der „Blaulichtfahrt" des Opfers ins Krankenhaus[238]. **Ausgeschlossen** ist die **Zurechnung** zur Handlung des Erstschädigers indes dann, wenn der Zusammenhang zur Handlung des Erstschädigers so entfernt ist, dass die **Rechtsgutsverletzung bzw. der Schaden bei wertender Betrachtung nicht mehr auf das**

105

---

[229] Vgl. BGHZ 172, 263 (265 f.) = JuS 2008, 375; BGHZ 132, 341 (344); *BGH* NJW 1989, 2317; Palandt/ *Grüneberg*, Vorb v § 249 Rn. 40; krit. MünchKomm/*Oetker*, § 249 Rn. 145.

[230] Vgl. Palandt/*Grüneberg*, Vorb v § 249 Rn. 40; s. auch *Armbrüster*, JuS 2007, 605 (608).

[231] Vgl. MünchKomm/*Oetker*, § 249 Rn. 147.

[232] Vgl. BGHZ 172, 263 (268) = JuS 2008, 375; a. A. *Larenz/Canaris*, Schuldrecht II/2, § 76 II 1 e (S. 381).

[233] MünchKomm/*Oetker*, § 249 Rn. 149.

[234] Vgl. BGHZ 56, 163.

[235] Vgl. BGHZ 132, 341: Chronifizierte psychosomatische Schmerzkrankheit als Folge einer psychischen Fehlverarbeitung des Unfalls; s. auch *BGH* NJW 2000, 862.

[236] Vgl. BGHZ 20, 137; *BGH* NJW 1965, 2293; NJW 1979, 1935; s. auch *Armbrüster*, JuS 2007, 605 (607).

[237] Vgl. *OLG Koblenz* NJW 2008, 3006; *Wertenbruch*, NJW 2008, 2962 (2964).

[238] Vgl. MünchKomm/*Oetker*, § 249 Rn. 152; *Armbrüster*, JuS 2007, 605 (606).

spezifische, vom Erstschädiger gesetzte Risiko, sondern allein auf die Zweitschädigung zurückgeführt werden kann. Dies gilt etwa dann, wenn bei der ärztlichen Behandlung der Erstverletzung ein schwerer und außergewöhnlicher Behandlungsfehler unterläuft oder wenn der Geschädigte nach der Heilbehandlung bei einem (weiteren) Unfall auf dem Heimweg aus dem Krankenhaus erneut verletzt wird.[239]

106   In Fällen, in denen der **Zweitschädigungsbeitrag auf Vorsatz beruht,** wird es **häufig an dem erforderlichen, spezifischen Risikozusammenhang** zu einem vorausgehenden Handlungsbeitrag **fehlen,** weil dann durch die vorsätzliche Handlung ein eigenständiges Verletzungsrisiko geschaffen wird. So hat es der *BGH* etwa abgelehnt, den Beteiligten an einem Autounfall einen Schaden an einem Grünstreifen zuzurechnen, der dadurch eingetreten war, dass andere Autofahrer dem unfallbedingten Stau über den Grünstreifen ausgewichen waren.[240] Allerdings bleibt die Zurechnung gegenüber dem Erstschädiger unberührt, wenn die schadensverursachende Ersthandlung das Risiko für die nachfolgende Vorsatztat erhöht hat; danach haftet etwa der Verursacher eines Unfalls dafür, dass aus dem am Unfall beteiligten Geldtransporter anlässlich des Unfallgeschehens Geld entwendet wird;[241] ebenso haftet der Autobesitzer für die Folgen der Schwarzfahrt eines Dritten, sofern er das Geschehen dadurch erleichtert hat, dass er im verschlossenen Fahrzeug einen Zweitschlüssel zurückgelassen hat.[242]

dd) Hinzutretende Kausalbeiträge des Geschädigten

107   Der Umstand, dass auch eine Handlung des Geschädigten zur Rechtsgutsverletzung bzw. zur Schadensentstehung beigetragen hat, schließt die Haftung eines Fremdschädigers grundsätzlich nicht aus; vielmehr gilt nach § 254 BGB das Teilungsprinzip unter dem Gesichtspunkt des **Mitverschuldens.**[243] Allerdings kann die Zurechnung (und damit auch die Haftung zur Gänze) ausgeschlossen sein, wenn der Eigenbeitrag des Verletzten im Rahmen des Verursachungsprozesses derart im Vordergrund steht, dass die Handlung des Fremdschädigers aus normativer Perspektive zum konkreten Schädigungsrisiko nicht wesentlich beigetragen hat. Dies kommt insbesondere dann in Betracht, wenn der Geschädigte sich freiwillig auf das in Frage stehende Risiko eingelassen hat, weil er in diesem Fall selbst über die Gefährdung seiner Rechtsgüterlage bestimmen kann.

(1) Herausforderungsfälle

108   Auch bei freiwilliger Selbstgefährdung kommt in den sog. **Herausforderungsfällen**[244] unter bestimmten Voraussetzungen eine Zurechnung der Rechtsgutsverletzung bzw. des Schadens in Betracht. Als **Herausforderungsfälle** bezeichnet man Konstellationen, in denen der **Verletzte durch den Schädiger dazu herausgefordert** wurde, sich selbst in Gefahr zu bringen bzw. zu verletzen (z.B. ein Polizist verletzt sich während der Verfolgung eines flüchtenden Einbrechers; ein Feuerwehrmann verletzt sich beim Löschen eines vom Schädiger gelegten Brandes). Ähnlich liegen die sog. **Rettungsfälle,** in denen der Verletzte bei dem Versuch verletzt wird, den „Schädiger" aus einer – realen oder auch nur vermeintlichen – Gefahr zu retten (z.B.: Ein Retter verletzt sich bei einer Suchaktion im Gebirge, die ausgelöst wurde, weil ein Bergsteiger spontan in einen anderen Ort abgestiegen ist und an seinem Ausgangsort vermisst wurde[245]).

109   In beiden Fällen schließt die Selbstgefährdung des Verletzten die Zurechnung nicht grundsätzlich aus; vielmehr sind Rechtsgutsverletzungen bzw. Schädigungen in Herauforderungsfällen unter folgenden Voraussetzungen vom Schutzzweck des § 823 I BGB umfasst:
   - Der Geschädigte muss sich herausgefordert gefühlt haben dürfen, d.h. der Schädiger muss beim Verletzten „eine wenigstens im Ansatz **billigenswerte Motivationslage**" hinsichtlich der Selbstgefährdung hervorgerufen haben.[246] Diese Voraussetzung ist z.B. bei Polizisten, die sich bei der Verfolgung Verdächtiger verletzen, dann erfüllt, wenn die Voraussetzungen eines Festnahmerechts nach § 127 StPO vorliegen (d.h. der bloße Verdacht einer Straftat genügt insoweit nicht).

---

[239] Vgl. *BGH* NJW 1989, 767 (768) = JuS 1989, 575; MünchKomm/*Oetker*, § 249 Rn. 152; *Wertenbruch,* NJW 2008, 2962 (2964).

[240] Vgl. BGHZ 58, 162; MünchKomm/*Oetker*, § 249 Rn. 153; a.A. Palandt/*Grüneberg,* Vorb v § 249 Rn. 49.

[241] Vgl. *BGH* NJW 1997, 865.

[242] Vgl. *BGH* NJW 1981, 113.

[243] Näher dazu unten *Systematische Darstellung Schadensrecht* (Rn. 613 ff.).

[244] Vgl. dazu auch *Armbrüster,* JuS 2007, 605 (607); *Stoll,* FS Deutsch, 2009, 943 ff. sowie unten Fall 7 „*Auf der Flucht*" (Rn. 766).

[245] Vgl. *Medicus,* JuS 2005, 289 (292).

[246] Vgl. *BGH* NJW 1978, 421.

- Der **Zweck der Verfolgung** muss das Verfolgungsrisiko rechtfertigen, das der Verfolger eingegangen ist (**Verhältnismäßigkeit**; z. B. ist die Inkaufnahme von Lebensgefahr bei Verfolgung eines Kleinkriminellen grundsätzlich unverhältnismäßig).[247]
- In der Verletzung muss sich gerade das **besondere Verfolgungsrisiko** realisiert haben, d. h. kein allgemeines Lebensrisiko, das sich auch unabhängig von der besonderen, vom Erstverursacher zu verantwortenden Gefahrenlage realisiert haben könnte (z. B. bei Unfällen infolge verfolgungsbedingter überhöhter Geschwindigkeit).

Ist danach die Zurechnung zu bejahen, so bleibt stets zu prüfen, ob der Schädiger **schuldhaft gehandelt** hat (insbesondere: War die Schaffung der Herausforderungslage erkennbar?) und ob der Verletzte durch seine Verfolgungsreaktion nicht selbst fahrlässig gehandelt hat und seine Ansprüche daher wegen Mitverschuldens (§ 254 BGB) zu kürzen sind.

(2) Freiwillige Selbstgefährdung/Handeln auf eigene Gefahr

Auch ohne einen konkreten Herausforderungszusammenhang tritt das Problem der Selbstgefährdung auf, wenn sich der **Geschädigte freiwillig und bewusst in einen vom Schädiger eröffneten Gefahrenbereich begeben** hat und dabei verletzt worden ist, etwa als Mitfahrer im Auto oder als Teilnehmer an einer gefährlichen Sportart. In derartigen Fällen, die auch unter dem Schlagwort „Handeln auf eigene Gefahr" erörtert werden, besteht heute allerdings Einigkeit, dass **ein Zurechnungsausschluss** gegenüber der Verschuldenshaftung **aus § 823 I BGB grundsätzlich nicht in Betracht kommt**:[248] Selbst wenn das Opfer sich einem Risiko freiwillig ausgesetzt hat, bleibt es doch das (unerlaubte) Risiko, das sich letztlich realisiert hat, so dass auch die normative Zurechnung nicht zweifelhaft sein sollte.

110

Die Rechtsprechung geht in diesen Fällen teilweise, insbesondere bei der Teilnahme an gefährlichen Sportarten, von einer **rechtfertigenden Einwilligung** in die mögliche Rechtsgutsverletzung aus: Wer freiwillig an einer Sportveranstaltung teilnehme, bei welcher auch bei regelgerechtem Verhalten der Spielteilnehmer Rechtsgutsverletzungen möglich sind (z. B. Fußball, Boxen oder Autorennen), willige dadurch in die möglichen Rechtsgutsverletzungen ein oder verzichte zumindest auf eine Haftung der Kontrahenten, die sich an die Regeln halten bzw. diese nur geringfügig missachten (so dass auch Verletzungen eines Fußballspielers infolge eines zwar regelwidrigen, aber im Rahmen des üblichen Spielgeschehens bleibenden Fouls keine Haftung begründen).[249] Gelegentlich stützt die Rechtsprechung dasselbe Ergebnis auch auf das **Verbot widersprüchlichen Verhaltens** (*venire contra factum proprium*), weil der Geschädigte sich widersprüchlich verhalte, wenn er den Schädiger in Anspruch nehme, obwohl er ebenso gut in die gleiche Lage hätte kommen können, sich dann aber (und mit Recht) dagegen gewehrt haben würde, diesem trotz Einhaltens der Spielregeln Ersatz leisten zu müssen.[250]

Indessen läuft die Annahme eines konkludenten Haftungsverzichts auf eine **Fiktion** hinaus. Typischerweise machen sich die Parteien vor der Teilnahme an einer Sportveranstaltung keine Gedanken über die Haftung bei eventuellen Verletzungen; der genaue Inhalt eines entsprechenden Parteiwillens wäre nicht bestimmbar.[251] Vielmehr kann in vielen Konstellationen ein Haftungsausschluss bereits mit einer entsprechenden Definition der **Verkehrspflichten** erzielt werden: So besteht bei gefährlichen Sportarten eben allenfalls eine Verkehrspflicht zur Einhaltung der jeweiligen (z. B. Fußball- oder Box-)Regeln; jegliches Verhalten, das diesen Regeln entspricht, ist nicht verkehrspflichtwidrig und führt schon aus diesem Grund nicht zu einer Haftung, selbst wenn es im Einzelfall eine Rechtsgutsverletzung zur Folge hat.[252] Auch muss der Verkehr regelmäßig davon ausgehen, dass Regeln in geringfügiger Weise überschritten werden, so dass auch insoweit keine (berechtigte) Sicherheitserwartung besteht und also auch der leichte Regelverstoß nicht verkehrspflichtwidrig ist.[253]

In den übrigen Fällen, in denen eine freiwillige Selbstgefährdung des Opfers mit einem **verkehrspflichtwidrigen Verhalten des Schädigers** zusammentrifft (Beispiel: Mitfahren mit einem erkennbar betrunkenen Autofahrer), ist die freiwillige Selbstgefährdung nach der zutreffenden h. M. unter dem Gesichts-

---

[247] Vgl. auch *BGH* NJW 2002, 2232 = JuS 2002, 1124: Zurechnung der Verletzung bei einem Sprung aus dem Fenster auf der Flucht vor einem gewalttätigen Eindringling in der Wohnung.

[248] Vgl. BGHZ 34, 355 (363); MünchKomm/*Oetker*, § 254 Rn. 64; Palandt/*Grüneberg*, § 254 Rn. 32. Näher und m. w. N. unten Fall 4 „*Ein fliehendes Pferd*" (Rn. 445 ff.).

[249] Vgl. etwa BGHZ 63, 140; BGHZ 154, 316 = JuS 2003, 1026; s. auch *BGH* NJW 2008, 1591 = JuS 2008, 838: Haftung im Einzelfall wegen des bestehenden Versicherungsschutzes bejahend.

[250] So BGHZ 154, 316, 319 = JuS 2003, 1026 m. w. N. Zu Recht kritisch gegenüber dieser dogmatischen Konstruktion *Grunsky*, JZ 1975, 109 ff.

[251] So schon *Müller-Erzbach*, AcP 106 (1910), 309 (356 ff.).

[252] So auch *BGH* NJW 2010, 537 (538).

[253] Vgl. etwa *Grunsky*, JZ 1975, 109 ff.; MünchKomm/*Wagner* § 823 Rn. 548 ff.

punkt des **Mitverschuldens zu würdigen** (§ 254 I BGB).[254] Anstelle einer „Alles-oder-Nichts"-Lösung, wie sie sich bei Zurechnungsproblemen und Rechtfertigungsgründen ergibt, kann so eine flexible Schadensverteilung nach dem Gewicht der jeweiligen Verursachungsbeiträge erreicht werden.

ee) Hypothetische Kausalverläufe

111   Das Problem hypothetischer Kausalverläufe (auch: Reserveursachen) stellt sich, wenn eine vom Schädiger verursachte Rechtsgutsverletzung bzw. der Schaden aufgrund eines hypothetisch zu erwartenden Ereignisses zu einem späteren Zeitpunkt **gleichermaßen auch ohne den Beitrag des Schädigers eingetreten** wären. Schulbeispiel ist die Zerstörung einer Fensterscheibe, die bald darauf ohnehin einer Explosion in der Nähe zum Opfer gefallen wäre. Die Behandlung hypothetischer Kausalverläufe ist im BGB nicht allgemein geregelt; verschiedene Einzelanknüpfungen vermitteln ein uneinheitliches Bild: In §§ 287 S. 2, 848 BGB (Haftung für Zufall bei Verzug oder Sachentziehung) werden sie jeweils zu Gunsten des Schädigers berücksichtigt, nach § 844 I BGB (Ersatzansprüche Dritter bei Tötung) ist der hypothetische Schadenseintritt nicht zu berücksichtigen. Aus teleologischer Sicht spricht *für* die Berücksichtigung, dass der Ersatz eines ohnehin unausweichlichen Schadens dem Geschädigten ein Zufallsgeschenk gewährt; *dagegen* spricht, dass der Schaden nun einmal tatsächlich vom Schädiger verursacht wurde und beliebige hypothetische Kausalverläufe denkbar sind, die dem Schädiger als Ausrede dienen und die Rechtsfindung erschweren können. Die h.M. unterscheidet folgende Fallgruppen:[255]

112   ▪ War der Schaden **schon in der später beschädigten Sache angelegt** (sog. „überholende Kausalität"; „Schadensanlage"), so ist die Sache bereits im Zeitpunkt der „überholenden" Schädigungshandlung entwertet (z.B.: Zerstörung eines Hauses, das ohnehin demnächst wegen Baufälligkeit eingestürzt wäre). Die Reserveursache (im Beispiel: Baufälligkeit) geht somit in die Ausgangswertermittlung im Rahmen der Schadensbemessung ein. Sie ist zu berücksichtigen, weil sie sich in diesen Fällen bereits im geschädigten Rechtsgut konkretisiert hatte. Im Ergebnis gilt nichts anderes, wenn eine Körper- oder Gesundheitsverletzung begangen wird, deren Folgen im Körper des Geschädigten bereits angelegt waren (z.B.: Ärztlicher Behandlungsfehler löst eine Knieversteifung aus, die aber kurze Zeit später ohnehin durch eine Arthrose eingetreten wäre). **Ersatzfähig** ist in den Schadensanlagefällen **allein der durch den früheren Schadenseintritt bedingte Schaden** („Verfrühungsschaden").[256]

113   ▪ Wäre dem Geschädigten aus dem zweiten Schadensereignis ein **Ersatzanspruch gegen einen Dritten** entstanden (z.B.: Fensterscheibe wäre auch durch schuldhaft herbeigeführte Explosion auf dem Nachbargrundstück zerstört worden), so bleibt die **Reserveursache unbeachtlich**. Denn jedenfalls der zweite Schädiger kann sich mit Erfolg darauf berufen, dass seine Handlung nicht mehr ursächlich für die Rechtsgutsverletzung war. Eine Berücksichtigung der Reserveursache zu Gunsten des Erstschädigers würde somit dazu führen, dass der Geschädigte letztlich leer ausgeht.[257] Dies ist nicht gerechtfertigt, zumal das Vorhandensein eines potenziellen Alternativtäters seitens des Erstschädigers kein überzeugender Entlastungsgrund ist (vgl. auch § 830 BGB).

114   ▪ Liegt keiner der genannten Fälle vor, so differenziert die h.M.:
   – Hinsichtlich des **Objektschadens**,[258] d.h. des Schadens am unmittelbar verletzten Objekt (z.B.: die zerstörte Fensterscheibe) ist die Schadensberechnung unmittelbar im Zeitpunkt des Schadenseintritts vorzunehmen. In diesem Zeitpunkt ist ein **Schaden und damit ein Ausgleichsanspruch zweifellos entstanden**; es ist kein überzeugender Grund ersichtlich, warum eine spätere Reserveursache zu einem Wegfall des Anspruchs führen sollte. Dem Geschädigten kommt insoweit der Zufall der eingetretenen Umwandlung seines Vermögensbestands (z.B.: Fensterscheibe in Ausgleichsanspruch) zugute (Umkehrung des Grundsatzes *casum sentit dominus*).[259]

---

[254] Vgl. dazu unten *Systematische Darstellung Schadensrecht* (Rn. 617).

[255] Vgl. *Armbrüster*, JuS 2007, 605 f.

[256] Vgl. BGHZ 20, 275 (280 f.); *BGH* NJW 1985, 676 (677).

[257] Vgl. *BGH* NJW 1958, 705; NJW 1967, 551 (552); siehe näher Staudinger/*Schiemann*, 2005, § 249 Rn. 95 f.; MünchKomm/*Oetker*, § 249 Rn. 208.

[258] So die Terminologie von *Larenz*, Schuldrecht I, § 30 I (S. 525); *Medicus/Petersen*, Bürgerliches Recht, Rn. 851 a.E. spricht vom unmittelbaren Schaden.

[259] Vgl. BGHZ 125, 56 (61 f.).

– Der **Vermögensfolgeschaden**,[260] d. h. der Schaden, der an weiteren Rechtsgütern des Geschädigten eintritt (z. B.: erhöhte Heizkosten wegen des zerstörten Fensters), ist dagegen grundsätzlich nur bis zum Eintreten der Ersatzursache zu ersetzen, da ab diesem Zeitpunkt die Fensterscheibe auch nach der hypothetischen Betrachtung ohne die Pflichtverletzung des Schädigers zerstört gewesen wäre. Die **weitere Einbuße ist bei ihrem Eintritt also nicht äquivalent kausal durch die Erstschädigung verursacht worden.** Hier ist die Reserveursache i. E. also **grundsätzlich beachtlich.**[261]

In den Fällen, in denen die Reserveursache beachtlich ist, trägt grundsätzlich der Schädiger die **Beweislast** für deren hypothetischen Eintritt, da es sich um einen anspruchsausschließenden Umstand handelt.[262]

ff) Rechtmäßiges Alternativverhalten

Eng verwandt mit der Behandlung hypothetischer Kausalverläufe ist die Fallgruppe des rechtmäßigen Alternativverhaltens. Hier geht es um Konstellationen, in denen der Schädiger zwar rechtswidrig gehandelt hat, die gleiche Rechtsgutsverletzung aber auch **bei pflichtgemäßem Verhalten eingetreten wäre.** Ein solcher Fall liegt etwa vor, wenn ein Arzt die gebotene Aufklärung vor einer Behandlung unterlässt und nach Eintritt von Komplikationen behauptet, der Patient hätte auch bei einer ordnungsgemäßen Aufklärung in die Behandlung eingewilligt. Ferner mag man an einen Arbeitnehmer denken, der eine neue Stelle nicht antritt, so dass der Arbeitgeber Aufwand für eine Neueinstellung hat (z. B.: Inseratskosten), der aber auch dann angefallen wäre, wenn der Arbeitnehmer in der Probezeit mit kurzer Frist rechtmäßig gekündigt hätte.

Der begründete Einwand rechtmäßigen Alternativverhaltens schließt nach h. M. **die Zurechnung in der Regel**[263] **aus**, weil es an einem spezifischen Zusammenhang zwischen der Rechtswidrigkeit des Täterhandelns und der eingetretenen Rechtsgutsverletzung fehlt, wenn der gleiche Schaden auch in rechtmäßiger Weise hätte herbeigeführt werden können.[264] Allerdings trägt der Schädiger die Beweislast für den Einwand rechtmäßigen Alternativverhaltens. Die bloße *Möglichkeit* des Schadenseintritts bei rechtmäßigem Verhalten genügt dabei nicht, um den Schädiger zu entlasten; er muss vielmehr zur Überzeugung des Gerichts nachweisen, dass der Schaden *tatsächlich* bei rechtmäßigem Verhalten eingetreten wäre.[265] Im arbeitsrechtlichen Beispiel schützen die Pflichten zur Arbeitsleistung und zur Einhaltung der Kündigungsfristen ebenso wie die Pflicht zur Vertragstreue nur davor, dass der Arbeitnehmer während der Kündigungsfrist arbeitet. Es besteht aber grundsätzlich keine Pflicht, die Kündigung zu unterlassen. Ersatzfähig ist danach nur der Schaden, der dadurch entstanden ist, dass bis zum Ablauf der Kündigungsfrist nicht gearbeitet wurde (sog. **Verfrühungsschaden**), der aber regelmäßig den Aufwand der Neubesetzung, etwa die Inseratskosten, nicht erfasst.[266]

4. Rechtswidrigkeit

Verletzungen der in § 823 I BGB genannten Rechtsgüter verpflichten nur dann zum Schadensersatz, wenn sie auch rechtswidrig sind, d. h. gegen Gebote der geltenden Rechtsordnung verstoßen. Die **Rechtswidrigkeit wird** nach traditioneller h. M. **indiziert, wenn** das Verhalten des Schädigers eine haftungsrelevante **Rechtsgutsverletzung verursacht** hat (Lehre vom **Erfolgsunrecht**). Die Indikationswirkung läuft

115

116

117

---

[260] *Medicus/Petersen*, Bürgerliches Recht, Rn. 851: Mittelbarer Schaden.

[261] Vgl. BGHZ 29, 207 (215); Näher dazu unten Fall 1 *„Kein Schiff wird kommen"* (Rn. 314 ff.).

[262] Vgl. MünchKomm/*Oetker*, § 249 Rn. 218 ff.

[263] Zu Ausnahmefällen vgl. etwa BGHZ 96, 157 (173): Haftung eines Notars, der bei einem Grundstückskauf eine Fälligkeitsbestätigung fälschlicherweise vor Eintragung der Auflassungsvormerkung erteilt hatte (woraufhin der Käufer den Kaufpreis als ungesicherte Vorleistung bezahlt hatte), und sich dann darauf berief, dass er den früheren Eintritt der Fälligkeit hätte korrekt herbeiführen können; BGHZ 36, 144 (154): Keine Berufung einer Behörde auf rechtmäßiges Alternativverhalten bei Verletzung wesentlicher Verfahrensvorschriften, auch wenn die Behörde das gleiche Ergebnis auch in verfahrensordnungsgemäßer Weise hätte erzielen können.

[264] Vgl. BGHZ 96, 157; BGHZ 120, 281; Palandt/*Grüneberg*, Vorb v § 249 Rn. 64 ff.; BeckOK/*Schubert*, § 249 Rn. 94; MünchKomm/*Oetker,* § 249 Rn. 215 m.w.N.

[265] Vgl. BGHZ 29, 176 (187); BGHZ 120, 281 (287).

[266] So zutr. *BAG* NJW 1981, 2430; a. A. früher *BAG* NJW 1970, 1469 = JuS 1970, 411, weil sonst der Vertragsbruch weitgehend sanktionslos bleiben würde.

darauf hinaus, dass die Rechtswidrigkeit **keiner eigenständigen Begründung bedarf und nur dann ausnahmsweise ausgeschlossen ist,** wenn der Schädiger nachweisen kann, dass sein Verhalten **durch einen anerkannten Rechtfertigungsgrund gerechtfertigt** wird. Der Lehre vom Erfolgsunrecht wird verbreitet entgegengehalten, dass der Verletzungserfolg als solcher nicht hinreichend aussagekräftig sei und das Rechtswidrigkeitsurteil sich nicht auf ein Ergebnis, sondern nur auf ein Verhalten beziehen könne (Lehre vom **Verhaltensunrecht**).[267] Die herrschende Meinung trägt diesen Einwänden durch die Unterscheidung zwischen unmittelbaren und mittelbaren Rechtsgutsverletzungen Rechnung, welche es erlaubt, das Indikationsmodell – und dessen Entlastungsfunktion für die Rechtsanwendung – grundsätzlich aufrecht zu erhalten.[268] Danach ist bei **unmittelbaren Rechtsgutsverletzungen** die Rechtswidrigkeit bereits durch die Verletzung selbst indiziert, während bei **mittelbaren Verletzungen** und Verletzungen durch **Unterlassen** die Indikation der Rechtswidrigkeit die positive Feststellung eines Verstoßes gegen eine Verkehrspflicht bedarf.[269]

118   Lediglich für die sog. **Rahmenrechte,** d. h. für das Allgemeine Persönlichkeitsrecht und das Recht am eingerichteten und ausgeübten Gewerbebetrieb, ist eine **positive Feststellung der Rechtswidrigkeit** durch Interessensabwägung erforderlich.[270]

In allen Fällen entfällt die Rechtswidrigkeit, wenn ein **Rechtfertigungsgrund** vorliegt; die wichtigsten werden im Folgenden erörtert.

a) Notwehr (§§ 227 BGB, 32 StGB)

119   Wie im Strafrecht setzt eine Rechtfertigung durch Notwehr einen **gegenwärtigen rechtswidrigen Angriff auf den Schädiger oder einen Dritten** (sog. Nothilfe) voraus, **zu dessen Abwehr** eine Notwehrhandlung **erforderlich** sein muss. Diese Definition der Notwehr ist inhaltsgleich in § 227 BGB und § 32 StGB niedergelegt.

aa) Gegenwärtiger rechtswidriger Angriff

120   Voraussetzung der Rechtfertigung durch Notwehr ist zunächst das Vorliegen eines gegenwärtigen rechtswidrigen Angriffs.

- Ein **Angriff** ist eine von einem Menschen drohende Verletzung rechtlich geschützter Interessen.[271] Dabei muss es sich um ein **aktives menschliches Verhalten** handeln; ein Unterlassen genügt nicht (dann kommt aber eine Rechtfertigung wegen Notstands in Betracht). Unerheblich ist dagegen, ob sich der Angriff gerade gegen Rechtsgüter des Verteidigenden richtet; Notwehr kann auch zugunsten eines Dritten geübt werden (sog. **Nothilfe**); ein Angriff auf reine Kollektivinteressen (z. B.: Verkauf verbotener pornographischer Schriften) rechtfertigt wegen des insoweit geltenden staatlichen Gewaltmonopols keine Notwehrhandlung.[272] Geht die Rechtsgutsgefährdung nicht von einem Menschen, sondern von einem Tier oder einer Sache aus, so kommt eine Rechtfertigung durch Defensivnotstand (§ 228 BGB) in Betracht.[273]
- **Gegenwärtig** ist der Angriff, wenn er einerseits schon begonnen hat oder unmittelbar bevorsteht, andererseits noch nicht beendet, d. h. aufgegeben, fehlgeschlagen oder durchgeführt ist.[274] Nach Beendigung des Angriffs erlaubt § 859 II, III BGB in den Fällen einer verbotenen Besitzentziehung die sog. Besitzkehr.[275] Ferner kommen – auch nach Beendigung eines Rechtsgüterangriffs – eine Selbsthilfe nach den §§ 229 ff. BGB zur Durchsetzung von Ansprüchen[276] sowie unter den Voraussetzungen von § 127 I StPO eine Festnahme in Betracht.
- **Rechtswidrig** ist der Angriff, wenn er gegen ein gesetzliches Gebot verstößt und nicht durch einen Rechtfertigungsgrund gedeckt ist. Bloße Vertragswidrigkeit genügt nicht, um ein Verhalten zu einem rechtswidrigen Angriff i. S. v. § 227 BGB zu machen.[277]

---

[267]   Vgl. dazu oben Rn. 10.

[268]   Vgl. *Larenz/Canaris,* Schuldrecht II/2, § 75 II 3 b (S. 365); BeckOK/*Spindler,* § 823 Rn. 10; Staudinger/*Hager,* 2009, § 823 Rn. H 16.

[269]   Vgl. *Medicus/Petersen,* Bürgerliches Recht, Rn. 647; *Larenz/Canaris,* Schuldrecht II/2, § 75 II 3 c (S. 368 f.).

[270]   Durch Herausarbeitung bestimmter Schutzbereiche bzw. Fallgruppen der Rahmenrechte können allerdings dem Indikationsmodell ähnliche Regel-/Ausnahmeverhältnisse definiert werden. Vgl. zum Persönlichkeitsrecht oben Rn. 52 ff., zum Recht am eingerichteten und ausgeübten Gewerbebetrieb oben Rn. 67.

[271]   Vgl. Palandt/*Ellenberger,* § 227 Rn. 2.

[272]   Vgl. BGHZ 64, 178.

[273]   Vgl. dazu sogleich Rn. 125 ff.

[274]   Vgl. Palandt/*Ellenberger,* § 227 Rn. 4.

[275]   Vgl. dazu sogleich Rn. 134.

[276]   Vgl. sogleich Rn. 133.

[277]   Vgl. *Medicus,* Allgemeiner Teil, Rn. 153.

bb) Erforderlichkeit der Notwehrhandlung

Die Notwehrhandlung muss ferner erforderlich sein, um den rechtswidrigen Angriff abzuwehren, d. h.: **121**

- Sie muss überhaupt **geeignet** sein, den Angriff abzuwehren.
- Unter mehreren geeigneten Verteidigungsmitteln muss das **mildeste** gewählt werden. Allerdings muss der Verteidiger nicht auf weniger effektive Mittel ausweichen, d. h. es muss lediglich das mildeste *sicher wirkende* verwendet werden.
- Nach h. M. ist ferner ein **Verteidigungswille** erforderlich, d. h. der Verteidiger muss auch subjektiv mit dem Willen handeln, den Angriff abzuwehren.[278] Wer „nur raufen" will, übt keine Notwehr.[279]

cc) Verhältnismäßigkeit der Notwehrhandlung?

Teilweise wird auch für die Notwehr verlangt, dass das **Verteidigungsmittel nicht außer Verhältnis zur** **122** **Schwere des Angriffs** stehen darf.[280] Hierfür wird ein argumentum a fortiori aus § 228 BGB angeführt: Wenn schon bei einer Gefährdung durch eine Sache der Grundsatz der Verhältnismäßigkeit zu berücksichtigen sei, dann müsse das erst recht bei einem menschlichen Angriff gelten. Die h. M. lehnt dies jedoch ab. Denn zum einen setzt § 227 BGB – anders als § 228 BGB – voraus, dass der Angriff „gegenwärtig" ist und damit eine qualifizierte Gefahrenlage vorliegt. Zum anderen wird die Notwehrlage i. S. d. § 227 BGB typischerweise durch einen bewussten Angriff ausgelöst, dessen subjektive Anstößigkeit seitens des Opfers ein besonderes Maß an Gegenwehr legitimiert: „Das Recht braucht dem Unrecht nicht zu weichen".[281]

Allerdings unterliegt das Notwehrrecht auch nach h. M. dem **Verbot des Rechtsmissbrauchs**. Danach ist das Notwehrrecht insbesondere bei **absichtlicher Provokation** einer Notwehrlage[282] sowie innerhalb von Näheverhältnissen eingeschränkt. Schließlich rechtfertigt die Notwehr auch nach h. M. kein völlig maßloses Verhalten seitens des Opfers (z. B. kein Recht eines gehbehinderten Grundstückseigentümers, beim Obstdiebstahl angetroffene Kinder zu erschießen).[283]

dd) Irrtümer bei der Notwehr

Die zivilrechtliche Behandlung von Irrtümern bei der Notwehr entspricht *nicht* der im Strafrecht, weil die **h. M. im** **123** **Zivilrecht der Vorsatztheorie folgt,** wonach sich der Vorsatz nicht nur auf den objektiven Tatbestand, sondern auch auf die Rechtswidrigkeit beziehen muss:[284]
- Ein Irrtum über die **tatsächlichen Voraussetzungen** des Notwehrrechts (Erlaubnistatbestandsirrtum, sog. Putativnotwehr) schließt daher den Vorsatz des Handelnden aus, weil er davon ausgeht, rechtmäßig zu handeln. Beruht der Irrtum auf Fahrlässigkeit, so kommt aber eine Haftung aus diesem Grund in Betracht.
- Ein Irrtum über die **rechtlichen Grenzen** des Notwehrrechts (Notwehrexzess, vgl. auch § 33 StGB) führt ebenfalls dazu, dass der Handelnde davon ausgeht, rechtmäßig zu handeln, und schließt daher den Vorsatz aus. Eine Haftung wegen Fahrlässigkeit ist aber wiederum möglich.
  Das Handeln des vermeintlichen Verteidigers bleibt auch in jedem Irrtumsfall objektiv rechtswidrig, da die Voraussetzungen der Notwehr objektiv nicht gegeben sind.[285] Der vermeintliche Angreifer darf daher seinerseits Notwehr gegen den nur vermeintlichen Verteidiger üben.

b) Notstand (§§ 228, 904 BGB, 34 StGB)

Im BGB wird zwischen **aggressivem und defensivem Notstand** unterschieden. Diese Unterscheidung **124** bezieht sich darauf, ob die abgewehrte Gefahr von derjenigen Sache ausgeht, deren Beschädigung oder Zerstörung in Frage steht (dann Defensivnotstand) oder von außen kommt (dann Aggressivnotstand).

---

[278] Vgl. Palandt/*Ellenberger,* § 227 Rn. 6.
[279] Vgl. *BGH (Strafsenat)* NJW 1990, 2263 = JuS 1991, 80.
[280] Vgl. Staudinger/*Dilcher,* 1979, § 227 Rn. 21; anders nun Staudinger/*Repgen,* 2009, § 227 Rn. 55 ff.
[281] Vgl. *BGH* NJW 1976, 41; Palandt/*Ellenberger,* § 227 Rn. 8.
[282] Vgl. dazu BGHSt 42, 97 = JuS 1997, 177.
[283] Vgl. *BGH* NJW 1976, 41; *Medicus,* Allgemeiner Teil, Rn. 157.
[284] Vgl. dazu unten Rn. 146.
[285] Vgl. Palandt/*Ellenberger,* § 227 Rn. 11 f.

aa) Defensivnotstand (§§ 228 BGB, 34 StGB)

125 Nach § 228 BGB ist die Beschädigung oder Zerstörung einer Sache (i. S. v. §§ 90, 90a BGB) unter dem Gesichtspunkt des Defensivnotstands gerechtfertigt, wenn **von ihr eine Gefahr ausgeht** (z. B.: Verletzung eines Hundes zur Abwehr einer Bissattacke). Vom Notstand i. S. v. § 34 StGB unterscheidet sich die Regelung des § 228 BGB dadurch, dass hier nur die Beschädigung von Sachen geregelt ist, während durch § 34 StGB auch Eingriffe in andere Rechtsgüter gerechtfertigt werden können. Beide Vorschriften sind nach zutr. h. M. nebeneinander anwendbar, da der Regelung des § 228 BGB keine gegenüber § 34 StGB einschränkende Tendenz entnommen werden kann, so dass der Gedanke der Einheit der Rechtsordnung zum Tragen kommt.[286]

Voraussetzung einer Rechtfertigung nach § 228 BGB ist eine von einer Sache ausgehende Gefahr, zu welcher der Eingriff verhältnismäßig sein muss. Hinsichtlich der Folgen von **Irrtümern** beim Notstand gelten dieselben Erwägungen wie bei der Notwehr.[287]

(1) Von einer Sache ausgehende Gefahr

126 Nach § 228 BGB ist nur die Verletzung derjenigen Sache (auch eines Tiers, vgl. § 90a BGB[288]) gestattet, von der eine Gefahr für ein rechtlich geschütztes Interesse droht.

■ **Drohend** ist die Gefahr, wenn aufgrund tatsächlicher Umstände eine konkrete Wahrscheinlichkeit für den Schadenseintritt besteht;[289] die hieran zu stellenden Anforderungen sind geringer als diejenigen des „gegenwärtigen Angriffs" bei der Notwehr.

■ Die Gefahr muss von einer **fremden Sache** ausgehen. Über den Wortlaut des § 228 BGB hinaus fallen aber auch herrenlose Sachen unter § 228 BGB; entscheidend ist, dass die Sache nicht dem Handelnden gehört.[290] Ferner setzt der Notstand i. S. v. § 228 BGB voraus, dass die Sache die Gefahr unmittelbar aus sich selbst heraus begründet. Dagegen greift § 228 BGB nach h. M. nicht ein, wenn sich die Gefahr erst aus dem Hinzutreten eines menschlichen Verhaltens ergibt (z. B.: Verwendung einer Sache als Wurfgeschoss);[291] insoweit liegt ein menschlicher Angriff vor, der zur Notwehr berechtigen kann.

(2) Erforderlichkeit und Verhältnismäßigkeit des Eingriffs

127 Wie bei der Notwehr muss der Eingriff **erforderlich** sein, d. h. es darf nur das mildeste geeignete Mittel eingesetzt werden.[292] Nach § 228 BGB darf der Eingriff ferner **nicht außer Verhältnis zu der Gefahr** stehen, die von der Sache ausgeht. Anders als bei der Notwehr ist also bei § 228 BGB ein Verhältnismäßigkeitsgebot im Gesetzeswortlaut enthalten. Es ist daher eine Güterabwägung zwischen dem gefährdeten Rechtsgut und dem zu erwartenden Schaden an der gefährlichen Sache vorzunehmen. Soweit auf beiden Seiten Sachen betroffen sind, kann die Abwägung regelmäßig anhand des Wertes erfolgen (es genügt aber nicht jede Wertüberschreitung[293]); Leben und Gesundheit haben dagegen regelmäßig Vorrang vor Sachwerten.[294]

bb) Aggressivnotstand (§ 904 BGB)

128 Im Falle einer Aggressivnotstandslage gem. § 904 S. 1 BGB sind Einwirkungen auf eine Sache gerechtfertigt, die zur Abwehr einer von außen – d. h. nicht von der beschädigten Sache – kommenden Gefahr dienen (z. B.: Zur Abwehr eines Hundes wird eine Latte aus einem fremden Zaun gebrochen).

---

[286] Vgl. Palandt/*Ellenberger,* § 228 Rn. 2; *Larenz/Wolf,* Allgemeiner Teil, § 19 Rn. 40; Erman/*Wagner,* § 228 Rn. 1; a. A. MünchKomm/*Grothe,* § 228 Rn. 2 f.

[287] Vgl. soeben Rn. 123.

[288] Vgl. *OLG Hamm* NJW-RR 1997, 467.

[289] Vgl. Palandt/*Ellenberger,* § 228 Rn. 4.

[290] Vgl. Palandt/*Ellenberger,* § 228 Rn. 5.

[291] Vgl. *Medicus,* Allgemeiner Teil, Rn. 166.

[292] Vgl. soeben Rn. 121.

[293] Vgl. *OLG Hamm* NJW-RR 1995, 279.

[294] Vgl. *OLG Hamm* NJW-RR 1997, 467; *Medicus,* Allgemeiner Teil, Rn. 167.

(1) Voraussetzungen

Voraussetzungen der Rechtfertigung nach § 904 S. 1 BGB sind: **129**

- Bestehen einer **drohenden Gefahr für ein Rechtsgut**. Drohend ist die Gefahr (wie bei § 228 BGB), wenn aufgrund tatsächlicher Umstände eine konkrete Wahrscheinlichkeit für den Schadenseintritt besteht.[295]
- Die Gefahr geht **nicht von der beschädigten Sache aus** (sonst gilt § 228 BGB).
- Der **drohende Schaden** muss im Vergleich zu dem aus der Einwirkung entstehenden Schaden **unverhältnismäßig groß** sein. Verglichen mit § 228 BGB[296] ist die Perspektive der Verhältnismäßigkeitsbewertung daher umgekehrt; da eine „unbeteiligte" Sache (und nicht die Gefahrenquelle) in Anspruch genommen wird, sind die Verhältnismäßigkeitsanforderungen beim Aggressivnotstand strenger.
- Die zu rechtfertigende Handlung muss nach h. M. zumindest *auch* der **Abwehr der Gefahr** dienen, d. h. es genügt nicht, dass die Gefahr durch die Handlung zufällig abgewehrt wurde.[297] Ohne das finale Element beruht die Schädigung nicht auf dem schutzwürdigen Impuls, höherwertige Rechtsgüter zu schützen.
- § 904 BGB rechtfertigt nur Einwirkungen auf **Sachen**, nicht auf andere Rechtsgüter; insoweit gilt allein die Regelung des § 34 StGB, die ohne Weiteres neben § 904 BGB anwendbar ist.[298]

(2) Aufopferungsanspruch (§ 904 S. 2 BGB)

Nach § 904 S. 2 BGB kann der Eigentümer einer Sache, auf die gem. § 904 S. 1 BGB berechtigt eingewirkt wurde, Ersatz seines Schadens verlangen. Der Sache nach handelt es sich dabei um einen Aufopferungsanspruch als Ausgleich dafür, dass der Eigentümer die Beschädigung seiner Sache im fremden Interesse dulden muss.[299] **Inhaltlich** ist der Anspruch aus § 904 S. 2 BGB auf Schadensersatz nach den §§ 249 ff. BGB gerichtet.[300]   **130**

Str. ist allerdings, wer **Schuldner** des Aufopferungsanspruches ist; die Passivlegitimation ist im Wortlaut des § 904 BGB offen gelassen.   **131**
- Nach h. M. ist der **Einwirkende** zum Ausgleich verpflichtet.[301] Dies wird v. a. damit begründet, dass dieser für den Geschädigten leichter auffindbar ist als der Inhaber des geretteten Rechtsguts. Außerdem müsse der Retter den Schaden nicht endgültig tragen, sondern könne regelmäßig über §§ 683 S. 1, 670 BGB (Geschäftsführung ohne Auftrag) beim Inhaber des verteidigten Rechtsguts Regress nehmen.
- Nach der zutreffenden Gegenauffassung ist der **Begünstigte** Anspruchsgegner, d. h. derjenige, dessen Rechtsgüter durch die Einwirkung aus der Gefahr gerettet wurden.[302] Hierfür spricht zum einen, dass dieser von der Einwirkung auf die Sache unmittelbar profitiert, während der Einwirkende regelmäßig keine Vorteile zieht. Zudem trägt der Begünstigte auch nach der h. M. im Ergebnis den Schaden, weil der Einwirkende ihn in Regress nehmen kann; es geht somit letztlich nur um das Risiko der Unauffindbarkeit oder Insolvenz des Begünstigten. Dieses Risiko dem Einwirkenden aufzuerlegen, würde den altruistisch Handelnden unangemessen benachteiligen, u. U. einen im Widerspruch zu § 323c StGB stehenden Verhaltensanreiz setzen und die Bereitschaft zum Schutz fremder Rechtsgüter schmälern.

c) Selbsthilfe (§§ 229, 859 BGB)

Im BGB sind verschiedene Selbsthilferechte vorgesehen.[303] Die wichtigsten sind das allgemeine Selbsthilferecht aus § 229 BGB und das Selbsthilferecht des Besitzers gegenüber verbotener Eigenmacht gemäß § 859 BGB.   **132**

aa) Allgemeines Selbsthilferecht (§ 229 BGB)

Nach § 229 BGB darf ein Anspruchsinhaber seinen **Anspruch ausnahmsweise eigenmächtig sichern** – insbesondere durch die Wegnahme von Sachen oder sogar durch die Festnahme des Schuldners –, wenn obrigkeitliche Hilfe nicht   **133**

---

[295] Vgl. soeben Rn. 126.
[296] Vgl. soeben Rn. 127.
[297] Vgl. BGHZ 92, 357 = JuS 1985, 556; Palandt/*Bassenge*, § 904 Rn. 3.
[298] Vgl. soeben Rn. 125.
[299] Vgl. *Larenz/Canaris*, Schuldrecht II/2, § 85 I 1 a (S. 655).
[300] Vgl. Palandt/*Bassenge*, § 904 Rn. 5.
[301] Vgl. BGHZ 6, 102 (105); *Baur/Stürner*, Sachenrecht, § 25 Rn. 8; Palandt/*Bassenge*, § 904 Rn. 5.
[302] Vgl. *Larenz/Canaris*, Schuldrecht II/2, § 85 I 1 b (S. 655 f.); MünchKomm/*Säcker*, § 904 Rn. 17 m.w.N.
[303] Vgl. dazu auch unten Fall 6 „*Big Brother*" (Rn. 680 ff.).

rechtzeitig zu erlangen und die Durchsetzung des Anspruches andernfalls gefährdet ist. Allerdings muss er dann nach § 230 II, III BGB unverzüglich den (dinglichen oder persönlichen) Arrest beantragen. Unterlässt er dies, so wird die ursprüngliche Selbsthilfemaßnahme aber nicht nachträglich rechtswidrig; vielmehr ist sie lediglich aufzuheben (vgl. § 230 IV BGB).

bb) Besitzwehr und Besitzkehr (§ 859 BGB)

134   Gemäß § 859 BGB darf sich der **Besitzer gegen eine unberechtigte Besitzentziehung** eigenmächtig wehren, und zwar durch Verteidigung seines Besitzes gegen den unmittelbaren Angriff (**Besitzwehr**) und durch sofortige gewaltsame Rückholung der Sache unmittelbar nach Beendigung des Angriffes (**Besitzkehr**).[304] Die Grenzen des § 230 BGB gelten insoweit nicht.

d) Einwilligung

135   Der Rechtfertigungsgrund „Einwilligung" ist **nicht explizit gesetzlich geregelt**, sondern folgt aus dem ungeschriebenen Grundsatz *„volenti non fit iniuria"*. Bedeutsam ist er **vor allem im Arzthaftungsrecht**, da die h. M. hier jeden medizinischen Eingriff als tatbestandliche Körperverletzung wertet, die nur durch die wirksame Einwilligung des Patienten gerechtfertigt sein kann.[305] Die Einwilligung kann die Rechtswidrigkeit nur dann ausschließen, wenn eine wirksame Einwilligungserklärung vorliegt, die eine einwilligungsfähige Person auf der Grundlage der (u. U.) gebotenen Aufklärung abgegeben hat. Ist in Arzthaftungsfällen eine Aufklärung nicht wie geboten vorgenommen worden, so haftet der Arzt – unabhängig von einem Behandlungsfehler – für die Realisierung aller Behandlungsrisiken, die im Schutzbereich der verletzten Aufklärungspflicht liegen.

aa) Einwilligungsfähigkeit

136   Die Einwilligung ist eine **geschäftsähnliche Handlung**, für die keine volle Geschäftsfähigkeit erforderlich ist. Nötig ist allein, dass der Verletzte über die nötige geistige und sittliche Reife verfügt, um die Tragweite des Eingriffs in das Rechtsgut und der Einwilligung richtig einzuschätzen. Dies schließt nach h. M. zwar eine wirksame Einwilligung durch **Minderjährige** nicht grundsätzlich aus, beschränkt sie aber im Hinblick auf körperliche Eingriffe angesichts deren gravierender Konsequenzen auf wenige Ausnahmefälle.[306] Regelmäßig ist daher – außer bei Gefahr im Verzug (§ 1629 I 4 BGB) – die **Einwilligung beider Elternteile** (§§ 1631 I, 1629 I 2 Hs. 1 BGB) erforderlich, wobei der eine den anderen nach allgemeinen Grundsätzen gem. § 164 I BGB bevollmächtigen kann.

Auf die Einwilligung finden nach h. M. die **§§ 134, 138 BGB entsprechende Anwendung**; insbesondere ist danach die Einwilligung in die eigene Tötung oder Verstümmelung regelmäßig sittenwidrig und daher nichtig (vgl. auch § 228 StGB).[307]

bb) Hinreichende Aufklärung

137   Die Einwilligung ist nur dann wirksam, wenn der Verletzte die drohende Rechtsgutsverletzung in ihrer konkreten Form zutreffend eingeschätzt hat. Ferner muss die Einwilligung freiwillig erklärt werden, d. h. insbesondere unbeeinflusst sein von Drohung und Täuschung. Ein bloßer Irrtum im Beweggrund schadet grundsätzlich nicht.[308] Sofern freilich eine **Informationsasymmetrie** besteht, muss der Verletzer angemessen über die Folgen **aufklären**. Insbesondere muss daher ein Arzt den Patienten über die mit der Behandlung und dem Eingriff verbundenen vorhersehbaren **Risiken** informieren.[309] Allerdings muss nicht jedes noch so entfernte Risiko erwähnt werden; das Bestehen und die Reichweite einer Aufklä-

---

[304] Vgl. näher *Neuner*, Examinatorium Sachenrecht, 3. Aufl., 2008, Rn. 71 ff.

[305] Vgl. oben Rn. 23, dort auch zur hier vertretenen Gegenmeinung.

[306] Vgl. BGHZ 29, 33 (36): Wirksamkeit der Einwilligung eines (nach damaligem Recht minderjährigen) 20-jährigen Patienten, der aus der damaligen DDR geflüchtet war, und Repressalien gegen seine dort lebenden Eltern fürchtete, wenn seine Flucht bekannt werden sollte; *BGH* NJW 1972, 335 (337): Ablehnung der Wirksamkeit der Einwilligung einer 16-Jährigen in eine Bestrahlung; zust. MünchKomm/*Wagner*, § 823 Rn. 736; *Medicus/Lorenz*, Schuldrecht II, Rn. 1258.

[307] Vgl. Palandt/*Sprau*, § 823 Rn. 39; a. A. *Medicus/Lorenz*, Schuldrecht II, Rn. 1258, die ohne Abweichung im Ergebnis auf § 228 StGB abstellen.

[308] Vgl. *BGH* NJW 1964, 1177 f.

[309] Vgl. *BGH* NJW 1981, 633; NJW 1985, 2193; Palandt/*Sprau*, § 823 Rn. 151 ff.

rungspflicht ist vielmehr im Rahmen einer Abwägung unter Berücksichtigung sowohl der ohne den Eingriff bestehenden Risiken als auch der mit dem Eingriff verbundenen Schadensgefahren zu bestimmen. Dabei ist auch zu berücksichtigen, ob der Eingriff unaufschiebbar und unausweichlich ist. Gänzlich unwahrscheinliche Verläufe begründen aber keine Aufklärungspflicht, ebenso Risiken, die jedermann bekannt sind (weil der Patient hier ohnehin schon informiert ist).[310]

cc) Schutzzweckzusammenhang

Fehlt es an einer hinreichenden Aufklärung des Geschädigten, so haftet der behandelnde Arzt nur, wenn die eingetretene Verletzung vom Schutzzweck der verletzten Aufklärungspflicht umfasst ist; es muss sich also gerade dasjenige Risiko verwirklicht haben, das Gegenstand der Aufklärungspflicht war. Der Eingriff wird m.a.W. durch die Verletzung der Aufklärungspflicht nicht insgesamt rechtswidrig, sondern nur insoweit, als sich ein Risiko verwirklicht hat, über das pflichtwidrig nicht aufgeklärt wurde.[311]   **138**

Vom Schutzzweck der Aufklärungspflicht erfasst sind auch solche Verletzungen, die zwar der Art nach, nicht aber der Schwere nach vorhersehbar und daher aufklärungspflichtig waren. So haftet der Arzt etwa, wenn er über das Risiko einer bestimmten Wundinfektion nicht aufgeklärt hat, die normalerweise „nur" zu Gesundheitsverletzungen führt (und aus diesem Grund aufklärungspflichtig war), auch für den Tod des Patienten auf Grund dieser Infektion, selbst wenn dieses spezielle Todesrisiko so fernliegend war, dass darüber nicht aufgeklärt werden musste.[312] Der Schutzzweck der Aufklärungspflicht ist allerdings überschritten, wenn sich ein ganz andersartiges als das aufklärungspflichtige Risiko realisiert hat.[313]

e) Mutmaßliche Einwilligung/berechtigte Geschäftsführung ohne Auftrag

Rechtsgutsverletzungen, die im Interesse des Verletzten, aber ohne dessen ausdrückliche oder konkludente Einwilligung begangen werden, können nach den Regeln über die Geschäftsführung ohne Auftrag gerechtfertigt sein, wenn sie von seinem mutmaßlichen Willen gedeckt sind, welcher im Zweifel anhand seines objektiven Interesses zu bestimmen ist (vgl. auch § 683 BGB). Eine mutmaßliche Einwilligung in eine ärztliche Behandlung ist regelmäßig insbesondere dann anzunehmen, wenn der Verletzte bewusstlos ist und daher keine ausdrückliche Einwilligung erteilen kann. Auch aus einer sog. **Patientenverfügung** (vgl. § 1901a BGB) ergeben sich Anhaltspunkte für einen mutmaßlichen Willen des Patienten im Hinblick auf ärztliche Behandlungen.[314]   **139**

5. Verschulden

Die rechtswidrige Verletzung eines nach § 823 I BGB geschützten Rechtsgutes oder Rechts führt nur dann zur Ersatzpflicht, wenn sie schuldhaft geschieht. Hierfür ist Verschuldensfähigkeit erforderlich (§§ 827 f. BGB), und Vorsatz oder Fahrlässigkeit müssen nachgewiesen werden. Fehlt es an der Verschuldensfähigkeit, so kommt eine Billigkeitshaftung nach § 829 BGB in Betracht.   **140**

a) Verschuldensfähigkeit (§§ 827, 828 BGB)

Voraussetzung einer schuldhaften Pflichtverletzung ist die Verschuldensfähigkeit des Schädigers, also dessen grundsätzliche geistige Zurechnungsfähigkeit. Sie ist gegeben, solange sie nicht nach den §§ 827 f. BGB ausgeschlossen ist. Das Kriterium der Verschuldensfähigkeit gilt sowohl für die Vorsatz- als auch für die Fahrlässigkeitshaftung; in letzterer Hinsicht bilden die §§ 827 f. BGB ein Korrektiv für den objektiven Sorgfaltsstandard.[315] Mängel der Verschuldensfähigkeit stehen nicht nur der Haftung des Betreffenden (z.B.: Ein Kind verursacht Schäden an einem Kfz), sondern auch der Beschränkung eines Anspruchs des Minderjährigen wegen Anrechnung eines Mitverschuldens nach § 254 BGB (z.B. hinsichtlich der Schäden am Fahrrad des Kindes) entgegen.[316]   **141**

---

[310] Z.B. über Wundinfektionen, *BGH* NJW 1991, 1541 (1542).

[311] Vgl. BGHZ 90, 96 (100 f.); *Larenz/Canaris,* Schuldrecht II/2, § 76 II 1 g (S. 384).

[312] Vgl. BGHZ 106, 391 (397 ff.) = JuS 1989, 756.

[313] Vgl. BGHZ 90, 96 (100 f.): Darmperforation statt „nur" Schmerzen beim Eingriff; BGHZ 144, 1 (11): Impfschaden des Kindes statt möglicher Ansteckungen Dritter; *Larenz/Canaris,* Schuldrecht II/2, § 76 II 1 g (S. 384).

[314] Vgl. dazu BGHZ 154, 205 (210 f.) = JuS 2003, 818; MünchKomm/*Wagner,* § 823 Rn. 733.

[315] Vgl. unten Rn. 147 ff.

[316] Vgl. dazu unten *Systematische Darstellung Schadensrecht* (Rn. 618).

aa) Vorübergehender Ausschluss (§ 827 BGB)

142   Nach § 827 S. 1 BGB fehlt die Verschuldensfähigkeit, wenn der Täter **bewusstlos** war. Allerdings wird in diesem Fall das Kriterium des Verschuldens gar nicht relevant, weil schon keine haftungsrelevante Handlung im Rechtssinne vorliegt. Die Verschuldensfähigkeit fehlt ferner, wenn die freie Willensbestimmung infolge einer krankhaften Störung der Geistestätigkeit (z. B. Vollrausch) ausgeschlossen ist. Hat er sich allerdings **schuldhaft** in diesen Zustand versetzt (z. B. durch Betrinken), so haftet er gem. § 827 S. 2 BGB für Fahrlässigkeit (*actio libera in causa*).

bb) Verschuldensfähigkeit Minderjähriger (§ 828 BGB)

143   Die Verschuldensfähigkeit Minderjähriger ist in § 828 BGB in drei Stufen geregelt:

- Kinder **unter sieben Jahren** sind ohne Rücksicht auf ihre Einsichtsfähigkeit nicht deliktsfähig (§ 828 I BGB).
- Kinder **zwischen sieben und zehn Jahren** haften nach § 828 II BGB im **Straßenverkehr** nur bei Vorsatz, sind *dort* aber im Übrigen nicht verschuldensfähig.[317]
- Nach § 828 III BGB kommt es bei Minderjährigen **zwischen sieben** (bzw. im Straßenverkehr zehn) **und achtzehn Jahren** auf die **individuelle Einsichtsfähigkeit** an, d. h. auf die intellektuelle Fähigkeit, das Unrecht der Handlung und die Verpflichtung zu erkennen, in irgendeiner Weise für die Folgen seiner Handlung selbst einstehen zu müssen.[318] Die Fähigkeit, nach dieser Einsicht zu handeln (**Steuerungsfähigkeit**), wird dagegen von § 828 III BGB nicht vorausgesetzt (auch hier gilt insoweit also ein objektiver Fahrlässigkeitsmaßstab).

144   Die Regelung des § 828 III BGB kann dazu führen, dass Minderjährige, die über kein nennenswertes Einkommen oder Vermögen verfügen, einer **existenzvernichtenden Haftung** ausgesetzt sind, indem sie für fahrlässig herbeigeführte große Schäden voll aufkommen müssen. Daher werden gegen diese Vorschrift vor dem Hintergrund der Art. 2 I, 1 I GG verfassungsrechtliche Bedenken geltend gemacht.[319] Das BVerfG hat die Verfassungsmäßigkeit des § 828 III BGB im Grundsatz bejaht, jedoch den Zivilgerichten die Möglichkeit offen gelassen, Korrekturen im Einzelfall über § 242 BGB vorzunehmen.[320]

b) Vorsatz oder Fahrlässigkeit

145   Die Verletzungshandlung muss ferner auf Vorsatz oder Fahrlässigkeit beruhen. Hinsichtlich der Zurechnung von Hilfspersonen kommt insoweit nicht etwa § 278 BGB zur Anwendung, da es bei der Haftungsbegründung nach § 823 I BGB an einer Sonderverbindung zwischen Schädiger und Geschädigtem fehlt. Es kommt also grundsätzlich nur auf das eigene Verschulden des Täters an; ein Fremdverschulden kann nur **juristischen Personen** über § 31 BGB zugerechnet werden.[321] Auch § 831 BGB begründet keine Zurechnung fremden Verschuldens, sondern eine Haftung des Geschäftsherrn für eigenes (Auswahl- bzw. Aufsichts-)Verschulden.[322]

aa) Vorsatz

146   Vorsatz im zivilrechtlichen Sinne setzt wie im Strafrecht ein **kognitives** und ein **volitives Element** voraus: Der Schädiger muss den rechtswidrigen Erfolg voraussehen und wollen oder zumindest billigend in Kauf nehmen (bedingter Vorsatz, *dolus eventualis*). Anders als im Strafrecht muss sich der Vorsatz nach der im Zivilrecht herrschenden sog. **Vorsatztheorie** allerdings auch auf die Rechtswidrigkeit beziehen, so dass auch Rechtsirrtümer vorsatzausschließend sind;[323] diese Festlegung trägt dem Umstand Rechnung, dass die alternativ eingreifende Fahrlässigkeitshaftung (anders als im Strafrecht!) inhaltlich äquivalent ist.

---

[317] Vgl. dazu unten *Systematische Darstellung Haftung im Straßenverkehr* (Rn. 736).
[318] Vgl. Palandt/*Sprau*, § 828 Rn. 6.
[319] Vgl. *Canaris*, JZ 1990, 679 (681).
[320] Vgl. *BVerfG* NJW 1998, 3557 = JuS 1999, 812; s. dazu *Goecke*, NJW 1999, 2305; näher zu einer höhenmäßigen Reduzierung des Ersatzanspruchs über § 242 BGB *Canaris*, JZ 1987, 993 (1002).
[321] Vgl. dazu unten Fall 1 „*Kein Schiff wird kommen*" (Rn. 283).
[322] Vgl. dazu unten Rn. 199 ff.
[323] Vgl. BGHZ 151, 337; *Larenz*, Schuldrecht I, § 20 II (S. 280 f.); *Medicus/Lorenz*, Schuldrecht I, Rn. 366; differenzierend MünchKomm/*Grundmann*, § 276 Rn. 158 ff.

bb) Fahrlässigkeit

Fahrlässig handelt gem. § 276 II BGB, „wer die im Verkehr erforderliche Sorgfalt außer Acht lässt." Es **147** gilt somit ein **objektiver Fahrlässigkeitsmaßstab**, d. h. es kommt weder darauf an, welche Sorgfalt üblicherweise angewendet wird, noch darauf, welche Sorgfalt der konkrete Täter mit seinen persönlichen Fähigkeiten hätte anwenden können. Entscheidend ist allein, welche **Sorgfalt allgemein in der konkreten Situation** *erforderlich* war (**normativer Sorgfaltsstandard**). Nach den auf diese Weise festgelegten Anforderungen ist festzustellen, ob der Schädiger den rechtswidrigen Erfolg bei Anwendung der verkehrserforderlichen Sorgfalt **erkennen** und **vermeiden** konnte.

Der objektive Maßstab wird konkretisiert durch den **Verkehrskreis**, in dem sich der Schädiger bewegt (z. B. Sorgfalt **148** des geübten Autofahrers, des fachkundigen Arztes, ggf. des Spezialisten etc.). Danach wird der Schädiger durch **individuelle Unzulänglichkeiten** grundsätzlich **nicht** vom Fahrlässigkeitsvorwurf **entlastet** (z. B.: Ein Autofahrer muss auch als Anfänger mit der fahrerischen Sorgfalt des Geübten agieren). Ausnahmsweise findet eine **Anpassung des Sorgfaltsmaßstabs an das individuelle Leistungsvermögen** hinsichtlich bestimmter Gruppen statt, deren Leistungsfähigkeit naturgemäß herabgesetzt ist, etwa bei **Jugendlichen, Betagten oder Behinderten;**[324] dadurch soll gewährleistet werden, dass die betreffende Gruppe ungeachtet natürlicher Einschränkungen in angemessener Weise am gesellschaftlichen Leben teilhaben kann. Subjektive Eigenschaften des Schädigers sind im Übrigen insoweit zu berücksichtigen, als sie ihn einer Gruppe zuordnen, für die besondere (i. d. R. strengere) Sorgfaltsanforderungen gelten. So kann man etwa von einem ausgebildeten Sanitäter an einer Unfallstelle eine sorgfältigere Erste Hilfe erwarten als von einem Laien (vgl. für Kaufleute auch § 347 HGB).[325]

Bei mittelbaren Rechtsgutsverletzungen und Rechtsgutsverletzungen durch Unterlassen, bei denen die Tatbe- **149** standsmäßigkeit die Verletzung einer **Verkehrspflicht** voraussetzt,[326] **decken sich nach h. M. die Anforderungen an die Konkretisierung der Verkehrspflicht weitgehend mit den Kriterien der verkehrserforderlichen Sorgfalt:** Verkehrs- wie Sorgfaltspflicht sind darauf gerichtet, eine erkennbar drohende Rechtsgutsverletzung mit angemessenem Aufwand zu vermeiden. Für ungeschriebene, d. h. im Einzelfall richterlich (ex post) festgestellte Verkehrspflichten folgt daraus, dass nach Feststellung der Verkehrspflichtverletzung (im Rahmen des Tatbestandes) für die Verschuldensprüfung häufig *de facto* nur noch die Verschuldensfähigkeit des Täters verbleibt. In bestimmten Fällen sind die Verkehrspflichten jedoch abstrakt-generell vorgegeben, sei es im geschriebenen Recht, sei es durch Richterrecht oder sog. soft law (z. B. durch Unfallverhütungsvorschriften der Berufsgenossenschaften oder sicherheitsrelevante DIN-Normen). In diesen Fällen ist im Rahmen des Verschuldens zu prüfen, ob die Einhaltung der objektiven Verkehrspflicht *in der konkreten Situation* vom Täter bei sorgfaltsgemäßem Verhalten erwartet werden konnte.[327]

Eine qualifizierte Form der Fahrlässigkeit ist die **grobe Fahrlässigkeit**, die vorliegt, wenn die im Verkehr **150** erforderliche Sorgfalt in besonders schwerem Maße verletzt worden ist. Das ist zu bejahen, wenn schon einfachste, ganz nahe liegende Überlegungen nicht angestellt werden, und das nicht beachtet wurde, was im gegebenen Fall jedem hätte einleuchten müssen (z. B. Einfahren in eine Kreuzung bei Rotlicht).[328]

cc) Haftungsprivilegierungen

Grundsätzlich genügt für die Haftung nach § 823 I BGB **jede, also auch die geringste Form der Fahrläs-** **151** **sigkeit**. Kraft besonderer gesetzlicher Anordnung kann der Sorgfaltsmaßstab z. T. auf dasjenige Sorgfaltsmaß abgesenkt werden, welches der Schädiger **in eigenen Angelegenheiten** anzuwenden pflegt (*diligentia quam in suis*; vgl. §§ 708, 1359, 1664 I, 2131 BGB, 4 LPartG); die objektive Untergrenze dieses Sorgfaltsmaßstabs ist allerdings stets die grobe Fahrlässigkeit (§ 277 BGB). Darüber hinaus ist die Haftung für bestimmte unentgeltliche Vertragstypen auf **grobe Fahrlässigkeit** beschränkt (vgl. §§ 521, 599, 690 BGB für Schenkung, Leihe und unentgeltliche Verwahrung; s. zudem 300 I BGB für die Haftung des Schuldners während des Annahmeverzugs). Diese Haftungsprivilegierungen werden im Wege der Auslegung grundsätzlich auch auf die deliktische Haftung übertragen, weil sie ansonsten faktisch leerliefen.[329]

---

[324] BGHZ 39, 281 (283); Palandt/*Grüneberg*, § 276 Rn. 11; Staudinger/*Löwisch/Caspers*, 2009, § 276 Rn. 46.
[325] Vgl. *OLG München* NJW 2006, 1883; *H. Roth*, NJW 2006, 2814 (2816); s. ferner MünchKomm/*Grundmann*, § 276 Rn. 59.
[326] Vgl. oben Rn. 10, 117 ff.
[327] Vgl. *Larenz/Canaris*, Schuldrecht II/2, § 75 II 3 d (S. 369 f.); *Riehm*, FS Canaris, Bd. 1, 2007, S. 1079 (1090 f.).
[328] Vgl. Palandt/*Grüneberg*, § 277 Rn. 5.
[329] Vgl. zu den jeweiligen Normen etwa Palandt/*Grüneberg*, § 300 Rn. 2; MünchKomm/*Koch*, § 521 Rn. 6; Palandt/*Sprau*, § 680 Rn. 1; Palandt/*Weidenkaff*, § 599 Rn. 3; vgl. auch oben Rn. 15.

Im Übrigen ist allerdings umstritten, ob der **Rechtsgedanke der §§ 521, 599 680, 690 BGB** im Sinne eines Haftungsprivilegs bis zur Grenze groben Verschuldens verallgemeinerungsfähig, also auch **auf andere Fälle zu übertragen ist, in denen eine Partei ausschließlich im Interesse einer anderen Partei tätig wird** (z. B.: Nachbar hilft bei Reparaturarbeiten). Der *BGH* hat eine solche Generalisierung bislang abgelehnt.[330] Gegen eine solche Verallgemeinerung wird häufig das Fehlen eines Haftungsprivilegs beim (ebenfalls gesetzlich als unentgeltlicher Vertrag ausgestalteten) Auftrag (§§ 662 ff. BGB) angeführt.[331] Indessen sind bei der Würdigung der für den Auftrag geltenden Regelungen zwei Rahmenbedingungen zu berücksichtigen: Zum einen findet der Regelungskomplex kraft Verweisung auch im Rahmen von entgeltlichen Geschäftsbesorgungen Anwendung (§ 675 BGB). Zum anderen bildet die Wahrnehmung fremder Vermögensinteressen aus realtypischer Perspektive einen zentralen Bezugspunkt des Auftragsrechts.[332] Im Lichte dieser Besonderheiten sollte das Fehlen eines Haftungsprivilegs im Auftragsrecht einer Verallgemeinerung der erwähnten – weitgehend flächendeckend verankerten – Privilegien insoweit nicht entgegenstehen, als die unentgeltliche Tätigkeit im fremden Interesse nicht in spezifischer Weise auf die Wahrnehmung von Vermögensinteressen gerichtet ist.[333]

c) Billigkeitshaftung (§ 829 BGB)

152 Ist die Verschuldensfähigkeit nach den §§ 827 f. BGB ausgeschlossen, so kommt eine **Billigkeitshaftung** des Verschuldensunfähigen nach § 829 BGB in Betracht.[334]

Prüfungsaufbau und Problemübersicht[335]

I. Rechtswidrige Schadenszufügung durch den Verschuldensunfähigen II. „Natürliche" Zurechnungsfähigkeit III. Subsidiarität IV. Billigkeit

aa) Rechtswidrige Schadenszufügung durch den Verschuldensunfähigen

153 § 829 BGB erfordert zunächst die rechtswidrige Schadenszufügung durch einen Verschuldensunfähigen. Dies sind nicht nur **Minderjährige**, sondern auch **Volljährige**, die nach § 827 BGB verschuldensunfähig sind (z. B. bei Bewusstlosigkeit[336] oder geistiger Behinderung).

154 Der Verschuldensunfähige muss den **Tatbestand eines Delikts** nach den §§ 823 ff. BGB mit Ausnahme der Verschuldensfähigkeit erfüllt haben. Zwar erwähnt § 829 BGB nur die §§ 823–826 BGB, jedoch genügen nach h. M. auch Delikte nach den §§ 830 ff. BGB, wenn die dort vorausgesetzte „rechtswidrige Tat" ein Delikt nach den §§ 823–826 BGB ist.[337] Wer also als Verschuldensunfähiger etwa die Aufsicht über Kinder oder über Verrichtungsgehilfen hatte, kann im Falle einer (objektiven) Aufsichtspflichtverletzung zur Billigkeitshaftung nach § 829 BGB herangezogen werden, sofern die zu beaufsichtigenden Personen eine unerlaubte Handlung nach den §§ 823–826 BGB begangen haben und dem Verschuldensunfähigen der Entlastungsbeweis nicht gelingt.

bb) Natürliches Verschulden – Spezifische Entlastung durch Verschuldensunfähigkeit

155 Umstritten ist, ob der Verschuldensunfähige jedenfalls in einem **natürlichen Sinne** schuldhaft, d. h. vorsätzlich oder fahrlässig gehandelt haben muss. Die h. M. entnimmt dem Umstand, dass § 829 BGB eine Billigkeitshaftung auch in

---

[330] Vgl. BGHZ 12, 102 (110); *BGH* NJW 1958, 905; dem folgend *OLG Stuttgart* NJW-RR 2009, 384 (385).

[331] So ausdrücklich *OLG Stuttgart* NJW-RR 2009, 384 (385).

[332] Für einen im Einzelfall reduzierten Haftungsmaßstab auch im Auftragsrecht daher MünchKomm/*Kramer*, Einl. §§ 241 ff. Rn. 41; *Medicus/Petersen*, Bürgerliches Recht, Rn 369.

[333] Eine weitgehende Begrenzung des Haftungsmaßstabs befürwortend auch Staudinger/*Bork*, 2003, Vorb. zu §§ 145–156 Rn. 86. Vgl. näher zum Ganzen *Hoffmann*, AcP 164 (1964), 394 (402 ff.); *Müller-Erzbach*, AcP 106 (1909), 309 (455 ff.).

[334] Vgl. dazu auch näher unten Fall 3 *„Die jungen Wilden"* (Rn. 434).

[335] Vgl. *Medicus/Lorenz*, Schuldrecht II, Rn. 1263 ff.

[336] Vgl. z. B. BGHZ 127, 186.

[337] Vgl. MünchKomm/*Wagner*, § 829 Rn. 4 m. w. N.

den Fällen des § 827 I BGB anordnet, in denen es wegen der Bewusstlosigkeit des Schädigers bereits an einer haftungs-rechtlich relevanten Handlung[338] fehlt,[339] dass es auf die Pflichtwidrigkeit der Handlung nicht ankommen kann.

Um aber andererseits eine Diskriminierung zurechnungsunfähiger Schädiger gegenüber zurechnungsfähigen zu vermeiden, verlangt die h. M., dass das Verhalten des Schädigers – gedacht als Verhalten einer zurechnungsfähigen Person – **hypothetisch schuldhaft** im Sinne des jeweils angewendeten Haftungstatbestandes war (bei § 826 BGB also z. B. hypothetisch vorsätzlich). Mit anderen Worten muss das Verschulden *gerade wegen der Unzurechnungsfähigkeit* fehlen, nicht aus anderen Gründen; die Handlung muss, gedacht als die eines Zurechnungsfähigen, vorsätzlich oder fahrlässig gewesen sein.[340]

cc) Billigkeit

Ferner muss die Billigkeit einen Anspruch des Verletzten erfordern. Hierbei kommt es zum einen auf die **wirtschaftlichen Verhältnisse** von Schädiger und Verletztem, zum anderen auf die **konkreten Umstände der Verletzung** an: Je größer das Vermögen des Schädigers, je kleiner dasjenige des Geschädigten und je gravierender die Verletzung ist, desto eher kommt eine Billigkeitshaftung in Betracht.[341] Die Abwägung muss hierbei ein deutliches „Gefälle" zugunsten des Geschädigten ergeben, da der Ersatz nur insoweit gewährt wird, als es die Billigkeit *erfordert*.[342]

156

Auch das Bestehen von **Versicherungsschutz** kann in die Abwägung einfließen:[343] Soweit der *Schädiger* **haftpflicht-versichert** ist, berücksichtigt die Rechtsprechung dies jedenfalls bei **obligatorischen Versicherungen** (insbesondere die Kfz-Haftpflichtversicherung nach § 1 PflVG) zu Lasten des Schädigers.[344] Bei freiwilligen Haftpflichtversiche-rungen gilt dies nach Auffassung des *BGH* nur für die Höhe der Haftung, nicht aber für das „ob" der Haftung; ein wirtschaftliches Gefälle zwischen Schädiger und Geschädigtem ist danach unabhängig vom Bestehen der Versiche-rung erforderlich.[345] Diese Differenzierung entbehrt einer stichhaltigen Begründung; in der Literatur überwiegt daher die Auffassung, dass eine Haftpflichtversicherung *stets*, d. h. unabhängig davon, ob es sich um eine Pflicht-versicherung oder eine freiwillige Versicherung handelt, zu Lasten des Schädigers zu berücksichtigen ist.[346]

Soweit der *Geschädigte* seinen Schaden von einer Versicherung (z. B. **Kranken-** oder **Unfallversicherung**) ersetzt erhält, würde eine Ersatzpflicht des Schädigers im Ergebnis lediglich der Versicherung und nicht dem Geschädigten zugute kommen; eine Belastung des zurechnungsunfähigen Schädigers allein zur Entlastung der Versicherung wird durch die Billigkeit aber nicht gefordert.[347] Anders ist es nur, wenn der Schädiger haftpflichtversichert ist, denn dann führt die Billigkeitshaftung zur – grundsätzlich vorzugswürdigen – Verlagerung des Schadens von der Versi-cherung des Geschädigten auf den Versicherer des Schädigers.[348]

dd) Subsidiarität

Der Anspruch aus § 829 BGB besteht nicht, wenn der **Verletzte von einem aufsichtspflichtigen Dritten** (insbesondere von den Eltern aus § 832 BGB) **Ersatz verlangen kann,** wobei es nach h. M. nicht nur auf das Bestehen eines Anspruchs, sondern auch auf seine Realisierbarkeit ankommt.[349] Sind also die Eltern wirtschaftlich nicht in der Lage, den Schaden zu ersetzen, kann trotz deren Haftung noch eine Billig-keitshaftung des Kindes in Betracht kommen.

157

ee) Rechtsfolge

Der Anspruch aus § 829 BGB gewährt **keinen unbegrenzten Schadensersatz** nach den §§ 249 ff. BGB, sondern **lediglich einen Anspruch auf eine billige Entschädigung.** Der Entschädigungsbetrag orientiert sich zwar am tatsächlich eingetretenen Schaden, die Billigkeit kann aber im Rahmen der vorzunehmen-den Abwägung u. U. auch nur eine teilweise Erstattung – einzelner Schadensposten oder einer Quote

---

[338] Vgl. zum Begriff der Handlung oben Rn. 69.
[339] Vgl. BGHZ 23, 90: Haftung eines plötzlich bewusstlosen Kraftfahrers aus § 829 BGB neben § 7 I StVG.
[340] Vgl. RGZ 146, 213 (215); BGHZ 39, 281 (284); *BGH* NJW 1958, 1630; *Larenz/Canaris,* Schuldrecht II/2, § 84 VII 1 a (S. 651); MünchKomm/*Wagner,* § 829 Rn. 7.
[341] Vgl. MünchKomm/*Wagner,* § 829 Rn. 14 f.
[342] Vgl. BGHZ 127, 186 (192 f.); Palandt/*Sprau,* § 829 Rn. 4.
[343] Vgl. eingehend MünchKomm/*Wagner,* § 829 Rn. 18 ff.; *Armbrüster,* NJW 2009, 187 f.
[344] Vgl. z. B. BGHZ 127, 186.
[345] Vgl. *BGH* NJW 1958, 1630; BGHZ 76, 279.
[346] Vgl. *Larenz/Canaris,* Schuldrecht II/2, § 84 VII 1 b (S. 652); MünchKomm/*Wagner,* § 829 Rn. 19 ff. m. w. N.
[347] Vgl. *Larenz/Canaris,* Schuldrecht II/2, § 84 VII 1 b (S. 652).
[348] Vgl. MünchKomm/*Wagner,* § 829 Rn. 22.
[349] Vgl. *Medicus/Lorenz,* Schuldrecht II, Rn. 1266.

des Gesamtschadens – erfordern. Auch ein **Schmerzensgeld** nach § 253 II BGB kann aus § 829 BGB verlangt werden, allerdings nur, wenn die Billigkeit dies neben dem Ersatz des materiellen Schaden unbedingt erfordert.[350]

III. Weitere Tatbestände der Verschuldenshaftung

1. Verletzung von Schutzgesetzen (§ 823 II BGB)

158 Nach § 823 II BGB haftet auch derjenige auf Schadensersatz, der „gegen ein den Schutz eines anderen bezweckendes Gesetz verstößt". § 823 II BGB bildet neben § 823 I BGB und § 826 BGB einen weiteren der drei Grundtatbestände des Deliktsrechts. Die besondere Funktion dieser Anspruchsgrundlage besteht einerseits in der Gewährung deliktischen Schutzes auch bei (ausgewählten) reinen Vermögensschäden, die von § 823 I BGB nicht erfasst werden, und andererseits darin, gemeinsam mit entsprechenden Schutzgesetzen den deliktischen Schutz in den Bereich abstrakter Gefährdungshandlungen vorzuverlagern.[351] Die Abhängigkeit der Haftung von einer konkreten gesetzlichen Regelung trägt der freiheitssichernden Grundkonzeption des Deliktsrechts[352] Rechnung, indem dadurch eine klare **demokratische Legitimierung**, eine **Präzisierung und** die allgemeine **Transparenz** der Verhaltensnorm sichergestellt werden.

Soweit Schutzgesetze die Verletzung der **auch in § 823 I BGB genannten Rechtsgüter sanktionieren**, kommt der Haftung aus § 823 II BGB grundsätzliche **keine eigenständige Bedeutung** zu. Allerdings wird die Regelung des § 823 II BGB in solchen Fällen nicht durch § 823 I BGB verdrängt; **in einem (studentischen Prüfungs-) „Gutachten" sind daher grundsätzlich beide Ansprüche anzusprechen** (z. B.: Bei einer Körperverletzung kommt sowohl eine Haftung aus § 823 I BGB als auch aus § 823 II BGB i.V.m. § 223 StGB in Betracht). Sofern ein Schutzgesetz nur vorsätzliches Verhalten sanktioniert (vgl. § 15 StGB), wird **neben dem Anspruch aus § 823 II BGB eine Haftung aus § 826 BGB** gegeben sein (z. B.: Vertragsschluss im Wege des Eingehungsbetrugs, § 263 StGB); neben § 826 BGB entfaltet § 823 II BGB daher vor allem dann eigenständige Bedeutung, wenn das **Schutzgesetz auch fahrlässiges Verhalten sanktioniert** (z. B.: Herbeiführung eines Vermögensschadens durch fahrlässigen Falscheid, § 163 StGB; Schädigung durch leichtfertigen Subventionsbetrug, § 264 IV StGB; nicht dagegen bei fahrlässiger Sachbeschädigung, vgl. §§ 303, 15 StGB).

Prüfungsaufbau und Problemübersicht

I. Schutzgesetz II. Verletzung des Schutzgesetzes III. Rechtswidrigkeit IV. Verschulden V. Rechtsfolge: Schadensersatz nach den §§ 249 ff. BGB

a) Schutzgesetz

Die Qualifikation als Schutzgesetz i.S.v. § 823 II BGB ist von folgenden Voraussetzungen abhängig:

159 ■ Es muss eine **Rechtsnorm** i.S.v. Art. 2 EGBGB vorliegen, d.h. ein formelles Gesetz, eine Rechtsverordnung, eine Satzung oder Gewohnheitsrecht auf Bundes- oder Landesebene. Dagegen stellen etwa DIN-Normen oder Unfallverhütungsvorschriften der Berufsgenossenschaften sowie anderes sog. „soft law" nach h. M. keine Schutzgesetze i.S.v. § 823 II BGB dar, da sie nicht von öffentlich-rechtlichen Hoheitsträgern erlassen wurden.[353] Sie konkretisieren allerdings sowohl die Verkehrspflichten als auch den allgemeinen Fahrlässigkeitsmaßstab und erlangen dadurch im Rahmen von § 823 I BGB Bedeutung.

---

[350] Vgl. BGHZ 127, 186 (193); vgl. auch BGHZ 76, 279 (282).
[351] Vgl. *Larenz/Canaris*, Schuldrecht II/2, § 77 I 1 b, c (S. 431 f.).
[352] Vgl. oben Rn. 4 f.
[353] Vgl. *Larenz/Canaris*, Schuldrecht II/2, § 77 II 1 d (S. 433).

■ Die Norm muss ein **Handlungsgebot** enthalten, d. h. sie muss ein bestimmtes Verhalten ge- bzw. verbieten; eine bloße Formvorschrift genügt nicht. **160**

■ Sie muss den **Schutz bestimmter Rechtsgüter oder Interessen des Geschädigten** bezwecken, d. h. es müssen kumulativ folgende Voraussetzungen erfüllt sein: **161**

  – Die Norm bezweckt neben dem Schutz der Allgemeinheit auch den **Individualschutz. Die meisten Rechtsnormen und insbesondere die meisten Strafgesetze** verfolgen jedenfalls **auch eine individualschützende Tendenz. Beispiele:** §§ 242, 249, 263 StGB; Vorschriften der StVO, die Handlungsgebote enthalten (z. B. §§ 1–5 StVO).[354] Im Gesellschafts- bzw. Insolvenzrecht spielt insbesondere der Schutzgesetzcharakter der für haftungsbeschränkte Gesellschaften vorgesehenen Insolvenzantragspflicht (§ 15a InsO) eine wesentliche Rolle.[355] Gegenbeispiele, die ausschließlich auf den Schutz der Allgemeinheit, der Rechtspflege, des Rechtsverkehrs etc. gerichtet sind, bilden etwa: Strafvereitelung (§ 258 StGB); Landfriedensbruch (§ 125 StGB); nach der Rspr. des *BGH* auch Urkundenfälschung.[356]

  – Der Geschädigte gehört zum **persönlichen Schutzbereich** der Norm.[357]

  – Die konkret eingetretene Rechtsgutsverletzung ist vom **sachlichen Schutzbereich** der Norm erfasst.[358] So sollen etwa die Sicherheitsvorschriften des Geräte- und Produktsicherheitsgesetzes (GPSG) nur vor Personenschäden schützen, nicht aber vor Sach- und Vermögensschäden (vgl. § 4 II 1 GPSG).[359]

Vor dem Hintergrund der freiheitssichernden Konzeption des Deliktsrechts und insbesondere angesichts der grundsätzlichen Ablehnung eines generalklauselartigen deliktischen Vermögensschutzes[360] ist bei der Prüfung der Schutzgesetzqualität festzustellen, ob es aus systematischer Sicht gerechtfertigt ist, dass die fragliche Norm den **allgemeinen deliktsrechtlichen Rechtsgüterschutz erweitert.**[361] Dies ist zum einen danach zu beurteilen, ob der Gesetzesverletzung verglichen mit den §§ 823 I, 826 BGB **hinreichendes Gewicht** zukommt, zum anderen danach, ob **nach dem Umfeld der verletzten Vorschrift eine Haftung vertretbar und erforderlich** erscheint, insbesondere auch unter Berücksichtigung von Haftungssanktionen, die hinsichtlich der Schutznorm unabhängig von § 823 II BGB in einer konkreten gesetzgeberischen Regelung niedergelegt sind. Insbesondere bei einer Verletzung von **Strafgesetzen** sind diese systematischen Voraussetzungen regelmäßig erfüllt; das **Strafgesetz ist das „Paradigma" des Schutzgesetzes.**[362] Bei **Ordnungswidrigkeiten** und anderen, **unbewehrten Normen** ist demgegenüber **eine gewisse Zurückhaltung geboten,** namentlich bei fahrlässigen Verletzungshandlungen.[363] Wiederholt oder präzisiert eine Norm lediglich eine allgemeine Verkehrspflicht, deren Verletzung auch ohne diese Norm nach § 823 I BGB sanktioniert wäre, so kann dies dazu führen, die Schutzgesetzqualität zu verneinen oder zumindest den sachlichen Schutzbereich der Norm auf die Rechtsgüter des § 823 I BGB zu beschränken, wenn keine Anhaltspunkte für einen Willen des Gesetzgebers bestehen, über die Konkretisierung einer allgemeinen Verkehrspflicht hinaus einen Schutz reiner Vermögensinteressen einzuführen.[364] **162**

b) Verletzung des Schutzgesetzes

Erforderlich ist ferner, dass der Schädiger die im Schutzgesetz vorgesehenen Ge- oder Verbote **durch eine zurechenbare Handlung verletzt** hat. Es müssen sämtliche Voraussetzungen des Schutzgesetzes erfüllt sein. Bei Strafgesetzen ist also die Erfüllung des objektiven und subjektiven (arg. e § 823 II 2 BGB) Tatbestands sowie sämtlicher objektiver Bedingungen der Strafbarkeit erforderlich.[365] Sofern das Schutz- **163**

---

[354] Vgl. Palandt/*Sprau*, § 823 Rn. 69 f.; MünchKomm/*Wagner*, § 823 Rn. 369.

[355] Zur sog. Insolvenzverschleppungshaftung vgl. etwa BGHZ 126, 181 (190 ff.) = JuS 1994, 1073; *Wagner*, FS K. Schmidt, 2009, S. 1665 ff. Vgl. ferner die umfangreichen Übersichten über Schutzgesetze z. B. bei MünchKomm/*Wagner*, § 823 Rn. 367 ff.; Palandt/*Sprau*, § 823 Rn. 61 ff.

[356] Vgl. BGHZ 100, 13 (15); a. A. z. B. *Larenz/Canaris*, Schuldrecht II/2, § 77 II 2 b (S. 434 f.); weitere Beispiele bei Palandt/*Sprau*, § 823 Rn. 61–72.

[357] Vgl. *Larenz/Canaris*, Schuldrecht II/2, § 77 III 3 a (S. 443); *Deutsch/Ahrens*, Deliktsrecht, Rn. 280.

[358] Vgl. *Larenz/Canaris*, Schuldrecht II/2, § 77 III 3 b (S. 443 f.); *Kötz/Wagner*, Deliktsrecht, Rn. 235.

[359] Vgl. unten *Systematische Darstellung Produkthaftungsrecht* (Rn. 909).

[360] Vgl. oben Rn. 4.

[361] Vgl. BGHZ 66, 388 (390) = JuS 1977, 120.

[362] Vgl. *Larenz/Canaris*, Schuldrecht II/2, § 77 II 4 (S. 436 ff.).

[363] Vgl. z. B. *BGH* NJW 1980, 1729 f.: Keine Haftung für die Verletzung der Pflicht zur unverzüglichen Ablieferung des Kfz-Scheins/Entstempelung der Kennzeichen nach Ablauf der Haftpflichtversicherung; BGHZ 110, 342 (359 f.): Die gesetzlichen Regeln des Kapitalschutzes (§§ 30 f. GmbHG, 57 AktG) begründen keine Schutzgesetzhaftung nach § 823 II BGB.

[364] Vgl. näher unten Fall 1 „*Kein Schiff wird kommen*" (Rn. 307).

[365] Vgl. *Medicus/Lorenz*, Schuldrecht II, Rn. 1324.

gesetz z. B. Vorsatz erfordert, setzt die Schutzgesetzhaftung nach § 823 II BGB ebenfalls Vorsatz voraus. Auch der subjektive Fahrlässigkeitsmaßstab des Strafrechts ist bei der Prüfung eines strafrechtlichen Schutzgesetzes zu berücksichtigen.

c) Rechtswidrigkeit

164 Die **Verletzung des Schutzgesetzes indiziert** – ähnlich wie im Rahmen von § 823 I BGB die Rechtsguts-verletzung (ggf. mit der vorgelagerten Verkehrspflichtverletzung) – die Rechtswidrigkeit: Ein Verstoß gegen ein Schutzgesetz ist grundsätzlich rechtswidrig. Zu prüfen sind demnach lediglich die allgemeinen Rechtfertigungsgründe.[366]

d) Verschulden

165 Insoweit kommt es grundsätzlich auf die Maßstäbe des jeweiligen Schutzgesetzes an, die bereits im Rah-men seiner Verletzung zu prüfen sind (vgl. soeben unter b). Nur wenn das **Schutzgesetz seinerseits kein Verschuldenserfordernis aufstellt,** ist das Verschulden (d. h.: Vorsatz oder Fahrlässigkeit) nach § 823 II 2 BGB gesondert zu prüfen.

Das Verschulden muss sich bei der Haftung aus § 823 II BGB grundsätzlich nur auf den **Tatbestand des Schutzge-setzes** beziehen, nicht aber auf eine etwaige Rechtsgutsverletzung bzw. Schädigung.[367] Verglichen mit § 823 I BGB kann dieser „verkürzte" (d. h. nicht auf die Rechtsgutsverletzung erstreckte) Verschuldensbezug die Darlegung der Haftungsanforderungen erleichtern, wenn der Schädiger gegen ein abstraktes Gefährdungsdelikt verstoßen hat (z. B.: Bei schuldhafter Überschreitung der Höchstgeschwindigkeit greift § 823 II BGB unabhängig davon ein, ob ein dabei verursachter Unfall auch verschuldet worden ist).[368]

Hinsichtlich der **Verschuldensfähigkeit** sollen nach h. M. auch bei der Verletzung von Strafgesetzen die §§ 827 f. BGB[369] und nicht § 3 S. 1 JGG, § 19 StGB gelten.[370] Diese Auffassung ist indessen abzulehnen, weil sie zu einer zivilrechtlichen Haftung aus § 823 II BGB für Handlungen führen kann, die wegen § 19 StGB gerade nicht strafbe-wehrt sind.[371]

2. Kredit- und Erwerbsschädigung (§ 824 BGB)

166 Die Regelung des § 824 I BGB schützt die **geschäftliche Ehre** und das Vermögen als solches vor rechtswidrigen Be-einträchtigungen durch negative Tatsachenbehauptungen. Neben dem Schadensersatzanspruch aus § 824 I BGB spielt auch der auf diese Vorschrift gegründete negatorische Unterlassungs- und Beseitigungsanspruch analog § 1004 BGB eine wesentliche Rolle, der auf einen **Widerruf** der geschäftsschädigenden Äußerung gerichtet ist und unabhängig vom Verschulden eingreift. Auch die Naturalrestitution nach § 249 I BGB kann bei § 824 I BGB zu einem Widerrufsanspruch führen.[372]

Neben dem Anspruch aus § 824 I BGB kann auch ein Anspruch aus § 823 I BGB wegen Verletzung des Allge-meinen Persönlichkeitsrechts bestehen.[373] Dagegen ist im Hinblick auf kreditschädigende Äußerungen eine Haftung wegen Verletzung des Rechtes am eingerichteten und ausgeübten Gewerbebetrieb wegen dessen subsidiärer Natur ausgeschlossen.[374]

Prüfungsaufbau und Problemübersicht

> I. Behauptung einer Tatsache
> II. Unwahrheit der Tatsache
> III. Eignung zur Kreditgefährdung
> VI. Rechtswidrigkeit
> V. Verschulden
> VI. Rechtsfolge: Schadensersatz nach §§ 249 ff. BGB

---

[366] Vgl. dazu oben Rn. 119 ff.
[367] Vgl. Palandt/*Sprau*, § 823 Rn. 60; MünchKomm/*Wagner*, § 823 Rn. 358; a. A. *U. Huber, JZ 1969, 755.*
[368] Vgl. *Larenz/Canaris*, Schuldrecht II/2, § 77 I 1 b (S. 431) und III 3 d (S. 444 f.).
[369] Vgl. dazu oben Rn. 141 ff.
[370] Vgl. *BGH* NJW 1970, 1038.
[371] Vgl. dazu näher unten Fall 6 „*Big Brother*" (Rn. 673).
[372] Vgl. Palandt/*Sprau*, § 824 Rn. 11 f.; s. dazu auch oben Rn. 56 ff.
[373] Vgl. dazu oben Rn. 42, 45.
[374] Vgl. *BGH* NJW 1992, 1312 = JuS 1992, 789.

a) Tatsachenbehauptung

Voraussetzung des Anspruchs aus § 824 I BGB ist zunächst, dass der Schädiger eine **Tatsache behauptet** und nicht   **167**
etwa ein **Werturteil** abgegeben hat. Entscheidend für diese Abgrenzung ist nach der Rechtsprechung, ob die Aussage
einer Überprüfung auf ihre Richtigkeit mit den Mitteln des Beweises zugänglich ist (dann: Tatsachenbehauptung).[375]
Deutlicher lässt sich die Abgrenzung dahingehend fassen, dass die Tatsachenbehauptung auf die bloße Feststellung
eines objektiven, d.h. empirischen Vorgangs gerichtet ist („Das Auto der Marke X hat einen Verbrauch von
8 l/100 km"), während ein Werturteil eine subjektive Bewertung zum Ausdruck bringt („Das Auto der Marke X
ist seinen Preis nicht wert").

Nicht selten ist die Abgrenzung schwierig, weil in einer Aussage Werturteile mit Tatsachenbehauptungen zusam-
menfließen oder einem Werturteil eine bzw. mehrere Tatsachenbehauptungen implizit zugrunde liegen („Das Unternehmen X entfaltet kriminelle Machenschaften"). In solchen Grenzfällen ist stets die grundrechtliche Wertung
von **Art. 5 I 1 Alt. 1 GG** zu berücksichtigen, mit der Folge, dass **in Zweifelsfällen eine** (privilegierte und insbesondere
nicht der strengen Haftung aus § 824 BGB unterliegende) **Meinungsäußerung** anzunehmen ist (Grundsatz der wohlwollenden Auslegung[376]). Die Koinzidenz von Tatsachenbehauptung und Meinungsäußerung bewältigt der *BGH*
im Übrigen unter Anwendung der sog. **Schwerpunkttheorie**, wonach eine mit Tatsachenbehauptungen verknüpfte
Meinungsäußerung dann ausschließlich als (privilegiertes) Werturteil behandelt wird, wenn der Tatsachengehalt
gänzlich hinter der Meinungsäußerung zurücktritt.[377] Insbesondere **Warentests** sind nach der Rspr. des *BGH* grundsätzlich in ihrer Gesamtheit als Wertungen anzusehen. Nur dann, wenn die Tester unrichtige Voraussetzungen
annehmen und damit unrichtige Fakten veröffentlichen, liegt insoweit eine Tatsachenbehauptung vor.[378] Der
Schwerpunkttheorie wird in der Literatur zu Recht entgegengehalten, dass sie ohne überzeugende Grundlage Tatsachenbehauptungen nur aufgrund ihrer Verknüpfung mit Meinungsäußerungen privilegiert. Überzeugender ist es,
die Tatsachen- und Wertungsgehalte einer Aussage isoliert zu beurteilen („**Trennungslösung**") und damit jedenfalls
die deutlich zum Ausdruck gebrachten empirischen Gehalte einer Meinungsäußerung den strengeren Regeln der
Tatsachenbehauptung zu unterwerfen.[379]

b) Unwahrheit der Tatsache

Die Tatsache muss ihrem wesentlichen Kern nach unwahr sein. Bei mehrdeutigen Äußerungen kommt es nach h. M.   **168**
gemäß den allgemeinen Auslegungsgrundsätzen auf das Verständnis eines unbefangenen Empfängers an.[380] Dies ist
wegen des aus Art. 5 I 1 Alt. 1 GG folgenden Grundsatzes der **wohlwollenden Auslegung** (Wechselwirkungslehre)
problematisch: Danach ist unter mehreren Auslegungsmöglichkeiten grundsätzlich diejenige der Prüfung zugrunde
zu legen, die mit anderen Rechtsgütern am wenigsten in Konflikt gerät.[381] Die **Beweislast** für die Unwahrheit liegt
beim **Geschädigten**.[382]

c) Eignung zur Kreditgefährdung

Die behauptete (unwahre) Tatsache muss ferner geeignet sein, „den Kredit eines Anderen zu gefährden oder sons-   **169**
tige Nachteile für dessen Erwerb oder Fortkommen herbeizuführen". Danach ist erforderlich, dass die behauptete
Tatsache einen **unmittelbaren Bezug zu einer bestimmten Person** haben muss. Auf die namentliche Nennung
kommt es dabei nicht an, sofern die Person nur für die betroffenen Kreise eindeutig identifizierbar ist.[383] Bei Angaben über Waren, die von mehreren Unternehmen vertrieben werden, kommt somit § 824 I BGB nicht in Betracht.[384]

Nach dem *BGH* sollen Nachteile, die dem Geschädigten nicht am Markt, sondern im **Verhältnis zu Behörden**
erwachsen, keine Haftung aus § 824 I BGB begründen können;[385] dies dürfte allerdings weder mit dem Wortlaut
(„sonstige Nachteile für das Fortkommen") noch mit dem Sinn des § 824 I BGB vereinbar sein.[386]

d) Rechtswidrigkeit

Die Rechtswidrigkeit ist durch die unwahre, potenziell geschäftsschädigende Äußerung indiziert, so dass es eines   **170**
Rechtfertigungsgrundes bedarf, um die Haftung auszuschließen. Nach § 824 II BGB greift insoweit der besondere

---

[375] Vgl. *BGH* NJW 1993, 930 (931).
[376] Vgl. *BVerfG* NJW 1995, 3303 (3305) = JuS 1996, 738 – „Soldaten sind Mörder".
[377] Vgl. z.B. *BGH* NJW 1994, 2614 (2616); s. auch *Looschelders*, Schuldrecht BT, Rn. 1308.
[378] Vgl. BGHZ 65, 325 (333f.).
[379] Näher *Larenz/Canaris*, Schuldrecht II/2, § 79 I 2 (S. 465 ff.).
[380] Vgl. Palandt/*Sprau*, § 824 Rn. 3.
[381] Vgl. *BVerfG* NJW 1995, 3303 (3305) = JuS 1996, 738 – „Soldaten sind Mörder".
[382] Vgl. Palandt/*Sprau*, § 824 Rn. 13.
[383] Vgl. *BGH* NJW 1992, 1312 = JuS 1992, 789.
[384] Vgl. *Larenz/Canaris*, Schuldrecht II/2, § 79 I 3 b (S. 470).
[385] Vgl. BGHZ 90, 113 = JuS 1984, 640: Öffentlicher Aufruf zu massenhaften Einwendungen im Planfeststel-
lungsverfahren.
[386] Krit. auch *Medicus/Lorenz,* Schuldrecht II, Rn. 1295.

Rechtfertigungsgrund der „**Wahrnehmung berechtigter Interessen**", welcher der strafrechtlichen Regelung des § 193 StGB entspricht und auf eine Interessenabwägung unter Berücksichtigung grundrechtlicher Wertungen hinausläuft.[387]

e) Verschulden

171   Für das Verschulden gelten die gleichen Grundsätze wie bei § 823 I BGB.[388] Das Verschulden muss sich dabei sowohl auf die Unrichtigkeit (Fahrlässigkeit genügt!) als auch auf die Eignung zur Kreditgefährdung beziehen. Es ist vom Geschädigten zu beweisen.[389]

3. Bestimmung zu sexuellen Handlungen (§ 825 BGB)

172   Nach § 825 BGB ist derjenige, der „einen anderen durch Hinterlist, Drohung oder Missbrauch eines Abhängigkeitsverhältnisses zur Vornahme oder Duldung sexueller Handlungen bestimmt", diesem Anderen zum Schadensersatz verpflichtet. Diese Norm ist nach allgemeiner Auffassung **praktisch bedeutungslos**, weil die betreffenden Fälle zugleich jedenfalls von § 823 I BGB (Körperverletzung; Verletzung des Allgemeinen Persönlichkeitsrechts – Fallgruppe der Beeinträchtigung der sexuellen Entscheidungsfreiheit[390]) und häufig auch von § 823 II BGB i.V.m. §§ 174 ff. StGB erfasst sind.[391] Gleichwohl ist § 825 BGB in Rechtsgutachten, die einschlägige Fälle betreffen, neben diesen Anspruchsgrundlagen anzusprechen.

173   Die Haftung nach § 825 BGB setzt voraus, dass eine andere Person (unabhängig von ihrem Alter oder Geschlecht) zu sexuellen Handlungen – jedweder Art – „bestimmt" wird. Das Merkmal des „Bestimmens" enthält zum einen eine Einwirkung auf den Willen der anderen Person, die nicht nur durch Gewalt erfolgen kann. Zum anderen enthält es ein **Vorsatzerfordernis**, d.h. die Haftung nach § 825 BGB kommt bei fahrlässigem oder schuldlosem Handeln nicht in Betracht. Schließlich muss das „Bestimmen" entweder durch **Hinterlist** – also durch Täuschung über einen erheblichen Umstand –, durch **Drohung** (mit Gewalt oder einem anderen empfindlichen Übel) oder durch Ausnutzung eines **Abhängigkeitsverhältnisses** geschehen (z.B. zwischen Eltern/Stiefeltern und Kindern, Lehrer und Schülerin, Professor und Studentin, Vorgesetztem und Untergebener).[392]

4. Vorsätzliche sittenwidrige Schädigung (§ 826 BGB)

174   Die in § 826 BGB vorgesehene Haftungsnorm betrifft jede vorsätzliche und sittenwidrige Zufügung eines Schadens und ist damit neben § 823 I BGB und § 823 II BGB die **dritte „kleine Generalklausel"**.[393] Im System des Deliktsrechts kommt § 826 BGB insbesondere die Funktion zu, das Vermögen als solches gegen besonders gravierende, d.h. vorsätzliche und sittenwidrige Beeinträchtigungen zu schützen. (Nur) in diesem Rahmen wird daher die Konkretisierung von Verhaltensgeboten zum Schutz des Vermögens offen an die Rechtsprechung delegiert und damit ein Schutz bei primären Vermögensschäden verankert, der weder von der Verletzung bestimmter Rechtsgüter noch von einer Verletzung konkreter Schutzgesetze abhängt. Die strengen Voraussetzungen des § 826 BGB stellen sicher, dass die richterrechtlich entwickelte Verhaltensnorm transparent und ihre Einhaltung berechen- und zumutbar ist. Sofern eine Rechtsgutsverletzung i.S.v. § 823 I BGB auf Vorsatz beruht oder die Verletzung eines Schutzgesetzes i.S.v. § 823 II BGB mit einer vorsätzlichen Schädigung einhergeht, wird zwar zumeist auch ein Anspruch aus § 826 BGB gegeben (und im studentischen Gutachten zu prüfen) sein; eine eigenständige Funktion hat § 826 BGB in solchen Fällen nicht (z.B.: Vorsätzlicher Diebstahl ist grundsätzlich – neben einer Eigentumsverletzung i.S.v. § 823 I BGB und einer Schutzgesetzverletzung i.S.v. § 823 II BGB i.V.m. § 242 StGB – auch eine sittenwidrige Schädigung).

---

[387]   Näher *Larenz/Canaris*, Schuldrecht II/2, § 79 I 4 (S. 471 ff.) sowie zum Parallelproblem beim Allgemeinen Persönlichkeitsrecht oben Rn. 54.

[388]   Vgl. dazu oben Rn. 140 ff.

[389]   Vgl. BGHZ 90, 113 = JuS 1984, 640.

[390]   Vgl. *Larenz/Canaris*, Schuldrecht II/2, § 80 II 6 e (S. 515); oben Rn. 49.

[391]   Vgl. nur BeckOK/*Spindler*, § 825 Rn. 1; MünchKomm/*Wagner*, § 825 Rn. 2 ff.

[392]   Vgl. näher BeckOK/*Spindler*, § 825 Rn. 3 ff.

[393]   Vgl. *Larenz/Canaris,* Schuldrecht II/2, § 78 I 2 a (S. 448); *Kötz/Wagner*, Deliktsrecht, Rn. 249.

Prüfungsaufbau und Problemübersicht

> I. Zufügung eines Schadens
> II. Sittenwidrigkeit der Schädigungshandlung
> III. Vorsatz des Schädigers
> VI. Rechtsfolge: Schadensersatz

a) Schadenszufügung

Die Haftung nach § 826 BGB setzt zunächst voraus, dass der Schädiger dem Geschädigten einen Scha- 175
den zugefügt hat. Dabei kommt es – anders als bei § 823 I BGB – nicht darauf an, dass ein absolutes
Recht oder ein Rechtsgut verletzt wurde. Vielmehr genügt auch jeder Vermögensschaden, der vom Schädiger kausal herbeigeführt wurde. Auch Nichtvermögensschäden können eine Haftung aus § 826 BGB
begründen; denn nach § 249 I BGB gilt als im Wege der Naturalrestitution ersatzfähiger Schaden jede
Beeinträchtigung eines rechtlich geschützten Interesses des Geschädigten.[394]

b) Sittenwidrigkeit

Die Schädigung führt – selbst wenn sie vorsätzlich erfolgt – nur dann zu einer Haftung des Schädigers 176
nach § 826 BGB, wenn sie „in einer gegen die guten Sitten verstoßenden Weise" erfolgt. Für die Bestimmung der „guten Sitten" in diesem Sinne verweist die Rechtsprechung – wie bei § 138 I BGB[395] – auf
das Anstandsgefühl aller billig und gerecht Denkenden.[396] Etwas prägnanter wird verbreitet auch vom
sog. rechtsethischen Minimum gesprochen.[397] Der Maßstab ist in verschiedener Hinsicht einer Konkretisierung bedürftig und zugänglich. Zum einen ist dem Sittenwidrigkeitsverdikt ein empirisches Element
eigen: Der Richter muss sich vergewissern, dass die in Frage stehende Verhaltensnorm von einem breiten
Konsens in der Gesellschaft getragen ist. Hinzu kommt ein normatives Element, d. h. die Verhaltensnorm muss auf objektive Gebote materieller Gerechtigkeit zurückgeführt werden, also insbesondere auf
Wertungen des Grundgesetzes, allgemeine Rechtsprinzipien oder auf Grundgedanken konkreter Geset-
zesvorschriften. Die Rechtswidrigkeit eines Verhaltens allein reicht freilich nicht zur Begründung der
Sittenwidrigkeit aus: Zwar ist ein sittenwidriges Verhalten im Sinne von § 826 BGB stets auch rechtswidrig; das Kriterium der Sittenwidrigkeit setzt aber gerade einen qualifizierten, d. h. besonders gewich-
tigen Gesetzesverstoß voraus (z. B. ist eine bloße Vertragsverletzung nicht stets sittenwidrig; dagegen
sind Verletzungen von Strafgesetzen oder gewichtige Verstöße gegen objektive Grundrechtsgebote
grundsätzlich sittenwidrig).

Bei der Konkretisierung des Sittenwidrigkeitsverdikts ist stets auch dessen Ausnahmecharakter in Rechnung zu 177
stellen – der sowohl durch den Wortlaut „Sittenwidrigkeit" als auch durch die freiheitssichernde Konzeption des
Deliktsrechts zum Ausdruck gebracht wird. Insbesondere ist von dem Grundsatz auszugehen, dass es in einer
freien und wettbewerbsorientierten Gesellschaft zulässig ist, bei der Ausübung seiner Rechte eigene Interessen zu
verfolgen, auch wenn Dritte dadurch geschädigt werden; auch ein lauterer Wettbewerb besteht regelmäßig darin,
sich vorsätzlich und zum Schaden anderer Marktteilnehmer Vorteile zu verschaffen.[398] Daher müssen über die
vorsätzliche Schadenszufügung hinaus gravierende zusätzliche Umstände vorliegen, um die Sittenwidrigkeit und
damit die Schadensersatzpflicht nach § 826 BGB zu begründen. Hierbei sind folgende Gesichtspunkte zu
berücksichtigen:[399]
- Schutzwürdigkeit des verletzten Rechtsguts oder Interesses und Gewicht des herbeigeführten Nachteils: Das Gewicht des beeinträchtigten Interesses kann i. d. R. normativ bestimmt werden (z. B. danach, inwieweit die Rechtsordnung das konkrete Interesse gegen Verletzungen schützt) und ist insbesondere bei subjektiven Rechten stärker
  als bei bloßen wirtschaftlichen Interessen und Chancen.

---

[394] Vgl. Palandt/*Sprau*, § 826 Rn. 3 und *Systematische Darstellung Schadensrecht* (Rn. 532).
[395] Vgl. dazu eingehend *Grigoleit/Herresthal*, BGB Allgemeiner Teil, Rn. 280 ff.
[396] Vgl. etwa BGHZ 10, 228 (232); *BGH* WM 1964, 671 (674).
[397] Vgl. *Larenz/Canaris*, Schuldrecht II/2, § 78 II 1 b (S. 451).
[398] Vgl. schon oben Rn. 4.
[399] S. auch die Fallgruppen unten Rn. 181 ff.

- **Vorgehensweise des Schädigers:** Bestimmte Verhaltensweisen des Schädigers indizieren bereits die Sittenwidrigkeit, insbesondere **Täuschung** und **Drohung**.[400] Für die Sittenwidrigkeit sprechen ferner auch die Heimlichkeit oder Planmäßigkeit der Schädigung, ein etwaiger Machtmissbrauch, die Ausnutzung der Unterlegenheit des Geschädigten oder ein Vertrauensbruch.
- **Motiv des Schädigers:** Bestimmte Motive des Schädigers lassen ein Eingreifen des Sittenwidrigkeitsverdikts in besonderem Maße naheliegend erscheinen; dies gilt etwa für ein Handeln aus Gewinnsucht, besonders ausgeprägtem Eigennutz oder auch Rachsucht. U. U. kann aber auch **leichtfertiges Verhalten** des Schädigers als sittenwidrig zu qualifizieren sein, nämlich dann, wenn es sich geradezu als „Gewissenlosigkeit" darstellt. Jedoch ist auch dann Vorsatz hinsichtlich des Schadens erforderlich, wobei freilich *dolus eventualis* genügt; der Schädiger muss also jedenfalls mit der Möglichkeit eines Schadens gerechnet und in diesem Bewusstsein leichtfertig gehandelt (z. B. eine Auskunft „ins Blaue hinein" gegeben) haben.[401]

Wie stets ist auch hier ein **Schutzzweckzusammenhang** erforderlich, d. h. die konkrete Verletzung muss im sachlichen und persönlichen Schutzbereich des verletzten Sittengebots liegen.

c) Vorsatz des Schädigers

178   Zusätzlich zur Sittenwidrigkeit verlangt § 826 BGB **Vorsatz** des Schädigers, wobei nach ganz h. M. auch *dolus eventualis* genügt (insbesondere bei Angaben „ins Blaue hinein", vgl. soeben). Wie bei allen privatrechtlichen Vorsatztatbeständen nimmt die Rechtsprechung Vorsatz ferner auch dann an, wenn sich der Schädiger nach der eindeutigen Faktenlage der **Kenntnis des Geschehensablaufs bewusst verschließt**.[402] Der Vorsatz muss sich – anders als in § 823 BGB – nicht nur auf die Rechtsgutsverletzung, sondern auch auf den Schaden beziehen, wobei aber keine konkreten Vorstellungen über den Schadensumfang oder den Geschädigten zu fordern sind. Es genügt vielmehr, wenn der Schädiger *irgendeinen* Schadenseintritt billigend in Kauf genommen hat.

179   Zudem muss der Schädiger die **Tatsachen** kennen, die die Sittenwidrigkeit seines Handelns begründen. Eine *Bewertung* dieser Tatsachen als sittenwidrig ist dagegen nicht erforderlich, weil sonst ein „gewissenloser" Schädiger, der sein objektiv sittenwidriges Verhalten selbst nicht als sittenwidrig, sondern als ganz normal empfindet, in ungerechtfertigter Weise privilegiert werden würde.

d) Rechtsfolge

180   Rechtsfolge des § 826 BGB ist ein Anspruch auf Schadensersatz nach den §§ 249 ff. BGB. Dabei ist Folgendes zu berücksichtigen:
- Auch bei § 826 BGB gilt der **Grundsatz der Totalreparation**;[403] der zu ersetzende Schaden ist also nicht durch die Vorhersehbarkeit für den Schädiger oder seinen Vorsatz begrenzt.[404]
- Im Rahmen des **Mitverschuldens** (§ 254 BGB) schadet dem Geschädigten regelmäßig nicht einmal grobe Fahrlässigkeit, da sie hinter dem (besonders gravierenden) Vorsatz des Schädigers zurücktritt.[405] Der Anspruch aus § 826 BGB dürfte daher in den seltensten Fällen durch § 254 BGB gemindert sein.

e) Fallgruppen

181   Den meisten haftungsrechtlich relevanten vorsätzlichen Vermögensschädigungen wird bereits durch **strafrechtliche Schutzgesetze** (z. B. §§ 263, 266, 267 StGB) im Sinne von § 823 II BGB oder durch spezialgesetzliche Sanktionen (z. B. gesellschaftsrechtlicher Kapitalschutz) Rechnung getragen. Sofern eine solche besondere Sanktion für vorsätzliche Schädigungen vorhanden ist, ist zwar regelmäßig § 826 BGB neben § 823 II BGB bzw. anderen Haftungssanktionen anwendbar; es ergibt sich aber dann aus § 826 BGB keine Haftungserweiterung. Eine **eigenständige Bedeu-**

---

[400]   Vgl. *Larenz/Canaris*, Schuldrecht II/2, § 78 II 2 b (S. 452 f.). Insoweit ergibt sich ein Unterschied zu § 138 BGB, denn Täuschung und Drohung sind im Hinblick auf die Wirksamkeit von Rechtsgeschäften abschließend in § 123 BGB (Anfechtbarkeit statt Nichtigkeit!) geregelt. Ein vergleichbares Konkurrenzverhältnis besteht hinsichtlich des Schadensersatzanspruchs aus § 826 BGB nicht, weil und wenn dessen Inhalt über die Unwirksamkeit eines Rechtsgeschäfts hinausgeht. Allerdings kann sich der Schadensersatzanspruch aus § 826 BGB nach h. M. auch auf die Aufhebung einer Willenserklärung richten und insoweit neben das Anfechtungsrecht aus § 123 BGB treten; vgl. etwa RGZ 79, 194 (197); RGZ 103, 154 (159); *BGH* NJW 1979, 1983 f. = JuS 1979, 740; Näher und kritisch zum Nebeneinander der Aufhebungsrechte *Grigoleit*, Vorvertragliche Informationshaftung, 1997, S. 87 ff., 126 ff.

[401]   Vgl. *BGH* NJW 1962, 1766; BGHZ 62, 54 (56); *BGH* NJW 1987, 1758.

[402]   Vgl. *BGH* NJW 1994, 2289 (2291); NJW-RR 2009, 1207 (1209) m. w. N.

[403]   Vgl. dazu unten *Systematische Darstellung Schadensrecht* (Rn. 525).

[404]   Vgl. *BGH* NJW 2004, 2668 (2669); Palandt/*Sprau*, § 826 Rn. 14; vgl. auch soeben Rn. 178.

[405]   Vgl. *BGH* NJW 1992, 310: Gebrauchtwagenkauf beim Hehler.

tung hat § 826 BGB nur in Konstellationen, in denen das „rechtsethische Minimum" nicht schon durch besondere Regelungen geschützt ist. Dies betrifft v. a. die folgenden Fallgruppen:[406]

■ Beteiligung an fremdem **Vertragsbruch**: Das Sittenwidrigkeitsverdikt kann u. U. eingreifen, wenn eine Partei eine   182
andere Partei, die gegenüber einem Dritten einer vertraglichen Pflicht unterliegt, dazu verleitet, diese nicht zu erfüllen oder sich die Erfüllung unmöglich zu machen. Allerdings kann nicht etwa jede Verleitung zum Vertragsbruch als sittenwidrig qualifiziert werden. Dies ist schon wegen des Grundsatzes der Relativität der Schuldverhältnisse ausgeschlossen; eine besondere Ausprägung findet dieser Grundsatz im System des Leistungsstörungsrechts, wonach grundsätzlich nur der Schuldner und kein Dritter einer Schadensersatzpflicht nach § 283 BGB oder § 281 BGB ausgesetzt ist. Die Verleitung zum Vertragsbruch ist daher nur dann sittenwidrig, wenn **qualifizierende Umstände** hinzutreten, wie z. B. Täuschung, Ausübung von Druck, das Versprechen der Freistellung von allen Nachteilen oder ein kollusives Zusammenwirken mit dem Schuldner.[407] Der nach § 826 BGB zu leistende Schadensersatz ist nach h. M. dann gem. § 249 I BGB auf Naturalrestitution gerichtet, so dass der Dritte den geschädigten Vertragsgläubiger so zu stellen hat, als wäre der Vertrag ordnungsgemäß erfüllt worden, ihm also als Schadensersatz den Vertragsgegenstand Zug um Zug gegen Zahlung des Vertragspreises zu überlassen hat.[408]

■ Gläubigergefährdung durch **Missbrauch von Zahlungsverfahren**: Eine Haftung aus § 826 BGB besteht auch beim   183
Missbrauch bestimmter Zahlungsverfahren zu Lasten anderer Gläubiger. Das gilt etwa für die sog. **Scheck- oder Wechselreiterei**, bei der kreditunwürdige Parteien (vordatierte) Schecks oder (Dreimonats-)Wechsel austauschen, welche diese jeweils bei ihrer Bank einlösen und die eigene Scheck- bzw. Wechselschuld bei der späteren Fälligkeit mit dem dadurch erlangten Geldbetrag begleichen. Auf diese Art erschleichen sie sich einen Kredit, den sie sonst nicht erhalten hätten.[409] Die Haftung kann auch eine Bank treffen, die ein solches Verfahren erkennt und das Konto einer Partei dennoch weiterführt.[410] Ähnlich liegt es bei der sog. **Lastschriftreiterei**, bei der ein „Kredit" durch die Erlaubnis gewährt wird, den Kreditbetrag im Lastschriftverfahren vom Konto des Kreditgebers abzubuchen, welcher der Belastungsbuchung nach den Regeln des Lastschriftverfahrens sechs Wochen lang widersprechen und dadurch das Ausfallrisiko auf die Bank des Schuldners verlagern kann;[411] darin liegt zugleich ein Betrug i. S. v. § 263 StGB,[412] so dass neben dem Anspruch aus § 826 BGB auch ein Anspruch aus § 823 II BGB i. V. m. § 263 StGB besteht.[413]

■ **Gläubigergefährdung** oder -benachteiligung durch Insolvenzverschleppung bzw. Schmälerung der Insolvenz-   184
masse eines (späteren) Insolvenzschuldners: Zum Schutz der Gläubiger vor Schmälerungen der Haftungsmasse eines Schuldners dienen spezialgesetzliche Mechanismen: Bei juristischen Personen die **Insolvenzantragspflicht** des Vorstands bzw. Geschäftsführers (§ 15a I InsO) und bei allen Insolvenzschuldnern die Regeln der **Insolvenzanfechtung**, nach welchen die Auszahlungen eines Insolvenzschuldners in bestimmten Phasen vor Eintritt der Insolvenz bzw. an bestimmte Personen rückgängig zu machen sind (§§ 129 ff. InsO). Sofern die spezialgesetzlichen Regeln nicht eingreifen, können Gläubiger u. U. einen Anspruch aus § 826 BGB gegen einen anderen Gläubiger geltend machen, der ihnen durch Einwirkung auf den Schuldner einen Nachteil zugefügt hat. So kann etwa eine sittenwidrige **Insolvenzverschleppung** vorliegen, wenn eine Bank ein Darlehen an ein unrettbar verschuldetes Unternehmen ausreicht und dadurch die Insolvenz zum eigenen Vorteil lediglich hinausschiebt, damit aber in Kauf nimmt, dass durch die Fortführung des Unternehmens der gesamte Schuldenstand des Unternehmens und damit der Insolvenzausfall anderer Gläubiger steigt.[414]

■ **Fehlinformationen**: Falsche Auskünfte, z. B. über die Kreditwürdigkeit, Zuverlässigkeit eines Unternehmens oder   185
einer Person oder falsche Zeugnisse von Arbeitgebern können ebenfalls Ansprüche aus § 826 BGB begründen.[415] Insbesondere in dieser Fallgruppe kann bereits die **Leichtfertigkeit** der Falschaussage die Sittenwidrigkeit begründen (nicht jedoch den Vorsatz; es kommt aber *dolus eventualis* für „Angaben ins Blaue" in Betracht).

■ **Rechts- oder Institutionenmissbrauch**: Von einem Rechts- oder Institutionenmissbrauch spricht man, wenn eine   186
formell bestehende Rechtsposition oder ein **staatliches Verfahren** (z. B. Klage- oder das Insolvenzverfahren) **missbräuchlich ausgenutzt werden**. Beispiele hierfür sind die wissentliche Erhebung einer unbegründeten Klage, etwa um den Ruf des Beklagten zu beschädigen,[416] oder die Erhebung einer Beschlussanfechtungsklage durch den Aktionär einer AG mit dem Zweck der Erzielung von Sondervorteilen im Vergleichswege.[417] Nach der Rspr. des

---

[406] Vgl. die ausführlichen Übersichten bei MünchKomm/*Wagner*, § 826 Rn. 48 ff.; Palandt/*Sprau*, § 826 Rn. 19 ff.; *Larenz/Canaris*, Schuldrecht II/2, § 78 IV (S. 455 ff.); *Kötz/Wagner*, Deliktsrecht, Rn. 261 ff.

[407] Vgl. *BGH* NJW 1981, 2184; NJW 1992, 2152; NJW 1994, 128; *OLG München* NJW-RR 1999, 1314; ablehnend gegenüber einer Haftung aus § 826 BGB *Köhler*, FS Canaris, Bd. 1, 2007, S. 591 ff.

[408] Vgl. RGZ 108, 58 (59) und näher MünchKomm/*Wagner*, § 826 Rn. 54, 57 f.

[409] Vgl. BGHZ 27, 172 (175 ff.).

[410] Vgl. *BGH* WM 1969, 334 f.; *Canaris*, Bankvertragsrecht, Bd. 1, 3. Aufl., 1988, Rn. 134.

[411] Vgl. hierzu *BGH* NJW-RR 2009, 1207 (1209 f.) m. w. N.

[412] Vgl. *BGH (Strafsenat)* NJW 2005, 3008.

[413] Vgl. dazu *Block/Voß*, BKR 2006, 225 ff.

[414] Vgl. BGHZ 96, 231 (235 f.). Näher zur Konstellation der sittenwidrigen Insolvenzverschleppung MünchKomm/*Wagner*, § 826 Rn. 91.

[415] Vgl. *BGH* NJW-RR 1986, 1292.

[416] Vgl. *BGH* NJW 2003, 1934 (1935) = JuS 2003, 817; Staudinger/*Oechsler*, 2009, § 826 Rn. 545, 550.

[417] Vgl. BGHZ 107, 296 (308 ff.) = JuS 1990, 584; *OLG Frankfurt* ZIP 2009, 271 ff.

BGH kann auch die Erschleichung oder Ausnutzung eines rechtskräftigen Vollstreckungsbescheids eine sittenwidrige Schädigung darstellen, wenn sich der Antragsteller des Mahnverfahrens bewusst zur Durchsetzung eines nicht bestehenden Anspruchs bedient;[418] insoweit kann mit dem Anspruch aus § 826 BGB der Sache nach sogar eine Durchbrechung der Rechtskraft bewirkt werden.

187   ■ **Kontrahierungszwang:** Im Bereich der Daseinsvorsorge (Strom, Wasser, Gas) ist ein Kontrahierungszwang in verschiedenen Sondergesetzen vorgesehen (vgl. z. B. §§ 18, 20, 36 I EnWG). Ein Kontrahierungszwang kann sich ferner aus einem Verstoß gegen die Diskriminierungsverbote des AGG ergeben, sofern der Nichtabschluss eines Vertrags als verbotene Diskriminierung zu qualifizieren ist (§§ 1, 2, 7, 19, 21 AGG).[419] Auch im Bereich des unternehmerischen Verkehrs kann sich nach den Sonderregeln des Kartellrechts ein Kontrahierungszwang zu Lasten marktbeherrschender Unternehmer ergeben (vgl. §§ 19, 20 i. V. m. § 33 GWB).[420] Außerhalb dieser Sonderregeln besteht zwar grundsätzlich kein Kontrahierungszwang, sondern Vertragsabschlussfreiheit. Nach h. M. kann aber unter bestimmten Voraussetzungen ein **allgemeiner Kontrahierungszwang aus § 826 BGB** folgen, nämlich dann, wenn die Verweigerung des Vertragsschlusses sittenwidrig ist. Dies kann u. U. bei grundrechtswidriger Diskriminierung der Fall sein (z. B.: Verweigerung des Vertragsschlusses aus rassistischen Gründen), wobei insoweit u. U. auch das AGG eingreifen kann. Darüber hinaus leitet die h. M. einen Abschlusszwang auch dann aus § 826 BGB ab, wenn eine Partei auf die Leistung eines öffentlichen Leistungsanbieters angewiesen ist, weil ein für die Lebensführung elementares Gut Gegenstand der erstrebten Leistung ist und sie keine zumutbare Ausweichmöglichkeit hat (z. B.: Theater verwehrt einem missliebigen Journalisten den Einlass);[421] der Vertragsschluss darf in solchen Fällen nur aus sachlichem Grund abgelehnt werden. Neben dem Kontrahierungszwang kann in den betreffenden Fällen auch ein Ersatz etwaiger Folgeschäden aus § 826 BGB abgeleitet werden (z. B. entgangenes Honorar des ausgeschlossenen Journalisten).

188   ■ **Existenzvernichtung im Kapitalgesellschaftsrecht:** Der *BGH* erkennt neuerdings auf der Grundlage von § 826 BGB auch eine **Haftung von GmbH-Gesellschaftern für existenzvernichtende Eingriffe** in das Vermögen der Gesellschaft an.[422] Diese spezifisch kapitalgesellschaftsrechtliche Haftungsgrundlage dient dazu, in Ergänzung sondergesetzlicher Sanktionen des Kapitalgesellschaftsrechts (insbesondere §§ 30 f., 43, 64 GmbHG, 15a InsO ggf. i. V. m. § 823 II BGB) dem verbreiteten Missbrauch im Umgang mit dem GmbH-Vermögen entgegenzuwirken.[423]

5. Haftung des gerichtlich bestellten Sachverständigen (§ 839a BGB)

189   Die Vorschrift des § 839a BGB schließt eine Haftungslücke für **gerichtlich bestellte Sachverständige:** *Privat beauftragte* Sachverständige haften für die Folgen von Falschbegutachtungen wegen der Verletzung vertraglicher Pflichten (§§ 634 Nr. 4, 280 I BGB bei Werkverträgen, §§ 280 I, 241 II BGB bei Dienstverträgen), und zwar in manchen Fällen über die Grundsätze des Vertrages mit Schutzwirkung zugunsten Dritter (bzw. nach der Gegenmeinung über die Dritthaftung aus c. i. c. gem. §§ 311 III, 280 I, 241 II BGB) sogar gegenüber vertragsfremden Personen. Demgegenüber bestehen keine Verträge zwischen *gerichtlich bestellten* Sachverständigen und den Prozessparteien, weil diese auf Grund eines hoheitlichen (richterlichen) Bestellungsaktes tätig werden.[424] Vor diesem Hintergrund gewährt § 839a BGB den Prozessparteien einen **gesetzlichen Schadensersatzanspruch** gegen den Sachverständigen, der auch bei reinen Vermögensschäden greift.

190   **Prozessual** ist zu beachten, dass eine Streitverkündung gegenüber dem gerichtlich bestellten Sachverständigen gem. § 72 II 1 ZPO ausscheidet. Denn eine solche Streitverkündung würde es im Ergebnis erlauben, jeden unliebsamen Gutachter schon im Erstprozess gem. § 406 ZPO wegen Befangenheit abzulehnen und auf diese Weise „abzuschießen".[425]

---

[418]   Grdl. BGHZ 101, 381 (383) = JuS 1988, 228; ferner BGHZ 103, 44 (46 f.); BGHZ 112, 54 (57) = JuS 1991, 244.

[419]   Vgl. zum Kontrahierungszwang wegen Verstößen gegen die Diskriminierungsverbote des AGG Palandt/*Grüneberg*, § 21 AGG Rn. 7; MünchKomm/*Thüsing*, § 21 AGG Rn. 17 ff.; *Thüsing/v. Hoff*, NJW 2007, 21 ff.; *Schäfer/Wendt*, JuS 2009, 206 ff.

[420]   Vgl. Immenga/Mestmäcker/*Markert*, GWB, 4. Aufl., 2007, § 20 Rn. 319.

[421]   Vgl. *BGH* NJW 1990, 761 (762 f.). Näher zum Kontrahierungszwang aus § 826 BGB sowie zu alternativen dogmatischen Ansätzen MünchKomm/*Kramer*, Vor § 145 Rn. 13 f.

[422]   Vgl. BGHZ 173, 246 – Trihotel; ebenso *Wagner*, FS Canaris, Bd. 2, 2007, S. 473 ff. (489 ff.).

[423]   Kritisch gegenüber einer Verankerung der Gesellschafterhaftung in § 826 BGB und für eine rechtsfortbildend entwickelte, spezifisch gesellschaftsrechtliche Haftung nach Maßgabe des Gebots der dezentralen Gewinnverfolgung *Grigoleit*, Gesellschafterhaftung für interne Einflussnahme im Recht der GmbH, 2006, S. 202 ff., 321 ff. sowie kritisch zur neueren Konzeption des *BGH* ebd., S. 202 ff., 281 ff.

[424]   Vgl. Thomas/Putzo/*Reichold*, Vor § 402 Rn. 6; s. auch BGHZ 62, 54 = JuS 1974, 457; *BGH* NJW 2003, 2825 zur Rechtslage vor Schaffung des § 839a BGB.

[425]   Vgl. BGHZ 168, 380; *BGH* NJW 2007, 919 (jeweils vor Einführung des § 72 II 1 ZPO).

Prüfungsaufbau und Problemübersicht

I. Gutachten eines gerichtlich bestellten Sachverständigen
II. Unrichtigkeit des Gutachtens
III. Gerichtliche Entscheidung
IV. Kausalität des Gutachtens für die gerichtliche Entscheidung
V. Qualifiziertes Verschulden
VI. Kein Ausschluss des Anspruchs nach § 839a II BGB i.V.m. § 839 III BGB
VII. Rechtsfolge: Schadensersatz nach den §§ 249 ff. BGB

a) Gutachten eines gerichtlich bestellten Sachverständigen

Die Regelung des § 839a BGB gilt nur gegenüber **gerichtlich bestellten Sachverständigen** im Sinne der §§ 402 ff. **191**
ZPO (bzw. §§ 72 ff. StPO) und damit weder gegenüber Zeugen noch gegenüber privat beauftragten Gutachtern.
Der Sachverständige, der lediglich ein Privatgutachten im Auftrag einer Partei erstattet, haftet selbst dann nicht aus
§ 839a BGB, wenn das Gutachten von vornherein zur Vorlage im Prozess bestimmt ist. Insoweit kommt eine deliktische[426] Haftung des Gutachters nur aus § 823 I BGB (Freiheitsentziehung), § 823 II BGB i.V.m. § 263 StGB (Pro-
zessbetrug) oder aus § 826 BGB in Betracht.

b) Unrichtigkeit des Gutachtens

Das vom Sachverständigen erstattete Gutachten muss **objektiv fehlerhaft** sein. Dies ist typischerweise nur durch ein **192**
entsprechendes Gegengutachten beweisbar. Die Fehlerhaftigkeit ist dabei aus Sicht desjenigen Gerichts festzustellen,
welches über den Anspruch aus § 839a BGB zu entscheiden hat. Unerheblich ist insoweit, ob das Erstgericht, welches den Sachverständigen bestellt hatte, von der Richtigkeit des Gutachtens überzeugt war; vielmehr erlangt die
Haftung nach § 839a BGB gerade dann Bedeutung, wenn das Erstgericht auf Grund seiner Überzeugung von der
Richtigkeit des Gutachtens eine objektiv falsche Entscheidung getroffen hat.

c) Gerichtliche Entscheidung

Das Gutachten muss zu einer **gerichtlichen Entscheidung** geführt haben („durch eine gerichtliche Entscheidung"); **193**
es genügt daher nicht, wenn sich die Parteien unter dem Eindruck des Gutachtens verglichen haben.[427] Die Haftung
aus § 839a BGB ist indes nicht von einer bestimmten Entscheidungsform abhängig. Es kann sich also um eine zi-
vilgerichtliche, strafgerichtliche oder verwaltungsgerichtliche Entscheidung handeln, unabhängig von der Verfah-
rensart. Es kommt auch nicht darauf an, ob die Entscheidung rechtskräftig wird, eine Instanz abschließt oder nur
eine Zwischenentscheidung darstellt. So kann ein ersatzfähiger Schaden etwa auch entstehen, wenn der Sachverständige in einem Zwangsversteigerungsverfahren den Immobilienwert zu hoch ermittelt hat und der Ersteigerer
daher ein zu hohes Mindestgebot bezahlen musste.[428]

d) Kausalität des Gutachtens für die gerichtliche Entscheidung

Das Gutachten muss die gerichtliche Entscheidung **beeinflusst** haben („beruht"). Das kann z. B. der Fall sein, wenn **194**
wegen des Gutachtenfehlers eine Tatsache nicht als bewiesen angesehen werden konnte. Dass nach § 286 ZPO (bzw.
§§ 261 StPO, 108 VwGO) auch das Sachverständigengutachten der freien richterlichen Beweiswürdigung unterliegt, steht einer haftungsrelevanten Beeinflussung der Gerichtsentscheidung nicht entgegen. Vielmehr wird der
Inhalt des Gutachtens häufig maßgeblichen Einfluss auf die Entscheidungsfindung haben, da der Richter sich nur
unter strengen Voraussetzungen über ein Sachverständigengutachten hinwegsetzen darf.[429]

Eine Beeinflussung der Entscheidung kann aber aus normativen Gründen nur insoweit angenommen werden, als
die **Aussagekraft des Gutachtens** nach dessen beweisrechtlicher Funktion reicht. Der Sachverständige haftet daher
etwa nicht nach § 839a BGB, wenn sein Gutachten sich nicht auf die auftragsgemäße Feststellung von Tatsachen
beschränkt, sondern (unrichtige) rechtliche Würdigungen (z. B. zur Fahrlässigkeit) enthält, die das Gericht fälschlicherweise übernimmt.

e) Qualifiziertes Verschulden

Nach § 839a BGB haftet der Sachverständige nur für **Vorsatz oder grobe Fahrlässigkeit**; gutachterliche Fehler, die **195**
auf einfacher Fahrlässigkeit beruhen, begründen daher keine Haftung. Die Beweislast liegt insoweit beim Geschä-

---

[426] Zu den Haftungsgrundlagen einer vertraglichen Haftung vgl. soeben Rn. 189.
[427] Vgl. MünchKomm/*Wagner*, § 839a Rn. 20.
[428] Vgl. BGHZ 166, 313.
[429] Vgl. *BGH* NJW 1981, 2578; NJW 2001, 2791; näher dazu z. B. Zöller/*Greger*, § 402 Rn. 7a.

digten, wobei aus der bloßen Fehlerhaftigkeit des Gutachtens in aller Regel noch nicht auf die grobe Fahrlässigkeit des Sachverständigen geschlossen werden kann.[430] Ausgeschlossen ist grobe Fahrlässigkeit des Sachverständigen, soweit das Gericht des Erstprozesses seine Arbeitsweise (z. B. eine gewählte Bewertungsmethode) ausdrücklich gebilligt hat.[431]

f) Kein Ausschluss des Anspruchs wegen Verletzung der Abwendungsobliegenheit

196   Der Anspruch ist nach §§ 839a II, 839 III BGB ausgeschlossen, wenn es der Verletzte schuldhaft unterlassen hat, den Schaden durch Gebrauch eines Rechtsmittels abzuwenden. Dieser Ausschlussgrund greift von vornherein nur ein, wenn gegen die Entscheidung ein Rechtsmittel statthaft war, das den Schaden hätte beseitigen können. Als Rechtsmittel in diesem Sinne gilt nicht nur die Anfechtung der Endentscheidung mit Berufung, Beschwerde oder Revision, sondern auch der Antrag, den gerichtlichen Sachverständigen gem. § 411 III, IV ZPO zur mündlichen Erläuterung seines Gutachtens laden zu lassen.[432]

g) Rechtsfolge

197   Rechtsfolge des § 839a BGB ist ein Anspruch auf Schadensersatz nach den §§ 249 ff. BGB. Dabei kann auch ein Anspruch auf **Schmerzensgeld** nach § 253 II BGB in Betracht kommen, wenn z. B. der psychiatrische Sachverständige im Strafprozess die Schuldfähigkeit des Angeklagten falsch beurteilt und dieser aufgrund des unrichtigen Gutachtens eine Freiheitsstrafe verbüßen muss (Verletzung des Rechtsguts Freiheit i. S. v. § 253 II BGB).

In Betracht kommt ferner – auch über den Ausschlussgrund der §§ 839a II, 839 III BGB hinaus – eine Haftungsminderung wegen Mitverschuldens nach § 254 BGB: Den Verletzten trifft ein **Mitverschulden**, wenn er (bzw. sein Prozessvertreter, dessen Verschulden ihm gem. § 85 ZPO zugerechnet wird) nicht alle Möglichkeiten nutzt, den Schadenseintritt noch im laufenden Prozess zu verhindern. Er kann insoweit z. B. verpflichtet sein, auf für ihn erkennbare Fehler des Gutachtens hinzuweisen oder ein privates Gegengutachten in Auftrag zu geben.

IV. Haftung für vermutetes Verschulden

198   Im Regelfall muss der Geschädigte bei den bisher behandelten deliktischen Anspruchsgrundlagen das Verschulden des Schädigers und dessen Kausalität für die eingetretene Rechtsgutsverletzung beweisen. Im BGB sind aber auch verschiedene Haftungstatbestände vorgesehen, im Rahmen derer die **Beweislast hinsichtlich des Verschuldens umgekehrt** ist, also dem Schädiger der Entlastungsbeweis aufgebürdet wird. Eine solche Beweislastumkehr bewirkt für den Geschädigten eine erhebliche Erleichterung, weil der Nachweis des Verschuldens typischerweise Kenntnis von konkreten Umständen und ggf. sogar von subjektiven Tatsachen (z. B. Vorsatz) aus der Sphäre des Schädigers voraussetzt. Die gesetzlichen Tatbestände der Haftung für vermutetes Verschulden betreffen daher Situationen, in denen der Schädiger eine bestimmte Gefahrenquelle kontrolliert, während der Verschuldensnachweis für den Geschädigten dadurch erschwert wird, dass das haftungsbegründende Verhalten, nämlich der pflichtwidrige Umgang mit der Gefahrenquelle, nicht in engem Zusammenhang mit der Schädigung steht.[433]

1. Haftung für Verrichtungsgehilfen (§ 831 BGB)

199   Nach § 831 I BGB haftet der Geschäftsherr für die Schäden, die ein von ihm bestellter Verrichtungsgehilfe im Rahmen seiner Tätigkeit für den Geschäftsherrn einem Anderen widerrechtlich zufügt. Anders als die „echten" Zurechnungsnormen der §§ 31, 278 BGB ist die Regelung des § 831 I BGB als eigenständige Anspruchsgrundlage zu qualifizieren: Der Geschäftsherr haftet nicht für eine von der Hilfsperson begangene Pflichtverletzung, sondern für **vermutetes eigenes Auswahl- oder Überwachungsverschulden** (und damit für eine vermutete eigene Pflichtverletzung). Zugleich wird in § 831 I 1 BGB die **Kausalität** der vermuteten Pflichtverletzung für den eingetretenen Schaden (und damit auch für die schadensbringende Rechtsgutsverletzung) **vermutet**. Die Regelung des § 831 I BGB läuft – vereinfacht ausgedrückt – darauf hinaus, dass bei einer vom Verrichtungsgehilfen begangenen unerlaubten Handlung

---

[430] Vgl. MünchKomm/*Wagner*, § 839a Rn. 18.
[431] Vgl. *KG* NZV 2007, 462.
[432] Vgl. BGHZ 173, 98.
[433] Vgl. *Medicus/Lorenz*, Schuldrecht II, Rn. 1343.

eine schuldhafte Auswahl- oder Aufsichtspflichtverletzung des Geschäftsherrn vermutet wird, die für den Schaden gleichermaßen kausal war. Die Haftung des Geschäftsherrn nach § 831 I BGB lässt die konkurrierende Haftungsverantwortlichkeit des Verrichtungsgehilfen unberührt. Hinter dem besonderen Haftungstatbestand des § 831 BGB stehen der Sphärengedanke, d. h. der Grundsatz der Verantwortlichkeit des Geschäftsherrn für seine Kontrollsphäre sowie das Prinzip der **Zusammengehörigkeit von Vorteil und Risiko.**[434]

Gem. § 831 II BGB trifft dieselbe Haftung auch denjenigen, der durch Vertrag die in § 831 I BGB angelegte Personalverantwortlichkeit übernimmt. Angesichts der schwerwiegenden Konsequenzen ist die Übertragung der Personalverantwortlichkeit nach § 831 II BGB an strenge Voraussetzungen zu knüpfen. Die bloße vertragliche Übernahme der Auswahl- bzw. Überwachungsaufgabe kann nicht genügen; vielmehr ist erforderlich, dass gerade auch die rechtliche Verantwortlichkeit für die Auswahl bzw. Überwachung den Übernehmer treffen soll. Dies gilt nach h. M. weder für Organe noch für Angestellte.[435] Daher hat § 831 II BGB nur einen **verhältnismäßig geringen Anwendungsbereich**; die Vorschrift kommt nur bei Übertragung der Auswahl- oder Überwachungsaufgaben auf selbständige Unternehmer in Betracht.

Neben der Sondervorschrift des § 831 BGB kann eine Haftung des Geschäftsherrn wegen mangelnder Auswahl oder Beaufsichtigung seines Personals **auch auf § 823 BGB gestützt** werden und zwar unter dem Gesichtspunkt der (allgemeinen) Verkehrspflichtverletzung[436] bzw. der **Verletzung einer betrieblichen Organisationspflicht.**[437] Eine solche Haftung ist nicht an die Tatbestandsmerkmale des § 831 BGB geknüpft und kann daher etwa auch eine Verantwortlichkeit des Geschäftsherrn für von diesem eingesetzte selbständige Unternehmer[438] begründen. Allerdings gilt für den Anspruch aus § 823 I BGB nicht die in § 831 BGB vorgesehene Beweislastumkehr. Es kommt hinzu, dass eine unmittelbare Verantwortlichkeit des Geschäftsherrn regelmäßig dann nicht nach § 823 I BGB begründet werden kann, wenn der Verrichtungsgehilfe eine nach §§ 823 II, 826 BGB relevante primäre Vermögensschädigung begangen hat. Sofern bei Schädigungen durch Hilfspersonen sowohl ein Anspruch gegen den Geschäftsherrn aus § 823 BGB als auch aus § 831 BGB in Betracht kommt, sollte die Haftung aus § 831 BGB wegen der einfacheren Haftungsvoraussetzungen vorrangig geprüft werden.

200

Prüfungsaufbau und Problemübersicht

> I. Verrichtungsgehilfe
> II. Rechtswidrige Schadenszufügung durch den Verrichtungsgehilfen
> III. In Ausführung der Verrichtung
> IV. Kein Entlastungsbeweis (§ 831 I 2 BGB)
> V. Rechtsfolge: Schadensersatz nach §§ 249 ff. BGB

a) Verrichtungsgehilfe

Verrichtungsgehilfe i. S. v. § 831 I BGB ist, wer **mit Wissen und Wollen des Geschäftsherrn umfassend weisungsabhängig** in dessen Interessenkreis tätig ist. Anders als beim Erfüllungsgehilfen i. S. v. § 278 BGB muss der Verrichtungsgehilfe derart in die Organisationssphäre des Geschäftsherrn einbezogen sein, dass dieser die **Tätigkeit des Verrichtungsgehilfen jederzeit beschränken, entziehen oder nach Zeit und Umfang bestimmen** kann; denn nur dann ist die Annahme von umfassenden Auswahl- und Überwachungspflichten gerechtfertigt.[439]

201

Paradigmatisch für den Verrichtungsgehilfen ist der **Arbeitnehmer im Verhältnis zum Arbeitgeber.** Ohne weiteres können **leitende Angestellte** Verrichtungsgehilfen sein, z. B. Manager eines großen Unternehmens, wenn und weil auch diese den Weisungen ihrer jeweiligen Vorgesetzten unterworfen sind. Demgegenüber sind die **Organe** rechtlich verselbständigter Organisationen **keine Verrichtungsgehilfen**, weil sie selbst Zurechnungsendpunkt der Handlungsverantwortlichkeit in der Organisation sind, daher keiner umfassenden Weisungsmacht unterliegen und ihr Verschulden nach § 31 BGB der Organisation „unmittelbar" zugerechnet wird; § 831 I BGB ist insoweit nicht anwendbar.[440] Dies gilt etwa für den

202

---

[434] Vgl. näher *Larenz/Canaris*, Schuldrecht II/2, § 79 III 1 b (S. 476).
[435] Vgl. *BGH* NJW 1974, 1371 (1372); NJW 1990, 976 (978); Palandt/*Sprau*, § 831 Rn. 17.
[436] Näher oben Rn. 72 ff.
[437] Vgl. BGHZ 11, 151; Palandt/*Sprau*, § 831 Rn. 2.
[438] Die keine Verrichtungsgehilfen sind, vgl. Rn. 202.
[439] Vgl. BGHZ 49, 313.
[440] Vgl. dazu eingehend unten Fall 1 „*Kein Schiff wird kommen*" (Rn. 283 ff.).

Vorstand einer AG und (ungeachtet der Weisungsabhängigkeit nach § 37 I GmbHG) auch für die Geschäftsführer einer GmbH oder einer rechtsfähigen Personengesellschaft.

203   **Keine Verrichtungsgehilfen** sind nach allgemeiner Auffassung auch **selbständige Unternehmer**. Da die **Weisungsabhängigkeit hinsichtlich der Ausführung einer bestimmten Leistung nicht genügt**, ist etwa der selbständige Maler nicht Verrichtungsgehilfe des Bauherrn und der Taxifahrer nicht Verrichtungsgehilfe des Fahrgasts. Gleiches gilt nach der allgemein anerkannten Definition des Verrichtungsgehilfen auch für den Rechtsanwalt im Verhältnis zu seinem Mandanten;[441] gleichwohl hat die Rechtsprechung den **Rechtsanwalt** – ungeachtet seiner selbständigen Stellung und seiner überlegenen Sachkunde – verschiedentlich als Verrichtungsgehilfen seines Mandanten qualifiziert, weil der Mandant kraft des Anwaltsvertrages das Recht habe, verbindliche Weisungen zu erteilen.[442]

b) Widerrechtliche Schadenszufügung durch den Verrichtungsgehilfen

204   Der Verrichtungsgehilfe muss dem Anspruchssteller in widerrechtlicher Weise Schaden zugefügt haben. Widerrechtlich ist die Schadenszufügung nur dann, wenn der Verrichtungsgehilfe eine **unerlaubte Handlung nach den §§ 823 ff. BGB** begangen hat.[443] Inzident ist an dieser Stelle also eine vollständige Deliktsprüfung im Hinblick auf den Verrichtungsgehilfen vorzunehmen.[444]

In diesem Zusammenhang ist streitig, wie die **Rechtswidrigkeit** zu bestimmen ist:[445] Nach Auffassung des *BGH* kommt hier die Lehre vom **Erfolgsunrecht** zur Anwendung, so dass bereits die bloße kausale Herbeiführung einer Rechtsgutsverletzung durch den Verrichtungsgehilfen die Rechtswidrigkeit indiziert.[446] Der Verstoß gegen eine Verkehrspflicht ist nach dieser Auffassung erst im Rahmen des – eigens zu diesem Zweck geschaffenen – Rechtfertigungsgrundes des „**verkehrsrichtigen Verhaltens**" zu prüfen, für dessen Vorliegen der Geschäftsherr beweisbelastet ist.[447] Die zutreffende Gegenauffassung in der Literatur wendet dagegen (auch[448]) im Rahmen des § 831 BGB die Lehre vom **Verhaltensunrecht** an, wonach für eine „widerrechtliche Schadenszufügung" im Falle mittelbarer Schädigungen der positive Nachweis einer Verkehrspflichtverletzung des Verrichtungsgehilfen erforderlich ist. Diese Auffassung hat vor allem den Vorzug, dass eine Haftung des Geschäftsherrn aus § 831 I BGB nur dann eintreten kann, wenn er – unterstellt, er hätte selbst statt seines Verrichtungsgehilfen gehandelt – auch persönlich aus § 823 I BGB haften würde. Die Auffassung der Rechtsprechung diskriminiert demgegenüber den arbeitsteilig organisierten Geschäftsherrn gegenüber dem Einzelschädiger, weil sie ihn bei unklarer Tatsachenlage hinsichtlich der Verkehrspflichtverletzung haften lässt.

c) Objektives Verschulden des Verrichtungsgehilfen

205   Zudem muss nach h.L. – über den Wortlaut des § 831 I BGB hinaus – auch ein **objektives Verschulden** des Gehilfen vorliegen, d.h. das Verhalten des Verrichtungsgehilfen muss, gedacht als Verhalten des Geschäftsherrn, schuldhaft sein.[449] Denn es besteht **keine Überwachungspflicht** dahingehend, hinreichend sorgfältigem – d.h. schuldlosem – Verhalten von Verrichtungsgehilfen vorzubeugen. Insoweit kommt es allerdings nur auf den objektiven Sorgfaltsverstoß an, nicht auf die Verschuldensfähigkeit oder sonstige besondere **Umstände in der Person des Verrichtungsgehilfen** (z.B. besondere Fachkenntnisse, die den Sorgfaltsstandard erhöhen); denn in der Auswahl eines Verrichtungsgehilfen mit subjektiven Defiziten liegt regelmäßig ein **Auswahlverschulden** des Geschäftsherrn, das eine Haftung nach § 831 I BGB begründen kann.[450]

---

[441] Vgl. MünchKomm/*Wagner,* § 831 Rn. 16 m.w.N.

[442] Vgl. RGZ 96, 177; *BGH* WM 1957, 484; NJW 1962, 1390; BGHZ 58, 207.

[443] Ganz h.M., vgl. *BGH* NJW 1996, 3205 (3207); Palandt/*Sprau,* § 831 Rn. 8.

[444] Vgl. als Beispiel unten Fall 1 „*Kein Schiff wird kommen"* (Rn. 292 ff.).

[445] Vgl. eingehend unten Fall 5 „*Die wilde Hilde"* (Rn. 481 ff.).

[446] So ausdrücklich BGHZ (GS) 24, 21 (24 f.); *BGH* NJW 1996, 3205 (3207) zuvor ebenso RGZ 50, 60 (66); RGZ 91, 60 (66); RGZ 135, 149 (155); RGZ 142, 356 (362 f.).

[447] Vgl. BGHZ (GS) 24, 21; ebenso *BGH* NJW 1971, 31 f.; NJW-RR 1992, 533; zust. *Deutsch/Ahrens,* Deliktsrecht, Rn. 320; *Medicus/Lorenz,* Schuldrecht II, Rn. 1346; Staudinger/*Belling,* 2008, § 831 Rn. 77.

[448] Vgl. zur Maßgeblichkeit der Lehre vom Verhaltensunrecht im Rahmen des § 823 I BGB oben Rn. 11.

[449] Vgl. *Larenz/Canaris,* Schuldrecht II/2, § 79 III 2 c (S. 479); BeckOK/*Spindler,* § 831 Rn. 24.

[450] Vgl. Palandt/*Sprau,* § 831 Rn. 12.

d) In Ausführung der Verrichtung

Die Haftung aus § 831 BGB setzt des Weiteren voraus, dass der Schaden „in Ausführung der Verrichtung" zugefügt worden ist. Erforderlich ist somit ein besonderer Zusammenhang zwischen der aufgetragenen Tätigkeit und der Schädigung. Die Schädigung darf also nicht lediglich „bei Gelegenheit" der Verrichtung erfolgt sein. Nach der Rechtsprechung des *BGH* ist der erforderliche Bezug dadurch gekennzeichnet, dass ein **innerer Zusammenhang** zwischen der Schädigung und der aufgetragenen Verrichtung nach deren Art bzw. Zweck besteht.[451] In der Literatur wird verbreitet darauf abgestellt, dass die übertragene Tätigkeit die begangene **Schädigung erleichtert bzw. das Risiko einer solchen Schädigung erhöht hat**.[452] Dieses Kriterium stellt eine überzeugende Ausprägung des Schutzzweckgedankens und eine nützliche Konkretisierung der von der Rechtsprechung praktizierten Formel dar. Der Gedanke der Risikoerhöhung wirkt sich etwa darin aus, dass das Risiko eines Diebstahls des Malergehilfen in der Wohnung des Auftraggebers eindeutig durch die übertragene Tätigkeit erhöht wurde, während nach der Formel der Rechtsprechung durchaus der innere Zusammenhang mit der Tätigkeit verneint werden könnte.

206

Allgemein gilt, dass eine Begehung **vorsätzlicher Straftaten** durch den Verrichtungsgehilfen der Annahme eines hinreichenden Zusammenhangs mit der Verrichtung nicht zwingend entgegensteht. Entscheidend ist vielmehr das Vorliegen eines hinreichenden Risikozusammenhangs. Ein solcher Zusammenhang ist etwa dann gegeben, wenn ein Türsteher bei der Abwehr „unerwünschter" Gäste eine Körperverletzung begeht, nicht aber, wenn ein Bauarbeiter einen an der Baustelle vorbeigehenden Passanten verprügelt.

e) Entlastungsbeweis (§ 831 I 2 BGB)

Nach § 831 I 2 BGB kann sich der Geschäftsherr durch Widerlegung der Verschuldensvermutung (bzw. Pflichtverletzungsvermutung[453]) oder der Kausalitätsvermutung von der Haftung nach § 831 I 1 BGB entlasten.

207

aa) Widerlegung der Verschuldensvermutung

Die Widerlegung der **Verschuldensvermutung** kann auf verschiedene Weise geschehen, je nach der vorgeworfenen Pflichtverletzung:

208

- ■ Durch Nachweis **pflichtgemäßer Auswahl** des Verrichtungsgehilfen (§ 831 I 2 Hs. 1 Alt. 1 BGB):
  - – Welche **Sorgfaltsanforderungen** an die Auswahl von Verrichtungsgehilfen zu stellen sind, hängt entscheidend von der jeweiligen Tätigkeit ab. Je größer die mit der Tätigkeit verbundene Gefahr für die Rechtsgüter Dritter ist, desto höher sind auch die Anforderungen an die Sorgfalt des Geschäftsherrn bei der Auswahl. Insbesondere kann es bei besonders gefährlichen Tätigkeiten erforderlich werden, über die Berücksichtigung von **Zeugnissen** früherer Arbeitgeber hinaus eigene Nachforschungen anzustellen.
  - – Die Auswahl des Verrichtungsgehilfen setzt sich in einer fortlaufenden, angemessenen (und von der „Leitung" i.S.v. § 831 I 2 BGB zu trennenden) **Überwachung** des Gehilfen fort, da dessen Weiterbeschäftigung die Auswahlentscheidung immer wieder aktualisiert und es darauf ankommt, dass der Gehilfe im Augenblick der schädigenden Handlung ordnungsgemäß ausgewählt war.[454]

209

- ■ Durch Nachweis der Beachtung der erforderlichen Sorgfalt bei der Beschaffung von **Vorrichtungen und Gerätschaften** (§ 831 I 2 Hs. 1 Alt. 2 BGB): Insbesondere ist der Geschäftsherr als Halter eines Firmenwagens verpflichtet, für einen verkehrssicheren Zustand des Fahrzeugs zu sorgen, mit dem seine Verrichtungsgehilfen am Straßenverkehr teilnehmen.[455]

210

- ■ Durch Nachweis **pflichtgemäßer Anleitung** des Verrichtungsgehilfen (§ 831 I 2 Hs. 1 Alt. 3 BGB): Dies betrifft insbesondere komplizierte Verrichtungen, bei denen der Geschäftsherr dafür Sorge zu tragen hat, dass der Gehilfe hinreichend qualifiziert ist und auf die besonderen Gefahren hingewiesen wird (z.B. bei Öleinfüllungen in Tanks[456]).

211

---

[451] Vgl. *BGH* NJW 1971, 31 (32); BGHZ 11, 151 (153).

[452] Vgl. *Larenz/Canaris*, Schuldrecht II/2, § 79 III 2 d (S. 480 f.); MünchKomm/*Wagner*, § 831 Rn. 27; *Medicus/Lorenz*, Schuldrecht II, Rn. 1347; zustimmend *Looschelders*, Schuldrecht BT, Rn. 1327.

[453] Vgl. *Larenz/Canaris*, Schuldrecht II/2, § 79 III 3 (S. 481 f.).

[454] Vgl. *Medicus/Petersen*, Bürgerliches Recht, Rn. 812.

[455] Vgl. *BGH* VersR 1953, 117.

[456] Vgl. *BGH* NJW 1995, 1150.

212   Bei **Großbetrieben** (ab zehn Mitarbeitern) ließ die Rspr. früher einen **dezentralisierten Entlastungsbeweis** zu, so dass der Geschäftsherr sich nicht hinsichtlich jedes einzelnen Verrichtungsgehilfen entlasten musste, sondern es genügte, dass er eine **Zwischenperson** zur Überwachung der anderen Gehilfen sorgfältig ausgewählt und überwacht hatte, und sich deren Überwachungsverschulden nicht mehr zurechnen lassen musste.[457] Diese Konstruktion – die in der jüngeren Rechtsprechung keine wesentliche Rolle mehr spielt, ohne dass sie ausdrücklich aufgegeben worden wäre – ist dem Einwand ausgesetzt, sie führe zu einer ungerechtfertigten Privilegierung von Großunternehmen.[458] Daher wird heute bei großen Unternehmen, die regelmäßig in der Rechtsform einer Kapitalgesellschaft oder einer anderen rechtsfähigen Organisation geführt werden, zumeist ein Gesellschaftsorgan (Geschäftsführer, Vorstand) oder eine organähnliche Person („verfassungsmäßig berufener Vertreter", d.h. Träger wesentlicher, eigenständig wahrzunehmender Funktionen) als für die Auswahl und Überwachung der Mitarbeiter verantwortlich angesehen. Deren etwaiges Verschulden kann dann der juristischen Person unmittelbar über § 31 BGB zugerechnet werden.[459] Sofern im konkreten Unternehmen kein Organ i.S.v. § 31 BGB für die Auswahl- und Überwachung zuständig ist, kann darin u.U. ein Organisationsmangel liegen, weil die wesentlichen Unternehmensfunktionen nach h.M. von Organen wahrgenommen werden müssen; die Rechtsfolge des Organisationsmangels ist eine Zurechnung der jeweiligen Schädigung analog § 31 BGB.[460]

bb) Widerlegung der Kausalitätsvermutung

213   Der Entlastungsbeweis kann nach § 831 I 2 Hs. 2 BGB auch dadurch geführt werden, dass die **fehlende Kausalität** zwischen Auswahl- oder Überwachungsverschulden und Schaden bewiesen wird.[461] Nachzuweisen ist, dass
- der Schaden auch von einer sorgfältig ausgewählten und überwachten Person angerichtet worden wäre, oder
- auch ein sorgfältiger Geschäftsherr nach den pflichtgemäß eingeholten Unterlagen den gleichen Verrichtungsgehilfen ausgewählt hätte.[462]

2. Haftung des Aufsichtspflichtigen (§ 832 BGB)

214   Nach § 832 I BGB haftet ein Aufsichtspflichtiger für Schäden, die eine seiner Obhut anvertraute Person (insbesondere: Minderjährige, Betreute) Dritten zufügt. Dabei handelt es sich – wie bei § 831 I BGB – um einen Tatbestand der Haftung für **vermutetes Eigenverschulden** des Aufsichtspflichtigen, nicht um eine **Zurechnung** des fremden Verschuldens des Aufsichtsbedürftigen. Wie bei § 831 I BGB werden sowohl die Pflichtverletzung als auch die Ursächlichkeit der Pflichtverletzung für den eingetretenen Schaden widerleglich vermutet.[463]

Prüfungsaufbau und Problemübersicht

> I. Aufsichtsbedürftige Person
> II. Widerrechtliche Schadenszufügung durch diese Person
> III. Aufsichtspflicht des Anspruchsgegners
> IV. Kein Entlastungsbeweis des Aufsichtspflichtigen nach § 832 I 2 BGB
> V. Rechtsfolge: Schadensersatz nach den §§ 249 ff. BGB

a) Aufsichtsbedürftige Person

215   Aufsichtsbedürftig i.S.v. § 832 BGB ist zunächst und vor allem, wer **minderjährig** (also unter 18 Jahren, § 2 BGB) ist, ohne dass es insoweit auf die Umstände des Einzelfalls ankommt.[464] Das Alter und die Einsichtsfähigkeit des Minderjährigen sind jedoch beim Umfang der Aufsichtspflicht zu berücksichtigen. Auch volljährige Personen können im Einzelfall aufgrund ihres **geistigen** und **körperlichen** Zustan-

---

[457] Vgl. BGHZ 4, 1.
[458] Vgl. *Medicus/Lorenz,* Schuldrecht II, Rn. 1352.
[459] Vgl. *Larenz/Canaris,* Schuldrecht II/2, § 79 III 5 b (S. 483); s. dazu auch unten Fall 1 *„Kein Schiff wird kommen"* (Rn. 283).
[460] Vgl. zur Lehre vom Organisationsmangel etwa BGHZ 24, 200 (213); *BGH* NJW 1980, 2810; Palandt/*Ellenberger,* § 31 Rn. 7.
[461] Vgl. *Larenz/Canaris,* Schuldrecht II/2, § 79 III 4 (S. 482).
[462] Vgl. BGHZ 4, 1 (4).
[463] Vgl. Palandt/*Sprau,* § 832 Rn. 1.
[464] Vgl. Palandt/*Sprau,* § 832 Rn. 4.

des aufsichtsbedürftig sein (z. B. Geisteskranke, Epileptiker, Blinde). Das gilt insbesondere (aber nicht nur) dann, wenn sie unter Betreuung i. S. d. §§ 1896 ff. BGB stehen.

b) Widerrechtliche Schadenszufügung

Die aufsichtsbedürftige Person muss ferner dem Anspruchsteller einen Schaden widerrechtlich zugefügt haben. **Widerrechtlich** ist die Schadenszufügung dann, wenn ein Tatbestand der §§ 823 ff. BGB erfüllt ist, ohne dass ein Rechtfertigungsgrund besteht. Auf ein **Verschulden** kommt es dabei grundsätzlich nicht an, zumal aufsichtsbedürftige Personen häufig nicht verschuldensfähig sein werden. Wie bei § 831 I BGB muss die Handlung aber auch hier hypothetisch schuldhaft sein, wenn man sie als Handlung einer nicht aufsichtsbedürftigen Person denkt.[465]   **216**

c) Aufsichtspflicht des Anspruchsgegners

Eine Aufsichtspflicht kann sich aus Gesetz oder Vertrag ergeben:
- **Gesetzliche Aufsichtspflichten** treffen insbesondere   **217**
  - die Eltern gegenüber dem minderjährigen Kind (§§ 1626 I, 1631 I BGB),
  - den Vormund und den Pfleger gegenüber dem Mündel (§§ 1793, 1800; 1909, 1915 BGB),
  - den Betreuer gegenüber dem Betreuten (§ 1901 BGB), sowie
  - den Ausbilder gegenüber dem minderjährigen Auszubildenden (§§ 6, 9 BBiG), jedoch nur während der Geschäftszeit und innerhalb des Geschäftsbetriebs.
- Aufsichtspflichten **aufgrund Vertrages** können sich ergeben, wenn ein kraft Gesetzes Aufsichtspflichtiger seine Aufsichtspflicht durch Vertrag auf einen Dritten überträgt (§ 832 II BGB). Die Aufsichtspflicht i. S. v. § 832 II BGB besteht aber nur, wenn die Übertragung nicht lediglich im Rahmen einer **Gefälligkeit** erfolgt, sondern durch Vertrag mit **Rechtsbindungswillen**.[466] Für die Annahme eines konkludenten Vertragsschlusses ist hier i. d. R. eine „weitreichende Obhut von längerer Dauer mit erheblichen Einwirkungsmöglichkeiten" erforderlich,[467] wie sie z. B. bei Pflegeeltern, Kinderheimen oder psychiatrischen Anstalten vorliegt.[468]   **218**

Bei **kurzen Besuchen** bei Verwandten oder in der Nachbarschaft ist nach §§ 133, 157 BGB i. d. R. – trotz der faktischen Übernahme der Aufsicht – **keine vertragliche Übernahme der Aufsichtspflicht anzunehmen**.[469] Allerdings besteht hier regelmäßig eine Verkehrspflicht aus Übernahmehaftung, so dass bei schuldhafter Verletzung eine Haftung des Aufsichtführenden nach § 823 I BGB in Betracht kommt. Dabei trägt der Geschädigte allerdings die volle Beweislast für das Aufsichtsverschulden des Übernehmenden (oder für das Auswahlverschulden des eigentlich Aufsichtspflichtigen).

d) Entlastungsbeweis (§ 832 I 2 BGB)

Wie bei § 831 I 2 BGB kann auch bei § 832 I 2 BGB der Entlastungsbeweis auf zwei Arten geführt werden: Durch Widerlegung der Pflichtverletzungsvermutung und durch Widerlegung der Kausalitätsvermutung.   **219**

Die **Vermutung der Pflichtverletzung** kann widerlegt werden, indem der Aufsichtspflichtige nachweist, dass er seiner Aufsichtspflicht genügt hat. Dies bestimmt sich danach, was von einem **sorgfältigen Aufsichtspflichtigen** unter Berücksichtigung aller Umstände des Einzelfalles vernünftiger- und billigerweise verlangt werden kann.[470] Maßgeblich für die Intensität der Aufsichtspflicht sind insbesondere folgende Kriterien: **220**
- Eigenschaften des Aufsichtsbedürftigen (Alter, Einsichtsfähigkeit, charakterliche Eigenarten, z. B. besondere Aggressivität),
- die konkreten Umstände, die zur Rechtsgutsverletzung geführt haben, sowie
- die jeweiligen Lebensverhältnisse des Aufsichtspflichtigen (z. B. Berufstätigkeit).

---

[465] Vgl. *Larenz/Canaris*, Schuldrecht II/2, § 79 IV 2 b (S. 486); siehe dazu bei § 831 I BGB oben Rn. 204.
[466] Vgl. dazu *Grigoleit/Herresthal*, BGB Allgemeiner Teil, Rn. 4.
[467] Vgl. *Larenz/Canaris*, Schuldrecht II/2, § 79 IV 2 a (S. 485 f.).
[468] Vgl. *LG Bremen* NJW-RR 1999, 969.
[469] Vgl. *BGH* NJW 1968, 1874 (1875); *Larenz/Canaris*, Schuldrecht II/2, § 79 IV 2 a (S. 486).
[470] Vgl. etwa *BGH* NJW 2009, 1954 (1954 f.); NJW 2009, 1952 (1953) m. w. N.

Dabei ist zu berücksichtigen, dass eine ständige Überwachung von Minderjährigen weder erforderlich noch sinnvoll ist (solange es sich nicht um extrem gefährliche Tätigkeiten wie z. B. ein Feuerwerk oder Schießübungen handelt[471]).

221   Im Falle der **Übertragung der Aufsichtspflicht** (durch Vertrag oder rein tatsächliche Absprache) genügt die übertragende Person grundsätzlich ihrer Aufsichtspflicht, wenn sie die dritte Person sorgfältig ausgewählt und auf evtl. vorhandene besondere gefährliche Neigungen der aufsichtsbedürftigen Person hingewiesen hat. Der Übernehmer haftet entweder selbst aus § 832 II BGB (bei Übernahme durch Vertrag) oder zumindest aus § 823 I BGB (Übernahmehaftung).[472]

222   Die **Kausalitätsvermutung** kann durch den Nachweis widerlegt werden, dass der Schaden **auch bei gehöriger Aufsicht** entstanden wäre. Dies gelingt etwa in Fällen, in denen das Verhalten des Kindes so überraschend war, dass niemand damit rechnen konnte, so dass auch hinreichend sorgfältige Eltern den Schaden nicht hätten verhindern können.

3. Haftung des Gebäudeunterhaltungspflichtigen (§§ 836–838 BGB)

223   Nach § 836 BGB haftet der Gebäudeunterhaltungspflichtige für Schäden aufgrund von Gefahren, die von Bauwerken ausgehen. Dabei handelt es sich um eine Haftung aus Verkehrspflichtverletzung, wobei die **Pflichtverletzung** und das **Verschulden vermutet** werden.

Prüfungsaufbau und Problemübersicht

> I. Verursachung einer Rechtsgutsverletzung durch ein Gebäude oder Werk
> II. Richtiger Anspruchsgegner
> III. Kein Entlastungsbeweis nach § 836 I 2 BGB
> IV. Rechtsfolge: Schadensersatz nach den §§ 249 ff. BGB

a) Rechtsgutsverletzung durch Gebäude oder Werk

224   Erste Voraussetzung eines Anspruchs aus § 836 I BGB ist die Verletzung eines in § 836 BGB genannten Rechtsgutes (vgl. die Definitionen zu § 823 I BGB) durch den **Einsturz eines Gebäudes** oder eines sonstigen **mit einem Grundstück verbundenen Werks** oder durch die **Ablösung von Gebäude- oder Werkteilen**. Die Begriffe des Gebäudes und des Werks sind weit auszulegen und umfassen alles, was auf einem Grundstück „errichtet" werden kann, z. B. Häuser, Garagen oder Spielgeräte.[473] Dagegen sind z. B. Bäume, Felsen, oder Erdmassen keine Werke i. S. v. § 836 I BGB; insoweit kommt nur eine Haftung aus § 823 I BGB wegen Verletzung von Verkehrspflichten in Betracht.[474] **Gebäudeteile** sind nur solche, die mit dem Gebäude fest verbunden sind, z. B. ein Balkon oder ein Fahrstuhl; nicht dagegen ein schwerer Spiegel, der an der Wand aufgehängt ist[475] oder Schnee, der als Lawine vom Dach stürzt.[476]

225   Der besondere Haftungstatbestand greift nur ein, wenn „der Einsturz oder die Ablösung die **Folge fehlerhafter Errichtung oder mangelhafter Unterhaltung** ist". Insoweit ist der Geschädigte beweispflichtig; ihm kann aber nach der Rechtsprechung u. U. ein Anscheinsbeweis zugute kommen, wenn das Unfallgeschehen nach seinem konkreten Ablauf typischerweise auf einem der beschriebenen Mängel beruht.[477] Die Feststellung eines Mangels ist noch nicht gleichzusetzen mit dem Verschuldensnachweis (vgl. § 836 I 2 BGB); denn der Mangel muss nicht notwendig in den persönlichen Verantwortungsbereich des „aktuellen" Besitzers fallen.

b) Anspruchsgegner

226   **Schuldner** des Anspruches wegen Einsturzes eines Gebäudes ist der „Besitzer" (§ 836 I BGB):
- ■ Zunächst ist dies der gegenwärtige **Eigenbesitzer des Grundstücks** (§§ 836 III, 872 BGB), d. h. nicht der Eigentümer als solcher oder der Inhaber der tatsächlichen Gewalt, sondern derjenige, der das Grundstück „als eigenes"

---

[471] Vgl. z. B. *OLG Schleswig* NJW-RR 1999, 606; s. auch *AG Flensburg* NJW-RR 1999, 1041 zur verschärften Aufsichtspflicht bei verhaltensauffälligen Minderjährigen.

[472] Vgl. soeben Rn. 218.

[473] Vgl. *BGH* NJW 1961, 1670 ff.; MünchKomm/*Wagner,* § 836 Rn. 7, 11 mit weiteren Beispielen.

[474] Vgl. *BGH* NJW 1955, 300; RGZ 149, 205, 210.

[475] Vgl. RGZ 107, 337.

[476] Vgl. Palandt/*Sprau,* § 836 Rn. 5 f.

[477] Vgl. etwa *BGH* NJW 1993, 1782 (1783): Loslösung der Dachpappe durch Witterungseinwirkung; *OLG Rostock* NJW-RR 2004, 825 (826): Abtrennung von Zeltteilen durch Sturmböen; s. ferner Palandt/*Sprau,* § 836 Rn. 9.

besitzt; bei vermieteten Grundstücken also grundsätzlich der Vermieter, nicht der Mieter.[478] Darüber hinaus haftet auch der frühere Eigenbesitzer ein Jahr lang nach (§ 836 II BGB).

■ Besitzt ein Anderer auf dem Grundstück ein Gebäude oder Werk „in Ausübung eines Rechts" (z. B. Nießbrauch, Dienstbarkeit oder Erbbaurecht), so trifft die Haftung diesen **Besitzer** des Gebäudes oder Werks anstatt des Grundstücksbesitzers, soweit die Schädigung gerade von diesem Gebäude oder Werk (nicht aber vom übrigen Grundstück) ausgeht. Auf das Bestehen des Rechts kommt es dabei nicht an, sondern nur darauf, dass der Besitzer hiervon ausgeht.[479] Auch hier trifft die Haftung aber nur den **Eigenbesitzer** des Gebäudes oder Werks (§ 837 BGB i.V.m. § 836 III BGB), also etwa einen Erbbauberechtigten, einen Wohnungseigentümer oder einen Bauunternehmer, der einen Kran oder ein Gerüst auf dem Grundstück unterhält, nicht aber den Mieter eines Hauses oder einer Wohnung; dieser kann allenfalls nach § 838 BGB oder nach § 823 I BGB (Verletzung einer Verkehrssicherungspflicht) haften.[480]

■ Schließlich haftet nach § 838 BGB derjenige, der die Unterhaltung eines Gebäudes oder Werks **durch Vertrag übernommen** hat (wie nach §§ 831 II, 832 II BGB). Diese Haftung kann den Mieter treffen, wenn und soweit er aufgrund des Mietvertrages die Unterhaltung übernommen hat.

c) Entlastungsbeweis (§ 836 I 2 BGB)

Der Entlastungsbeweis nach § 836 I 2 BGB gelingt, wenn der Unterhaltungspflichtige nachweisen kann, dass er **alle Maßnahmen getroffen hat, die aus technischer Sicht geboten und geeignet sind,** die Gefahr einer Ablösung von Teilen oder eines Einsturzes nach Möglichkeit rechtzeitig zu erkennen und ihr zu begegnen; auch durch ein Betretungsverbot für etwaige Benutzer kann der Unterhaltungspflichtige seiner Sicherungspflicht nachkommen.[481] Der Umfang der Untersuchungs- und Überwachungspflichten bestimmt sich nach den gleichen Kriterien wie bei den allgemeinen Verkehrspflichten.[482]

227

V. Gefährdungshaftung

Grundsätzlich setzt eine Schadensersatzhaftung nach deutschem Recht eine rechtswidrige und schuldhafte Pflichtverletzung des Schädigers voraus. In engen Grenzen existieren aber auch Schadensersatzpflichten aufgrund **reiner Gefährdungshaftung.** Der Haftungsgrund bei der Gefährdungshaftung ist allein die **Unterhaltung einer besonderen Gefahrenquelle,** die zum Eintritt eines Schadens geführt hat; **weder eine rechtswidrige Handlung noch ein Verschulden sind Voraussetzung der Haftung.**

228

1. Grundlagen

In der modernen Gesellschaft sind zahlreiche **Gefahrenquellen bzw. Tätigkeiten als sozial nützlich anerkannt,** obwohl sie **auch bei Einhaltung höchster Sorgfaltsstandards mit erheblichen Schadensrisiken verbunden** sind. Zu denken ist etwa an Kernkraftwerke oder Wasserversorgungsnetze, an den Betrieb von Kfz, an die Herstellung von Arzneimitteln und anderen Produkten oder auch an das Halten von Haustieren. Da es einerseits im Interesse der Allgemeinheit liegt, derartige Gefahrenquellen ungeachtet der damit verbundenen Schadensrisiken nicht generell zu verbieten, andererseits aber eine Belastung des (unbeteiligten) Geschädigten mit besonders ausgeprägten und absehbaren Risiken der Gefahrenquelle ungerecht erscheint, bildet die Anordnung einer verschuldensunabhängigen Haftung eine Kompensation für die Zulassung der Gefahrenquelle.

229

Die Gefährdungshaftung ist im deutschen Recht in einer Vielzahl von Einzelvorschriften innerhalb und außerhalb des BGB geregelt. Aus dieser Regelungsweise folgt die h. M. das **Enumerationsprinzip,** wonach eine verschuldensunabhängige Haftung nur dann eingreift, wenn diese (vertraglich oder) gesetzlich ausdrücklich bestimmt ist. Eine Begründung von Gefährdungshaftungstatbeständen im Wege richterlicher Rechtsfortbildung (auch durch Analogie) ist grundsätzlich ausgeschlossen (z. B.: Keine Gefährdungshaftung für Fahrräder oder Schlepplifte ungeachtet der damit verbundenen Gefahren).[483]

230

---

[478] Vgl. BeckOK/*Spindler*, § 836 Rn. 18.

[479] Vgl. *RG* JW 1916, 39 (40); Staudinger/*Belling*, 2008, § 837 Rn. 5; Palandt/*Sprau*, § 837 Rn. 2.

[480] Vgl. BeckOK/*Spindler*, § 837 Rn. 2 m.w. N.

[481] Vgl. *BGH* NJW 1999, 2593; MünchKomm/*Wagner*, § 836 Rn. 19.

[482] Vgl. dazu oben Rn. 78.

[483] Vgl. *Larenz/Canaris*, Schuldrecht II/2, § 84 I 1 b (S. 601 f.); *Deutsch/Ahrens*, Deliktsrecht, Rn. 528 f.

231　　　Die gesetzlichen Regelungen der Gefährdungshaftung folgen verschiedenen Grundprinzipien, die den hoch abstrakten Gedanken der Kompensation besonderer, erlaubter Risiken konkretisieren.[484] So trifft die Gefährdungshaftung in aller Regel den **Beherrscher der Gefahrenquelle**, also etwa den Halter des Kfz oder Tieres, den Betreiber des Kernkraftwerkes oder des Wasserversorgungsnetzes oder den Hersteller des Arzneimittels oder sonstigen Produkts (Gedanke der **Gefahrveranlassung** bzw. der – zumindest abstrakten – **Gefahrbeherrschung**). Damit wird dem Umstand Rechnung getragen, dass der Beherrscher der Gefahrenquelle das Risiko am effektivsten minimieren kann. Es kommt hinzu, dass der Gefahrbeherrscher zumeist auch unmittelbare Vorteile aus der gefährlichen Tätigkeit zieht (Gedanke der **Zusammengehörigkeit von Vorteil und Risiko**). Dadurch ist auch gewährleistet, dass die Schadensrisiken in die kalkulatorische Bewertung der Risikoentfaltung einfließen (z. B. in die Preiskalkulation eines gefährlichen Produkts durch den Hersteller), deren soziale Nützlichkeit durch den Markt kontrolliert und eine Externalisierung des Schadenspotentials vermieden wird.[485] Hinsichtlich der Art der besonderen Gefahren, die eine Gefährdungshaftung rechtfertigen, knüpfen die gesetzlichen Regelungen einerseits an eine besonders **hohe Wahrscheinlichkeit des Schadenseintritts** (z. B. Kfz), andererseits an das **besonders große Ausmaß der eintretenden Schäden** an (z. B. Eisenbahnen, Flugzeuge, Atomkraftwerke). Häufig – wenn auch nicht immer (z. B. nicht bei Tierhaltern oder Produktherstellern) – ist die Gefährdungshaftung mit einer gesetzlichen **Versicherungspflicht** des Haftpflichtigen verknüpft,[486] so dass die Entschädigung des Opfers selbst bei Zahlungsunfähigkeit des Haftpflichtigen sichergestellt ist. Zur Erleichterung der Versicherbarkeit – sei es im Wege freiwilliger Versicherung, sei es bei einer Pflichtversicherung – sind verschiedentlich Haftungshöchstgrenzen vorgesehen (vgl. z. B. §§ 10 ProdHaftG, 12 StVG).

232　　　Die gesetzlichen Haftungstatbestände beschränken sich überwiegend auf einen Schutz bestimmter Rechtsgüter, wobei der Schutz hinter § 823 I BGB insoweit zurückbleibt, als keine sonstigen Rechte geschützt sind (vgl. z. B. § 7 I StVG).[487] Stets setzt die Zurechnung der Rechtsgutsverletzung zum einen voraus, dass die fragliche **Gefahrenquelle die Rechtsgutsverletzung verursacht** hat; darüber hinaus wird die haftungsbegründende Zurechnung zumeist allein davon abhängig gemacht, ob sich die **spezifische Gefahr** verwirklicht hat, während daneben das **Adäquanzkriterium unanwendbar** ist,[488] da der Schutzzweck der Gefährdungshaftung gerade auch ungewöhnliche Geschehensabläufe mit einbezieht und auch weitere Schutzzweckerwägungen im Kriterium der spezifischen Gefahrverwirklichung aufgehen.

233　　　Neben der Gefährdungshaftung bleibt die **Verschuldenshaftung ohne Weiteres anwendbar.** Eine eigenständige Funktion kann die Verschuldenshaftung in Regelungsbereichen, in denen auch eine Gefährdungshaftung vorgesehen ist, insbesondere dann erlangen, wenn für die gefährdungshaftungsrechtlichen Sondervorschriften besondere Schranken gesetzt sind, etwa eine Haftungshöchstgrenze. Aufbautechnisch ist es vorzugswürdig, die Prüfung des Gefährdungshaftungstatbestandes voranzustellen, da dieser die größere Sachnähe und verkürzte Begründungsanforderungen (keine Rechtswidrigkeit, kein Verschulden) aufweist.

Die wichtigsten Tatbestände der Gefährdungshaftung

> 1. Haftung für Tiere
>   a) Haftung des Tierhalters bei „Luxustieren", § 833 S. 1 BGB
>   b) Haftung für Wild- und Jagdschäden nach §§ 29, 33 BJagdG
> 2. Haftung für Fahrzeuge
>   a) Haftung des Kfz-Halters, § 7 I StVG[489]
>   b) Haftung des Eisenbahnunternehmers, § 1 HaftPflG
>   c) Haftung des Luftfahrzeughalters, § 33 LuftVG
> 3. Haftung für Produkte
>   a) Produkthaftung nach § 1 I ProdHaftG[490]
>   b) Haftung für Arzneimittel nach § 84 AMG
> 4. Haftung für Energieträger nach §§ 2 HaftPflG, 25 AtG
> 5. Haftung für Umweltbeeinträchtigungen nach §§ 22 WHG, 1 UmwHG, 114 BBergG, 32 GenTG

2. Haftung des Tierhalters (§ 833 BGB)

234　　　Die §§ 833, 834 BGB statuieren eine Einstandspflicht des Tierhalters für von seinem Tier verursachte Schäden entweder aus **vermutetem Verschulden** für Nutztiere (§ 833 S. 2 BGB) oder aus **Gefährdungshaftung** für sog. Luxustiere (§ 833 S. 1 BGB). Die Haftung aus § 833 S. 1, 2 BGB kann vertraglich aus-

---

[484]　Näher zum Folgenden *Larenz/Canaris*, Schuldrecht II/2, § 84 I 2 (S. 604 ff.).

[485]　Vgl. zum ökonomischen Hintergrund näher MünchKomm/*Wagner*, Vor § 823 Rn. 46 m. w. N.

[486]　Vgl. dazu auch *Armbrüster*, NJW 2009, 189.

[487]　Vgl. dazu etwa *Larenz/Canaris*, Schuldrecht II/2, § 84 I 1c (S. 602 f.).

[488]　Vgl. bereits oben Rn. 95; BGHZ 79, 259; BGHZ 115, 84; *Deutsch*, JuS 1987, 673 (674); *Kötz/Wagner*, Deliktsrecht, Rn. 521.

[489]　Vgl. dazu näher unten *Systematische Darstellung Haftung im Straßenverkehr* (Rn. 712 ff.).

[490]　Vgl. dazu näher unten *Systematische Darstellung Produkthaftungsrecht* (Rn. 879 ff.).

geschlossen werden; problematisch ist insoweit die Annahme konkludenter Haftungsausschlüsse, insbesondere bei der praktisch häufigen unentgeltlichen Überlassung von Tieren aus Gefälligkeit.[491]

Prüfungsaufbau und Problemübersicht

> I. Rechtsgutsverletzung
> II. Durch ein Tier i. S. v. § 833 BGB
> III. Haltereigenschaft des Anspruchsgegners
> IV. Kausalität zwischen einem tierischen Verhalten und der Rechtsgutsverletzung
> V. Kein Entlastungsbeweis nach § 833 S. 2 BGB
> VI. Rechtsfolge: Schadensersatz nach §§ 249 ff. BGB

a) Rechtsgutsverletzung

Nach § 833 BGB sind nicht alle Rechtsgüter des § 823 I BGB geschützt, sondern lediglich Leben, Körper, Gesundheit und Eigentum. Insbesondere ist in § 833 BGB kein Schutz sonstiger Rechte verankert, so dass eine Anknüpfung etwa auch für Eingriffe in den eingerichteten und ausgeübten Gewerbebetrieb fehlt. Diese Begrenzung des Schutzbereiches ist das Korrelat zu den geringen Haftungsanforderungen des § 833 BGB und kann daher auch nicht im Wege der Analogie überwunden werden.[492]

235

b) Tier

Die Regelung des § 833 BGB gilt für alle Tiere, auch für Kleintiere (Insekten, z. B. Bienen), gleichgültig ob sie wild, gezähmt oder zahm sind (bei wilden Tieren wird es indessen regelmäßig an einem Halter fehlen). **Nicht** als Tiere im Sinne von § 833 BGB sind indessen **Mikroorganismen** (z. B. Viren oder Bakterien) zu qualifizieren. Sie sind von der historischen Begriffsvorstellung nicht erfasst und weisen gegenüber „sichtbaren" Tieren ein besonderes, u. U. stark erhöhtes Risiko auf; angesichts des Fehlens einer Sonderregelung in sachgebietsnahen Gesetzen, etwa im BundesseuchenG, kann der am überkommenen Tierbegriff orientierten Regelung des § 833 BGB insoweit keine tragfähige gesetzgeberische Regelungsaussage entnommen werden.[493]

236

c) Kausalität

Hinsichtlich der Kausalität i. S. d. **Äquivalenzformel** gilt zunächst das Gleiche wie bei § 823 I BGB.[494] Das **Adäquanzkriterium** ist bei der Tierhalterhaftung indessen – wie bei jeder Gefährdungshaftung – nicht anwendbar, da es gerade der Zweck jeder Gefährdungshaftung ist, auch vor unvorhersehbaren Schäden zu schützen.[495] Der Gesichtspunkt des **Schutzzwecks der Norm** wird im Rahmen des § 833 S. 1 BGB durch den Gedanken konkretisiert, dass die Haftung nur die **typische Tiergefahr** umfasst, d. h. es muss gerade die „Unberechenbarkeit" des Tieres, dessen **Instinktsteuerung** oder eine andere besonders gefährliche Disposition zum Schadenseintritt geführt haben.[496] Daran fehlt es, wenn das Tier entweder „mechanisch" verwendet wird (z. B. aus dem Fenster geworfenes Meerschweinchen trifft einen Passanten) oder unter fester menschlicher Leitung stand und im konkreten Fall dem Willen seines Lenkers gehorcht hat (z. B. keine Tierhalterhaftung beim „Hetzen" eines Kampfhundes auf das Opfer; es haftet allein der „Hetzer" aus § 823 I BGB).

237

Darüber hinaus scheidet eine Haftung aus § 833 BGB aus, wenn der Verletzte sich aus vorwiegend eigenem Interesse einer **besonderen, über die normale Tiergefahr hinausgehenden Gefahr** ausgesetzt hat, z. B. bei der bewussten Übernahme eines erkennbar besonders unberechenbaren Pferdes.[497] Nach zutreffender, wenngleich nicht herrschender

238

---

[491] Vgl. dazu eingehend unten Fall 4 *„Ein fliehendes Pferd"* (Rn. 450 ff.).

[492] Vgl. unten Fall 4 *„Ein fliehendes Pferd"* (Rn. 466) mit Nachweisen zum Streitstand.

[493] Wie hier *Larenz/Canaris*, Schuldrecht II/2, § 84 II 1 a (S. 613 f.); a. A. *Medicus/Lorenz*, Schuldrecht II, Rn. 1365.

[494] Vgl. oben Rn. 89 ff.

[495] Vgl. oben Rn. 95.

[496] Vgl. bereits soeben Rn. 232 und *BGH* NJW 1999, 3119; *Larenz/Canaris*, Schuldrecht II/2, § 84 II 1 c (S. 615 f.).

[497] Vgl. *BGH* NJW 1974, 234 (235); s. ferner *BGH* NJW 1977, 2158: Keine Ersatzpflicht, wenn der Ritt als solcher besonderen Gefahren unterlag (z. B. Dressurreiten, Springreiten, Fuchsjagd).

Auffassung gilt das nach dem Rechtsgedanken der §§ 8, 8a StVG, 44 ff. LuftVG auch für die „reguläre" **freiwillige Selbstgefährdung**, d. h. den freiwilligen Umgang mit dem („normal" gefährlichen) Tier (z. B.: Reiter wird beim Ausritt auf dem gemieteten Pferd verletzt). Denn die Gefährdungshaftung knüpft lediglich an die *abstrakte* Vorteilsziehung und Gefahrbeherrschung durch den Tierhalter an, die hinter der *konkreten* Vorteilsziehung und Gefahrbeherrschung durch den freiwilligen Umgang mit dem Pferd zurücktreten muss.[498] Die Rspr. berücksichtigt eine freiwillige Selbstgefährdung demgegenüber erst im Rahmen des Mitverschuldens unter dem Gesichtspunkt des **Handelns auf eigene Gefahr** (z. B. wegen mangelnder Fertigkeiten des Reiters, vgl. § 254 BGB).[499]

d) Tierhaltereigenschaft des Anspruchsgegners

239   Der Anspruch aus § 833 BGB richtet sich gegen den **Halter** des schädigenden Tieres. Tierhalter i. S. v. § 833 BGB ist derjenige, der das Tier **im eigenen Interesse und auf eigene Rechnung für gewisse Dauer in seiner Gewalt und Obhut** hat und selbst oder durch Dritte die Herrschaft über das Tier ausübt. Regelmäßig ist dies der **Eigenbesitzer** oder der **unterhaltspflichtige Fremdbesitzer**.[500]

Die **Haltereigenschaft von Unzurechnungsfähigen** kann ohne Weiteres durch die gesetzlichen Vertreter vermittelt werden. Sofern seitens dessen, der die Kontrolle über das Tier ausübt, ein Zurechnungsmangel besteht – namentlich bei der Tierhaltung durch Minderjährige – bestimmt die h. M. die Zurechnungsfähigkeit nach den – aus systematischer Perspektive einschlägigen – deliktsrechtlichen Zurechnungsanforderungen der §§ 827 f. BGB, also namentlich nach dem Kriterium der Einsichtsfähigkeit.[501] Überzeugender ist es indessen, insoweit die §§ 106 ff. BGB analog anzuwenden und damit die Halterhaftung von der Zustimmung der gesetzlichen Vertreter abhängig zu machen. Denn die Rahmenbedingungen der Haltereigenschaft (Entstehung einer verhaltensunabhängigen Haftung; Notwendigkeit der Erlangung von Versicherungsschutz) verleihen der diese begründenden Entscheidung ein besonderes – d. h. von der Begehung eines Rechtsverstoßes abweichendes – Gepräge, dem die strengen rechtsgeschäftlichen Zurechnungsanforderungen besser entsprechen.[502]

e) Entlastungsbeweis (§ 833 S. 2 BGB)

240   Die Haftung des Tierhalters aus § 833 S. 1 BGB besteht nicht, wenn er sich nach § 833 S. 2 BGB entlasten kann.[503] Dieser Entlastungsbeweis ist nur anwendbar, wenn es sich um ein **Haustier** handelt, d. h. ein **zahmes** Tier, das von Menschen gehalten wird; ausgenommen sind (aufgrund teleologischer Reduktion) Versuchstiere. Zudem muss das Tier dem **Beruf**, der Erwerbstätigkeit oder dem Unterhalt zu dienen bestimmt sein, d. h. es darf kein sog. **Luxustier** sein. Diese Voraussetzung erfüllen z. B. gewerblich genutzte Reitpferde eines Reiterhofes, Arbeitstiere, Nutz- und Schlachttiere, Wach- und Blindenhunde, Katzen auf dem Bauernhof zum Schutz vor Mäusen, dagegen nicht private Haushunde oder „Familienkatzen".

241   Wie bei § 831 I 2 BGB und § 832 I 2 BGB ist auch bei § 833 S. 2 BGB eine Entlastung möglich durch **Widerlegung der Verschuldens-** oder der **Kausalitätsvermutung**: Die **Verschuldensvermutung** ist widerlegt durch den Nachweis hinreichender Beaufsichtigung, wobei sich Art und Umfang der Beaufsichtigung nach den Eigenschaften des Tieres und den konkreten Gefahren richten.[504] Die **Kausalitätsvermutung** wird widerlegt durch den Nachweis, dass die Rechtsgutsverletzung auch bei ordnungsgemäßer Aufsichtsführung eingetreten wäre (z. B. dass auch eine ordnungsgemäße Sicherung einen Ausbruch des Tieres nicht verhindert hätte).

VI. Mehrheiten von Tätern (§ 830 BGB)

242   Treffen Handlungsbeiträge verschiedener Personen bei der Entstehung einer Rechtsgutsverletzung zusammen, so können sie unabhängig voneinander als sog. Nebentäter verantwortlich sein. Über die allgemeinen Regeln der Kausalität hinaus kann § 830 BGB zudem eine Haftung für **solche Tatbeteiligte**

---

[498] Vgl. *Larenz/Canaris*, Schuldrecht II/2, § 84 II 1 e (S. 617); ebenso noch *BGH* NJW 1974, 234; s. zum Problem eingehend unten Fall 4 „*Ein fliehendes Pferd*" (Rn. 445 ff.).

[499] Vgl. *BGH* NJW 1992, 2474 = JuS 1993, 73; NJW 1993, 2611.

[500] Vgl. *Larenz/Canaris*, Schuldrecht II/2, § 84 II 1 b (S. 614).

[501] So die h. M., vgl. *Medicus/Lorenz*, Schuldrecht II, Rn. 1366.

[502] Zutr. *Larenz/Canaris*, Schuldrecht II/2, § 84 I 1 g (S. 609).

[503] Vgl. zur Verfassungsmäßigkeit der Vorschrift *BGH* NJW 2009, 3233 f.

[504] Vgl. etwa *BGH* NJW 2009, 3233 (3234 f.).

begründen, deren **Tatbeitrag nicht** *nachweislich* **kausal für die konkrete Rechtsgutsverletzung war.** Dabei kann es sich um Mittäterschaft oder Teilnahme (Anstiftung und Beihilfe) oder um Alternativtäterschaft handeln. Die Rechtsfolgen der Haftung Mehrerer für einen Schaden regelt schließlich § 840 BGB.

1. Nebentäterschaft (§ 840 BGB)

Haben **mehrere Personen unabhängig voneinander** jeweils einen Handlungsbeitrag geleistet, der kausal für die Rechtsgutsverletzung war, so sind sie **grundsätzlich jeweils voll** verantwortlich für den resultierenden Schaden (kumulative bzw. **Gesamtkausalität; Doppelkausalität**[505]). Insbesondere wird die Zurechnung gegenüber einem Verursacher nicht grundsätzlich dadurch ausgeschlossen, dass erst ein Anderer den Erfolg in Anknüpfung an die gefährdende Handlung des Ersten herbeiführt. **Beide Verursacher** sind vielmehr **Nebentäter i.S.v. § 840 BGB.** Im Unterschied zur Mittäterschaft (§ 830 I 1 BGB) wirken die **Nebentäter nicht gemeinschaftlich zusammen,** sondern begehen die unerlaubten Handlungen nur zufällig gemeinsam; **Haftungsgrund** ist daher **ausschließlich der eigene Handlungsbeitrag** bzw. dessen nachgewiesene Kausalität für die Rechtsgutsverletzung. Darin liegt auch der Unterschied zur Alternativtäterschaft im Sinne von § 830 I 2 BGB: Bei der Nebentäterschaft sind alle unerlaubten Handlungen nachweislich kausal für die Verletzung, während bei der Alternativtäterschaft die Kausalität der einzelnen Handlungen nicht nachzuweisen ist.

Beispiel: A verletzt die Streupflicht auf seinem Gehsteig, B fährt zu schnell mit dem Fahrrad auf dem Gehsteig und stürzt wegen dessen Glätte in den Gartenzaun des C: A und B haften gegenüber C als Nebentäter.

Es kann sich nach den Regeln der Kausalität aber auch ergeben, dass jeder Beteiligte nachweislich **nur für eine bestimmte abgrenzbare Rechtsgutsverletzung** unter mehreren verantwortlich ist. In einem solchen Fall haftet jeder Beteiligte nur für den von ihm verursachten Schaden.

Beispiel: A und B bewerfen C unabhängig voneinander mit Steinen; C erleidet (nachweislich!) durch einen Wurf des A eine Platzwunde am Auge und durch einen Wurf des B eine Platzwunde am Knie. A haftet nur für die Behandlungskosten der Wunde am Auge (und etwaige Folgeschäden), B nur für die Behandlungskosten der Wunde am Knie (und etwaige Folgeschäden).

2. Mittäterschaft und Teilnahme (§ 830 I 1, II BGB)

Mittäterschaft liegt – wie auch im Strafrecht – vor, wenn mehrere Täter den Schaden gemeinschaftlich, d.h. aufgrund eines gemeinsamen Tatentschlusses und in arbeitsteiligem Zusammenwirken verursachen (§ 830 I 1 BGB). **Teilnahme** i.S.v. § 830 II BGB ist – ebenfalls wie im Strafrecht – der Oberbegriff für **Anstiftung** und **Beihilfe.** Unter Anstiftung versteht man die vorsätzliche Bestimmung eines Anderen zum (vorsätzlichen) Delikt, unter Beihilfe die vorsätzliche Unterstützung bei einem fremdem (vorsätzlichen) Delikt. Eine genaue Abgrenzung zwischen Mittäterschaft und Teilnahme erübrigt sich im Zivilrecht, weil die Rechtsfolgen von § 830 I 1 BGB und § 830 II BGB identisch sind: Jeder Täter haftet gem. § 840 BGB als Gesamtschuldner voll für den gesamten Schaden, d.h. die Tatbeiträge der Täter und Teilnehmer werden wechselseitig zugerechnet, soweit sie vom gemeinsamen Tatplan umfasst sind (**Exzesshandlungen** werden weder bei Mittäterschaft noch bei Teilnahme zugerechnet[506]). Dem Geschädigten wird durch § 830 I 1 BGB im praktischen Ergebnis der Nachweis der **Kausalität** jedes einzelnen Tatbeitrags der Beteiligten erspart.

Beispiel: A und B überfallen gemeinsam den C aufgrund eines gemeinsamen Tatentschlusses; es kann nicht mehr festgestellt werden, wer von beiden welche konkreten Verletzungen zugefügt hat. Gem. § 830 I 1 BGB haften beide für alle Verletzungen. Entschließt sich B während des Handgemenges in Abweichung vom ursprünglichen Tatplan, C auch mit einem Messer zu verletzen, so sind diese Verletzungen dem A als Exzesshandlungen nicht zurechenbar.

243

244

245

---

[505] Vgl. dazu oben Rn. 90 f.
[506] Vgl. *BGH* NJW 1992, 1381 (1382); *Looschelders*, Schuldrecht BT, Rn. 1392.

Dogmatisch wird § 830 I 1, II BGB nach heute h.M. als eine eigenständige Anspruchsgrundlage behandelt, deren Haftungsgrund die gemeinschaftliche Begehung einer unerlaubten Handlung ist.[507] Die Norm ist daher nicht inzident im Rahmen des § 823 I BGB, sondern gesondert zu behandeln.

246   Prüfungsaufbau und Problemübersicht

> I. Unerlaubte Handlung (nicht unbedingt des Anspruchsgegners)
> II. Objektiver Tatbeitrag des Anspruchsgegners
> III. Gemeinschaftlicher Tatplan (Beteiligungsvorsatz des Anspruchsgegners)
> IV. Bei Anstiftung und Beihilfe: Vorsätzliche Begehung der Haupttat

247   a) Durch die gemeinschaftlichen Handlungen aller Beteiligten gemeinsam müssen der **objektive und subjektive Tatbestand einer unerlaubten Handlung** erfüllt sein. Innerhalb des gemeinschaftlichen Tatplans werden dabei die einzelnen objektiven Tatbeiträge der Mittäter bzw. Teilnehmer wechselseitig zugerechnet (wie bei der strafrechtlichen Mittäterschaft nach § 25 II StGB[508]), so dass es nicht darauf ankommt, dass ein Täter den gesamten objektiven Tatbestand allein verwirklicht hat.

248   b) Der in Anspruch genommene Beteiligte muss einen **objektiven Tatbeitrag** geleistet haben, sei es als Mittäter, Anstifter oder Gehilfe. Der Tatbeitrag muss nicht kausal für den Haftungsgrund sein; er muss auch nicht gewichtig sein, sondern kann in der bloßen „moralischen Unterstützung" des Haupttäters liegen (sog. psychische Beihilfe), solange er nur in irgendeiner Form die Begehung der Haupttat gefördert hat.[509] Wegen der Gleichstellung von Mittäterschaft, Anstiftung und Beihilfe kommt es – anders als im Strafrecht – weder auf das Gewicht des Tatbeitrags noch auf die Tatherrschaft des Beteiligten an.

249   c) Ferner muss der Beteiligte **Vorsatz** bezüglich der Handlungen der übrigen Täter haben (gemeinschaftlicher Tatplan). Nach h.M. ist aber nicht nötig, dass sich der Vorsatz auf jede einzelne konkret eingetretene Rechtsgutsverletzung bezieht; es genügt Vorsatz bezüglich des Gesamtplans.[510] Soweit einzelne Täter über den gemeinsamen Tatplan hinaus unerlaubte Handlungen begehen, begründen diese sog. **Exzesshandlungen** keine Haftung der übrigen Beteiligten nach § 830 I 1, II BGB.

250   d) Teilweise wird bestritten, dass bei Anstiftung und Beihilfe auch die **Haupttat** vorsätzlich geschehen sein muss, mit der Folge, dass eine Haftung für Einflussnahme auf ein vorsatzloses Werkzeug in Betracht kommt.[511] Die h.M. begrenzt die Haftung aus § 830 I 1, II BGB indessen unter Hinweis auf die §§ 26 f. StGB bzw. auf die herkömmlichen Vorstellungen von den strafrechtlichen Beteiligungsformen auf die Beteiligung an einer vorsätzlichen Haupttat.[512] Die Aufrechterhaltung der herkömmlichen Beteiligungskategorien erscheint auch deswegen angezeigt, weil die Beeinflussung vorsatzloser Werkzeuge u.U. unter dem Gesichtspunkt der mittelbaren Täterschaft von § 823 BGB direkt erfasst oder durch eine Haftung aus § 826 BGB sanktioniert werden kann.

3. Alternativtäterschaft (§ 830 I 2 BGB)

251   Alternativtäterschaft i.S.v. § 830 I 2 BGB liegt vor, „wenn sich nicht ermitteln lässt, wer von mehreren Beteiligten den Schaden durch seine Handlung verursacht hat".[513] Auch hier tritt eine **gesamtschuldnerische Haftung nach § 840 BGB** ein (wie bei Beteiligung mehrerer oder Nebentätern). Der **Unterschied zur Mittäterschaft bzw. Teilnahme** liegt darin, dass die Täter nicht einvernehmlich zusammengewirkt, also den Schaden nicht gemeinschaftlich verursacht haben. Vielmehr steht in den Fällen des § 830 I 2 BGB fest oder ist es jedenfalls möglich, dass nur der Tatbeitrag eines der potenziellen Täter kausal gewesen ist; es kommen dafür aber mehrere Täter in Betracht, ohne dass die Kausalität aufgeklärt werden kann. Von der **Nebentäterschaft** unterscheidet sich die Alternativtäterschaft ebenfalls dadurch, dass nicht jeder der Beteiligten nachweislich einen kausalen Handlungsbeitrag geleistet haben muss, sondern nur einer von ihnen.

---

[507] Vgl. *Larenz/Canaris*, Schuldrecht II/2, § 82 I 1 c (S. 565); *Kropholler*, StudKomm, § 830 Rn. 1; Jauernig/*Teichmann*, § 830 Rn. 1.

[508] Vgl. nur Schönke/Schröder/*Heine*, StGB, § 25 Rn. 61; *Wessels/Beulke*, Strafrecht Allgemeiner Teil, Rn. 531.

[509] Vgl. BGHZ 137, 89 (102 ff.) = JuS 1998, 459.

[510] Vgl. *Larenz/Canaris*, Schuldrecht II/2, § 82 I 2 c (S. 567 f.).

[511] Vgl. *Larenz/Canaris*, Schuldrecht II/2, § 82 I 2 f (S. 569 f.).

[512] Vgl. Staudinger/*Eberl-Borges*, 2008, § 830 Rn. 31 ff.; MünchKomm/*Wagner*, § 830 Rn. 25 f.

[513] Vgl. dazu eingehend unten Fall 3 „*Die jungen Wilden*" (Rn. 426 ff.).

Beispiel: Die jeweils 15-jährigen A und B spielen in einer Scheune mit Streichhölzern. Daraufhin entzündet sich das darin gelagerte Heu; die Scheune brennt vollständig nieder, ohne dass im Nachhinein geklärt werden könnte, wer ein noch brennendes Streichholz in das Heu geworfen hatte.

Während im Strafrecht in derartigen Fällen beide Verdächtigen freizusprechen sind (*in dubio pro reo*), ordnet im Zivilrecht § 830 I 2 BGB eine **gesamtschuldnerische Haftung aller potenziellen Schädiger** an. Der Grundgedanke der zivilrechtlichen Haftungslösung beruht auf einer Bewertung der relativen Schutzwürdigkeit des Geschädigten einerseits und der potenziellen Schädiger andererseits. Seitens des Geschädigten steht fest, dass dieser zumindest gegen *einen* der Alternativtäter einen Schadensersatzanspruch hat. Den potenziellen Schädigern ist zwar ein individueller Kausalbeitrag nicht nachweisbar, sie haben aber immerhin den Geschädigten durch ihr rechtswidriges Verhalten gefährdet und damit einen möglichen Kausalbeitrag geleistet. Angesichts dessen ist die Schutzwürdigkeit des Geschädigten höher zu bewerten als diejenige der Beteiligten; es ist also vorzugswürdig, die potenziellen Schädiger mit der beweisrechtlichen Unsicherheit zu belasten, zu der sie durch ihr rechtswidriges Verhalten beigetragen haben. Demgemäß ordnen die § 830 I 2, 840 BGB an, dass der Schaden nicht vom Geschädigten, sondern zunächst von all denen zu tragen ist, deren Verhalten *möglicherweise* kausal für den Schaden war und den Streit um die wahre Verursachung in das Innenverhältnis zwischen den potenziellen Schädigern zu verlagern, die ihn im Rahmen des Gesamtschuldnerregresses nach §§ 426, 254 BGB austragen werden. Gleichwohl ist stets zu berücksichtigen, dass der Dispens vom individuellen Schadensnachweis eine Ausnahme vom elementaren Kausalitätsprinzip darstellt. Die Auslegung der Regelung des § 830 I 2 BGB muss diesem Ausnahmecharakter durch eine strenge Orientierung an dem beschriebenen Grundgedanken Rechnung tragen (**Grundsatz der restriktiven Auslegung**).

252

Dogmatisch wird § 830 I 2 BGB nach heute h.M. als eine **eigenständige Anspruchsgrundlage** behandelt, deren Haftungsgrund in der Beteiligung mehrerer an einem gefährlichen Tun liegt.[514] Die Norm ist daher nicht inzident im Rahmen des § 823 I BGB, sondern isoliert zu prüfen.

253

Prüfungsaufbau und Problemübersicht

254

> a) Unerlaubte Handlung des Anspruchsgegners (ohne Kausalität)
> b) Handlungen mehrerer Beteiligter
> c) Unaufklärbarkeit der Kausalität
> d) Feststehender Ersatzanspruch des Geschädigten

a) Unerlaubte Handlung des Anspruchsgegners (ohne Kausalität)

Der Anspruchsgegner muss eine **unerlaubten Handlung** i.S.d. §§ 823 ff. BGB gegenüber dem Geschädigten begangen haben, wobei **kein Nachweis der individuellen haftungsbegründenden oder haftungsausfüllenden Kausalität** seines Handlungsbeitrags erforderlich ist. Dies setzt zunächst voraus, dass sich aus dem Geschehensablauf, an dem der potenzielle Schädiger beteiligt war, auf Seiten des Geschädigten eine (nachgewiesene) Rechtsgutsverletzung und ein (nachgewiesener) Schaden ergeben haben. Der Schädiger muss einen rechtswidrigen und schuldhaften Handlungsbeitrag geleistet haben, der die Gefahr der eingetretenen Rechtsgutsverletzung hervorgerufen hat, auch wenn der individuelle Kausalnachweis für die Rechtsgutsverletzung angesichts anderer potenzieller Kausalbeiträge nicht geführt werden kann (**Urheberzweifel**; z.B.: Unsicherheit darüber, wer von mehreren Steinewerfern den Geschädigten getroffen hat).[515] Ebenfalls von § 830 I 2 BGB erfasst ist der Fall, dass der Schädiger zwar nachweislich die Rechtsgutsverletzung begangen hat, aber angesichts anderer Kausalbeiträge nicht bewiesen werden kann, ob die von ihm begangene Rechtsgutsverletzung für den Schaden kausal war (**Anteilszweifel**; z.B.: Unsicherheit darüber, wer von mehreren Steinewerfern, die alle getroffen haben, eine bestimmte Platzwunde oder die Gehirnerschütterung verursacht hat).

255

---

[514] Vgl. BGHZ 72, 355 (358) = JuS 1979, 554; Palandt/*Sprau*, § 830 Rn. 1; *Looschelders*, Schuldrecht BT, Rn. 1388; a.A. *Hager*, FS Canaris, Bd. 1, 2007, S. 403 (404); *Larenz/Canaris*, Schuldrecht II/2, § 82 II 1 d (S. 572): Kausalitätsvermutung.

[515] Vgl. MünchKomm/*Wagner*, § 830 Rn. 45.

256 Nach h. M. ist § 830 I 2 BGB auch auf **Gefährdungshaftungstatbestände** anzuwenden, insbesondere auf § 7 StVG bei Verkehrsunfällen.[516] An die Stelle des rechtswidrigen und schuldhaften Handlungsbeitrags treten dann die Haftungsvoraussetzungen des jeweiligen Gefährdungshaftungstatbestandes, wobei in den Fällen des Urheberzweifels wiederum die Kausalität für die Rechtsgutsverletzung durch die konkrete Gefährdung des Rechtsguts ersetzt wird.

Nach der Rechtsprechung des *BGH* ist § 830 I 2 BGB schließlich sogar auf **vertragliche Pflichtverletzungen analog** anzuwenden.[517]

b) Handlungen mehrerer Beteiligter

257 Die Beteiligung Mehrerer an einer Schädigung im Sinne von § 830 I 2 BGB bedeutet zunächst, dass mehrere Personen, **ohne Mittäter im Sinne des vorrangigen § 830 I 1 BGB zu sein**, durch eine rechtswidrige unerlaubte Handlung wenigstens die **Gefahr einer Rechtsgutsverletzung im Sinne der §§ 823 ff. BGB** bzw. eines anderen Haftungstatbestands, auf den § 830 BGB Anwendung findet, begründet oder erhöht haben. Es ist umstritten, ob darüber hinaus ein gewisser Zusammenhang der potenziellen Verursachungsbeiträge zu fordern ist:

- Der *BGH* verlangt, dass die verschiedenen Handlungsbeiträge in einem **einheitlichen Lebensvorgang verbunden** sind, weil daraus das spezifische Problem des Kausalnachweises resultiert. Ein hinreichender Sachzusammenhang soll sich insbesondere aus der räumlichen Nähe und örtlichen Abfolge der Handlungsbeiträge ergeben.[518] Vor allem aber soll es darauf ankommen, dass die verschiedenen Gefährdungshandlungen gleichartig sind (Bsp.: Der bei einem Verkehrsunfall Verletzte erleidet auf dem Weg ins Krankenhaus erneut einen Verkehrsunfall; dagegen Verneinung des einheitlichen Lebensvorgangs bei Geschlechtsverkehr mit mehreren syphilitisch erkrankten Männern über einen längeren Zeitabstand).[519]
- Das Erfordernis des einheitlichen Lebensvorgangs hat in der Literatur berechtigte Kritik erfahren, da es konturlos, im Wortlaut des § 830 I 2 BGB nicht verankert und teleologisch nicht überzeugungskräftig ist. Der Sache nach geht es der Rechtsprechung offenbar darum, angesichts der Außerkraftsetzung des Kausalitätsprinzips durch § 830 I 2 BGB der strengen Haftungsfolge dann zu entgehen, wenn ein Handlungsbeitrag nicht hinreichend gewichtig bzw. die damit verbundene Gefährdung nicht hinreichend ausgeprägt ist. Diesem Gedanken kann überzeugender dadurch Rechnung getragen werden, dass eine gewisse **Mindestwahrscheinlichkeit** potenzieller Haftungsbeiträge bzw. eine konkrete Eignung zur Rechtsgutsverletzung bzw. Schadensverursachung verlangt wird (Bsp.: Passieren drei Autofahrer gleichzeitig eine Straße und wird dort ein parkendes Fahrzeug schwer beschädigt, so reicht die bloße Durchfahrt zur fraglichen Zeit nicht für eine Haftung aus § 830 I 2 BGB; anderes gilt, wenn sämtliche Fahrer das Fahrzeug zumindest berührten).[520]

c) Unaufklärbarkeit der Kausalität

258 Die **Kausalität** eines bestimmten Verhaltens für die Verletzung bzw. einer bestimmten Verletzung für den geltend gemachten Schaden muss **unaufklärbar** sein. Wenn also feststeht, wer die Verletzung verursacht hat oder auf wessen Verletzung der geltend gemachte Schaden beruht, besteht nur gegen denjenigen ein Anspruch, dessen Kausalbeitrag erweislich ist, nicht aber gegen die übrigen Gefahrverursacher.

259 Streitig ist, ob § 830 I 2 BGB auch dann eingreift, wenn **einem der Beteiligten der Schaden voll zurechenbar ist** und lediglich nicht aufklärbar bleibt, ob *auch* das gefährdende Tun eines Anderen für den Schaden ursächlich wurde. Die Frage stellt sich beispielsweise, wenn ein Verletzter nach einem Erst-Unfall bei der Blaulichtfahrt ins Krankenhaus erneut in einen Zweit-Unfall verwickelt wird und nicht aufklärbar ist, ob die Verletzungen vom ersten oder vom zweiten Unfall stammen.[521] Hier haftet jedenfalls der Verursacher des Erst-Unfalls nach den Grundsätzen der objektiven Zurechnung für die durch den Zweit-Unfall verursachten Rechtsgutsverletzungen und Schäden, (wenn und) weil diese Folgen in einem äquivalent-kausalen und adäquaten Zusammenhang zum Erst-Unfall stehen und auch vom

---

[516] Vgl. BGHZ 55, 96; *BGH* NJW 1969, 2136.

[517] Vgl. *BGH* NJW 2001, 2538.

[518] Vgl. *BGH* NJW 1971, 506 (508 f.).

[519] Vgl. zu diesen Beispielen *BGH* NJW 1971, 506 ff.; Staudinger/*Eberl-Borges*, 2008, § 830 Rn. 104 m.w. N. Allerdings verlangt die Rechtsprechung nicht etwa, dass die Beteiligten von den Handlungsbeiträgen wissen, was auch schon deswegen fernliegend ist, weil dadurch die Abgrenzung zur gemeinschaftlichen Begehung weitgehend verwischt würde, vgl. BGHZ 101, 106 (111) = JuS 1988, 313 m. zahlr. Nachw., freilich offen lassend, ob nicht auf das Kriterium des einheitlichen Lebensvorgangs ganz verzichtet werden kann.

[520] Vgl. (auch zum Beispielsfall) *Bodewig*, AcP 185 (1985), 505 (519 f.); *Larenz/Canaris*, Schuldrecht II/2, § 82 II 2 c (S. 574 f.); s. ferner MünchKomm/*Wagner*, § 830 Rn. 48 ff.; *Hager*, FS Canaris, Bd. 1, 2007, S. 403 (408 f.).

[521] Vgl. *Medicus/Petersen*, Bürgerliches Recht, Rn. 792a.

Schutzzweck der beim Erst-Unfall eingreifenden Haftungsnorm erfasst sind;[522] lediglich die Mithaftung des Verursachers des Zweitunfalls ist zweifelhaft. Die Anwendung des § 830 I 2 BGB ist für den Geschädigten in derartigen Fällen vor allem dann von Bedeutung, wenn der feststehende Schädiger insolvent oder unauffindbar ist; er könnte dann immerhin noch gegen den potenziellen Zweitschädiger aus § 830 I 2 BGB vorgehen.

Die h. M. lehnt eine Anwendung des § 830 I 2 BGB in diesen Fällen ab.[523] Dafür wird insbesondere angeführt, dass dem Schutzzweck der Haftungsnorm Genüge getan sei, wenn dem Geschädigten **wenigstens *ein* sicherer Schuldner** zur Verfügung stehe (restriktive Auslegung des § 830 I 2 BGB[524]); dagegen diene die Regelung nicht auch dazu, dem Geschädigten bei mangelnder Liquidität eines feststehenden Schuldners einen zusätzlichen, ggf. liquiden Schuldner zu garantieren.[525] Überzeugender ist es indessen, die übrigen potenziellen Verursacher auch bei einer Zurechnung von deren Beiträgen gegenüber dem Erstverursacher nach § 830 I 2 BGB haften zu lassen. Ein Ausschluss der Haftung der potenziell Verantwortlichen kann in den fraglichen Fällen dem Wortlaut des § 830 I 2 BGB nicht entnommen werden. Aus teleologischer Sicht sollte das Gebot der restriktiven Auslegung gegenüber einer stimmigen Berücksichtigung der für die Zurechnung fremder Handlungsbeiträge geltenden Regeln zurücktreten: Denn die Regeln der Zurechnung begründen eine Verantwortlichkeit für das Verhalten Dritter, um die Rechte des Geschädigten zu erweitern und nicht, um die Rechte des Geschädigten zu beschränken. Es ist daher widersprüchlich, die Haftung der Zweitschädiger aus § 830 I 2 BGB in Fällen abzulehnen, in denen der Erstschädiger nur deswegen „sicher" haftet, weil ihm das Verhalten der Zweitschädiger zugerechnet wird.[526]

d) Feststehender Ersatzanspruch des Geschädigten

Der Anspruch setzt nach h. M. schließlich voraus, dass dem Geschädigten bei hypothetischer Aufklärung des Kausalverlaufs gegen einen der in Betracht kommenden Alternativtäter **sicher ein Anspruch zusteht**.[527] Nur wenn in dieser Weise das Bestehen des Ersatzanspruchs feststeht, wird die Rechtsdurchsetzung des Geschädigten allein durch das Beweisdefizit i. S. v. § 830 I 2 BGB beeinträchtigt. Hinsichtlich anderer potenzieller Schadensursachen verdient der Geschädigte keinen Schutz. Solange dem Geschädigten in einer der denkbaren Kausalitätsalternativen überhaupt kein Anspruch zusteht, kann er nach h. M. auch nicht auf Grund des § 830 I 2 BGB zu einem Anspruch kommen.[528] Das betrifft etwa den Fall, dass er den Schaden **möglicherweise selbst verursacht hat** (z.B.: Es ist nicht erweislich, ob die Platzwunde von einem selbst verursachten Sturz oder von einem Steinwurf eines Anderen stammt), oder dass einer der in Betracht kommenden Alternativtäter **gerechtfertigt** (z.B.: Es lässt sich nicht aufklären, ob die Verletzung von dem in Notwehr handelnden Verteidiger oder von nach Beendigung der Notwehrsituation auf den Geschädigten einprügelnden Rowdies verursacht worden ist) oder **schuldlos** gehandelt hat (z.B.: Einer von mehreren Steinwerfern war deliktsunfähig).

260

Der *BGH* hat die Geltung dieses Grundsatzes freilich in jüngerer Zeit dadurch in Frage gestellt, dass er die Regelung des § 830 I 2 BGB analog in einem Fall angewendet hat, in dem unklar war, ob der Schaden vom Schädiger oder durch ein Zufallsereignis verursacht wurde (Wasser konnte entweder aufgrund eines von einem Werkunternehmer pflichtwidrig in der Küchenwand belassenen Lochs oder auf andere Weise in einen Keller gelangt sein und dort Schäden verursacht haben); in diesem Fall war also gerade nicht sicher, dass dem Geschädigten ein Ersatzanspruch gegen einen Dritten zusteht.[529] Der *BGH* begründete die analoge Anwendung des § 830 I 2 BGB damit, dass der Geschädigte bei Konkurrenz mit einer Zufallsursache in gleicher Weise in Beweisnot sei wie bei mehreren möglichen Schädigern. Dieses Judikat ist mit dem bislang geforderten Kriterium des feststehenden Ersatzanspruchs – auf das in der Urteilsbegründung nicht näher eingegangen wird – unvereinbar; es stellt daher auch die bislang praktizierte Behandlung anderer potenzieller Kausalverläufe in Frage, in denen es an Anspruchsvoraussetzungen mangelt.[530] Sofern man das Kriterium des feststehenden Ersatzanspruchs aufgibt, gelangt man konsequenterweise zu einer „Herausrechnung des nicht-haftungsbegründenden Gefährdungsanteils" aus dem Ersatzanspruch des Geschädig-

261

---

[522] Vgl. dazu oben Rn. 105.

[523] Vgl. BGHZ 67, 14 (19 ff.) = JuS 1977, 120; BGHZ 72, 355 (360 ff.) = JuS 1979, 445.

[524] Vgl. oben Rn. 252.

[525] Vgl. zusammenfassend MünchKomm/*Wagner*, § 830 Rn. 46 f. in Abgrenzung zu Fällen, in denen ein Dritter eine andere, selbständige Schadensbedingung gesetzt hat.

[526] Vgl. *Larenz/Canaris*, Schuldrecht II/2, § 82 II 2 f (S. 576); *Brehm*, JZ 1980, 585 ff.

[527] Vgl. BGHZ 60, 177 (181 f.).

[528] Vgl. BGHZ 67, 14 (19) = JuS 1977, 120; *BGH* NJW 1973, 1283; a. A. *Larenz/Canaris*, Schuldrecht II/2, § 82 II 3 a–c (S. 576 ff.), der die Regeln der gestörten Gesamtschuld heranziehen möchte.

[529] Vgl. *BGH* NJW 2001, 2538 m. Bespr. *T. Müller*, JuS 2002, 432.

[530] Vgl. soeben Rn. 260.

ten.[531] Eine solche wahrscheinlichkeitsbasierte Bestimmung der Anspruchshöhe ist freilich in § 830 I 2 BGB nicht angelegt und dem deutschen Haftungs- und Beweisrecht insgesamt fremd. Es ist daher vorzugswürdig, am Kriterium des feststehenden Ersatzanspruchs festzuhalten und daher bei konkurrierenden Zufallsereignissen die Haftung aus § 830 I 2 BGB abzulehnen.

4. Haftung mehrerer Schädiger (§ 840 BGB)

262 Sind für einen Schaden mehrere verantwortlich – als Mittäter, Teilnehmer, Alternativtäter oder Nebentäter –, so haften sie gem. § 840 I BGB als Gesamtschuldner. Der Geschädigte kann also grundsätzlich jeden von ihnen in vollem Umfang in Anspruch nehmen, in der Summe aber von jedem seinen ersatzfähigen Schaden nur einmal verlangen. Im Rahmen des Innenregresses nach § 426 BGB ist zu berücksichtigen, dass die Aufteilung der Haftung auf die verschiedenen Gesamtschuldner nur „im Zweifel" nach Kopfteilen erfolgt. Bei deliktischen Ansprüchen vollzieht sich dies i. d. R. analog § 254 BGB durch eine relative Bewertung der **Verantwortungsbeiträge**, d. h. im Verhältnis der jeweiligen **Verursachungsquote** (Wahrscheinlichkeiten), ggf. modifiziert durch unterschiedliche **Verschuldensgrade**.[532]

263 Für den Innenausgleich zwischen den Gesamtschuldnern sind ferner die **Subsidiaritätsregeln** des § 840 II, III BGB zu beachten:
- Die Haftung für **vermutetes Verschulden** nach den §§ 831, 832 BGB ist subsidiär gegenüber der Haftung für bewiesenes Verschulden nach den anderen Tatbeständen (§ 840 II BGB). Im Rahmen der Haftung für Verrichtungsgehilfen sind insoweit allerdings vorrangig die arbeitsrechtlichen Grundsätze über den **innerbetrieblichen Schadensausgleich** zu berücksichtigen, nach denen der Arbeitnehmer bei Fahrlässigkeit von der Haftung im Innenverhältnis[533] ganz oder teilweise freizustellen ist.[534]
- Die **Gefährdungshaftung** bzw. Haftung für **vermutetes Verschulden** nach den §§ 833 f., 836 ff. BGB ist subsidiär gegenüber allen anderen Tatbeständen (§ 840 III BGB). Haftet wegen eines herab gefallenen Dachziegels etwa der Vermieter des Gebäudes aus § 836 I BGB, der Mieter aber aus § 823 I BGB, weil er bei eigenen baulichen Veränderungen am Dach den Dachziegel gelockert hat, so haften zwar beide dem Verletzten im Außenverhältnis; im Innenverhältnis kann der Vermieter aber beim Mieter vollen Regress nehmen. Im Rahmen des **Mitverschuldens** führt eine entsprechende Anwendung des § 840 III BGB dazu, dass die „mitwirkende Tiergefahr" gegenüber einer schuldhaft begangenen unerlaubten Handlung nicht gem. § 254 BGB angerechnet werden kann.[535]

---

[531] Näher zu einer solchen Weiterbildung des § 830 I 2 BGB und deren dogmatischer Begründung *Larenz/ Canaris*, Schuldrecht II/2, § 82 II 3 b (S. 578 ff.); ausführlich *Röckrath*, Kausalität, Wahrscheinlichkeit und Haftung, 2004, S. 185 ff.

[532] Besondere Probleme ergeben sich insoweit bei der Anrechnung eines Mitverschuldens des Geschädigten. Vgl. dazu ausführlich unten *Systematische Darstellung Schadensrecht* (Rn. 627 ff.) und Fall 7 *„Auf der Flucht"* (Rn. 792 ff.).

[533] Die Eigenhaftung des Arbeitnehmers gegenüber dem außenstehenden Geschädigten bleibt unberührt, vgl. BGHZ 108, 305 = JuS 1990, 508; *BGH* NJW 1994, 852.

[534] Vgl. *BAG* (GS), NJW 1958, 235; *Walker*, JuS 2002, 736 (742); Palandt/*Weidenkaff*, § 611 Rn. 159.

[535] Vgl. *OLG Schleswig* NJW-RR 1990, 470.

B. Fall 1: „Kein Schiff wird kommen"

Themenkreis: *Eigentumsverletzung, sonstige Rechte, eingerichteter und ausgeübter Gewerbebetrieb, Schutzgesetze, Schadensrecht*

Sachverhalt

Die Arne Andersen-GmbH (A-GmbH) betreibt bei Cuxhaven eine Reederei. Ihr Firmengelände mit einer **264** kleinen Reparaturwerft liegt in der Nähe der Küste; es ist durch einen dem öffentlichen Schiffsverkehr dienenden Stichkanal, der noch an weiteren Firmengeländen vorbeiführt, mit dem Hafen verbunden. Dieser Kanal – einschließlich des zugehörigen Uferbereichs – steht im Eigentum der Stadt Cuxhaven, die nach den einschlägigen wasserrechtlichen Vorschriften auch zuständig für dessen Unterhaltung ist. Am 24. 6. 2010 rutscht in der Nähe des Geländes der A-GmbH ein Teil des Ufers ab und versperrt den Kanal. Dieser Zustand kann nur mit Hilfe eines Schwimmbaggers beseitigt werden, der aus der Ferne herbeigeschafft werden muss. Bei einer Prüfung des Vorgangs stellt sich heraus, dass der zuständige Leiter der Cuxhavener Wasserbehörde, Balduin Blaumacher (B), seine Tätigkeit nicht mit dem erforderlichen Ernst betrieben hatte. Insbesondere war er Hinweisen nicht nachgegangen, die darauf hindeuteten, dass im Uferbereich kurz vor dem Firmengelände der A-GmbH der Boden abzurutschen drohte. Eine Absicherung durch Stützmauern wäre dringend geboten gewesen.

Erst am 1. 11. 2010 kann der Kanal wieder benutzt werden. Während dieser Zeit liegt die MS Teutonia, ein Containerschiff der A-GmbH, in der Reparaturwerft fest. Sie war Anfang Juni 2010 zu notwendigen Instandsetzungsarbeiten, die am 10. 8. 2010 abgeschlossen wurden, dorthin verbracht worden. Bis zum 1. 11. 2010 kann das Schiff wegen der Blockade des Stichkanals nicht eingesetzt werden, sondern liegt unnütz in der Reparaturwerft. In dieser Zeit entgehen der A-GmbH für die MS Teutonia nachweislich Aufträge über € 400.000, darunter ein termingebundener Transportauftrag über € 50.000, der bis zum 1. 8. 2010 hätte abgeschlossen werden müssen. Da die Mannschaft teilweise entlassen worden ist, hat die A-GmbH während der Zeit der Störung Gehaltsaufwendungen und sonstige Kosten (Diesel, Liegegebühren etc.) i. H. v. € 250.000 gespart.

Mit den erforderlichen Baggerarbeiten im Kanal beauftragt die Stadt Cuxhaven die Schutt & Schlamm-GmbH (S-GmbH), deren angestellter Baggerführer Dagobert Delirius (D) am 4. 9. 2010 entgegen seiner Anweisungen zwei Meter zu tief gräbt und ein unterirdisches Kabel durchtrennt, das die zentrale Strom- und Telefonversorgung für das Firmengelände der A-GmbH darstellt. D war der Geschäftsführung der S-GmbH schon öfter wegen ähnlicher Ausfallerscheinungen aufgefallen; sie hatte ihn allerdings weiterarbeiten lassen, weil er auf eine Abmahnung hin versprochen hatte, sich im nächsten Jahr einer Entziehungskur zu unterziehen. Aufgrund des Ausfalls der Stromversorgung bricht bei der A-GmbH die gesamte Rechenanlage zusammen, welche die Logistik steuert. Beim Zusammenbruch gehen alle am 4. 9. 2010 eingegebenen Daten auf der Festplatte des zentralen Servers verloren (d. h. die Anordnung der magnetisierbaren Teilchen auf der Datenträgeroberfläche wurde verändert); die Überprüfung des Systems und die Restaurierung der Daten durch eine Fachfirma kosten € 24.000. Außerdem dauert es zwei Wochen, bis der Telefonanschluss nach außen wiederhergestellt werden kann. Da infolgedessen auch die Verbindung zum Internet unterbrochen ist, können während dieser Zeit keinerlei Aufträge angenommen werden; nur Gespräche innerhalb des Firmengeländes bleiben möglich. Der Reedereibetrieb steht praktisch still. Die A-GmbH beziffert ihren infolge der Unterbrechung der Telefonleitung entgangenen Reingewinn mit € 50.000. Hierfür kann sie zwar keine konkreten entgangenen Geschäfte vorweisen, weil nicht einmal das Faxgerät funktionierte, das die Anfragen üblicherweise entgegennimmt. In den letzten fünf Jahren hatte sie aber im entsprechenden Zeitraum nachweislich jeweils durchschnittliche Reingewinne in dieser Höhe erzielt.

Als die S-GmbH mit den Ansprüchen der A-GmbH wegen des Stromkabels konfrontiert wird, wendet sie wahrheitsgemäß ein, dass am Nachmittag des 8. 9. 2010 eine wetterbedingte Störung im nahegelegenen Umspannwerk die gesamte Stromversorgung der Gegend unterbrochen hatte. Die Rechenanlage der A-GmbH wäre damit ohnehin zusammengebrochen, so dass jedenfalls die Überprüfung und Restaurierung des Systems genauso erforderlich gewesen wären.

Bearbeitervermerk: Welche Ansprüche hat die A-GmbH gegen die Stadt Cuxhaven und/oder gegen die S-GmbH?

Hinweis: Cuxhaven liegt in Niedersachsen. Auf die folgenden Rechtsnormen des Verwaltungsrechts wird hingewiesen (weitere verwaltungsrechtliche Vorschriften sind für die Bearbeitung nicht heranzuziehen):

§ 23 des Wasserhaushaltsgesetzes des Bundes (WHG) hat folgenden Wortlaut:
> „… *(1)* [1]*Jede Person darf oberirdische Gewässer in einer Weise und in einem Umfang benutzen, wie dies nach Landesrecht als Gemeingebrauch zulässig ist…"*

§ 32 V 1 des Niedersächsischen Wassergesetzes (NdsWG) bestimmt:
> „… *(5)* [1]*Schiffbare Gewässer darf jedermann zur Schifffahrt benutzen.…"*

§ 39 WHG lautet auszugsweise:
> „[1]*Die Unterhaltung eines oberirdischen Gewässers umfasst seine Pflege und Entwicklung als öffentlich-rechtliche Verpflichtung (Unterhaltungslast)."*

Diese Pflicht trifft gem. § 40 I 1 WHG den Eigentümer des Gewässers.

§ 61 I 1 NdsWG lautet:
> „… *(1)* [1]*Die Unterhaltung eines Gewässers erfasst… an schiffbaren Gewässern die Erhaltung der Schiffbarkeit.…* [3]*Maßnahmen der Gewässerunterhaltung sind insbesondere*
> *3. die Pflege von im Eigentum des Unterhaltungspflichtigen stehenden Flächen entlang der Ufer, soweit andernfalls eine sachgerechte Unterhaltung des Gewässers nicht gewährleistet ist,…"*

§ 17 II 1 der Niedersächsischen Bauordnung (NdsBauO) hat folgenden Wortlaut:
> „… *(2)* *Öffentliche Verkehrsflächen, Versorgungs-, Abwasserbeseitigungs- und Fernmeldeanlagen sowie Grundwassermessstellen, Grenz- und Vermessungsmale sind während der Bauausführung zu schützen und, soweit erforderlich, unter den notwendigen Sicherheitsvorkehrungen zugänglich zu halten.…"*

Diese Norm findet nach dem Niedersächsischen Landesrecht auch auf Grabungsarbeiten in oberirdischen Gewässern Anwendung.

Lösung zu Fall 1

Prüfungsstruktur

I. Ansprüche gegen die Stadt Cuxhaven wegen der Blockade der MS Teutonia

1. Anspruch aus Pflichtverletzung im Rahmen eines verwaltungsrechtlichen Schuldverhältnisses (§§ 280 I, 241 II BGB analog)

265   Ein Anspruch der A-GmbH auf Schadensersatz wegen der Blockade der MS Teutonia gegen die Stadt Cuxhaven kann sich zunächst analog §§ 280 I, 241 II BGB aus Pflichtverletzung im Rahmen eines verwaltungsrechtlichen Schuldverhältnisses (öffentlich-rechtliche Forderungsverletzung) ergeben.[536]

Voraussetzung hierfür ist, dass die Benutzung des Stichkanals durch die Schiffe der A-GmbH ein verwaltungsrechtliches Schuldverhältnis begründet hat, aus dem die Stadt Cuxhaven Schutzpflichten i.S.v. § 241 II BGB treffen. Derartige Schuldverhältnisse sind durch eine besondere, enge Verbindung zwischen Verwaltung und Bürger gekennzeichnet, die über das allgemeine „Jedermanns-Verhältnis" zwischen Staat und Bürger hinausgeht,[537] z. B. öffentlich-rechtliche Benutzungsverhältnisse im Bereich der Daseinsvorsorge, etwa die Benutzung eines städtischen Schlachthofes[538] oder der Anschluss an die kommunale Abwasserversorgung.[539] Vorliegend erfolgte die Benutzung des Stichkanals jedoch aufgrund des § 32 V 1 NdsWG, d. h. im Rahmen des **Gemeingebrauchs** an dem Stichkanal. Die Ausübung des Gemeingebrauchs ist ein „Jedermannsrecht", wie sich auch aus der Formulierung des § 32 V 1 NdsWG ergibt. Die Ausübung eines „Jedermannsrechts" alleine begründet aber gerade keine *besondere* Verbindung zwischen Staat und Bürger, sondern belässt die Verbindung beim allgemeinen „Jedermanns-Verhältnis". Daher bestehen auch keine erhöhten Schutz- und Sorgfaltspflichten i.S.v. § 241 II BGB, die eine Haftung analog § 280 I BGB begründen könnten; vielmehr bleibt es insoweit bei den allgemeinen deliktsrechtlichen Pflichten. Ein Anspruch aus Pflichtverletzung im Rahmen eines verwaltungsrechtlichen Schuldverhältnisses besteht daher nicht.

2. Anspruch aus § 839 BGB i.V.m. Art. 34 GG

266   Des Weiteren kommt ein Anspruch aus **Amtshaftung** nach § 839 I BGB i.V.m. Art. 34 S. 1 GG in Betracht. Voraussetzung hierfür ist zunächst die Verletzung einer drittbezogenen Amtspflicht durch einen Beamten im haftungsrechtlichen Sinne.

267   **Beamter** im haftungsrechtlichen Sinne ist, wer mit der Wahrnehmung hoheitlicher Aufgaben betraut ist (vgl. Art. 34 S. 1 GG: „Jemand in Ausübung eines öffentlichen Amtes"). Somit bedarf näherer Prüfung, ob die Unterhaltung des Stichkanals eine **hoheitliche Aufgabe** ist. Der Wortlaut der §§ 39 I 1 WHG, 61 NdsWG legt diesen Schluss nahe. Allerdings betreffen diese Regelungen nach ihrem Wortlaut nur die **Unterhaltslast**, d. h. die öffentlich-rechtliche, gegenüber der Allgemeinheit bestehende Pflicht zur Unterhaltung der Wasserwege und zur Tragung der entsprechenden Kosten, deren Einhaltung durch die Aufsichtsbehörde durchgesetzt wird.

268   Diese Pflicht ist nach h. M. streng zu trennen von der **Verkehrssicherungspflicht**, die sich aus der tatsächlichen Verfügungsgewalt über den Kanal ergibt und die gegenüber den Benutzern des Kanals besteht. Die Verkehrssicherungspflicht folgt aus § 823 I BGB und trifft jeden Inhaber der Verfügungsgewalt über eine Gefahrenquelle,[540] also auch private Betreiber und Eigentümer von Kanälen; sie hat daher keinen spezifisch öffentlich-rechtlichen Gehalt, sondern ist rein privatrechtlicher Natur.[541] Die beiden Pflichten sind auch inhaltlich nicht identisch: Während die Unterhaltungspflicht auf die Erhaltung eines bestimmten Gewässerzustands im öffentlichen Interesse gerichtet und von der Nutzung des Gewässers durch Dritte unabhängig ist, betrifft die Verkehrssicherungspflicht die Sicherheit der bestimmungsgemäßen Nutzer des Gewässers. Bei Gewässern im Gemeingebrauch überschneiden sich beide Pflichten zwar, sind aber nicht deckungsgleich.[542] Sollte durch §§ 39 WHG, 61 I 1 NdsWG auch die Verkehrssicherungspflicht öffentlich-rechtlich ausgestaltet werden, so hätte der Gesetzgeber dies deutlicher zum Ausdruck bringen müssen, da die dogmatische Trennung zwischen Unterhaltslast und Ver-

---

[536] Vgl. dazu *Maurer*, Allgemeines Verwaltungsrecht, 17. Aufl., 2009, § 28 Rn. 2, 4.
[537] Vgl. *Maurer* (Fn. 536), § 28 Rn. 2.
[538] Vgl. BGHZ 61, 7.
[539] Vgl. BGHZ 54, 299.
[540] Vgl. oben *Systematische Darstellung Deliktsrecht* (Rn. 74).
[541] H. M., vgl. BGHZ 55, 153 (155); BGHZ 86, 152 (153 f.); *Ossenbühl*, Staatshaftungsrecht, 5. Aufl., 1998, S. 32 f.; a. A. *Müller-Graff*, JZ 1983, 860 f.; krit. auch *Maurer* (Fn. 536), § 26 Rn. 23.
[542] Vgl. ausführlich Sieder/Zeitler/Dahme/Knopp/*Schwendner*, WHG, 10. Aufl., 2010, § 29 Rn. 20.

kehrssicherungspflicht zum gesicherten Bestand des Straßen- und Wegerechts (wie auch des Wasserrechts) gehört.[543]

Daher hat B nicht „in Ausübung eines öffentlichen Amtes" gehandelt, so dass ein Anspruch aus § 839 I BGB i.V.m. Art. 34 S. 1 GG nicht besteht.

Aus dem gleichen Grund kommt ein **öffentlich-rechtlicher Folgenbeseitigungsanspruch**[544] nicht in Betracht. **269**

3. Anspruch aus § 823 I BGB i.V.m. §§ 31, 89 BGB

a) Rechtsgutsverletzung

Voraussetzung eines Anspruchs aus § 823 I BGB ist zunächst die Verletzung eines von § 823 I BGB geschützten Rechtsguts oder Rechts. **270**

aa) Verletzung des Gemeingebrauchs als sonstiges Recht[545]

In Betracht kommt eine Verletzung eines sonstigen Rechts aufgrund der Störung des Gemeingebrauchs an dem Stichkanal zum Hafen, weil die A-GmbH diesen in der Zeit vom 24. 6. 2010 bis zum 1. 11. 2010 nicht nutzen konnte. Wie bereits oben festgestellt, war der Stichkanal gem. § 32 V 1 NdsWG dem Gemeingebrauch gewidmet. Dieser Gemeingebrauch steht jedermann zu, mithin auch der A-GmbH. Fraglich ist aber, ob der Gemeingebrauch ein sonstiges Recht i.S.v. § 823 I BGB darstellt. **271**

(1) Nicht alle subjektiven Rechte sind gleichzeitig auch sonstige Rechte i.S.v. § 823 I BGB. Wollte man dies anders sehen, so würde man im Ergebnis einen umfassenden Vermögensschutz auch gegenüber fahrlässigen Verletzungen gewähren und dadurch die Grundentscheidung der BGB-Gesetzgeber gegen eine „große" deliktische Generalklausel aushebeln.[546] Vielmehr ist der Begriff des sonstigen Rechts in Anlehnung an die in § 823 I BGB explizit benannten Rechtsgüter und Rechte zu bestimmen. Gemeinsam ist diesen Rechten, dass sie zwei Funktionen aufweisen: **Zuweisungsfunktion** (positive Zuweisung der Rechtsposition an ihren Inhaber in der Weise, dass er mit ihr nach Belieben verfahren kann, vgl. § 903 Alt. 1 BGB) und **Ausschlussfunktion** (negative Funktion: umfassender Schutz vor Einwirkungen anderer, vgl. § 903 Alt. 2 BGB). **272**

(2) Nach zutreffender h.M. ist der Gemeingebrauch nicht als sonstiges Recht i.S.v. § 823 I BGB zu qualifizieren.[547] Dem Gemeingebrauch kommt zwar immerhin eine gewisse Zuweisungsfunktion zu, da jedermann den Kanal im Rahmen der Widmung nach seinem Belieben nutzen darf. Es fehlt aber an der Ausschlussfunktion, weil der Gemeingebrauch jedermann zusteht und kein Nutzer ein Recht darauf hat, Andere an seiner Ausübung zu hindern bzw. eine vorrangige Nutzung gewährt zu erhalten. Somit besteht kein Anspruch aus § 823 I BGB wegen Verletzung des Gemeingebrauchs am Stichkanal. **273**

bb) Eigentumsverletzung

Zu prüfen ist weiter, ob die Blockade des Kanals als eine Verletzung des Eigentums der A-GmbH qualifiziert werden kann. Vorliegend liegt zwar kein Eingriff in die Substanz einer Sache der A-GmbH vor; auch das Eigentums*recht* an den Sachen der A-GmbH als dingliches Recht ist unberührt geblieben. Jedoch konnte die MS Teutonia für die Dauer der Blockade praktisch nicht verwendet werden, weil sie in **274**

---

[543] Vgl. z.B. die deutliche Formulierung in Art. 72 BayStrWG: „Die sich … aus der Überwachung der Verkehrssicherheit ergebenden Aufgaben werden von den Bediensteten der damit befassten Körperschaften in Ausübung eines öffentlichen Amtes wahrgenommen." Ebenso etwa § 9a I StrWG NRW, § 10 I NdsStrG.

[544] Vgl. zu dessen grundsätzlicher Anwendbarkeit auf Schäden durch (rechtswidriges) öffentlich-rechtliches Unterlassen nur *Ossenbühl* (Fn. 541), S. 287f.

[545] Die Prüfung des Kriteriums „sonstiges Recht" erfolgt hier – entgegen der Reihenfolge der gesetzlichen Aufzählung – vor der Eigentumsverletzung, weil der Gesichtspunkt des Nutzungsverhältnisses hinsichtlich des Stichkanals u.U. eine – im Vergleich zum allgemeinen Eigentumsschutz – besondere Schutzposition vermitteln könnte.

[546] Siehe dazu oben *Systematische Darstellung Deliktsrecht* (Rn. 4).

[547] Vgl. BGHZ 55, 153 (160); MünchKomm/*Wagner*, § 823 Rn. 175.

der Reparaturwerft eingeschlossen war. Es ist umstritten ob bzw. inwieweit bei solchen Beschränkungen (P) der Gebrauchsmöglichkeit eine Eigentumsverletzung i.S.v. § 823 I BGB anzunehmen ist.[548]

275   (1) **Gegen eine grundsätzliche Qualifizierung von Nutzungseinschränkungen als Eigentumsverletzung** spricht, dass die Verfasser des BGB bewusst von einem deliktischen Schutz der reinen Handlungsfreiheit vor fahrlässigen Beeinträchtigungen abgesehen haben. Wollte man jede Beschränkung der Zuweisungsfunktion – d.h. der Freiheit, mit der Sache nach Belieben zu verfahren – als Eigentumsverletzung ansehen, so würde man diese Entscheidung des Gesetzgebers konterkarieren, denn die allgemeine Handlungsfreiheit manifestiert sich sehr häufig gerade im freien Umgang mit eigenen Sachen. Die vom Eigentümer konkret gewollte Verwendungsmöglichkeit der Sache verdient zudem jedenfalls dann keinen allgemeinen deliktischen Schutz, wenn er zu ihrer Verwirklichung noch Sachen Dritter benutzen muss (hier den Stichkanal der Stadt Cuxhaven). Denn deren Benutzung ist ihm gerade nicht durch das Eigentum an seinen Sachen zugewiesen.

276   (2) Andererseits ist das **„Einsperren" eines Schiffes** nahezu gleichbedeutend mit einer **Besitzentziehung** bzw. einer vollständigen Aufhebung der Gebrauchsmöglichkeit, die unzweifelhaft den Tatbestand der Eigentumsverletzung i.S.v. § 823 I BGB erfüllen würde. Die A-GmbH wurde nicht lediglich der Möglichkeit beraubt, den Stichkanal zu benutzen; vielmehr wurde ihr **jede Möglichkeit** genommen, die MS Teutonia zu bewegen. Dass *überhaupt irgendeine* sinnvolle Nutzungsmöglichkeit besteht, gehört aber zum Zuweisungsgehalt des Eigentums (§ 903 Alt. 1 BGB). Daher ist insoweit von einem Eingriff in den Zuweisungsgehalt des Eigentums an dem Schiff und somit von einer Eigentumsverletzung auszugehen.[549]

277   Exkurs: Anders wäre dies hinsichtlich etwaiger ausgesperrter Schiffe, die das Firmengelände der *A-GmbH* während der Blockade des Stichkanals nicht ansteuern konnten. Mit diesen Schiffen konnte die *A-GmbH* grundsätzlich nach Belieben verfahren; ihr bestimmungsgemäßer Gebrauch war nicht dadurch aufgehoben, dass der konkrete Stichkanal nicht angefahren werden konnte. Die Benutzung des Kanals ist aber, wie soeben dargelegt, nicht vom Zuweisungsgehalt des Eigentums an den Schiffen umfasst.[550]

(3) Hinsichtlich des Betriebsgeländes bzw. der Reederei liegen keine hinreichenden Anhaltspunkte für eine Eigentumsverletzung vor. Es mögen zwar aufgrund der Blockade des Zugangs u. U. (erhebliche) Beeinträchtigungen eingetreten sein; damit ist jedoch kein vollständiger Ausschluss sinnvoller Nutzungen verbunden (z. B. u. U. Fortsetzung von Reparaturarbeiten möglich). Eine bloße *Nutzungsbeeinträchtigung* stellt indessen nach dem Gesagten keine Eigentumsverletzung dar.[551] Im Übrigen sind keine Schäden vorgetragen worden, die nicht durch das „Einsperren" des Schiffes eingetreten sind.

cc) Eingriff in das Recht am eingerichteten und ausgeübten Gewerbebetrieb

278   Erwägenswert ist ferner auch eine Verletzung des **Rechts am eingerichteten und ausgeübten Gewerbebetrieb der A-GmbH** durch die Blockade des Kanals als einziger Wasserzufahrt zum Betrieb. Das Recht am eingerichteten und ausgeübten Gewerbebetrieb wird von der h.M. als sonstiges Recht i.S.v. § 823 I BGB anerkannt.[552] Es soll die Lücken im Unternehmensschutz schließen, die das Wettbewerbsrecht und die einschlägigen deliktsrechtlichen Einzelnormen (§§ 823 II, 824, 826 BGB) lassen.

279   Aus dieser Zwecksetzung als Auffangtatbestand ergibt sich aber seine **Subsidiarität gegenüber** allen speziell geregelten Ausprägungen des Unternehmensschutzes.[553] Soweit also nach dem konkreten Sachverhalt bereits ein in § 823 I BGB genanntes Rechtsgut oder Recht verletzt ist (hier: das Eigentum an

---

[548] Siehe dazu ausführlich *Larenz/Canaris*, Schuldrecht II/2, § 76 II 3 c (S. 388 f.).
[549] Vgl. BGHZ 55, 153 (159).
[550] Vgl. BGHZ 55, 153 (160).
[551] Vgl. *BGH* NJW 1977, 2264, wo die brandbedingte polizeiliche Räumung eines Grundstücks als vollständige Aufhebung des bestimmungsgemäßen Gebrauchs und damit als Eigentumsverletzung angesehen wurde, während die sich daran anschließende bloße Blockierung des Grundstücks durch Einsatzfahrzeuge von Polizei und Feuerwehr lediglich eine bestimmte Nutzung, nämlich den An- und Abtransport, verhinderte, was für eine Eigentumsverletzung nicht ausreicht.
[552] Siehe näher oben *Systematische Darstellung Deliktsrecht* (Rn. 60 ff.).
[553] Vgl. MünchKomm/*Wagner*, § 823 Rn. 197; Staudinger/*Hager*, 1999, § 823 Rn. D 20 ff.

der MS Teutonia), kommt ein Schutz über das Recht am eingerichteten und ausgeübten Gewerbebetrieb nicht in Betracht.[554] Ein anderer schädigender Sachverhalt als die Blockade der MS Teutonia (weitergehende Verluste durch die Blockade der Reederei) wurde hier nicht vorgetragen; im Übrigen wäre insoweit auch die – nach h. M. als Voraussetzung einer relevanten Verletzung des Rechts am Gewerbebetrieb zu fordernde – Betriebsbezogenheit des Eingriffs zu verneinen.[555]

dd) Zwischenergebnis

Mithin liegt hinsichtlich der MS Teutonia eine Rechtsgutsverletzung, nämlich eine Eigentumsverletzung vor.   280

b) Durch pflichtwidriges Unterlassen

Diese Eigentumsverletzung muss durch ein rechtlich erhebliches Verhalten verursacht worden sein. Ein kausales **positives Tun** der Stadt Cuxhaven bzw. eines ihrer Organe ist nicht ersichtlich. Als Haftungsgrund kommt aber angesichts der Untätigkeit des zuständigen Leiters der Wasserbehörde, B, ein **pflichtwidriges Unterlassen** in Betracht.   281

aa) Rechtspflicht zum Handeln (Verkehrssicherungspflicht)

Ein Unterlassen steht nur dann dem positiven Tun gleich, wenn **eine Rechtspflicht zum Handeln** besteht. Eine solche Schadensabwendungspflicht könnte sich im vorliegenden Fall aus der **allgemeinen Verkehrssicherungspflicht** ergeben. Als Eigentümerin des Stichkanals und der zugehörigen Uferbereiche trifft die Stadt Cuxhaven in diesem Bereich eine Verkehrssicherungspflicht. Damit ist sie dafür verantwortlich, den Kanal in einem solchen Zustand zu erhalten, dass von ihm keine unangemessenen und vermeidbaren Gefahren für die Rechtsgüter anderer ausgehen. Die Verkehrssicherungspflicht umfasst daher auch die Pflicht zur laufenden Kontrolle des Kanals einschließlich des Uferbereiches, wenn nur auf diese Weise eine Gefährdung anderer ausgeschlossen werden kann (vgl. auch – allerdings bezogen auf die Unterhaltungspflicht – § 61 I 3 Nr. 3 NdsWG). Die Stadt Cuxhaven war demnach verpflichtet, zum einen den Kanal laufend zu kontrollieren, zum anderen angesichts der akuten Gefährdungslage und der entsprechenden Hinweise an die Wasserbehörde auch Sicherungsmaßnahmen zu ergreifen. Diese Maßnahmen hat der zuständige Funktionsträger B unterlassen.   282

bb) Zurechnung des Unterlassens zur Stadt Cuxhaven

Die Haftung der Stadt Cuxhaven setzt des Weiteren eine Zurechnung des Verhaltens des B voraus. Die Zurechnung deliktischen Verhaltens richtet sich bei juristischen Personen des öffentlichen Rechts primär nach den **§§ 31, 89 BGB**. Danach ist die Stadt für den Schaden verantwortlich, den ein Organ der Stadt einem Anderen in Ausführung der ihm zustehenden Verrichtungen zufügt. **Organe** der Stadt sind grundsätzlich nur der Gemeinderat und der (erste) Bürgermeister, nicht jedoch die einzelnen Gemeindebediensteten. Nach ganz h. M. erfasst der Begriff des „**verfassungsmäßig berufenen Vertreters**" in § 31 BGB aber nicht nur Organe im eigentlichen Sinne, sondern auch alle sonstigen Bediensteten, denen durch allgemeine Betriebsregelung bzw. vorgegebene Organisationsnormen **bedeutsame, wesensmäßige Funktionen der juristischen Person zur selbständigen eigenverantwortlichen Erfüllung** zugewiesen sind, so dass sie die juristische Person im Rechtsverkehr repräsentieren.[556]   283

Die **Zuständigkeit der Wasserbehörde** (und damit ihres Leiters) für die Verkehrssicherungspflicht wird durch derartige Organisationsnormen des NdsWG bestimmt (vgl. Sachverhalt), so dass die Pflichtverletzung des B der Gemeinde gem. §§ 31, 89 BGB zuzurechnen ist.[557] Somit liegt ein pflichtwidriges Unterlassen der Stadt Cuxhaven vor, das kausal für die Rechtsgutsverletzung war.   284

---

[554] Vgl. BGHZ 55, 153 (158 f.).

[555] Vgl. näher unten Rn. 302 f.

[556] Vgl. MünchKomm/*Reuter*, § 89 Rn. 21 ff.; ausführlich zu Fragen der sog. „Unternehmenshaftung" MünchKomm/*Wagner*, § 823 Rn. 378 ff.

[557] Vgl. auch *BGH* VersR 1962, 2013: Leiter des Stadtreinigungsamts; BGHZ 6, 195 (201): Vorstand des Straßenbauamtes. Sofern man eine Zurechnung nach den §§ 31, 89 BGB ablehnen würde, wäre eine Haftung der Stadt *Cuxhaven* aus § 831 BGB zu prüfen.

c) Rechtswidrigkeit, Verschulden

285   Die Rechtsgutsverletzung in Verbindung mit der Verletzung der Verkehrssicherungspflicht indiziert die Rechtswidrigkeit des Verhaltens des B; Rechtfertigungsgründe sind nicht ersichtlich. Nach dem Sachverhalt hat B auch nicht die im Verkehr erforderliche Sorgfalt walten lassen, also fahrlässig gehandelt (§ 276 II BGB). Dieses Verschulden wird der Stadt Cuxhaven ebenfalls gem. §§ 31, 89 BGB zugerechnet.

d) Rechtsfolge

286   Die Stadt Cuxhaven ist daher gem. §§ 823 I, 31, 89 BGB zum Ersatz des Schadens verpflichtet, der der A-GmbH dadurch entstanden ist, dass die MS Teutonia durch das abgerutschte Ufer „eingesperrt" war. Der Schaden ist gem. § 249 I BGB im Wege der Differenzhypothese durch Vergleich der realen Vermögenslage der A-GmbH mit derjenigen Lage zu ermitteln, die ohne das schädigende Ereignis (also ohne das Abrutschen des Ufers) eingetreten wäre (sog. hypothetische Lage).

aa) Hypothetische Lage

287   Wäre die MS Teutonia nicht ab dem 24. 6. 2010 durch das abgerutschte Ufer eingeschlossen worden, so hätte sie nicht etwa bereits ab diesem Termin eingesetzt werden können. Vielmehr lag das Schiff ohnehin bis zum 10. 8. 2010 wegen der erforderlichen Reparatur fest. Insoweit ist also das Abrutschen nicht kausal für den entgangenen Gewinn geworden: Die € 50.000 aus dem Geschäft, das bis zum 1. 8. 2010 hätte abgewickelt werden müssen, hätte die A-GmbH auch ohne das abrutschende Ufer nicht erzielt. Die übrigen Aufträge über insgesamt € 350.000 hätte die A-GmbH aber durchführen können, so dass sie die entsprechenden Einnahmen erzielt hätte (vgl. § 252 S. 1 BGB). In diesem Fall hätte sie aber zusätzliche € 250.000 an Personal- und sonstigen Kosten aufwenden müssen.

bb) Reale Lage

288   Real hat die A-GmbH in der Zeit vom 24. 6. 2010 bis zum 1. 11. 2010 keine Einnahmen mit der MS Teutonia erzielt. Insoweit beträgt die Differenz also € 350.000. Andererseits hat sie sich die eben genannten Kosten i. H. v. € 250.000 erspart. Derartige Vorteile, die ebenfalls durch das schadensstiftende Ereignis bedingt sind, sind grundsätzlich im Rahmen der Differenzhypothese zu berücksichtigen, sofern dies mit dem Sinn und Zweck des Schadensersatzes vereinbar ist.[558] Hier sind keine Wertungsgesichtspunkte ersichtlich, die einer Anrechnung entgegenstehen könnten; insbesondere entspricht die Anrechnung ersparter Aufwendungen auf einen Schadensersatzanspruch, der auf entgangenen Gewinn gerichtet ist, der Wertung der §§ 326 II 2, 642 II BGB. Da die Kongruenz von Vorteil und Schaden unproblematisch gegeben ist,[559] sind die ersparten Aufwendungen i. H. v. € 250.000 von den entgangenen Einnahmen i. H. v. € 350.000 abzuziehen.

e) Ergebnis

289   Damit verbleibt ein Schaden von € 100.000, den die A-GmbH von der Stadt Cuxhaven aus § 823 I BGB i. V. m. §§ 31, 89 BGB ersetzt verlangen kann.

4. Anspruch aus § 823 II BGB i. V. m. § 61 I 3 Nr. 3 NdsWG

290   Eine außerdem denkbare Haftung aus § 823 II BGB i. V. m. § 61 I 3 Nr. 3 NdsWG setzt voraus, dass es sich bei der Unterhaltungspflicht des § 61 NdsWG, die gem. § 40 WHG der Stadt Cuxhaven als Eigentümerin obliegt, um ein Schutzgesetz i. S. v. § 823 II BGB handelt. Schutzgesetze sind alle Rechtsnormen i. S. v. Art. 2 EGBGB, die ein Handlungsgebot enthalten, das gerade dem Schutz des Geschädigten zu dienen bestimmt ist.[560] Vorliegend enthält § 61 NdsWG zwar ein konkretes Handlungsgebot, gegen das die Stadt Cuxhaven – bzw. der ihr gem. §§ 31, 89 BGB zuzurechnende B – verstoßen hat. Gleichwohl dient die Unterhaltungspflicht, wie oben[561] ausgeführt, gerade nicht

---

[558] Vgl. zur Vorteilsausgleichung im Einzelnen unten *Systematische Darstellung Schadensrecht* (Rn. 542 ff.).
[559] Vgl. zu diesem Kriterium z. B. BGHZ 136, 52 = JuS 1998, 96.
[560] Vgl. eingehend oben *Systematische Darstellung Deliktsrecht* (Rn. 159 ff.).
[561] Rn. 268.

dem Schutz der Gewässerbenutzer, sondern alleine dem Interesse der Allgemeinheit.[562] Daher handelt es sich nicht um ein Schutzgesetz, so dass kein Anspruch aus § 823 II BGB besteht.

II. Ansprüche gegen die S-GmbH wegen der Beschädigung der Kabel

Unmittelbare vertragliche Beziehungen zwischen der A-GmbH und der S-GmbH bestehen nicht, da die S-GmbH von der Stadt Cuxhaven beauftragt wurde. Auch ein Anspruch aus Vertrag mit Schutzwirkung zugunsten Dritter kommt vorliegend nicht in Betracht, da es an der Gläubigernähe, d. h. am erforderlichen besonderen Näheverhältnis zwischen der Stadt Cuxhaven und der A-GmbH fehlt. Insbesondere begründet das Rechtsverhältnis, das sich aus dem Gemeingebrauch ergibt, schon deswegen kein hinreichend spezifisches Näheverhältnis, weil es sich insoweit um einen „Jedermannkontakt" handelt.[563] Damit bleiben allein deliktische Anspruchsgrundlagen.   **291**

1. Anspruch aus § 831 I BGB

a) Rechtswidrige Schadenszufügung durch einen Verrichtungsgehilfen

Voraussetzung für einen Anspruch aus § 831 I BGB ist zunächst eine rechtswidrige Schadenszufügung durch einen Verrichtungsgehilfen. D war als Baggerführer mit Wissen und Wollen der Organe der S-GmbH in deren Interessenkreis (als Angestellter und daher) weisungsabhängig tätig, handelte also als deren **Verrichtungsgehilfe**. Eine rechtswidrige Schadenszufügung i. S. v. § 831 I BGB setzt voraus, dass der Verrichtungsgehilfe D den objektiven Tatbestand einer unerlaubten Handlung nach den §§ 823 ff. BGB erfüllt hat.[564]   **292**

aa) Verletzung eines Rechtsguts i. S. v. § 823 I BGB

(1) Eigentumsverletzung

Eine **Eigentumsverletzung** bei der A-GmbH kommt hinsichtlich verschiedener Verletzungsobjekte in Betracht:

(a) Eine Haftung für Eigentumsverletzung wegen Beschädigung der Kabel würde voraussetzen, dass diese Kabel im Eigentum der A-GmbH stehen. Das ist jedoch nicht der Fall, denn die Versorgungskabel stehen im Eigentum der jeweiligen Versorgungsunternehmen. Aus deren Beschädigung kann die A-GmbH grundsätzlich keine Rechte herleiten; der Sachverhalt bietet keine Anhaltspunkte für eine Abtretung von Ansprüchen der Versorgungsunternehmen.   **293**

(b) Einen weiteren möglichen Bezugspunkt für eine Eigentumsverletzung bildet die Zerstörung der Daten auf der Festplatte. Die Daten selbst als reine, nichtkörperliche Information sind allerdings keine Sachen i. S. v. § 90 BGB, so dass an ihnen kein Eigentum bestehen kann.[565] Allerdings waren die Daten auf der Festplatte des Zentralrechners zumindest in der Form verkörpert, dass die einzelnen magnetisierbaren Teilchen der Datenträgeroberfläche in einer bestimmten Anordnung ausgerichtet waren.[566] Infolge des Stromausfalls ist diese Anordnung verändert worden, so dass in der Tat eine physikalische Veränderung der Festplatte eingetreten ist. Hierin liegt ein Eingriff in die Substanz des Eigentums der A, mithin eine Eigentumsverletzung i. S. v. § 823 I BGB.[567] Zum Teil wird sogar angenommen, dass an Daten ein sonstiges Recht i. S. v. § 823 I BGB bestehen kann.[568] Angesichts der komplexen Rechtsverhältnisse, die sich bei der Datenverwertung ergeben können, fehlt es indessen an einer hinreichend deut-   **294**

---

[562] Vgl. BGHZ 53, 155 (158); *BayVGH* BayVBl. 1997, 340; Sieder/Zeitler/*Schwendner*, BayWG, 30. Ergänzungslieferung 2010, Art. 42 Rn. 14.

[563] Vgl. oben Rn. 271 ff.

[564] Vgl. oben *Systematische Darstellung Deliktsrecht* (Rn. 204 f.).

[565] Vgl. *LG Konstanz* NJW 1996, 2662.

[566] Vgl. näher *Meier/Wehlau*, NJW 1998, 1585 (1588).

[567] Vgl. *BGH* NJW 2009, 1066 (1067); *OLG Karlsruhe* NJW 1996, 200 (201); vgl. auch *Meier/Wehlau*, NJW 1998, 1585 (1588 f.); w.N. bei *Spindler*, NJW 2004, 3145 (3146).

[568] Vgl. *Meier/Wehlau*, NJW 1998, 1585 (1588 f.).

lichen (vom Eigentum am Datenträger losgelösten) Zuweisungs- und Ausschlussfunktion der Datenhoheit. Aufgrund des Vorliegens einer Eigentumsverletzung kann diese Frage allerdings hier offenbleiben.

295   Die Eigentumsverletzung ist **unmittelbar**, d. h. ohne (wesentliche) weitere Kausalbeiträge Dritter,[569] durch die Zerstörung des Stromkabels und damit durch das pflichtwidrige Zu-tief-Baggern des D verursacht worden. Sie lag auch nicht außerhalb der Lebenserfahrung, denn die Zerstörung eines Kabels hat regelmäßig einen Stromausfall zur Folge, der die entsprechenden Konsequenzen mit sich bringen kann. Es liegt also eine *unmittelbare Eigentumsverletzung* vor, die durch D adäquat kausal herbeigeführt wurde.[570]

296   **(c)** Die **Unterbrechung der Telefon- und Internetverbindung** nach außen führte hingegen nicht zu einer Substanzverletzung hinsichtlich der Telefon- und Computeranlage der A-GmbH, weil die Anlage als solche weiterhin funktionsfähig blieb. Die Verbindung der Anlage zum Telefonnetz ist nicht vom Zuweisungsgehalt des Eigentums umfasst,[571] sondern folgt lediglich aus schuldrechtlichen Bindungen zur Telefongesellschaft. Zu denken wäre allenfalls an eine Aufhebung der Nutzungsmöglichkeit wie hinsichtlich der MS Teutonia.[572] Allerdings war die Nutzungsmöglichkeit der Telekommunikationsanlage durch die vorübergehende Unterbrechung der Verbindung mit der Außenwelt nicht vollständig aufgehoben, denn die Telefonanlage konnte ohne Weiteres innerhalb des Firmengeländes betrieben werden. Es handelt sich daher hier nur um eine Beschränkung des konkret gewollten Gebrauches, d. h. der allgemeinen Handlungsfreiheit des Eigentümers, nicht aber um eine Eigentumsverletzung (a. A. vertretbar).

Darüber hinaus erwägenswert ist eine Eigentumsverletzung an der Telefonanlage insoweit, als wegen der Durchtrennung des **Stromkabels** sämtliche elektrischen Geräte der A-GmbH, mithin auch die Telefonanlage, für die Zeit des Ausfalls nicht betriebsfähig waren. Die h. M. lehnt eine Eigentumsverletzung in solchen Fällen indes ab, da die Inanspruchnahme der fremden Leitungskapazität nicht zum bestimmungsgemäßen Gebrauch des Eigentums zählt.[573] Mit anderen Worten erschöpft sich der bestimmungsgemäße Gebrauch von Elektrogeräten gerade dahin, nur bei ausreichender Stromversorgung zu funktionieren.

Exkurs: Mit gleicher Begründung ist auch bei schuldhafter Verursachung eines Verkehrsstaus eine Eigentumsverletzung abzulehnen, denn zum bestimmungsgemäßen Gebrauch eines Pkw gehört es gerade auch, bisweilen einen Verkehrsstau erdulden zu müssen. Alternativ kann die Haftung mit der Begründung abgelehnt werden, dass die im Straßenverkehr zu beachtenden Verkehrspflichten nicht vor vorübergehenden Verwendungszweckstörungen schützen sollen.[574] Ausschlaggebend ist in all diesen Fällen die Erwägung, dass aufgrund der Vielzahl an potenziell Betroffenen eine uferlose Ausdehnung der Haftung droht, zumal die relevanten Einbußen (insb. entgangener Gewinn) reinen Vermögensschäden sehr nahe stehen.

297   **(d)** Auch hinsichtlich des **Betriebsgrundstücks** liegt keine Eigentumsverletzung vor, weil dieses an sich ohne Weiteres verwendbar ist; die Einschränkung betrifft nur die von der A-GmbH konkret vorgestellte Nutzungsmöglichkeit, also die allgemeine Handlungsfreiheit.[575]

(2) Rechtsgutsverletzung hinsichtlich der schuldrechtlichen Ansprüche gegen die Telefongesellschaft

298   Die **Beeinträchtigung des schuldrechtlich gesicherten Telefongebrauchs** (Ansprüche gegen den Telekommunikationsanbieter auf Herstellung der Telekommunikationsverbindung zur Außenwelt) begründet keine Rechtsgutsverletzung i. S. v. § 823 I BGB. Denn schuldrechtlichen Rechtspositionen fehlt es gerade an einer absoluten Schutzrichtung (Ausschlussfunktion), die für die in § 823 I BGB genannten Rechtsgüter und namentlich auch für das Kriterium „sonstiges Recht" charakteristisch ist.[576] Soweit in der Literatur vorgeschlagen wird, den Schutzbereich des § 823 I BGB auch auf schuldrechtliche Ansprüche zu erstrecken, bezieht sich dies ausschließlich auf die Haf-

---

[569] Vgl. oben *Systematische Darstellung Deliktsrecht* (Rn. 10).

[570] Vgl. näher BGHZ 41, 123 (125 ff.) – Bruteierfall; a. A. unrichtig *LG Konstanz* NJW 1996, 2662: Mittelbare Verletzung.

[571] Vgl. auch *Picker*, JZ 2010, 541 (548 f.).

[572] Siehe oben Rn. 274 ff.

[573] BGHZ 29, 65; *Larenz/Canaris*, Schuldrecht II/2, § 76 II 3 c (S. 390); MünchKomm/*Wagner*, § 823, Rn. 124.

[574] *Larenz/Canaris*, Schuldrecht II/2, § 76 II 3 c (S. 389).

[575] Einen Eigentumsschutz gleichwohl bejahend etwa Erman/*Schiemann*, § 823 Rn. 31; Staudinger/*Hager*, 1999, § 823 Rn. B 98; *Jansen*, Die Struktur des Haftungsrechts, 2003, S. 506 f.

[576] Vgl. oben *Systematische Darstellung Deliktsrecht* (Rn. 38).

tung für Eingriffe in die Forderungszuständigkeit und gerade nicht auf den hier betroffenen Anspruchsgegenstand.[577]

(3) Verletzung des Rechts am eingerichteten und ausgeübten Gewerbebetrieb

Eine weitere potenzielle Anknüpfung einer Rechtsgutsverletzung i.S.v. § 823 I BGB bildet das Recht am eingerichteten und ausgeübten Gewerbebetrieb bzw. dessen Beeinträchtigung durch die Beschädigung des Telefonkabels. Das Recht am eingerichteten und ausgeübten Gewerbebetrieb ist als sonstiges Recht i.S.v. § 823 I BGB im Wege richterlicher Rechtsfortbildung entwickelt worden, um Lücken im deliktischen Unternehmensschutz zu schließen.[578]   299

(a) Subsidiarität

Angesichts dieser lückenfüllenden Funktion findet das Recht am Gewerbebetrieb nur dann Anwendung, wenn kein spezieller deliktsrechtlicher Tatbestand einschlägig ist (**Subsidiarität**). Wie eben gezeigt, erfüllt die Durchtrennung des Telefonkabels nicht den Tatbestand der Eigentumsverletzung an der Telefonanlage oder am Grundstück; auch ansonsten ist bezüglich der durch den Telefonausfall bedingten Schäden (anders als hinsichtlich des Datenverlusts) kein besonderer Haftungsgrund ersichtlich.   300

(b) Schutzgegenstand

Schutzgegenstand des Rechts am eingerichteten und ausgeübten Gewerbebetrieb ist die Fortsetzung einer bisher rechtmäßig ausgeübten Tätigkeit; zu diesem Zweck werden die Grundlagen und der Freiheitsspielraum der unternehmerischen Tätigkeit geschützt. Umfasst ist daher alles, was in seiner Gesamtheit den wirtschaftlichen Wert eines Betriebes ausmacht, insbesondere Bestand, Erscheinungsform, Tätigkeitskreis und Kundenstamm.[579] Die Telefonverbindung zur Außenwelt ist sicherlich für den wirtschaftlichen Wert mit bestimmend und daher Grundlage der unternehmerischen Tätigkeit der A-GmbH. Durch die Zerstörung des Telefonkabels wurde hierin eingegriffen.   301

(c) Betriebsbezogener Eingriff

Um eine wettbewerbsschädliche Ausweitung der Haftung wegen Verletzungen des Rechts am eingerichteten und ausgeübten Gewerbebetrieb zu verhindern, wird dessen Schutz auf sog. **betriebsbezogene Eingriffe** beschränkt, d.h. auf finale, gerade auf den Betrieb bezogene Verletzungen oder auf Verletzungen solcher Verkehrspflichten, die in spezifischer Weise dem Schutz des Gewerbebetriebs dienen. An der Betriebsbezogenheit fehlt es dann, wenn der Eingriff sich nicht auf den Betrieb als solchen bezieht, sondern auf Rechte oder Rechtsgüter, die vom Gewerbebetrieb ohne Weiteres ablösbar sind.[580] Sinn dieses Kriteriums ist es, zu verhindern, dass dem Gewerbetreibenden ein Ersatz für Vermögensschäden zugesprochen wird, die ein Privatmann ohne Entschädigung hinzunehmen hätte.[581]   302

Die Zerstörung des Telefonkabels hat keinen spezifischen Bezug gerade zum Gewerbebetrieb der A-GmbH. Der Anschluss an das Telefonnetz ist keine einem bestimmten Gewerbebetrieb „wesenseigentümliche Eigenheit"[582], sondern eine auf dem Vertrag mit der Telefongesellschaft beruhende schuldrechtliche Beziehung, wie sie auch alle übrigen Unternehmen und sogar Privatpersonen haben können. Es liegt hier zwar eine Beeinträchtigung der technischen Grundlagen dieses Vertrages vor; dies hat jedoch letztlich nur eine Einschränkung des vertraglichen Anspruchs zur Folge. Rein obligatorische Beziehungen zu Dritten unterliegen aber nach der Konzeption des BGB jedenfalls hinsichtlich des Anspruchsgegenstandes nicht dem deliktsrechtlichen Schutz, da es insoweit an der für ein sonstiges Recht kennzeichnenden Ausschlussfunktion fehlt.[583]   303

---

[577] Vgl. insbesondere *Larenz/Canaris*, Schuldrecht II/2, § 76 II 4 g (S. 397f.) m.w.N.

[578] Vgl. oben *Systematische Darstellung Deliktsrecht* (Rn. 60).

[579] Vgl. Palandt/*Sprau*, § 823 Rn. 127.

[580] Vgl. BGHZ 29, 65 (74ff.); vgl. auch *BGH* NJW 2003, 1040 = JuS 2003, 709.

[581] Vgl. BGHZ 74, 9 (18f.) = JuS 1979, 743; *Larenz/Canaris*, Schuldrecht II/2, § 81 I 2 f (S. 542).

[582] Vgl. BGHZ 29, 65 (74) zum Stromanschluss.

[583] Vgl. soeben Rn. 298; a.A. etwa Erman/*Schiemann*, § 823 Rn. 54.

304   Daher stellt die Zerstörung der Telefonkabel keine Verletzung des Rechts am eingerichteten und aus-
        geübten Gewerbebetrieb dar, so dass insoweit mangels Verletzung eines Rechtsgutes kein Verstoß des
        D gegen § 823 I BGB gegeben ist.

bb) Verletzung eines Schutzgesetzes i.S.v. § 823 II BGB

305   Als weitere rechtswidrige unerlaubte Handlung könnte D ein Schutzgesetz i.S.v. § 823 II BGB verletzt
        haben.

(1) Begriff des Schutzgesetzes

306   Schutzgesetze sind alle Rechtsnormen i.S.v. Art. 2 EGBGB, die ein **Handlungsgebot** enthalten und den **Schutz be-
        stimmter Rechtsgüter** oder **Interessen** gerade des Geschädigten bezwecken. In Zweifelsfällen ist danach zu fragen,
        ob es der Intention des Gesetzgebers entspricht, dass die fragliche Norm den allgemeinen deliktsrechtlichen Rechts-
        güterschutz erweitert.[584] Die Qualifikation einer Norm als Schutzgesetz hat nämlich zur Folge, dass eine Schadens-
        ersatzverpflichtung nach § 823 II BGB unabhängig von der Verletzung eines absoluten Rechts oder Rechtsguts
        gem. § 823 I BGB eintritt; insbesondere besteht dann auch eine Haftung für fahrlässig verursachte reine Vermö-
        gensschäden.[585]

(2) § 17 II 1 NdsBauO als Schutzgesetz?

307   Analysiert man § 17 II 1 NdsBauO anhand dieses Maßstabs, so mag die Annahme eines Schutzgesetz-
        charakters bezüglich der an die jeweiligen Versorgungseinrichtungen angeschlossenen Personen auf den
        ersten Blick naheliegend erscheinen. Allerdings ist zu berücksichtigen, dass bei Bauarbeiten auch dann
        auf Versorgungseinrichtungen Rücksicht zu nehmen wäre, wenn § 17 II 1 NdsBauO nicht existierte. Die
        Regelung des § 17 II 1 NdsBauO legt also nur eine **als Ausprägung der allgemeinen Verkehrspflichten
        ohnehin geltende Pflicht** noch einmal positivrechtlich nieder. Es dürfte eher dem Zufall geschuldet sein,
        dass der Gesetzgeber die allgemeine Verkehrspflicht für einen bestimmten Bereich – nämlich für Bau-
        stellen von Vorhaben im Anwendungsbereich der NdsBauO – ausdrücklich normiert hat; eine deutliche
        Regelungstendenz im Sinne einer Haftungsbegründung für primäre Vermögensverletzungen kann dieser
        Konkretisierung der Verkehrspflicht nicht entnommen werden. Insbesondere wäre eine Differenzierung
        gegenüber der Beschädigung von Versorgungseinrichtungen im Rahmen von Aushubarbeiten, die nicht
        der NdsBauO unterliegen, nicht begründbar.[586] Die Regelung des § 17 II 1 NdsBauO kann daher nicht
        als Schutzgesetz i.S.v. § 823 II BGB qualifiziert werden.[587]

(3) § 316b I Nr. 2 StGB (Störung öffentlicher Betriebe) als Schutzgesetz?

308   Eine Haftung nach § 823 II BGB i.V.m. § 316b I Nr. 2 StGB (Störung öffentlicher Betriebe durch die Durchtrennung
        des Stromkabels) scheitert jedenfalls daran, dass dort nur die vorsätzliche Begehung unter Strafe gestellt ist (§ 15
        StGB); die im Schutzgesetz vorgesehenen subjektiven Anforderungen sind auch für § 823 II BGB bindend. Im Üb-
        rigen spricht die Ausrichtung des § 316b StGB an „öffentlichen" Betrieben gegen eine individualschützende Rich-
        tung der Vorschrift und damit gegen deren Anerkennung als Schutzgesetz.

(4) § 317 I, III StGB (Störung von Telekommunikationsanlagen) als Schutzgesetz?

309   Eine Haftung nach § 823 II BGB i.V.m. § 317 I, III StGB (fahrlässige Störung von Telekommunikationsanlagen
        durch die Durchtrennung des Telefonkabels) scheitert zwar nach h.M. nicht schon daran, dass es sich um einen
        privaten Anschluss handelt, da die gesamte Anlage bis zum Endgerät zu der „öffentlichen Zwecken dienenden Tele-
        kommunikationsanlage" i.S.v. § 317 I StGB gehört.[588] Jedoch ergibt sich aus der Orientierung an „öffentlichen
        Zwecken", dass die Norm nur im Interesse der Allgemeinheit besteht (und der jeweiligen Betreibergesellschaft, die

---

[584] Vgl. oben *Systematische Darstellung Deliktsrecht* (Rn. 159 ff.).
[585] Vgl. BGHZ 66, 388 (390) = JuS 1977, 120 – Stromkabel II; *Larenz/Canaris,* Schuldrecht II/2, § 77 II 4 a
(S. 436 ff.).
[586] Vgl. BGHZ 66, 388 (390) = JuS 1977, 120; *Larenz/Canaris,* Schuldrecht II/2, § 77 II 4 a (S. 436 f.).
[587] Nach zutreffender h.M. sind Verkehrssicherungspflichten ihrerseits ebenfalls keine Schutzgesetze i.S.v.
§ 823 II BGB, sondern konkretisieren den Begriff der „fahrlässigen widerrechtlichen Verletzung" in § 823 I BGB,
vgl. oben *Systematische Darstellung Deliktsrecht* (Rn. 72) m.w.N.
[588] Vgl. BGHSt 39, 288; a.A. *Fischer,* StGB, § 317 Rn. 2a; Schönke/Schröder/*Sternberg-Lieben/Hecker,* StGB,
28. Aufl., 2010, § 317 Rn. 3.

allerdings auch über § 303 StGB geschützt ist), nicht dagegen im Interesse des einzelnen Telekommunikationskunden. Daher fehlt es auch insoweit an der individualschützenden Zielrichtung, so dass § 317 StGB nicht als Schutzgesetz i. S. v. § 823 II BGB qualifiziert werden kann.[589]

cc) Zwischenergebnis

D hat also gegenüber der A-GmbH eine rechtswidrige unerlaubte Handlung im Sinne von § 823 I BGB begangen, indem er das Stromkabel durchtrennt und dadurch die Festplatte der Rechenanlage des Unternehmens zerstört hat. Hinsichtlich der vorübergehenden Nichterreichbarkeit der Telefonanlage liegt dagegen keine „rechtswidrige Schadenszufügung" gegenüber der A-GmbH i. S. v. § 831 I BGB vor.

310

b) In Ausführung der Verrichtung

Die Schädigung des D stand in innerem Zusammenhang mit der Tätigkeit als Verrichtungsgehilfe der S-GmbH (Aushubarbeiten) und erfolgte nicht nur „bei Gelegenheit" der Verrichtung.

311

c) Entlastungsbeweis nach § 831 I 2 BGB

§ 831 I 1 BGB begründet eine (widerlegliche) Vermutung hinsichtlich der schuldhaften Verletzung der Auswahl- und Überwachungspflichten durch den Geschäftsherrn. Diese Vermutung kann die S-GmbH vorliegend nicht widerlegen (§ 831 I 2 BGB), da ihr die gelegentlichen Ausfallerscheinungen des D bekannt waren und sie diesen daher nicht zu derart gefährlichen Tätigkeiten hätte einsetzen dürfen; das Überwachungsverschulden steht hier sogar positiv fest.

312

d) Rechtsfolge

Die S-GmbH ist daher gem. § 831 I BGB verpflichtet, der A-GmbH den infolge der Rechtsgutsverletzung entstandenen Schaden zu ersetzen. Nach dem oben Festgestellten kommt insoweit lediglich die Verletzung des Eigentums an der Festplatte in Betracht, nicht dagegen die Unterbrechung des Telefonanschlusses.[590] Es ist wiederum anhand der Differenzhypothese zu ermitteln, inwieweit sich das schädigende Ereignis negativ auf die Vermögenslage des Geschädigten ausgewirkt hat.

313

aa) Differenzhypothese

Wären die Daten auf der Festplatte nicht zerstört worden, so hätte die A-GmbH die € 24.000 für die Fachfirma (zunächst) nicht aufwenden müssen.[591] Allerdings wäre die Festplatte ohnehin am 8. 9. 2010 infolge der Störung im Umspannwerk zerstört worden. Es ist umstritten, ob bzw. inwieweit derartige **Reserveursachen** (auch: **hypothetische Kausalität**) den Schadensausgleich beeinflussen. Bei konsequenter Durchführung der Differenzhypothese, bei der die Güterlagen des Geschädigten mit und ohne schädigendem Ereignis **im Jetzt-Zeitpunkt** (im Prozess regelmäßig im Zeitpunkt der letzten mündlichen Tatsachenverhandlung[592]) zu vergleichen sind, wären solche hypothetischen Kausalverläufe stets zu beachten, weil die Einbuße nicht nur in der realen Lage, sondern auch in der hypothetischen Lage eingetreten wäre. Im Einzelfall kann dies jedoch zu unbilligen Ergebnissen führen,[593] so dass eine **normative Korrektur der Differenzhypothese** zu erwägen ist.[594]

314

Vorliegend war bereits am 4. 9. 2010 ein Anspruch der A-GmbH gegen die S-GmbH aus § 831 I BGB auf Reparatur der Festplatte (§ 249 I BGB) bzw. Ersatz des dafür erforderlichen Geldbetrages (§ 249 II BGB) entstanden (**Objektschaden**). Es ist kein überzeugender Grund ersichtlich, warum die spätere Störung im Umspannwerk diesen Anspruch zum Erlöschen bringen sollte, zumal der A-GmbH mangels haftungsbegründender Kausalität keine Ansprüche gegen das Elektrizitätswerk (als alternativem bzw. hypothetischem Schädiger) zustehen können.

315

---

[589] Vgl. *BGH* NJW 1977, 1147.

[590] Vgl. oben Rn. 310.

[591] Zu Einzelheiten der Schadensberechnung bei der Wiederherstellung zerstörter Daten vgl. *BGH* NJW 2009, 1066 (1067 f.) mit einer geradezu schulmäßigen Anwendung der §§ 249, 251 BGB.

[592] Vgl. MünchKomm/*Oetker,* § 249 Rn. 305.

[593] Vgl. *Larenz,* Schuldrecht I, § 30 I (S. 524).

[594] Vgl. näher oben *Systematische Darstellung Deliktsrecht* (Rn. 111).

316   **Exkurs:** Einen Vermögensfolgeschaden aus dem Ausfall der *Computeranlage* und der damit verbundenen Störung des Betriebsablaufs (z. B. entgangener Gewinn für die Zeit während ihres Ausfalls) macht die A-GmbH nicht geltend. Einer Geltendmachung stünde im Übrigen auch entgegen, dass nach dem Vortrag der A-GmbH der Reedereibetrieb bereits wegen der defekten *Telefonanlage* stillstand, wofür die S-GmbH aber nicht einstehen muss. Daher fehlt es von vornherein an der Kausalität der Computerstörung für den Betriebsausfall.

bb) Mitverschulden

317   Bei Datenverlusten aufgrund von Stromausfällen ist dem Geschädigten grundsätzlich ein – u. U. sogar überwiegendes – Mitverschulden gem. § 254 BGB anzurechnen, wenn er nicht selbst für eine **ausreichende Datensicherung** gesorgt hat.[595] Der Umfang der Datensicherungsobliegenheit richtet sich – den allgemeinen Grundsätzen des Mitverschuldens entsprechend – nach dem zur Sicherung erforderlichen Aufwand einerseits und dem mit einem eventuellen Datenverlust verbundenen wirtschaftlichen Risiko andererseits. Im Regelfall genügt eine tägliche Datensicherung,[596] wie sie die A-GmbH offensichtlich vorgenommen hat: Es gingen laut Sachverhalt nur die am 4. 9. 2010 selbst eingegebenen Daten verloren. Die A-GmbH hat mithin ihrer Datensicherungsobliegenheit genügt, so dass kein Mitverschulden i. S. v. § 254 I BGB anzurechnen ist (a. A. vertretbar).

e) Ergebnis

318   Die A-GmbH kann daher von der S-GmbH aus § 831 I BGB Ersatz der Kosten für die Wiederherstellung der Daten i. H. v. € 24.000 verlangen. Die durch den Telefonausfall bedingte Einbuße kann demgegenüber nicht im Wege des Schadensersatzes aus § 831 BGB geltend gemacht werden.

2. Anspruch aus § 823 I BGB i. V. m. § 31 BGB

319   Die Geschäftsführung der S-GmbH, die als „Organ" der S-GmbH analog § 31 BGB zu qualifizieren ist, hat durch den fortdauernden Einsatz des D an gefahrenträchtigen Baustellen trotz seiner bekannten Unzuverlässigkeit eine eigene Verkehrspflicht verletzt und dadurch eine Eigentumsverletzung[597] verursacht. Daraus ergibt sich eine Haftung der S-GmbH aus § 823 I BGB i. V. m. § 31 BGB (analog) für die Reparaturkosten. Diese tritt neben die Haftung aus § 831 I BGB, ohne dass sich – abgesehen von der abweichenden Beweislastverteilung – praktische Konsequenzen ergäben.[598]

III. Ansprüche gegen die Stadt Cuxhaven wegen der Beschädigung des Kabels

320   Auch gegen die Stadt Cuxhaven könnten wegen der Beschädigung der Strom- und Telefonkabel Schadensersatzansprüche bestehen.

1. Anspruch aus §§ 280 I, 241 II BGB i. V. m. § 1004 I BGB

a) Schuldverhältnis i. S. v. § 241 II BGB

321   Ein vertragliches Schuldverhältnis zwischen der A-GmbH und der Stadt Cuxhaven besteht hinsichtlich der Grabarbeiten nicht. Allerdings bestand seit dem Abrutschen des Ufers ein **gesetzliches Schuldverhältnis** zwischen beiden aus § 1004 I BGB (sowie u. U. auch aus § 823 I BGB), aufgrund dessen die Stadt Cuxhaven zur „Befreiung" der MS Teutonia verpflichtet war. Denn der Einschluss des Schiffes stellt eine fortdauernde Eigentumsbeeinträchtigung dar, für welche die Stadt Cuxhaven als Handlungs- und Zustandsstörer i. S. v. § 1004 BGB verantwortlich ist.[599] Nach h. M. begründet zwar nicht der Unterlassungsanspruch, wohl aber der Beseitigungsanspruch aus § 1004 I BGB Schutzpflichten des Beseitigungsschuldners aus § 241 II BGB und kann damit Grundlage einer Haftung nach § 280 I BGB sein.[600]

---

[595]   Siehe *Meier/Wehlau*, NJW 1998, 1585 (1590 f.); *OLG Hamm* NJW-RR 1992, 1503.
[596]   Vgl. *Meier/Wehlau*, NJW 1998, 1585 (1590 f.) m. w. N.
[597]   Vgl. dazu soeben Rn. 274 ff.
[598]   Vgl. BGHZ 17, 214 (220 f.).
[599]   Vgl. dazu näher oben Rn. 276.
[600]   Vgl. BeckOK/*Fritzsche*, § 1004 Rn. 118; *Rudolf Schmidt*, Der negatorische Beseitigungsanspruch, 1924, S. 123; noch weitergehend Staudinger/*Gursky*, 2006, § 1004 Rn. 162: Gesamtanalogie zu §§ 867, 962 S. 3, 1005 BGB, also sogar verschuldensunabhängige Haftung für alle Schäden anlässlich der nach § 1004 I BGB geschuldeten Beseitigungshandlung.

b) Zu vertretende Pflichtverletzung

Aus diesem Schuldverhältnis traf die Stadt Cuxhaven gem. § 241 II BGB eine Schutzpflicht, die darauf   **322**
gerichtet ist, bei der Durchführung der Grabarbeiten Rücksicht auf die Rechtsgüter und Interessen der
A-GmbH zu nehmen. Gegen diese Pflicht hat zwar kein Organ der Stadt (§§ 31, 89 BGB) verstoßen. Die
Stadt hat sich zur Erfüllung der Beseitigungspflicht aus § 1004 I BGB bzw. § 823 I BGB allerdings der
S-GmbH bedient, die hierfür wiederum u. a. den D eingesetzt hat. D war daher mit Wissen und Wollen
der Stadt Cuxhaven in deren Pflichtenkreis tätig, war also deren **Erfüllungsgehilfe i. S. v. § 278 BGB**;
diese Vorschrift ist innerhalb aller Schuldverhältnisse und damit auch in gesetzlichen Schuldverhältnissen (ab deren Entstehung) anwendbar.[601] Damit muss sich die Stadt gemäß § 278 BGB sowohl das
pflichtwidrige Verhalten des D als auch dessen Verschulden zurechnen lassen, so dass die Voraussetzungen des § 280 I BGB erfüllt sind.

Eine Beschränkung auf die Verletzung einzelner Rechtsgüter oder Rechte wie bei § 823 I BGB findet   **323**
im Rahmen des § 280 I BGB nicht statt. Daher ist ohne Weiteres auch die Zerstörung der Telefonverbindung eine haftungsbegründende Pflichtverletzung und sind die dadurch bedingten Vermögenseinbußen ersatzfähig.

c) Rechtsfolge

Die A-GmbH kann daher von der Stadt Cuxhaven aus §§ 280 I, 241 II BGB i. V. m. § 278 BGB Ersatz   **324**
des gesamten Schadens verlangen, der ihr durch die Zerstörung der Strom- und Telefonkabel entstanden
ist. Dazu gehört zunächst der Aufwand für die Reparatur der Computeranlage (€ 24.000). Daneben
kann sie grundsätzlich auch ihren entgangenen Gewinn wegen des Ausfalls der Telefonanlage gem.
§§ 249 I, 252 S. 1 BGB ersetzt verlangen. Es fragt sich aber, ob es zur Ermittlung der Höhe des entgangenen Gewinns ausreicht, dass die A-GmbH ihre durchschnittlichen Umsätze der letzten Jahre angibt.

Hinsichtlich der Bestimmung der Schadenshöhe kommt dem Geschädigten **gem. § 252 S. 2 BGB** eine   **325**
Beweiserleichterung zugute: Danach gilt derjenige Gewinn als entgangen, der nach dem gewöhnlichen
Lauf der Dinge mit Wahrscheinlichkeit erwartet werden konnte. Diese Norm ist zusammen mit § 287
ZPO zu lesen:[602] Die Regelung des § 252 S. 2 BGB legt fest, *welche Tatsachen* für die Höhe des entgangenen Gewinns dargelegt und ggf. bewiesen werden müssen (nämlich die Umstände, aus denen sich nach
dem gewöhnlichen Lauf der Dinge die Wahrscheinlichkeit des Gewinneintritts ergibt). Die Anordnung
des § 287 ZPO bestimmt demgegenüber in Abweichung von § 286 ZPO, *welcher Grad richterlicher
Überzeugung* bei der Bestimmung des Schadensumfangs und der Bewertung der darauf gerichteten Beweislage erforderlich ist: Während die allgemeine (und insbesondere für den Haftungsbegründungstatbestand geltende) Anordnung des § 286 ZPO für einen gelungenen Tatsachenbeweis die volle richterliche
Überzeugung („keine vernünftigen Zweifel") fordert, genügt gem. § 287 I 1 ZPO für den Haftungsausfüllungstatbestand (Schaden, Schadenshöhe, haftungsausfüllende Kausalität) die „freie Überzeugung";
nach h. M. kann das Gericht den Beweis insoweit aufgrund der Vorstellung einer „deutlich überwiegenden Wahrscheinlichkeit" der in Frage stehenden Tatsache für erfolgreich erachten (Beweismaßreduzie-
rung). Ferner gilt für die Beweisaufnahme eine Verfahrenserleichterung (§ 287 I 2 ZPO). Auch eine – auf
hinreichend gesicherten Anhaltspunkten beruhende – richterliche Schätzung der Schadenshöhe kann
durch § 287 I ZPO gerechtfertigt werden.[603] Bei unstreitigen Sachverhalten kommt es somit alleine auf
§ 252 S. 2 BGB und nicht auf § 287 ZPO an.

Vorliegend genügt es also für die Darlegung und den Beweis eines entgangenen Gewinns i. H. v.   **326**
€ 50.000, wenn die A-GmbH darlegt, dass ein solcher Gewinn nach dem gewöhnlichen Lauf der Dinge
wahrscheinlich ist. Dies hat sie getan, indem sie die durchschnittlichen Gewinne des entsprechenden
Zeitraums in den letzten fünf Jahren nachgewiesen hat. Da keine Anhaltspunkte für einen abweichenden Verlauf bestehen, ist gem. § 252 S. 2 BGB von dieser Schadenshöhe auszugehen.

Die A-GmbH kann also von der Stadt Cuxhaven aus §§ 280 I, 241 II, 1004 I BGB i. V. m. § 278 BGB   **327**
Schadensersatz i. H. v. € 74.000 wegen der Zerstörung der Strom- und Telefonkabel durch D verlangen.

---

[601] Vgl. MünchKomm/*Ernst*, § 278 Rn. 15.
[602] Siehe zum Verhältnis beider Normen auch MünchKomm/*Oetker*, § 252 Rn. 30.
[603] Vgl. Zöller/*Greger*, § 287 Rn. 1.

2. Anspruch aus § 823 I BGB i.V.m. §§ 31, 89 BGB

328　Da die von D unsachgemäß durchgeführten Aushubarbeiten Grund für die Schädigung der A-GmbH waren, stellt sich die Frage der **Zurechnung gegenüber der Stadt Cuxhaven**. Eine Zurechnung des deliktischen Verhaltens von D (§ 823 I BGB) scheitert daran, dass D **kein Organ** oder verfassungsmäßig berufener Vertreter der Stadt Cuxhaven ist.[604] Für ein relevantes Verschulden der Organe und verfassungsmäßig berufenen Vertreter der Stadt (insbesondere Bürgermeister, Gemeinderat, leitende Beamte) ist dem Sachverhalt kein Anhaltspunkt zu entnehmen; ein solches Verschulden müsste sich auf die Auswahl oder Überwachung der S-GmbH im Sinne einer eigenständigen Verkehrspflichtverletzung beziehen.

3. Anspruch aus § 831 I BGB

329　Eine Haftung der Stadt Cuxhaven aus § 831 I BGB wegen des deliktischen Verhaltens des D scheitert daran, dass D nicht an Weisungen der Stadt Cuxhaven, sondern an die der S-GmbH gebunden, also **nur *deren* Verrichtungsgehilfe** war.[605] Die S-GmbH selbst ist ebenso wenig Verrichtungsgehilfin der Stadt, weil sie im Verhältnis zu dieser nicht weisungsgebunden und nicht in sozialer Abhängigkeit, sondern als selbständige Unternehmerin tätig war. Damit scheitert auch ein Anspruch aus § 831 I BGB.

IV. Ergebnis

330　Hinsichtlich der € 24.000 Reparaturkosten für die Computeranlage haften die Stadt Cuxhaven und die S-GmbH analog § 840 I BGB als Gesamtschuldner. Zum Ersatz des übrigen Schadens (€ 100.000 wegen der „Blockade" der MS Teutonia sowie € 50.000 wegen der Zerstörung des Telefonkabels) ist die Stadt Cuxhaven gegenüber der A-GmbH allein zum Ausgleich verpflichtet. Da die Zerstörung der Kabel jedoch im Verhältnis zwischen der Stadt Cuxhaven und der S-GmbH eine vertragliche Pflichtverletzung der S-GmbH darstellt, kann die Stadt wegen der € 74.000 in voller Höhe bei der S-GmbH im Innenverhältnis Regress nehmen (§ 280 I BGB), es sei denn, im Vertrag ist ein wirksamer Haftungsausschluss vereinbart.

---

[604]　Vgl. dazu oben Rn. 283.
[605]　Vgl. oben Rn. 292.

C. Fall 2: „Vom Winde verweht"

Themenkreis: *Negatorische Ansprüche, Störerbegriff, Selbstvornahme, Verkehrssicherungspflichten*

Sachverhalt

Simon Seidl (S) ist Eigentümer eines Grundstückes mit Einfamilienhaus in München, in dem er mit seiner Familie wohnt. Auf dem Grundstück steht eine 25 m hohe Fichte, die er vor 30 Jahren selbst gepflanzt hat. Während eines orkanartigen Sturmes mit Windstärken neun bis zehn stürzt die Fichte nach Stammbruch auf das benachbarte Grundstück des Norbert Noll (N). Dabei beschädigt die Baumkrone das Dach von dessen Garage, während der Rest des Baumes in der Luft quer über dem großen künstlichen Gartenteich hängt, in dem N bei kontrollierter Wassertemperatur und -qualität wertvolle asiatische Zierfische hält. Obwohl die Fichte gesund war, konnte sie dem Sturm nicht standhalten. Mit Stürmen dieser Stärke ist nach langjährigen Wetterbeobachtungen durchschnittlich ein- bis zweimal innerhalb von zehn Jahren zu rechnen. Erfahrungsgemäß hinterlassen solche Stürme nicht unerhebliche Schäden im auch gesunden Baumbestand (Bruch von ca. 1 ‰ der gesunden Bäume).

331

N lässt den Baum zunächst liegen und verlangt von S, den Baumstamm von seinem Grundstück zu entfernen. Dies würde allerdings eine Evakuierung sämtlicher Zierfische durch eine Spezialfirma und die Leerung und Wiederbefüllung des Teiches erfordern. S meint, er könne für die Folgen eines Naturereignisses nicht verantwortlich gemacht werden; N solle den Stamm selbst entfernen. Er habe daran kein Interesse mehr und verzichte auch endgültig auf das Eigentum; N könne damit machen, was er wolle. Im Übrigen ist S der Meinung, dass ihm die Entfernung der Fichte aufgrund des erheblichen Aufwands für die Zierfische nicht zugemutet werden könne; ein ihm bekannter Unternehmer hätte für die Bergungsaktion sogar „als Freundschaftspreis" € 12.000 veranschlagt.

Frage 1: Kann N von S Beseitigung des Baumstammes von seinem Grundstück verlangen?

Frage 2 (mit Abwandlung): Als sich S trotz mehrfacher Aufforderung durch N beharrlich und endgültig weigert, den Baumstamm vom Grundstück des N zu entfernen, beauftragt N ein Spezialunternehmen mit der Beseitigung des Baumstammes. Dafür werden ihm € 15.000 in Rechnung gestellt; der Betrag entspricht dem Marktpreis. Außerdem lässt er das Garagendach für € 5.000 reparieren.
Kann N nunmehr von S Zahlung von € 20.000 verlangen?

Frage 3 (mit Abwandlung): Wäre die Rechtslage bei Frage 1 und 2 anders zu beurteilen, wenn die Fichte – zwar für einen Gärtner, nicht aber für S erkennbar – seit geraumer Zeit an Rotfäule erkrankt und dadurch in ihrer Standfestigkeit beeinträchtigt war, und eine gesunde Fichte dem Unwetter mit hoher Wahrscheinlichkeit standgehalten hätte?

Frage 4 (mit Abwandlung): Vier Wochen vor dem Bruch der Fichte fegte ein anderer starker Sturm über München. Schon durch diesen Sturm wird die Fichte stark mitgenommen und verliert zahlreiche Äste. Infolgedessen kommt S der Verdacht, dass die Fichte in ihrer Standfestigkeit beeinträchtigt sein und bei einem weiteren Sturm umknicken könnte. Er beauftragt deshalb den renommierten Forstexperten Bernd Baumkenner (B) mit der Untersuchung der Fichte. B führt die Untersuchung durch und teilt S mit, dass kein Anlass zu Besorgnis bestehe; die Fichte werde auch ein weiteres schweres Unwetter überstehen. In Wahrheit ist die Fichte schon seit geraumer Zeit an Rotfäule erkrankt und in ihrer Standfestigkeit beeinträchtigt. Ein Fachmann wie B hätte dies bei ordnungsgemäßer Anwendung der anerkannten Untersuchungsmethoden erkennen müssen, für einen Laien wie S war es jedoch in keiner Weise zu erkennen.
Kann N von S und/oder B Zahlung von € 20.000 verlangen?

Bearbeitervermerk: Die aufgeworfenen Fragen sind in einem Rechtsgutachten in der vorgegebenen Reihenfolge zu beantworten; dabei ist – ggf. hilfsgutachtlich – auf alle angesprochenen Rechtsfragen einzugehen. Unabhängig davon, zu welchem Ergebnis der Bearbeiter bei Frage 1 gelangt ist, ist bei Frage 2 zu unterstellen, dass N von S ursprünglich Beseitigung des Baumstammes verlangen konnte.

Lösung zu Fall 2

Prüfungsstruktur

Frage 1: Anspruch auf Beseitigung der Fichte

I. Anspruch aus § 1004 I 1 BGB

1. Beeinträchtigung des Eigentums des N an seinem Grundstück

Das Eigentum des N an seinem Grundstück müsste durch die darauf gestürzte Fichte beeinträchtigt sein.   **332**

a) Ursprüngliche Beeinträchtigung durch den Baum

Nach h.M. ist als Beeinträchtigung i.S.v. § 1004 I 1 BGB jeder dem Inhalt des Eigentums widerspre-   **333**
chende **Eingriff in die rechtliche oder tatsächliche Herrschaftsmacht des Eigentümers** zu verstehen. Ausgenommen sind allerdings Eingriffe, die sich in der Entziehung oder Vorenthaltung des Besitzes erschöp-
fen, da insoweit § 985 BGB speziell ist.[606] Die Anwesenheit des Baumes auf dem Grundstück steht im
Widerspruch zur ausschließlichen Befugnis des N, über die Nutzung der Garage bzw. seines Grundstückes zu entscheiden (vgl. § 903 Alt. 1 BGB). Die Verantwortlichkeit für die Entstehung der Störung spielt
nach h.M. für die Ausfüllung des Kriteriums „Beeinträchtigung" keine Rolle, vielmehr findet sie nur
für die Bestimmung der Störereigenschaft Berücksichtigung.[607]

b) Auswirkungen der Aufgabe des Eigentums am Baum – Usurpationstheorie

Es bedarf aber näherer Prüfung, ob die Beeinträchtigung des Grundstückseigentum von N dadurch be-   **334**
endet wurde, dass S auf das Eigentum am Baum verzichtet hat: Mit der Trennung vom Grundstück
wurde die Fichte, die zuvor ein wesentlicher Bestandteil des Grundstückes von S war (§ 94 I BGB), zu
einer beweglichen Sache im Eigentum des S (§ 953 BGB). S hat das Eigentum gemäß §§ 959, 856 I BGB
verloren, als er gegenüber N erklärte, er verzichte auf das Eigentum (sog. **Dereliktion**).

---

[606] Vgl. MünchKomm/*Baldus*, § 1004 Rn. 25; Palandt/*Bassenge*, § 1004 Rn. 5 sowie *Larenz/Canaris*, Schuldrecht II/2, § 86 I (S. 673 ff.). Vgl. auch *BGH* NJW 2005, 1366 (1367) = JuS 2005, 751: „Jeder dem Inhalt des Eigentums (§ 903 BGB) widersprechende Zustand".

[607] So richtig Jauernig/*Jauernig*, § 1004 Rn. 5; *Stickelbrock*, AcP 197 (1997), 456; a.A. MünchKomm/*Baldus*,
§ 1004 Rn. 26.

aa) Beeinträchtigung nach der Usurpationstheorie

335   Nach der von *Picker* begründeten sog. **Usurpationstheorie**[608] führt diese Eigentumsaufgabe zugleich zur Beendigung der Beeinträchtigung i.S.v. § 1004 I 1 BGB. Denn diese Lehre macht das Vorliegen einer Beeinträchtigung i.S.v. § 1004 I BGB davon abhängig, dass sich der Störer die dem Eigentümer entzogenen Befugnisse anmaßt und damit das Eigentum usurpiert. Danach reicht es nicht aus, dass der Dritte einen Zustand verursacht, der rein tatsächlich den Eigentümer in der Ausübung seiner Eigentümerbefugnisse beeinträchtigt. Der **Einbuße** des Eigentümers muss vielmehr ein **fortdauernder Vorteil** des Dritten gegenüberstehen.[609]

       Solange S das Eigentum an der Fichte beansprucht, die auf dem Dach der Garage zu liegen kam, nimmt er eine Befugnis für sich in Anspruch, die nur dem Grundstückseigentümer N zusteht. Die Eigentümerbefugnisse des N werden nicht nur tatsächlich, sondern auch rechtlich eingeschränkt, da N die Fichte nicht ohne Weiteres eigenmächtig beseitigen darf, solange S an ihr Eigentumsrechte geltend macht. Auch nach der Usurpationstheorie war also ursprünglich eine Beeinträchtigung i.S.v. § 1004 I 1 BGB gegeben. Jedoch endet die Beeinträchtigung nach dieser Auffassung in dem Augenblick, in dem der Störer **sein Eigentum an der störenden Sache aufgibt**. Rechtlich ist der Gestörte dann nicht mehr gehindert, die Sache auf eigene Faust zu entfernen. Indem der vormalige Störer das Eigentum aufgibt, entfällt die Anmaßung der Befugnisse des gestörten Eigentümers, auch wenn dessen tatsächliche Beeinträchtigung die gleiche bleibt.[610] Nach der Usurpationstheorie liegt daher eine Beeinträchtigung des Eigentums des N nicht mehr vor, weil S das Eigentum an der Fichte aufgegeben hat.

336   Die Usurpationstheorie wurde entwickelt, um eine **klarere Unterscheidung** zwischen dem **Beseitigungsanspruch aus § 1004 BGB** und dem **Schadensersatzanspruch aus § 823 I BGB zu erzielen.** Da es letztlich kein Kriterium gebe, um zwischen Beseitigung der Beeinträchtigung und Schadensersatz zu unterscheiden, begründe die h.M. aus § 1004 BGB faktisch eine deliktsähnliche verschuldensunabhängige Kausalhaftung, die der grundlegenden Entscheidung der §§ 823 ff. BGB für das Verschuldensprinzip widerspreche. Die Usurpationstheorie soll dagegen die Parallelität von § 985 BGB und § 1004 BGB wieder herstellen, die schon im Wortlaut von § 1004 BGB (Beeinträchtigung „in anderer Weise als durch Entziehung oder Vorenthaltung des Besitzes") angedeutet sei. Aus der Usurpationstheorie folgt, dass der Störer durch **Dereliktion** die Störungsbeseitigung (einschließlich ihrer Kosten) auf den Gestörten abwälzen kann.[611] Diese Konsequenz ist nach Auffassung der Vertreter dieser Lehre mit der gesetzlichen Regelung vereinbar: § 1004 BGB enthalte lediglich eine Zweckmäßigkeitsentscheidung zwischen der Beseitigungspflicht des Störers und einer Duldungspflicht des Störers hinsichtlich der Beseitigung durch den Gestörten; die Kostentragung sollte dagegen nicht geregelt werden.[612]

bb) Würdigung

337   Die **Motive des BGB** sprechen allerdings gegen eine Einschränkung des § 1004 BGB im Sinne der Usurpationstheorie:[613] Dem Anspruch aus § 1004 BGB ist von den Gesetzesverfassern die Aufgabe zugedacht, im Zusammenspiel mit § 985 BGB das **Eigentum in umfassender Weise zu schützen.** Dieser umfassende Schutz ist nicht gewährleistet, wenn der Verantwortliche nur deshalb nicht herangezogen werden kann, weil er sich keinerlei Eigentümerbefugnisse anmaßt.[614] Auch unter Wertungsgesichtspunkten scheint es kaum akzeptabel, dass der Störer sich durch einen einseitigen Akt einer gesetzlichen Kostentragungspflicht auf Kosten des Gestörten entziehen können soll. Die Usurpationstheorie ist daher mit der h.M. jedenfalls insoweit zu verwerfen, als sie es dem Störer gestattet, sich dem Beseitigungsanspruch durch Dereliktion der störenden Sache zu entziehen.[615]

       Ungeachtet der Tatsache, dass S das Eigentum am Baumstamm aufgegeben hat, liegt daher eine **fortdauernde Beeinträchtigung des Eigentums** des N vor.

---

[608] *Picker,* Der negatorische Beseitigungsanspruch, 1972; *ders.,* FS Gernhuber, 1993, S. 315 ff.; ihm folgend u. a. Staudinger/*Gursky,* 2006, § 1004 Rn. 96 ff.; *Wilhelm,* Sachenrecht, 3. Aufl., 2007, Rn. 1366 ff.; *Katzenstein,* JZ 2008, 1129 (1132 ff.); tendenziell zustimmend auch *Neuner,* JuS 2005, 385 (387 ff.); *ders.,* JuS 2005, 487 (488); siehe den Überblick bei *Neuner,* Sachenrecht, Rn. 205 ff.

[609] *Picker,* FS Gernhuber, 1993, S. 333 f.; Staudinger/*Gursky,* 2006, § 1004 Rn. 17.

[610] *Picker,* FS Gernhuber, 1993, S. 337 f.; Staudinger/*Gursky,* 2006, § 1004 Rn. 113 ff.; *Katzenstein,* NZM 2008, 594 (596 f.).

[611] *Picker,* FS Gernhuber, 1993, S. 341 f.; demgegenüber will *Neuner,* JuS 2005, 385 (389); *ders.,* Sachenrecht, Rn. 206 a.E. die Wirkungen der Dereliktion in Missbrauchsfällen teleologisch reduzieren.

[612] Vgl. *Picker,* FS Gernhuber, 1993, S. 341 f.

[613] Vgl. Motive III, S. 425; s. dazu *Larenz/Canaris,* Schuldrecht II/2, § 86 III 3 d (S. 689) m. N.; s. auch MünchKomm/*Baldus,* § 1004 Rn. 38, der jedenfalls auf Seite des Beeinträchtigenden keinen dem Nachteil des Eigentümers entsprechenden Vorteil fordert, wenngleich er sich den Begründungsansätzen der Usurpationstheorie an anderer Stelle anschließt, vgl. ebd., Rn. 80 f.

[614] *BGH* NJW 2005, 1366 = JuS 2005, 751.

[615] Vgl. *BGH* NJW 2005, 1366 (1367) = JuS 2005, 751 m.w.N.; NJW 2007, 2182 = JuS 2007, 870; *Stickelbrock,* AcP 197 (1997), 470 ff.; MünchKomm/*Baldus,* § 1004 Rn. 39; *Larenz/Canaris,* Schuldrecht II/2, § 86 V 2 a.E. (S. 696); ebenso *Neuner,* JuS 2005, 385 (389 ff.); *ders.,* Sachenrecht, Rn. 206 a.E., trotz grundsätzlicher Zustimmung zur Usurpationstheorie.

2. Störereigenschaft des S

Die Passivlegitimation des S ist davon abhängig, dass er als Störer i. S. v. § 1004 I 1 BGB zu qualifizieren ist. Der Begriff des Störers ist in § 1004 BGB nicht näher definiert. Es versteht sich von selbst, dass der Störer in spezifischer Weise **für die Beeinträchtigung verantwortlich** sein muss, sonst wäre es unter Gerechtigkeitsaspekten nicht zu rechtfertigen, ihm die Pflicht zur Beseitigung aufzuerlegen. Aus dem Gesetz lassen sich jedoch die Kriterien nicht entnehmen, nach denen sich diese Verantwortlichkeit bestimmt.

338

Keinerlei Probleme bereitet der Störerbegriff lediglich den Vertretern der **Usurpationstheorie**. Störer ist, wer das fremde Recht faktisch usurpiert.[616] Durch Dereliktion entfällt danach auch die Störereigenschaft des S. Diese Annahme der Usurpationstheorie steht indessen nach dem Gesagten nicht mit den historischen, systematischen und wertungsmäßigen Rahmenbedingungen des § 1004 BGB im Einklang.[617]

339

Die **h. M.** unterscheidet bei der Bestimmung des Störers zwischen Handlungs- und Zustandsstörer, je nachdem, ob sich die Zurechnung aus dem Verursachungsprinzip oder aus der Verantwortung einer Person für die störende Sache ergibt:[618] **Handlungsstörer** ist danach, wer durch sein Verhalten (positives Tun oder pflichtwidriges Unterlassen) die Beeinträchtigung adäquat kausal verursacht hat;[619] auf ein Verschulden kommt es dabei nicht an. **Zustandsstörer** ist der Eigentümer oder Besitzer einer Sache, von der die Beeinträchtigung ausgeht, wenn die Beeinträchtigung wenigstens mittelbar auf seinen Willen zurückgeht.[620] Gemeint sind vor allem Fälle, in denen sich die Beeinträchtigung allein aus der Beschaffenheit oder der räumlichen Lage einer Sache ergibt, und eine Person zwar nicht selbst gehandelt hat, durch ihren maßgeblichen Willen aber den eigentumsbeeinträchtigenden Zustand aufrecht erhält. Die **Abgrenzung** zwischen Handlungsstörer und Zustandsstörer ist jedoch häufig schwierig, da auch der Begriff des Zustandsstörers ein gewisses Verhaltenselement voraussetzt, und nicht selten beide Varianten erfüllt sind.[621] Auch werden die beiden Störerkategorien durch weitere, z. T. umstrittene, Qualifikationen konkretisiert, die im Folgenden näher zu behandeln sind. Dabei sind **zwei Anknüpfungspunkte** für die Haftung des S zu berücksichtigen: Zum einen hat er den Baum selbst gepflanzt, zum anderen ist er Eigentümer und Besitzer des Grundstückes und damit auch des Baumes gewesen.

340

a) Handlungsstörer

S könnte, da er den Baum gepflanzt hat, als Handlungsstörer für die Beeinträchtigung verantwortlich sein. Die Mindestvoraussetzung der Handlungshaftung, dass der Störer die Beeinträchtigung **durch sein Verhalten adäquat verursacht** hat,[622] ist vorliegend erfüllt. Denn S hat dadurch, dass er den Baum gepflanzt hat, eine notwendige und adäquate Bedingung für den Sturz des Baumes auf das Grundstück des N gesetzt. Dass auch ein gesunder Baum durch ein schweres Unwetter umgeknickt werden kann, ist für einen optimalen Beobachter ohne Weiteres vorhersehbar.

341

Wegen der Gleichwertigkeit aller Ursachen kann jedoch die **Verursachung allein keine hinreichende Haftungsvoraussetzung** sein.[623] Insbesondere in Fällen, in denen die Störung aus einem vergangenen, bereits abgeschlossenen Verhalten resultiert, wird eine Haftung des Handelnden häufig als unbillig empfunden. *Wie* die Handlungshaftung einzugrenzen ist, ist jedoch streitig:

---

[616] Vgl. *Picker,* FS Gernhuber, 1993, S. 343.

[617] Vgl. soeben Rn. 337.

[618] Vgl. Palandt/*Bassenge,* § 1004 Rn. 15 ff., *Wolf/Wellenhofer,* Sachenrecht, 25. Aufl., 2010, § 24 Rn. 15 ff.

[619] Vgl. *BGH* NJW 2005, 1366 (1368) = JuS 2005, 751; Palandt/*Bassenge,* § 1004 Rn. 16 ff., Staudinger/*Gursky,* 2006, § 1004 Rn. 93.

[620] Vgl. *BGH* NJW 2005, 1366 (1368) = JuS 2005, 751; Palandt/*Bassenge,* § 1004 Rn. 19; beachte: Der Begriff des Zustandsstörers ist wegen dieses Verhaltenselements im Zivilrecht nach h. M. enger als im Polizei- und Sicherheitsrecht.

[621] Zum Teil wird die Unterscheidung zwischen Handlungs- und Zustandsstörer daher abgelehnt und eine andere Einteilung vorgeschlagen, vgl. etwa MünchKomm/*Medicus,* 4. Aufl., 2004, § 1004 Rn. 43 ff., der zwischen Tätigkeits- und Untätigkeitsstörer differenziert.

[622] Vgl. die Nachweise oben Fn. 617.

[623] Vgl. *Larenz/Canaris,* Schuldrecht II/2, § 86 V 1 a (S. 694).

342   **aa)** Nach einer Auffassung soll – ebenso wie im öffentlichen Sicherheitsrecht – nur derjenige Handlungsstörer sein, dessen Verhalten die Eigentumsbeeinträchtigung unmittelbar verursacht.[624] Mittelbare Verursachungsbeiträge können danach nur im Rahmen der Zustandshaftung relevant werden. Dadurch werden die Grenzen zwischen Handlungshaftung und Zustandshaftung allerdings aufgeweicht und zu sehr zu Gunsten der Zustandshaftung verschoben. Problematisch am Kriterium der Unmittelbarkeit ist ferner auch, dass es sich dabei um ein normatives Kriterium handelt, das wiederum häufig nur durch eine wertende Betrachtung aller Umstände festgestellt werden kann. Somit ist für die Frage der Zurechenbarkeit der Eigentumsbeeinträchtigung nichts konkretes gewonnen.

343   **bb)** Ferner wird vorgeschlagen, ein in der Vergangenheit liegendes Verhalten nur dann zur Grundlage einer Handlungshaftung zu machen, wenn dadurch, und sei es auch in rechtmäßiger Weise, eine besondere Gefahr geschaffen wurde.[625] Allerdings können dem Handelnden nur solche Gefahren zugerechnet werden, die typische Folgen seines Handelns sind, und mit denen daher allgemein gerechnet wird. Diese Einschränkung ist bei näherer Betrachtung aber ebenfalls nicht weiterführend: Jeder Beeinträchtigung des Eigentums geht eine Gefahr der Beeinträchtigung unmittelbar voraus. Diese Gefahr beruht gleichermaßen auf Umständen auf Seiten des „Störers" wie auf Seiten des „Gestörten" (weil auch dieser sein Eigentum nicht dagegen geschützt hat). Das Erfordernis der „Schaffung einer besonderen Gefahr" verdeckt daher lediglich die nötige Wertungsentscheidung über die Verantwortlichkeit für die Störung, ersetzt diese aber nicht.

344   **cc)** Ein Teil der Literatur fordert schließlich, dass der Störer rechtswidrig gehandelt haben muss. Dies wird insbesondere aus § 1004 II BGB gefolgert, wonach der Anspruch ausgeschlossen ist, wenn eine Duldungspflicht besteht.[626] Dagegen wird zwar eingewandt, es sei zwischen der Rechtswidrigkeit der Eingriffs*handlung* und der Rechtswidrigkeit des dadurch entstandenen Beeinträchtigungs*zustands* zu unterscheiden. Hinsichtlich des Anspruchs aus § 1004 BGB könne es nur darauf ankommen, ob der herbeigeführte *Zustand* durch die Duldungspflicht gedeckt, also in diesem Sinne rechtmäßig ist, nicht aber darauf ob die zugrundeliegende *Handlung* rechtmäßig war. Indessen ist für derartige Erwägungen im Rahmen der Haftung als *Zustandsstörer* hinreichend Raum; das Erfordernis einer rechtswidrigen, d. h. gegen eine objektive Verkehrspflicht verstoßenden Handlung gilt nur für die Qualifikation als Handlungsstörer. Demgegenüber ermöglicht diese Auffassung einen wertungsmäßigen Gleichlauf mit dem eng verwandten deliktsrechtlichen Eigentumsschutz, indem die Handlungshaftung an den gleichen Kriterien wie die deliktische Verschuldenshaftung orientiert und lediglich auf das Verschuldenserfordernis verzichtet wird.[627] Zu prüfen ist im Rahmen der Handlungshaftung danach, ob das Verhalten des S gegen eine objektive Verkehrspflicht verstoßen hat. Dies ist indessen nicht der Fall, weil keine allgemeine Pflicht besteht, gesunde Bäume nur wegen der abstrakten Gefahr eines Windbruches unter extremen Wetterbedingungen zu fällen.

345   **dd)** Im Ergebnis lässt sich festhalten, dass sich im vorliegenden Fall eine Handlungshaftung des S nach keiner Auffassung begründen lässt: Weder hat das Pflanzen des Baumes die Beeinträchtigung des Nachbargrundstücks unmittelbar verursacht, noch hat es eine besondere Gefahr geschaffen, noch war es eine rechtswidrige Handlung.

b) Zustandsstörer

346   S könnte jedoch in seiner Eigenschaft als Besitzer und Eigentümer des Baumes (bis zur Dereliktion) und damit als Zustandsstörer verantwortlich sein. Der Begriff des Zustandsstörers ist jedoch ebenfalls sehr umstritten. Nach h. M. ist Grundlage der Zustandshaftung das Eigentum oder der Besitz an der Sache:[628] Maßgebend hierfür ist, dass der Eigentümer oder im Einzelfall auch der Besitzer aufgrund seiner Herrschafts- und Einwirkungsbefugnis die Störung beseitigen könnte und aus diesem Grund für den störenden Zustand des Grundstücks verantwortlich ist.[629]

aa) Erfordernis eines Willenselements

347   Das bloße Eigentum allein kann allerdings nach h. M. keine Zustandshaftung begründen.[630] Eine solche Haftung würde eine Gefährdungshaftung kraft Eigentums darstellen, die den sonst vom Gesetz vorgesehenen Zurechnungskriterien widersprechen würde. In anderen Gefährdungshaftungstatbeständen

---

[624] Vgl. Jauernig/*Jauernig*, § 1004 Rn. 6a.

[625] Vgl. MünchKomm/*Medicus*, 4. Aufl., 2004, § 1004 Rn. 39.

[626] Vgl. MünchKomm/*Baldus,* § 1004 Rn. 90 ff.; *Westermann*, Sachenrecht, § 36 III (S. 268).

[627] Ähnlich auch *Wagner*, FS Medicus, 2009, 589 (601 ff.), allerdings auch bezogen auf die Zustandshaftung.

[628] Vgl. *BGH* NJW 2007, 432; Palandt/*Bassenge*, § 1004 Rn. 19; Staudinger/*Gursky*, 2006, § 1004 Rn. 102; *Wolf/Wellenhofer*, Sachenrecht, § 24 Rn. 22; ähnlich *Larenz/Canaris*, Schuldrecht II/2, § 86 III 3 b (S. 688 f.).

[629] Vgl. Staudinger/*Gursky,* 2006, § 1004 Rn. 102.

[630] BGHZ 122, 283 (285) = JuS 1993, 966 – Wiebke m.w.N.; Palandt/*Bassenge*, § 1004 Rn. 19; Staudinger/ *Gursky*, 2006, § 1004 Rn. 94; MünchKomm/*Medicus* 4. Aufl. 2004, § 1004, Rn. 46; a. A. *Pleyel*, AcP 156 (1957), S. 291 ff.: Haftungsausschluss nur bei höherer Gewalt.

wird die Haftung nämlich nicht allein an das Eigentum geknüpft, sondern an weitere Kriterien, wie z. B. die Haltereigenschaft. Es muss daher noch ein **Willenselement** hinzukommen, d. h. als Störer kommt nur in Betracht, wer zumindest mittelbar durch seinen maßgeblichen Willen den eigentumsbeeinträchtigenden Zustand aufrechterhält.[631] Danach führen **reine Naturereignisse**, die nicht auf eine Veränderung der natürlichen Beschaffenheit eines Grundstücks durch menschliches Verhalten (nicht notwendigerweise des Eigentümers) zurückzuführen sind, **nicht zu einer Zustandshaftung**.[632] Auch kann eine Zustandshaftung danach nur bestehen, solange die Störung fortdauert.[633]

Hier hat S den Baum selbst gepflanzt und damit die natürliche Beschaffenheit des Grundstückes verändert.[634] Ein Willenselement, das jedenfalls mittelbar zu der Störung beigetragen hat, liegt also vor.

bb) Schaffung einer konkreten Gefahrenquelle/Überschreiten des Rahmens ordnungsgemäßer Bewirtschaftung

Nach der Rechtsprechung des *BGH* ist jedoch eine **weitere Einschränkung** der Zustandshaftung erforderlich. Dem Eigentümer könnten nicht alle Störungen zugerechnet werden, die – im naturwissenschaftlichen Sinne – durch seine willentlichen Handlungen herbeigeführt wurden. Eine derart weitreichende Zurechnung würde dem Sinn und Zweck der nachbarrechtlichen Regelung des Nutzungskonflikts widersprechen (§§ 903 ff. BGB).[635] Wann eine Zurechnung erfolgen kann, lasse sich jedoch nicht allgemein festlegen; vielmehr bedürfe es einer **wertenden Betrachtung im Einzelfall**.[636] Zu deren näherer Begründung hat der *BGH* – im Zusammenhang mit umstürzenden Bäumen – darauf abgestellt, ob der vom Eigentümer geschaffene Zustand eine **konkrete Gefahrenquelle** für das Nachbargrundstück darstellte.[637] In seiner neueren Rechtsprechung hat er seine Auffassung dahingehend präzisiert, dass es darauf ankomme, ob den Eigentümer des Grundstücks, von dem die Störung ausgeht, eine „**Sicherungspflicht**", also eine **Pflicht zur Verhinderung möglicher Beeinträchtigungen** trifft.[638] Das Gericht hat die Entstehung einer solchen Pflicht insbesondere davon abhängig gemacht, ob sich die Nutzung des störenden Grundstücks **im Rahmen ordnungsgemäßer Bewirtschaftung** hält.[639] Dies wiederum sei anhand der Vorschriften und Grundsätze des öffentlichen und privaten Nachbarrechts, insbesondere des nachbarrechtlichen **Gebots der Rücksichtnahme** sowie der Art der Nutzung und der **Möglichkeit einer vorbeugenden Beherrschung der Störung** zu beurteilen.[640] Auf dieser Basis kommt eine Sicherungspflicht des Eigentümers jedenfalls dann in Betracht, wenn die konkrete Nutzung des Grundstücks gegen Rechtsvorschriften verstößt, die dem Schutz des Nachbarn dienen (etwa Vorschriften über den Grenzabstand[641] oder bei Überwuchs auf das Nachbargrundstück entgegen § 910 BGB[642]). Das **bloße Anpflanzen und Aufziehen gesunder Bäume** begründet danach für sich genommen keine besonderen Sicherungspflichten, da solche Bäume gegenüber normalen Einwirkungen der Naturkräfte hinreichend widerstandsfähig sind, so dass mit einem Umstürzen nicht zu rechnen ist.[643] Sicherungspflichten treffen den Grundstückseigentümer erst dann, wenn die von ihm unterhaltenen Bäume aufgrund **Krankheit** oder **Überalterung** diese Widerstandskraft eingebüßt haben.[644]

348

---

[631] BGHZ 120, 239 (254) = JuS 1993, 691 – Froschquaken; BGHZ 122, 283 (285) = JuS 1993, 966 – Wiebke m.w.N.; *BGH* NJW-RR 2001, 1208 – Mehltau; vgl. auch *Baur/Stürner*, Sachenrecht, 18. Aufl., 2009, § 12 Rn. 14; Staudinger/*Gursky*, 2006, § 1004 Rn. 94 m.w.N.

[632] BGHZ 19, 126 (130); BGHZ 90, 255 (266); BGHZ 122, 283 (285 f.) = JuS 1993, 966 – Wiebke; *BGH* NJW-RR 2001, 1208 – Mehltau; Palandt/*Bassenge*, § 1004 Rn. 19; *Larenz/Canaris*, Schuldrecht II/2, § 86 II 3 c (S. 679 ff.); *Baur/Stürner*, Sachenrecht, § 12 Rn. 14; a. A. Staudinger/*Gursky*, 2006, § 1004, Rn. 105 f.; vgl. auch MünchKomm/*Baldus*, § 1004 Rn. 64, der bei reinen Naturereignissen schon den Tatbestand einer Beeinträchtigung ablehnt.

[633] Vgl. *Wolf/Wellenhofer*, Sachenrecht § 24 Rn. 23; im Ergebnis auch *Westermann*, Sachenrecht, § 36 II 2 a.

[634] Nach *Larenz/Canaris*, Schuldrecht II/2, § 86 II 3 c (S. 680) soll sogar das Dulden eines von der Natur gesäten Baumes einem positiven Tun so nahe stehen, dass es gleich zu behandeln wäre.

[635] BGHZ 122, 283 (284 f.) = JuS 1993, 966 – Wiebke; *BGH* NJW 1995, 2633 (2634) = JuS 1996, 73 – Wollläuse.

[636] Vgl. *BGH* NJW 1995, 2633 (2634) = JuS 1996, 73 – Wollläuse; NJW 1999, 2896 (2897) = JuS 2000, 190 – Brandschaden.

[637] Vgl. BGHZ 122, 283 (284 f.) = JuS 1993, 966 – Wiebke; NJW 1995, 2633 (2634) = JuS 1996, 73 – Wollläuse; NJW 2003, 1732 (1733) – Pappeln.

[638] *BGH* NJOZ 2005, 174 – Walnussbaum; NJW 2004, 603 (604) – Betonplatte; NJW 2004, 1035 (1036) – Mauerrisse; BGHZ 157, 33 (42) – Kiefernnadeln; ähnlich bereits *Herrmann*, JuS 1994, 277 ff.; *dies.* NJW 1997, 153 ff.; *Armbrüster*, NJW 2003, 3087 (3088); siehe zum Ganzen *Wenzel*, NJW 2005, 241 (242).

[639] *BGH* NJOZ 2005, 174 – Walnussbaum; NJW 2004, 603 (604) – Betonplatte; NJW 2004, 1035 (1036) – Mauerrisse; BGHZ 157, 33 (42) – Kiefernnadeln.

[640] BGHZ 157, 33 (42 f.) – Kiefernnadeln.

[641] *BGH* NJW 2004, 1035 (1036) – Mauerrisse; BGHZ 157, 33 (43) – Kiefernnadeln.

[642] *BGH* NJW 2004, 603 (604) – Betonplatte.

[643] BGHZ 122, 283 (284 f.) = JuS 1993, 966 – Wiebke.

[644] BGHZ 122, 283 (284 f.) = JuS 1993, 966 – Wiebke; *BGH* NJW 2003, 1732 – Pappeln; NJOZ 2005, 174 – Walnussbaum; Palandt/*Bassenge*, § 1004 Rn. 24.

Legt man diese Rechtsprechung zugrunde, so ist eine Haftung im vorliegenden Fall ausgeschlossen, da der gesunde Baum vor dem Sturm keine konkrete Gefahr für das Nachbargrundstück bildete und die entfernte Möglichkeit, dass ein besonders starker Sturm einen gesunden Baum umknicken könnte, insoweit nicht als ausreichend angesehen werden kann. Auch hält sich die Existenz eines derartigen Baumes auf einem Wohngrundstück im Rahmen ordnungsgemäßer Bewirtschaftung und verstößt insbesondere nicht gegen das nachbarrechtliche Gebot der Rücksichtnahme.

cc) Zusammenhang mit der freien Nutzungs- und Dispositionsbefugnis des Eigentümers

349   Dieser einschränkenden Auslegung der Zustandshaftung ist allerdings in der Literatur **widersprochen** worden. Bei einer bereits eingetretenen Beeinträchtigung könne der Beseitigungsanspruch aus § 1004 BGB nicht davon abhängen, ob zuvor eine konkrete Gefahrenquelle bestanden hat, da dies zu **Wertungswidersprüchen** zwischen zivilrechtlicher und öffentlich-rechtlicher Störerhaftung und zu weitreichenden **Schutzlücken** führen würde.[645] Denn die Auffassung des *BGH* unterwirft die Zustandsstörerhaftung durch das Erfordernis einer Sicherungspflichtverletzung im praktischen Ergebnis im Wesentlichen den gleichen Kriterien wie die deliktische Haftung.[646] Dies mag angesichts seiner quasi-schadensrechtlichen Betrachtungsweise hinsichtlich des *Inhalts* des Beseitigungsanspruches konsequent sein; dem spezifischen Zweck der negatorischen Haftung im System der Ausgleichsansprüche wird er damit aber nicht mehr gerecht. Insbesondere versagt der Rückgriff auf Sicherungspflichten beispielsweise, wenn sich die Störung nicht aus der Gefährlichkeit der störenden Sache, sondern schlicht aus ihrer Lage ergibt.[647]

350   Auch in der Rechtsprechung des *BGH* finden sich gewisse Tendenzen, die auf eine Zustandsverantwortlichkeit des Eigentümers auch **ohne Überschreitung des bestimmungsgemäßen Gebrauchs** hinauslaufen. So wurde eine Zustandshaftung für von einem normalen und gesunden Baum herabfallende Kiefernnadeln angenommen.[648] Des Weiteren hat das Gericht die Zustandshaftung eines Hauseigentümers bejaht, weil das Haus infolge eines technischen Defekts an elektrischen Leitungen oder Geräten in Brand geraten ist, und insoweit maßgeblich darauf abgestellt, dass die Störung auf Umständen beruhte, auf die grundsätzlich der Eigentümer, und nur dieser, Einfluss nehmen konnte, wenn konkret auch kein Anlass für ein vorbeugendes Tätigwerden bestanden haben mag.[649]

351   Hinter diesen Judikaten zeichnet sich ein überzeugendes Kriterium für die Beschränkung der Zustandshaftung ab, nämlich das Erfordernis eines **spezifischen Zusammenhangs der Störung mit der Nutzungs- und Dispositionsbefugnis des Eigentümers**.[650] Eine solche Konkretisierung der Zustandshaftung stellt auch einen überzeugenden Bezug zu den Rechten des Eigentümers her (§ 903 BGB). Sieht man nämlich die Grundlage der Zustandshaftung in der abstrakten Einflussmöglichkeit des Eigentümers, so ist die Haftung dann nicht zu rechtfertigen, wenn die Störung keinerlei Zusammenhang mit der freien Nutzungs- und Dispositionsbefugnis des Eigentümers aufweist. Dagegen fallen Risiken, die **typischerweise mit der freiwillig gewählten Nutzung verbunden** sind, in den Kernbereich der Zustandshaftung. Eine solche Konkretisierung findet eine teleologische Parallele in den Zurechnungskriterien der Gefährdungshaftung:[651] Auch diese knüpft typischerweise daran an, dass der *Halter* einer Gefahrenquelle das von dieser ausgehende (erlaubte) Risiko beherrscht, die damit verbundenen Vorteile genießt und darüber bestimmen kann, in welchem Umfang das Risiko besteht, indem er über das *Ob* und das *Wie* der Risikoschaffung entscheidet. Es ist systematisch konsequent, die gleichen Zurechnungskriterien auch für die – schwächere, aber ebenfalls verschuldensunabhängige – negatorische Zustandshaftung aus § 1004 BGB heranzuziehen.

Beispielhaft für den **Ausschluss der Haftung** nach diesem Kriterium ist – neben den **reinen Naturereignissen** – der Fall der Verseuchung eines Grundstücks mit Öl oder Giftmüll durch einen Dritten: Ein etwaiges Übergreifen dieser Verseuchung auf ein Nachbargrundstück würde keine Zustandshaftung des Grundstückseigentümers auslösen.[652]

dd) Zwischenergebnis

352   Folgt man der Präzisierung der Haftungsvoraussetzungen in ihrer soeben definierten Ausprägung, so ergibt sich im vorliegenden Fall eine **Haftung des S als Zustandsstörer** im Sinne des § 1004 I 1 BGB.

---

[645] So *Prütting*, Sachenrecht, Rn. 574; *Larenz/Canaris*, Schuldrecht II/2, § 86 V 3 d (S. 699).

[646] Vgl. etwa *BGH* NJW 2003, 1732 – Pappeln, wo die Haftung für einen überalterten Baum nicht auf § 1004 I BGB, sondern sogar auf § 823 I BGB gestützt wurde; der Unterschied gegenüber einer deliktischen Haftung für Verkehrspflichtverletzungen dürfte nur noch im Verschuldenskriterium liegen, vgl. *BGH* NJW 2004, 603 – Betonplatte (unter II.1.).

[647] Z. B. Balkon ragt in Nachbargrundstück, vgl. Staudinger/*Gursky*, 2006, § 1004 Rn. 93, 96, 102 f.; *Larenz/Canaris*, Schuldrecht II/2, § 86 V 1 c (S. 695).

[648] Vgl. BGHZ 157, 33 (42 f.) – Kiefernnadeln; im konkreten Fall hat der *BGH* zwar auch darauf abgestellt, dass bei dem Baum der landesrechtlich vorgeschriebene Grenzabstand nicht eingehalten wurde; hierauf kam es aber nicht entscheidend an (vgl. *Wenzel*, NJW 2005, 242 f.; *Roth*, LMK 2004, 65).

[649] Vgl. *BGH* NJW 1999, 2896 (2897) = JuS 2000, 190.

[650] Zutr. *Larenz/Canaris*, Schuldrecht II/2, § 86 V 3 a (S. 697); ähnlich *Stickelbrock*, AcP 197 (1997), 456 (493), die eine Eingrenzung der reinen Bereichshaftung jedoch erst rechtsfolgenseitig vornehmen will.

[651] Vgl. dazu oben *Systematische Darstellung Deliktsrecht* (Rn. 231).

[652] Vgl. *Larenz/Canaris*, Schuldrecht II/2, § 86 V 3 f (S. 699).

Denn S hat den Baum selbst gepflanzt und damit von seiner Befugnis Gebrauch gemacht, sein Grundstück nach eigenem Gutdünken zu nutzen. Der Sturz des Baumes während eines starken Sturmes ist ein zwar seltenes, aber nicht unvorhersehbares Ereignis. Obwohl das Risiko gering ist, handelt es sich um ein typischerweise mit dem „Halten" eines Baumes verbundenes Risiko, das S bei der Entscheidung über die Nutzung des Grundstücks vernünftigerweise berücksichtigen musste.[653] S ist demnach Zustandsstörer.[654]

c) Folgen der Dereliktion

Wie bereits oben ausgeführt, ändert die Aufgabe des Eigentums an der Fichte – entgegen der Usurpationstheorie[655] – nichts an der Störereigenschaft des S.[656] Denn die Dereliktion macht die eingetretene Störung nicht rückgängig und bringt daher den einmal entstandenen Anspruch nicht zum Erlöschen.   **353**

3. Duldungspflicht des N

Eine Duldungspflicht des N gemäß § 1004 II BGB ist nicht ersichtlich.   **354**

4. Rechtsfolge: Beseitigung der Beeinträchtigung

Beseitigung i. S. v. § 1004 I 1 BGB ist nach h. M. das Abstellen einer Einwirkung für die Zukunft, nicht die Wiederherstellung des früheren Zustandes.[657] Diese Einschränkung auf Rechtsfolgenseite trägt der Verschuldensunabhängigkeit der Haftung Rechnung.[658] Die Abgrenzung zwischen Störungsbeseitigung und (grundsätzlich verschuldensabhängigem) Schadensersatz kann jedoch im Einzelfall problematisch sein und wird teilweise sogar für gänzlich unmöglich gehalten.[659] Im Ausgangspunkt besteht jedoch weitgehend Einigkeit darüber, dass nur die primäre Störungsquelle, nicht die Störungsfolgen zu beseitigen sind.[660] Denn das Kriterium „Beseitigung" und dessen systematische Unterscheidung vom Schadensersatz deuten darauf hin, dass der Anspruch aus § 1004 BGB nur auf die Beendigung fortwirkender Beeinträchtigungen gerichtet ist. Die Störungsfolgen sind jedoch mit ihrem Eintritt jeweils abgeschlossen; nur die primäre Störung ist eine fortwirkende Ursache von Beeinträchtigungen.   **355**

Im vorliegenden Fall bedeutet dies, dass nur die Fichte zu entfernen, nicht aber das Garagendach zu reparieren ist. Denn eine Reparatur des Garagendaches wäre nicht nur Beendigung des störenden Eingriffs, sondern Beseitigung von Störungsfolgen. Die Fichte auf dem Garagendach ist eine fortwirkende Quelle weiterer Beeinträchtigungen für das Eigentum des N, während die Beschädigung des Garagendachs ein abgeschlossener Vorgang ist. Auf die streitige Frage, ob die Folgen der Beseitigung ihrerseits wieder zu beseitigen sind,[661] kommt es vorliegend nicht an.

---

[653] So i. E. auch Staudinger/*Roth*, 2009, § 906 Rn. 155.

[654] A. A. gut vertretbar; auf ein Hilfsgutachten zum Inhalt des Beseitigungsanspruches könnte in diesem Fall verzichtet werden, weil die entsprechenden Rechtsfragen dann im Rahmen der Frage 3 zu beantworten sind.

[655] Vgl. oben Rn. 339.

[656] Vgl. *BGH* NJW 2005, 1366 (1367) = JuS 2005, 751; NJW 2007, 2182 = JuS 2007, 870; MünchKomm/*Baldus*, § 1004 Rn. 80; siehe näher oben Rn. 337.

[657] Vgl. Palandt/*Bassenge*, § 1004 Rn. 28 ff.

[658] Vgl. *Larenz/Canaris*, Schuldrecht II/2, § 86 V 3 c (S. 698).

[659] Vgl. *Picker*, FS Gernhuber, 1993, S. 315 f.; *BGH* NJW 1996, 845 (846) = JuS 1996, 650: Gehört zu „den ungelösten Problemen des § 1004 BGB"; *Lobinger*, JuS 1997, 981; siehe zum Ganzen *Lohse* AcP 201 (2001), 902 ff.; *Neuner*, Sachenrecht, Rn. 208.

[660] Vgl. *Larenz/Canaris*, Schuldrecht II/2, § 86 VI 1 (S. 700); *Baur* AcP 160 (1961), 465, 489: „Actus-contrarius-Theorie"; *Lettl*, JuS 2005, 871 (872); zweifelnd *Armbrüster*, NJW 2003, 3087 (3088); lehrreicher Fall zur Abgrenzung: *BGH* NJW 2005, 1366 = JuS 2005, 751.

[661] Vgl. *BGH* JZ 1996, 682 = JuS 1996, 650 mit krit. Anm. *Gursky*, JZ 1996, 683. Siehe auch *BGH* NJW 2005, 1366 = JuS 2005, 751: Nicht nur Abtragen und Entsorgen des verunreinigten Erdreichs, sondern auch die anschließende Wiederherstellung des ursprünglichen Zustands des beeinträchtigten Grundstücks.

5. Einrede der Unverhältnismäßigkeit (§ 275 II BGB)

356   S kann dem Anspruch des N aber gem. § 275 II BGB die Einrede der Unverhältnismäßigkeit entgegenhalten, wenn ein grobes Missverhältnis zwischen dem Beseitigungsaufwand für S und dem Leistungsinteresse des N besteht.

a) Anwendbarkeit des § 275 II BGB

357   Zunächst ist zu klären, ob die schuldrechtliche Bestimmung des § 275 II **BGB auf den dinglichen Beseitigungsanspruch aus § 1004 BGB anwendbar** ist. Der Wortlaut des § 275 II BGB enthält diesbezüglich
keine Einschränkungen. Auch die systematische Verankerung von § 1004 BGB im Sachenrecht steht der
Anwendung von § 275 II BGB nicht grundsätzlich entgegen, weil der Beseitigungsanspruch – ungeachtet seiner Anknüpfung an das Eigentum – ein Schuldverhältnis i. S. v. § 241 BGB begründet. Die Regeln
des allgemeinen Schuldrechts finden auf Ansprüche, die im Sachenrecht geregelt sind, Anwendung, sofern nicht Inhalt und Zweck der sachenrechtlichen Rechtsbeziehung eine abweichende Behandlung erfordern oder besondere sachenrechtliche Vorschriften den Sachverhalt abschließend regeln.[662] Vor diesem Hintergrund wird die Anwendung des § 275 II BGB auf § 1004 I 1 BGB teilweise mit dem Argument
abgelehnt, der in § 275 II BGB niedergelegte Verhältnismäßigkeitsvorbehalt sei mit der Strenge des negatorischen Eigentumsschutzes unvereinbar. Wie § 985 BGB verfolge auch § 1004 I 1 BGB das Ziel, den
dem Eigentumsrecht entsprechenden tatsächlichen Zustand störungsfrei herzustellen. In beiden Fällen
sei für eine Verhältnismäßigkeitsabwägung kein Raum.[663]

358   Indessen ist **§ 275 II BGB Ausdruck eines universellen ökonomischen Grundgedankens**, der letztlich
im **Rechtsmissbrauchsverbot verankert** ist: Der Gläubiger kann eine Leistung nicht verlangen, wenn sie
ökonomisch unsinnig ist, weil seine zu erzielenden Vorteile außer Verhältnis zur Belastung des Schuldners stehen. Vor der Schaffung des § 275 II BGB im Rahmen der Schuldrechtsmodernisierung 2002 hatte
die Rechtsprechung diesen Rechtsgedanken bereits auf § 1004 BGB angewendet; dogmatisch wurde dies
auf eine analoge Anwendung der §§ 251 II, 632 II 3 a. F. BGB (entspricht § 635 III BGB n. F.) gestützt.[664]
Da § 275 II BGB nach dem Willen der Gesetzesverfasser eben diesen Rechtsgedanken allgemein kodifi-
zieren sollte,[665] kommt mangels Regelungslücke eine analoge Anwendung der §§ 251 II, 635 III BGB
nicht mehr in Betracht; vielmehr ist seither ausschließlich § 275 II BGB anzuwenden.[666] Zwingende
Gründe dafür, den Verhältnismäßigkeitsvorbehalt hinsichtlich des Beseitigungsanspruchs grundsätzlich
außer Anwendung zu lassen, sind nicht ersichtlich.

359   Ein andere Frage ist, ob der Beseitigungsgläubiger bei Anwendung des § 275 II BGB eine **kompensationslose Befreiung** des Schuldners hinnehmen muss.[667] Insoweit ergibt sich aus wortlautgetreuer Anwendung des § 275 II BGB
ein anderes Ergebnis als bei der Heranziehung des § 251 II BGB: Während nach § 251 II BGB lediglich der Anspruch
auf Naturalherstellung ausgeschlossen ist und an seine Stelle der Anspruch auf Ersatz des Vermögensschadens tritt
(z. B. Wertminderung des beeinträchtigten Grundstücks),[668] ist in § 275 II BGB keine generelle Kompensation des
Gläubigers vorgesehen; der Gläubiger erhält sein vermögensmäßiges Leistungsinteresse lediglich unter den Voraussetzungen der §§ 280 I, III, 283 BGB, d. h. bei Vertretenmüssen des Schuldners ersetzt. Diese Totalentlastung des
„schuldlosen" Schuldners bei Überschreiten der Schwelle des § 275 II BGB würde zu einer faktischen Enteignung
des Gläubigers führen[669] und ist ggf. durch die entsprechende Anwendung des § 906 II 2 BGB zu korrigieren. Diese
Vorschrift enthält den allgemeinen Gedanken der Aufopferungshaftung, wonach derjenige, der eine Beeinträchtigung aus rechtlichen Gründen dulden muss, deren Beseitigung in Natur also nicht verlangen kann, Anspruch auf
eine angemessene Vermögensentschädigung in Geld hat („**Dulde und liquidiere**").[670]

---

662   Vgl. auch Palandt/*Bassenge*, Einl. vor § 854 Rn. 11; Palandt/*Grüneberg*, Einl. vor § 241 Rn. 6.
663   Vgl. *Kolbe*, NJW 2008, 3618 (3619); *Katzenstein*, JZ 2010, 633 (635 f.).
664   Vgl. BGHZ 62, 388 (391); BGHZ 143, 1 (5 f.).
665   Vgl. BT-Drs. 14/6040, S. 130 = *Canaris*, Schuldrechtsmodernisierung 2002, S. 662.
666   Vgl. *BGH* NJW 2008, 3122 (3123); NJW-RR 2010, 315; NJW 2010, 2341; ebenso MünchKomm/*Kramer*,
Einl. vor §§ 241 ff. Rn. 7; MünchKomm/*Medicus*, 4. Aufl., 2004, § 1004 Rn. 80; *Canaris*, JZ 2004, 214 (224)
Fn. 109; a. A. MünchKomm/*Baldus*, § 1004 Rn. 116; *Lettl*, JuS 2005, 871 (877).
667   Vgl. dazu *Gsell*, LMK 2008, 266937.
668   Vgl. als Beispiel BGHZ 143, 1 (6, 9).
669   Vgl. *Kolbe*, NJW 2008, 3618 (3619).
670   Vgl. dazu näher unten Rn. 393 ff.; MünchKomm/*Medicus*, 4. Aufl., 2004, § 1004 Rn. 80 a. E. plädiert für
einen Geldanspruch „aus Treu und Glauben", *Canaris*, JZ 2004, 214 (224) mit Fn. 109 für eine analoge Anwendung des § 251 II BGB, jeweils mit gleichem Ergebnis (vgl. auch *Kolbe*, NJW 2008, 3618 [3620]).

b) Grobes Missverhältnis zwischen Gläubigerinteresse und Beseitigungsaufwand

Legt man die Anwendbarkeit des § 275 II BGB auf den Beseitigungsanspruch aus § 1004 I 1 BGB zu Grunde, so ist zu prüfen, ob ein **grobes Missverhältnis** zwischen dem Gläubigerinteresse – d. h. dem Interesse des N an der Beseitigung der Fichte – und dem Leistungsaufwand – d. h. den Beseitigungskosten – besteht. Ein „grobes Missverhältnis" in diesem Sinne ist nach der zutreffenden h. M. nur in extremen Ausnahmefällen anzunehmen, in denen die Erbringung der Leistung nach den gesamten Umständen von niemandem ernsthaft in Betracht gezogen würde, und sich das Bestehen des Gläubigers auf Erfüllung in Natur offensichtlich als rechtsmissbräuchlich darstellen würde.[671]

Laut Sachverhalt würde die Beseitigung des Baumes wegen der damit verbundenen Schwierigkeiten (Sicherung der asiatischen Zierfische) € 12.000 kosten. Dem steht das Beseitigungsinteresse des N gegenüber, dessen Grundstück aufgrund der physischen Präsenz des umgestürzten Baumes in seiner Nutzbarkeit erheblich beeinträchtigt ist und dadurch auch einen deutlichen Wertverlust erleidet. Angesichts dieser Umstände kann nicht von einem groben Missverhältnis im Sinne des § 275 II BGB ausgegangen werden; insbesondere ist nicht ersichtlich, dass die seitens des N eingetretene Belastung auf eine deutlich unter den Beseitigungskosten liegende Werteinbuße hinausläuft.

360

6. Ergebnis

S steht daher gegen den Beseitigungsanspruch des N keine Einrede aus § 275 II BGB zu. Damit hat N einen Anspruch gegen S auf Beseitigung der Fichte gemäß § 1004 I 1 BGB.

361

II. Anspruch aus § 862 I 1 BGB

Der umgestürzte Baum stellt eine Besitzbeeinträchtigung dar, die keine Besitzentziehung ist, mithin eine **Besitzstörung** i. S. v. § 862 BGB.[672] Die Störung erfolgt ohne den Willen des N und ist auch nicht gesetzlich gestattet, insbesondere unterliegt N keiner Duldungspflicht. Hinsichtlich der Störereigenschaft des S gilt das zu § 1004 BGB Gesagte. Damit liegt **verbotene Eigenmacht** im Sinne des § 858 BGB vor. Dem Anspruch steht aus den gleichen Gründen wie beim Anspruch aus § 1004 BGB auch nicht die Einrede der Unverhältnismäßigkeit entgegen. Schließlich sind dem Sachverhalt keine Anhaltspunkte dafür zu entnehmen, dass N die **Jahresfrist** des § 864 I BGB, die grundsätzlich ab Beginn der Störung läuft, hätte verstreichen lassen.

N hat daher gegen S auch einen Beseitigungsanspruch aus § 862 I 1 BGB.

362

III. Anspruch aus § 823 I BGB

Grundsätzlich denkbar ist auch ein auf Beseitigung der Fichte gerichteter deliktischer Schadensersatzanspruch des N, da die Einwirkung durch die umgefallene Fichte auf dessen Grundstück als sonstige tatsächliche Beeinträchtigung den Tatbestand der Eigentumsverletzung erfüllt,[673] die gem. § 249 I BGB durch Wiederherstellung des ursprünglichen Zustandes auszugleichen ist. Vorliegend scheitert dieser Anspruch aber jedenfalls daran, dass S kein Verschulden an der Rechtsgutsverletzung trifft. Denn weder war das Umstürzen des Baumes für ihn vorhersehbar, noch hätte er im Vorfeld des Orkans zumutbare Abwehrmaßnahmen zur Vermeidung der Rechtsgutsverletzung treffen müssen. Die Frage einer Verkehrspflichtverletzung kann daher hier offen bleiben.

363

Exkurs: Da S die eingetretene Rechtsgutsverletzung nur mittelbar verursacht hat, indem er die Fichte gepflanzt und unterhalten hat (unmittelbare Schadensursache war der Sturm), setzt die objektive Zurechnung der Eigentumsverletzung die Verletzung einer Verkehrspflicht voraus.[674] Als Eigentümer des Baumes war S grundsätzlich verkehrssicherungspflichtig. Der Inhalt seiner Verkehrspflicht bestimmt sich nach Wahrscheinlichkeit und Höhe des zu erwartenden Schadens auf der einen und Vermeidungsaufwand und Nutzen der gefährlichen Tätigkeit auf der

---

[671] Vgl. *Canaris*, JZ 2001, 499 (502); *Lorenz/Riehm*, Lehrbuch zum neuen Schuldrecht, Rn. 310; Palandt/ *Grüneberg*, § 275 Rn. 27; BeckOK/*Unberath*, § 275 Rn. 57; siehe als Beispiel etwa BGHZ 163, 234 (245 f.).

[672] Der Begriff der Störung im Rahmen der §§ 858 I, 862 I BGB deckt sich insofern mit dem des § 1004 BGB, vgl. MünchKomm/*Joost*, § 858 Rn. 5.

[673] Vgl. Palandt/*Sprau*, § 823 Rn. 9.

[674] Vgl. oben *Systematische Darstellung Deliktsrecht* (Rn. 99).

anderen Seite.[675] Die Gefahr, dass ein gesunder Baum durch einen Sturm umgeknickt wird, ist so gering, dass der große Nutzen von Bäumen bei der Abwägung den Ausschlag gibt. Eine **deliktische Verkehrspflicht**, gesunde Bäume zu beseitigen, die bei einem besonders starken Unwetter auf ein Nachbargrundstück stürzen könnten, **besteht demnach nicht.**

IV. Ergebnis

N kann von S aus § 1004 I 1 BGB und aus § 862 I 1 BGB Beseitigung der Fichte verlangen.

Frage 2 (mit Abwandlung): Anspruch auf Ersatz der Reparatur- und Beseitigungskosten

I. Ansprüche auf Ersatz der für die Reparatur des Garagendaches aufgewandten € 5.000

1. Anspruch aus § 1004 I 1 BGB

364   Der Beseitigungsanspruch aus §1004 I 1 BGB umfasst, wie eben dargelegt, nur die Entfernung der Fichte, nicht aber die Reparatur des Garagendaches.[676]

2. Anspruch aus § 823 I BGB

365   Ein deliktischer Schadensersatzanspruch scheidet aus, da S **kein Verschulden** trifft.[677]

3. Nachbarrechtlicher Ausgleichsanspruch analog § 906 II 2 BGB

366   N könnte einen verschuldensunabhängigen nachbarrechtlichen Ausgleichsanspruch auf angemessene Entschädigung analog § 906 II 2 BGB haben.[678] Voraussetzung ist, dass N aus besonderen Gründen faktisch an der Geltendmachung eines bestehenden Anspruches aus § 1004 BGB gehindert war (sog. **faktischer Duldungszwang**).[679] N stand jedoch vor dem Sturm kein vorbeugender Beseitigungs- oder Unterlassungsanspruch (aus § 1004 I 1 BGB oder I 2 BGB) zu, da der Baum zu dieser Zeit keine konkrete Gefahrenquelle für das Grundstück des N bildete, deren Abwehr N nach § 1004 I BGB hätte verlangen können.[680]

4. Ergebnis

367   N kann von S keinen Ersatz für die Kosten der Reparatur an seinem Garagendach fordern.

Hinweis: Ein Anspruch aus § 280 I BGB wegen einer Pflichtverletzung im Zusammenhang mit dem nachbarlichen Gemeinschaftsverhältnis kann an dieser Stelle angesprochen werden, ist aber mangels Verschuldens des S ebenfalls abzulehnen. Deshalb wird die Problematik hier erst unter Frage 4 erörtert.

---

[675] Vgl. *Larenz/Canaris*, Schuldrecht II/2, § 76 III 4 b (S. 413 f.).
[676] Vgl. oben Rn. 355.
[677] Vgl. soeben Rn. 363.
[678] Zu diesem Anspruch umfassend unten Rn. 393 ff.
[679] Vgl. *BGH* NJW 1995, 714; Palandt/*Bassenge*, § 906 Rn. 35 ff.; *Larenz/Canaris*, Schuldrecht II/2, § 85 III (S. 664 ff.).
[680] So BGHZ 122, 283 (284 f.) = JuS 1993, 966; *Larenz/Canaris*, Schuldrecht II/2, § 86 V 3 d (S. 699).

II. Ersatz für die Aufwendungen zur Beseitigung der Fichte (€ 15.000)

1. Ersatz des Verzögerungsschadens gemäß §§ 280 I, II, 286 BGB

a) Anwendbarkeit der Verzugsvorschriften

Hinweis: Es ist auch vertretbar, schon zu Beginn zu prüfen, ob es sich bei dem geltend gemachten Schadensposten um einen Verzögerungsschaden i.S.v. § 280 II BGB handelt (vgl. sogleich Rn. 371)[681] und die Prüfung nach der Verneinung dieser Frage abzubrechen.

Voraussetzung eines Anspruchs aus § 280 II BGB ist zunächst, dass die Vorschriften über den Verzug **auf den Anspruch aus § 1004 I 1 BGB überhaupt anwendbar** sind. Die Regeln des allgemeinen Schuldrechts finden auf sachenrechtliche Ansprüche Anwendung, sofern nicht Inhalt und Zweck der sachenrechtlichen Rechtsbeziehung eine abweichende Behandlung erfordern oder besondere sachenrechtliche Vorschriften den Sachverhalt abschließend regeln.[682] — 368

Nach ganz h. M. können die allgemeinen Regeln über den Schuldnerverzug auf den negatorischen Beseitigungsanspruch angewendet werden.[683] So zeigt etwa auch die Formulierung des **§ 990 II BGB**, nach der eine weitergehende Haftung wegen Verzugs „unberührt" bleibt, dass von der grundsätzlichen Anwendbarkeit der Verzugsregeln im Rahmen der Vindikation auszugehen ist. Für die negatorischen Abwehransprüche kann aufgrund der engen Verwandtschaft mit den Vindikationsansprüchen nichts anderes gelten. Gerade auch bei den negatorischen Abwehransprüchen muss der Eigentümer die aus der schuldhaften Verzögerung der Beseitigung resultierenden Schäden auf den Störer abwälzen können;[684] ansonsten würde die **praktische Bedeutung des Beseitigungsanspruchs erheblich geschmälert** und für den Eigentümer eine faktische Duldungspflicht während eines nicht unerheblichen Zeitraums statuiert. — 369

b) Verzugsvoraussetzungen

S war mit der Beseitigung der Fichte im Verzug, § 286 BGB. Er hat sich trotz **mehrfacher, bestimmter Aufforderung** durch N beharrlich geweigert, den fälligen Anspruch des N auf Beseitigung des Baumstammes aus § 1004 I 1 BGB zu erfüllen. Die Vermutung des **Vertretenmüssens** in § 286 IV BGB ist nicht widerlegt. Ein eventueller Rechtsirrtum kann S allenfalls vom Vorsatzvorwurf, nicht aber von Fahrlässigkeit entlasten, da er ggf. hätte Rechtsrat einholen müssen.[685] — 370

c) Rechtsfolgen

Gemäß §§ 280 I, II, 286 BGB ist der **wegen der Verzögerung entstandene Schaden** zu ersetzen. Aus der Systematik des § 280 BGB, der zwischen dem **Schadensersatz wegen Verzögerung der Leistung** (§ 280 II BGB) und dem **Schadensersatz statt der Leistung** (§ 280 III BGB) unterscheidet, folgt, dass als Verzögerungsschaden nur zeitabhängige, in spezifischer Weise mit der Leistungsverzögerung zusammenhängende Schadensposten zu qualifizieren sind. Dagegen ist ein Schaden, der durch das endgültige Ausbleiben der Leistung des Schuldners entsteht, nur nach § 280 III BGB als Schadensersatz statt der Leistung ersatzfähig.[686] Die Beseitigung der Fichte durch N führte zum Wegfall seines Interesses an der Leistung des S, weil der Leistungserfolg bereits anderweitig eingetreten ist. Die dadurch entstandenen Kosten können damit nur im Wege des Schadensersatzes statt der Leistung ersetzt werden. — 371

Daher sind die Kosten der Ersatzvornahme **nicht nach §§ 280 I, II, 286 BGB ersatzfähig**.

2. Schadensersatz statt der Leistung gemäß §§ 280 I, III, 281 I 1 BGB

a) Anwendbarkeit der §§ 280 I, III, 281 BGB

Wiederum bedarf die Frage der Anwendbarkeit der §§ 280 I, III, 281 BGB auf den Anspruch aus § 1004 I 1 BGB näherer Erörterung. Aufgrund der Anwendung des § 281 BGB ergibt sich die Möglichkeit, dass — 372

---

681 Vgl. etwa BeckOK/*Unberath*, § 280 Rn. 28 ff.; *Oetker/Maultzsch*, Vertragliche Schuldverhältnisse, 3. Aufl., 2007, S. 116 Rn. 263 f.

682 Vgl. bereits oben Rn. 357.

683 Vgl. Staudinger/*Gursky*, 2006, § 1004 Rn. 165 m.w.N.; Palandt/*Bassenge*, § 1004 Rn. 48; MünchKomm/*Ernst*, § 286 Rn. 6; MünchKomm/*Baldus*, § 1004 Rn. 129, Fn. 320 m.w.N.; *Bezzenberger*, JZ 2005, 373 (376).

684 So auch Staudinger/*Gursky*, 2006, § 1004 Rn. 165.

685 Vgl. *Riehm*, FS Canaris, Bd. 1, 2007, S. 1102 mit Fn. 128 f.

686 Vgl. ausf. *Grigoleit/Riehm*, AcP 203 (2003), 727 (736 ff., 749); *Arnold*, ZJS 2009, 22 (25); siehe auch BGH NJW 2004, 603 (604) – Betonplatte.

die **Beseitigungshaftung** des Störers aus § 1004 I 1 BGB zu einer **Haftung auf Vermögensfolgeschäden** erweitert wird. Das im Rahmen der §§ 280 I, III, 281 BGB zu prüfende Vertretenmüssen bezieht sich dabei nur auf die Nichterfüllung der verschuldensunabhängig bestehenden Beseitigungspflicht, nicht notwendig auch auf den Haftungsgrund selbst, nämlich die Verursachung der Störung. Indessen ist diese Haftungserweiterung wertungsmäßig konsequent, da die Beseitigungspflicht aus § 1004 BGB, auch wenn sie verschuldensunabhängig gewährt wird, ein **gesetzliches Schuldverhältnis** begründet, so dass es allgemeinen Grundsätzen entspricht, den Störer im Falle der *schuldhaften* Verletzung der Beseitigungspflicht Schadensersatzansprüchen zu unterwerfen.[687] Es ist auch kein überzeugender Grund dafür ersichtlich, den Beseitigungsschuldner hinsichtlich des Aufwands der Ersatzvornahme anders zu behandeln als bezüglich des spezifischen Verzögerungsschadens. Der h.M. entsprechend ist § 281 BGB daher auch auf den Anspruch aus § 1004 BGB anzuwenden.[688]

b) Haftungsbegründungstatbestand

373   Gemäß § 281 I 1 BGB ist für den haftungsbegründenden Tatbestand zunächst erforderlich, dass S eine **fällige Leistung nicht erbracht** hat. Dies ist hier der Fall, denn S hatte die aus § 1004 I 1 BGB geschuldete Beseitigung des Baumes[689] nicht vorgenommen. Die Setzung einer **Nachfrist** zur Erbringung der geschuldeten Leistung war gemäß § 281 II Alt. 1 BGB **entbehrlich**, da S die Beseitigung des Baumes vom Grundstück des N ernsthaft und endgültig verweigert hatte. S hat die Nichtleistung auch **zu vertreten** (§ 280 I 2 BGB), da ihn zumindest der Fahrlässigkeitsvorwurf wegen unterlassener Einholung von Rechtsrat trifft.[690]

c) Rechtsfolge

374   Demnach schuldet S gemäß §§ 280 I, III, 281 BGB **Schadensersatz statt der Leistung.** Wie oben dargelegt, fallen die Kosten der Ersatzvornahme für die ausgefallene Leistung unter den Schadensersatz statt der Leistung. N kann folglich von S Ersatz für den Beseitigungsaufwand (€ 15.000) aus §§ 280 I, III, 281 I, II BGB verlangen.

3. Aufwendungsersatz aus berechtigter GoA, §§ 677, 683, 670 BGB

375   N ging es zwar primär um die Beseitigung des Baumstammes von seinem Garagendach, er hat damit aber objektiv gleichzeitig ein Geschäft des S geführt, da S zur Beseitigung des Baumstammes gemäß § 1004 I BGB verpflichtet war. In derartigen Fällen (sog. **auch-fremde Geschäfte**) wird nach der Rechtsprechung der Fremdgeschäftsführungswille ("für einen anderen", § 677 BGB) ungeachtet des vorliegenden Eigeninteresses vermutet.[691] Auf der Basis dieser Annahme ist der Tatbestand der GoA grundsätzlich erfüllt, da auch eine Beauftragung des N durch S nicht vorliegt.

376   Problematisch ist diese Auffassung allerdings im Falle einer **Selbstvornahme** durch den Gläubiger im Rahmen von Schuldverhältnissen: Hier greifen regelmäßig besondere Regeln für den Ausgleich der Selbstvornahmekosten, die qualifizierte Voraussetzungen – Fristsetzung oder jedenfalls Mahnung – enthalten (§§ 281, 536a II, 637 BGB). Bei einer unmodifizierten Anwendung der Regeln über die GoA neben diesen Sonderregeln besteht die Gefahr, dass deren Voraussetzungen unterlaufen werden. Diese Sondervorschriften sollten daher hinsichtlich der (externen) Selbstvornahmekosten als speziell gegenüber der GoA angesehen werden.[692]

377   Diese Frage kann vorliegend aber offenbleiben, weil die Geschäftsführung jedenfalls **nicht dem wirklichen Willen des S entsprach** (§ 683 S. 1 BGB). S war zwar mit der Beseitigung der Fichte durch N einverstanden; er wollte aber nicht, dass N *als Geschäftsführer für ihn* handelt. Dies hat er klar dadurch zum Ausdruck gebracht, dass er jede

---

[687] Vgl. zum Ganzen auch oben Fall 1 *„Kein Schiff wird kommen"* (Rn. 321 ff.).

[688] Vgl. auch Palandt/*Grüneberg*, § 281 Rn. 4, der § 281 BGB auf alle vertraglichen und gesetzlichen Schuldverhältnisse, sogar auf den Anspruch aus § 985 BGB anwenden will; *Lorenz/Riehm*, Lehrbuch zum neuen Schuldrecht, Rn. 189; MünchKomm/*Kramer*, Einl. vor § 241 Rn. 7 f., insb. Rn. 8 a. E.; MünchKomm/*Ernst*, § 281 Rn. 7; *Bezzenberger*, JZ 2005, 373 (375 f.); a. A. Staudinger/*Gursky*, 2006, § 1004 Rn. 169.

[689] Vgl. Bearbeitervermerk.

[690] Vgl. oben Rn. 370.

[691] H. M., vgl. BGHZ 110, 313 = JuS 1990, 936 – Milchpulver; Palandt/*Sprau*, § 677 Rn. 6.

[692] Ebenso (und hinsichtlich der externen Selbstvornahmekosten zutreffend) auch BGHZ 162, 219 = JuS 2005, 749 für die Selbstvornahme der kaufrechtlichen Mängelbeseitigung; bei der Selbstvornahme im Rahmen des § 1004 I 1 BGB hält der *BGH* allerdings in ständiger Rechtsprechung auch Ansprüche aus GoA für denkbar, vgl. *BGH* NJW 2005, 1366 (1367) = JuS 2005, 751.

Verantwortung für die Beseitigung der Fichte abgelehnt hat. Steht der wirkliche Wille fest, so kommt es – unabhängig davon, ob der Geschäftsführer diesen kannte – nicht mehr auf den mutmaßlichen Willen an.[693] Der Wille des S ist auch nicht gemäß §§ 683 S. 2, 679 BGB unbeachtlich, da kein besonderes *öffentliches* Interesse an der Beseitigung des Baumstammes bestand.

Ein Anspruch aus §§ 677, 683, 670 BGB scheidet demnach aus.

Hinweis: Nimmt man – entgegen der hier vertretenen Auffassung – ein grundsätzliches Eingreifen der GoA-Regeln an, so haftet S aus nicht-berechtigter GoA (§§ 677, 684, 818 II BGB). S ist durch die Beseitigung des Baumstammes von seiner Verbindlichkeit aus § 1004 I 1 BGB befreit worden und hat daher diese Befreiung durch die Geschäftsführung erlangt. Die Rechtsfolgen sind die gleichen wie bei der Aufwendungskondiktion (Rechtsfolgenverweisung auf § 818 BGB in § 684 BGB[694]).

4. Anspruch aus § 812 I 1 Alt. 2 BGB (Aufwendungskondiktion)

Nach h. M. kann dem Gläubiger eines Beseitigungsanspruches nach § 1004 I 1 BGB in Fällen der **Selbstvornahme** jedoch ein Anspruch aus Aufwendungskondiktion zustehen.[695]

378

a) Anwendbarkeit

Zunächst ist zu prüfen, ob in den Fällen der **Selbstvornahme** überhaupt Ansprüche aus Aufwendungskondiktion bestehen können. Hiergegen könnte – wie bei der GoA[696] – sprechen, dass § 281 BGB eine **vorrangige Sonderregelung** für den Ersatz der Selbstvornahmekosten (in Gestalt des Schadensersatzes statt der Leistung) enthält. In der Tat geht die Rechtsprechung bei der Selbstvornahme der kaufrechtlichen Mängelbeseitigung davon aus, dass die §§ 437 Nr. 3, 281 BGB eine Spezialregelung enthalten, die Ansprüche aus sämtlichen anderen Anspruchsgrundlagen, also auch aus Aufwendungskondiktion, ausschließen.[697] Indessen schützen die besonderen Voraussetzungen des § 281 I, II BGB (Fristsetzung oder Entbehrlichkeit derselben sowie Vertretenmüssen) den Schuldner nicht davor, den *eigenen (internen) Leistungsaufwand* zu tragen; dieser folgt vielmehr unmittelbar aus dem Leistungsanspruch selbst und ist daher – anders als der Anspruch auf Schadensersatz statt der Leistung, der die *(externen) Kosten des Gläubigers,* d. h. den Marktpreis der Leistung gewährt – nicht von einer Fristsetzung abhängig.[698] Speziell ist § 281 BGB daher nur hinsichtlich des Ersatzes der (externen) Selbstvornahmekosten des Gläubigers, nicht hinsichtlich der (internen) Leistungserbringungskosten des Schuldners. Da der Anspruch aus Aufwendungskondiktion lediglich auf den **Ersatz der ersparten Eigenaufwendungen des Schuldners,** also seiner internen Leistungserbringungskosten, gerichtet ist, steht der Vorrang des § 281 BGB somit nicht entgegen.

379

Gegen eine bereicherungsrechtliche Erstattung der Selbstvornahmekosten wird ferner eingewandt, dass dem Beseitigungsschuldner durch die Selbstvornahme des Gläubigers der **Schutz des § 887 ZPO genommen** würde;[699] nach dieser Vorschrift ist eine Selbstvornahme bei vertretbaren Handlungen im Rahmen der Zwangsvollstreckung nur aufgrund gerichtlicher Anordnung zulässig. Hiergegen spricht jedoch, dass es sich bei dieser Vorschrift lediglich um eine vollstreckungsrechtliche Regelung handelt, die nicht in das materielle Recht eingreift.[700] Nach h. M. ist daher dem Beseitigungsgläubiger bei beharrlicher Weigerung des Störers, die Störung zu beseitigen, nicht zuzumuten, die Störung bis zum rechtskräftigen Abschluss des Verfahrens über den Beseitigungsanspruch hinzunehmen.[701]

380

Speziell im Rahmen des § 1004 I 1 BGB wird gegen die bereicherungsrechtliche Erstattung der Selbstvornahmekosten eingewandt, durch die Gewährung eines bereicherungsrechtlichen Kostenerstattungsanspruches würde letztlich eine **verschuldensunabhängige Kausalhaftung** des Störers auf die **Beseitigungskosten** begründet, die mit dem im Schadensrecht geltenden Verschuldensprinzip nicht vereinbar sei.[702] Dieser Vorwurf betrifft jedoch nicht nur

381

[693] Vgl. MünchKomm/*Seiler,* § 683 Rn. 9 f.

[694] Vgl. Palandt/*Sprau,* § 684 Rn. 1; *BGH* WM 1976, 1056 (1060), str.

[695] Vgl. *BGH* NJW 2005, 1366 = JuS 2005, 751; BGHZ 97, 231 (234); BGHZ 106, 142 (143) = JuS 1989, 670; *BGH* JZ 1992, 310 (311) mit Anm. *Gursky;* NJW 1996, 845 (846) = JuS 1996, 650; NJW 2004, 603 (604); NJW 2005, 1366 = JuS 2005, 751 (1367); *Larenz/Canaris,* Schuldrecht II/2, § 69 III 2 d (S. 193 f.); *Roth,* LMK 2004, 65; *Herresthal/Riehm,* NJW 2005, 1457 (1461); a. A. *Bezzenberger,* JZ 2005, 373 (375 ff.), der aber einen Anspruch aus §§ 280 I, III, 281 BGB gewähren will.

[696] Vgl. oben Rn. 376.

[697] Vgl. BGHZ 162, 219 = JuS 2005, 749; abl. etwa *Herresthal/Riehm,* NJW 2005, 1457 (1460); *Lorenz,* NJW 2005, 1321 ff. Bei Selbstvornahme im Rahmen des § 1004 BGB gewährt der *BGH* auch nach der Schuldrechtsreform Ansprüche aus Aufwendungskondiktion, ohne den Vorrang des § 281 BGB auch nur zu problematisieren, vgl. *BGH* NJW 2005, 1366 = JuS 2005, 751 (1367).

[698] Vgl. näher *Herresthal/Riehm,* NJW 2005, 1457 ff.

[699] Vgl. *Gursky,* NJW 1971, 782 (785 f.); *ders.,* JZ 1992, 312 (314).

[700] Vgl. *BGH* NJW 2004, 603 (604) – Betonplatte; *Herresthal/Riehm,* NJW 2005, 1457 (1459) m. w. N.

[701] Vgl. MünchKomm/*Baldus,* § 1004 Rn. 127; s. auch *Larenz/Canaris,* Schuldrecht II/2, § 69 III 2 d (S. 193 f.).

[702] Vgl. *Gursky,* a. a. O. (Fn. 697).

den bereicherungsrechtlichen Kostenerstattungsanspruch, sondern in gleicher Weise den originären Beseitigungsanspruch aus § 1004 I 1 BGB, der durch Einschränkungen des Störerbegriffes auf eine verhaltensbezogene Haftung
reduziert wird. Der Übergang vom Primäranspruch auf Beseitigung zum Kostenerstattungsanspruch stellt demgegenüber **keine zusätzliche Belastung des Störers** dar: Die Kosten für die Beseitigung hätte er ohnehin aufwenden
müssen; sofern der Beseitigungsschuldner die Beseitigung günstiger als der Gläubiger (bzw. als der Markt) hätte
bewerkstelligen können, ist er dadurch geschützt, dass der Anspruch aus Aufwendungskondiktion nur auf den
Ersatz der ersparten eigenen Leistungsaufwendungen des Beseitigungsschuldners gerichtet ist, nicht auf den Ersatz
der vom Gläubiger aufgewendeten, evtl. höheren Kosten.[703]

Im vorliegenden Fall kommt eine **Umgehung des Fristsetzungsvorbehalts** ohnehin schon deshalb nicht in Betracht, weil S die Beseitigung ernsthaft und endgültig verweigert hat, so dass die Fristsetzung nach § 281 II Alt. 1
BGB entbehrlich war.

b) Tatbestand

382   Bevor N den Baum entfernt hat, war S aus § 1004 I 1 BGB zu dessen Beseitigung auf eigene Kosten verpflichtet. Diese Verbindlichkeit ist infolge der Selbstvornahme durch N wegen Unmöglichkeit (§ 275 I
BGB, **Zweckerreichung**[704]) erloschen. S hat damit die **Befreiung von seiner eigenen Verbindlichkeit** erlangt. Dies erfolgte nicht durch Leistung, sondern in sonstiger Weise, da N gegenüber S keinen Leis-
tungszweck verfolgte, sondern freiwillig zur Verwirklichung seines Eigeninteresses handelte. Die Bereicherung fand auch **auf Kosten des N** statt, da dieser die Beseitigung mit eigenen Mitteln vornahm. Ein
rechtlicher Grund hierfür bestand im Verhältnis zu S nicht, denn N war diesem gegenüber nicht zum
Handeln verpflichtet.

c) Rechtsfolge

383   Die rechtsgrundlos erlangte Befreiung von der Verbindlichkeit kann S nicht in Natur herausgeben; daher
schuldet er N **Wertersatz, 818 II BGB**. Der zu ersetzende Wert bestimmt sich allerdings nicht nach den
tatsächlichen Aufwendungen des N (€ 15.000), sondern grundsätzlich am Marktwert der erloschenen
Verbindlichkeit. Da S für die Beseitigung aufgrund seiner persönlichen Beziehungen nur € 12.000 hätte
aufwenden müssen, ist die Bereicherungshaftung gemäß § 818 III BGB auf diesen Betrag beschränkt,
weil die Bereicherung nur insoweit dauerhaft im Vermögen des S Niederschlag gefunden hat (ersparte
Aufwendungen).[705]

5. Anspruch aus § 823 BGB oder § 906 II 2 BGB analog

384   Aus den gleichen Erwägungen wie hinsichtlich des Ausgleichs für das Garagendach hat N **keine Ansprüche** aus
§§ 823 I, 823 II i. V. m. 858 BGB oder § 906 II 2 BGB analog.[706]

III. Ergebnis

385   N kann von S aus §§ 280 I, III, 281 I, II BGB Ersatz der € 15.000 für die Bergung der Fichte verlangen.
In Höhe von € 12.000 ergibt sich der Anspruch auch aus § 812 I 1 Alt. 2 BGB (Aufwendungskondiktion).

---

[703] Vgl. sogleich Rn. 383.
[704] Vgl. zur Einordnung der Zweckerreichung als Unmöglichkeit nur *Huber*, Leistungsstörungen, Bd. II, 1999,
§ 56 I 8 (S. 713 ff.); *Lorenz/Riehm*, Lehrbuch zum neuen Schuldrecht, Rn. 303.
[705] Vgl. *Larenz/Canaris*, Schuldrecht II/2, § 69 III 2 d (S. 193 f.); *Grigoleit/Auer*, Bereicherungsrecht, Rn. 117.
[706] Vgl. oben Rn. 365.

Frage 3 (mit Abwandlung): Beseitigungsanspruch, Anspruch auf Ersatz der Beseitigungskosten sowie Reparaturaufwand

I. Anspruch auf Beseitigung der Fichte aus §§ 1004 I 1, 862 I 1 BGB (Frage 1)

Unterschiede zum Grundfall ergeben sich nur, wenn im Grundfall die Zustandshaftung des S abgelehnt wurde.[707] Anders als der gesunde Baum bildete jedenfalls der erkrankte Baum eine **konkrete Gefahrenquelle**. Das „Halten" eines erkrankten Baumes hält sich zudem zweifellos objektiv nicht mehr im Rahmen ordnungsgemäßer Bewirtschaftung, sondern begründet – unter Berücksichtigung des Umstandes, dass S die abstrakte Möglichkeit gehabt hätte, die Gefahrenquelle zu erkennen und zu beseitigen – eine **Sicherungspflicht**.[708]

386

S ist demnach **nach allen vertretenen Auffassungen** zur Zustandshaftung – mit Ausnahme der Usurpationstheorie – Störer i. S. v. § 1004 BGB. N hat daher einen Anspruch auf Beseitigung der Fichte aus § 1004 I 1 BGB sowie aus § 862 I 1 BGB.

II. Anspruch auf Ersatz der Reparatur- und Beseitigungskosten (Frage 2)

1. Ersatz der Beseitigungskosten

Hinsichtlich des Kostenersatzes für die Beseitigung der Fichte ergeben sich **keine Unterschiede** durch den Umstand, dass die Fichte an Rotfäule erkrankt war, da S die Kosten nach richtiger Ansicht bereits im Ausgangsfall nach den §§ 280 I, III, 281 BGB sowie in Höhe der ersparten Aufwendungen auch nach §§ 812 I 1 Alt. 2, 818 II BGB zu tragen hatte.[709]

387

2. Ansprüche auf Ersatz der Reparaturkosten für die Garage

Ein Anspruch des N gegen S auf Ersatz der Reparaturkosten für die Garage kann sich entweder aus § 823 I BGB oder aus § 906 II 2 BGB analog (nachbarrechtlicher Ausgleichsanspruch wegen faktischen Duldungszwangs) ergeben.

388

a) Anspruch aus § 823 I BGB
aa) Rechtsgutsverletzung

Das Eigentum des N wurde durch den umstürzenden Baum verletzt.

389

bb) Kausale Handlung

Als Handlung des S, die für diese Rechtsgutsverletzung kausal war, kommen zwei Anknüpfungspunkte in Betracht: Das **Pflanzen** des Baumes vor 30 Jahren oder das **Unterlassen seiner Entfernung**. Beides war kausal im Sinne der Äquivalenzformel und des Adäquanzkriteriums. Für die Tatbestandsmäßigkeit der Handlungen bzw. für die objektive Zurechenbarkeit der Rechtsgutsverletzung ist jedoch in beiden Fällen erforderlich, dass S eine **Verkehrspflicht** verletzt hat: Im ersten Fall, weil es sich um eine mittelbare Verletzung handelt, im zweiten Fall, weil ein Unterlassen betroffen ist.[710]

390

Das **Pflanzen eines Baumes** stellt, sofern keine besonderen Umstände vorliegen (Nichteinhaltung von Grenzabständen, besondere Gefährdungslagen), ein erlaubtes Verhalten dar, verstößt also nicht gegen eine Verkehrspflicht.[711] Hinsichtlich des **unterlassenen Fällens** ist zu berücksichtigen, dass der Eigentü-

391

---

[707] Vgl. dazu oben Rn. 348 ff.
[708] BGHZ 122, 283 (284 f.) = JuS 1993, 966 – *Wiebke*; *BGH* NJW 2003, 1732 – Pappeln; NJOZ 2005, 174 – Walnussbaum; siehe auch *Herrmann*, Der Störer nach § 1004, 1987, S. 408 f.
[709] Vgl. oben Rn. 372 ff., 384 ff.
[710] Vgl. *Systematische Darstellung Deliktsrecht* (Rn. 10, 71 ff.).
[711] Vgl. auch oben Rn. 345.

mer gegen die von seinen Bäumen ausgehenden Gefahren für Dritte in angemessener Weise Vorkehrungen treffen muss. Die Pflicht zur Sicherung eines räumlich-gegenständlichen Bereichs gehört zum Kernbestand der Verkehrspflichten;[712] sie trifft grundsätzlich den Eigentümer nach den Prinzipien der Gefahrbeherrschung und Vorteilsziehung.[713] Die Rechtsprechung hat in zahlreichen Entscheidungen die Verkehrspflichten im Zusammenhang mit der Unterhaltung von Bäumen konkretisiert. Danach hat derjenige, der die Verfügungsgewalt über ein Grundstück ausübt, im Rahmen des Zumutbaren dafür zu sorgen, dass der dort stehende **Baumbestand keine Gefahr für Dritte darstellt** und im Rahmen des nach forstwissenschaftlichen Erkenntnissen Möglichen gegen Windbruch und Windwurf, insbesondere gegen das Umstürzen aufgrund fehlender Standfestigkeit, gesichert ist.[714] Der Eigentümer muss die Bäume auch in angemessenen Zeitabständen **auf Krankheitsbefall überprüfen,**[715] wobei die Anforderungen an die Häufigkeit und Intensität der Überwachung von Alter, Zustand und Standort des Baumes abhängen. Eine eingehende Untersuchung auch durch ein Fachunternehmen kann geboten sein, wenn bereits Anzeichen für einen Krankheitsbefall, z.B. morsche Äste, Pilzbefall, trockenes Laub u.ä. erkennbar sind.[716]

S hat diese **Verkehrspflicht objektiv verletzt,** indem er den kranken Baum nicht beseitigen ließ. Ob er persönlich die Krankheit des Baumes erkennen konnte, ist nach der hier vertretenen Auffassung keine Frage der Verkehrspflichtverletzung, sondern eine Frage des Verschuldens.[717]

cc) Verschulden

392   S handelte jedoch **nicht schuldhaft,** da S den Mangel nicht erkennen und daher die drohende Rechtsgutsverletzung nicht vorhersehen konnte. Etwas anderes ergibt sich auch nicht daraus, dass ein Fachmann die die Standfestigkeit des Baumes beeinträchtigende Krankheit bei einer Untersuchung des Baumes hätte erkennen können. S trifft keine Pflicht, den Zustand seiner Bäume regelmäßig von einem Fachmann überprüfen zu lassen, sofern deren äußerer Zustand dafür keinen konkreten Anlass gibt. Eine vom äußeren Befund unabhängige Prüfungspflicht mag für Straßenbäume wegen des besonderen Gefährdungspotentials bestehen,[718] nicht jedoch für Bäume auf Privatgrundstücken, die nicht auf Straßengrund stürzen können. Darin läge eine Überspannung der Sorgfaltspflichten, die zu einer heimlichen Aushöhlung des Verschuldenserfordernisses führen würde.[719]

Ein Anspruch aus § 823 I BGB ist daher ausgeschlossen.

b) Nachbarrechtlicher Ausgleichsanspruch analog § 906 II 2 BGB

393   Die Regelung des § 906 II 2 BGB gewährt einen Ausgleichsanspruch für den Fall, dass der Eigentümer rechtlich zur Duldung bestimmter Einwirkungen verpflichtet ist, obwohl sie ihn unzumutbar beeinträchtigen. Es handelt sich dabei um die Kodifikation eines **Aufopferungsanspruches** als Ausgleich für rechtmäßige Beeinträchtigungen. Die Rechtsprechung hat aus den §§ 904 S. 2, 906 II 2 BGB, 14 BImSchG einen allgemeinen Rechtsgedanken[720] abgeleitet, wonach bei **wesentlichen, nicht ortsüblichen Beeinträchtigungen, die über das zumutbare Maß hinausgehen,** ein verschuldensunabhängiger allgemeiner **bürgerlich-rechtlicher Aufopferungsanspruch** besteht.[721]

---

[712] Vgl. MünchKomm/*Wagner,* § 823 Rn. 232 ff.

[713] Vgl. *Larenz/Canaris,* Schuldrecht II/2, § 76 III 7 a (S. 426); 3 a (S. 407 f.).

[714] *BGH* NJW 2003, 1732 (1733) – Pappeln; NJW 2004, 3328 ff. = JuS 2005, 73 – Grenzbaum; NJOZ 2005, 174 – Walnussbaum.

[715] *BGH* NJW 2004, 3328 ff. = JuS 2005, 73 – Grenzbaum; NJOZ 2005, 174 – Walnussbaum; VersR 1974, 88 (89).

[716] *BGH* NJW 2004, 3328 = JuS 2005, 73 – Grenzbaum.

[717] Es ist ebenso vertretbar, die Vorhersehbarkeit schon im Rahmen der Verkehrspflichtverletzung zu prüfen und aufgrund der konkreten Umstände schon diese abzulehnen (so etwa MünchKomm/*Wagner,* § 823 Rn. 24); siehe zum Verhältnis von Verkehrspflichtverletzung und Verschulden näher *Systematische Darstellung Deliktsrecht* (Rn. 149) m.w.N.

[718] Vgl. *OLG Köln* VersR 1990, 287; *OLG Düsseldorf* VersR 1992, 467.

[719] Vgl. *Larenz/Canaris,* Schuldrecht II/2, § 76 III 7 b (S. 427); siehe auch *BGH* NJOZ 2005, 174 (176); a.A. vertretbar, siehe etwa *OLG Schleswig* MDR 1995, 148.

[720] So schon Art. 74, 75 Einl. ALR.

[721] Vgl. etwa BGHZ 48, 98; BGHZ 66, 70 (74); MünchKomm/*Säcker,* § 906 Rn. 141 m.w.N.

aa) BGH: Anwendbarkeit bei faktischem Duldungszwang

Aufgrund der Verallgemeinerung des Rechtsgedankens der §§ 904 S. 2, 906 II 2 BGB, 14 BImSchG wird ein Aus- **394**
gleichsanspruch insbesondere dann gewährt, wenn zwar keine *rechtliche* Duldungspflicht besteht, der Eigentümer
des gestörten Grundstücks aber aus besonderen *tatsächlichen* Gründen an der Geltendmachung seines Beseitigungsanspruchs gehindert ist (sog. **faktischer Duldungszwang**).[722] Nach ständiger Rechtsprechung ist danach ein nachbarrechtlicher Ausgleichsanspruch analog § 906 II 2 BGB gegeben, wenn von einem Grundstück im Rahmen seiner
privatwirtschaftlichen Benutzung Einwirkungen auf ein anderes Grundstück ausgehen, die das zumutbare Maß
einer entschädigungslos hinzunehmenden Beeinträchtigung übersteigen, und der davon betroffene Eigentümer aus
besonderen tatsächlichen Gründen (z. B. Unkenntnis von der Beeinträchtigung) gehindert war, diese Einwirkungen
durch Geltendmachung seines Unterlassungs- oder Beseitigungsanspruches aus § 1004 I BGB rechtzeitig zu unterbinden. Dieser Ausgleichsanspruch findet grundsätzlich auch bei sog. Grobimmissionen (z. B. durch umstürzende
Bäume) Anwendung.[723]

Da der Baum schon vor dem Sturm krank war, hätte N grundsätzlich ein **vorbeugender Unterlassungsanspruch**
zugestanden, wenn er diese Gefahr rechtzeitig erkannt hätte. Da N die Gefahr jedoch nicht erkannt hat und wohl
auch nicht erkennen konnte, war er faktisch gehindert, den Anspruch geltend zu machen. Nach dem *BGH* hätte er
also Anspruch auf eine angemessene Entschädigung aus § 906 II 2 BGB analog.

bb) Vereinbarkeit mit den Grundwertungen des Deliktsrechts

Die Gewährung des verschuldensunabhängigen nachbarrechtlichen Ausgleichsanspruches droht jedoch, **Grund-** **395**
wertungen des Deliktsrechts zu unterlaufen. Denn der Sache nach begründet die Analogie zu § 906 II 2 BGB bei
faktischem Duldungszwang einen Tatbestand der **Gefährdungshaftung** unter Nachbarn und weicht daher vom
Verschuldensprinzip bzw. vom gefährdungshaftungsrechtlichen Enumerationsprinzip[724] ab. Zwar wird grundsätzlich nur eine angemessene Entschädigung in Geld gewährt, die nicht notwendigerweise die Höhe eines vollen Schadensersatzes erreichen muss.[725] Dieser Unterschied ist aber nicht hinreichend gewichtig, um eine grundsätzliche
Durchbrechung deliktsrechtlicher Grundprinzipien zu rechtfertigen.

Hinzu kommt, dass es in den Fällen faktischen Duldungszwanges an der **Rechtsähnlichkeit** zu den von § 906 II 2 **396**
BGB in seinem originären Anwendungsbereich erfassten Fällen fehlt, und damit an einer wesentlichen Voraussetzung der Analogie.[726] Denn die Vorschrift betrifft unmittelbar nur diejenigen Fälle, in denen die Rechtsordnung
einem Grundstückseigentümer im überwiegenden Interesse des störenden Nachbarn die Abwehr von Beeinträchtigungen in Natur untersagt, obwohl diese über dasjenige hinausgehen, was ein Grundstückseigentümer normalerweise zu dulden hätte. Der Aufopferungsanspruch ist der finanzielle Ausgleich für den von der Rechtsordnung
gewollten Ausschluss der Abwehr in Natur („dulde und liquidiere"); er wird dem Störer auferlegt, weil die Duldungspflicht gerade **in dessen Interesse angeordnet** wurde und er also von der Duldung durch den Eigentümer
profitiert.[727]

In den Fällen des „nur" faktischen Duldungszwanges fehlt es dagegen an einem besonderen Interesse des Störers **397**
an der Beeinträchtigung des Nachbargrundstücks und damit an einem **Vorteil** auf seiner Seite, der es rechtfertigen
könnte, ihm einen Ausgleichsanspruch gegenüber dem beeinträchtigten Grundstückseigentümer aufzubürden.
Auch auf Seiten des Beeinträchtigten ist die Interessenlage nicht vergleichbar, weil er nicht durch eine **Wertentschei-**
dung des Gesetzgebers an der Geltendmachung eines Anspruchs gehindert wird, sondern lediglich durch seine
eigene **Unkenntnis der tatsächlichen Voraussetzungen** seines Beseitigungsanspruches hinsichtlich der latenten Gefahrenquelle. Hier geht es denn auch nicht um die „Duldung" einer Beeinträchtigung (die jedenfalls begrifflich
voraussetzt, dass man die Beeinträchtigung als solche kennt und eben „erduldet"), sondern um schlichte Inaktivität
aus Unkenntnis. Wertungsmäßig kann eine solche Passivität nicht mit einer von Rechts wegen erzwungenen Duldung gleichgesetzt werden; es gibt keinen Rechtsgrundsatz, nach dem derjenige, der aus Unkenntnis einen Anspruch
nicht geltend macht, für die dadurch erlittenen Nachteile Ausgleich beanspruchen kann.

Daher wird die Analogie zu § 906 II 2 BGB in den Fällen faktischen Duldungszwangs in der Literatur **zu Recht**
verbreitet abgelehnt.[728]

---

[722] Vgl. BGHZ 90, 255 (262 f.); *BGH* NJW 2008, 992 = JuS 2008, 559; NJOZ 2005, 174 – Walnussbaum;
NJW 2003, 1732 – Pappeln; BGHZ 157, 33 (45) – Kiefernnadeln; BGHZ 142, 66 (67) = JuS 2000, 190 m. w. N.;
zust. Palandt/*Bassenge*, § 906 Rn. 35; MünchKomm/*Säcker*, § 906 Rn. 141.

[723] Palandt/*Bassenge*, § 906 Rn. 35; *Wenzel*, NJW 2005, 241 (246 f.) m. N. zur Gegenauffassung.

[724] Vgl. dazu oben *Systematische Darstellung Deliktsrecht* (Rn. 228).

[725] Staudinger/*Roth*, 2009, § 906 Rn. 262; a. A. MünchKomm/*Säcker*, § 906 Rn. 138.

[726] Vgl. *Neuner*, JuS 2005, 487 (491) m. w. N.

[727] Siehe auch *Schlechtriem*, FS Gernhuber, 1993, S. 416 ff.

[728] Vgl. etwa *Neuner*, JuS 2005, 487 (491); *Wilhelm*, Sachenrecht, Rn. 705; *Schlechtriem*, FS Gernhuber, 1993,
S. 418 ff.; *H. Roth*, in: Roth/Lemke/Krohn, Der bürgerlich-rechtliche Aufopferungsanspruch als Problem der Sys-
temgerechtigkeit im Schadensersatzrecht, 2001, S. 1, 20 ff.; siehe auch *Larenz/Canaris*, Schuldrecht II/2, § 85 III 1 b
(S. 665 f.).

cc) Ergebnis

Die analoge Anwendung des § 906 II 2 BGB in den Fällen faktischen Duldungszwanges ist daher – entgegen der Rechtsprechung des *BGH* – abzulehnen. N hat daher trotz der Erkrankung des Baumes keinen nachbarrechtlichen Ausgleichsanspruch analog § 906 II 2 BGB wegen der Schäden an seiner Garage.[729]

Hinweis: Die Gegenauffassung ist selbstverständlich vertretbar. Dann müsste allerdings auch der Umfang der nach § 906 II 2 BGB geschuldeten Entschädigung problematisiert werden. Nach h. M. ist hier kein voller Schadensersatz geschuldet, sondern lediglich eine „angemessene Entschädigung", die nach den gleichen Grundsätzen wie die Enteignungsentschädigung berechnet werden soll.[730] Allerdings kann als Maßstab für die Angemessenheit der Entschädigung dabei durchaus die Höhe eines eingetretenen Schadens als Indiz herangezogen sein, insbesondere die Werteinbuße des Nachbargrundstücks durch die Einwirkung.[731]

Frage 4 (mit Abwandlung):

I. Ansprüche gegen S

1. Anspruch auf Beseitigung der Fichte aus § 1004 I 1 BGB und Ersatz der Beseitigungskosten

398   Insoweit bestehen **keine Unterschiede** gegenüber der Lösung zu Frage 1 und 2 (Ausgangsfall): N kann von S Beseitigung der Fichte aus § 1004 I 1 BGB bzw. Ersatz der Beseitigungskosten in voller Höhe aus §§ 280 I, III, 281 BGB und i. H. v. € 12.000 aus § 812 I 1 Alt. 2 (Aufwendungskondiktion) verlangen.[732]

2. Schadensersatz

a) §§ 280 I, 241 II, 278 BGB i. V. m. dem nachbarlichen Gemeinschaftsverhältnis

399   Ein Anspruch des N gegen S auf Schadensersatz für die Beschädigung der Garage wegen Verletzung einer Pflicht aus dem nachbarlichen Gemeinschaftsverhältnis kommt allein unter dem Gesichtspunkt des **einfachen Schadensersatzes nach § 280 I BGB** in Betracht, weil der in Frage stehende Schaden nicht als Beeinträchtigung eines Leistungsinteresses qualifiziert werden kann, sondern nur als Einbuße im sog. sonstigen Vermögen aufgrund einer Schutzpflichtverletzung.

Voraussetzung eines Anspruchs aus § 280 I BGB ist, dass das **nachbarliche Rechtsverhältnis als ein Schuldverhältnis** im Sinne von § 241 BGB zu qualifizieren ist, aus dem **gemäß § 241 II BGB** Schutzpflichten abgeleitet werden können; im Rahmen von deren Erfüllung kommt gem. § 278 BGB auch eine Zurechnung der Versäumnisse des B zu Lasten des S in Betracht.

400   Die §§ 905 ff. BGB und das landesrechtliche Nachbarrecht gestalten das Verhältnis der Grundstücksnachbarn untereinander aus; ergänzend tritt der Grundsatz von Treu und Glauben (§ 242 BGB) hinzu, der im Nachbarrecht durch **besondere Pflichten zur gegenseitigen Rücksichtnahme** konkretisiert wird. Der Inbegriff dieser besonderen Pflichten wird verbreitet als **nachbarliches Gemeinschaftsverhältnis** bezeichnet.[733] Die zentrale Streitfrage besteht aber darin, ob aus diesem Verhältnis über die gesetzlich normierten Pflichten hinaus auch allgemeine Schutzpflichten gem. § 241 II BGB folgen, die Grundlage einer Anwendung des § 278 BGB und einer Haftung aus § 280 I BGB sein können.

401   In der Literatur ist eine solche Qualifizierung des nachbarlichen Gemeinschaftsverhältnisses als Schuldverhältnis bzw. als Quelle von Schutzpflichten im Sinne von § 241 II BGB z. T. befürwortet worden.[734] Der *BGH* vertritt dem-

---

[729] Ebenso i. E. *Larenz/Canaris*, Schuldrecht II/2, § 85 III 1 b (S. 667), die § 906 II 2 BGB in den Fällen faktischen Duldungszwanges nur auf den Handlungsstörer, nicht auf den Zustandsstörer analog anwenden wollen.

[730] BGHZ 85, 375 (386); 49, 148 (155); Staudinger/*Roth*, 2009, § 906 Rn. 262 m. w. N.; a. A. MünchKomm/*Säcker*, § 906 Rn. 138.

[731] So i. E. wohl auch Staudinger/*Roth*, 2009, § 906 Rn. 264, der auf den Verkehrswert der entzogenen Substanz abstellt.

[732] Vgl. oben Rn. 332 ff., 372 ff., 384 ff.

[733] Palandt/*Bassenge*, § 903 Rn. 13; Staudinger/*Seiler*, 2002, § 903 Rn. 15; zur Kritik am Begriff des „nachbarlichen Gemeinschaftsverhältnis" *Neuner*, JuS 2005, 385 (386).

[734] So etwa *Westermann*, Sachenrecht, § 62 (S. 496 ff.).

gegenüber in ständiger Rechtsprechung die Auffassung, dass der Gedanke von Treu und Glauben im nachbarlichen Gemeinschaftsverhältnis keine selbständigen Ansprüche begründet, sondern sich hauptsächlich als bloße Schranke der Rechtsausübung auswirkt;[735] die Ableitung einer Schutzpflichthaftung nach §§ 280 I, 241 II BGB sowie eine Haftung für das Verschulden von Erfüllungsgehilfen nach § 278 BGB scheiden danach aus.[736] Für diese Auffassung spricht, dass die in §§ 903 ff. BGB statuierten Pflichten strukturell der allgemeinen deliktischen Jedermannspflicht entsprechen, andere nicht zu schädigen, und diese für das Nachbarschaftsrecht konkretisieren. Anders als die Pflichten aus Schuldverhältnissen i. S. v. § 241 BGB sind sie kein Korrelat zu einer gesteigerten Vertrauensbeziehung zwischen den Parteien, da die Nachbarn sich nicht notwendig frei auswählen können. Diese Erwägung wird durch die gesetzliche Verankerung der Schutzpflichten in den §§ 241 II, 311 II BGB im Rahmen des Schuldrechtsmodernisierungsgesetzes bekräftigt. Denn nach der allgemeinen Regelung des § 311 II Nr. 3 BGB kommt ein Schutzpflichtverhältnis neben Vertragsverhandlungen und einer Vertragsanbahnung grundsätzlich nur bei „ähnlichen geschäftlichen Kontakten" zustande. An dem damit verankerten spezifischen Bezug zu einem Rechtsgeschäft und dem ebenfalls niedergelegten Gesichtspunkt der Freiwilligkeit des Kontakts fehlt es im Verhältnis zwischen Nachbarn. Hinzu kommt, dass die Pflichten aus dem nachbarlichen Gemeinschaftsverhältnis nicht nur zwischen unmittelbaren Nachbarn im räumlichen Sinne bestehen, sondern gegenüber jedem, der vom Nutzungskonflikt tatsächlich nachteilig betroffen sein kann.[737] Die Reichweite der nachbarrechtlichen Pflichten bestimmt sich also nur nach der Reichweite der tatsächlichen Auswirkungen des störenden Verhaltens – genau wie beim allgemeinen deliktischen Schädigungsverbot.

Da es sich somit auch bei den Pflichten aus dem nachbarlichen Gemeinschaftsverhältnis um „Jedermannspflichten" handelt, begründen sie kein besonderes Pflichtenverhältnis, das einem Schuldverhältnis gleichstünde und die Anwendung der §§ 241 II, 278 BGB rechtfertigen würde.[738]

b) Anspruch aus §§ 280 I, 241 II, 278, 1004 I 1 BGB

Zu erwägen ist des Weiteren, ob ein zwischen N und S bestehender Anspruch aus § 1004 I BGB Grundlage eines gesetzlichen Schuldverhältnisses ist, aus dem sich Schutzpflichten i. S. v. § 241 II BGB ergeben, und in dessen Rahmen S gem. § 278 BGB für die Versäumnisse des B einzustehen hat. Vorliegend stand N schon vor dem Umstürzen der Fichte aus § 1004 I 2 BGB ein vorbeugender Unterlassungsanspruch gegen S zu, der auf die Vornahme geeigneter Sicherungsmaßnahmen gegen ein Umstürzen der Fichte gerichtet war. Denn die beschädigte Fichte stellte eine Gefährdung seines Grundstückes dar, die N nicht dulden musste.[739]

Es bestehen aber erhebliche Bedenken gegen die Annahme, dass dieser vorbeugende Unterlassungsanspruch ein gesetzliches Schuldverhältnis mit Schutzpflichten aus § 241 II BGB begründet, welches auch die Anwendung des § 278 BGB erlauben würde. Für den *Beseitigungsanspruch* wird die begleitende Entstehung eines Schutzpflichtverhältnisses zwar in der Literatur bejaht.[740] Allerdings bestehen zwischen dem Beseitigungsanspruch und dem vorbeugenden Unterlassungsanspruch wesentliche Unterschiede: Während der Beseitigungsanspruch sich auf eine bereits eingetretene konkrete Störung bezieht, richtet sich der vorbeugende Unterlassungsanspruch gegen jede drohende Beeinträchtigung von Rechtsgütern oder Rechten. Der Beseitigungsanspruch führt dazu, dass im Zuge der Erfüllung dieses Anspruches die Parteien einander ihre Rechtsgüter anvertrauen, so dass die Anwendung des § 241 II BGB als Korrelat gerechtfertigt ist. Ein solches Näheverhältnis wird durch den bloß latenten vorbeugenden Unterlassungsanspruch nicht begründet; dementsprechend werden auch die Rechtsgüter der Parteien nicht in erhöhtem Maße exponiert.

Des Weiteren würde eine Anwendung des § 241 II BGB auf das durch den vorbeugenden Unterlassungsanspruch begründete Rechtsverhältnis zu einem schweren Wertungswiderspruch gegenüber dem allgemeinen Deliktsrecht führen: Denn nahezu jeder deliktischen Schädigung geht eine konkrete Gefährdung des betroffenen Rechtsguts und damit ein latenter vorbeugender Unterlassungsanspruch unmittelbar voraus. Würde man insoweit § 241 II BGB anwenden, so bestünde neben jedem deliktischen Schadensersatzanspruch zugleich ein Anspruch aus §§ 280 I, 241 II BGB i. V. m. § 1004 I 1 BGB, weil der Schädiger seine vorbeugende Unterlassungspflicht verletzt hätte. Damit würde die Grenze zwischen deliktischer Verantwortung und der Haftung aus Sonderverbindung weitgehend eingeebnet.

Daher ist der vorbeugende Unterlassungsanspruch aus § 1004 I 1 BGB nicht als Grundlage eines Schutzpflichtverhältnisses im Sinne von § 241 II BGB bzw. als Grundlage der Verschuldenszurechnung nach § 278 BGB anzuerkennen.[741] S haftet damit nicht aus §§ 280 I, 241 II, 278, 1004 I 1 BGB für die Versäumnisse des B.

402

403

404

---

[735] BGHZ 148, 261 (267 f.) = JuS 2001, 1227 – Hammerschmiede; *BGH* NJW-RR 2001, 1208 – Mehltau; NJW 2004, 1037 (1038) m. w. N.

[736] BGHZ 42, 374; vgl. *Baur/Stürner*, Sachenrecht, § 5 Rn. 16; *Schlechtriem*, FS Gernhuber, 1993, S. 406 ff. In BGHZ 135, 235 (244) = JuS 1997, 1042 bemerkt der *BGH* beiläufig, dass „es zweifelhaft sein [mag], ob sich dieser Standpunkt in Anbetracht der heutigen Bewertung dieses Verhältnisses aufrechterhalten ließe." Daraus könnte man entnehmen, dass der *BGH* seine Rechtsprechung zu ändern beabsichtigt.

[737] Vgl. *RG* JW 1923, 288 (zu § 907 BGB).

[738] I. E. auch *Neuner*, JuS 2005, 385 (386).

[739] Vgl. nur BeckOK/*Fritzsche*, § 1004 Rn. 79 ff.

[740] Vgl. zum Anspruch aus § 1004 I 1 BGB als Grundlage eines gesetzlichen Schuldverhältnisses auch Fall 1 *„Kein Schiff wird kommen"* (Rn. 321).

[741] Vgl. *BGH* NJW 1980, 2080.

c) Anspruch aus § 823 I BGB

405   Der Anspruch kann sich aber aus § 823 I BGB wegen einer Verkehrspflichtverletzung ergeben.[742] Hier stellt sich die Frage, ob S seiner **Verkehrspflicht** genügt hat, indem er B mit der Überprüfung der Fichte beauftragt hat; nur eine Verkehrspflichtverletzung gestattet es, die Unterlassung des S (kein Fällen des Baumes) als deliktsrechtlich relevante Handlung zu qualifizieren. Grundsätzlich ist es zulässig, einen Dritten bei der Wahrnehmung der Verkehrspflicht einzuschalten. In vielen Fällen kann die Verkehrspflicht sinnvoll nur von einem Fachmann erfüllt werden, so dass sie sogar von vornherein darauf gerichtet ist, einen solchen zu beauftragen.[743] Dies gilt auch für den vorliegenden Fall: Ein Laie kann den Zustand eines Baumes nicht sicher beurteilen, dazu bedarf es eines speziell ausgebildeten Fachmannes.

406   Auch bei Einschaltung eines Dritten **bleibt die Verkehrspflicht des Erstgaranten aber im Grundsatz bestehen.** Er muss den Dritten sorgfältig auswählen, sich von dessen fachlicher Eignung überzeugen und dessen Tätigkeit überwachen.[744] B ist ein renommierter Forstexperte und S hatte keinen Anlass daran zu zweifeln, dass B die Untersuchung der Fichte nach den anerkannten Regeln seines Metiers durchgeführt hat. S hat durch Beauftragung und Überwachung des sorgfältig ausgewählten B seiner Verkehrspflicht genügt, eine Haftung des S aus § 823 I BGB scheidet aus. Eine Zurechnung der Pflichtverletzung des B gem. § 278 BGB findet im Deliktsrecht nicht statt.

d) Anspruch aus § 831 BGB

407   Eine Haftung des S aus § 831 I BGB scheitert daran, dass B als selbständiger Unternehmer nicht Verrichtungsgehilfe des S war.

II. Ansprüche gegen B auf Schadensersatz

1. §§ 280 I, 241 II, 634 Nr. 4 BGB i.V.m. § 311 II Nr. 3 oder III BGB[745]

408   Fraglich ist, ob der zwischen S und B geschlossene Werkvertrag Schutzwirkungen zugunsten des N entfaltet, so dass diesem eigene vertragliche Schadensersatzansprüche gegen B wegen Schutzpflichtverletzung zustehen. Voraussetzungen der Schutzwirkungen zugunsten Dritter sind Leistungsnähe, Gläubigernähe, Erkennbarkeit und Schutzbedürftigkeit des Dritten.[746]

a) Leistungsnähe

409   Die Leistungsnähe des N ist hinsichtlich des Werkvertrages gegeben. Da der Baum an der Grundstücksgrenze stand, war er den Folgen von Pflichtverletzungen des B in gleicher Weise ausgesetzt wie S.

b) Gläubigernähe

410   aa) Nach dem Kriterium der Gläubigernähe sind in den Schutzbereich eines Vertrags jedenfalls diejenigen Personen einbezogen, für deren **Wohl und Wehe** der Gläubiger verantwortlich ist. Damit sind solche Personen gemeint, denen der Gläubiger aufgrund einer Rechtsbeziehung mit personenrechtlichem Einschlag (insbesondere des Familien- und Arbeitsrechts) Schutz und Fürsorge schuldet.[747]

411   Der Grundstücksnachbar erfüllt dieses Kriterium nicht. Aus der **rein faktischen Nähebeziehung** zwischen Grundstücksnachbarn ergeben sich besondere Pflichten der Rücksichtnahme, die im Nachbarrecht geregelt sind. Das Verhältnis der Nachbarn untereinander ist jedoch nicht durch die gegenseitige Verpflichtung zu Schutz und Fürsorge geprägt.

---

[742] Vgl. dazu schon Rn. 390 ff.

[743] Vgl. *Larenz/Canaris*, Schuldrecht II/2, § 76 III 5 c (S. 419 f.); MünchKomm/*Wagner*, § 823 Rn. 295.

[744] Vgl. dazu *Systematische Darstellung Deliktsrecht* (Rn. 80); *BGH* NJW 2008, 1440 = JuS 2008, 556; Staudinger/*Hager*, 2009, § 823 Rn. E 61.

[745] Ob der Vertrag mit Schutzwirkung zugunsten Dritter in § 311 II Nr. 3 oder III BGB n.F. eine normative Grundlage hat, kann offen bleiben, da sich jedenfalls an den Voraussetzungen nichts ändert.

[746] Vgl. Palandt/*Grüneberg*, § 328 Rn. 13 ff.

[747] Vgl. Palandt/*Grüneberg*, § 328 Rn. 17; siehe etwa *BGH* NJW 2004, 1440 (1442) = JuS 2008, 556: Verhältnis zwischen Vermieter und Mieter genügt.

bb) Die Rspr. ist über die **„Wohl-und-Wehe-Formel"** inzwischen erheblich hinausgegangen.[748] Der Erstreckung von **412** Schutzwirkungen über die „Wohl-und-Wehe-Formel" hinaus liegt insbesondere der Gedanke des **zufallsbedingten Leerlaufens von Schutzpflichten** zugrunde.[749] Hier geht es um Fälle, in denen der mögliche Schaden durch die fehlerhafte Vertragserfüllung (typischerweise geht es um Beratungs- oder Gutachtenfehler) nicht beim eigentlichen Vertragspartner, sondern aufgrund von organisatorischen Zufälligkeiten bei einem Dritten eintritt. Diese Konstellation steht den – grundsätzlich den Regeln der Drittschadensliquidation[750] zugeordneten – Fällen der Schadensverlagerung nahe, da die Folgen der Schutzpflichtverletzung ausschließlich einen Dritten treffen. Sie beschränkt sich aber auf Fälle von primären Vermögensschäden, in denen der Dritte durch die Anwendung des allgemeinen Deliktsrechts – und damit durch die Regeln der Drittschadensliquidation – nicht geschützt ist, d. h. typischerweise auf Fälle der **Berufshaftung von Sachverständigen, Rechts- und Steuerberatern.**

Der vorliegende Fall ist mit diesen Fallgestaltungen aber nicht vergleichbar. Einerseits geht es **nicht um ein zufälliges Leerlaufen von Schutzpflichten;** vielmehr bestand die Pflicht zur sorgfältigen Begutachtung gerade gegenüber S und sollte diesen vor erheblichen Schäden bewahren, da der Baum genauso gut auf sein Grundstück hätte fallen können. Zum anderen ist **kein primärer Vermögensschaden** betroffen, sondern eine Rechtsgutverletzung, die vom Deliktsrecht angemessen erfasst wird.[751] Für eine Erweiterung des Rechtsinstitutes „Vertrag zugunsten Dritter", die zu dessen weitgehender Konturlosigkeit führen würde, besteht daher kein Bedürfnis.

cc) Auch aus dem **Parteiwillen** (§§ 133, 157 BGB) ergibt sich keine Einbeziehung des N in den Schutzbereich des **413** Vertrags zwischen B und S. S hat kein besonderes Interesse, N einen vertraglichen Anspruch gegen B zu verschaffen. Dies würde seine eigene Haftung gegenüber N nicht berühren. Er würde lediglich seinem Nachbarn N eine vorteilhafte Rechtsposition verschaffen. Ein dahingehender Wille des S ist auch – oder gerade – im nachbarlichen Verhältnis regelmäßig nicht anzunehmen. Auch seinem Inhalt nach verfolgt der Gutachtenvertrag – anders als etwa Verträge über Wertgutachten zur Vorlage bei Kaufinteressenten, bei denen der *BGH* eine Schutzwirkung zugunsten der potenziellen Erwerber angenommen hat[752] – keine spezifische Zielsetzung zugunsten des Nachbarn. N ist daher nicht in den Schutzbereich des Vertrages zwischen B und S einbezogen, eine vertragliche Haftung des B gegenüber N scheidet aus.

Hinweis: A. A. vertretbar mit der Argumentation, dass die Untersuchung des Baumes in erster Linie dem Schutz des Nachbarn dienen sollte.[753]

2. Anspruch aus § 823 I BGB

In Betracht zu ziehen ist schließlich ein **unmittelbarer Anspruch des N gegen B** aus § 823 I BGB, da B, **414** indem er die Untersuchung nicht sorgfältig durchführte und somit die mangelnde Standfestigkeit des Baumes übersah, adäquat kausal zu der bei N eingetretenen Eigentumsverletzung an Garagendach und Grundstück[754] beigetragen hat.

Da es sich lediglich um eine mittelbare Verletzung handelt, die sich erst durch das spätere Hinzutreten **415** des Sturmes realisiert hat, ist diese Rechtsgutverletzung nur dann vom Schutzzweck des § 823 I BGB umfasst (haftungsbegründende Kausalität i. w. S.), wenn B eine Verkehrspflicht verletzt hat. B trifft als **Übernehmer** eine **eigene Verkehrspflicht gegenüber N.** Grund dieser Verkehrspflicht durch Übernahme ist zum einen das Vertrauen, das der Übernehmer erweckt,[755] zum anderen ist die Erstreckung der Verkehrspflicht ein notwendiges Korrelat dafür, dass der Erstgarant durch sorgfältige Auswahl und Beauftragung eines Dritten seine Verkehrspflicht erfüllen kann.[756] Zwar will die Rspr. diese deliktische Übernahmehaftung auf Personen mit gewisser beruflicher oder gewerblicher Selbständigkeit beschränken, da mit der Übernahme lediglich unselbständiger Aufgaben keine besondere Verantwortung gegenüber der Allgemeinheit übernommen werde.[757] Diese Einschränkung kommt hier aber nicht zum Tragen, da

---

[748] Vgl. vor allem die Lastschriftentscheidung BGHZ 69, 82 = JuS 1978, 128.

[749] Vgl. *Canaris*, JZ 1995, 441 (442 f.).

[750] Vgl. dazu *Systematische Darstellung Schadensrecht* (Rn. 552 ff.).

[751] Vgl. sogleich Rn. 414 ff.

[752] Vgl. *BGH* NJW 1984, 356; NJW-RR 2002, 1528.

[753] Vgl. auch *BGH* NJW 2008, 1440 (1442) = JuS 2008, 556: Schutzwirkungen eines vom Vermieter abgeschlossenen Vertrages über die Delegation von Verkehrspflichten (Streupflicht) zugunsten des Mieters, allerdings aufgrund der Wohl-und-Wehe-Formel.

[754] Vgl. oben Rn. 363.

[755] Vgl. *BGH* NJW 2008, 1441 (1442) = JuS 2008, 556; *Larenz/Canaris,* Schuldrecht II/2, § 76 III 3 b (S. 408 f.); Staudinger/*Hager*, 2009, § 823 Rn. E 63 f.

[756] Vgl. dazu *Systematische Darstellung Deliktsrecht* (Rn. 80) m.w. N.

[757] *BGH* NJW 1987, 2510 (2511); ablehnend *Larenz/Canaris,* Schuldrecht II/2, § 76 III 5 d (S. 423 f.).

B als selbständiger Fachgutachter tätig wurde. B hat seine Verkehrspflicht schuldhaft verletzt, indem er die Untersuchung nicht mit der gebotenen Sorgfalt durchgeführt und deshalb übersehen hat, dass die Fichte in ihrer Widerstandsfähigkeit beeinträchtigt war.

416   B schuldet N daher aus § 823 I BGB Schadensersatz gemäß § 249 ff. BGB. Der Anspruch umfasst die Beseitigung sämtlicher nachteiliger Folgen der Eigentumsverletzung, d. h. die Kosten der Entfernung der Fichte sowie die der Reparatur des Garagendaches.[758]

III. Ergebnis

417   N kann daher zwar nicht von S, aber von B Schadensersatz i. H. v. 20.000,– € gemäß § 823 I BGB verlangen.

---

[758] Vgl. Staudinger/*Schiemann*, 2005, § 249 Rn 228 ff.

D. Fall 3: „Die jungen Wilden"

Themenkreis: *Alternativtäterschaft, Schuldfähigkeit, Billigkeitshaftung*

Sachverhalt

Der neunjährige *Olaf Opfer (O)*, ein Kind aus wohlhabendem Hause mit einem für sein Alter durchaus **418** bemerkenswerten Wertpapierdepot, fährt mit dem Fahrrad aus der Schule nach Hause. Als er einen Spielplatz passiert, kommt er mit dem Fahrrad zu Fall. Dies bemerkt der 13-jährige *Rudi Rau (R)*, der gerade mit dem zehnjährigen *Willy Wild (W)* auf dem Spielplatz Fußball spielt. *R* beginnt mit Steinen auf den am Boden liegenden *O* zu werfen, um ihm den Rest zu geben. Von *R* angestachelt und in der Absicht, mit diesem gemeinsame Sache zu machen, schließt sich *W* mit eigenen Steinwürfen dem Angriff auf *O* an.

In geringer Entfernung zum gestürzten *O* spielt – unbemerkt von *R* und *W* – der sechsjährige *Karli Krass (K)*, ein vermögensloses Kind aus ärmlichen Verhältnissen, allein im Sandkasten. Ohne den Angriff von *R* und *W* wahrzunehmen, bewirft auch er den *O* mit Steinen und mit seiner Metallschaufel, weil er dem *O* schon lange eins auswischen möchte.

O wird dabei von einem nicht mehr ermittelbaren Gegenstand am Kopf getroffen und erleidet eine Platzwunde (Behandlungskosten: € 100). Es lässt sich nicht aufklären, wer von den drei Werfern diesen Gegenstand geworfen hat. Die Eltern des *K* haben ihrer Aufsichtspflicht genüge getan.

Bearbeitervermerk: In einem umfassenden Rechtsgutachten, das auf alle aufgeworfenen Rechtsfragen (ggf. hilfsgutachtlich) eingeht, ist folgende Frage zu beantworten: *Kann O von R Ersatz der Behandlungskosten verlangen?*

Abwandlung: Ändern sich die Ansprüche des O gegen R, wenn K gerade eine Millionenerbschaft gemacht hat, O dagegen in ärmlichen Verhältnissen lebt?

Lösung zu Fall 3

Prüfungsstruktur

I. Ausgangsfall

1. Anspruch aus § 823 I BGB (Frage 1)

a) Körperverletzung

419 O erlitt aufgrund eines Wurfes eine Platzwunde und damit eine **Körperverletzung** i.S.v. § 823 I BGB.

b) Haftungsbegründende Kausalität

420 Die Körperverletzung müsste durch eine Handlung des R verursacht worden sein. Eine äquivalente Verursachung im Sinne der **conditio-sine-qua-non-Formel** setzt voraus, dass eine Handlung des R nicht hinweggedacht werden kann, ohne dass der Erfolg (Körperverletzung) entfiele. Der Nachweis der haftungsbegründenden Kausalität als Anspruchsvoraussetzung obliegt dem Geschädigten.

Laut Sachverhalt kann nicht aufgeklärt werden, wessen Wurf die Verletzung des O verursacht hat. Damit kann die Kausalität eines Wurfes von R **nicht nachgewiesen** werden. Auch eine mittelbare Kausalität des Verhaltens des R im Wege der Verursachung vorsätzlichen Verhaltens Dritter[759] lässt sich nicht nachweisen, weil wenigstens K unabhängig vom Verhalten des R den O aufgrund selbständigen Entschlusses beworfen hat und auch dieser die Verletzung alleine verursacht haben könnte.

Ein Anspruch aus § 823 I BGB besteht somit mangels (nachgewiesener) haftungsbegründender Kausalität nicht.

2. Anspruch aus § 823 II BGB i.V.m. den §§ 223, 224, 22, 23 StGB

421 Zwar ist der objektive Tatbestand einer vollendeten Körperverletzung gemäß den §§ 223, 224 StGB nicht gegeben; aufgrund des Verhaltens des R liegt aber jedenfalls ein **Versuch einer gefährlichen Körperverletzung** gemäß den §§ 223, 224, 22, 23 StGB vor. Eine Haftung aus § 823 II BGB scheidet aber schon deswegen aus, weil O der **Nachweis der (haftungsausfüllenden) Kausalität** zwischen der Verletzung eines (unterstellten) Schutzgesetzes durch R und seinem Schaden aus den gleichen Gründen wie eben nicht gelingen kann. Es kann daher dahinstehen, ob bereits

---

[759] Vgl. zur Problematik der Zurechenbarkeit vorsätzlichen Verhaltens eines Dritten bei vorliegender Äquivalenz Palandt/*Grüneberg*, Vorb. v. § 249 Rn. 49; MünchKomm/*Oetker*, § 249 Rn. 151 ff.

die Versuchsstrafbarkeit eine Schutzgesetzverletzung begründen kann[760] und ob sich die Schuldfähigkeit bei Anwendung eines strafrechtlichen Schutzgesetzes im Rahmen von § 823 II BGB nach § 19 StGB oder nach § 828 BGB richtet.[761]

3. Anspruch aus § 823 II BGB i. V. m. § 231 I StGB

Ferner kann eine Haftung des R wegen **Beteiligung an einer Schlägerei** nach § 823 II BGB i. V. m. § 231 I StGB in Betracht gezogen werden. Dieser Anspruch tritt neben die allgemeinen zivilrechtlichen Zurechnungsregeln des § 830 BGB. Der betreffende Teilnehmer an einer Schlägerei kann sich hinsichtlich der auf § 231 StGB gegründeten Schutzgesetzhaftung nach h. M. durch den Nachweis entlasten, dass sein Verhalten die Körperverletzung nicht verursacht hat oder seine Handlung ggf. gerechtfertigt oder entschuldigt war.[762] Allerdings setzt § 231 StGB voraus, dass die Schlägerei eine schwere Körperverletzung i. S. v. § 226 StGB, d. h. eine der dort bezeichneten schweren Folgen verursacht hat. Hieran fehlt es vorliegend, so dass kein Anspruch aus § 823 II BGB i. V. m. § 231 StGB besteht.

422

4. Anspruch aus § 830 I 1, II BGB

a) § 830 I 1 BGB als selbständige Anspruchsgrundlage

§ 830 I 1 BGB ist nach ganz h. M. eine **selbständige Anspruchsgrundlage**, also eine echte Haftungsnorm. Die **Beteiligung an einer gemeinschaftlichen unerlaubten Handlung** und der daraus resultierende Schaden sind Grundlage der Haftung; es muss nicht etwa jeder Beteiligte nach § 823 BGB verantwortlich oder der Beitrag des konkreten Beteiligten kausal für die Rechtsgutsverletzung oder den Schaden geworden sein.[763]

423

b) Gemeinschaftliche Begehung einer unerlaubten Handlung

„Gemeinschaftliche Begehung einer unerlaubten Handlung" i. S. v. § 830 I 1 BGB ist nach allgemeiner Meinung als bewusstes und gewolltes arbeitsteiliges Zusammenwirken im Sinne einer strafrechtlichen **Mittäterschaft** (§ 25 II StGB), bezogen auf ein zivilrechtliches Delikt zu verstehen.[764] Es ist also ein gemeinsamer Tatplan und dessen arbeitsteilige Ausführung erforderlich; unter diesen Voraussetzungen bewirkt § 830 I 1 BGB im Ergebnis, dass die objektiven Tatbestandsmerkmale wechselseitig zugerechnet werden. Für die Fälle einer „Steinschlacht" hat der *BGH* die Anforderungen insoweit präzisiert, als das nur zufällig gleichzeitige Handeln der Beteiligten nicht hinreichen soll, sondern vielmehr festgestellt werden muss, dass die Werfer bei Erstrebung des Verletzungserfolges „gemeinsame Sache machen" wollten.[765]

424

Vorliegend kann eine solche „gemeinsame Sache" **zwischen R und W** angenommen werden, da beide nicht nur gleichzeitig und in gleicher Weise gegen O vorgingen, sondern auch bewusst zusammenwirkten. Was aber den K angeht, so ist eine gemeinsame Begehung ausgeschlossen, da R und W den K nicht bemerkten, insoweit also kein wissentlich gemeinschaftliches Tätigwerden vorliegen kann. Ist danach nur dem R und dem W ein gemeinschaftliches Vorgehen nachweisbar, so fehlt es wiederum an der **Kausalität** zwischen der gemeinschaftlichen Tat und der eingetretenen Rechtsgutsverletzung, da nicht notwendig R oder W, sondern ebenso gut K die Verletzung des O hervorgerufen haben kann.

---

[760] Da bei Straftaten, die im Versuchsstadium steckenbleiben, regelmäßig kein Schaden im zivilrechtlichen Sinne entsteht, kommt dieser Frage keine wesentliche Bedeutung zu. Die Frage kann aber immerhin Bedeutung erlangen für vorbeugenden Rechtsschutz, da ein Unterlassungsanspruch i. S. v. § 1004 I 2 BGB auch auf die Verletzung von Schutzgesetzen gestützt werden kann, vgl. *OLG Frankfurt* MDR 1978, 315.

[761] Nach zutreffender Auffassung sind die für das Schutzgesetz geltenden Anforderungen bei der Begründung der Schutzgesetzhaftung zu übernehmen; vgl. MünchKomm/*Wagner*, § 823 Rn. 361; vgl. auch *Larenz/Canaris*, Schuldrecht II/2, § 77 II b (S. 446); a. A. Staudinger/*Hager*, 2009, § 823 Rn. G 36. Vgl. zum Ganzen ausführlich unten Fall 6 „*Big Brother*" (Rn. 674).

[762] Vgl. *BGH* NJW 1999, 2895; BGHZ 103, 197 (201) = JuS 1988, 817.

[763] Vgl. Jauernig/*Teichmann*, § 830 Rn. 1.

[764] Vgl. BGHZ 89, 383 (389) = JuS 1984, 718; Staudinger/*Eberl-Borges*, 2008, § 830 Rn. 2.

[765] Vgl. *BGH* NJW 1972, 40 (41 f.).

c) Anstiftung und Beihilfe

425   Auch eine etwaige Haftung des R aus § 830 II BGB wegen Anstiftung oder Beihilfe zu einer denkbaren Schädigung durch K muss am **Mangel eines Vorsatzes**, bezogen auf das Verhalten des K, scheitern.

5. Anspruch aus § 830 I 2 BGB

a) § 830 I 2 BGB als selbständige Anspruchsgrundlage

426   Die Regelung des § 830 I 2 BGB wird ebenfalls von der h. M. als **selbständige Anspruchsgrundlage** verstanden, nicht etwa lediglich als Beweislastregel.[766] Haftungsgrund ist die Beteiligung an gefährdendem Verhalten. Die Vorschrift weist das Unaufklärbarkeitsrisiko der Kausalität für bestimmte Fälle den potenziellen Schädigern zu. Ein individueller Kausalitätsnachweis ist dann weder im Rahmen der Haftungsausfüllung, noch – trotz des insoweit unpräzisen Wortlauts – im Rahmen der Haftungsbegründung erforderlich.[767]

b) Unerlaubte Handlung durch rechtswidrige Gefährdung

427   „Beteiligung mehrerer an einer Schädigung" i. S. v. § 830 I 2 BGB bedeutet zunächst, dass mehrere Personen, ohne Mittäter im Sinne des vorrangigen § 830 I 1 BGB zu sein, durch eine rechtswidrige unerlaubte Handlung wenigstens die **Gefahr einer Rechtsgutsverletzung** im Sinne der §§ 823 ff. BGB begründet oder erhöht haben müssen.[768] Mit anderen Worten müssen – bis auf die haftungsbegründende Kausalität – die Voraussetzungen einer unerlaubten Handlung, insbesondere die Verkehrspflichtverletzung, hinsichtlich jedes Beteiligten vorliegen.

Vorliegend steht fest, dass O durch einen der Werfer verletzt wurde. Jeder Beteiligte hat mit seinen Steinwürfen gegen eine deliktische Verkehrspflicht verstoßen, denn der Wurf eines Steines auf eine andere Person schafft stets – unabhängig davon, ob der Wurf sein Ziel trifft oder verfehlt – ein unerlaubtes Risiko. Damit hat jede Partei den objektiven Tatbestand einer unerlaubten Handlung erfüllt – mit Ausnahme des Kausalitätsnachweises.

c) Einschränkung der Zurechnung

428   Da die Vorschrift des § 830 I 2 eine Ausnahme von dem im Schadensrecht elementaren Verursacherprinzip darstellt, ist nach ganz überwiegender Auffassung eine restriktive Auslegung der Vorschrift und insbesondere über das Erfordernis einer Rechtsgutsgefährdung hinaus eine Einschränkung der individuellen Zurechnung erforderlich. Die Rechtsprechung verlangt zur Begrenzung der Haftung aus § 830 I 2 BGB, dass in Abgrenzung zur rein zufälligen Nebentäterschaft die einzelnen Verursachungsbeiträge zu einem nach den Anschauungen des täglichen Lebens **einheitlichen Vorgang** verbunden sind. Dies kann dann der Fall sein, wenn die Verursachungsbeiträge örtlich und zeitlich zusammenhängen;[769] vor allem aber soll es auf die **Gleichartigkeit der Gefährdung** des Rechtsgutes ankommen, da diese die Schwierigkeit begründet, den Kausalitätsverlauf zu klären.[770] In der Literatur wird das „Einheitlichkeitskriterium" zu Recht als konturlos kritisiert. Alternativ wird insbesondere vorgeschlagen, dass die individuelle Verantwortlichkeit durch die **konkrete Eignung** bzw. eine gewisse **Mindestwahrscheinlichkeit** der jeweiligen Einzelbeiträge zur Herbeiführung des Schadens konkretisiert werden könne.[771]

429   Vorliegend haben R, W und K durch ihre Würfe jeweils eine Gefährdung der körperlichen Unversehrtheit des O und damit die **Gefahr einer Rechtsgutsverletzung** i. S. v. § 823 I BGB hervorgerufen. Auch kann nicht von einem „beziehungslosen Nebeneinander" gesprochen werden, da alle durch gleichartige Handlungen zum selben Zeitpunkt am selben Ort dieselbe Gelegenheit ausnutzten. Schließlich haben auch alle drei durch ihre Würfe Beiträge geleistet, die **konkret bzw. mit einer gewissen Mindestwahrscheinlichkeit zur Verletzung des O geeignet** waren.

Eine Beteiligung mehrerer an einer Schädigung des O ist also **nach allen Auffassungen gegeben**.

---

[766] A. A. *Larenz/Canaris,* Schuldrecht II/2, § 82 II 1 d (S. 572).

[767] Vgl. Jauernig/*Teichmann,* § 830 Rn. 2.

[768] Vgl. oben *Systematische Darstellung Deliktsrecht* (Rn. 255).

[769] Vgl. BGHZ 55, 86 (93).

[770] Vgl. BGHZ 101, 106 (111) m. w. N. = JuS 1988, 313.

[771] Vgl. Staudinger/*Eberl-Borges,* 2008, § 830 Rn. 100 ff.; *Larenz/Canaris,* Schuldrecht II/2, § 82 II 2 c (S. 574) m. w. N.; ausdrücklich offen lassend BGHZ 101, 106 (111) = JuS 1988, 313.

d) Unaufklärbarkeit der Kausalität

Da § 830 I 2 BGB dem Geschädigten **lediglich über Beweisschwierigkeiten hinweghelfen** soll, muss feststehen, dass wenigstens einer der Beteiligten die Rechtsgutverletzung bzw. den Schaden verursacht hat. Jeder der Beteiligten muss den Schaden potenziell durch seine unerlaubte Handlung verursacht haben können. Die Regelung des § 830 I 2 BGB überwindet dann (gleichermaßen zu Lasten aller Beteiligten) die Zweifel darüber, wessen Handeln für die Rechtsgutverletzung (**Urheberzweifel**[772]) bzw. wessen Rechtsgutverletzung für den Schaden (**Anteilszweifel**[773]) kausal geworden ist.

Vorliegend steht fest, dass O durch einen der Werfer verletzt wurde. Jedenfalls *einer* der Beteiligten hat hier haftungsbegründend kausal die Körperverletzung begangen und damit haftungsausfüllend kausal den Schaden hervorgerufen. Beweisnot besteht hingegen darüber, wer von den drei Werfern den O getroffen hat (Urheberzweifel). Ein Ermittlungsdefizit i. S. v. § 830 I 2 ist damit gegeben.

430

e) Feststehender Ersatzanspruch des Geschädigten

Nach h. M. ist ferner grundsätzlich erforderlich, dass dem Geschädigten **für den hypothetischen Fall der Klärung der Kausalität ein Ersatzanspruch gegen den jeweiligen Beteiligten zustehen würde.**[774] Danach soll ein Anspruch aus § 830 I 2 BGB z. B. dann entfallen, wenn eine Alleinverursachung durch den Geschädigten selbst nicht auszuschließen ist,[775] oder wenn einer der Beteiligten nicht rechtswidrig gehandelt hat.[776] Dieses Erfordernis kann wiederum mit einer dem Ausnahmecharakter der Vorschrift Rechnung tragenden, restriktiven Auslegung des § 830 I 2 BGB begründet werden. Das Kriterium des „feststehenden Ersatzanspruchs" stellt sicher, dass durch die Anwendung des § 830 I 2 BGB lediglich Kausalitätsprobleme überwunden, nicht aber evtl. **gar nicht bestehende Ansprüche erst geschaffen** werden. Als Alternative zum Ausschluss der Beteiligtenhaftung bei Mitwirkung einzelner potenzieller Verursachungsbeiträge ohne Haftungsrelevanz wird im Schrifttum z. T. eine Anrechnungslösung befürwortet; diese läuft im Wesentlichen darauf hinaus, dass der Anspruch des Geschädigten aus § 830 I 2 BGB durch potenzielle Verursachungsbeiträge, die keine Ersatzpflicht begründen würden, nach Maßgabe von deren Wahrscheinlichkeitsanteil zu mindern ist.[777] Eine solche Wahrscheinlichkeitshaftung ist indessen mit dem beweisrechtlichen Alles-oder-nichts-Prinzip unvereinbar; eine Beteiligtenhaftung nach Wahrscheinlichkeitsanteilen steht etwa in einem kaum auflösbaren Widerspruch zu dem unbestrittenen Grundsatz, dass der Geschädigte keinerlei Anspruch gegen einen einzelnen potenziellen Schädiger geltend machen kann, wenn dieser die Verletzung nur „möglicherweise" oder „wahrscheinlich" herbeigeführt hat.[778]

Vorliegend ist zu klären, ob **alle Beteiligten verantwortlich** im Sinne der §§ 828, 829 BGB gehandelt haben. Sofern einer der Beteiligten verschuldensunfähig war, wäre dessen Haftung im hypothetischen Fall der Kausalität seines Handlungsbeitrages ausgeschlossen, und damit zugleich das Vorliegen eines feststehenden Ersatzanspruches im beschriebenen Sinne.

431

aa) Verantwortlichkeit aller Beteiligten nach § 828 BGB

Die Verantwortlichkeit von **R** und **W** richtet sich gemäß § 828 III BGB nach deren **individueller Einsichtsfähigkeit**; maßgeblich ist danach, ob der betreffende Minderjährige nach seinem individuellen Entwicklungsstand das Unrecht seiner Handlung und die Verpflichtung, für deren Folgen einstehen zu

432

---

[772] Vgl. Palandt/*Sprau,* § 830 Rn. 8.
[773] Vgl. Palandt/*Sprau,* § 830 Rn. 9.
[774] Vgl. Palandt/*Sprau,* § 830 Rn. 11.
[775] Vgl. BGHZ 60, 177 (182); MünchKomm/*Wagner,* § 830 Rn. 40 f.
[776] Vgl. *BGH* VersR 1979, 822.
[777] Vgl. *Larenz/Canaris,* Schuldrecht II/2, § 82 II 3 (S. 576) m.w.N.; ebenso i.E. *BGH* NJW 2001, 2538 m. Bespr. *T. Müller,* JuS 2002, 432; jedenfalls für die Behandlung von potenziell kausalen Zufallsereignissen zustimmend auch *Bydlinski,* FS Beitzke, 1979, S. 31 ff.; vgl. auch MünchKomm/*Wagner,* § 830 Rn. 43, 55 ff., der die Problematik über die Konstruktion der Anteilshaftung lösen will, bei der die potenziellen Verursacher der Schädigung nicht als Gesamtschuldner, sondern lediglich entsprechend ihrem nach § 287 ZPO zu schätzenden Verursachungsanteil haften sollen.
[778] Kritisch auch Staudinger/*Eberl-Borges,* 2008, § 830 Rn. 84.

müssen, erkennen konnte.[779] Diese (nach den Umständen des Einzelfalles zu bestimmende) Einsichtsfähigkeit bezüglich der Verantwortlichkeit für vorsätzliche Körperverletzungen dürfte bei R und W, soweit es sich um normal entwickelte Kinder ihres Alters handelt, gegeben sein.

Die Verantwortlichkeit des K ist demgegenüber nach § 828 I BGB zwingend ausgeschlossen.

bb) Möglicher Anspruch gegen die Eltern des K aus § 832 BGB

433   Denkbar wäre aber, dass anstelle eines Anspruches gegen K eine **Haftung der aufsichtspflichtigen Eltern** des K gemäß § 832 BGB gegeben ist und dass dem O somit auch für den Fall der Verursachung durch K ein sicherer Ersatzanspruch (gegen dessen Eltern) zustünde.

Der Haftungsgrund des § 832 BGB ist trotz seiner Stellung hinter § 830 BGB als „unerlaubte Handlung" i.S.d. § 830 I 2 BGB zu qualifizieren, da diese Vorschrift nach ihrem Wortlaut und ihrer systematischen Stellung sämtliche unerlaubten Handlungen im Sinne des „Titels 27" (§§ 823–853 BGB) erfasst; für eine Nicht-Berücksichtigung der Aufsichtshaftung ist kein überzeugender Grund erkennbar.[780] Gemäß § 832 I 1 BGB besteht eine Vermutung für die Verletzung der Aufsichtspflicht der Eltern (§ 1626 BGB). Es ist aber laut Sachverhalt davon auszugehen, dass die Eltern des K ihrer Aufsichtspflicht Genüge getan haben, so dass eine **Widerlegung der Vermutung** gelingt.[781] Eine Aufsichtshaftung der Eltern kommt daher nicht als feststehender Ersatzanspruch zur Begründung einer Haftung aller Beteiligten im Sinne von § 830 I 2 BGB in Betracht.

cc) Möglicher Anspruch gegen K aus § 829 BGB

434   Scheidet ein Anspruch des O gegen die Eltern des K aus, so könnte sich ein Ersatzanspruch des O gegen K bei hypothetischer Verletzung durch diesen nur aus § 829 BGB ergeben. Diese Vorschrift sieht eine Billigkeitshaftung des nach § 828 BGB nicht Verantwortlichen vor, wenn gegen die Aufsichtspflichtigen kein durchsetzbarer Anspruch besteht und die „Billigkeit eine Schadloshaltung erfordert". Das Billigkeitskriterium i.S.v. § 829 BGB ist nach allen Umständen des Falles zu bestimmen. Dem Wortlaut des § 829 BGB entsprechend sind insbesondere die „Verhältnisse der Parteien" zu berücksichtigen. Zu beachten ist ferner, dass es sich bei der Billigkeitshaftung nach § 829 BGB um einen restriktiv **auszulegenden Ausnahmetatbestand** handelt, der das im BGB äußerst konsequent angelegte Prinzip des Minderjährigenschutzes sowie auch das Verschuldensprinzip einschränkt. Im Lichte dieser Erwägungen setzt die Haftung aus § 829 BGB regelmäßig ein **erhebliches Gefälle zwischen den wirtschaftlichen Verhältnissen** der Betroffenen, also erheblich bessere wirtschaftliche Verhältnisse des Schädigers voraus, wobei in die Abwägung entscheidend auch die wirtschaftlichen Verhältnisse der Eltern einzustellen sind.[782]

Ein solches Gefälle ist **im Ausgangsfall nicht gegeben**, da K laut Sachverhalt vermögenslos ist, während O jedenfalls über ein „bemerkenswertes Wertpapierdepot" verfügt.

dd) Fehlende Verantwortlichkeit eines Beteiligten als Ausschlussgrund für die Haftung der Übrigen

435   Es ergibt sich somit, dass O im **Ausgangsfall** keinen Anspruch auf Schadensersatz hätte, wenn seine Verletzung durch einen Wurf des K herbeigeführt worden wäre, weil dieser nicht verschuldensfähig war und weder eine Haftung der Aufsichtspflichtigen noch eine Billigkeitshaftung in Betracht kommen. Verknüpft man diese Feststellung mit dem hinsichtlich der Haftung aus § 830 I 2 BGB praktizierten Kriterium des „feststehenden Ersatzanspruches", so entfällt auch der auf diesen Tatbestand gegründete Anspruch des O gegen R. Denn **sofern der hypothetische Kausalnachweis den K als Verletzer identifizieren würde,** wären die übrigen Beteiligten haftungsfrei und O hätte keinerlei Schadensersatzansprüche.

Indessen ist umstritten, ob das Kriterium des „feststehenden Ersatzanspruches" auch für **Fälle der Verschuldensunfähigkeit eines Beteiligten** gilt.[783] Zum Teil wird vertreten, dass die mangelnde Verschuldensfähigkeit eines Beteiligten **nur den Anspruch aus § 830 I 2 BGB gegen diesen selbst**, nicht aber gegen die anderen Beteiligten berührt. Entgegen den oben genannten anderen Fällen soll in diesem Fall nicht am Erfordernis des feststehenden Ersatzan-

---

[779]   Vgl. Palandt/*Sprau,* § 828 Rn. 6.

[780]   Vgl. Staudinger/*Eberl-Borges,* 2008, § 830 Rn. 72.

[781]   Sechsjährige Kinder müssen beim Spielen im Sandkasten nicht mehr ununterbrochen überwacht werden, vgl. auch BGHZ 111, 282 (285 f.) = JuS 1991, 76; weitere Beispiele bei Palandt/*Sprau,* § 832 Rn. 12.

[782]   Vgl. *BGH* NJW 1958, 1630 (1631); NJW 1979, 2096 (2097); Palandt/*Sprau,* § 829 Rn. 4 und näher oben *Systematische Darstellung Deliktsrecht* (Rn. 156); kritisch zur Berücksichtigung des elterlichen Einkommens MünchKomm/*Wagner,* § 829 Rn. 14; Soergel/*Spickhoff,* § 829 Rn. 16.

[783]   Ausdrücklich offen gelassen von *BGH* NJW 1972, 40 (41).

spruches des Geschädigten festgehalten werden. Dafür mag der Wortlaut des § 830 I 2 BGB angeführt werden, der lediglich auf die „Verursachung" abstellt und nicht volle Verantwortlichkeit aller Schädiger verlangt.[784] Nach der zutreffenden Gegenmeinung bleibt es indessen auch im Hinblick auf Mängel der Verschuldensfähigkeit von Beteiligten beim Kriterium des feststehenden Ersatzanspruches. Es ist kein überzeugender Grund dafür ersichtlich, warum die Beteiligung eines Verschuldensunfähigen anders behandelt werden sollte als ein rechtmäßiger Beteiligungsbeitrag, ein potenzieller Eigenbeitrag des Geschädigten oder ein potenziell kausales Naturereignis. In jedem dieser Fälle kommt der einheitliche Gedanke zum Tragen, dass eine vom Kausalnachweis losgelöste Haftungsbelastung der Beteiligten nicht zu rechtfertigen ist, wenn der Geschädigte auch bei hypothetischem Gelingen des Kausalnachweises keinen sicheren Anspruch hat.[785]

f) Ergebnis

Im **Ausgangsfall** scheitert ein Anspruch des O gegen R aus § 830 I 2 BGB daher an der fehlenden Verantwortlichkeit des K.

II. Abwandlung (Frage 2)

Die Abwandlung unterscheidet sich vom Ausgangsfall dadurch, dass eine **Billigkeitshaftung** des K nach § 829 BGB wohl **zu bejahen ist**, da sich K in erheblich besseren Vermögensverhältnissen befindet als O und darüber hinaus auch sein vorsätzliches Verhalten gegenüber dem wehrlosen O für eine Haftung nach Billigkeitsregeln spricht. In der Abwandlung ist also das **Kriterium des „feststehenden Ersatzanspruchs" (§ 830 I 2 BGB) erfüllt**, denn es steht fest, dass O einen Ersatzanspruch haben würde, wenn der Kausalitätsnachweis hinsichtlich einer der möglichen Verletzungshandlungen gelingen würde.

436

Da auch die übrigen Voraussetzungen des § 830 I 2 BGB erfüllt sind,[786] R vorsätzlich handelte und er gemäß § 828 III BGB voll verantwortlich ist,[787] **hat O einen Anspruch aus den §§ 830 I 2, 249 II, 840 I BGB** auf Ersatz der Behandlungskosten gegen R als Gesamtschuldner (gemeinsam mit den anderen Beteiligten).

---

[784] So – ohne weitere Begründung – MünchKomm/*Stein*, 3. Aufl., 1997, § 830 Rn. 25; ebenso RGRK/*Steffen*, § 830 Rn. 17, der das andernfalls eintretende Ergebnis, dass die Deliktsunfähigkeit eines Beteiligten auch die übrigen entlastet, als unbillig empfindet.

[785] Vgl. Staudinger/*Eberl-Borges*, 2008, § 830 Rn. 81; Soergel/*Krause*, § 830 Rn. 21; *Bauer*, JZ 1971, 4 (7); *OLG Schleswig* MDR 1983, 1023 (1024).

[786] Vgl. oben Rn. 426.

[787] Vgl. obcn Rn. 132.

E. Fall 4: „Ein fliehendes Pferd"

Themenkreis: *Tierhalterhaftung, Haftung im Gefälligkeitsverhältnis, Handeln auf eigene Gefahr, Haftung für Drittschäden*

Sachverhalt[788]

437   Katharina von Krumsieck (K), international renommierte Eiskunstläuferin und Hobbyreiterin, sitzt gelangweilt im Clubhaus des Reitsportvereins Sturzflug e.V. in München, weil sie ihr Pony nicht reiten kann. Es hat sich nämlich beim letzten Reitausflug ein Bein vertreten und lahmt momentan. Glücklicherweise trifft sie dort ihre alte Bekannte Bettina von Braunach (B) aus Augsburg, die ebenfalls Mitglied des Clubs ist. Bei einem Glas Prosecco kommt man ins Gespräch. Dabei stellt sich heraus, dass B gekommen ist, um ihren Araberhengst zu reiten, wozu sie aber keine rechte Lust verspürt. K berichtet ihr, dass sie wegen der Verletzung ihres Ponys leider eine Reitstunde versäumen muss. Daraufhin stellt B der K ihren Araberhengst für die Reitstunde kostenlos zur Verfügung; ihr selbst sei heute nicht viel am Reiten gelegen. Freudig willigt K ein.

Sodann reitet K unter Leitung des Reitlehrers. Der Hengst scheint jedoch heute genauso lustlos wie seine Besitzerin zu sein. Daraufhin fordert der Reitlehrer die K auf, die Gerte einzusetzen, was sie sogleich versucht. Der Hengst reagiert prompt, jedoch nicht in der gewünschten Weise: Er buckelt und wirft K ab, die unsanft auf dem Boden landet und sich erhebliche Verletzungen zuzieht. Das Pferd war bislang überaus zahm und hatte sich weder gegenüber B noch gegenüber anderen Reitern, denen B es zum Reiten überlassen hatte, vergleichbar aufbegehrend verhalten. K muss sechs Wochen stationär im Krankenhaus behandelt werden und wird wegen eines komplizierten Beinbruchs wahrscheinlich dauerhaft leichte Gehbeschwerden haben. Den Eislaufsport muss sie für immer an den Nagel hängen.

Hierüber ist auch Theodor von Thane (T) entsetzt, der mit K ein weltberühmtes Eiskunstlaufpaar bildet. Insbesondere sollten sie in der kommenden Saison gemeinsam in der Eisrevue „Martini on Ice" auftreten, was ihnen eine vertraglich fest vereinbarte Gage von jeweils € 50.000 einbringen sollte. Die Veranstalter der Revue haben auf Grund des Unfalls von ihrem vertraglichen Kündigungsrecht (wirksam) Gebrauch gemacht und ein anderes Eislaufpaar verpflichtet.

K verlangt von B Ersatz ihres Verdienstausfalls von € 50.000, der Krankenhauskosten i. H.v. € 20.000 und ein angemessenes Schmerzensgeld. Auch T verlangt von B Ausgleich für seinen Verdienstausfall in Höhe von € 50.000.

B weist die Ansprüche empört zurück: Es könne doch wohl nicht angehen, dass sie für ihre Gefälligkeit auch noch bestraft werde. T könne erst recht nichts von ihr verlangen, sie sei ihm schließlich noch nie begegnet. Finanzielle Einbußen hat sie letztlich jedoch nicht zu befürchten, da ihre Tierhaftpflichtversicherung bei Verlust des Prozesses für die Schäden aufkommen müsste.

Bearbeitervermerk: In einem Rechtsgutachten sind die geltend gemachten Ansprüche von K und T zu prüfen. Dabei ist – ggf. hilfsgutachtlich – auf alle angesprochenen Rechtsfragen einzugehen.

---

[788] Der Fall ist den Entscheidungen *BGH* NJW 1992, 2474 = JuS 1993, 73 und NJW 2003, 1040 = JuS 2003, 709 nachgebildet.

Lösung zu Fall 4

Prüfungsstruktur

Teil 1: Ansprüche der K

I. Vertragliche bzw. vertragsähnliche Ansprüche

Zu erwägen sind zunächst Schadensersatzansprüche aus Vertrag oder einem vertragsähnlichen Schuldverhältnis (§ 280 I BGB i.V.m. § 241 II BGB). An dieser Stelle kann noch offen bleiben, wie die Überlassung des Pferdes an K rechtlich zu qualifizieren ist (Leihvertrag oder Überlassung aus rein tatsächlicher Gefälligkeit mit oder ohne Schutzpflichten), da es jedenfalls am **Vertretenmüssen** der B fehlt (§ 280 I 2 BGB). Denn ein schuldhaftes Verhalten läge nur dann vor, wenn B gegenüber K eine die allgemeine Tiergefahr erhöhende Eigenschaft des Pferdes verschwiegen hätte.[789] Dies ist aber nach dem Sachverhalt nicht der Fall, weshalb B auch die Vermutung des § 280 I 2 BGB widerlegen kann. **438**

Hinweis: Es hängt von der Art der verletzten Pflicht und der rechtlichen Einordnung der Überlassung ab, welche Anspruchsgrundlage in concreto zur Anwendung kommt (vgl. §§ 600, 280 I, 311 II BGB etc.). Da hier jedoch eindeutig weder eine Pflichtverletzung noch ein Verschulden der B vorliegt, ist es vertretbar, vertragliche Ansprüche in dieser pauschalen Weise darzustellen. **439**

II. Anspruch aus § 823 I BGB

Ein Anspruch aus § 823 I BGB setzt voraus, dass B eine **Verkehrspflicht** verletzt hat, da die Überlassung nur **mittelbar** für den Schaden der K **ursächlich war**. Eine solche Verletzung ist jedoch **nicht ersichtlich**. Auch im Übrigen sind keine Anhaltspunkte für ein Verschulden erkennbar. **440**

---

[789] Vgl. *OLG Zweibrücken* NJW 1971, 2077 zur deliktischen Haftung des Tierhalters aus § 823 I BGB.

III. Anspruch aus § 833 S. 1 BGB

441 In Betracht kommt somit lediglich ein Anspruch aus § 833 S. 1 BGB, der eine verschuldensunabhängige Haftung des Tierhalters statuiert.

1. Rechtsgutsverletzung

442 K erlitt durch ihren Sturz erhebliche Körperverletzungen.

2. Haltereigenschaft der B

443 B müsste Halterin des Pferdes gewesen sein. Nach der Rechtsprechung des *BGH* ist Halter derjenige, der über Existenz und Nutzung des Tieres bestimmt, für seine Kosten aufkommt und das wirtschaftliche Risiko des Verlustes trägt. Es kommt darauf an, wem das Tier nach diesen Kriterien *generell* zuzurechnen ist, wohingegen es irrelevant ist, in wessen Interesse das Tier *gerade zur Zeit des Schadensfalles* verwendet wurde. Demnach war B Halterin des Pferdes; das kurzfristige Überlassen eines Pferdes für eine Reitstunde lässt die Haltereigenschaft unberührt.[790]

3. Kausalität

a) Äquivalenzformel

444 Das Verhalten des Pferdes (Buckeln) **kann nicht hinweggedacht werden**, ohne dass der Erfolg, d.h. die Verletzung der K, entfiele. Es liegt daher eine Kausalität im Sinne der Äquivalenzformel zwischen dem Tierverhalten und der Verletzung der K vor.

b) Verwirklichung der typischen Tiergefahr

Nach h.M. findet im Rahmen von Tatbeständen der Gefährdungshaftung die Adäquanzformel keine Anwendung.[791] Vielmehr setzt die Zurechnung neben den Anforderungen der Äquivalenzformel voraus, dass der Schaden auf einer für den Grund der Gefährdungshaftung typischen Gefahr, also im vorliegenden Fall der **typischen Tiergefahr** beruht. Unter der typischen Tiergefahr ist die **Unberechenbarkeit tierischen Verhaltens** zu verstehen.[792] Danach scheidet die Haftung aus § 833 S. 1 BGB aus, wenn das unter **menschlicher Leitung** befindliche Tier dem Willen seines Lenkers gehorcht und dadurch Schaden angerichtet hat.[793] Im vorliegenden Fall hat sich hingegen die typische Tiergefahr verwirklicht. Zwar warf der Hengst K erst ab, als diese die Gerte einsetzte; dieses Verhalten war aber von K mit dem Gerteneinsatz nicht bezweckt. Der Hengst stand daher in der konkret schadensverursachenden Situation nicht unter effektiver menschlicher Leitung. Vielmehr war sein Verhalten typischer Ausdruck der Unberechenbarkeit tierischen Verhaltens.[794]

c) Haftungsausschluss bei freiwilliger Selbstgefährdung?

445 Vorliegend ist indessen die Besonderheit zu berücksichtigen, dass sich die K **den vom Hengst ausgehenden Gefahren freiwillig und im eigenen Interesse ausgesetzt** und diese (als Reiterin) sogar kontrolliert hat. Es ist umstritten, ob solche Verletzungsfälle noch innerhalb des Schutzzwecks der Tierhalterhaftung

---

[790] Vgl. ausführlich *BGH* NJW-RR 1988, 655 (656); siehe auch *Larenz/Canaris*, Schuldrecht II/2, § 84 II 1 b (S. 614 f.); Palandt/*Sprau*, § 833 Rn. 10.

[791] Vgl. oben *Systematische Darstellung Deliktsrecht* (Rn. 95).

[792] Vgl. BGHZ 67, 129 (133) = JuS 1977, 190; *BGH* NJW 1982, 763 (764); NJW 1983, 1311; NJW 1999, 3119.

[793] H.M., vgl. *BGH* VersR 1952, 403; VersR 1966, 1073 (1074); Palandt/*Sprau*, § 833 Rn. 6 f.; a.A. *Larenz/Canaris*, Schuldrecht II/2, § 84 II 1 c (S. 615 f.); Staudinger/*Eberl-Borges*, 2008, § 833 Rn. 56; *Deutsch*, JuS 1987, 675 f.; differenzierend MünchKomm/*Wagner*, § 833 Rn. 12 f.

[794] So auch *BGH* NJW 1992, 2474 = JuS 1993, 73; NJW 1999, 3119.

liegen bzw. ob § 833 S. 1 BGB bei freiwilliger Selbstgefährdung aufgrund einer teleologischen Reduktion außer Anwendung zu lassen ist. Eine solche Haftungseinschränkung hätte eine Parallele in den §§ 8, 8a StVG: Nach § 8 Nr. 2 StVG ist für den Bereich der straßenverkehrsrechtlichen Gefährdungshaftung aus § 7 StVG die Haftung gegenüber solchen Personen ausgeschlossen, die „beim Betrieb des Kfz tätig" sind. Gemäß § 8a StVG ist ferner ein vertraglicher Ausschluss der Haftung gegenüber Mitfahrern bei unentgeltlicher Beförderung zulässig. Diesen Vorschriften liegt der Gedanke zu Grunde, dass Personen, die sich freiwillig der haftungsbegründenden Gefahr aussetzen, weniger schutzwürdig sind als Geschädigte, die unversehens verletzt werden.

Der *BGH* hat indessen eine Verallgemeinerung dieses Rechtsgedankens und eine darauf basierende Beschränkung der Haftung aus § 833 S. 1 BGB abgelehnt.[795] Das Gericht begründet dies im Wesentlichen mit einem Umkehrschluss: Eine den §§ 8, 8a StVG entsprechende Regelung sei hinsichtlich des § 833 BGB gerade nicht getroffen worden und die genannten straßenverkehrsrechtlichen Vorschriften hätten den Charakter von nicht analogiefähigen Ausnahmevorschriften. Nur wenn der Verletzte sich „einer besonderen Gefahr, die über die mit dem Reiten normalerweise verbundene Gefahr hinausgehe, ausgesetzt hatte" (Beispiele: Reiten auf einem Pferd mit erkennbar unberechenbaren Anlagen, Zureiten, Springen etc.) kommt nach der Rechtsprechung des *BGH* unter dem Gesichtspunkt des **Handelns auf eigene Gefahr**[796] bei Reitunfällen ein Ausschluss der Gefährdungshaftung in Betracht.[797] Im Schrifttum wird die grundsätzliche Erstreckung der Haftung auf Fälle freiwilliger Selbstgefährdung z. T. auch unter Verweis auf die Vorsorgefunktion der Gefährdungshaftung sowie auf die problemlose Versicherbarkeit der Tiergefahren über eine Tierhalterhaftpflicht befürwortet.[798] Folgt man der Position der Rechtsprechung, so ist die Haftung im vorliegenden Fall nicht unter dem Gesichtspunkt der freiwilligen Selbstgefährdung ausgeschlossen, da K sich keinem *besonderen*, sondern nur dem allgemeinen, mit dem Reiten stets verbundenen Risiko ausgesetzt hat.

446 Indessen sprechen gewichtige Gründe dafür, die Tatbestände der **Gefährdungshaftung** und damit auch die Haftung aus § 833 S. 1 BGB **bei freiwilliger Selbstgefährdung** des Geschädigten **generell außer Anwendung zu lassen.**[799] Gegen die Einbeziehung der Fälle freiwilliger Selbstgefährdung spricht insbesondere eine nähere Analyse der zentralen Grundprinzipien, die – trotz der spezialgesetzlichen Zersplitterung der Gefährdungshaftung – im Wesentlichen allen Tatbeständen einheitlich zu Grunde liegen.[800] Ein zentraler Grund für die Gefährdungshaftung ist zunächst die **Schaffung und Unterhaltung einer Quelle besonderer Gefahr.** Dadurch ist auch bei der Gefährdungshaftung eine gewisse Zurechnung zum Willen des Haftpflichtigen möglich; es handelt sich nicht um eine rein objektive Haftung. Im Unterschied zur Verschuldenshaftung ist grundsätzlich keine konkrete Beherrschung des Geschehensablaufs durch den Schädiger erforderlich; vielmehr genügt grundsätzlich die **abstrakte Beherrschbarkeit der Gefahr** (z. B.: Haltereigenschaft). Ein weiteres zentrales Kriterium ist die **Korrespondenz von Nutzen und Risiko:** Derjenige, der aus dem Betrieb einer Gefahrenquelle Nutzen zieht, soll auch für die korrespondierenden Risiken einstehen. Ergänzend tritt schließlich auch der Gesichtspunkt der **Unausweichlichkeit der Gefahr** für den Geschädigten hinzu: Typischerweise ist bei den Tatbeständen der Gefährdungshaftung ein Selbstschutz des Geschädigten nicht möglich oder doch jedenfalls wesentlich ineffektiver als ein genereller Schutz durch den Beherrscher der Gefahrenquelle. Der **Versicherbarkeit des Risikos** kommt demgegenüber allenfalls eine einschränkende, aber keine haftungsbegründende Wirkung zu:[801] Eine Gefährdungshaftung existiert in der Regel nur für versicherbare Risiken; aber nicht alle leicht versicherbaren Risiken unterliegen einer Gefährdungshaftung.

447 Betrachtet man die Fälle der **freiwilligen Selbstgefährdung** im Lichte dieser Grundprinzipien, so zeigt sich, dass sie vom Schutzzweck der Gefährdungshaftung nicht mehr umfasst sind. Denn in Fällen wie dem vorliegenden beherrscht der Geschädigte in der konkreten Situation die Gefahr. Zwar mag man zusätzlich auch von einer abstrakten Gefahrbeherrschung durch den Schädiger ausgehen. Dieser Gesichtspunkt verliert allerdings im Verhältnis zum Geschädigten an Gewicht, wenn die abstrakte Gefahrbeherrschung des Halters durch die konkreten Beherrschungsmöglichkeiten des Geschädigten überlagert wird. Es kommt hinzu, dass der Nutzen der Gefahrenquelle in den Fällen der freiwilligen Selbstgefährdung regelmäßig (und im vorliegenden Fall) jedenfalls vorrangig beim Geschädigten, nicht beim Schädiger liegt. Schließlich ist die Gefahr für denjenigen, der sich freiwillig selbst in Gefahr

---

[795] *BGH* NJW 1992, 2474 = JuS 1993, 73; NJW 1993, 2611; NJW 1999, 3119 (3120).

[796] Vgl. zum Handeln auf eigene Gefahr auch oben *Systematische Darstellung Deliktsrecht* (Rn. 110).

[797] *BGH* NJW 1977, 2158 (unter I 2 b aa); NJW 1974, 234 (235); NJW 1992, 2474 (unter II 1) = JuS 1992, 73.

[798] So noch MünchKomm/*Stein*, 3. Aufl., 1997, § 833 Rn. 4; i. E. auch Staudinger/*Eberl-Borges*, 2008, § 833 Rn. 189 ff. Das Bestehen einer Tierhaftpflichtversicherung hat offenbar auch die Rechtsprechung mit beeinflusst, vgl. *BGH* NJW 1992, 2474 (2475 unter II 2 b) = JuS 1992, 73; NJW 1977, 2158 (2159 unter I 3 a bb).

[799] *Larenz/Canaris*, Schuldrecht II/2, § 84 II 1 e (S. 617) m. w. N.; MünchKomm/*Wagner*, § 833 Rn. 19; *Hasselblatt*, NJW 1993, 2577 ff.; *Westerhoff*, JR 1993, 497 ff.; *Bohlen*, Haftungsausschluss durch bewusste Selbstgefährdung, 1995, S. 69 ff., 192 ff.

[800] Vgl. umfassend *Larenz/Canaris*, Schuldrecht II/2, § 84 I 2 (S. 604 ff.); grundlegend *Esser*, Grundlagen und Entwicklung der Gefährdungshaftung, 1969, S. 92 ff., 100; *Stoll*, Handeln auf eigene Gefahr, 1961, S. 345 ff.; *Müller-Erzbach*, AcP 106 (1909), 309 (337 ff.).

[801] *Larenz/Canaris*, Schuldrecht II/2, § 84 I 2 a (S. 605); siehe auch *Armbrüster*, NJW 2009, 189.

bringt, auch nicht unausweichlich. Die Prinzipienanalyse spricht somit dafür, die §§ 8, 8a StVG als Ausdruck eines allgemeinen Rechtsgedanken zu verstehen, der auch außerhalb des StVG bei einer Anwendung von Gefährdungshaftungstatbeständen Beachtung finden sollte.

Vorzugswürdig ist es daher, die Fälle der freiwilligen Selbstgefährdung **vom Schutzbereich des § 833 S. 1 BGB auszunehmen;** K hat keinen Anspruch aus § 833 S. 1 BGB gegen B, weil sie sich freiwillig selbst gefährdet hat.

Hilfsgutachten:

448   Sofern man entgegen der hier vertretenen Auffassung der freiwilligen Selbstgefährdung keine haftungsausschließende Wirkung zumisst, sind die **weiteren Voraussetzungen des Anspruchs aus § 833 BGB** zu prüfen.

4. Keine Exkulpation (§ 833 S. 2 BGB)

449   Die Haftung aus § 833 S. 1 BGB ist gem. § 833 S. 2 BGB ausgeschlossen, wenn der Schaden durch ein **Nutztier** verursacht wurde und der Tierhalter die Vermutung einer Aufsichtspflichtverletzung oder der Kausalität widerlegen kann. **Nutztiere** i. S. v. § 833 S. 2 BGB sind **Haustiere**, die dem **Gelderwerb** i. w. S. zu dienen bestimmt sind. Zwar ist das Pferd der B ein Haustier, denn es ist ein **zahmes, vom Menschen üblicherweise zu seinem Nutzen gezogenes und gehaltenes Tier;**[802] es fehlt aber an der von § 833 S. 2 BGB geforderten Zweckbestimmung. Das Pferd war weder dem Beruf der B, noch ihrer Erwerbstätigkeit oder ihrem Unterhalt zu dienen bestimmt; vielmehr hielt sie das Pferd aus bloßer Liebhaberei.[803] Daher greift der Entlastungsbeweis nach § 833 S. 2 BGB nicht ein.

5. Konkludenter vertraglicher Haftungsausschluss

450   Die Haftung des Tierhalters aus § 833 S. 1 BGB kann grundsätzlich vertraglich ausgeschlossen oder beschränkt werden. Eine ausdrückliche Vereinbarung über einen Haftungsausschluss trafen B und K zwar nicht. Sie könnte sich aber aus dem Umstand ergeben, dass B den Hengst aus **Gefälligkeit** unentgeltlich an K überlassen hat. Die frühere Rechtsprechung hat in der Tat in ähnlich gelagerten Fällen einen **stillschweigenden Haftungsausschluss** angenommen, um eine als ungerecht empfundene Haftung zu korrigieren.[804]

451   Zu Recht wird die Annahme einer stillschweigend vereinbarten Haftungsbeschränkung jedoch heute nahezu einhellig als **Willensfiktion** abgelehnt.[805] Denn vom insoweit relevanten Empfängerhorizont (§§ 133, 157 BGB) lässt sich der **Inhalt** dieser behaupteten **stillschweigenden Erklärung** nicht mit hinreichender Sicherheit ermitteln.[806] Die Fiktion eines konkludenten Haftungsausschlusses bei Gefälligkeitsüberlassungen stellt der Sache nach eine verdeckte Rechtsfortbildung dar; vorzugswürdig ist demgegenüber die **offene Behandlung des Problems als Frage der (u. U. rechtsfortbildenden) Anerkennung einer gesetzlichen Haftungsbeschränkung** als allgemeines Rechtsprinzip (vgl. insbesondere §§ 521, 599, 680, 690 BGB).

6. Gesetzliche Haftungsbeschränkung nach § 599 BGB

452   Die Haftung der B könnte gemäß § 599 BGB ausgeschlossen sein. Diese Vorschrift begrenzt die Haftung des Verleihers auf Vorsatz und grobe Fahrlässigkeit und schließt damit nicht nur die Haftung wegen leichter Fahrlässigkeit, sondern *a fortiori* auch eine verschuldensunabhängige Haftung aus.[807] Die **Anwendbarkeit** dieser Vorschrift ist jedoch unter zwei Gesichtspunkten problematisch: Zum einen ist sie ihrem Wortlaut nach nur **auf Leihverträge**, nicht auf rein tatsächliche Gefälligkeiten anwendbar; zum anderen betrifft sie ihrem Wortlaut nach nur **vertragliche Ansprüche**, nicht den hier in Rede stehenden Anspruch aus § 833 BGB.

---

[802] *Larenz/Canaris,* Schuldrecht II/2, § 79 V 2 a (S. 487); Palandt/*Sprau,* § 833 Rn. 16.

[803] Vgl. auch *BGH* NJW-RR 2005, 1183 (Halterhaftung für Hunde auf Reiterhof).

[804] Vgl. etwa *BGH* NJW 1980, 1681: Stillschweigender Haftungsverzicht des Kfz-Verkäufers (und Halters) gegenüber dem probefahrenden Kaufinteressenten für leicht fahrlässige Verletzungen bei fehlendem Versicherungsschutz.

[805] *BGH* NJW 1992, 2474 (2475 unter II 2 b) = JuS 1992, 73; *OLG Hamm* NJW-RR 2001, 19; Staudinger/*Eberl-Borges,* 2008, § 833 Rn. 195 f. m. w. N.; a. A. *OLG Stuttgart* NJW-RR 2009, 384 f.: Konkludenter Haftungsausschluss für nicht versicherte Schäden im Rahmen von Nachbarschaftshilfe.

[806] Vgl. schon *Müller-Erzbach,* AcP 106 (1909), 319 (356 f.).

[807] Vgl. *BGH* NJW 1992, 2474 (2475) = JuS 1992, 73.

a) Vorliegen eines Leihvertrages

Das Haftungsprivileg des § 599 BGB würde **unmittelbar Anwendung** finden, wenn die Überlassung des Pferdes als **Leihvertrag** zu qualifizieren wäre. Die unentgeltliche Überlassung einer Sache an einen Dritten ist nicht automatisch als konkludenter Leihvertrag im Sinne der §§ 598 ff. BGB zu qualifizieren. Ein Leihvertrag liegt vielmehr nur dann vor, wenn der Verleiher sich **rechtlich bindend zur Gestattung des Gebrauchs verpflichtet**. Es kommt also entscheidend darauf an, ob die Parteien mit **Rechtsbindungswillen** handelten. Dies ist (analog) §§ 133, 157 BGB durch Auslegung unter Berücksichtigung aller Umstände, insbesondere der Interessenlage der Parteien, zu ermitteln.[808]

453

Die h. M. sieht ein **schutzwürdiges Interesse des Entleihers** daran, dass seine Gebrauchsmöglichkeit nicht willkürlich abgekürzt werden kann, als wesentliches Indiz für die Annahme einer Leihe an.[809] Der *BGH* hat das Vorliegen einer Leihe bei kurzfristiger Überlassung eines Pferdes „im sportkameradschaftlichen Verkehr" verneint.[810] Jedoch ist zu berücksichtigen, dass ein Schutz durch besondere vertragliche Verbindung auch für den Verleiher von Interesse sein kann (vgl. z. B. § 278 BGB; Schutz primärer Vermögensinteressen).[811] Zudem spricht die gesetzliche Verankerung des Vertragstypus Leihe dafür, keine hohen Anforderungen an die Annahme eines konkludenten Rechtsbindungswillens zu stellen, da bei der Erbringung von Gefälligkeitsleistungen praktisch nur höchst selten eine ausdrückliche Vertragsabrede getroffen wird und allzu strenge Anforderungen an den Rechtsbindungswillen daher den normativen Geltungsanspruch des gesetzlichen Interessenausgleichs in Frage stellen.[812] Vorzugswürdig ist es daher, bei der Sachüberlassung grundsätzlich von einem konkludenten Vertragsschluss auszugehen und eine rein tatsächliche Gefälligkeit nur ausnahmsweise anzunehmen, etwa bei ganz kurzfristigen Gebrauchsüberlassungen, bei denen der Gefällige unmittelbarer Besitzer bleibt (z. B. eines Opernglases an den Sitznachbarn im Theater) oder bei Gebrauchsüberlassungen über sehr geringwertige Sachen.[813] Demnach liegt also hier ein Leihvertrag vor.

b) Analoge Anwendung von § 599 BGB auf die Gefälligkeitsüberlassung

Lehnt man entgegen der dargelegten Argumente das Zustandekommen eines Leihvertrags ab, so ist doch immerhin eine analoge Anwendung des § 599 BGB in Betracht zu ziehen. Dabei ist zu beachten, dass bei rein tatsächlichen Gefälligkeitsverhältnissen ohnehin keine vertraglichen Schadensersatzansprüche bestehen können, so dass allein die (doppelt) analoge Anwendung auf deliktische Ansprüche in Frage steht (vgl. dazu auch sogleich unter c). Der *BGH* lehnt eine solche **Analogie ab:** Die Haftungsbeschränkung des § 599 BGB sei Teil eines besonders ausgeformten Vertragsverhältnisses, das einen beiderseitigen Verpflichtungswillen der Beteiligten voraussetze, welcher für jeden Vertragsschließenden Rechte und Pflichten begründet und ausformt. Im Rahmen dieser Vertragsgestaltung stelle die Einschränkung des vertraglichen Haftungsmaßstabes ein Äquivalent für die Unentgeltlichkeit der Gebrauchsüberlassung dar. Die Haftungsbeschränkung könne nicht isoliert auf das Deliktsverhältnis übertragen werden, dem dieser Äquivalenzgedanke fremd sei.[814]

454

Auch diese Argumentation **überzeugt nicht.** Die Regelung des § 599 BGB ist Ausdruck eines (nahezu) allgemeinen Rechtsprinzips, wonach demjenigen, der ausschließlich im fremden Interesse handelt, nicht die volle vertragliche Haftung aufgebürdet werden soll. Dementsprechend finden sich auch für andere fremdnützige Vertragstypen vergleichbare Haftungserleichterungen (vgl. § 521 BGB für die Schenkung oder § 690 BGB für die unentgeltliche Verwahrung). Der Sachgrund für die Haftungsfreistellung ist nicht die Einbindung in ein vertragliches Pflichtengefüge, sondern die ausschließliche Fremdnützigkeit der Gebrauchsüberlassung. Dieser Gesichtspunkt ist auch bei rein tatsächlichen Gefälligkeiten präsent, ja er verlangt hier sogar in noch stärkerer Weise Berücksichtigung als bei unentgeltlichen Verträgen; denn der rein tatsächliche „Überlasser" hat seinerseits keine vertraglichen Schadensersatzansprüche gegen den Entleiher. Es kommt hinzu, dass die Geltung des Haftungsprivilegs regelmäßig von der Annahme eines konkludenten Vertragsschlusses abhängig wäre, wenn man dem vertraglichen Charakter des Gefälligkeitsverhältnisses entscheidende Bedeutung zumessen würde; damit ist die wichtige Haftungsfrage aber großen Unsicherheiten und sehr weitgehend richterlicher Einzelfallentscheidung überantwortet. Daher sollte **§ 599 BGB analog auch auf die tatsächliche Gefälligkeitsüberlassung angewendet werden.**[815]

455

---

[808] Vgl. dazu *Grigoleit/Herresthal*, BGB Allgemeiner Teil, *Systematische Darstellung Willenserklärung* (Rn. 4).

[809] Palandt/*Weidenkaff*, Einf. v. § 598 Rn. 7 m. w. N.

[810] *BGH* NJW 1974, 234 (235); NJW 1992, 2474 (2475) = JuS 1992, 73.

[811] Zurückhaltend zu diesem Aspekt MünchKomm/*Häublein*, § 598 Rn. 5.

[812] Ebenso MünchKomm/*Häublein*, § 598 Rn. 7.

[813] Vgl. MünchKomm/*Häublein*, § 598 Rn. 6; ähnlich Staudinger/*Reuter*, 2005, Vor §§ 598 ff. Rn. 8 ff.: Leihvertrag, wenn die Gebrauchsüberlassung am Markt typischerweise nur gegen Entgelt gewährt würde, da von den Beteiligten in diesen Fällen auch ein Rechtsgrund für das Behaltendürfen der Leistung geschaffen werden muss.

[814] *BGH* NJW 1992, 2474 (2475 unter II 2 d) = JuS 1992, 73; noch offen gelassen in *BGH* NJW 1974, 234 (235).

[815] *Medicus*, Allgemeiner Teil des BGB, Rn. 188 f.; Staudinger/*Reuter*, 2005, Vor § 598 ff. Rn. 13.

c) Anwendbarkeit des § 599 BGB auf Deliktsansprüche

456   Geht man im vorliegenden Fall zutreffend von einer Anwendung des § 599 BGB, jedenfalls aber von einer analogen Übertragbarkeit dieser Vorschrift auf nicht-vertragliche Überlassungsverhältnisse aus, so bleibt zu klären, ob das **Haftungsprivileg auch für deliktische Ansprüche** zu gelten hat. Der Wortlaut („zu vertreten", vgl. § 276 BGB) sowie der systematische Zusammenhang der Vorschrift mit den §§ 598, 600 BGB deuten darauf hin, dass das Privileg auf die vertragliche bzw. vertragsähnliche Haftung zugeschnitten ist. Aus teleologischer Sicht ist eine solche Beschränkung allerdings im Grundsatz nicht überzeugend. Denn das **Haftungsprivileg liefe weitgehend leer**, wenn nicht auch deliktische Ansprüche davon erfasst wären. Nach zutreffender h. M. ist daher grundsätzlich das für vertragliche Ansprüche verankerte Haftungsprivileg auch auf konkurrierende Deliktsansprüche zu erstrecken.[816] Das gilt nach Ansicht des *BGH* insbesondere im Bereich der Tierleihe.[817]

Es stellt **nicht etwa einen Wertungswiderspruch** dar, dass die Eingehung einer Sonderverbindung den durch die deliktische „Jedermann-Haftung" vermittelten Schutz des Empfängers einer unentgeltlichen Leistung vermindern kann. Denn diese Schutzminderung findet im Grundsatz der besonderen Schutzwürdigkeit des fremdnützig Tätigen eine überzeugende Rechtfertigung. Dieser Gedanke gilt, wie soeben dargelegt, unabhängig vom Abschluss eines Vertrags über die unentgeltliche Leistung. Dem Leistungsempfänger ist die Absenkung des Schutzniveaus zumutbar, wenn und weil ihm die Freigiebigkeit des Leistenden und damit dessen besondere Schutzwürdigkeit bewusst ist.

457   Näherer Präzisierung bedarf indessen die Frage, **wie weit das Haftungsprivileg im Rechtsverhältnis der Parteien** reicht. So hat der *BGH* etwa festgestellt, dass das in § 521 BGB für die Schenkung geltende Haftungsprivileg **nicht auf eine Verletzung von Schutzpflichten zu erstrecken ist, die keinen Zusammenhang zum Schenkungsgegenstand aufweisen**[818] (z. B.: Beschädigung des Gartentors des Empfängers bei Anlieferung des Schenkungsgegenstands). Gleiches hat auch für deliktische Ansprüche, die nicht im Zusammenhang mit der unentgeltlichen Leistung stehen, zu gelten. Positiv formuliert erfasst das Haftungsprivileg daher **nur Fälle einer Schlechterbringung der (unentgeltlichen) Leistung**; insoweit erstreckt sich das Privileg aber auf alle Ansprüche, also neben der Haftung für Verletzung der Leistungspflicht auch auf die Schutzpflicht- und die Deliktshaftung.

Die Verletzung der K beruht vorliegend auf einer ungünstigen Disposition des überlassenen Tieres. Daher liegt ein Fall der Schlechterbringung einer unentgeltlichen Leistung vor, auf die sich nach zutreffender Auffassung die **Haftungsprivilegierung des § 599 BGB erstreckt** und zwar auch hinsichtlich deliktsrechtlicher Ansprüche. Befürwortet man ferner zutreffend – aber entgegen der Auffassung des *BGH* – die Anwendung des § 599 BGB auf die vorliegende Gebrauchsüberlassung – sei es aufgrund konkludenten Abschlusses eines Leihvertrags, sei es aufgrund Einbeziehung von vertragslosen Gefälligkeitsüberlassungen im Wege der Analogie –, so ist die Haftung der B ausgeschlossen, weil diese schuldlos gehandelt hat.

458   Folgt man demgegenüber dem *BGH* hinsichtlich der Unanwendbarkeit des § 599 BGB auf die vertragslose Gefälligkeitsüberlassung, so ist weiter zu prüfen:

7. Rechtsfolge: Schadensersatz

a) Materieller Schaden der K

459   Aufgrund ihres Sturzes vom Pferd verletzte sich K und musste sich in Heilbehandlung begeben. Die dafür gemachten Aufwendungen sind gemäß § 249 II BGB als für die Naturalherstellung erforderlicher Geldbetrag zu ersetzen. Das entgangene Honorar für die Eisrevue i. H. v. € 50.000, das ebenfalls durch

---

[816] BGHZ 93, 23 (29) m.w.N. = JuS 1985, 553 – Kartoffelpülpe (gem. § 521 BGB privilegierte Haftung des Schenkers für die Verletzung von Bullen durch Fütterung mit unentgeltlich abgegebener, mit schädlichen Enzymen behandelter Kartoffelpülpe); Staudinger/*Reuter*, 2005, § 599 Rn. 3; Palandt/*Weidenkaff*, § 599 Rn. 2; a. A., d. h. generell gegen die Anwendung von § 599 BGB auf deliktische Ansprüche MünchKomm/*Häublein*, § 599 Rn. 4.

[817] *BGH* NJW 1992, 2474 (2475 unter II 2 d) = JuS 1992, 73 mit umfangreichen Nachweisen aus der Rspr.; NJW 1974, 234 (235); vgl. auch Palandt/*Weidenkaff*, § 599 Rn. 2.

[818] BGHZ 93, 23 (29) = JuS 1985, 553 – Kartoffelpülpe; Staudinger/*Wimmer-Leonhardt*, 2005, § 521 Rn. 10; siehe zum Ganzen instruktiv MünchKomm/*Häublein*, § 599 Rn. 3 f.

die Rechtsgutverletzung verursacht wurde, ist als Vermögensfolgeschaden nach § 249 I BGB ersatzfähig.

b) Anspruch auf Schmerzensgeld (§ 253 II BGB)

Hält man die Haftung der B dem Grunde nach für gegeben, so umfasst der Schadensersatzanspruch **460**
gem. § 253 II BGB auch eine billige Entschädigung in Geld für den durch die Körperverletzung verursachten immateriellen Schaden, d. h. ein **angemessenes Schmerzensgeld**.

c) Herabsetzung des ersatzfähigen Schadens wegen Mitverschuldens (§ 254 BGB)

Nach § 254 BGB ist der Schadensersatz zu ermäßigen, soweit dem Geschädigten ein Mitverschulden zur **461**
Last fällt; die Vorschrift findet nach ganz h. M. auch im Rahmen der Gefährdungshaftung nach § 833
BGB Anwendung.[819] Die Vorschrift setzt nach ihrem Wortlaut Verschulden voraus, also etwa einen **vorwerfbaren Reitfehler** oder ein **Übernahmeverschulden** (Reiten ohne entsprechende Kenntnisse oder Anleitung). Für ein solches Verschulden sind dem Sachverhalt keine klaren Anhaltspunkte zu entnehmen. Insbesondere ist der Einsatz der Gerte nicht per se schuldhaft. Die Beweislast trägt insoweit nach dem Günstigkeitsprinzip grundsätzlich der Schädiger (haftungsbegrenzende Tatsache). Auch unter dem Gesichtspunkt des **Handelns auf eigene Gefahr**[820] kommt keine Absenkung des Anspruchs analog § 254 BGB in Betracht, denn dies würde voraussetzen, dass sich die K bewusst in eine besondere Gefahr begeben hat, die sich später realisierte: Eine besondere Gefährlichkeit des Pferdes war nicht erkennbar, so dass sich K nur auf die „normale Tiergefahr" eingelassen hat.[821] Schließlich muss sich die K auch nicht etwa die spezifische Tiergefahr analog §§ 254, 833 BGB[822] anrechnen lassen, da nicht die K, sondern die B gefährdungshaftungsrechtlich verantwortlich für das Pferd ist.

Die Anrechnung eines Mitverantwortungsanteils der K kann sich aber nach zutreffender Rechtsprechung des *BGH* **462**
analog §§ 254, 834 BGB aus der **zu Lasten des Tieraufsehers verankerten Verschuldensvermutung** ergeben.[823] Nach § 834 BGB ist derjenige, der durch Vertrag die Führung der Aufsicht über ein Tier übernimmt (Tierhüter), für den Schaden verantwortlich, den das Tier in der in § 833 BGB bezeichneten Weise einem Dritten zufügt. Die Haftung des Tierhüters aus § 834 BGB für vermutetes Verschulden und vermutete Kausalität dieses Verschuldens für die Rechtsgutverletzung tritt neben die Haftung des Tierhalters nach § 833 BGB. Der *BGH* hat zunächst festgestellt, dass ein Reiter jedenfalls beim selbständigen Ausreiten mit einem gemieteten Pferd Tierhüter i. S. v. § 834 BGB ist, da sich der Halter jeder Einflussmöglichkeit begibt und er aus dem Verhalten des Mieters berechtigterweise schließen kann, dass dieser an seiner Stelle die Aufsicht übernehmen werde.[824] Später hat das Gericht die Anwendung des § 834 BGB auch für unentgeltliche Gefälligkeitsüberlassungen befürwortet, weil die normspezifische Interessenlage die gleiche ist: Der Reiter verfügt über die besseren Einfluss- und Aufklärungsmöglichkeiten, die eine Umkehr der Beweislast rechtfertigen.[825] Die schadensmindernde Berücksichtigung der Verschuldensvermutung des § 834 BGB im Rahmen der Anwendung von § 254 BGB wird durch den Gedanken gerechtfertigt, dass für Berücksichtigung des Mitverschuldens dieselben Grundsätze zu gelten haben wie für die haftungsbegründende Verantwortlichkeit (Spiegelbildgedanke).[826]

---

[819] Vgl. zur Rspr. die Zusammenfassung bei MünchKomm/*Wagner*, § 833 Rn. 18 ff., 59 f. Zu Fragen des Mitverschuldens *OLG Düsseldorf* NJW-RR 2006, 93.

[820] Vgl. hierzu etwa MünchKomm/*Oetker*, § 254 Rn. 64 ff.; Palandt/*Grüneberg*, § 254 Rn. 32 ff.; *Looschelders*, Schuldrecht AT, Rn. 1038 ff.

[821] Vgl. *OLG Düsseldorf* NJW-RR 2001, 890 (892).

[822] Vgl. zur Berücksichtigung der gefährdungshaftungsrechtlichen (Mit-)Verantwortlichkeit des Geschädigten analog § 254 BGB MünchKomm/*Oetker*, § 254 Rn. 12 ff.; *Looschelders*, Schuldrecht AT, Rn. 1028. Speziell zur Abwägung zweier Tiergefahren analog § 254 BGB siehe *BGH* NJW 1976, 2130 (2131) = JuS 1977, 190.

[823] *BGH* NJW 1992, 2474 (2475 f. unter III) = JuS 1992, 73. Es ist allerdings im Grundsatz umstritten, ob die Berücksichtigung eines bloß vermuteten Verschuldens im Rahmen des § 254 BGB möglich ist; der *BGH* und die h. M. lehnen dies grundsätzlich ab (ohne dass sich die eben zitierte Entscheidung damit auseinandersetzen würde), vgl. etwa *BGH* NJW 1996, 1405 (1406); NJW 1995, 1029; Palandt/*Grüneberg*, § 254 Rn. 59; MünchKomm/ *Oetker*, § 254 Rn. 110. Unter Zugrundelegung einer spiegelbildlichen Regelung der Haftungs- und der Mitverantwortlichkeit ist indessen eine Berücksichtigung von Verschuldensvermutungen im Rahmen von § 254 BGB grundsätzlich zu befürworten, vgl. in diesem Sinne Staudinger/*Schiemann*, 2005, § 254 Rn. 122; *Belling/Riesenhuber*, ZZP 108 (1995), 455 ff.; s. zum Problem *Medicus*, FS U. Huber, 2006, S. 437 ff.

[824] *BGH* NJW 1987, 949 (950).

[825] *BGH* NJW 1992, 2474 (2475 f. unter III) = JuS 1992, 73.

[826] Vgl. hierzu bereits Fn. 821 a. E. sowie *Looschelders*, Schuldrecht AT, Rn. 1029.

Die Haftung der B ist daher um einen Mitverursachungsanteil zu **kürzen**, dessen Höhe vom Tatrichter zu schätzen ist, wobei dieser Schätzung analog § 834 BGB ein Mitverschulden der K zu Grunde zu legen ist, solange sie nicht darlegt und beweist, dass der Einsatz der Gerte in der konkreten Situation der verkehrserforderlichen Sorgfalt entsprach.

8. Ergebnis und Gesamtergebnis zu den Ansprüchen der K

463   Nach hier vertretener Auffassung ist die Haftung der B schon aufgrund einer teleologischen Reduktion des § 833 S. 1 BGB und jedenfalls aufgrund einer (analogen) Anwendung des § 599 BGB ausgeschlossen. K hat demnach keinen Anspruch aus § 833 S. 1 BGB.

Folgt man dem *BGH*, ist ein Anspruch der K gegen B aus § 833 BGB dem Grunde nach gegeben, jedoch gemäß § 254 BGB zu kürzen, falls K die Mitverschuldensvermutung analog § 834 BGB nicht widerlegen kann.

Teil 2: Ansprüche des T

464   Da zwischen T und B keinerlei vertragliche oder sonstige unmittelbare Beziehungen bestehen, kann T Ersatz seines Verdienstausfalls **allenfalls aus Deliktsrecht** verlangen. Mangels Verschulden der B kommt kein Anspruch aus § 823 BGB, sondern lediglich ein Anspruch aus § 833 S. 1 BGB in Betracht.

I. Anspruch aus § 833 S. 1 BGB

465   In § 833 BGB sind verschiedene Rechtsgüter aufgezählt, deren Verletzung die Gefährdungshaftung auslöst. Vorliegend ist **keines der genannten Rechtsgüter des T verletzt worden**; insbesondere hat er (anders als K) keine Körperverletzung erlitten und auch sein Eigentum ist unversehrt geblieben; der Verdienstausfall ist ein nicht vom Eigentumsschutz erfasster primärer Vermögensschaden.

466   Zieht man die Rechtsprechung des *BGH* zu dem in § 823 I BGB angeführten Kriterium des „sonstigen Rechts" heran, so könnte sich eine haftungsrelevante Rechtsgutsverletzung unter dem Gesichtspunkt eines Eingriffs in den **eingerichteten und ausgeübten Gewerbebetrieb** ergeben. Allerdings ist dieses „Rechtsgut" von § 833 S. 1 BGB nicht geschützt; die Vorschrift enthält im Gegensatz zu § 823 I BGB keinen Verweis auf die Verletzung eines „sonstigen Rechts". Ein solcher Verweis kann auch nicht im Wege der Rechtsfortbildung in die Vorschrift „hineingelesen" werden, da die Beschränkung der geschützten Rechtsgüter in § 833 BGB den hier verankerten, verschärften Haftungsbedingungen (insbesondere der Haftung ohne Verschulden) Rechnung trägt.[827] Eine analoge Anwendung des § 833 BGB auf Verletzungen „sonstiger Rechte" würde dem enumerativen Charakter der Gefährdungshaftung widersprechen. Unabhängig davon, ob tatsächlich ein Eingriff in den eingerichteten und ausgeübten Gewerbebetrieb vorliegt, besteht daher kein Anspruch aus § 833 S. 1 BGB.

Exkurs: In einer vergleichbaren Konstellation hat sich der *BGH* im Rahmen des § 823 I BGB mit der Frage auseinandergesetzt, ob die Verletzung eines Partners eines festen Eiskunstlaufpaares einen Eingriff in das Recht am eingerichteten und ausgeübten Gewerbebetrieb begründet.[828] Dabei hat das Gericht offen gelassen, ob ein Eiskunstlaufpaar einen **Gewerbebetrieb** in diesem Sinne darstellen kann. Diese Frage ist zu bejahen. Für eine Ungleichbehandlung verschiedener Unternehmensformen sind keine überzeugenden Gründe ersichtlich. Inzwischen ist daher anerkannt, dass alle Unternehmen, etwa auch Angehörige freier Berufe, den Schutz des Rechts am Gewerbebetrieb genießen.[829] Dass K und T gemeinsam nicht nur unternehmerische, sondern auch sportliche Interessen verfolgen, spricht ebenfalls nicht dagegen, dem Eiskunstlaufpaar, das in besonderem Maße aufeinander eingespielt ist und

---

[827]   Vgl. Erman/*Schiemann*, § 833 Rn. 3; Staudinger/*Eberl-Borges*, 2008, § 833 Rn. 21; nur für § 833 *S. 2* a. A. MünchKomm/*Stein*, 3. Aufl., 1997, § 833 Rn. 2, 11.

[828]   *BGH* NJW 2003, 1040 = JuS 2003, 709; vgl. BGHZ (GS) 164, 1 (6 f.) = NJW 2005, 3141 = JuS 2005, 1125.

[829]   MünchKomm/*Wagner*, § 823 Rn. 192 m. N. in Fn. 831; a. A. früher etwa RGZ 64, 155 (157).

daher nur in dieser Kombination Einkünfte erzielen kann (und erzielt), den deliktischen Schutz zuzuerkennen, jedenfalls soweit gerade die Einkunftserzielung im Vordergrund steht, wie hier bei der Eisrevue.

Allerdings setzt eine Haftung wegen Eingriffs in den eingerichteten und ausgeübten Gewerbebetrieb nach h. M. **467** voraus, dass der Eingriff **betriebsbezogen** ist. Dieses einschränkende Kriterium dient der Haftungsbegrenzung, um einerseits Widersprüche zur Grundsatzentscheidung des BGB gegen einen allgemeinen deliktischen Vermögensschutz zu vermeiden und andererseits eine sachlich nicht gerechtfertigte Besserstellung von Unternehmern gegenüber Privatpersonen bei gleichgelagerten Sachverhalten zu verhindern.[830] Daher verlangt die h. M., dass sich der Eingriff gerade gegen den Betrieb als solchen richtet (d. h. bei Privatpersonen nicht in gleicher Weise vorkommen kann) und zudem nicht vom Gewerbebetrieb ohne Weiteres ablösbare Rechte oder Rechtsgüter betrifft (weil insoweit der spezielle Rechtsgüterschutz abschließend ist). Die Schädigung einer zum Betrieb gehörenden Person bei einem Verkehrsunfall stellt danach keinen betriebsbezogenen Eingriff dar, weil der Verletzungshandlung jeder spezifische Bezug zum Betrieb fehlt; genauso gut hätte jede Privatperson getroffen werden können.

Hier liegt ein typischer Fall eines **lediglich mittelbar Geschädigten** vor, der einen reinen Vermögensschaden erlitten hat und daher vom deutschen Deliktsrecht – außerhalb der §§ 844, 845 BGB – nicht geschützt wird. Es wäre **468** wertungswidersprüchlich, in diesem Bereich ein Sonderrecht für Gewerbetreibende zu schaffen, während andere mittelbar Geschädigte ohne Schadensausgleich bleiben.[831]

II. Anspruch aus abgetretenem Recht aus § 833 BGB i. V. m. Drittschadensliquidation

Auch ein (von K abgetretener) Anspruch aus § 833 S. 1 BGB i. V. m. den Grundsätzen der Drittschadensliquidation **469** ist vorliegend nicht gegeben. Zum einen enthält der Sachverhalt schon keinen Hinweis auf eine Abtretung auf Seiten der K, zum anderen liegt keine der Fallgruppen vor, in denen eine Drittschadensliquidation wegen einer bloß zufälligen Schadensverlagerung geboten wäre. Denn vorliegend ist der bei T eingetretene Schaden kein solcher, der „eigentlich" bei K eintreten würde und nur zufällig auf T verlagert wurde. Vielmehr ist er originär bei T eingetreten und konnte auch nur dort eintreten. Eine solche **Kumulation von Schadensrisiken** deckt das Institut der Drittschadensliquidation aber gerade nicht ab.

III. Ergebnis

T hat keine Ansprüche gegen B.

---

[830] Vgl. dazu oben *Systematische Darstellung Deliktsrecht* (Rn. 65).
[831] Vgl. *BGH* NJW 2003, 1040 (1041) = JuS 2003, 709.

F. Fall 5: „Die wilde Hilde"

Themenkreis: *Tierhalterhaftung, Haftung für Verrichtungsgehilfen, Schadensrecht, Geschäftsführung ohne Auftrag*

Sachverhalt[832]

470 Der Bauer Balduin (B), der zugleich einen Viehhandel betreibt, lässt durch den bei ihm angestellten Viktor (V) drei seiner Jungrinder nach Veitshöchheim in der Nähe von Würzburg transportieren. V führt seit ca. 30 Jahren Viehtransporte für B durch. B hatte bei der Einstellung des V überprüft, dass dieser die erforderlichen Sicherheitsmaßnahmen für den Rindertransport kannte. Während der 30-jährigen Tätigkeit hat er ihm blind vertraut und auf Kontrollen verzichtet.

Als V die Tiere dieses Mal vom Transporter ablädt, reißt sich Hilde, eines der Rinder, los und rennt davon. Ob V beim Abladen der Tiere dieses Mal ausreichende Sicherungsmaßnahmen (wie z. B. die Verwendung geeigneter Halfter und Stricke) ergriffen hat, lässt sich im Nachhinein nicht mehr aufklären. Hilde durchschwimmt den Main und gelangt auf die Autobahn, wo sie einen Unfall mit einem Pkw verursacht, flieht anschließend in die umliegenden Felder, kehrt aber nach kurzer Zeit wieder auf die Autobahn zurück.

Als die herbeigerufene Polizei eintrifft, befindet sich Hilde auf der Autobahn im Bereich der Mittelleitplanke. Die beiden Polizeibeamten versuchen zunächst, das Tier aus dem Auto heraus von der Autobahn zu treiben. Als dies nicht gelingt, schießt der Polizeiwachtmeister Paul (P) aus dem geöffneten Fenster der Beifahrerseite des Streifenwagens mehrfach mit seiner Dienstpistole auf Hilde, bis die Kuh tödlich getroffen zusammenbricht. P erleidet hierbei ein Knalltrauma an beiden Ohren, das ärztlich behandelt werden muss; er ist zehn Tage dienstunfähig krank.

Der Freistaat Bayern als Träger der Beihilfe zahlt für P deswegen Heilbehandlungskosten in Höhe von insgesamt € 1.000. Für diesen Aufwand verlangt der Freistaat Bayern nunmehr aus übergegangenem Recht des P (Art. 14 BayBG) Ersatz von B. Dieser hält dem Begehren entgegen, er habe schon eine Kostenrechnung der Polizeiverwaltung für den Einsatz erhalten und auch bezahlt. Darüber hinaus habe er gehört, dass er als Bauer für Schäden, die seine Tiere angerichtet haben, nicht haften müsse.

Bearbeitervermerk: Kann der Freistaat Bayern von B Ersatz der Heilbehandlungskosten verlangen?

Hinweis: Es ist davon auszugehen, dass der Polizeieinsatz ebenso wie die Kostenrechnung der Polizeiverwaltung (aufgrund der Art. 9 II BayPAG, §§ 1, 2 BayPolKV) rechtmäßig war und P in Erfüllung seiner Dienstpflichten handelte.

---

[832] Der Fall ist der Entscheidung BGHZ 156, 394 nachgebildet.

Lösung zu Fall 5

Prüfungsstruktur

Laut Sachverhalt sind etwaige Ansprüche des P auf Ersatz seiner Heilbehandlungskosten **auf den Freistaat Bayern** in seiner Eigenschaft als Dienstherr **übergegangen**. Für den Erfolg des Begehrens des Freistaates Bayern ist daher entscheidend, ob P Ansprüche gegen B auf Ersatz seiner Heilbehandlungskosten zustehen.

471

I. Anspruch aus § 831 I BGB

Da V den Viehtransport für B durchführte, kommt ein Anspruch des P gegen B aus § 831 I BGB in Betracht. Dies setzt voraus, dass V als Verrichtungsgehilfe des B dem P einen Schaden widerrechtlich zugefügt hat, und eine Exkulpation seitens des B scheitert.

472

1. V als Verrichtungsgehilfe des B

Verrichtungsgehilfe ist, wer mit Wissen und Wollen des Geschäftsherrn **weisungsabhängig** in dessen Interessenkreis tätig ist. Als Angestellter des B untersteht V dem **Direktionsrecht** des B (vgl. § 106 GewO).

473

V ist daher im Hinblick auf seine Angestelltentätigkeit gegenüber B weisungsunterworfen und in dessen Interessenkreis tätig. Folglich ist V Verrichtungsgehilfe des B.

2. Rechtswidrige Schadenszufügung durch den Verrichtungsgehilfen

474   V müsste durch eine haftungsbegründend kausale Handlung den Tatbestand einer unerlaubten Handlung rechtswidrig erfüllt haben.

a) Widerrechtliche Schadenszufügung durch V nach § 834 BGB

475   Zu erwägen ist zunächst eine Verantwortlichkeit des V als Tierhüter i. S. v. § 834 BGB. Nach dieser Vorschrift haftet derjenige, der durch Vertrag für den Halter die Aufsicht über ein Tier übernommen hat, für Schäden, die das Tier einem Dritten zufügt. Die Verantwortlichkeit einer Hilfsperson als Tierhüter i. S. v. § 834 BGB kann grundsätzlich auch eine Haftung des Geschäftsherrn aus § 831 BGB auslösen. Allerdings sind Tierhüter i. S. v. § 834 BGB nach h. M. **nur selbständig handelnde Personen**, die für den Tierhalter die Aufsicht übernommen haben. Angestellte des Tierhalters haften dagegen nicht nach § 834 BGB.[833] Diese einschränkende Auslegung des § 834 BGB beruht auf der Erwägung, dass der Geschädigte ohnehin durch die Haftung des Tierhalters aus § 833 BGB geschützt ist und im Hinblick auf abhängig Beschäftigte ggf. eine Haftung für Verrichtungsgehilfen aus § 831 BGB (auf der Grundlage eines anderen Deliktstatbestands als § 834 BGB) hinzukommt, während für die durch § 834 BGB erweiterte (persönliche) Verantwortlichkeit des Tieraufsehers bei fehlender Selbständigkeit keine überzeugende Rechtfertigung erkennbar ist. Da V bei B angestellt war und den Tiertransport unselbständig durchführte, scheidet somit die Anwendung des § 834 BGB sowie eine an § 834 BGB anknüpfende Haftung des B aus § 831 BGB aus.

b) Widerrechtliche Schadenszufügung durch V nach § 823 I BGB

Als Grundlage der Haftung des B aus § 831 BGB kommt ferner eine von V begangene unerlaubte Handlung i. S. v. § 823 I BGB in Betracht.

aa) Rechtsgutsverletzung durch V

476   Das Knalltrauma des P ist eine Störung der physischen Befindlichkeit mit Krankheitswert, so dass eine Gesundheitsverletzung i. S. v. § 823 I BGB vorliegt.

Eine relevante Verletzungshandlung des V könnte im **Abladen der Tiere** gesehen werden, also in demjenigen **positiven Tun**, welches Ausgangspunkt des schadenbringenden Geschehens war. Eine alternative Anknüpfung wäre die **Unterlassung ordnungsgemäßer Sicherung** anlässlich des Abladevorgangs. Da eine solche Verkehrspflichtverletzung aber lt. Sachverhalt nicht nachweisbar ist und der Geschädigte insoweit die Beweislast trägt, scheidet eine Unterlassung als relevante Verletzungshandlung von vornherein aus.

bb) Kausalität

477   Zunächst ist festzustellen, ob das Abladen der Tiere haftungsbegründend **kausal** für die Rechtsgutsverletzung (Knalltrauma) war.

(1) Äquivalenzformel

478   Die Voraussetzung **äquivalenter Kausalität** nach der Conditio-sine-qua-non-Formel ist erfüllt, da das Abladen der Rinder nicht hinweggedacht werden kann, ohne dass die Rechtsgutsverletzung entfiele.

(2) Adäquanzformel

479   Das Kriterium **adäquater Kausalität** schließt die Zurechnung (ausnahmsweise) dann aus, wenn das Geschehen als gänzlich unwahrscheinlicher Kausalverlauf anzusehen ist. Es liegt nicht außerhalb der Lebenserfahrung, dass beim Abladen von Tieren aus einem Tiertransporter eines der Tiere entkommt. Gleichermaßen ist es nicht ganz ungewöhnlich, dass entlaufene Tiere verfolgt werden und dass es dabei zu Gefährdungen der handelnden Personen kommt. Auch der Einsatz von Schusswaffen und der Eintritt

---

[833] Vgl. MünchKomm/*Wagner,* § 834 Rn. 2 f. m. w. N.; BeckOK/*Spindler,* § 834 Rn. 3.

der damit verbundenen Gefahren kann nicht als gänzlich atypischer Vorgang qualifiziert werden. Insgesamt ist der Geschehensverlauf daher vielleicht nicht ganz alltäglich; er liegt aber nicht außerhalb jeder Wahrscheinlichkeit.

(3) Schutzzweck der Norm: Herausforderungsproblematik

Der vorliegende Fall weist die Besonderheit auf, dass die Schüsse auf die entlaufene Hilde vom geschädigten P selbst abgegeben worden sind, also auf dessen **eigenen Willensentschluss** zurückgehen. In derartigen Fällen freiwilliger Selbstgefährdung bedarf die Zurechnung unter dem Gesichtspunkt des **Schutzzwecks der Norm** näherer Begründung. Nach h.M. schließen Mitwirkungshandlungen des Geschädigten (bzw. auch Dritter) eine Zurechnung des Schadens gegenüber dem (anderen) Schadensverursacher grundsätzlich auch dann nicht aus, wenn der Geschädigte (bzw. der Dritte) das Risiko des Schadenseintritts bewusst in Kauf genommen hat (vgl. auch § 254 BGB).[834] Es sind jedoch einschränkende Kriterien erforderlich, um zu verhindern, dass Schadensrisiken auf „zufällige Anlassgeber" abgewälzt werden, wenn eine Selbstgefährdung unangemessen ist oder nicht in spezifischem Zusammenhang zum Verantwortungsbeitrag des potenziellen Haftungsschuldners steht.[835] Daher verlangt die Rechtsprechung mit Recht, dass das selbstgefährdende Handeln des Geschädigten auf einer **im Ansatz billigenswerten Motivationslage** beruht, dass er sich durch die vom Schädiger geschaffene Gefährdungslage **objektiv herausgefordert fühlen** durfte, und dass schließlich die Rettungshandlung im Hinblick auf den drohenden Schaden angemessen (also **verhältnismäßig**) war.[836]

Vorliegend handelte P zur Verhütung gravierender Schäden für die übrigen Verkehrsteilnehmer auf der Autobahn, also aus einer **billigenswerten Motivation** heraus. Des Weiteren durfte er sich in der konkreten Situation **objektiv herausgefordert fühlen**, auf die entlaufene Kuh zu schießen, weil er insbesondere in seiner Eigenschaft als Polizist zur Gefahrabwendung berufen und in der Lage ist. Schließlich war der Schuss auch angemessen im Hinblick auf den drohenden Schaden für die anderen Verkehrsteilnehmer, zumal Hilde schon einen Verkehrsunfall verursacht hatte und die Polizei vorher vergeblich versucht hatte, sie von der Autobahn zu vertreiben. Daher steht der **eigene Willensentschluss** des P einer objektiven Zurechnung des Schadens (Heilbehandlungskosten) zu V nicht entgegen.

cc) Rechtswidrigkeit

Die Haftung des Geschäftsherrn aus § 831 BGB setzt voraus, dass die Schadenszufügung durch den Verrichtungsgehilfen „widerrechtlich" erfolgte. Problematisch ist die Rechtswidrigkeit im vorliegenden Fall, weil lt. Sachverhalt **nicht aufgeklärt werden kann**, ob V beim Abladen der Tiere eine Verkehrs- oder Sorgfaltspflicht verletzt hat. Es bedarf daher einer näheren Analyse der umstrittenen Frage, wie das Kriterium der Rechtswidrigkeit in § 831 BGB zu verstehen ist.

Im Hinblick auf § 823 I BGB werden zur Konkretisierung des Rechtswidrigkeitskriteriums im Wesentlichen zwei Theorien vertreten: Die Lehre vom Erfolgsunrecht und die Lehre vom Handlungsunrecht. Nach der Lehre vom Erfolgsunrecht ergibt sich eine Indikation der Rechtswidrigkeit bereits aus der kausalen Herbeiführung einer Rechtsgutsverletzung. Nur bei Vorliegen eines anerkannten Rechtfertigungsgrundes ist die Rechtswidrigkeit ausgeschlossen. Der Sorgfaltsverstoß ist nach dieser Auffassung Teil der Verschuldensprüfung.[837] Dem gegenüber steht die Lehre vom Verhaltensunrecht, die eine tatbestandsmäßige unerlaubte Handlung im Deliktsrecht nur dann annimmt, wenn der Schädiger gegen eine Verhaltenspflicht (Verkehrspflicht) im Sinne einer Sorgfaltsverletzung verstoßen hat.[838] Während die beiden Auffassungen im Rahmen des § 823 I BGB kaum je zu unterschiedlichen Ergebnissen führen, weil die Haftung aus § 823 I BGB gleichermaßen Rechtswidrigkeit wie Verschulden voraussetzt,[839] kann sich der **Meinungsstreit bei der Anwendung von § 831 BGB durchaus ergebnisrelevant** auswirken. Denn

480

481

482

[834] Vgl. oben *Systematische Darstellung Deliktsrecht* (Rn. 105 ff.).
[835] Vgl. dazu eingehend unten Fall 7 „*Auf der Flucht*" (Rn. 766).
[836] Vgl. BGHZ 132, 164 (166) = JuS 1996, 845; MünchKomm/*Wagner*, § 823 Rn. 288.
[837] Vgl. zur Verortung dieser Streitfrage auf Tatbestandsebene (und nicht auf der Ebene der Rechtswidrigkeit) *Larenz/Canaris*, Schuldrecht II/2, § 75 II 3 c (S. 368).
[838] Vgl. *Esser/Weyers*, Schuldrecht II/2, 8. Aufl., 2000, § 55 II 3 (S. 170 ff.); *Kötz/Wagner*, Deliktsrecht, Rn. 104.
[839] Vgl. auch *Larenz/Canaris*, Schuldrecht II/2, § 75 II 4 b, 5 (S. 371 f.).

diese Vorschrift verlangt – jedenfalls ihrem Wortlaut nach – **lediglich eine „widerrechtliche Schadens-zufügung"** durch den Verrichtungsgehilfen, jedoch **kein Verschulden** auf dessen Seite.

(1) *BGH:* Lehre vom Erfolgsunrecht – Rechtfertigungsgrund des „verkehrsrichtigen Verhaltens"

483   Geht man mit der **Lehre vom Erfolgsunrecht** davon aus, dass jede kausale Herbeiführung der Rechtsgutsverletzung die Rechtswidrigkeit indiziert[840] und lässt man die besonderen Rahmenbedingungen des § 831 BGB außer acht, so hat V im vorliegenden Fall – da allgemeine Rechtfertigungsgründe nicht ersichtlich sind[841] – die Gesundheit des B rechtswidrig verletzt. Dass auch nach der Lehre vom Erfolgsunrecht eine Haftung des V aus § 823 I BGB letztlich am fehlenden Verschulden scheitert, würde an der Haftung des B aus § 831 I BGB dem Grunde nach nichts ändern, weil es nach dem Wortlaut des § 831 BGB auf das Verschulden des Verrichtungsgehilfen eben nicht ankommt. Die Konsequenz eines mangelnden Gleichlaufs von Handelndenhaftung und Verantwortlichkeit des Geschäftsherrn wird allgemein als korrekturbedürftig erachtet, weil es dadurch u. U. zu einer ungerechtfertigten Privilegierung desjenigen Geschädigten kommen kann, der durch eine nicht zu beanstandende Handlung eines Verrichtungsgehilfen verletzt worden ist.

484   Zur Vermeidung eines solchen Wertungswiderspruchs hat der Große Zivilsenat des *BGH* – speziell für den Anwendungsbereich des § 831 I BGB und unter grundsätzlicher Aufrechterhaltung der Lehre vom Erfolgsunrecht – den Rechtfertigungsgrund des „verkehrsrichtigen Verhaltens" entwickelt, der die Haftung des Geschäftsherrn ausschließt, wenn *dieser* beweisen kann, dass der Verrichtungsgehilfe sorgfaltsgemäß gehandelt hat.[842] Später wurde zwar dieser Rechtfertigungsgrund nicht mehr ausdrücklich erwähnt, die Beweislastverteilung zu Lasten des Geschäftsherrn aber beibehalten.[843] Mit dem gleichen praktischen Ergebnis hatte zuvor das Reichsgericht dem Geschäftsherrn gestattet, bei sorgfaltsgemäßem Verhalten des Gehilfen die Vermutung der Kausalität zwischen einer etwaigen Überwachungspflichtverletzung und der Rechtsgutsverletzung zu widerlegen, weil auch die beste Überwachung nicht zu mehr führen kann als dazu, dass der Verrichtungsgehilfe die verkehrserforderliche Sorgfalt beachtet.[844] Beide Wege führen bei fehlender Verkehrspflichtverletzung des Gehilfen dazu, dass auch kein Anspruch gegen den Geschäftsherrn besteht, erlegen dem Geschäftsherrn aber die Beweislast hierfür auf.

(2) H. L.: Lehre vom Verhaltensunrecht

485   Diese Problemlösung des *BGH* wird von der überwiegenden Auffassung in der Literatur **abgelehnt**.[845] Die Kritik richtet sich bereits gegen die Lehre vom Erfolgsunrecht, also gegen den dogmatischen Ausgangspunkt der Rechtsprechung.[846] Die erfolgsbezogene Behandlung des Rechtswidrigkeitsverdikts führt in der Tat bei Fällen **mittelbarer Schädigung** (d. h. wenn, wie im vorliegenden Fall, zwischen die Handlung des Schädigers – Abladen der Tiere – und die Rechtsgutsverletzung – Knalltrauma des P – weitere, ex ante unsichere Kausalbeiträge treten) zu befremdlichen Ergebnissen: Denn bei streng erfolgsbezogener Betrachtung wäre jedes adäquat kausale Verhalten im Vorfeld einer Rechtsgutsverletzung – hier das Abladen des Tieres, aber etwa auch die Herstellung einer Waffe oder die Zeugung eines späteren Täters – allein deshalb grundsätzlich rechtswidrig, weil es den rechtswidrigen Erfolg (mit) herbeigeführt hat. Der „Schädiger" müsste sich dann auf einen Rechtfertigungsgrund berufen – hier etwa auf den von der Rechtsprechung entwickelten Rechtfertigungsgrund „verkehrsrichtigen Verhaltens".[847] Die **Indikationsfunktion des Tatbestandes**, d. h. die Indikation der Rechtswidrigkeit durch die Erfüllung des objektiven Tatbestandes einer unerlaubten Handlung, ist daher bei mittelbaren Verletzungshandlungen weitgehend konturlos und daher heuristisch unbrauchbar.[848]

(3) Einschränkung des Indikationsmodells im Hinblick auf mittelbare Verletzungshandlungen

486   Daher ist nach zutreffender Auffassung jedenfalls in den Fällen mittelbarer Verletzungen die Rechtswidrigkeit nur dann indiziert, wenn der Schädiger – über die bloße kausale Herbeiführung der Rechtsgutsverletzung hinaus – eine **Verhaltenspflicht (Verkehrspflicht) verletzt** hat (**Lehre vom Verhaltensunrecht**).[849] Dieser Vorbehalt der Indikationswirkung bei mittelbaren Rechtsgutsverletzungen hat verschiedene Vorzüge gegenüber dem auf § 831 BGB konzent-

---

[840] So ausdrücklich BGHZ (GS) 24, 21 (24 f.); *BGH* NJW 1996, 3205 (3207); zuvor ebenso RGZ 50, 60 (66); RGZ 91, 60 (66); RGZ 135, 149 (155); RGZ 142, 356 (362 f.).

[841] Vgl. zum Rechtfertigungsgrund des „verkehrsrichtigen Verhaltens" sogleich Rn. 484.

[842] Vgl. BGHZ (GS) 24, 21; ebenso *BGH* NJW 1971, 31 f.; NJW RR 1992, 533; zust. *Medicus/Lorenz,* Schuldrecht II, Rn. 1346; Staudinger/*Belling,* 2008, § 831 Rn. 77.

[843] Vgl. *BGH* NJW-RR 1992, 533; NJW 1996, 3205 (3207).

[844] Vgl. RGZ 135, 149 (155); RGZ 159, 312 (315); ebenso *Medicus/Petersen,* Bürgerliches Recht, Rn. 782.

[845] Vgl. *Larenz/Canaris,* Schuldrecht II/2, § 79 III 2 c (S. 479 f.); *Esser/Weyers,* Schuldrecht II/2, § 58 I 2 b (S. 211 ff.); *Kötz/Wagner,* Deliktsrecht, Rn. 290; Erman/*Schiemann,* § 831 Rn. 13 a. E.; MünchKomm/*Wagner,* § 831 Rn. 30 f.

[846] Vgl. dazu eingehend *Larenz/Canaris,* Schuldrecht II/2, § 75 II 3 (S. 364 ff.).

[847] Vgl. *Larenz/Canaris,* Schuldrecht II/2, § 75 II 3 a (S. 364 f.).

[848] Vgl. dazu (im Kontext der Vertragshaftung) auch *Riehm,* FS Canaris, Bd. 1, 2007, S. 1079 (1084 ff.).

[849] Vgl. dazu oben *Systematische Darstellung Deliktsrecht* (Rn. 10).

rierten Ansatz der Rechtsprechung: Zu Recht wird gegen den von der Rechtsprechung zur Sicherstellung des Gleichlaufs von Handelndenhaftung und Verantwortlichkeit des Geschäftsherrn postulierten Rechtfertigungsgrund des „verkehrsrichtigen Verhaltens" aus dogmatischer Sicht eingewandt, dass es sich dabei um einen Fremdkörper im System des Deliktsrechts handele.[850] Denn dieser Rechtfertigungsgrund kann nur im Rahmen des § 831 BGB (und evtl. des § 832 BGB) Anwendung finden; bei § 823 I BGB wird die Frage des „verkehrsrichtigen Verhaltens" auch von der Rechtsprechung nicht als Rechtfertigungsgrund, sondern entweder im Rahmen des Tatbestandes (Verkehrspflichtverletzung) oder jedenfalls des Verschuldens (Fahrlässigkeit) behandelt. Nach dem Grundsatz der Einheit der Rechtsordnung beziehen sich Rechtfertigungsgründe aber stets auf sämtliche Anspruchsgrundlagen (und normalerweise auch auf andere Rechtsgebiete, etwa das Strafrecht). Vor allem aber führt der Rechtfertigungsgrund des „verkehrsrichtigen Verhaltens" zu einer **wertungswidersprüchlichen Verteilung der Beweislast**.[851] Denn dadurch wird wiederum – ohne überzeugenden Grund – der Gleichlauf der Verantwortlichkeiten gestört, weil der Geschädigte bei unklarer Beweislage hinsichtlich der Verkehrspflichtverletzung zwar (mangels bewiesenen Verschuldens) keinen Anspruch gegen den Gehilfen, aber einen Anspruch gegen den Geschäftsherrn hat. Aufgrund der Beweislastverteilung ist die Haftung **des Geschäftsherrn also strenger als die des Verrichtungsgehilfen**.[852] Im Ergebnis hat der Geschädigte dann nur deshalb einen Anspruch auf Ersatz seiner Schäden, weil der unmittelbare Schädiger zufällig Verrichtungsgehilfe eines Dritten war. Darin liegt aber eine durch nichts gerechtfertigte **Diskriminierung arbeitsteilig handelnder Unternehmen** gegenüber selbst verantwortlichen Schädigern: Hätte der Geschäftsherr selbst anstelle des Gehilfen gehandelt, so wäre er für einen Schaden nicht haftbar, wenn ihm kein Fehlverhalten nachgewiesen werden kann.[853]

Eine Ergänzung der Lehre vom Erfolgsunrecht hinsichtlich der Haftung aus § 831 BGB durch den Rechtfertigungsgrund des „verkehrsrichtigen Verhaltens" ist daher mit der h.L. abzulehnen. Einer solchen Konstruktion bedarf es – auch bei grundsätzlicher Aufrechterhaltung der Lehre vom Erfolgsunrecht – schon dann nicht, wenn man die Indikationswirkung auf solche Fälle konzentriert, in denen der Verletzungserfolg im unmittelbaren Wirkungsbereich der Schädigungshandlung eintritt. Demgegenüber sollte die **Indikationswirkung bei mittelbaren Schädigungshandlungen durch eine entsprechende Ergänzung des Tatbestandsmerkmals der Zurechnung generell davon abhängig gemacht werden, dass der Geschädigte eine Verkehrspflichtverletzung des Schädigers nachweist** (ungeschriebenes Tatbestandsmerkmal des „objektiven Verschuldens")[854]. Dadurch wird das Problem der „rechtmäßigen" Schädigungshandlung des Verrichtungsgehilfen gelöst und ein (auch beweislastrechtlicher) Gleichlauf zwischen persönlicher Haftung des Gehilfen und Haftung des Geschäftsherrn sichergestellt. In den Ergebnissen stimmt dieser Ansatz weitgehend mit der Lehre vom Verhaltensunrecht und der von dieser befürworteten Prüfung der Verkehrspflichtverletzung im Rahmen des Tatbestandsmerkmals „Rechtswidrigkeit"[855] überein. Indessen hat die Zuordnung des Vorbehalts der Verkehrspflichtverletzung zur objektiven Zurechnung den Vorteil, dass hinsichtlich der unmittelbaren Verletzungshandlungen am Indikationsmodell sowie an dessen Darstellungs- und Vereinfachungsfunktion festgehalten werden kann.[856]

487

Somit ist **für die objektive Zurechnung des Verletzungserfolgs zum Verhalten des V** und die damit verbundene Indikation der Rechtswidrigkeit von dessen Handlung entscheidend, ob P beweisen kann, dass **V eine Verkehrspflicht verletzt hat.** Da dieser Nachweis nicht gelungen ist, fehlt es an einer (nachgewiesenen) tatbestandsmäßigen und *rechtswidrigen* Schadenszufügung durch den Verrichtungsgehilfen. Unter dem Gesichtspunkt des § 823 I BGB ist ihm daher keine widerrechtliche Schädigung nachweisbar.

3. Ergebnis

Es besteht kein Anspruch des P gegen B aus § 831 I 1 BGB, der auf den Freistaat Bayern hätte übergehen können.

488

II. Anspruch aus § 833 BGB

Als weitere Grundlage eines Schadensersatzanspruchs von P gegen B kommt die Tierhalterhaftung gemäß § 833 BGB in Betracht.

489

---

[850] Vgl. MünchKomm/*Wagner,* § 831 Rn. 29: „dogmatisch unhaltbar".

[851] Vgl. dazu *Larenz/Canaris,* Schuldrecht II/2, § 79 III 2 c (S. 479).

[852] So ausdrücklich BGHZ (GS) 24, 21 (29 f).

[853] Vgl. MünchKomm/*Wagner,* § 831 Rn. 30; siehe auch *Larenz/Canaris,* Schuldrecht II/2, § 79 III 2 c (S. 479).

[854] So *Larenz/Canaris,* Schuldrecht II/2, § 79 III 2 c (S. 479 f.); RGRK/*Steffen,* § 831 Rn. 32 ff.; vgl. dazu auch oben *Systematische Darstellung Deliktsrecht* (Rn. 204).

[855] So MünchKomm/*Wagner,* § 831 Rn. 31; BeckOK/*Spindler,* § 831 Rn. 24; Erman/*Schiemann,* § 831 Rn. 13; Soergel/*Krause,* § 831 Rn. 37.

[856] Vgl. dazu oben *Systematische Darstellung Deliktsrecht* (Rn. 117).

1. Rechtsgutsverletzung

490   P hat eine Gesundheitsverletzung (Knalltrauma) i. S. v. § 833 BGB erlitten.

2. Verursachung durch ein Tier

491   Die Gesundheitsverletzung muss durch ein Tier verursacht worden sein. Als verursachendes Tierverhalten kann im vorliegenden Fall auf das Entlaufen des Rindes bzw. auf dessen Aufenthalt auf der Autobahn abgestellt werden. Die „Verursachung" ist nach Maßgabe der anerkannten Kausalitäts- bzw. Zurechnungskriterien festzustellen.

a) Äquivalenzformel

492   Denkt man das Entlaufen der Kuh hinweg, so hätte P die Schüsse nicht abgeben müssen und hätte auch kein Knalltrauma erlitten. Das Verhalten des Tieres war also kausal für die Rechtsgutsverletzung im Sinne der Äquivalenzformel.

b) Adäquanzformel

493   Hinsichtlich des Adäquanzkriteriums ist zu berücksichtigen, dass § 833 S. 1 BGB im Grundsatz als ein Tatbestand der **Gefährdungshaftung** ausgestaltet ist. Nach h. M. wird das Merkmal adäquater Verursachung nicht auf Tatbestände der Gefährdungshaftung angewendet.[857] Dafür spricht, dass die Ausgrenzung ganz ungewöhnlicher oder unerwarteter Kausalverläufe aus dem Haftungszusammenhang im Bereich der Verschuldenshaftung untrennbar mit dem Fahrlässigkeitsbegriff, insbesondere mit dem Inhalt der konkreten Sorgfaltspflicht verbunden ist. Verkehrspflichten dienen regelmäßig nicht dem Schutz vor nur ganz entfernten, außerhalb aller Wahrscheinlichkeit liegenden Rechtsgutsverletzungen. Die Gefährdungshaftung ist dagegen keine Haftung für die Verletzung von Verkehrspflichten, sondern dient gerade dazu, die Auswirkungen einer bestimmten, regelmäßig *erlaubtermaßen* gesetzten Gefahr auszugleichen. Häufig dienen die Gefährdungshaftungstatbestände gerade dem Schutz vor unvorhersehbaren Risiken bzw. ungewöhnlichen Kausalverläufen. Aus diesen Gründen kommt es bei Tatbeständen der Gefährdungshaftung nicht darauf an, ob der festgestellte Sachverhalt anhand bisheriger Erfahrungen vorausgesehen werden musste, sondern nur darauf, ob es sich um eine spezifische Auswirkung derjenigen Gefahr handelt, hinsichtlich derer der Verkehr nach dem Sinn der Haftungsvorschrift schadlos gehalten werden soll. Das ist eine Frage des Schutzzweckzusammenhanges.

494   Vorliegend steht jedoch auch die Haftung eines **Nutztierhalters** im Raum, der sich nach § 833 S. 2 BGB exkulpieren kann; der Sache nach handelt es sich dabei um einen Fall der **Haftung für vermutetes Verschulden.** Es fragt sich daher, ob der Verzicht auf das Adäquanzkriterium und die damit verbundene Erweiterung des Schutzbereiches auch in diesem Fall gilt. Die wohl h. M. geht zu Recht davon aus, dass die Einschränkungen der Adäquanzformel nicht anzuwenden sind.[858] Denn die Beweislastumkehr bei der Nutztierhalterhaftung beruht wie die Tierhalterhaftung im Übrigen auf der besonderen Tiergefahr, so dass die Tierhaltung insgesamt von einem einheitlichen Schutzzweck getragen wird. Doch selbst wenn man demgegenüber das Adäquanzkriterium zur Anwendung bringen würde, so wären jedenfalls dessen Voraussetzungen erfüllt.[859]

c) Schutzzweck der Norm

495   In Bezug auf die Tatbestände der Gefährdungshaftung wird der Gesichtspunkt des Schutzzwecks der Norm durch das Kriterium der „spezifischen Gefahr" konkretisiert, so dass im Rahmen des § 833 BGB darauf abzustellen ist, ob die Rechtsgutsverletzung gerade auf der **spezifischen Tiergefahr** beruht. Nichts anderes gilt für die hier im Raum stehende Nutztierhalterhaftung, obwohl sie als Haftung für vermutetes Verschulden ausgestaltet ist; wiederum ist darauf zu verweisen, dass die Regelung des § 833 BGB auf einem einheitlichen Schutzzweck beruht. Demgegenüber wird hinsichtlich der Nutztierhalterhaftung – wegen deren Qualifizierung als Haftung für vermutetes Verschulden – z. T. vorgeschlagen, den Schutzbereich der verletzten Sorgfaltspflicht als Korrektiv heranzuziehen, also zu fragen, ob gerade die (unter-

---

[857] Vgl. BGHZ 79, 259 (262).

[858] Ähnlich MünchKomm/*Wagner*, § 833 Rn. 36. Ein Parallelproblem stellt sich bei der Gefährdungshaftung nach § 7 I StVG einerseits und der Haftung wegen vermuteten Verschuldens nach § 18 I StVG andererseits, vgl. dazu etwa *BGH* NJW 1990, 2885 (2886) = JuS 1991, 152 f.

[859] Vgl. oben Rn. 479.

stellte) fehlende Beaufsichtigung diesen Schaden mit umfasst.[860] Freilich führt auch diese Auffassung letztlich nicht zu Abweichungen im Ergebnis,[861] so dass der einheitlichen Schutzzweckbetrachtung im Rahmen des § 833 BGB der Vorzug einzuräumen ist.

Das abrupte Sich-los-Reißen, Entlaufen und Betreten der Autobahn ist typischer Ausdruck der Tiergefahr, weil sich darin die tierische Instinktsteuerung und deren besondere Gefährlichkeit manifestiert. Die Gesundheitsverletzung beim Versuch, das Tier unschädlich zu machen, lässt sich ebenfalls gerade auf die spezifische Tiergefahr zurückführen. Deshalb ist der durch das Knalltrauma bedingte Schaden vom Schutzzweck der Nutztierhalterhaftung umfasst.

3. Haltereigenschaft des B

B müsste Halter des Tieres gewesen sein. Halter ist, wer ein Tier im eigenen Interesse auf eigene Kosten unterhält und den Nutzen aus dem Tier zieht. Auf die Eigentumsverhältnisse kommt es nicht an. B als Bauer und Viehhändler kam für die Kosten des Tieres auf und wollte aus ihm wirtschaftlichen Vorteil ziehen. Deshalb ist er als Halter anzusehen.   **496**

4. Exkulpation des B

Die Ersatzpflicht des B tritt jedoch gem. § 833 S. 2 BGB nicht ein, wenn der Schaden **durch ein Haustier**   **497** verursacht worden ist, das dem Beruf, der Erwerbstätigkeit oder dem Unterhalte des Tierhalters zu dienen bestimmt ist, und entweder der Tierhalter **bei der Beaufsichtigung des Tieres die im Verkehr erforderliche Sorgfalt beobachtet** hat oder der Schaden auch bei Anwendung dieser Sorgfalt entstanden wäre. Eine Kuh ist als zahmes Tier ein Haustier,[862] das auch der beruflichen Tätigkeit bzw. Erwerbstätigkeit des B als Viehhändler diente. § 833 S. 2 BGB ist daher **anwendbar**.

B müsste als Tierhalter die im Verkehr erforderliche Sorgfalt beobachtet haben. Im vorliegenden Fall   **498** hat B zum Tiertransport einen erfahrenen und als sorgfältig bekannten Mitarbeiter eingesetzt und die Aufsichtspflicht auf diesen **delegiert**. Durch die Delegation von Verkehrspflichten auf Dritte wird der Tierhalter allerdings nicht vollständig von seiner Verkehrspflicht freigestellt. Vielmehr verbleibt als Residuum der ursprünglichen Verkehrspflicht die Pflicht zur sorgfältigen Auswahl und Überwachung des Dritten; insoweit entspricht die Regelung des § 833 S. 2 BGB derjenigen des § 831 I 2 BGB. B hat V sorgfältig ausgewählt. Hinsichtlich des Nachweises fehlenden **Überwachungsverschuldens** muss B beweisen, **dass er V im gebotenen Maße** (d. h. stichprobenartig) während der Arbeit überwacht hat,[863] insbesondere im Hinblick auf die Einhaltung sicherheitsrelevanter Sorgfaltsmaßregeln. Da erfahrungsgemäß mit der beruflichen Alltagsroutine stets ein gewisser „Schlendrian" einkehrt, wäre – insbesondere während einer 30-jährigen Tätigkeit – eine gelegentliche Überwachung erforderlich gewesen, um ein aufkommendes Fehlverhalten zu bemerken und ggf. durch Hinweise auf die erforderlichen Sicherheitsmaßnahmen gegensteuern zu können. Dies hat B laut Sachverhalt unterlassen, so dass ihn ein Überwachungsverschulden trifft.

Ungeachtet des Überwachungsverschuldens würde die Haftung des B aber auch dann entfallen, wenn die Gesundheitsverletzung **nicht auf dieser Pflichtverletzung beruht**, d. h. wenn sie auch bei ordnungsgemäßer Überwachung eingetreten wäre (§ 833 S. 2 a. E.). Nach den Sachverhaltsangaben ist unklar, ob V überhaupt die notwendigen Sicherheitsmaßnahmen unterlassen hat. Sollte V die Kuh tatsächlich ordnungsgemäß gesichert haben, würde der Kausalzusammenhang zwischen Überwachungsverschulden und Gesundheitsverletzung fehlen. Denn auch die beste Überwachung des V hätte nicht mehr bewirken können, als dass dieser die einschlägigen Sicherheitsbestimmungen beachtet. Die **Beweislast** für die fehlende Kausalität des Überwachungsverschuldens trägt im Rahmen des Entlastungsbeweises nach § 833

---

[860] So MünchKomm/*Wagner*, § 833 Rn. 36.
[861] Vgl. MünchKomm/*Wagner*, § 833 Rn. 36.
[862] Vgl. Palandt/*Sprau*, § 833 Rn. 16.
[863] Vgl. *BGH* VersR 1956, 516 (517); VersR 1963, 1141 (1142); RGZ 76, 225 (230); MünchKomm/*Wagner*, § 833 Rn. 48.

S. 2 BGB indessen der Tierhalter B.[864] Da er diesen Beweis nicht erbracht hat, ist der Entlastungsbeweis nach § 833 S. 2 BGB gescheitert.

5. Ergebnis

499   P hat damit einen Anspruch gegen B auf Schadensersatz aus § 833 BGB. Dieser Anspruch richtet sich gemäß § 249 II BGB auf die Heilbehandlungskosten (Naturalrestitution). Der Umstand, dass der Freistaat Bayern dem P diese Kosten ersetzt hat, führt nicht etwa unter dem Gesichtspunkt der **Vorteilsausgleichung** zum Wegfall des Schadens. Denn aus der Vorschrift des Art. 14 BayBG ergibt sich, dass der Schadensersatzanspruch des Geschädigten auf den Freistaat Bayern übergehen soll, soweit dieser ihn entschädigt; die Zahlung soll also nicht der Entlastung des Schädigers dienen.[865]

Der Anspruch steht nach dem gesetzlichen Anspruchsübergang also dem Freistaat Bayern in voller Höhe zu.

III. Anspruch aus § 823 I BGB

500   P könnte gegen B einen Anspruch auf Schadensersatz aus § 823 I BGB infolge eigenen Verschuldens des B haben. Als Anknüpfungspunkt für eine Haftung kommt das Unterlassen einer hinreichenden Überwachung des V in Betracht (**Organisationsverschulden**). In der Tat hätte B den V stichprobenartig auf die Einhaltung der einschlägigen Sicherheitsmaßnahmen überprüfen müssen.[866] Allerdings kann vorliegend nicht festgestellt werden, ob V tatsächlich die einschlägigen Sicherheitsmaßnahmen angewendet hat. Wäre das der Fall, so wäre ein etwaiges Organisationsverschulden des B nicht kausal für die Rechtsgutsverletzung des P. Bei der Anwendung des § 823 I BGB trägt freilich der Geschädigte die Beweislast für die haftungsbegründende Kausalität; dieser Nachweis ist im vorliegenden Fall nicht erbracht.

IV. Anspruch aus §§ 670, 683 S. 1 BGB

501   Der Freistaat Bayern könnte gegen B einen Anspruch auf Ersatz der Heilbehandlungskosten aus §§ 670, 683 S. 1 BGB haben. Dieser Anspruch kann sich entweder aufgrund einer Geschäftsführung des Freistaates Bayern selbst (handelnd durch P als seiner Hilfsperson) oder aufgrund übergegangenen Rechts des P als (privatem) Geschäftsführer ergeben.

1. Anspruch aus eigenem Recht des Freistaates Bayern

a) Anwendbarkeit der GoA neben dem Polizeikostenrecht

Hinweis: Die folgenden Ausführungen erfordern ein Eingehen auf öffentlich-rechtliche Vorschriften des jeweiligen Landespolizeirechts, die zum Examensstoff im öffentlichen Recht zählen. Dies ist in zivilrechtlichen Examensklausuren durchaus legitim, weil nur jeweils der „Schwerpunkt" einer Klausur in einem bestimmten Rechtsgebiet liegen muss, daneben aber auch andere Rechtsgebiete relevant sein können.

502   Die Vorschriften der privatrechtlichen GoA könnten durch (öffentlich-rechtliche) Spezialregelungen verdrängt und also unanwendbar sein. Vorliegend enthält das **bayerische Polizeikostenrecht** Regelungen über den Rückgriff der Polizei auf den Polizeipflichtigen (hier: B) in Art. 9 II 1 BayPAG sowie in den einschlägigen Vorschriften der Polizeikostenverordnung (§§ 1, 2 BayPolKV) und des Kostengesetzes (Art. 10 BayKostG). Diese Vorschriften sehen einen Ersatz der durch die unmittelbare Ausführung einer polizeilichen Maßnahme verursachten Kosten (Gebühren und Auslagen) in einer pauschalisierenden Weise vor. Nach § 2 BayPolKV sind mit den erhobenen Kosten zugleich die Auslagen nach Art. 10 Nr. 2–4 BayKostG abgegolten, d. h. die Auslagen für Kommunikation, Bekanntmachungen oder Reise-

---

[864] Vgl. MünchKomm/*Wagner*, § 833 Rn. 48.
[865] Vgl. dazu unten *Systematische Darstellung Schadensrecht* (Rn. 548).
[866] Vgl. soeben Rn. 498.

kosten. Daneben bestimmt Art. 3 I Nr. 10 BayKostG, dass polizeiliche Amtshandlungen kostenfrei sind, „soweit nichts anderes bestimmt ist".

Fraglich ist, ob diese Normen eine **abschließende Regelung der Kostentragung für polizeiliche Einsätze** enthalten, oder ob daneben noch die Vorschriften über die privatrechtliche GoA anwendbar sind. Der *BGH* hält das System des bayerischen Polizeikostenrechts für abschließend und lässt darüber hinaus keine ergänzende Anwendung privatrechtlicher Vorschriften wie etwa der GoA zu. Der Ausschluss der GoA soll nicht nur die Erstattung „echter" Aufwendungen i. S. v. § 670 BGB (d. h. freiwilliger Vermögensopfer), sondern auch den Ersatz sog. risikotypischer Begleitschäden analog § 670 BGB umfassen.[867] Nach dieser Auffassung ist ein Abstellen auf die GoA nicht mehr möglich.   **503**

Die Auffassung des *BGH* überzeugt hinsichtlich der **reinen Verwaltungsaufwendungen**, d. h. der typischen Personal- und Sachkosten eines Polizeieinsatzes. Insoweit hat der bayerische Gesetzgeber in der Tat eine umfassende Regelung der Ansprüche des Freistaats auf Kostenersatz getroffen, die insbesondere durch die Pauschalierung der Kosten und durch die Möglichkeit der Polizeiverwaltung, die konkreten Kosten innerhalb eines vorgegebenen Kostenrahmens (vgl. § 1 BayPolKV) nach ihrem Ermessen festzusetzen, verdeutlicht, dass die Polizeikosten nach einem generalisierenden und typisierenden Verfahren ermittelt werden sollen. Die ergänzende Anwendung der GoA würde diese gesetzgeberische Entscheidung konterkarieren, die im Interesse der Typisierung auch einen teilweisen Verzicht auf die Erstattung atypischer Aufwendungen im konkreten Fall beinhaltet.   **504**

Bedenken werden allerdings z. T. dagegen geltend gemacht, auch die sog. **risikotypischen Begleitschäden**, also *unfreiwillige* Vermögensopfer, vom Ausgleich nach den Regeln der GoA auszuschließen.[868] Gegen den Vorrang des Polizeikostenrechts mag insoweit angeführt werden, dass dessen Vorschriften gerade keine Grundlage für eine Erstattung vorsehen. Der Freistaat kann die risikotypischen Begleitschäden daher nach der Position des *BGH* nur nach Deliktsrecht erstattet verlangen,[869] d. h. grundsätzlich nur bei Verschulden des Schädigers. Sofern die Voraussetzungen des Deliktsrechts nicht erfüllt sind, besteht keine Möglichkeit des Ersatzes, auch wenn der Einsatz im Interesse einer Privatperson erforderlich war. Entscheidend für die Auffassung des *BGH* spricht allerdings, dass das Polizeikostenrecht die verschuldensunabhängigen Vermögensfolgen sachnäher regelt als die allgemeinen Vorschriften der GoA. Da risikotypische Begleitschäden einerseits im Bereich des Vorhersehbaren liegen und andererseits die Überwälzung auf Privatpersonen mit erheblichen Härten verbunden sein kann, ist es vorzugswürdig, den Regelungsverzicht als „beredtes Schweigen" im Sinne eines Ausschlusses des GoA-Ausgleichs zu verstehen.   **505**

Folgt man dem *BGH*, so sind die weiteren Voraussetzungen der GoA nur hilfsgutachtlich zu prüfen.

b) Sonstige Berechtigung der Geschäftsführung

Ein Anspruch aus § 683 BGB ist auch dann ausgeschlossen, wenn P bzw. der Freistaat Bayern von B zur Geschäftsführung beauftragt oder sonst dazu berechtigt war (§ 677 BGB). Zwar liegt eine Beauftragung durch B nicht vor; allerdings war P nach Polizeirecht nicht nur berechtigt, sondern auch verpflichtet, entsprechend zu handeln, da laut Bearbeitervermerk die Schüsse rechtmäßig waren und er in Ausübung seiner Dienstpflichten handelte. Hinter dem Kriterium der „sonstigen Berechtigung" steht der Gedanke des Vorrangs besonderer Ersatzordnungen gegenüber den Regelungen der GoA. Dieser Vorbehalt bietet einen weiteren Anhaltspunkt für den abschließenden Charakter des Polizeikostenrechts. Nach der soeben dargelegten Argumentation kann der Ausschluss eines Ausgleichs nach den Regeln der GoA daher auch mit dem Vorliegen einer sonstigen Berechtigung begründet werden.   **506**

c) Fremdgeschäftsführungswille

Gemäß § 677 BGB müsste P als Hilfsperson des Freistaates Bayern mit dem Willen gehandelt haben, ein fremdes Geschäft, d. h. ein Geschäft des B, zu führen („für einen anderen"). Bei **objektiv fremden Geschäften** wird dieser Fremdgeschäftsführungswille (widerleglich) vermutet. Ein objektiv fremdes Geschäft ist ein solches, das seinem Wesen nach in den Aufgabenbereich eines anderen als dem Handelnden fällt. Dazu gehört grundsätzlich insbesondere die Abwendung einer von einem fremden Gegenstand ausgehenden Gefahr. Hier oblag es B als Hildes Eigentümer, die durch seine Kuh geschaffene Gefahrenlage abzuwenden.   **507**

Allerdings handelte der Freistaat Bayern hier als Gefahrenabwehrbehörde (vgl. Art. 2 I PAG). Zu seinem eigenen Aufgabenbereich zählt deshalb auch die Abwehr von Gefahren, die durch andere geschaffen wurden. Deshalb liegt vorliegend nicht ein objektiv ausschließlich fremdes Geschäft vor, sondern ein zugleich eigenes und fremdes Geschäft (sog. **auch-fremdes Geschäft**). Nach der Rechtsprechung des *BGH* wird indes auch bei solchen Geschäften grundsätzlich der Fremdgeschäftsführungswille vermutet.[870] Diese Rechtsprechung wird freilich in der Literatur   **508**

---

[867] Vgl. BGHZ 156, 394 (398 ff.).

[868] Vgl. *Eichenhofer*, LMK 2004, 46.

[869] Vgl. BGHZ 156, 394 (399 f.); vgl. aber auch *Eichenhofer*, LMK 2004, 46 (Besprechung von BGHZ 156, 394), der annimmt, dass der *BGH* auch deliktische Schadensersatzansprüche für ausgeschlossen hält.

[870] Vgl. BGHZ 140, 102 (109) = NJW 1999, 858 = JuS 1999, 617; BGHZ 143, 9 (13); eingehend krit. *Thole*, NJW 2010, 1243 ff.

scharf und zu Recht kritisiert, weil sie letztlich auf eine Fiktion des Fremdgeschäftsführungswillens hinausläuft.[871] Gerade in den Fällen des auch-fremden Geschäfts, in denen der Geschäftsführer zugleich ein eigenes Geschäft erfüllt, ist besonders zweifelhaft, ob er das Geschäft tatsächlich „als fremdes" führen will. Denn zu einem Fremdgeschäftsführungswillen zählt auch, sich dem Willen und ggf. den Weisungen des Geschäftsherrn unterzuordnen zu wollen (vgl. § 677 BGB), und dies ist bei auch-fremden Geschäften nicht etwa typischerweise der Fall.[872]

509 Besonders deutlich wird das im vorliegenden Fall der Diensthandlung eines Polizisten (sog. **pflichtengebundener Geschäftsführer**): Der Umfang der Diensthandlung wird allein durch das öffentliche Polizeirecht bestimmt. Interessen oder gar Weisungen des „Geschäftsherrn" sind insoweit grundsätzlich unbeachtlich; die Polizei handelt hier vielmehr ausschließlich im **Interesse der Allgemeinheit**. Die positiven Auswirkungen auf B (Verhinderung einer möglichen Ersatzpflicht infolge weiterer Unfälle auf der Autobahn) sind insoweit bloße Reflexwirkungen, die das Handeln der Polizei nicht bestimmen dürfen. So ist es etwa unerheblich, ob B aus den verhinderten Unfällen tatsächlich eine Haftung getroffen hätte oder er sich nach § 833 S. 2 BGB hätte exkulpieren können. Im letzteren Fall wäre die Tätigkeit der Polizei nicht einmal im Interesse des B gewesen, weil er ohnehin keine Ansprüche Dritter zu befürchten gehabt hätte. Dass es darauf für die polizeiliche Tätigkeit nicht ankommt, zeigt, dass P eben gerade nicht mit dem Willen gehandelt hat, ein fremdes Geschäft zu führen.

Danach scheidet eine allein auf den „auch-fremden" Charakter des Geschäfts gestützte Indikation des Fremdgeschäftsführungswillens aus. Für eine **positive Feststellung des Fremdgeschäftsführungswillens** sind keine hinreichenden Anhaltspunkte ersichtlich. Vielmehr ist davon auszugehen, dass P allein in Erfüllung seines hoheitlichen Auftrags und nicht zur Wahrung der Interessen des B handelte. Dem Freistaat Bayern steht auch aus diesem Grund kein Anspruch aus GoA zu.

d) Berechtigung der GoA

510 Folgt man dieser Argumentation nicht, sondern vermutet mit dem *BGH* bei auch-fremden Geschäften den Fremdgeschäftsführungswillen quasi unwiderleglich,[873] so wäre für einen Aufwendungsersatzanspruch weiter erforderlich, dass die Geschäftsführung gemäß § 683 S. 1 BGB dem Interesse und wirklichen oder mutmaßlichen Willen des Geschäftsherrn (hier: B) entsprochen hat. Dem **Interesse** des Geschäftsherrn entspricht das, was ihm objektiv nützlich ist. Da dem B Kosten entstehen können, wenn sein Rind Schäden verursacht (insbesondere die Haftung aus § 833 BGB[874]), ist es für ihn nützlich, wenn das Rind unschädlich gemacht wird. Nachdem es vorliegend kein weniger einschneidendes Mittel gab, um die durch das Tier geschaffene Gefahr zu beseitigen, waren die Schüsse auf Hilde nützlich. Folglich lag die Geschäftsbesorgung durch P im Interesse des B.

Der **wirkliche Wille** des B ist nicht bekannt. Folglich ist auf den **mutmaßlichen Willen** abzustellen, der – mangels anderer Anhaltspunkte – aus dem Interesse zu folgern ist. Da die Geschäftsbesorgung hier im Interesse des B lag, ist sie auch von seinem mutmaßlichen Willen gedeckt.

e) Rechtsfolge: Aufwendungsersatz

511 Geht man vom Vorliegen einer berechtigten Geschäftsführung ohne Auftrag aus, so kann der Freistaat Bayern nach § 683 S. 1 BGB wie ein Beauftragter Ersatz seiner Aufwendungen verlangen. Nach § 670 BGB, auf den § 683 S. 1 BGB insoweit verweist, erhält der Geschäftsführer folglich diejenigen Aufwendungen ersetzt, die er den Umständen nach für erforderlich halten durfte.

aa) Heilbehandlungskosten als Aufwendungen?

512 Aufwendungen sind grundsätzlich **freiwillige** Vermögensopfer. Die Heilbehandlungskosten sind nach dieser Definition keine Aufwendungen, da sie nicht freiwillig aufgebracht worden sind, sondern infolge eines unfreiwillig erlittenen Schadens entstanden sind.

bb) Einbeziehung risikotypischer Begleitschäden in den Aufwendungsersatz

513 Allerdings sprechen gewichtige Argumente dafür, dass auch risikotypische Begleitschäden der Geschäftsführung ersatzfähig sein sollten. Zwar werden solche Schäden nicht (unmittelbar) freiwillig hingenommen; jedoch hat sich der Geschäftsführer in den betreffenden Fällen immerhin **der Gefahrenlage freiwillig ausgesetzt**.[875] Wenn sich eine freiwillig im fremden Interesse übernommene Gefahr realisiert, darf der Geschäftsführer nicht schlechter stehen, als wenn er die Aufwendung unmittelbar im fremden Interesse getätigt hätte. Gestützt wird dieses Ergebnis durch den Grundsatz der Risikozurechnung bei Tä-

---

[871] Vgl. etwa MünchKomm/*Seiler,* § 677 Rn. 20 f. m.w.N.
[872] Vgl. auch *Schwark,* JuS 1984, 321 (328); MünchKomm/*Seiler,* § 677 Rn. 21.
[873] Vgl. die Nachweise soeben Fn. 868.
[874] Vgl. oben Rn. 489.
[875] Vgl. Staudinger/*Martinek,* 2006, § 670 Rn. 7 ff.

tigkeit im fremden Interesse, der besagt, dass derjenige, der von einer Tätigkeit letztlich profitiert (hier der Geschäftsherr, aber z. B. auch der Arbeitgeber) auch die damit verbundenen Risiken tragen soll.[876] Eine gesetzliche Ausformung hat dieser Grundsatz in § 110 I HGB gefunden, welcher dem geschäftsführenden Gesellschafter einer offenen Handelsgesellschaft für seine Geschäftsführung nicht nur Aufwendungsersatz zuspricht, sondern auch Ausgleich für durch die Geschäftsführung erlittene Verluste gewährt.

Danach sind risikotypische Begleitschäden ebenfalls nach (oder zumindest analog) § 670 BGB zu ersetzen, soweit sie infolge der Geschäftsführung entstanden sind.

cc) Gehörverletzung als risikotypischer Begleitschaden

Die Abgabe des Schusses war vorliegend mit der typischen Gefahr einer Gehörverletzung verbunden. **514** Damit ist der daraus resultierende Schaden grundsätzlich ersatzfähig. Anhaltspunkte für ein – auch im Rahmen des § 670 BGB analog § 254 BGB zu berücksichtigendes[877] – Mitverschulden bestehen nicht.

f) Ergebnis

Nur wenn man – entgegen den oben angeführten Argumenten – die Subsidiarität der GoA gegenüber **515** dem Polizeikostenrecht ablehnt und den Fremdgeschäftsführungswillen unter dem Gesichtspunkt des auch-fremden Geschäfts befürwortet, kann der Freistaat einen Anspruch aus § 683 BGB auf Ausgleich der Heilbehandlungskosten in Höhe von € 1.000 geltend machen.

2. Anspruch aus übergegangenem Recht des P

Ein Anspruch könnte sich aber aus übergegangenem Recht des P ergeben. Voraussetzung dafür ist, dass diesem **516** aufgrund einer **eigenen (privaten) GoA zu Gunsten des B** ein Anspruch auf Aufwendungsersatz nach den §§ 683 S. 1, 670 BGB zusteht.

In den Schüssen des P ist eine Geschäftsbesorgung i. S. v. § 677 BGB zu erblicken, da dieser Begriff jedes Tätigwerden in fremdem Interesse, also insbesondere auch rein tatsächliche Handlungen umfasst.[878] Fraglich ist dabei allerdings, ob dieses Tätigwerden als **private Geschäftsführung** des P gewertet werden kann. Zwar handelte er persönlich, doch war er bei den Schüssen auf Hilde dienstlich und also als Hilfsperson des Freistaats Bayern tätig. Damit ist sein Handeln jedenfalls als Handeln des Freistaats Bayern anzusehen.[879] Hingegen erscheint es sehr zweifelhaft, ob dieses dienstliche Handeln des Polizeibeamten P gleichzeitig auch „privates" Handeln als Geschäftsführer ohne Auftrag darstellen kann. Denn nach der Auffassung des *BGH* kann ein und dieselbe Handlung nicht gleichzeitig – aufgrund ihrer Dienstlichkeit – Handlung des Freistaats Bayern (P ist ja dessen Hilfsperson) und des Privatmanns P sein.[880] In der Tat würde eine solche Doppelwertung dazu führen, dass auf dem Umweg der privatrechtlichen GoA des Polizisten die öffentlich-rechtlichen Beschränkungen des Kostenersatzes für Polizeieinsätze ausgehebelt würden. Darüber hinaus würde auch ein Anspruch von P aus GoA ein Handeln mit Fremdgeschäftsführungswillen zugunsten des B voraussetzen, so dass die dagegen angeführten Bedenken eingreifen.[881]

Daher kommt auch ein Anspruch des Freistaats aus übergegangenem Recht des P nicht in Betracht.

II. Gesamtergebnis

Der Freistaat Bayern kann aus § 833 BGB von B Ersatz der € 1.000 verlangen. Ansprüche aus § 831 BGB oder GoA bestehen nicht.

---

[876] Vgl. *Canaris,* RdA 1966, 41 (43).
[877] Vgl. MünchKomm/*Seiler,* § 683 Rn. 23.
[878] Vgl. nur MünchKomm/*Seiler,* § 677 Rn. 2.
[879] Vgl. oben Rn. 501.
[880] So BGHZ 156, 394 (400).
[881] Vgl. oben Rn. 507.

G. Aktuelle Rechtsprechung

517   I. Kollision zwischen Kunstfreiheit und Persönlichkeitsrecht bei Schlüsselroman; Geldentschädigung wegen
Persönlichkeitsrechtsverletzung (Esra)

*BGH NJW 2005, 2844 = JuS 2006, 172; BVerfGE 119, 1 = JuS 2008, 363; BGH NJW 2008, 2587; NJW 2010,
763*

Der Beklagte ist Verleger des Romans „Esra" von *Maxim Biller*. Dabei handelt es sich um einen sog. Schlüsselro-
man, bei dem die Erlebnisse real existierender Personen der literarischen Erzählung als Vorlage dienen. Inhalt der
Erzählung ist die Liebesbeziehung zwischen dem als Ich-Erzähler (*Adam*) auftretenden Autor und der Titelfigur
Esra sowie deren Verhältnis zu ihrer Mutter (im Roman: *Lale*), die als depressive, psychisch kranke Alkoholikerin
dargestellt wird, die ihre Tochter und ihre Familie tyrannisiert. Bei den Klägerinnen handelte es sich um eine junge
Türkin, Trägerin des Bundesfilmpreises 1989, die mit 17 Mutter einer schwer erkrankten Tochter wurde, und die
später ein intimes Verhältnis zu *Maxim Biller* unterhielt, sowie deren Mutter, der im Jahr 2000 der Alternative
Nobelpreis verliehen wurde und die ein Hotel in der Türkei betreibt. Mit diesem Lebens- und Berufsweg der Klägerinnen weisen die Romanfiguren markante Übereinstimmungen auf, wenn auch der Autor zur Fiktionalisierung
des Romans u. a. die Namen der verliehenen Preise verändert hatte. Der Autor liefert eine oft intime Schilderung
der Liebesbeziehung zu *Esra*, für deren Scheitern er die – mangels ausreichender persönlicher Erfahrungen – durch
erfundene Elemente angereicherte Figur der *Lale* verantwortlich macht. Kurz nach Erscheinen des Buches (4.000
Exemplare waren bereits verkauft) hatten die Klägerinnen bereits eine einstweilige Verfügung gegen den Verlag
erwirkt, so dass der Roman nicht mehr weiter verkauft wurde. Die Klägerinnen verlangen vom Verlag im Haupt-
sacheverfahren Unterlassung der Verbreitung des Romans sowie eine Geldentschädigung von jeweils € 50.000
wegen der erlittenen Persönlichkeitsrechtsverletzung.

Einen **Unterlassungsanspruch** hinsichtlich der Verbreitung des Romans aus § 1004 BGB setzt voraus, dass der Roman – als Ganzes, d. h. nicht nur hinsichtlich einzelner Passagen, die geschwärzt werden könnten – das Persönlichkeitsrecht der Klägerinnen verletzt. Hierfür ist zunächst erforderlich, dass die Klägerinnen in den Romanfiguren
zumindest für einen **mit den Umständen vertrauten Leserkreis erkennbar** sind. Die **Kunstfreiheit des Autors** bzw.
Verlegers kann den Betroffenen jedoch zur Duldung der literarischen Verarbeitung verpflichten, da die typischerweise aus der historischen Wirklichkeit schöpfende Kunst andernfalls erheblich eingeschränkt würde. Maßgeblich
ist eine **Abwägung von Kunstfreiheit und Persönlichkeitsrecht**, wobei der **Kunstfreiheit umso weniger Gewicht
zuzumessen ist, je weniger das „Abbild" gegenüber dem „Urbild" durch die künstlerische Gestaltung des Stoffs
verselbständigt erscheint**. Anders gewendet führt ein höherer Grad an Fiktionalisierung zu einem größeren Gewicht
der Kunstfreiheit. Auf der anderen Seite wiegt das Persönlichkeitsrecht des Betroffenen umso schwerer, je mehr die
Darstellung in den Bereich des Intimlebens hineinreicht.

Nach Auffassung des *BVerfG* folgt dabei aus der Kunstfreiheit stets eine **Vermutung für die Fiktionalität der Erzählung**. Diese ist im Fall der Mutter nicht widerlegt, weil der Autor die dargestellten Situationen erkennbar gar
nicht selbst miterlebt hatte und insofern hinzudichten musste. Damit liegt hinsichtlich der **Mutter** wegen der zahlreichen zusätzlichen fiktionalen Elemente keine Persönlichkeitsrechtsverletzung vor, so dass sie weder einen Unterlassungsanspruch noch einen Anspruch auf Geldentschädigung gegen den Verlag hat. Hinsichtlich der **Tochter**
werden die betreffenden Romanpassagen dagegen als unmittelbar selbst Erlebtes dargestellt, wodurch beim verständigen Leser der Eindruck der Authentizität erweckt wird. Hinzu kommt, dass diese Erzählungen auch die **Intimsphäre** der Tochter betreffen, in deren Bereich eine verfassungsrechtliche Rechtfertigung nicht möglich ist. Daher
muss insoweit die Kunstfreiheit hinter dem Persönlichkeitsrecht der Tochter zurückstehen, so dass ihr ein Unterlassungsanspruch zusteht. Dieser betrifft auch den **Roman als Ganzen**, da die beanstandeten Textteile für die Ge-
samtkonzeption des Werks bzw. für das Verständnis des mit ihm verfolgten Anliegens von Bedeutung sind, so dass
der Charakter des Romans durch die Schwärzung der relevanten Teile eine erhebliche Änderung erfahren würde.

Ein Anspruch auf **Geldentschädigung** besteht nach Auffassung des *BGH* dagegen nicht. Hierfür wäre erforderlich,
dass **ein besonders schwerwiegender Eingriff in das Allgemeine Persönlichkeitsrecht** vorliegt und die **Beeinträchtigung nicht auf andere Weise befriedigt und abgefangen werden** kann. Dabei ist ein bereits erwirkter Unterlas-
sungstitel zu berücksichtigen, weil dieser und die damit zusammenhängenden Ordnungsmittelandrohungen den
Geldentschädigungsanspruch beeinflussen und im Zweifel sogar ausschließen können. Vorliegend stellt das Ver-
breitungsverbot schon eine stark spürbare Sanktion für den Autor bzw. den Verlag dar, so dass schon hierin ein
gewisser Ausgleich für die Persönlichkeitsrechtsverletzung liegt; es ist nur eine verhältnismäßig geringe Anzahl
von Büchern tatsächlich verkauft worden. Darüber hinaus ist die Kunstfreiheit des Autors und des Verlegers nach
Art. 5 III GG zu berücksichtigen. Da diese nach dem Grundgesetz schrankenlos gewährleistet ist, kommt ihr auch
im Rahmen der vorzunehmenden Abwägung herausragende Bedeutung zu. Nach dem *BGH* dürfen staatliche
Maßnahmen nicht zu einer Einschüchterung des Künstlers und des für die Darbietung und Verbreitung des Kunst-
werkes Verantwortlichen führen. Ein Anspruch auf **Geldentschädigung** kann demnach in solchen Fällen **nur in
Betracht** kommen, **wenn der betroffene Künstler nicht schutzwürdig** ist. Dies ist dann der Fall, wenn die **Kunst-
form zu einer persönlichen Abrechnung missbraucht wird und ein Kunstwerk allein darauf abzielt, den Betroffenen zu beleidigen oder zu verleumden**. Diese Anforderungen sind nach Auffassung des *BGH* im Streitfall nicht
erfüllt, da Autor und Verleger lediglich „auf einem außerordentlich schwierigen Gebiet eine rechtliche Grenzziehung fahrlässig verfehlt" haben (vgl. zum Ganzen auch *Fornasier/Frey*, AfP 2009, 110 ff.).

II. Haftung bei gefährlichen Sportarten

BGH NJW 2008, 1591 = JuS 2008, 838; NJW 2010, 537

518

Der BGH hat in zwei Entscheidungen zur Haftung bei Unfällen anlässlich der Ausübung gefährlicher Sportarten, insbesondere zum Einfluss des Bestehens einer Haftpflichtversicherung auf die Haftung aus § 823 I BGB Stellung genommen. In der ersten Konstellation (NJW 2008, 1591) waren zwei Teilnehmer einer Motorsportveranstaltung auf dem Hockenheimring aufgrund beidseitiger Fahrfehler kollidiert; bei der Veranstaltung ging es nicht um die Erzielung von Höchstgeschwindigkeiten, sondern um das präzise Erreichen einer bestimmten Rundenzeit. In der zweiten (NJW 2010, 537) war ein Fußballspieler von einem Gegenspieler in einem Zweikampf verletzt worden, ohne dass geklärt werden konnte, ob es sich um einen Verstoß gegen die Fußballregeln ("Foul") handelte. Beide Konstellationen hatten gemein, dass die potentiellen Deliktsschuldner haftpflichtversichert waren.

Der BGH hält im Fall der Motorsportveranstaltung eine Haftung des Unfallverursachers für möglich. Dabei bezieht er sich zunächst auf den allgemeinen Grundsatz zur Haftung bei Sportveranstaltungen. Bei Verletzungen, die im Rahmen von Sportveranstaltungen mit nicht unerheblichem Gefahrenpotenzial entstehen, ist eine gegenseitige Haftung der Teilnehmer aufgrund des **Verbots treuwidrigen Verhaltens** ausgeschlossen, soweit es sich um solche Schäden handelt, die ohne gewichtige Regelverletzung verursacht wurden (vgl. dazu sowie zu abweichenden Begründungsansätzen oben *Systematische Darstellung Deliktsrecht*, Rn. 110). Dieser Grundsatz wird mit der Überlegung begründet, dass im Rahmen von Sportveranstaltungen **jeder Teilnehmer durch die typischen Risiken gleichermaßen betroffen** ist, es also mehr oder weniger vom Zufall abhängt, ob er selbst Schädiger oder Geschädigter ist. Eine Ausnahme von diesem Grundsatz soll aber dann gelten, wenn der potentielle Deliktsschuldner haftpflichtversichert ist, weil das Bestehen des Versicherungsschutzes die Treuwidrigkeit der Geltendmachung von Schadensersatzansprüchen ausschließt. Dafür spricht bei Geltung einer Versicherungspflicht auch, dass es weder dem gesetzlichen Anliegen der Versicherungspflicht noch dem Willen der Beteiligten entspricht, den Haftpflichtversicherer zu entlasten. Somit kann dem Bestehen von Versicherungsschutz in solchen Fällen **anspruchserhaltende Funktion** zugemessen werden. Zu klären war damit, ob die Kfz-Haftpflichtversicherung Schäden bei einer derartigen Motorsportveranstaltung abdeckt. Soweit es sich dabei um ein **Rennen** mit dem Ziel der Erreichung von Höchstgeschwindigkeiten gehandelt hätte, wäre der Versicherungsschutz nach den üblichen Kfz-Versicherungsbedingungen ausgeschlossen (vgl. § 4 Nr. 4 KfzPflVV). Dies war hier aber gerade nicht der Fall (vgl. zur Abgrenzung BGHZ 154, 316), so dass Versicherungsschutz und damit auch die Haftung der Parteien aus § 7 I StVG und § 823 I BGB bestand (wegen der beidseitigen Fahrfehler um ein hälftiges Mitverschulden gekürzt, vgl. die Endentscheidung des OLG Karlsruhe v. 21. 10. 2008 – 10 U 36/08).

In der zweiten Entscheidung lehnt der BGH die Haftung des Gegenspielers schon wegen des fehlenden Nachweises eines Regelverstoßes ab. Die kausale Herbeiführung der Verletzung allein reicht zur Begründung einer Haftung aus § 823 I BGB nicht aus; hinzu muss vielmehr der **Nachweis eines Verschuldens** treten. Hat sich der Schädiger aber regelgerecht verhalten (bzw. kann ihm ein Regelverstoß nicht nachgewiesen werden), so hat er die im Verkehr erforderliche Sorgfalt beachtet und haftet daher nicht. Hieran ändert auch das Bestehen von Versicherungsschutz nichts, weil dieser zwar anspruchserhaltend, **keinesfalls aber anspruchsbegründend** wirken kann. Auf das Bestehen von Versicherungsschutz kommt es mithin nur an, wenn zwar ein Regel- und Sorgfaltsverstoß vorliegt, dieser aber die von der Rspr. für Sportunfälle aufgestellte Erheblichkeitsschwelle nicht überschreitet.

III. Delegation von Verkehrspflichten

BGH NJW 2008, 1440 = JuS 2008, 556

519

Die Entscheidung befasst sich mit der Problematik der Delegation von Verkehrssicherungspflichten. Eine Mieterin stürzte aufgrund von Schnee- und Eisglätte im Eingangsbereich des von ihr bewohnten Hauses in Berlin. Der Vermieter hatte die ihm obliegende Räum- und Streupflicht seit zehn Jahren auf ein Unternehmen übertragen. Diese Übertragung war der zuständigen Stadt Berlin jedoch nicht ordnungsgemäß angezeigt worden, so dass der Vermieter gem. § 6 I 2 des Berliner Straßenreinigungsgesetzes nicht von seiner Streupflicht befreit worden ist.

Der Senat hält einen Anspruch der Mieterin gegen das beauftragte Unternehmen aus § 823 I BGB wegen einer **Verkehrssicherungspflichtverletzung ungeachtet der fehlenden Entlastung des Vermieters** für gegeben. Ausschlaggebend für die Übernahme der Verkehrssicherungspflicht ist allein, dass der Übernehmer **faktisch** die Verkehrssicherung für den Gefahrenbereich übernimmt. Denn bereits aufgrund der faktischen Aufgabenübertragung unterbleiben Schutzvorkehrungen durch den primär Verkehrssicherungspflichtigen, **da dieser auf ein Tätigwerden des Beauftragten vertraut.** Hinzu kommt, dass der Beauftragte die Delegation **mit veranlasst** hat und daher seine Verkehrssicherungspflicht nicht nur abgeleiteter Natur, sondern rechtlich verselbständigt ist.

Daneben hält der *BGH* auch einen Anspruch aus § 280 I BGB in Verbindung mit den Grundsätzen des **Vertrages mit Schutzwirkung zugunsten Dritter** für möglich, weil die Mieterin in den Schutzbereich des Vertrages zwischen Vermieter und dem Reinigungsunternehmen einbezogen war, da der Vertrag über die Übertragung der Streupflicht gerade auch dem Schutz der Mieter diente.

520   **IV. Zum Umfang der Verkehrssicherungspflicht**

OLG Celle NJW 2006, 3284

Das *OLG Celle* setzt sich im Rahmen eines Beschlusses mit dem Umfang der Verkehrssicherungspflicht eines Freibadbetreibers auseinander. In dem Freibad befand sich eine Wasserrutsche ohne nennenswerte Kurven; die Benutzer wurden durch schriftliche Hinweise und Piktogramme ausreichend über Gefahren und Verhaltensanforderungen aufgeklärt. Über eine Ampelanlage oder eine mechanische Schranke verfügte die Anlage nicht. Als ein achtjähriger Junge auf seinen Knien hinunterrutschte, prallte er im Bereich des Auslaufes auf einen Elfjährigen, der vor ihm die Rutsche benutzt und den Auslauf nicht rechtzeitig verlassen hatte. Der Elfjährige zog sich Verletzungen zu. Er begehrt vom Betreiber des Freibades den Ersatz seiner materiellen und immateriellen Schäden.

Das *OLG* lehnt eine Haftung des Betreibers ab. Als Anspruchsgrundlage kommt allein § 823 I BGB unter dem Gesichtspunkt der Verletzung einer Verkehrssicherungspflicht in Betracht. Den Betreiber der Rutsche trifft grundsätzlich eine solche Verkehrssicherungspflicht, weil er mit dem Bereitstellen der Rutsche eine Gefahrenquelle schafft und beherrscht. Der **Umfang der Verkehrssicherungspflicht** hängt von den **Umständen des Einzelfalles** ab. Geboten sind solche Sicherungsmaßnahmen, **die ein verständiger und umsichtiger Mensch für ausreichend halten darf, um andere Personen vor Schäden zu bewahren,** und die ihm **den Umständen nach zumutbar** sind. Auf dieser Grundlage ist der Betreiber der Rutsche nach Einschätzung des *OLG* nicht verpflichtet, technische Hilfsmittel, wie Ampeln und Schranken, anzubringen, da die Rutsche übersichtlich gestaltet und durch Warnhinweise ausreichend gesichert sei. Der Betreiber kann nicht für jeden Unfall und insbesondere nicht für jedes sorgfaltswidrige Verhalten von Benutzern verantwortlich gemacht werden.

521   **V. Abschleppkosten für unbefugt abgestelltes Kfz auf einem Privatgrundstück**

BGHZ 181, 233 = JuS 2009, 762

Die Entscheidung betrifft die Ersatzfähigkeit der Abschleppkosten, die durch die Entfernung eines verbotswidrig auf einem Privatgrundstück abgestellten Kfz entstanden waren. Der Pächter eines Grundstücks, das als Parkplatz für mehrere Einkaufsmärkte genutzt wird, hatte ein Abschleppunternehmen generell zum Abschleppen aller verbotswidrig abgestellten Kfz sowie zur Einziehung der Abschleppkosten ermächtigt. Die Halter der abgeschleppten Kfz konnten ihre Fahrzeuge beim Abschleppunternehmen gegen Zahlung der Abschleppkosten auslösen. Ein Kfz-Halter verlangte den an den Abschleppunternehmer gezahlten Betrag vom Pächter des Grundstücks zurück.

Der *BGH* verneint einen Anspruch des Halters aus § 812 I 1 Alt. 1 BGB, weil ein Rechtsgrund für die Zahlung besteht. Der Pächter hat gegen den Halter einen **Anspruch auf Ersatz der Abschleppkosten** aus § 823 II i.V.m. § 858 I BGB. Die Vorschrift des § 858 I BGB wird vom *BGH* jedenfalls für den hier vorliegenden berechtigten Besitz als Schutzgesetz i.S.v. § 823 II BGB qualifiziert (vgl. oben *Systematische Darstellung Deliktsrecht*, Rn. 36). Der Kfz-Halter hat gegen dieses Schutzgesetz verstoßen, da er durch unbefugtes Abstellen auf dem Parkplatz eine verbotene Eigenmacht i.S.v. § 858 I BGB begangen hat. Daneben hätte der Anspruch grundsätzlich auch auf § 823 I BGB gestützt werden können, unter dem Gesichtspunkt der Verletzung des berechtigten Besitzes, der als „sonstiges Recht" anerkannt ist.

Die entscheidende Frage lautet, ob die Abschleppkosten **in zurechenbarer Weise durch die Besitzstörung veranlasst** sind oder ob die Zurechnung durch den selbständigen Willensentschluss des Eigentümers, das Abschleppunternehmen zu beauftragen, ausgeschlossen wird (vgl. zu einem verwandten Problem auch unten Rn. 710). Der *BGH* befürwortet die Zurechnung und gelangt damit zu einem Anspruch des Pächters aus § 823 II i.V.m. § 858 BGB. Grundsätzlich ist insoweit darauf abzustellen, ob sich der Pächter zur Veranlassung der Abschleppung **herausgefordert fühlen durfte.** Für die Ausfüllung des Herausforderungskriteriums ist im vorliegenden Zusammenhang von zentraler Bedeutung, dass dem Eigentümer ein **Selbsthilferecht** zur Beseitigung der Besitzbeeinträchtigung zusteht (§ 859 I, III BGB). Dieses ist auch **nicht nach Treu und Glauben eingeschränkt,** weil zum fraglichen Zeitpunkt mehrere freie Parkplätze auf dem fraglichen Grundstück vorhanden waren. Denn wie der Eigentümer andere von jeder Einwirkung ausschließen kann (§ 903 S. 1 Alt. 2 BGB), darf sich auch der unmittelbare Besitzer verbotener Eigenmacht durch Selbsthilfe grundsätzlich unabhängig davon erwehren, in welchem Maße seine konkreten Dispositionen gestört sind. Anderenfalls gelangte man zu dem ungereimten Ergebnis, dass der Besitzer von seinem Selbsthilferecht nur dann Gebrauch machen dürfte, wenn ein Fahrzeug ohne Berechtigung auf dem **letzten freien Platz** abgestellt worden ist (vgl. zum Ganzen *Lorenz*, NJW 2009, 1025 ff.).

522   **VI. Anforderungen an ein Schutzgesetz nach § 823 II BGB – hier: §§ 12, 45 StVO**

BGH NJW 2004, 356 = JuS 2004, 545

Die Entscheidung behandelt die Anforderungen an ein Schutzgesetz i.S.v. § 823 II BGB. Auf einem Grundstück sollte die Klägerin im Auftrag eines Bauunternehmers Kranarbeiten durchführen; die Größe des Krans machte die Sperrung der angrenzenden Straße erforderlich. Die Klägerin errichtete daher mit Genehmigung der zuständigen Behörde ein temporäres Halteverbot (heute § 41 I StVO i.V.m. Anlage 2 Nr. 62). Das Kfz der Beklagten, die nach Einrichtung des Halteverbotes in dessen Geltungsbereich parkte, wurde abgeschleppt. Aufgrund des Abschleppvorganges wurden die Kranarbeiten verzögert, wodurch der Klägerin ein Schaden von ca. € 2.400 entstand.

Ein Anspruch der Klägerin aus § 823 I BGB scheitert an der fehlenden Rechtsgutsverletzung; insbesondere liegt wegen der fehlenden Betriebsbezogenheit des Falschparkens kein Eingriff in das Recht am eingerichteten und ausgeübten Gewerbebetrieb vor. Ein Anspruch auf Ersatz dieses **reinen Vermögensschadens** kann sich daher nur aus § 823 II BGB ergeben. Voraussetzung ist dann aber, dass das Halteverbot bzw. die zugrundeliegenden Vorschriften der StVO Schutzgesetze im Sinne dieser Vorschrift sind. Der *BGH* **verneint die Schutzgesetzqualität** des Halteverbots: Ein Schutzgesetz ist nach ständiger Rechtsprechung des *BGH* eine Rechtsnorm, die nach ihrem Zweck und Inhalt zumindest auch dazu dienen soll, den **Einzelnen** oder einzelne Personenkreise gegen die Verletzung eines bestimmten (Rechts oder) Rechtsgutes zu **schützen**. Dies ist bei den Regelungen der StVO über Halteverbote durchaus der Fall. Darüber hinaus muss aber auch das konkret ersetzt verlangte Interesse vom **Schutzbereich der Norm** erfasst sein. Die StVO ist jedoch nach der maßgeblichen gesetzgeberischen Intention **nicht im Ganzen ein Gesetz zum Schutz des Vermögens**, sondern soll als Teil des Straßenverkehrsrechts insbesondere die **Sicherheit und Leichtigkeit des Straßenverkehrs** gewährleisten. Sie dient als sachlich begrenztes Ordnungsrecht der Abwehr von typischen Gefahren, die vom Straßenverkehr ausgehen. Zu solchen Gefahren sind Vermögenseinbußen, die auf einer Verzögerung der Bautätigkeit beruhen, nicht zu rechnen. Daher fällt der Vermögensschaden der Klägerin nicht in den Schutzbereich der einschlägigen Vorschriften der StVO, so dass kein Anspruch aus § 823 II BGB besteht.

VII. Ersatzfähigkeit von Schäden eines Drittunternehmers bei Beschädigung von Bahngleisen   523

BGH NJW-RR 2005, 673

Die Entscheidung belegt die Zurückhaltung des *BGH* gegenüber einer Ersatzfähigkeit von allgemeinen Vermögensschäden in Fällen der Drittbetroffenheit. Der Schädiger hatte mit einem Tieflader Schienen der Deutschen Bahn überquert; dabei riss ein zu hoch aufgeladener Bagger mehrere Fahrleitungsdrähte herunter. Die Geschädigte, ein Eisenbahnverkehrsunternehmen, war vertraglich gegenüber der Deutschen Bahn zur Schienennutzung berechtigt. Infolge des Oberleitungsschadens konnte die Geschädigte die Schienen für den geplanten Güterzugverkehr nicht wie beabsichtigt mit eigenen Elektrolokomotiven benutzen, sondern musste Diesellokomotiven anmieten. Die Kosten für die Anmietung verlangt sie vom Schädiger ersetzt.

Der *BGH* lehnt einen Schadensersatzanspruch aus § 823 I BGB wegen des Fehlens einer Rechtsgutsverletzung ab. Eine **Eigentumsverletzung** an den Elektroloks kommt allenfalls unter dem Gesichtspunkt der Nutzungsbeeinträchtigung in Betracht. Erforderlich hierfür ist jedoch, dass der bestimmungsgemäße Gebrauch des betroffenen Gegenstandes **vollständig aufgehoben** ist, während die vorliegende Hinderung an der konkret beabsichtigten Fahrt auf gerade den beeinträchtigten Schienen nicht ausreicht (vgl. dazu oben Fall 1 – *Kein Schiff wird kommen*, Rn. 274). Verletzt ist der Geschädigte dagegen in seinem **Recht auf diskriminierungsfreie Nutzung** des öffentlichen Schienenverkehrs (vgl. § 14 I AEG). Ähnlich wie der Gemeingebrauch an öffentlichen Einrichtungen stellt dieses Recht jedoch kein absolut geschütztes Rechtsgut i.S.v. § 823 I BGB dar. Ebenso verhält es sich mit dem gegenüber dem Schienenbetreiber bestehenden **obligatorischen Nutzungsrecht**. Eine Verletzung des berechtigten **Besitzes** als sonstiges Recht prüft der Senat in zweierlei Hinsicht: Eine Verletzung des **Besitzes am gestörten Schienenabschnitt** scheitert schon daran, dass der Geschädigte mangels Nutzung der Schienen im fraglichen Zeitpunkt gerade keinen Besitz an diesen hatte. Eine Verletzung des **Besitzes an den Elektroloks** ist zwar, wie schon die Eigentumsverletzung, nach den Grundsätzen der Nutzungsbeeinträchtigung denkbar, vorliegend aber bei bloßer Verhinderung einer konkreten Verwendungsabsicht nicht gegeben. Zuletzt verneint der *BGH* auch den Auffangtatbestand der Verletzung des eingerichteten und ausgeübten Gewerbebetriebes, da es der Beschädigung der Fahrleitungsdrähte an der Betriebsbezogenheit mangelt. Das Gericht zieht zur Begründung die Parallele zu den sog. Stromkabelfällen (vgl. dazu oben Fall 1 – *Kein Schiff wird kommen*, Rn. 302). Ebenso wenig wie die Stromversorgung kann auch die Befahrbarkeit des Schienennetzes dem Betrieb des Geschädigten in spezifischer Weise zugeordnet werden. Vielmehr kann eine Beschädigung des Schienennetzes alle Eisenbahnverkehrsunternehmer gleichermaßen treffen und ist deshalb entschädigungslos hinzunehmen.

Einen Anspruch aus § 823 II BGB i.V.m. § 64 der Eisenbahn-Bau- und Betriebsordnung (EBO) („Es ist verboten, Bahnanlagen, Betriebseinrichtungen oder Fahrzeuge zu beschädigen oder zu verunreinigen, [...] oder andere betriebsstörende oder betriebsgefährdende Handlungen vorzunehmen.") verneint der *BGH* ebenfalls. Die Vorschrift enthält ein umfassendes Verbot von Beeinträchtigung des Schienenverkehrs; sie gewährt durchaus auch Individualschutz und ist damit ein Schutzgesetz i.S.v. § 823 II BGB. Dies allein reicht für die Haftungsbegründung jedoch nicht aus; vielmehr muss **das konkret verletzte Interesse** auch vom **Schutzzweck der Norm** umfasst sein. Hierzu zählen im Fall des § 64 EBO einzig die Gesundheit und das Eigentum der vom Eisenbahnverkehr unmittelbar berührten Personen, denn Normzweck ist allein die **Aufrechterhaltung der Betriebssicherheit**. Erschöpft sich hingegen die Beeinträchtigung des Eisbahnunternehmers allein in der Nichtnutzbarkeit der Schienen, ohne dass gleichzeitig eine Eigentumsverletzung am Betriebsvermögen des Unternehmers eingetreten ist, so handelt es sich um einen vom Schutzzweck des § 64 EBO nicht erfassten allgemeinen Vermögensschaden.

2. Kapitel. Schadensrecht

A. Systematische Darstellung Schadensrecht

Inhaltsübersicht

524   Die §§ 249 ff. BGB regeln den **Inhalt zivilrechtlicher Schadensersatzansprüche**. Sie gelten nicht nur für alle Schadensersatzansprüche des BGB – sowohl auf vertraglicher als auch auf gesetzlicher Grundlage – sondern auch im Rahmen der zivilrechtlichen Nebengesetze (z. B. StVG, ProdHaftG, AMG, HaftPflG). Allerdings ergeben sich aus bestimmten Sondervorschriften Modifikationen bzw. Erweiterungen des allgemeinen Schadensersatzrechts, etwa durch die §§ 840 ff. BGB für deliktische Schadensersatzansprüche aus den §§ 823 ff. BGB oder durch die §§ 9 ff. StVG, 5 ff. ProdHaftG für die Anspruchsgrundlagen aus den jeweiligen Nebengesetzen.

Prüfungsaufbau und Problemübersicht

> I. Bestimmung der zu ersetzenden Schadensposten
>   1. Relevante Einbuße
>   2. Haftungsausfüllende Kausalität (i. w. S.)
>   a) Kausalität im Sinne der Äquivalenzformel (Differenzhypothese)
>   b) Adäquanzformel
>   c) Schutzzweck der Norm (normative Korrekturen der Differenzhypothese)
> II. Ersatzfähigkeit des Schadens nach den §§ 249 ff. BGB
>   1. Naturalrestitution (§ 249 I BGB)
>   2. Ersatz des Aufwands für Naturalrestitution (§ 249 II BGB)
>   3. Entschädigung in Geld (§ 251 BGB)
>   4. Immaterieller Schadensersatz (§ 253 BGB)
> III. Kürzung wegen Mitverschuldens (§ 254 BGB)

I. Grundlagen

1. Grundprinzipien

Das Schadensrecht des BGB ist von einigen Grundprinzipien geprägt, die sich aus einer Zusammenschau der §§ 249 ff. BGB ergeben:

525   ■ Aus § 249 I BGB folgt zunächst der **Grundsatz der Totalreparation**, d. h. der Schadensersatz umfasst *alle* Folgen, die durch die Pflichtverletzung verursacht wurden, nicht nur „unmittelbare" oder „vorhersehbare" Schäden. Der Geschädigte ist in jeder Hinsicht so zu stellen, als wäre das schädigende Ereignis nicht eingetreten (so dass z. B. auch der entgangene Gewinn nach § 252 BGB ersatzfähig ist). Dabei muss sich ein etwa erforderliches **Verschulden des Schädigers** nur auf die Pflichtverletzung bzw. Rechtsgutsverletzung (Haftungsbegründung), nicht auf die einzelnen Schadensposten beziehen. Eine Möglichkeit der Absenkung der Ausgleichshöhe nach richterlichem Ermessen (z. B. wegen Bedürftigkeit des Schuldners oder wegen materiellen Überflusses des Gläubigers, wegen Geringfügigkeit des Verschuldens etc.) ist nicht vorgesehen (vgl. auch §§ 254, 829 BGB).

- Ebenfalls aus § 249 I BGB folgt das **schadensrechtliche Bereicherungsverbot**. Es soll verhindern, dass   526
  der Geschädigte aus dem Schadensfall Vorteile zieht (vgl. auch § 255 BGB). Der Schadensersatz soll
  m. a. W. nur die tatsächlichen Einbußen des Geschädigten ausgleichen, ihn aber nicht besser stellen,
  als er ohne das schädigende Ereignis stünde.

- Den §§ 249 II 1, 251 II 1, 254 II 1 BGB lässt sich ferner das sog. **Wirtschaftlichkeitspostulat** entneh-   527
  men, wonach unter verschiedenen (gleichwertigen) Ersatzmöglichkeiten grundsätzlich die wirtschaft-
  lichste zu wählen ist.[1] Der Schädiger schuldet keinen Ersatz für Aufwendungen, die außer Verhältnis
  zum entsprechenden Nutzen für den Geschädigten stehen.

- Aus den §§ 249–251 BGB folgt schließlich auch der **Vorrang der Naturalrestitution**, d. h. der Schaden   528
  ist so weit wie möglich (und wirtschaftlich vertretbar) *in Natur* zu beheben, und nur nachrangig durch
  Wertersatz in Geld.[2]

- Zu beachten ist schließlich auch das **Dogma vom Gläubigerinteresse**,[3] wonach nur derjenige Ersatz   529
  verlangen kann, dessen Rechte in haftungsbegründend relevanter Weise verletzt worden sind, und
  dies grundsätzlich nur zum Ausgleich seines *eigenen* Schadens (z. B.: Der Eigentümer kann seinen aus
  der Eigentumsverletzung resultierenden Schaden geltend machen; wenn ein Arbeitnehmer eine Körperverletzung erlitten hat, kann nur er, nicht aber sein Arbeitgeber – etwa für seinen entgangenen
  Gewinn wegen des Ausfalls des Arbeitnehmers – Ausgleich verlangen[4]). Schäden Dritter sind nur in
  Ausnahmefällen (z. B. Drittschadensliquidation oder §§ 844 f. BGB) ersatzfähig. Dieses Dogma ergibt
  sich nicht unmittelbar aus dem Wortlaut der §§ 249 ff. BGB, ist aber die konsequente Fortführung der
  Beschränkung des Rechtsgüterschutzes in § 823 I BGB, da der Schaden des Dritten als primärer Vermögensschaden zu qualifizieren ist, wenn und weil dieser keine (eigene) haftungsbegründende Rechtsverletzung erlitten hat.

2. Beweisrechtliche Besonderheiten

Nach allgemeinen Regeln des Beweisrechts trägt der **Geschädigte grundsätzlich die Darlegungs- und Beweislast für**   530
die Entstehung (Kausalität) und den Umfang des Schadens. Hinsichtlich des Beweismaßes („Intensität der richterlichen Überzeugung") gelten allerdings geringere Anforderungen als im Rahmen des Haftungsbegründungstatbestands: Während für die **haftungsbegründenden Voraussetzungen** das Erfordernis des **Vollbeweises nach § 286 ZPO**
(„volle richterliche Überzeugung") gilt, kommt dem Geschädigten beim Nachweis der haftungsausfüllenden Umstände nach § 287 ZPO eine Absenkung des Beweismaßes zugute. Der Richter kann die maßgeblichen Feststellungen nach **freier richterlicher Überzeugung** (d. h.: „nur" Überzeugung von erheblicher bzw. deutlich überwiegender
Wahrscheinlichkeit statt der Überzeugung von der Wahrheit) treffen und ggf. die Höhe des Schadens schätzen.[5]
Hinsichtlich des Mitverschuldens nach § 254 BGB trifft den Schädiger die volle Darlegungs- und Beweislast für die
mitverschuldensbegründenden Umstände, da es sich um eine anspruchsmindernde Tatsache handelt; hinsichtlich
der *Bewertung* dieser Umstände wendet die h. M. jedoch ebenfalls das reduzierte Beweismaß des § 287 ZPO an.[6]

II. Bestimmung der zu ersetzenden Schadensposten

Gem. § 249 I BGB ist der Geschädigte so zu stellen, als wäre das schädigende Ereignis (d. h. die Rechts-   531
gutsverletzung, die Verletzung eines Schutzgesetzes, die Pflichtverletzung o. ä.) nicht eingetreten. Dieses
Ziel des Schadensersatzes impliziert eine Kausalitätsbetrachtung. Der Schädiger hat indes nicht lediglich
den *status quo ante* herzustellen, d. h. den Zustand *vor* dem schädigenden Ereignis, sondern den Geschädigten in den Zustand zu versetzen, in dem er *heute* ohne das schädigende Ereignis stünde. Es ist
also grundsätzlich die gesamte hypothetische Weiterentwicklung auf Seiten des Geschädigten seit dem
schädigenden Ereignis mit zu berücksichtigen.[7]

---

[1] Vgl. etwa *Armbrüster*, JuS 2007, 408 ff.
[2] Vgl. näher unten Rn. 562 ff.
[3] Vgl. *Neuner*, JZ 1999, 126 (127); *Medicus/Lorenz*, Schuldrecht I, Rn. 650.
[4] Vgl. etwa *BGH* NJW 2009, 355.
[5] Vgl. dazu näher Stein/Jonas/*Leipold*, Rn. 31 ff.
[6] Vgl. MünchKomm/*Oetker*, § 254 Rn. 117.
[7] Allg. M., vgl. nur MünchKomm/*Oetker*, § 249 Rn. 312; *Medicus/Lorenz*, Schuldrecht I, Rn. 635.

1. Relevante Einbuße

532 Durch die Bestimmung der relevanten Einbuße wird der Gegenstand des Haftungsausfüllungstatbestands präzisiert; diese Präzisierung ist insbesondere für die verschiedenen in §§ 249 ff. BGB vorgesehenen Ausgleichsformen von Bedeutung. Es ist gesetzlich nicht definiert, welche vom Schädiger verursachte Güterlage überhaupt als (ersatzpflichtiger) Schaden in Betracht kommt. Schaden ist nach h. M. jede **nachteilige Beeinflussung eines rechtlich geschützten Interesses**.[8] In diesem Stadium der Prüfung ist **keine Bewertung in Geld erforderlich**, denn der Schadensersatz muss auch seinerseits nicht zwingend in Geld erfolgen; die Naturalrestitution i. S. v. § 249 BGB kann durchaus in der Vornahme einer tatsächlichen Handlung (z. B. Widerruf einer ehrverletzenden Äußerung) oder eines Rechtsgeschäfts bestehen, nicht nur in einer Geldzahlung.[9] Die Ermittlung der relevanten Schadensposten ist daher zunächst eine rein natürliche Betrachtung, die erst in den weiteren Prüfungsschritten einer normativen Bewertung und ggf. Korrektur unterzogen wird.

533 **Erfasst** ist zum einen der **unmittelbar** durch die haftungsbegründende Rechtsgutsverletzung bzw. sonstige Rechtsverletzung **verursachte Nachteil** (z. B. Beschädigung einer Sache, Körperverletzung, Gesundheitsbeeinträchtigung, Ehrverletzung etc.). Als ersatzfähiger Schaden kommen gleichermaßen auch nachteilige mittelbare Folgen in Betracht, d. h. Nachteile, die nicht das verletzte Rechtsgut/Recht selbst betreffen, sondern an anderen Rechtsgütern, insbesondere im Vermögen des Geschädigten eintreten (**Folgeschaden** bzw. **Vermögensfolgeschaden**; z. B.: entgangener Gewinn, Verdienstausfall etc.).

534 Der relevante **Zeitpunkt** für die Schadensermittlung ist die Erfüllung der Schadensersatzpflicht bzw. – aus verfahrensrechtlicher Perspektive – die **letzte mündliche Tatsachenverhandlung**.[10] Die reale Lage ist zwar zunächst diejenige, die im Zeitpunkt des Schadenseintritts (d. h. eine logische Sekunde danach) bestand, denn hier entsteht der Schadensersatzanspruch. Sie umfasst jedoch auch alle späteren Folgeschäden, die aufgrund des haftungsbegründenden Ereignisses adäquat kausal entstanden sind, so dass die reale Lage bis zum Zeitpunkt der letzten mündlichen Verhandlung zu verfolgen ist. Treten danach weitere Schadensposten ein, so können diese – in den Grenzen der Verjährung, §§ 195, 199 BGB[11] – in einem neuen Verfahren geltend gemacht werden; die Rechtskraft der Erstentscheidung steht nicht entgegen.[12]

2. Haftungsausfüllende Kausalität

535 Die **haftungsausfüllende Kausalität** wird – wie die haftungsbegründende Kausalität, z. B. im Rahmen von § 823 I BGB[13] – in drei Stufen ermittelt:
- Zunächst ist nach der **Äquivalenzformel** zu prüfen, ob das schädigende Ereignis *conditio sine qua non* für den in Frage stehenden Schaden war. Im Rahmen der haftungsausfüllenden Kausalität geht die Äquivalenzformel in der sog. **Differenzhypothese** (§ 249 I BGB) auf.
- Danach ist der ersatzfähige Schaden anhand der **Adäquanzformel** einzugrenzen, d. h. es sind die (äußerst seltenen) Fälle auszuscheiden, in denen die Folgen der Pflichtverletzung außerhalb jeder Wahrscheinlichkeit liegen, also auch für einen objektiven, mit allen Umständen vertrauten Beobachter nicht vorhersehbar waren.
- Abschließend sind die so gewonnenen Ergebnisse ggf. anhand des Schutzzwecks der Norm **normativ zu korrigieren**. Diese Korrekturen können sowohl die „reale Lage" als auch die „hypothetische Lage" im Sinne der Differenzhypothese betreffen.

536 Der **Unterschied zur haftungsbegründenden Kausalität** (bei § 823 I BGB) besteht darin, dass diese die Kausalität zwischen einer Handlung des Schädigers und der eingetretenen Rechtsgutsverletzung betrifft,

---

[8] MünchKomm/*Oetker,* § 249 Rn. 16.
[9] Vgl. dazu näher unten Rn. 565 ff.
[10] Vgl. *BGH* NJW-RR 1997, 402: Nachträgliche Wertsteigerung eines Bauwerks.
[11] Vgl. dazu unten Rn. 650 ff. sowie *Grigoleit/Herresthal*, BGB Allgemeiner Teil, *Systematische Darstellung Verjährungsrecht* (Rn. 511 ff.).
[12] Vgl. BGHZ 135, 178 (181) = JuS 1997, 851; *BGH* NJW 1997, 3019 = JuS 1998, 181; *Rosenberg/Schwab/Gottwald*, Zivilprozessrecht, § 153 Rn. 15 ff.; siehe zum Ganzen *Brötel*, JuS 2003, 429 (433).
[13] Vgl. dazu eingehend oben *Systematische Darstellung Deliktsrecht* (Rn. 87 ff.).

während die haftungsausfüllende Kausalität den Zusammenhang zwischen der Rechtsgutsverletzung und den einzelnen Schadensposten bezeichnet. Nur auf den ersten Kausalzusammenhang muss sich ein etwaiges Verschulden des Schädigers beziehen; nur insoweit gelten die Beschränkungen des § 823 I BGB auf den Schutz bestimmter Rechtsgüter.

Die Folgeschäden einer Rechtsgutsverletzung i.S.v. § 823 I BGB sind selbstverständlich ersatzfähig, auch wenn es sich um **Vermögensschäden** handelt; weil sie die Folge einer Rechtsgutsverletzung i.S.v. § 823 I BGB sind, sind es gerade keine *reinen* (oder *primären*) Vermögensschäden, deren Ersatz vom BGB-Gesetzgeber ausgeschlossen werden sollte.[14]

a) Äquivalenzformel (Differenzhypothese)

Die Kausalität im Sinne der Äquivalenzformel wird mit Hilfe der sog. Differenzhypothese bestimmt. Diese besteht aus einem Vergleich der realen Lage des Geschädigten mit der hypothetischen Lage, in der er sich ohne das schädigende Ereignis befinden würde.

537

aa) Bestimmung der realen Lage

Die reale Lage i.S.d. Differenzhypothese ist der aktuelle Bestand des Geschädigten an materiellen und immateriellen Gütern. Es ist also für materielle Güter eine Ermittlung der aktuellen Vermögenslage nötig; auch bei immateriellen Gütern (z.B. Schmerzen, Ehre, aber auch Genuss eines Konzerts o.ä.) ist insoweit eine „Bestandsaufnahme" erforderlich, die freilich nicht in einer Bewertung in Geld bestehen kann, sondern in einer rein natürlichen Betrachtung.

538

Auch **Vorteile**, die der Geschädigte aufgrund des Schadensereignisses erlangt hat (z.B. Ersatzverkauf, Rente, Unterhaltsleistungen, Entgeltfortzahlung, Erbschaft, …), sind zunächst in die Differenzhypothese einzustellen. Erst im Rahmen der normativen Betrachtung (Schutzzweck der Norm) sind die differenzierten Grundsätze der Vorteilsausgleichung zu beachten und ggf. einzelne Vorteile außer Acht zu lassen.[15]

bb) Bestimmung der hypothetischen Lage

Bei der Ermittlung der hypothetischen Lage ist zu fragen, wie der Bestand des Geschädigten an materiellen und immateriellen Gütern jetzt wäre, wenn das schädigende Ereignis nicht eingetreten wäre. Es ist also das schädigende Ereignis hinweg und der weitere Gang der Ereignisse bis zum relevanten Zeitpunkt (der letzten mündlichen Verhandlung) hypothetisch weiter zu denken. Diese Formulierung zeigt, dass die Differenzhypothese eine Kausalitätsbetrachtung nach der **Äquivalenzformel** einschließt. Denn es werden der Sache nach genau diejenigen Veränderungen an den materiellen und immateriellen Gütern des Geschädigten berücksichtigt, für welche das schädigende Ereignis *conditio sine qua non* war.

539

Der **Grundsatz der Totalreparation**[16] bedingt in diesem Zusammenhang, dass keinerlei Einschränkungen hinsichtlich der zu berücksichtigenden Folgen des schädigenden Ereignisses vorzunehmen sind. Es kommt insbesondere nicht darauf an, ob der Schädiger die entsprechenden Schadensfolgen vorhersehen konnte oder gar verschuldet hat. Der Schadensersatz ist auch nicht auf *unfreiwillige* Opfer beschränkt; auch Vermögensopfer, die der Geschädigte freiwillig erbracht hat (z.B. die Bezahlung der Werkstattrechnung nach der Reparatur eines beschädigten Autos), sind grundsätzlich ersatzfähige Schadensposten, solange er sie nur ohne das schädigende Ereignis nicht erbracht hätte. Nur in Ausnahmefällen sind insoweit unter dem Gesichtspunkt des Schutzzwecks der Norm Einschränkungen angezeigt.[17]

Die Differenzhypothese bezieht sich ferner auch **nicht etwa nur auf Einbußen am Bestand** an materiellen und immateriellen Gütern (im Sinne eines erlittenen Verlustes). Vielmehr ergibt sich aus § 252 BGB unzweifelhaft, dass die hypothetische Lage auch einen etwaigen **Gewinn** umfasst, den der Geschädigte ohne das schädigende Ereignis hätte erzielen können.[18]

---

[14] Vgl. dazu oben *Systematische Darstellung Deliktsrecht* (Rn. 4).

[15] Siehe unten Rn. 542 ff.

[16] Vgl. oben Rn. 525.

[17] Vgl. dazu oben *Systematische Darstellung Deliktsrecht* (Rn. 108 ff.).

[18] Vgl. dazu schon oben Fall 1 „*Kein Schiff wird kommen*" (Rn. 286 ff.).

b) Adäquanzformel

540   Die nach der Differenzhypothese ermittelten Schadensposten werden nach h. M. anhand der Adäquanzformel einer ersten Einschränkung unterzogen.[19] Danach sind solche Schäden, die für einen objektiven Beobachter unvorhersehbar waren, nicht ersatzfähig. Das betrifft völlig unwahrscheinliche Schadensfälle, wie z. B. ein Schlaganfall bei der hitzigen Diskussion nach einem Verkehrsunfall oder eine Hirnblutung nach einer geringfügigen Ehrverletzung.[20] Besondere **Schadensanlagen** (z. B. dass der Verletzte Bluter ist) führen jedoch nicht zur Verneinung des Adäquanzzusammenhanges, weil sie für einen objektiv informierten (allwissenden) Beobachter erkennbar und vorhersehbar sind.[21]

c) Schutzzweck der Norm – Normative Korrekturen der Differenzhypothese

aa) Grundlagen und Verhältnis zur haftungsbegründenden Zurechnung

541   Die Differenzhypothese im Sinne einer Untersuchung der Kausalität nach der Äquivalenz- und ggf. Adäquanzformel führt zu einer wertungsfreien, rein naturwissenschaftlichen Betrachtung der Vermögensentwicklung des Geschädigten, wie sie infolge des schädigenden Ereignisses eingetreten ist. Dieses Ergebnis bedarf in einigen Fällen der **Korrektur anhand normativer Maßstäbe**, d. h. anhand der Wertungen des Schadensersatzrechts und anhand des Schutzzwecks der verletzten Norm, die gelegentlich den Kreis der ersatzfähigen Schadensposten einschränken.

Die **Prüfungsprogramme** für die haftungsbegründende und die haftungsausfüllende Zurechnung unter dem Gesichtspunkt des Schutzzwecks der Norm überschneiden sich in wesentlichen Teilen (z. B.: Zusammenwirken verschiedener Ursachen; hypothetische Kausalität und rechtmäßiges Alternativverhalten), sind aber **nicht identisch.** Während bei der haftungsbegründenden Zurechnung im Rahmen des § 823 I BGB der Zweck der jeweiligen Verhaltensnorm, namentlich der einschlägigen Verkehrspflicht im Vordergrund steht, geht es im Rahmen der haftungsausfüllenden Kausalität auch um die spezifischen Wertungen der §§ 249 ff. BGB und damit in erster Linie um die soeben dargestellten Grundprinzipien des Schadensrechts.[22] Die Besonderheiten der haftungsausfüllenden Zurechnung betreffen insbesondere einige charakteristische Konstellationen, die im Folgenden dargestellt werden.

bb) Vorteilsausgleichung

542   Die Grundsätze der Vorteilsausgleichung beantworten die Frage, inwieweit **Vorteile, die der Geschädigte infolge des schädigenden Ereignisses erlangt** hat, bei der Schadensermittlung zu seinen Ungunsten anzurechnen sind.[23] Die konsequente Anwendung der Differenzhypothese ebenso wie das schadensrechtliche Bereicherungsverbot sprechen dabei für die Anrechnung derartiger Vorteile, wenn und weil sie die reale Lage zu Gunsten des Geschädigten verändert haben. Im BGB werden erlangte Vorteile allerdings unterschiedlich behandelt: Einige Vorschriften bestimmen ihre Anrechnung zu Lasten des Geschädigten (z. B. §§ 326 II 2, 642 II BGB), andere schließen sie ausdrücklich aus (§§ 843 IV, 844 II, 845 BGB). Ausgehend von dieser vorgefundenen Unterscheidung sind auch die ungeregelten Fälle erlangter Vorteile anhand des Zwecks des Schadensersatzes differenzierend zu behandeln. Dabei sind die schädigungsbedingten Vorteile im Zweifel anzurechnen, d. h. die Anrechnung unterbleibt nur, wenn dafür gewichtige normative Gründe geltend gemacht werden können.[24]

(1) Kausalität des schädigenden Ereignisses für den Vorteil (Differenzhypothese)

543   Schon nach der Differenzhypothese ist Voraussetzung jeder Anrechnung von Vorteilen, dass das schädigende Ereignis zugleich auch das vorteilsstiftende Ereignis gewesen ist; der Vorteil muss also jedenfalls nach der **Äquivalenzformel kausal** durch das schadensstiftende Ereignis bedingt sein. Nach zutreffender Auffassung kommt es dagegen nicht auf die Adäquanzformel an. Die mangelnde Vorhersehbarkeit des Vorteils für den Schädiger ist kein überzeugendes Argument gegen die Anrechnung. Insbesondere liegt darin kein stichhaltiger Grund für die Außerkraftsetzung des Bereicherungsverbots. Richtigerweise

---

[19]   Vgl. zur Adäquanzformel und zu der an ihr geübten Kritik näher oben *Systematische Darstellung Deliktsrecht* (Rn. 94 ff.).

[20]   *BGH* NJW 1976, 1143; vgl. Palandt/*Grüneberg,* Vorb. v. § 249 Rn. 38 mit weiteren Beispielen.

[21]   Vgl. oben *Systematische Darstellung Deliktsrecht* (Rn. 101); siehe auch § 254 II 1 Alt. 1 BGB.

[22]   Vgl. soeben Rn. 525 ff.

[23]   Vgl. dazu etwa *Armbrüster,* JuS 2007, 411 (416 ff.).

[24]   Vgl. auch *BGH* NJW 2004, 2526 (2529), wonach der Grundsatz der Vorteilsanrechnung eine „Leitlinie (sei), von der bei Vorliegen besonderer, im Recht angelegter Wertungen abgewichen werden kann". Ferner etwa Staudinger/*Schiemann,* 2005, Vor §§ 249 ff. Rn. 2; MünchKomm/*Oetker,* § 249 Rn. 20.

kann die Adäquanzformel daher nur zur Entlastung, nicht aber zur Belastung des Schädigers herangezogen werden.[25]

(2) Vereinbarkeit der Anrechnung mit Sinn und Zweck des Schadensersatzes (Fallgruppen)

Die Anrechnung darf ferner dem Sinn und Zweck des Schadensersatzes nicht widersprechen, d.h. sie muss dem Geschädigten zumutbar sein und darf den Schädiger nicht unbillig entlasten; andererseits ist stets auch das schadensrechtliche Bereicherungsverbot zu berücksichtigen, das verhindern soll, dass der Geschädigte aus dem Schadensfall einen Gewinn zieht. Ausschlaggebend im Rahmen dieser wertenden Betrachtung ist insbesondere der jeweilige Grund der Vorteilsziehung, d.h. insbesondere der Schutzzweck der vorteilsgewährenden Norm oder die privatautonome Zweckbestimmung des Vorteilsgebers. **544**

Zu unterscheiden sind folgende **Fallgruppen:**

- Vorteile, die **ohne Zutun Dritter oder des Geschädigten** eintreten (insbesondere eine **Erbschaft** im Falle einer haftungsbegründenden Tötung), sind grundsätzlich **nicht anzurechnen**, soweit der Geschädigte diese ohnehin – wenn auch später (sonst fehlt es schon an der Kausalität) – erhalten hätte und deswegen die Bereicherung als solche durch die Schädigung nur zeitlich vorverlagert wurde; insoweit besteht eine wertungsmäßige Parallele zum rechtmäßigen Alternativverhalten.[26] Anzurechnen ist aber der sog. „**Verfrühungsvorteil**", d.h. der Vorteil, den der Geschädigte infolge des *früheren* Eintritts des Erbfalles (z.B. Zinsen etc.) erlangt hat. **545**

- **Eigene Leistungen** des Geschädigten sind an der Schadensminderungsobliegenheit des § 254 II 1 BGB zu messen: Halten sich die Leistungen im Rahmen der Schadensminderungsobliegenheit, so sind die erzielten Vorteile auch anzurechnen. Unternimmt der Geschädigte dagegen überobligatorische Anstrengungen, so sollen diese dem Schädiger nicht zugute kommen, d.h. eine Anrechnung der dadurch erzielten Vorteile unterbleibt (z.B. Fahrlehrer holt die schädigungsbedingt ausgefallenen Stunden an Abenden bzw. am Wochenende nach).[27] **546**

- **Ersparte Aufwendungen** des Geschädigten sind nach dem Gedanken der §§ 326 II 2, 642 II BGB grundsätzlich anzurechnen (z.B. während eines Krankenhausaufenthalts ersparte Verpflegungskosten; Ersparnis berufsbedingter Fahrtkosten bei Arbeitsunfähigkeit). **547**

- Bei Vorteilen **aus Leistungen Dritter** anlässlich des schädigenden Ereignisses ist nach dem jeweiligen Rechtsverhältnis zu unterscheiden: **548**
  - **Unterhaltsleistungen** Dritter reduzieren nach dem Gedanken des § 843 IV BGB sowie nach dem Grundsatz der Subsidiarität des Unterhalts die Schadensersatzverpflichtung nicht.
  - Leistungen eines **Legalzessionars**, auf den infolge seiner Leistung der Anspruch des Geschädigten übergeht (vgl. etwa §§ 6 I EFZG, 116 SGB X, 86 I VVG, 87a BBG), reduzieren die Ersatzpflicht ebenfalls nicht, da die Legalzession den Fortbestand des Ersatzanspruchs in Höhe der Leistung des Dritten gerade voraussetzt. Zu beachten ist hier im Prozess, dass der Anspruch in Höhe der Leistung dem Zessionar zusteht, dem Geschädigten also die Aktivlegitimation fehlt; allerdings kommt eine gewillkürte Prozessstandschaft in Betracht.
  - Leistungen einer **privaten Versicherung** (z.B.: Sachversicherung bezahlt nach einer Sachbeschädigung) beruhen in der Regel auf den Beiträgen des Geschädigten. Der Versicherungsvertrag und die Beitragszahlung dienen nicht der Entlastung potenzieller Schädiger. Eine Anrechnung der Versicherungsleistung würde zu dem wertungswidersprüchlichen Ergebnis führen, dass der Geschädigte den Schaden mittelbar über seine Versicherungsbeiträge selbst zu tragen hat. Sofern nicht ohnehin schon ein Fall der Legalzession nach § 86 VVG vorliegt, ist die Anrechnung von Versicherungsleistungen daher ausgeschlossen.[28]
  - Bei **freiwilligen Drittleistungen** entscheidet die Zwecksetzung des Dritten: Soll die Leistung nach dem Willen des Dritten auch dem Schädiger zugute kommen (z.B. bei Vorschusszahlungen der Haftpflichtversicherung des Schädigers), so liegt eine Drittleistung nach § 267 BGB vor, die den Schadensersatzanspruch gem. § 362 BGB tilgt (der Dritte hat dann evtl. Regressansprüche gegen

---

[25] Vgl. *Medicus/Petersen*, Bürgerliches Recht, Rn. 855.
[26] Vgl. oben *Systematische Darstellung Deliktsrecht* (Rn. 115 ff.).
[27] Vgl. BGHZ 55, 329 = JuS 1971, 484.
[28] Vgl. etwa *BGH* NJW-RR 2009, 1030 (1031); siehe auch *Armbrüster*, NJW 2009, 191.

den Schädiger). Sollte die Leistung nur dem Geschädigten zugute kommen (zu vermuten etwa bei Unterstützungsleistungen von Angehörigen des Geschädigten), unterbleibt die Anrechnung.

■ Wird eine beschädigte gebrauchte Sache durch eine neue Sache ersetzt (z. B. weil eine Reparatur oder der Erwerb einer gebrauchten Sache nicht möglich oder nicht zumutbar ist) oder werden im Rahmen einer Reparatur neue Ersatzteile an Stelle beschädigter gebrauchter eingebaut, muss sich der Geschädigte den erzielten **Wertvorteil anrechnen lassen** (sog. **Abzug neu für alt**), weil kein wertender Grund für die damit verbundene Bereicherung vorhanden ist.[29]

(3) Durchführung der Vorteilsausgleichung

549   Die Vorteilsausgleichung wird **mit spezifischem Bezug auf einen bestimmten Schadensposten** durchgeführt, d. h. die Anrechnung erfolgt nicht am Ende der Schadensersatzrechnung durch eine Gegenüberstellung aller Einbußen und Vorteile, sondern isoliert nach dem Sachzusammenhang mit einem bestimmten Schadensposten. Eine Anrechnung ist nur bei demjenigen Schadensposten möglich, dem der Vorteil seiner Art nach entspricht, bzw. mit dem der Vorteil **kongruent** ist, also gewissermaßen eine „Rechnungseinheit" darstellt. So sind etwa die ersparten Aufwendungen für Fahrten zur Arbeitsstätte nur auf den unfallbedingten Verdienstausfall anzurechnen, nicht auf andere Schadensposten wie etwa Heilungskosten; Steuervorteile, die der Geschädigte infolge einer betrügerischen Kapitalanlage tatsächlich erlangt hat, sind nur von den betrugsbedingt ausgefallenen Kapitalerträgen abzuziehen;[30] ein Gewinn aus einem Deckungsverkauf ist nur auf die Kosten für diesen Deckungsverkauf (Makler etc.) anzurechnen, nicht auf Verzugsschäden oder Rechtsverfolgungskosten.[31] Diese Beschränkung der Vorteilsanrechnung führt dazu, dass „überschießende Vorteile", also solche Vorteilsposten, die die jeweils *kongruenten* Nachteile überschreiten, ohne Ausgleich beim Geschädigten verbleiben; einen selbständigen Gegenanspruch des Schädigers auf Herausgabe der Vorteile kennt das Schadensrecht nicht.

Bei **Gleichartigkeit** von Vorteil und Schaden erfolgt die Ausgleichung durch Anrechnung *ipso iure* (keine Aufrechnung im Sinne von § 387 BGB!) des Vorteils auf den Schaden. Bei **Verschiedenartigkeit** hat der Geschädigte den Vorteil (nach § 242 BGB) Zug um Zug gegen die Schadensersatzleistung herauszugeben (z. B.: Geldersatz wegen Neuanschaffung nach Kfz-Totalschaden nur Zug um Zug gegen Herausgabe des Schrottfahrzeugs).[32]

Tritt der Vorteil **erst in der Zukunft** ein, so kann er im Prozess nur berücksichtigt werden, wenn der Eintritt sicher feststeht. Bei ungewissen Vorteilen muss der Schädiger zunächst ein Urteil über den vollen Schadensbetrag hinnehmen. Tritt der Vorteil während der Vollstreckung ein, so kann er diese mit der Vollstreckungsgegenklage nach § 767 ZPO insoweit unterbinden. Liegt der Zeitpunkt nach Abschluss der Zwangsvollstreckung, so stehen dem Schädiger Bereicherungsansprüche aus § 812 I 1 Alt. 2 BGB zu.[33]

cc) Ersatzfähigkeit von Vorsorgeaufwendungen

550   Es ist umstritten, ob bzw. inwieweit der Geschädigte auch Ersatz für Vorsorgeaufwendungen (Vorhaltekosten) vom Schädiger verlangen kann.[34] Hierunter versteht man den Aufwand, den der Geschädigte **bereits vor Eintritt des schädigenden Ereignisses getätigt** hat, um sich vor dem (später doch eingetretenen) Schaden zu schützen. Charakteristische Beispiele sind die Kosten für die Bereithaltung von Reservefahrzeugen bei öffentlichen Verkehrsbetrieben[35], für den Einsatz von Kontrollpersonal bei der GEMA (Gesellschaft für musikalische Aufführungsrechte)[36] sowie der Aufwand, der seitens von Kaufhäusern etwa durch Einstellung von Kontrollpersonal und durch technische Vorrichtungen zur Bekämpfung von Ladendiebstählen betrieben wird[37]. Die Ersatzfähigkeit solcher Aufwendungen ist vor allem deshalb problematisch, weil sie nicht im Zusammenhang mit dem konkreten schädigenden Ereignis getätigt wurden. Sie wären in gleicher Weise entstanden, wenn der Schadensfall nicht eingetreten wäre, so dass die **haftungsausfüllende Kausalität zu verneinen** ist. Es kommt hinzu, dass der Vorsorgeaufwand zur Wahrung eigener wirtschaftlicher Interessen betrieben wird. Die Ersatzfähigkeit von Vorsorgeaufwand wird daher im Schrifttum verbreitet abgelehnt.[38]

---

[29]   Vgl. etwa BGHZ 30, 29; *BGH* NJW 2004, 2526; Palandt/*Grüneberg,* Vor § 249 Rn. 97. Näher unten Rn. 574.
[30]   Vgl. Palandt/*Grüneberg,* § 249 Rn. 93, 95.
[31]   Vgl. BGHZ 136, 52 = JuS 1998, 79; siehe als weiteres Beispiel *BGH* NJW-RR 2004, 79.
[32]   Vgl. BGHZ 27, 241 (247).
[33]   Vgl. *BGH* NJW-RR 2001, 1450.
[34]   Vgl. dazu unten Fall 6 „*Big Brother"* (Rn. 661 ff.).
[35]   Vgl. BGHZ 32, 280.
[36]   Vgl. BGHZ 17, 376.
[37]   Vgl. BGHZ 75, 230 = JuS 1980, 146.
[38]   Vgl. MünchKomm/*Oetker,* § 249 Rn. 193 ff.; *Lange/Schiemann,* Schadensersatz, § 6 VIII 4 (S. 299 ff.).

Für die Ersatzfähigkeit kann allerdings angeführt werden, dass der Geschädigte der Schadensminderungsobliegenheit des § 254 II 1 a. E. BGB unterliegt. Die Vorsorgemaßnahmen können daher u. U. als zeitlich vorgelagerte Schadensminderung zu qualifizieren sein. Soweit diese Maßnahmen tatsächlich zu einer Minderung des Schadens geführt haben, ist es nicht überzeugend, den Schädiger hiervon – letztlich auf Kosten des Geschädigten – profitieren zu lassen. Der *BGH* hat mit dieser Argumentation eine anteilige Ersatzpflicht bei den Kosten für die Bereitstellung eines Reservewagens bejaht.[39] Hinsichtlich der Einsetzung von Kontrollpersonal durch die GEMA passt der Gesichtspunkt der Schadensminderung nicht. Der *BGH* hat gleichwohl festgestellt, dass der Schadensersatz bei der Verletzung von Schutzrechten zur Deckung des Kontrollaufwands nach der Höhe der doppelten Lizenzgebühr zu bemessen ist. Das Gericht hat insoweit daher auf die besondere Verletzlichkeit immaterieller Rechtsgüter abgestellt.[40] Diese Erwägung mag strafrechtliche oder andere hoheitliche Sanktionen rechtfertigen; eine überzeugende privatrechtsdogmatische Anknüpfung fehlt jedoch für einen auf den Überwachungsaufwand der GEMA bezogenen Schadensersatz. Gleiches gilt für den Ausgleich des zur Abwehr von Ladendiebstahl betriebenen Überwachungsaufwands. Hier bedingt die Überwachung ebenfalls keine (über die Rückgabe der gestohlenen Sache hinausgehende) Schadensminderung und auch der Gesichtspunkt der Verletzlichkeit des Rechtsguts ist nicht einschlägig. Daher hat der *BGH* den anteiligen Ersatz des Überwachungsaufwands abgelehnt.[41] Grundsätzlich ersatzfähig ist allerdings die **Fangprämie**, die einem Mitarbeiter bzw. einem Detektiv aufgrund vertraglicher Vereinbarung für die Aufdeckung eines Diebstahls versprochen ist.[42]

551

dd) Drittschadensliquidation

Grundsätzlich kann nur derjenige, dessen Rechte in haftungsbegründend relevanter Weise verletzt worden sind, Schadensersatz verlangen, und zwar nur Ausgleich seines eigenen Schadens (**Dogma vom Gläubigerinteresse**[43]). In bestimmten Fällen erweist sich dieser Grundsatz aber deswegen als korrekturbedürftig, weil der Schaden nur aus Zufall nicht bei der durch den Haftungstatbestand berechtigten Partei, sondern bei einem Dritten eingetreten ist, und die „Verschonung" des Schädigers daher bei wertender Betrachtung nicht gerechtfertigt scheint. In solchen Fälle der **zufälligen Schadensverlagerung** kann die Rechtsfigur der Drittschadensliquidation eingreifen: Der durch den Haftungstatbestand Berechtigte kann auf Grund seines Anspruchs den fremden Schaden ersetzt verlangen; er ist dann allerdings dem eigentlich Geschädigten (z. B. aus § 285 BGB) zur **Abtretung** dieses Anspruches oder zumindest zur Herausgabe des als Ersatz Erlangten verpflichtet.

552

Charakteristisch für die anerkannten Fallgruppen der Drittschadensliquidation ist jeweils, dass **allein die formalrechtliche Ausgestaltung des Rechtsverhältnisses zwischen dem Anspruchsinhaber und dem tatsächlich Geschädigten** zu einem **Auseinanderfallen der haftungsbegründenden Berechtigung und des tatsächlichen Schadenseintritts** führt. Diese Gestaltung berührt keine schutzwürdigen Interessen des Schädigers. Er muss aufgrund seiner konkreten Schädigungshandlung eigentlich mit einer Haftung rechnen und würde ohne sachliche Rechtfertigung von einem Umstand profitieren, der mit dem Haftungsgrund nichts zu tun hat.

553

Daraus ergibt sich auch die Abgrenzung des Instituts der Drittschadensliquidation vom **Vertrag mit Schutzwirkung für Dritte**: Während die Drittschadensliquidation lediglich eine zufällige Entlastung des Schädigers durch die Verlagerung des Schadens auf einen Dritten verhindern soll und insofern für den Schädiger **keine zusätzlichen Haftungsrisiken** mit sich bringt, erweitert der Vertrag mit Schutzwirkung für Dritte den Kreis derjenigen Personen, gegenüber denen der Schädiger nach vertraglichen (und nicht nur nach deliktischen) Grundsätzen haftet, und führt so zu einer Erhöhung des Haftungsrisikos des Schädigers (Risikokumulation; z. B.: Neben dem Mieter können auch dessen in der Wohnung lebende Familienangehörige Schadensersatzansprüche aus der mietvertraglichen Garantiehaftung nach § 536a I Alt. 1 BGB geltend machen). Aus diesem Grund sind an den Vertrag mit Schutzwirkungen für Dritte

554

---

39 Vgl. BGHZ 32, 280; BGHZ 70, 199 = JuS 1978, 564.
40 Vgl. BGHZ 17, 376 (383); BGHZ 59, 286 (288 ff.) = NJW 1973, 96.
41 Vgl. BGHZ 75, 230 (237) = JuS 1980, 146.
42 Vgl. BGHZ 75, 230 (238) = JuS 1980, 146 und dazu unten Fall 6 „*Big Brother*" (Rn. 666 ff.).
43 Vgl. näher oben Rn. 529.

besonders strenge Anforderungen zu stellen, die insbesondere auch eine privatautonome Verantwortlichkeit des Schädigers rechtfertigen können.[44]

Die Drittschadensliquidation ist von der Rechtsprechung nur in **wenigen Fallgruppen** anerkannt. Darüber hinaus ist die h. M. äußerst zurückhaltend gegenüber der Zulassung einer Drittschadensliquidation.[45] Denn insoweit steht zumeist keine zufällige Schadensverlagerung, sondern eine Risikohäufung in Frage.

(1) Obligatorische Gefahrentlastung

555   In dieser Fallgruppe hat der Eigentümer einer untergegangenen Sache wegen einer schuldrechtlichen **Gefahrtragungsregel** (z. B. § 447 BGB oder § 326 II BGB, wohl auch § 346 III 1 Nr. 3 BGB) wirtschaftlich keinen Schaden, da die Gegenleistungsgefahr bereits auf den Gläubiger übergegangen ist, ohne dass dieser aber zugleich Eigentümer (und damit Ersatzberechtigter nach § 823 I BGB) geworden wäre.

> **Beispiel:** Verkäufer V hat eine wertvolle Vase an K verkauft, der sie persönlich abholen möchte. Zum vereinbarten Termin erscheint K jedoch trotz eines Anrufs des V nicht. Eine Woche später zerstört D, ein Freund des V, der bei diesem zu Besuch ist, aus Unachtsamkeit die Vase. Zu diesem Zeitpunkt war K weder Besitzer noch Eigentümer der Ware, er hat also keinen Anspruch aus § 823 I BGB. V war zwar noch Eigentümer (und hat daher einen Anspruch aus § 823 I BGB); er hat aber keinen Schaden, weil er wegen § 326 II 1 Alt. 2 BGB von K trotz der Beschädigung den vollen Kaufpreis verlangen kann (K befand sich zum Zeitpunkt der Zerstörung im Annahmeverzug) und also wirtschaftlich betrachtet keine Einbuße erlitten.

556   In diesen Fällen gewährt die noch h. M. dem Eigentümer die Möglichkeit, den Schaden des Dritten vom Schädiger ersetzt zu verlangen. Eine neuere Ansicht[46] kommt dagegen nach dem **objektiven Schadensbegriff** zu einem **eigenen Schaden des Eigentümers**: Seine Sache sei objektiv untergegangen; dass er wirtschaftlich letztlich nicht geschädigt sei, weil er den Kaufpreis dennoch verlangen kann und auf die Sache ohnehin verzichten wollte, spiele im Zusammenhang mit dem Schaden keine Rolle. Schließlich entfiele ein Schaden auch nicht allein deshalb, weil der Eigentümer einer Sache diese ohnehin in den nächsten Tagen auf den Müll werfen wollte. Die Berücksichtigung der Gefahrentlastung ist in Wahrheit eine Frage der **Vorteilsausgleichung**, die hier versagt wird, weil die Gefahrentlastungsregeln nicht den Zweck verfolgen, dritte Schädiger zu entlasten.[47] Danach ist in diesen Fällen ein **eigener Schaden des Eigentümers** zu bejahen, so dass die Konstruktion der Drittschadensliquidation nicht erforderlich ist.

557   Bei den in diesem Zusammenhang häufig erwähnten Fällen des **Versendungskaufs** (§ 447 BGB) ist seit der Transportrechtsreform 1998 sowie der Schuldrechtsreform 2002 ein Rückgriff auf die Drittschadensliquidation ohnehin praktisch kaum mehr erforderlich: Zunächst schließt § 474 II 1 BGB für die Fälle des Verbrauchsgüterkaufs bereits die Gefahrtragungsregel des § 447 BGB aus; vor allem aber gewährt § 421 I 2 HGB dem Empfänger von Frachtgut einen eigenen (quasi-vertraglichen) Anspruch gegen den Frachtführer, wenn dieser die Ware beschädigt oder zerstört, so dass insoweit kein Bedarf mehr nach einer Anwendung der Grundsätze der Drittschadensliquidation besteht. Da die §§ 407 ff. HGB auf alle gewerblichen Transporteure Anwendung finden, verbleiben für die Drittschadensliquidation allein Versendungskäufe mit privatem Transport.[48]

(2) Obhutsverhältnisse

558   Wer als berechtigter Besitzer über die Sache eines Dritten einen Vertrag schließt, der zur Obhut über die Sache verpflichtet (z. B. Verwahrung oder Werkvertrag), kann nach h. M. im Falle der Beschädigung der Sache den Schaden des Dritteigentümers der Sache liquidieren.[49] Der Vorteil der Drittschadensliquidation liegt hier darin, dass der Besitzer die Vorteile der vertraglichen Anspruchsgrundlagen für den Eigentümer geltend machen kann.

44 Vgl. zum Ganzen eingehend *Neuner*, JZ 1999, 126 ff.
45 Vgl. auch *Armbrüster*, JuS 2007, 605 (611); *Medicus/Lorenz*, Schuldrecht I, Rn. 656.
46 Vgl. *Larenz*, Schuldrecht I, § 27 IV b 1 (S. 463 f.); *Medicus/Lorenz*, Schuldrecht I, Rn. 655.
47 Vgl. ebenso i. E. MünchKomm/*Oetker*, § 249 Rn. 287 ff.
48 Vgl. näher *Oetker*, JuS 2001, 833 (836 ff.).
49 Vgl. Palandt/*Grüneberg*, Vorb. v. § 249 Rn. 109; MünchKomm/*Oetker*, § 249 Rn. 293; *Armbrüster*, JuS 2007, 605 (609 f.).

Beispiel: Der Mieter M eines Mietwagens stellt diesen während eines Opernbesuches auf einem bewachten Parkplatz ab (Verwahrungsvertrag, §§ 688 ff. BGB[50]). Unter ungeklärten Umständen wird das Auto vom Parkplatz gestohlen. Hier steht dem Kfz-Eigentümer gegen das Bewachungsunternehmen ein eigener Anspruch allenfalls aus § 831 I BGB zu (Verkehrspflicht aufgrund Übernahme), für den er eine Pflichtverletzung des Wachmannes beweisen muss, und bei dem die Möglichkeit eines Entlastungsbeweises nach § 831 I 2 BGB besteht. M hat dagegen einen vertraglichen Anspruch aus § 280 I BGB gegen das Bewachungsunternehmen, für den § 278 BGB und die Verschuldensvermutung nach § 280 I 2 BGB gelten.

(3) Mittelbare Stellvertretung/Treuhandverhältnisse

In den Fällen der mittelbaren Stellvertretung, in denen ein „Vertreter" (z.B. Kommittent oder Spediteur) ausschließlich im (wirtschaftlichen) Interesse eines Dritten handelt, kann er unstreitig den **Schaden des Hintermannes** geltend machen.[51] Auch hier geht es darum, dem Hintermann die Vorteile vertraglicher Ansprüche des Vordermannes zugute kommen zu lassen.

559

Beispiel: Kommissionär K kauft im eigenen Namen, aber für Rechnung des Kommittenten D auf einer Auktion ein wertvolles Gemälde. Bei dessen Übergabe beschädigt der Verkäufer V das Bild schuldhaft, so dass es restauriert werden muss. Hier hat K zwar einen vertraglichen Schadensersatzanspruch gegen V, aber keinen eigenen Schaden, weil er dem D nach § 384 II HGB nur dasjenige herausgeben muss, was er selbst erlangt hat (also das beschädigte Gemälde). D hat dagegen den Schaden, aber keinen eigenen vertraglichen Anspruch (und auch keinen deliktischen, wenn und weil er im Zeitpunkt der Beschädigung noch nicht Eigentümer war).

In diesen Fällen kann die Durchbrechung des Dogmas vom Gläubigerinteresse ohne Bedenken hingenommen werden, weil es gerade Kern der mittelbaren Stellvertretung ist, dass der „Stellvertreter" **fremde Vermögensinteressen wahrnimmt**, und zugleich wegen der klaren Begrenzung der geschützten Personen eine uferlose Ausweitung des Ersatzes primärer Vermögensschäden Dritter (um einen solchen geht es bei D) nicht zu befürchten ist. Gleiches gilt bei anderen Treuhandverhältnissen, in denen der Treunehmer zwar formal Rechtsträger ist, der in Frage stehende Gegenstand aber wirtschaftlich aufgrund interner Bindung dem Treugeber zusteht. Sofern der Treugeber keinen eigenen Anspruch hat, kann der Treunehmer daher den Schaden des Treugebers liquidieren.

(4) Umfang des Schadensersatzes

Problematisch ist bei der Drittschadensliquidation schließlich auch die **Schadensberechnung**. Teilweise wird vertreten, dass der ersatzfähige Drittschaden den Schaden nicht überschreiten dürfe, der beim Anspruchsinhaber (also ohne die Verlagerung auf den Dritten) hätte entstehen können. Nur insoweit liegt nämlich eine zufällige Schadensverlagerung vor; eine Erhöhung des Risikos ist nur unter den Voraussetzungen des Vertrags mit Schutzwirkung zugunsten Dritter zulässig.[52] Die h.M. hält demgegenüber grundsätzlich den **im Vermögen des Dritten entstehenden Schaden für uneingeschränkt ersatzfähig**.[53] Dafür spricht, dass der fiktive Schaden des Anspruchsinhabers oft nur schwer oder gar nicht zu berechnen ist. Auch ist zu berücksichtigen, dass es dem Schädiger unstreitig zugute kommt, wenn der Schaden durch die Verlagerung geringer ausfällt. Daher ist der h.M. jedenfalls dann zu folgen, wenn seitens des Schädigers keine schutzwürdige Erwartung hinsichtlich des beim Anspruchsinhaber bestehenden Schadenspotentials beeinträchtigt wird.

560

III. Arten der Ersatzleistung

Ist nach der Differenzhypothese und ggf. nach ihren normativen Korrekturen festgestellt, welche Schadensposten grundsätzlich zu ersetzen sind, so stellt sich im nächsten Schritt die Frage, auf welche Weise dieser Ersatz zu leisten ist. Die §§ 249 ff. BGB sehen insoweit zwei Arten der Ersatzleistung vor:

561

- **Naturalrestitution** (Herstellungsprinzip, § 249 I, II BGB), d.h. der unversehrte Zustand der Rechtsgüter wird (möglichst weitgehend) in Natur wiederhergestellt. Naturalrestitution setzt keine Vermögenseinbuße voraus, greift also auch bei immateriellen Schäden ein.

---

[50] Vgl. MünchKomm/*Henssler*, § 688 Rn. 52.
[51] Vgl. MünchKomm/*Oetker*, § 249 Rn. 284 ff. m.w.N.; *Armbrüster*, JuS 2007, 605 (609).
[52] Vgl. z.B. *Neuner*, JZ 1999, 126 (131 f.).
[53] Vgl. *BGH* VersR 1972, 1138 (1140); MünchKomm/*Oetker*, § 249 Rn. 286.

■ **Entschädigung in Geld** (§§ 251, 253 BGB), d. h. bei Unmöglichkeit oder Unzumutbarkeit naturaler Wiederherstellung der Güterlage erhält der Geschädigte wenigstens einen Ausgleich in Geld. Dieser Ausgleich richtet sich bei Vermögensschäden auf Wertersatz, bei Nichtvermögensschäden tritt an die Stelle des Wertersatzes unter den Voraussetzungen des § 253 II BGB eine **billige Entschädigung in Geld.**

562   Grundsätzlich gilt dabei der **Vorrang der Naturalrestitution:** Ein Wertersatzanspruch kommt nach § 251 I, II BGB nur dann in Betracht, wenn die Naturalrestitution entweder unmöglich, für den Geschädigten ungenügend oder aus Sicht des Schädigers unverhältnismäßig ist.

563   Die Unterscheidung zwischen beiden Formen der Ersatzleistung ist insbesondere für die **Anwendbarkeit des § 253 BGB** von Bedeutung: Im Rahmen der Naturalrestitution (nach § 249 I oder II BGB) ist unerheblich, ob der Schaden ein Vermögensschaden oder ein Nichtvermögensschaden ist; er ist stets in Natur zu beseitigen (z. B. Widerruf einer ehrverletzenden Äußerung, Beseitigung einer Narbe etc.). Nur hinsichtlich des Ersatzes in Geld ist nach den §§ 251, 253 BGB zu differenzieren, ob es sich um einen Vermögensschaden oder einen Nichtvermögensschaden handelt, weil der Ausgleich des Letzteren den zusätzlichen Voraussetzungen des § 253 II BGB unterliegt.[54]

564   Ein Fall der Naturalrestitution und gerade kein Fall der Geldentschädigung ist der **Ersatz der erforderlichen Herstellungskosten nach § 249 II BGB.** Nach dieser Vorschrift kann der Geschädigte statt der Naturalherstellung durch den Schädiger den dazu erforderlichen Geldbetrag verlangen. Der Unterschied zur Entschädigung in Geld nach den §§ 251, 253 BGB besteht aber darin, dass die in § 249 II BGB verankerte Geldleistung an der Herstellung des Integritätsinteresses orientiert ist (z. B. Renovierung des beschädigten Möbelstücks), während die Geldleistung nach § 251 BGB allein das Wertinteresse (z. B. Wertminderung des unrenovierten Möbelstücks) realisiert. Dementsprechend kommt es auch für § 249 II BGB nicht darauf an, ob es sich um einen Vermögensschaden oder einen immateriellen Schaden handelt; § 253 BGB findet keine Anwendung.

1. Naturalrestitution (§ 249 I, II BGB)

565   Die Naturalrestitution besteht in der **Herstellung** des Zustandes, der ohne das schädigende Ereignis jetzt bestünde (hypothetische Lage) und zwar **in Natur** (d. h. nicht lediglich durch Wertausgleich; z. B.: Reparatur eines beschädigten Autos, Heilbehandlung, Wiederherstellung des guten Rufs). Geschützt ist somit das Integritätsinteresse des Geschädigten, nicht lediglich sein Wertinteresse. Auch ein wirtschaftlich wertloser Gegenstand bzw. eine immaterielle Einbuße ist danach grundsätzlich wiederzubeschaffen bzw. wiedergutzumachen.[55] Eine vollkommene Wiederherstellung in Natur ist häufig naturwissenschaftlich unmöglich; für die Qualifikation als Naturalrestitution ist es schon genügend, wenn die **Güterlage im Wesentlichen wiederhergestellt wird.** Soweit bei nur teilweise möglicher naturaler Herstellung eine Einbuße verbleibt, kann diese u. U. im Wege des (zusätzlichen) Wertausgleichs kompensiert werden (z. B.: Nach Reparatur verbleibende Wertminderung des Kfz wird gemäß § 251 I BGB ausgeglichen).

Nach der gesetzlichen Konzeption des § 249 BGB sind zwei Alternativen der Naturalherstellung vorgesehen: Die Vornahme **durch den Schädiger** (§ 249 I BGB) und die **Zahlung des im Hinblick auf eine vom Geschädigten vorzunehmende Naturalherstellung** erforderlichen Geldbetrags (§ 249 II BGB).

a) Wiederherstellung durch den Schädiger, § 249 I BGB

566   Im gesetzlichen Ausgangspunkt hat der Schädiger den geschuldeten Zustand nach § 249 I BGB selbst bzw. auf eigene Kosten (z. B. durch Beauftragte, die dann seine Erfüllungsgehilfen nach § 278 BGB sind) herzustellen. In der Praxis ist die Übernahme der Naturalherstellung durch den Schädiger freilich selten, weil der Geschädigte seine Rechtsgüter dem Schädiger regelmäßig – legitimerweise – nicht anvertrauen will. Eine Vornahme der Naturalherstellung durch den Schädiger gemäß § 249 I BGB kommt aber dann in Betracht, wenn der Schaden von vornherein lediglich in einem **Geldabfluss** liegt (also bei reinen Vermögensschäden, z. B.: betrugsbedingte Überweisung; entgangener Gewinn). Ferner kommt dem Aus-

---

54 Vgl. dazu unten Rn. 606 ff.
55 Vgl. MünchKomm/*Oetker*, § 249 Rn. 309.

gleich nach § 249 I BGB dann praktische Bedeutung zu, wenn der naturale Ausgleich nur vom Schädiger selbst bewirkt werden kann. Dies betrifft etwa Verletzungen des **Allgemeinen Persönlichkeitsrechts**, in denen u. U. ein **Widerruf** ehrverletzender Äußerungen zur Wiederherstellung der Ehre erforderlich ist. Auf die Mitwirkung des Schädigers kommt es auch dann an, wenn die Naturalherstellung nur durch ein von ihm vorzunehmendes **Rechtsgeschäft** bewirkt werden kann (z.B. Verzicht auf eine deliktisch begründete Forderung; Freistellung von der auf einem Delikt beruhenden Forderung eines Dritten). Auch der Anspruch auf Vertragsaufhebung wegen pflichtwidriger Verleitung zum Vertragsschluss (etwa aus *culpa in contrahendo* oder aus § 826 BGB) fällt unter § 249 I BGB.[56]

b) Ersatz des erforderlichen Geldbetrages, § 249 II BGB

Damit der Geschädigte sich bzw. seine Rechtsgüter nicht dem Schädiger anvertrauen muss, kann er nach § 249 II BGB den **erforderlichen Geldbetrag** verlangen, um die Naturalherstellung selbst – d. h. anstelle des Schädigers – vorzunehmen (bzw. vornehmen zu lassen). Die Forderung des Geldbetrags nach § 249 II BGB ist streng vom Wertersatz nach § 251 BGB zu trennen: Während die Geldforderung gemäß § 249 II BGB auf die Durchführung der Naturalrestitution gerichtet ist und somit das Integritätsinteresse hergestellt wird, orientiert sich der „Ersatz in Geld" nach § 251 BGB an der Wertminderung, die infolge der Schädigung und des Ausbleibens der Naturalherstellung eingetreten ist.[57] Dementsprechend kommt es auch für § 249 II BGB nicht darauf an, ob der Schaden ein Vermögensschaden ist; auch die Wiedergutmachung eines immateriellen Schadens ohne Vermögenswert kann nach § 249 II BGB zu einem Anspruch auf Ersatz der erforderlichen Kosten führen (z. B. der Kosten für eine Anzeigenkampagne zur Wiederherstellung des verletzten Rufs[58]). Die Abgrenzung zum Wertersatz ist in einzelnen Konstellationen mit Schwierigkeiten verbunden, insbesondere bei der Wiederbeschaffung eines Kfz.[59]

aa) Möglichkeit der Herstellung

Voraussetzung des Anspruchs aus § 249 II BGB ist grundsätzlich, dass eine **Wiederherstellung überhaupt möglich** ist, da es andernfalls an der „Erforderlichkeit" eines Geldbetrags zur „Herstellung" mangelt. Es darf also grundsätzlich nur eine „Sachbeschädigung", keine „Sachzerstörung" vorliegen.[60] Nach h. M. ist insoweit darauf abzustellen, ob die Naturalrestitution das Integritätsinteresse des Geschädigten tatsächlich befriedigen kann, für den Geschädigten also **gleichartig und gleichwertig** wie die ursprüngliche Sache ist.[61] Dies kann auch den Ersatz einer unvertretbaren Sache (z. B. eines gebrauchten Kfz) durch eine andere unvertretbare Sache einschließen, sofern diese nur gleichartig (z. B. ein Gebrauchtwagen gleichen Typs) und für den Geschädigten gleichwertig ist, also keine besonderen immateriellen Interessen gerade an der beschädigten Sache bestanden.

bb) Erforderlicher Geldbetrag

Zu ersetzen ist nach § 249 II BGB nur der zur Herstellung *erforderliche* Geldbetrag. Aus dieser Beschränkung ergibt sich nach h. M. das sog. **Wirtschaftlichkeitspostulat**.[62] Die Erforderlichkeit richtet sich nach dem **objektiven** Maßstab eines „verständigen, wirtschaftlich denkenden Menschen", so dass nur solche Kosten nach § 249 II BGB zu ersetzen sind, die von diesem Standpunkt aus „zur Behebung des Schadens zweckmäßig und angemessen erscheinen".[63] Unter verschiedenen gleichwertigen Möglichkeiten zur Schadensbehebung ist danach diejenige zu wählen, die den geringsten Aufwand erfordert.

567

568

569

---

[56] Vgl. BGHZ 145, 121 (130 f.) = JuS 2001, 295; *BGH* NJW 1998, 302.

[57] Vgl. schon oben Rn. 564 mit Beispielen.

[58] Vgl. BGHZ 66, 182 (191 f.); im konkreten Fall allerdings wegen des Vorrangs des presserechtlichen Gegendarstellungsanspruches abgelehnt.

[59] Vgl. dazu unten *Systematische Darstellung Haftung im Straßenverkehr* (Rn. 744 ff.).

[60] Vgl. BGHZ 66, 239 (243); MünchKomm/*Oetker*, § 249 Rn. 346 f. m.w.N.

[61] Vgl. MünchKomm/*Oetker*, § 249 Rn. 313 ff.

[62] Vgl. etwa BGHZ 163, 180 (184); *BGH* NJW 2006, 2621 (2622); krit. gegenüber der systematischen Einordnung MünchKomm/*Oetker*, § 249 Rn. 361 ff. m.w.N.

[63] Vgl. etwa BGHZ 115, 364 (369); BGHZ 160, 377 (383) (jeweils zur Abgrenzung zwischen Reparatur und Ersatzbeschaffung bei Kfz-Schäden).

cc) Dispositionsfreiheit des Geschädigten (Abrechnung auf Gutachtenbasis)

570   Nach h.M. ist es **bei Sachschäden** nicht erforderlich, dass der Geldbetrag auch konkret für die Wiederherstellung verwendet wird. Zu ersetzen sind vielmehr – als Mindestbetrag – die **objektiven Reparaturkosten (Marktpreis)** und zwar auch dann, wenn der Geschädigte etwa den Schaden gar nicht oder in Eigenarbeit behebt oder wenn er die Reparatur zu einem unter dem Marktpreis liegenden Preis durchführen lässt[64] (sog. **Dispositionsfreiheit** des Geschädigten bzw. Abrechnung auf Gutachtenbasis).[65] Dafür spricht, dass in § 249 II BGB die Ersatzfähigkeit des „erforderlichen" Geldbetrags angeordnet ist, ohne dass auf dessen konkrete Verwendung abgestellt wird. Es kommt hinzu, dass die Abrechnung auf Gutachtenbasis die Schadensabwicklung erheblich erleichtert, weil die Schadenshöhe durch ein Schadensgutachten definitiv festgelegt werden kann. Zwar soll der Geschädigte am Schadensfall nicht „verdienen"; seine überobligationsmäßige Eigenleistung, seine Geschäftstüchtigkeit oder sein Verzicht sollen dem Schädiger aber auch nicht zugute kommen.[66]

571   Die Möglichkeit der Abrechnung auf Gutachtenbasis ist nach § 249 II 2 BGB im Hinblick auf die **Umsatzsteuer** eingeschränkt. Diese ist nur dann ersatzfähig, wenn und soweit sie tatsächlich angefallen ist. Damit wird die Dispositionsfreiheit des Geschädigten zwar erhalten, doch die Gefahr einer Überkompensation im Hinblick auf eine fiktive Steuerbelastung verringert. Diese Regelung bekräftigt inzident den Ersatz auf Gutachtenbasis, weil *nur* die fiktive Umsatzsteuer vom Ersatz ausgeschlossen wird.

572   Die Dispositionsfreiheit gilt ferner **nicht für Personenschäden;**[67] so ist etwa der Aufwand für die Beseitigung einer Narbe nur dann nach § 249 II BGB ersatzfähig, wenn die Operation tatsächlich durchgeführt wird. Die Anerkennung der Dispositionsfreiheit auch bei Personenschäden würde auf einen immateriellen Ausgleich hinauslaufen, der im Wertungswiderspruch zu § 253 BGB steht. Im Gegensatz zu Sachschäden schlägt sich ein Personenschaden nicht unmittelbar im Vermögen des Geschädigten nieder; zudem kann der Herstellungsaufwand bei einem Personenschaden nicht in einer vergleichbar sicheren Weise bestimmt werden.

573   Gehen die tatsächlichen Reparaturkosten über die anfänglichen Erwartungen hinaus, so fallen sie grundsätzlich ebenfalls dem Schädiger zur Last; dieser trägt also das **Prognoserisiko**. Dies gilt auch dann, wenn ein Versuch der Naturalherstellung scheitert. Der Schädiger hat dann sowohl den Aufwand der gescheiterten Naturalherstellung (§ 249 II BGB) als auch Wertersatz nach § 251 I BGB zu leisten (z.B.: erst bei der – ex ante aussichtsreich erscheinenden – Restauration eines Bildes zeigt sich, dass diese unmöglich ist). Die Zuweisung des Prognoserisikos an den Schädiger setzt aber voraus, dass der Herstellungsversuch Erfolg versprechend bzw. angemessen ist. Die Belastung des Schädigers mit dem Prognoserisiko ist schon deswegen gerechtfertigt, weil er für den Schadensfall verantwortlich und nach § 249 I BGB „eigentlich" verpflichtet ist, den Schaden selbst zu beheben – womit notwendig die Zuweisung des Prognoserisikos verbunden ist. Aus demselben Grund trägt der Schädiger auch das Risiko einer schuldhaften Verzögerung der Wiederherstellung durch die Werkstatt (**Werkstattrisiko**): Die Wiederherstellung ist Pflicht des Schädigers; der Geschädigte hat im Rahmen der Schadensminderungsobliegenheit (§ 254 II BGB) lediglich für die sorgfältige Auswahl der Werkstatt einzustehen.[68]

c) Abzug „Neu für Alt"

574   Im Rahmen der Naturalrestitution kann es geschehen, dass der geleistete Ersatz den Geschädigten wertmäßig besser stellt, als er ohne das schädigende Ereignis stünde. Dies ist etwa der Fall, wenn eine zerstörte gebrauchte Sache durch eine neue Sache ersetzt wird (z.B. weil eine Reparatur oder der Erwerb einer gebrauchten Sache nicht möglich oder nicht zumutbar sind) oder neue Ersatzteile an Stelle beschädigter gebrauchter Teile eingebaut werden. Ein solcher Wertzuwachs darf dem Geschädigten nicht verbleiben, weil er vom Zweck des Schadensersatzes – Herstellung des hypothetischen Zustandes ohne das schädigende Ereignis – nicht gedeckt ist (sog. **schadensrechtliches Bereicherungsverbot bzw. Vorteilsausgleichung**).[69] Der Wertzuwachs wird daher im Wege des sog. Abzugs „Neu für Alt" abgeschöpft und zwar – je nach Art der Naturalrestitution – entweder durch die Zug-um-Zug-Verknüpfung des Wiederherstellungsanspruchs mit einer vom Geschädigten zu erbringenden Ausgleichszahlung (bei

---

64 Vgl. *BGH* NJW 1989, 3009; *Medicus/Lorenz*, Schuldrecht I, Rn. 664 f.
65 Vgl. dazu auch unten Fall 8 „*Sauerei*" (Rn. 853 ff.).
66 Vgl. *BGH* NJW 1992, 1618.
67 Vgl. MünchKomm/*Oetker*, § 249 Rn. 358; BGHZ 97, 14 = JuS 1986, 648; näher unten Fall 8 „*Sauerei*" (Rn. 843 ff.).
68 Vgl. *BGH* NJW 1992, 302 (304); vgl. auch *Medicus/Lorenz*, Schuldrecht I, Rn. 667 f.
69 Vgl. dazu Palandt/*Grüneberg*, Vorb. v. § 249 Rn. 97 sowie oben Rn. 542 ff.

§ 249 I BGB) oder durch Verrechnung des Vorteils mit dem Zahlungsanspruch des Geschädigten (bei § 249 II BGB).

Für die **Höhe des Abzugs** ist entscheidend, inwieweit der Geschädigte von der Werterhöhung tatsächlich profitiert.[70] Ein solcher tatsächlicher Vorteil kann etwa in einer Verlängerung der Nutzungsdauer eines beschädigten Autos infolge eines neu eingebauten Ersatzteils, oder in einer Wertsteigerung der Sache durch die Reparatur – über den ursprünglichen Wert hinaus – liegen.

2. Entschädigung in Geld (§ 251 BGB)

Ist eine Wiederherstellung in Natur nicht möglich oder nicht genügend, so hat der Schädiger nach § 251 BGB den Geschädigten „in Geld" zu entschädigen. Eine Entschädigung in Geld hat bei **Vermögensschäden**, d. h. bei Schäden, die sich wirtschaftlich messbar im Vermögen des Geschädigten niedergeschlagen haben, in dieser Vermögensminderung einen gesicherten und definitiven Bezugspunkt; ein derartiger Wertausgleich findet weitgehend unbeschränkt statt, wenn die Voraussetzungen des Überganges von der Naturalherstellung auf die Geldentschädigung vorliegen (§ 251 BGB). Bei immateriellen Schäden fehlt es an einer klaren Bezugsgröße für den Geldausgleich. Sie sind daher nach § 253 I BGB nur aufgrund besonderer gesetzlicher Anordnung im Wege einer „billigen" bzw. „angemessenen Entschädigung in Geld" ersatzfähig (vgl. §§ 253 II, 651 f BGB, 21 II 3 AGG).[71]

575

a) Voraussetzungen des Wertersatzes nach § 251 I BGB

Der Wertersatz ist gegenüber der Naturalrestitution nach § 249 BGB subsidiär. Nach § 251 BGB kommt er nur in den folgenden Fällen in Betracht:
- Wenn die Naturalherstellung **unmöglich** ist (§ 251 I Alt. 1 BGB). Dies sind insbesondere Fälle des technischen Totalschadens, d. h. der völligen Zerstörung einer unvertretbaren Sache, für die auch kein gleichartiger und gleichwertiger Ersatz beschafft werden kann.[72] Bei teilweiser Unmöglichkeit (z. B. **merkantiler Minderwert** trotz technischer Behebung des Schadens im Wege der Reparatur) tritt die (teilweise) Geldentschädigung aus § 251 I BGB neben die Naturalherstellung.
- Wenn die Naturalherstellung **für den Geschädigten ungenügend** ist (§ 251 I Alt. 1 BGB). Diese (höchst seltene) Konstellation tritt etwa ein, wenn die Naturalherstellung unverhältnismäßig lange dauern würde und daher der Geschädigte objektiv kein Interesse daran hat.[73]
- Wenn die Naturalherstellung mit einem **unverhältnismäßigen Aufwand** einhergehen würde, kann der Ersatzpflichtige an Stelle der Naturalherstellung Wertersatz leisten (§ 251 II BGB). Unverhältnismäßigkeit (vgl. auch §§ 275 II, 439 III, 635 III BGB) der Naturalherstellung ist insbesondere dann gegeben, wenn der Herstellungsaufwand den Wertverlust der Sache wesentlich übersteigt. Bei dieser Abwägung ist jedoch u. U. das Integritätsinteresse des Geschädigten mit zu berücksichtigen, so dass nicht jede geringfügige Überschreitung des objektiven Wertverlusts notwendig zur Anwendung des § 251 II BGB führt. Der Geschädigte kann nämlich ein schützenswertes Interesse daran haben, gerade die beschädigte Sache wiederzuerlangen und nicht nur eine andere, gleichwertige Sache (z. B.: Restauration eines Kunstwerks). Für die Reparatur von Kraftfahrzeugen berücksichtigt die Rspr. das durch einen „Integritätszuschlag" von 30 %.[74]

576

Besonders bekräftigt wird die Berücksichtigung des (ideellen) Integritätsinteresses durch § 251 II 2 BGB im Hinblick auf verletzte Tiere (vgl. auch § 90a BGB): Viele Haustiere haben überhaupt keinen oder nur einen äußerst geringen *wirtschaftlichen* Wert, etwa weil sie alt sind oder weil Jungtiere kostenlos bzw. zu geringen Preisen abgegeben werden. Die Anordnung des § 251 II 2 BGB stellt klar, dass der Schädiger nicht schon deswegen den Ersatz von Tierarztkosten wegen Unverhältnismäßigkeit verweigern kann, weil diese den Wert des Tieres erheblich übersteigen. Allerdings ist daraus nicht zu folgern, dass Tierarztkosten unbegrenzt ersatzfähig sind. Vielmehr bleibt der Ersatz

---

[70] Vgl. für eine entsprechende Anwendung der Grundsätze der aufgedrängten Bereicherung *Medicus/Lorenz*, Schuldrecht I, Rn. 647.

[71] Vgl. unten Rn. 606 ff.

[72] Vgl. dazu oben Rn. 568.

[73] Vgl. MünchKomm/*Oetker*, § 251 Rn. 13.

[74] Vgl. eingehend unten *Systematische Darstellung Haftung im Straßenverkehr* (Rn. 744 ff.) sowie Fall 8 „Sauerei" (Rn. 857 f.).

durch den Maßstab der Unverhältnismäßigkeit (§ 251 II 1 BGB) begrenzt, der im Einzelfall unter Billigkeitsgesichtspunkten zu konkretisieren ist.[75]

b) Berechnung des Wertes

577   Geldentschädigung nach § 251 BGB kann – vorbehaltlich des § 253 II BGB – **nur für Vermögensschäden** geltend gemacht werden. Hierin liegt der wesentliche Unterschied zur Naturalrestitution nach § 249 BGB, die auch den Ersatz von Nichtvermögensschäden ermöglicht. Berechnungsgrundlage ist dabei – anders als bei § 249 II BGB – *nicht* der Aufwand zur Wiederherstellung, sondern die beim Geschädigten eingetretene **Vermögensminderung;**[76] beide Beträge können, müssen aber nicht identisch sein. Die entscheidende Frage im Rahmen des Wertersatzes nach § 251 I BGB ist daher, ob und ggf. in welcher Höhe ein Vermögensschaden vorliegt.

578   Bei Sachsubstanzschäden ist danach der **aktuelle Wert der Sache bzw. deren Wertminderung** zu ersetzen und zwar auf der Basis des **Markt-** bzw. **Wiederbeschaffungswerts** einer gleichwertigen Sache.[77] Ein bloßes Affektionsinteresse ist im Rahmen des § 251 BGB nicht ersatzfähig, solange dieses nicht seinerseits kommerzialisiert ist und sich im allgemeinen Marktpreis niederschlägt (z. B. bei Sammlerbriefmarken).

579   Bei der Nichterfüllung vertraglicher Pflichten aus gegenseitigen Verträgen ist im Zweifel davon auszugehen, dass Leistung und Gegenleistung äquivalent waren (**Äquivalenzvermutung**). Der Wert der Gegenleistung ist dann der objektive Mindestschaden. Zudem wird (ebenfalls widerleglich) vermutet, dass vertragsbezogene Aufwendungen durch den Vorteil der erwarteten Gegenleistung ausgeglichen worden wären, so dass auch diese beim Scheitern des Vertrags zu ersetzen sind (sog. **Rentabilitätsvermutung;** vgl. auch §§ 122, 179 II BGB).[78] Die Regelung des § 284 BGB erstreckt den Aufwendungsersatz im Leistungsstörungsrecht auf Fälle, in denen die Rentabilitätsvermutung widerlegt ist, insbesondere bei ideeller oder konsumtiver Zwecksetzung des Gläubigers.[79]

c) Abgrenzung zwischen Vermögens- und Nichtvermögensschäden – Problemfälle

580   In verschiedenen Fällen ist die Abgrenzung zwischen Vermögensschaden und immateriellem Schaden zweifelhaft, insbesondere dann, wenn beim Geschädigten zwar ein Nachteil, aber kein geldwerter Vermögensabfluss eingetreten ist. Dies betrifft u. a. den Ausfall der Nutzung einer Sache (vgl. bb) oder den entgangenen Urlaubsgenuss (vgl. cc).

aa) Allgemeine Kriterien

581   Für Einbußen, die **keinen unmittelbar erkennbaren Vermögenswert** haben (z. B. Urlaubsgenuss, aufgewendete Lebenszeit, abstrakte Möglichkeit der Nutzung eines Gegenstandes), werden verschiedene Wege vorgeschlagen, sie zu Vermögensschäden zu qualifizieren, um einen Ersatz über § 251 BGB zu ermöglichen.

582   ■ Nach dem **Frustrierungsgedanken** ist ein entgangener Vorteil insoweit als Vermögensschaden zu qualifizieren, als der Geschädigte zu dessen Erreichung **Aufwendungen** getätigt hat, die infolge der Schädigung **nutzlos** werden.[80] Der Frustrierungsgedanke hat den Vorzug, dass er durch den Vermögenseinsatz des Geschädigten einen gewissen Anhaltspunkt für die Schadenshöhe bietet. Einen gesicherten Anwendungsbereich hat der Frustrierungsgedanke im Hinblick auf den vertraglichen Schadensersatz (Rentabilitätsvermutung und § 284 BGB[81]). Im Übrigen ist der Frustrierungsgedanke nach h. M. aber nicht als genereller Maßstab geeignet, weil ihm eine Ausuferungstendenz und insbesondere die Gefahr innewohnt, dass das allgemeine Lebensrisiko des Geschädigten auf den Schädiger abgewälzt und der Gedanke des § 253 BGB ausgehöhlt würde.[82] So wird es allgemein als nicht

---

[75] *LG Bielefeld* NJW 1998, 3320: € 1.500 bei Verletzung einer Katze; *LG Baden-Baden* NJW-RR 1999, 609: € 2.800 bei Verletzung eines Hundes unter Berücksichtigung der emotionalen Bindung zwischen Mensch und Tier; *LG Essen* NJW 2004, 527: € 1.300 zur Behandlung der Viruserkrankung eines Hundes, die der Käufer des Hundes gewährleistungsrechtlich vom Verkäufer verlangte.

[76] Vgl. MünchKomm/*Oetker*, § 251 Rn. 14.

[77] Vgl. Palandt/*Grüneberg*, § 251 Rn. 10.

[78] Vgl. z. B. *BGH* NJW 1999, 2269; sehr lesenswert auch *BGH* NJW 1999, 3625; siehe ferner *OLG Köln* NJW-RR 1994, 687: Ersatz der Flugkosten, wenn vor Ort entgegen einer Garantie keine Eintrittskarte zur Oscar-Verleihung bereitgestellt wurde; siehe dazu auch § 284 BGB.

[79] Vgl. dazu näher *Canaris*, JZ 2001, 499 (516 f.); *Lorenz/Riehm,* Lehrbuch zum neuen Schuldrecht, Rn. 222 ff.

[80] Vgl. *Löwe*, NJW 1964, 701; *Köndgen*, AcP 177 (1977), 1 (26 ff.). Beachte: Die Aufwendungen sind regelmäßig nicht durch das haftungsbegründende Ereignis verursacht worden, weil der Geschädigte sie schon zuvor getätigt hatte.

[81] Vgl. soeben Rn. 579.

[82] Vgl. *Larenz*, Schuldrecht I, § 29 II c (S. 495 ff.).

akzeptabel angesehen, dass das Opfer einer Körperverletzung während des Krankenhausaufenthalts Ersatz seines gesamten, für die „normale" Lebensführung erbrachten Aufwands (Wohnung, Fahrzeuge, Vereinsmitgliedschaften etc.) erhält; dies wäre aber die Folge des konsequent durchgehaltenen Frustrierungsgedankens.[83]

■ Nach dem **Kommerzialisierungsgedanken** liegt ein Vermögensschaden dann vor, wenn ein entgangener Vorteil „kommerzialisiert" ist, d.h. wenn der Vorteil – mag er auch seiner Natur nach immateriell sein – im Rechtsverkehr mit einem bestimmten Geldbetrag bewertet wird.[84] Auch dieser Ansatz kann jedoch nach h.M. das Abgrenzungsproblem nicht umfassend lösen, weil in der modernen Marktwirtschaft nahezu jeder Vorteil und Nachteil irgendwie gegen Geld zu erlangen und damit monetär bewertbar ist, so dass wiederum die Gefahr der Ausuferung besteht.

Angesichts der Bedenken gegen die beiden genannten Ansätze und in Ermangelung anderer allgemeingültiger Merkmale vermeidet die h.M. bei der Abgrenzung zwischen Vermögensschäden und Nichtvermögensschäden eine einheitliche Festlegung der maßgeblichen Kriterien. Vielmehr werden die Lösungen an den **besonderen normativen Rahmenbedingungen bestimmter Fallgruppen** orientiert. Dabei werden z.T. auch (aber nicht ausschließlich) der Frustrierungs- und Kommerzialisierungsgedanke herangezogen.[85]

583

bb) Nutzungsausfall – Abstrakter Nutzungsersatz

Wenn der wegen einer Sachbeschädigung eingetretene Nutzungsausfall durch Anmietung einer Ersatzsache ausgeglichen wird, sind die tatsächlich anfallenden Mietkosten ohne Weiteres im Wege der Naturalrestitution ersatzfähig (§ 249 BGB). Gleiches gilt etwa auch für monetäre Einbußen wie etwa entgangene Einnahmen aus der Vermietung der beschädigten Sache. Das Kriterium des Vermögensschadens wirft daher nur dann Probleme auf, wenn der Geschädigte sich keine Ersatzsache beschafft und auch ansonsten keine monetären Einbußen erlitten hat. In diesem Fall ist eine vergangenheitsbezogene Naturalrestitution nicht möglich, so dass nur Ersatz in Geld nach § 251 BGB in Betracht kommt. Es kommt daher nach §§ 251, 253 BGB darauf an, ob die **entgangene Gebrauchsmöglichkeit als solche**, also die Annehmlichkeit, jederzeit auf die Sache (z.B. ein Auto) zugreifen zu können, als Vermögensschaden zu qualifizieren ist.[86] Teilweise wird insoweit vertreten, es handele sich um einen bloßen immateriellen Schaden, der wegen § 253 I BGB nicht ersatzfähig sei.[87] Dies würde allerdings eine unbillige Entlastung des Schädigers zur Folge haben, weil er einerseits die Anmietung einer Ersatzsache voll hätte ersetzen müssen und andererseits der Geschädigte Bequemlichkeitseinbußen in Kauf genommen hat.[88] Zur Konkretisierung des Vermögensschadens in den Fällen des abstrakten Nutzungsersatzes **kombiniert** die h.M. im Ansatz den **Frustrationsgedanken** mit dem **Kommerzialisierungsgedanken**: Der Verlust der Nutzungsmöglichkeit als solcher ist dann ersatzfähig, wenn diese „kommerzialisiert" ist, d.h. wenn die bloße Nutzungsmöglichkeit im Rechtsverkehr mit einem bestimmten Geldbetrag bewertet wird – wie dies etwa bei Kfz typischerweise der Fall ist.[89] Die Schadensbemessung ist dann nach heute h.M. an den **zeitanteiligen Vorhaltekosten zzgl. eines maßvollen Aufschlags** (Frustrierungsgedanke) zu bemessen.[90] Derzeit setzt die Praxis für Kfz-Schäden das **3,5-fache der Vorhaltekosten** an.[91]

584

Allerdings hat die Rechtsprechung an den abstrakten Ausgleich von Nutzungsausfällen weitere Anforderungen gestellt, um eine Ausuferung zu vermeiden; diese stellen sich im Wesentlichen als Korrekturen der oben erwähnten Defizite des Frustrierungsgedankens dar:

(1) Das geschädigte Gut muss ein Wirtschaftsgut „von **allgemeiner, zentraler Bedeutung für die Lebenshaltung**" sein (z.B.: Kfz, Fahrrad, eigengenutzte Wohnung).[92] Bei bloßen Luxusgütern wie etwa Pelzmänteln, Wohnwagen, Sportflugzeugen, Motorbooten oder Schwimmhallen kann danach kein Ausgleich für Nutzungsausfall gewährt werden.[93]

585

---

[83] Einschränkend insoweit *Köndgen*, AcP 177 (1977), 1 (28).

[84] Vgl. MünchKomm/*Oetker*, § 249 Rn. 40 ff.; vgl. hierzu auch *Medicus/Lorenz*, Schuldrecht I, Rn. 672 ff.; *Schlechtriem/Schmidt-Kessel*, Schuldrecht AT, Rn. 265; ausf. unten Fall 8 „*Sauerei*" (Rn. 867 ff.).

[85] Vgl. etwa Staudinger/*Schiemann*, 2005, § 251 Rn. 73 ff.

[86] Vgl. dazu auch *Armbrüster*, JuS 2007, 411 (415 f.).

[87] So etwa *Lange/Schiemann*, Schadensersatz, § 6 VII 4 (S. 283 ff.).

[88] Vgl. *Medicus/Lorenz*, Schuldrecht I, Rn. 674 a.E. spricht von einer „Sparsamkeitsprämie".

[89] Vgl. etwa *BGH* NJW-RR 2008, 1198; *BGH* NJW 2010, 2426 (2428) = JuS 2010, 724.

[90] Vgl. zur grundsätzlichen Rechtfertigung und zum Ansatz der Berechnung insbesondere BGHZ 98, 212 = JuS 1987, 574; BGHZ 161, 151 (154).

[91] Vgl. die Tabelle von *Sanden/Danner/Küppersbusch*, Beilage zu NJW Heft 1-2/2011; s. auch Palandt/*Grüneberg*, § 249 Rn. 43.

[92] Vgl. BGHZ 98, 212 (223) = JuS 1987, 574.

[93] Vgl. Palandt/*Grüneberg*, § 249 Rn. 49 a.E. m.w.N.

(2) Es muss ferner ein Eingriff in den **Gebrauchsgegenstand selbst** vorliegen, d. h. der Nutzung muss ein tatsächliches oder rechtliches Hindernis entgegenstehen, das in der Sache seinen Grund hat (regelmäßig deren Beschädigung).[94] Hieran fehlt es z. B., wenn der Nutzungsausfall auf der Verletzung des Geschädigten beruht.

(3) Die Nutzungsbeeinträchtigung muss schließlich **fühlbar** geworden sein, d. h. sie muss sich als **tatsächliche Beeinträchtigung** geäußert haben.[95] Daran fehlt es zum einen dann, wenn der Geschädigte in der fraglichen Zeit die Sache ohnehin nicht hätte nutzen können (etwa weil er selbst im Krankenhaus lag und daher nicht Auto fahren konnte; hier fehlt die sog. hypothetische Nutzungsmöglichkeit) oder wenn er eine andere Sache stattdessen benutzen konnte, die sonst ungenutzt geblieben wäre (hier fehlt der hypothetische Nutzungswille).

cc) Vertane Urlaubszeit

586   Soweit eine Urlaubsreise in Folge eines haftungsbegründenden Ereignisses ganz oder zum Teil ausfällt, ist zwar der bereits erbrachte Aufwand für die Reise nicht durch die schädigende Handlung verursacht, wohl aber die Kosten der **Nachholung des Urlaubs;** diese sind im Wege der Naturalrestitution ersatzfähig (§ 249 I BGB). Wird die Urlaubsreise nicht nachgeholt, so stellt sich die Frage, ob der **entgangene Urlaubsgenuss** gemäß § 251 BGB als Vermögensschaden ersatzfähig ist. Aufgrund der Sonderregelung des **§ 651 f II BGB** ist die Ersatzfähigkeit vertaner Urlaubszeit **jedenfalls** im Rahmen von **Pauschalreiseverträgen** (§ 651a I BGB) sichergestellt. Dieser Anspruch orientiert sich der Höhe nach nicht am Reisepreis und auch nicht am Einkommen des Arbeitnehmers, der seinen bezahlten Urlaub umsonst geopfert hat, sondern an Pauschalbeträgen je Urlaubstag, die unabhängig von den genannten Größen gewährt werden und den reinen (immateriellen) Erholungswert der Reise widerspiegeln sollen.[96] Die Anordnung des § 651 f II BGB ist nach h. M. auch auf Verträge anzuwenden, die zwar keine Pauschalreise im Sinne von § 651a I BGB zum Gegenstand haben, wohl aber eine andere, auf die Vermittlung von Urlaubsgenuss gerichtete Leistung (z. B. Transportleistung, Miete einer Ferienwohnung etc.); angesichts der wertungsmäßigen Nähe solcher Verträge zum Reisevertrag steht § 253 I BGB einer solchen **Einzelanalogie zu § 651 f II BGB** nicht entgegen.[97] Denn in allen diesen Fällen sind die Verträge gerade auf die Verschaffung eines immateriellen Genusses gerichtet, so dass die Vertragsverletzung sanktionslos bliebe, wenn der Schadensersatzanspruch systematisch an § 253 I BGB scheitern würde.

Sofern jedoch **andere Haftungsgründe** – namentlich Deliktsansprüche – in Frage stehen, schließt die zutreffende h. M. im Umkehrschluss aus § 651 f II BGB, dass es sich bei vertaner Urlaubszeit um einen **Nichtvermögensschaden** handelt, der wegen § 253 I BGB einem Wertersatz nach § 251 BGB grundsätzlich nicht zugänglich ist.[98] Die entgangene Urlaubsfreude als solche kann dann nur bei Körperverletzungen im Rahmen der Schmerzensgeldbemessung nach § 253 II BGB Berücksichtigung finden.[99] Allerdings sollte die **entfallene Reise selbst** als ersatzfähiger Vermögensschaden (in Höhe des Reisepreises, mit der Folge, dass dieser auch ohne Nachholung der Reise ersatzfähig ist) anerkannt werden, wenn die Reise infolge eines Delikts nicht angetreten werden konnte und wenn die Urlaubsfreude tatsächlich in deutlicher Weise kommerzialisiert ist (z. B. Pauschalreise). Auch sollten **arbeitsvertraglich entgoltene Urlaubstage**, die ein Arbeitnehmer infolge eines Delikts vergeblich „geopfert" hat, als Vermögensschaden qualifiziert werden. Ein ersatzfähiger Schaden ist aber insoweit ausgeschlossen, als eine effektive Erholung auch ohne eine entgangene Reise eingetreten ist, wenn etwa infolge eines Unfalls lediglich das Flugzeug verpasst wurde, die Urlaubszeit dann aber unverletzt zuhause verbracht wurde.[100]

---

[94] Vgl. *BGH* NJW 1994, 442.

[95] Vgl. BGHZ 45, 212 (219); *BGH* NJW 1974, 33; NJW 1975, 922.

[96] BGHZ 161, 389 (396 ff.); Palandt/*Sprau*, § 651 f Rn. 6.

[97] *BGH* NJW 1985, 906 = JuS 1985, 729; BGHZ 119, 152 (159) = JuS 1993, 252; *Medicus/Lorenz*, Schuldrecht I, Rn. 714.

[98] Vgl. BGHZ 86, 212 (215) = JuS 1983, 714; Palandt/*Grüneberg*, § 249 Rn. 70; MünchKomm/*Oetker*, § 249 Rn. 90.

[99] Vgl. Palandt/*Grüneberg*, § 249 Rn. 71 m. N.; *Armbrüster*, JuS 2007, 508 (509).

[100] In diesem Sinne vor Einführung des § 651 f II BGB auch BGHZ 63, 98 (101 ff.).

dd) Verlust geldwerter Genussmöglichkeiten

Bei anderen entgangenen Genüssen (z.B. **Konzert- oder Theaterbesuch**) gilt wiederum, dass der Aufwand für eine Nachholung ohne Weiteres unter dem Gesichtspunkt der Naturalherstellung ersatzfähig ist (z.B. durch Kauf einer neuen Eintrittskarte für eine andere Vorstellung des gleichen Programmes). Kann der Genuss nicht nachgeholt werden, so ist nach zutreffender h.M. ein nach § 251 BGB ersatzfähiger Vermögensschaden anzunehmen, wenn die Genussmöglichkeit konkret und gesichert **kommerzialisiert ist**, wie dies etwa durch den Erwerb einer Eintrittskarte im Hinblick auf eine bestimmte Aufführung der Fall ist.[101] An einer hinreichend konkreten Kommerzialisierung mangelt es, wenn sich der entgangene Vorteil auf den vorübergehenden Ausfall einer dauerhaften Genussmöglichkeit beschränkt (z.B.: Geschädigter kann seine Golfmitgliedschaft verletzungsbedingt nicht wahrnehmen). **587**

ee) Einbuße der Arbeitskraft

Probleme unterschiedlicher Art, die auch, aber nicht allein die Abgrenzung zwischen Vermögensschäden und Nichtvermögensschäden betreffen, ergeben sich, wenn der Geschädigte infolge einer Körperverletzung **arbeitsunfähig** wird. **588**

- Grundsätzlich gilt, dass ein **konkreter Verlust an Einnahmen** als Vermögensfolgeschaden **nach § 249 BGB bzw. als entgangener Gewinn nach § 252 BGB** ersatzfähig ist. Dies gilt etwa für die Einnahmen selbständiger Unternehmer, deren Bemessung durch die Wahrscheinlichkeitsvermutung des § 252 S. 2 BGB erleichtert wird.[102] **589**

- Auch bei **unselbständig Beschäftigten** ist der Verdienstausfall trotz der Entgeltfortzahlung durch den Arbeitgeber (§ 6 EFZG) in vollem Umfang ersatzfähig, da insoweit die Vorteilsausgleichung zum Schutz des Arbeitgeberregresses versagt wird.[103] Dabei ist der Bruttolohn zugrunde zu legen, da für den Arbeitnehmer in dieser Zeit auch Lohnsteuer und Sozialversicherungsbeiträge gezahlt werden müssen. Wegen der Legalzession ist der Anspruch vom Arbeitgeber geltend zu machen, sofern er den Geschädigten nicht zur Prozessführung ermächtigt (gewillkürte Prozessstandschaft).[104] **590**

- Die (vorübergehende) **Einbuße der Arbeitskraft** als solche – d.h. ohne einen daraus resultierenden Verdienstausfall – ist nach h.M. dagegen kein ersatzfähiger Vermögensschaden (z.B.: Rentner kann infolge einer Verletzung seinem Hobby nicht mehr nachgehen). Dies folgt daraus, dass die Erwerbsfähigkeit als solche nicht in gesicherter Form kommerzialisiert ist.[105] Auch der Wortlaut des § 11 StVG deutet auf die Versagung eines Ausgleichs hin, da hier auf den Vermögensnachteil *infolge* der Minderung der Erwerbsfähigkeit und nicht auf die Minderung selbst abgestellt wird. **591**

- Bei **Hausarbeit** ist demgegenüber inzwischen anerkannt, dass sie einen eigenständigen Beitrag zum Unterhalt der Familie bildet (vgl. auch § 1360 S. 2 BGB). Der Verlust der Fähigkeit, in dieser Weise zum Unterhalt beizutragen, wird von der Rspr. als **normativer Schaden** anerkannt mit der Folge, dass derjenige, der keine Hausarbeit mehr leisten kann, eine angemessene Entschädigung (§ 251 BGB) hierfür beanspruchen kann. Der Umfang orientiert sich an den Kosten einer Haushaltshilfe. Dabei kommt es nicht darauf an, ob eine Haushaltshilfe tatsächlich in Anspruch genommen wurde.[106] **592**

- Beim Verlust der Fähigkeit zu einem Erwerb, der unter **Verstoß gegen gesetzliche Verbote** i.S.v. § 134 BGB erzielt worden wäre (z.B. Schwarzarbeit; Drogenhandel), ist nach allgemeiner Auffassung kein Verdienstausfall zu gewähren.[107] Denn der gesetzlich verbotene Gewinn darf auch nicht über den „Umweg" des Schadensersatzes realisiert werden und ist daher nach den Wertungen der Rechtsordnung nicht als ersatzfähiger Schaden anzuerkennen. **593**

- Bei entgangenen Einkünften von **Prostituierten** war nach früher h.M. kein voller Verdienstausfall zu gewähren, sondern nur ein „existenzdeckendes Einkommen", damit nicht über den Schadensersatz die „sittenwidrige" Ver- **594**

[101] Vgl. *OLG Hamm* NJW 1998, 2282; Palandt/*Grüneberg*, § 249 Rn. 69; a.A. *Bartels*, AcP 209 (2009), 445 (456ff.).

[102] *Medicus/Lorenz*, Schuldrecht I, Rn. 691. Vgl. näher unten Rn. 599.

[103] Vgl. oben Rn. 548.

[104] Beachte auch *BGH* NJW 2009, 355; VersR 2003, 466: Kein *eigener* Anspruch des Arbeitgebers für die Kosten einer Ersatzkraft, da es insoweit an einer Rechtsgutsverletzung fehlt.

[105] Vgl. BGHZ 54, 45 = JuS 1970, 586; MünchKomm/*Oetker*, § 249 Rn. 81; a.A. *Würthwein*, JZ 2000, 337.

[106] Vgl. BGHZ 50, 304 = JuS 1969, 92; *OLG Hamm* NZV 2008, 564 (565f.); *Medicus/Lorenz*, Schuldrecht I, Rn. 694f.; *Kötz/Wagner*, Deliktsrecht, Rn. 697; siehe zur Behandlung als Erwerbsschaden nach § 842 BGB auch unten Rn. 637.

[107] Vgl. MünchKomm/*Oetker*, § 252 Rn. 7; BGHZ 67, 119 (122); *Medicus/Lorenz*, Schuldrecht I, Rn. 696.

dienstmöglichkeit doch realisiert würde.[108] Diese Auffassung, die schon zum früheren Recht Bedenken ausgesetzt war,[109] lässt sich nach Inkrafttreten des Prostitutionsgesetzes im Jahr 2002 nicht mehr aufrechterhalten. Denn einer Prostituierten steht nunmehr nach § 1 ProstG grundsätzlich ein durchsetzbarer Anspruch auf ihr Entgelt zu, der folglich von der Rechtsordnung auch schadensrechtlich nicht entwertet werden darf.

595   ■ **Arbeitslose** haben zwar keinen konkreten Verdienstausfall; bei ihnen tritt aber bei verletzungsbedingter Arbeitsunfähigkeit gem. § 126 I 1 SGB III eine „Leistungsfortzahlung bei Arbeitsunfähigkeit" an die Stelle des Arbeitslosengeldes I, weil sie in der Zeit der Arbeitsunfähigkeit dem Arbeitsmarkt nicht zur Verfügung stehen. Diese „Leistungsfortzahlung" entspricht sachlich der arbeitsrechtlichen Entgeltfortzahlung nach dem EFZG, so dass nach Auffassung des *BGH* auch schadensrechtlich das Gleiche gilt: Die Bundesagentur für Arbeit als Legalzessionarin (§ 116 SGB X) kann einen (normativen) Erwerbsschaden des Arbeitslosen geltend machen.[110]

ff) Eigene Arbeitsleistung des Geschädigten

596   Bei eigener Arbeitsleistung, die der Geschädigte im Rahmen der Abwicklung des Schadensfalles aufwendet, sind zwei Fälle zu trennen:

597   ■ Arbeitsleistungen, die der **Behebung des Schadens** dienen (z.B. Eigenarbeit bei der Reparatur des zerstörten Gegenstandes), sind nach der Rspr. dann zu vergüten, wenn sie einen **Marktwert** haben, wenn also die entsprechende Tätigkeit am Markt angeboten wird, von Dritten gegen Entgelt wahrgenommen werden könnte, und der Geschädigte diese Tätigkeit in marktgerechter Weise vornimmt.[111] Dies ist etwa bei Reparaturleistungen durch einen beruflich qualifizierten Geschädigten der Fall,[112] nicht aber bei einem erhöhten Zeitaufwand für elterliche Zuwendung, die nicht von einem Dritten wahrgenommen werden könnte.[113]

598   ■ Der eigene Zeitaufwand zur **Schadensermittlung** und zur **Abwicklung** des Schadensfalles ist dagegen nach h.M. grundsätzlich nicht ersatzfähig.[114] Insoweit wird § 91 I ZPO eine grundlegende Wertentscheidung auch für das materielle Schadensrecht (und auch für außergerichtliche Erledigungen) entnommen, wonach lediglich bare Auslagen (z.B. Gutachterkosten oder Kosten für Porto, Kopien und Büromaterial) und Rechtsanwaltshonorare (soweit die Beauftragung eines Rechtsanwalts nach der Sachlage erforderlich war, vgl. § 254 II 1 BGB) erstattungsfähig sind, aber der eigene Arbeitsaufwand des Geschädigten der gewöhnlichen „Mühewaltung in eigenen Angelegenheiten" zugerechnet wird, die nicht mehr vom Schutzzweck des Schadensersatzes gedeckt ist. Dies gilt unabhängig davon, ob der Geschädigte dies (als Privatperson) selbst erledigt oder (als Unternehmen oder Behörde) durch eigens dafür angestellte Mitarbeiter.

3. Entgangener Gewinn (§ 252 BGB)

599   Die ausdrückliche Festlegung der Ersatzfähigkeit entgangenen Gewinns in § 252 S. 1 BGB hat nur klarstellende Bedeutung, da dieser ohnehin als Vermögensfolgeschaden von der Naturalherstellung nach § 249 BGB erfasst ist.[115] Eine eigenständige Funktion hat aber die **Beweiserleichterung** gemäß § 252 S. 2 BGB: Der Geschädigte muss kein konkretes entgangenes Geschäft mit konkretem Gewinn beweisen, sondern es genügt, wenn er solche Umstände darlegt (und beweist), die die **Wahrscheinlichkeit** des Gewinns begründen (Ergänzung von § 287 ZPO[116]). Jedoch kann diese Vermutung (trotz der fiktiven Formulierung „gilt") **widerlegt** werden, indem der Schädiger beweist, dass außergewöhnliche Umstände im Streitfall dazu geführt hätten, dass der Gewinn nicht eingetreten wäre.[117]

---

[108] Vgl. BGHZ 67, 119; vgl. *Medicus/Lorenz*, Schuldrecht I, Rn. 696.
[109] Vgl. *OLG Düsseldorf* NJW 1970, 1852; MünchKomm/*Oetker*, 4. Aufl., 2001, § 252 Rn. 9 ff.
[110] Vgl. BGHZ 176, 109 (111 f.); zust. *Huber*, JZ 2008, 1114 ff.
[111] Vgl. BGHZ 131, 220; *Medicus/Lorenz*, Schuldrecht I, Rn. 666.
[112] Bei der „Selbstreparatur" einer beschädigten Sache kann der Ersatz der Reparaturkosten daher sowohl auf § 249 II BGB (fiktive Reparaturkosten) als auch auf § 251 I BGB (realer Wert der aufgewendeten Arbeitszeit) gestützt werden.
[113] Vgl. BGHZ 106, 28 (31).
[114] Vgl. *BGH* NJW 2009, 2530 (Rn. 21) = JuS 2009, 762; BGHZ 66, 112.
[115] Vgl. *Medicus/Lorenz*, Schuldrecht I, Rn. 633.
[116] Vgl. näher oben Fall 1 „*Kein Schiff wird kommen*" (Rn. 325).
[117] Vgl. Palandt/*Grüneberg*, § 252 Rn. 4.

Im **Handelsverkehr** wird im Rahmen der §§ 281–283 BGB auch ohne Nachweis einer konkreten Gewinnaussicht widerleglich vermutet, dass eine eingekaufte Sache zum Marktpreis verkauft werden kann, so dass die Differenz zwischen Einkaufs- und Marktpreis der entgangene Gewinn i. S. v. § 252 BGB ist.[118]

600

4. „Kind als Schaden"

Mit besonderem ethischen Gewicht wird die Frage diskutiert, ob die Verpflichtung der Eltern zur **Leistung von Unterhalt an ein ungewolltes Kind,** das nur wegen eines ärztlichen Behandlungsfehlers zur Welt kam, ein ersatzfähiger Schaden sein kann (*wrongful birth*).[119] Grundlage eines solchen Anspruchs (der Eltern, nicht des Kindes) kann nur eine Verletzung des ärztlichen Behandlungsvertrages sein, nicht jedoch nach h. M. § 823 I BGB, da der Unterhaltsschaden (Vermögensschaden) nicht vom Schutzzweck des § 823 I BGB umfasst ist.[120]

601

■ Der *BGH* bejaht in den Fällen der **ungewollten Schwangerschaft** aufgrund eines Behandlungsfehlers (z. B. fehlerhafte Sterilisation oder unterlassene Einsetzung eines Verhütungs-Stäbchens) einen Schadensersatzanspruch der Mutter, der die gesamten Unterhaltsaufwendungen sowie ein angemessenes Schmerzensgeld für die schwangerschafts- und geburtsbedingten Beeinträchtigungen umfasst.[121] Das gilt selbst dann, wenn sich die Eltern zu der Schwangerschaft aufgrund einer fehlerhaften genetischen Beratung des Arztes entschlossen haben und also nicht die Schwangerschaft als solche, sondern nur die genetisch bedingte Behinderung des Kindes ungewollt war; auch insoweit spricht der *BGH* den gesamten Unterhalt zu (und nicht nur den behinderungsbedingten Mehrbedarf).[122] Voraussetzung für die Ersatzfähigkeit des Unterhalts ist aber grundsätzlich, dass gerade der Schutz vor Unterhaltsbelastungen Gegenstand des jeweiligen Behandlungs- oder Beratungsvertrages war.[123]

602

■ Das Gleiche soll auch dann gelten, wenn eine **tatbestandslose oder rechtmäßige Abtreibung** (§ 218a I–III StGB) aufgrund eines Behandlungsfehlers **fehlschlägt** oder aufgrund eines Beratungsfehlers **unterbleibt** und das Kind dennoch auf die Welt kommt.[124] Jedoch ist auch hier genau zu prüfen, ob der Schwangerschaftsabbruch tatsächlich vorgenommen wurde, um eine Unterhaltspflicht zu vermeiden und nicht aus anderen Gründen (z. B. Schutz des Lebens der Mutter, § 218a II StGB); in letzteren Fällen ist der Unterhaltsschaden regelmäßig nicht vom Schutzzweck der verletzten Vertragspflicht umfasst und daher nicht ersatzfähig.[125] Bei fehlgeschlagenen tatbestandsmäßigen Schwangerschaftsabbrüchen, die lediglich nach § 218a IV StGB (sog. **Fristenlösung**) straflos gewesen wären, soll dagegen eine Haftung des Arztes nach obergerichtlicher Rechtsprechung nicht in Betracht kommen.[126]

603

Gegen diese Praxis wird eingewandt, dass auf diese Weise eine allgemeine ärztliche Pflicht zur Vermeidung der Geburt bestimmter Kinder angenommen würde, die sich mit der **Menschenwürde** und der generellen ausnahmslosen **Schutzpflicht des Staates für das Leben** (Art. 2 II 1 GG) nicht vereinbaren lässt. Außerdem werde das Lebensrecht und die Menschenwürde des Kindes dadurch missachtet, dass alleine seine Existenz zum Anknüpfungspunkt für eine Schadensersatzverpflichtung gemacht wird.[127] Der *BGH* hat jedoch an seiner Rechtsprechung trotz dieser Kritik im Wesentlichen festgehalten, da die Belastung der Eltern durch Unterhaltspflichten lediglich aufgrund einer **wirtschaftlichen, wertfreien Betrachtungsweise** festgestellt würde. Nicht die Existenz des Kindes als solche sei damit haftungsauslösend, sondern die Belastung durch die Unterhaltspflicht als wirtschaftliches Faktum. Auch das Kindeswohl sei durch einen derartigen Schadensersatzanspruch nicht gefährdet: Zwar könne das Kind auf diese Weise erfahren, dass es eigentlich ungewollt entstanden ist; andererseits könne gerade in wirtschaftlichen Notlagen der bestehende Schadensersatzanspruch den Eltern erheblich erleichtern, das Kind zu akzeptieren.[128]

604

Von der Ersatzfähigkeit des gesamten Unterhaltsaufwands der Eltern streng zu unterscheiden ist die Ersatzfähigkeit eines behinderungsbedingten **Mehraufwands des Kindes wegen pränataler Verletzung**; insoweit liegt eine Verletzung des Körpers bzw. der Gesundheit des später geborenen Menschen vor und zwar nicht nur dann, wenn

605

---

[118] Vgl. BGHZ 2, 310 (313); *BGH* NJW 1988, 2234 = JuS 1988, 989; Palandt/*Grüneberg,* § 252 Rn. 6; gegen die Differenzierung zwischen Kaufleuten und Nichtkaufleuten MünchKomm/*Oetker,* § 252 Rn. 48.

[119] Vgl. dazu auch *Armbrüster,* JuS 2007, 508 (509).

[120] Vgl. oben *Systematische Darstellung Deliktsrecht* (Rn. 25).

[121] Vgl. *BGH* NJW 1995, 2407 = JuS 1996, 71.

[122] Vgl. BGHZ 124, 128 = JuS 1994, 608.

[123] Vgl. BGHZ 76, 259 (262) = JuS 1980, 757; *BGH* VersR 1997, 1422; NJW 2007, 989 = JuS 2007, 282.

[124] Vgl. BGHZ 151, 133 = JuS 2002, 1227; *BGH* NJW 2003, 3411.

[125] Vgl. BGHZ 143, 389 = JuS 2000, 919; *BGH* NJW 2002, 1489 = JuS 2002, 811; siehe aber auch BGHZ 151, 133 = JuS 2002, 1227: Ersatz des Unterhaltsschadens, auch wenn die (wegen eines Diagnosefehlers nicht durchgeführte) Abtreibung eines schwerbehinderten Kindes der Vermeidung erheblicher psychischer Belastungen der Mutter (hier: Selbstmordgefahr) hätte dienen sollen.

[126] Vgl. *OLG Nürnberg* NJW 2009, 1757.

[127] Vgl. insbesondere BVerfGE 88, 203 (296); *Larenz/Canaris,* Schuldrecht II/2, § 76 II 1 f. (S. 383).

[128] Vgl. BGHZ 124, 128 (137 ff.) = JuS 1994, 608, bestätigt durch *BVerfG* NJW 1998, 519; zust. *Losch/Radau,* NJW 1999, 821.

dieser zum Zeitpunkt der Verletzungshandlung bereits gezeugt war (*nasciturus*), sondern selbst dann, wenn er erst später gezeugt wurde (*nondum conceptus*; z.B.: Mutter erleidet vor der Empfängnis eine Infektion, die später den Embryo schädigt).[129] Der behinderungsbedingte **Mehraufwand ist ohne Weiteres ersatzfähig**, da insoweit kein Spannungsverhältnis zur Menschenwürde und zum Lebensschutz besteht, denn ohne die jeweilige Pflichtverletzung wäre das Kind in diesen Fällen gesund zur Welt gekommen und nicht – wie bei den Fällen des „*wrongful birth*" – gar nicht.

5. Schmerzensgeld (§ 253 II BGB)

606   Der allgemeine Schmerzensgeldanspruch nach § 253 II BGB bildet die wichtigste Ausnahme vom Ausschluss des Ersatzes immaterieller Schäden (§ 253 I BGB). Danach kann im Falle der Verletzung des **Körpers**, der **Gesundheit** oder der **Freiheit** eine billige Entschädigung in Geld verlangt werden.

a) Bestehen eines Schadensersatzanspruches dem Grunde nach

607   Die Regelung des § 253 II BGB ist nicht als eigenständige Anspruchsgrundlage zu qualifizieren, sondern **formt lediglich den Inhalt des Schadensersatzanspruches näher aus**. Die Zuerkennung eines Schmerzensgelds setzt daher einen Anspruch auf Schadensersatz nach einer anderen Anspruchsgrundlage voraus. Anders als nach früherer Rechtslage (vor dem 1.8.2002) ist die Zuerkennung eines Schmerzensgelds nicht auf die Haftung aus unerlaubter Handlung i.S.d. §§ 823 ff. BGB beschränkt. Vielmehr kann auch ein Anspruch aus Gefährdungshaftung Anknüpfung für ein Schmerzensgeld sein, wobei in den gefährdungshaftungsrechtlichen Spezialgesetzen jeweils – nach der schadensrechtlichen Systematik überflüssige – eigene Regelungen des Schmerzensgeldanspruches existieren, die mit § 253 II BGB inhaltsgleich sind (vgl. etwa §§ 11 S. 2 StVG, 8 S. 2 ProdHaftG, 87 S. 2 AMG, 6 S. 2 HaftPflG).

608   Zudem kann ein Schmerzensgeldanspruch aus § 253 II BGB bei der **Verletzung vertraglicher Pflichten** auf der Grundlage der §§ 280 ff. BGB bestehen. Das betrifft etwa Körperverletzungen, die eine Vertragspartei anlässlich der Vertragsdurchführung aufgrund einer Schutzpflichtverletzung der anderen Vertragspartei erleidet (Anspruch aus § 280 I i.V.m. § 241 II BGB). Ein vertraglicher Anspruch auf Schmerzensgeld kann insbesondere wegen der erleichterten Beweisanforderungen (§ 280 I 2 BGB) oder wegen der strengeren Zurechnung von Hilfspersonen (§ 278 vs. § 831 BGB) für den Geschädigten günstiger sein als ein konkurrierender Deliktsanspruch. Bei Verletzungen der Leistungspflicht sieht der *BGH* einen Schmerzensgeldanspruch aber nur dann als vom Schutzzweck der verletzten Pflicht umfasst an, wenn die Leistungspflicht zumindest auch auf den Schutz der in § 253 II BGB genannten Güter (Körper, Gesundheit oder Freiheit) gerichtet war. Ein Schmerzensgeldanspruch soll danach etwa bei dem Fehler eines Strafverteidigers bestehen, der dazu führt, dass der Mandant in Untersuchungshaft genommen wird, nicht dagegen bei einem anwaltlichen Beratungsfehler, der bei den Mandanten wegen der Sorge um (in Wahrheit nicht bestehende) erhebliche Haftungsrisiken Schlaflosigkeit und andere gesundheitliche Beeinträchtigungen verursacht.[130]

b) Verletzung von Körper, Gesundheit oder Freiheit

609   Ein Anspruch auf Schmerzensgeld kommt nur für die Verletzung von **Körper, Gesundheit, Fortbewegungsfreiheit** und **sexueller Entscheidungsfreiheit** in Betracht. In diesen Fällen tritt der Anspruch auf billige Entschädigung in Geld aus § 253 II BGB neben den Anspruch auf Ersatz der Heilungskosten (§ 249 II BGB) und anderer Vermögensschäden (§ 249 I BGB oder § 251 BGB).

610   Die Verletzung des **Allgemeinen Persönlichkeitsrechts** ist in § 253 II BGB nicht erwähnt, obwohl die Problematik der immateriellen Entschädigung bei Persönlichkeitsverletzung zum Zeitpunkt des 2. Schadensrechtsänderungsgesetzes im Jahr 2002 bekannt war. Aus diesem Grund ist § 253 II BGB nach h.L. weder unmittelbar noch analog auf Persönlichkeitsrechtsverletzungen anzuwenden. Vielmehr wird der Ausgleich für die immaterielle Einbuße bei schwerwiegenden Eingriffen in das Persönlichkeitsrecht unmittelbar aus der Schutzgebotsfunktion von Art. 1 I und 2 I GG abgeleitet.[131] Allerdings hat die Reform des § 253 II BGB Persönlichkeitsverletzungen nur deshalb nicht aufgenommen, weil deren Regelung „mit einer ausdrücklichen und umfassenden Regelung des zivilrechtlichen Schutzes des allgemeinen Persönlichkeitsrechts einhergehen" müsste, die im Rahmen dieser rein schadensrechtlichen Reform nicht zu leisten war. Die Frage der Anspruchsgrundlage für derartige Entschädigungsansprüche wurde

---

[129] Vgl. oben *Systematische Darstellung Deliktsrecht* (Rn. 26).
[130] Vgl. *BGH* NJW 2009, 3025 (Rn. 14 ff.) = JuS 2010, 69.
[131] Vgl. BGHZ 35, 363 (367 f.); BGHZ 39, 124 (130 ff.); BGHZ 128, 1 (15) = JuS 1995, 395; MünchKomm/ *Oetker*, § 253 Rn. 27; *Wagner*, NJW 2002, 2049 (2056 f.); krit. Staudinger/*Schiemann*, 2005, § 253 Rn. 57.

aber ausdrücklich offen gelassen.[132] Daher steht die Neuregelung einer Analogie zu § 253 II BGB – als der sachnahen und wertungsmäßig vergleichbaren Regelung – nicht entgegen; diese ist vorzugswürdig gegenüber dem dogmatisch ungesicherten Rückgriff auf die Grundrechte.[133]

c) Bemessung des Schmerzensgeldes

Bei der Bemessung des Schmerzensgeldes sind nach h. M. alle Umstände des Falles zu berücksichtigen, insbesondere die Art der Beeinträchtigung des Geschädigten, der Verschuldensgrad und auch sonstige Verhaltensweisen des Schädigers (z. B. ein zögerliches Regulierungsverhalten[134]). Die Bewertung der Umstände ist von einer näheren Konkretisierung der **Funktionen des Schmerzensgeldes** abhängig:

611

- Das Schmerzensgeld hat jedenfalls vorrangig eine **Ausgleichsfunktion**; es soll eine Kompensation für die erlittene Lebensbeeinträchtigung des Geschädigten darstellen. Daraus folgt, dass das Schmerzensgeld vom Ausmaß der Beeinträchtigungen, etwa von der Intensität der erlittenen Schmerzen, einer verbleibenden Behinderung, Entstellung etc. abhängt.
- Nach h. M. kommt dem Schmerzensgeld auch eine **Genugtuungsfunktion** zu. Dem Geschädigten soll eine Genugtuung für das durch den Schädiger erlittene Unrecht gewährt werden. Dies führt dazu, dass bei vorsätzlichen Schädigungen ein höheres Schmerzensgeld zu verhängen ist als bei fahrlässigen Schädigungen; bei der Gefährdungshaftung ist die Genugtuungsfunktion in Ermangelung eines Fehlverhaltens des Schuldners bedeutungslos.

  Die Einbeziehung der Genugtuungsfunktion wird z. T. grundsätzlich **in Frage gestellt**, weil sie zu einer Art Privatstrafe führe, die dem Zivilrecht fremd sei.[135] Gegen diese Kritik wird allerdings zu Recht eingewandt, dass der sachliche Grund für die Genugtuungsfunktion nicht die Bestrafung des Schädigers ist, sondern der Umstand, dass vorsätzliche Eingriffe in die Rechtsgüter des Geschädigten diesen stärker erschüttern und belasten als „nur" fahrlässige Eingriffe.[136]
- Der *BGH* hat schließlich sogar – im Hinblick auf Persönlichkeitsverletzungen, bei denen etwa im Medienbereich eine besondere Diskrepanz zwischen dem Gewicht der Verletzung und den durch die Verletzung erzielbaren Vorteile bestehen kann – bei der Schmerzensgeldbemessung auf den vom Verletzter erzielten Gewinn abgestellt und damit die **Präventionsfunktion** als Gesichtspunkt für die Bemessung des Schmerzensgeldes eingeführt.[137] Dieser Ansatz ist schon wegen der Möglichkeit einer bereicherungsrechtlichen Gewinnabschöpfung fragwürdig.[138]

d) Schmerzensgeld im Todesfall, Vererblichkeit

Der Schmerzensgeldanspruch aus § 253 II BGB ist als Vermögensbestandteil gem. § 1922 I BGB **vererblich**. Allerdings kann er nur in der Höhe auf die Erben übergehen, in der er in der Person des Erblassers **bereits entstanden** war. Insoweit ist also ausschließlich auf die vom Erblasser erlittenen Schmerzen abzustellen. War der Erblasser nach einem Unfall etwa sofort tot, so hat er selbst keine Schmerzen erlitten und damit auch keinen Schmerzensgeldanspruch erworben, der auf die Erben übergehen könnte.[139] Ist das Unfallopfer vor seinem Tod länger bewusstlos (z. B. bei mehrtägigem Koma), kann nach der Rechtsprechung gleichwohl ein Schmerzensgeldanspruch entstehen, weil die Bewusstlosigkeit Schmerzen und Leiden nicht ausschließt.[140]

612

Ein **eigener Anspruch der Angehörigen** auf ein Schmerzensgeld besteht nur unter den Voraussetzungen eines *eigenen* Schockschadens des Angehörigen,[141] nicht kraft übergegangenen Rechts des unmittelbar Geschädigten (**kein Angehörigenschmerzensgeld**).

IV. Mitverschulden (§ 254 BGB)

Nach § 254 BGB kann die Ersatzpflicht des Schädigers wegen eines Mitverantwortungsbeitrags des Geschädigten gemindert sein. Nach der gesetzlichen Regelung des § 254 BGB ist zwischen Mitwirkungsbeiträgen bei der Entstehung des Schadens – d. h. im Rahmen der haftungsbegründenden Kausalität – und solchen, die sich auf die haftungsausfüllende Kausalität beziehen, zu unterscheiden.

613

---

[132] Vgl. BT-Drs. 14/7752, S. 24 f.

[133] Vgl. oben *Systematische Darstellung Deliktsrecht* (Rn. 59).

[134] Vgl. *OLG Frankfurt a. M.* NJW 1999, 2447.

[135] Krit. daher etwa *Canaris*, FS Deutsch, 2009, S. 85 (102 ff.); *Wagner*, JZ 2004, 319 (321); Staudinger/*Schiemann*, 2005, § 253 Rn. 29 ff.; BeckOK/*Spindler*, § 253 Rn. 16; s. a. *Medicus/Lorenz*, Schuldrecht I, Rn. 699.

[136] Vgl. MünchKomm/*Oetker*, § 253 Rn. 13.

[137] Vgl. *BGH* NJW 1996, 984 – Caroline von Monaco, gebilligt von *BVerfG* NJW 2000, 2187.

[138] Vgl. überzeugend *Canaris*, FS Deutsch, 2009, S. 85 ff.: Abschöpfung des Gewinnes über §§ 812 I 1 Alt. 2, 819 I, 285 BGB.

[139] Vgl. BGHZ 138, 388 (391); BeckOK/*Spindler*, § 253 Rn. 33.

[140] Vgl. *OLG Schleswig* NJW-RR 1998, 1404; *OLG Köln* VersR 2000, 974 (975 f.).

[141] Vgl. dazu oben *Systematische Darstellung Deliktsrecht* (Rn. 21, 103).

1. Mitwirkendes Verschulden des Verletzten (§ 254 I BGB)

614   Gem. § 254 I BGB hängt bei einem mitwirkenden Verschulden des Geschädigten an der Schadensent-stehung der Umfang des Schadensersatzes „von den Umständen" ab, insbesondere von den jeweiligen **Verursachungsbeiträgen**: Der Schädiger soll den Schaden nur seinem Verantwortungsteil entsprechend ersetzen müssen.

a) Grundlagen: Teilungsprinzip und Anwendbarkeit

615   Das in § 254 I BGB angelegte **Teilungsprinzip** konstituiert einen elementaren Gerechtigkeitsgrundsatz, der weit über das Schadensrecht hinaus von Bedeutung ist. Die Regelung des § 254 BGB ist auf **alle Schadensersatzansprüche** anwendbar, unabhängig davon, ob sie auf Vertrag oder Gesetz beruhen. Besondere, im Wesentlichen gleichlaufende Ausprägungen findet das Teilungsprinzip für straßenverkehrsrechtliche Ansprüche in den §§ 9, 17 StVG.[142] Die grundsätzliche Entscheidung für das Teilungsprinzip schließt es indessen nicht aus, dass im Einzelfall aufgrund des Ungleichgewichts der Kausalbeiträge eine einseitige Schadenszuweisung erfolgt. In vereinzelten Sonderregeln wird das Teilungsprinzip durch ein starres „Alles-oder-Nichts-Prinzip" ersetzt (§§ 122 II, 179 III 1, 442 I, 839 III, 839a II BGB).

Darüber hinaus findet § 254 I BGB auch auf andere als Schadensersatzansprüche Anwendung:

- Nach der Rspr. und h. L. ist § 254 BGB auch auf den **Beseitigungsanspruch** aus § 1004 BGB sowie auf den daraus resultierenden Kostenerstattungsanspruch anwendbar.[143]
- § 254 BGB wird auch im Rahmen des **Gesamtschuldnerausgleiches** zwischen mehreren Schädigern gem. § 840 BGB entsprechend angewendet und führt hier unter Abweichung vom kopfteiligen Maßstab zu einer Aufteilung nach Verantwortungsbeiträgen (insoweit ist „ein anderes bestimmt" i. S. v. § 426 I BGB).[144]

b) Mitverantwortungsbeitrag des Geschädigten

616   Der Mitverantwortungsbeitrag des Geschädigten muss zunächst **kausal** für die eingetretene Schädi-gung – also für die Rechtsgutsverletzung, Vertragsverletzung etc. – sein. Insoweit gelten die gleichen Grundsätze wie bei der haftungsbegründenden Kausalität.[145]

617   Das Kriterium „Verschulden" kann auf Seiten des Geschädigten **nicht im technischen Sinne des § 276 BGB** verstanden werden, weil dieser sich selbst gegenüber **keine echten Rechtspflichten** hat. Es ist daher auf **diejenige Sorgfalt abzustellen, die jedem ordentlichen und verständigen Menschen obliegt, um sich selbst vor Schaden zu bewahren.**[146] Dazu gehört insbesondere auch die Einhaltung der allgemein gel-tenden Rechtsnormen (insbesondere der Verkehrsregeln). Im Wesentlichen entsprechen die Verhal-tensanforderungen denjenigen, die auch an den Umgang mit fremden Rechtsgütern zu stellen sind.

618   Auch im Übrigen sind die Verschuldensanforderungen des Vorsatzes bzw. der Fahrlässigkeit entspre-chend anzuwenden. Nach h. M. ist zudem **Verschuldensfähigkeit gem. §§ 827, 828 BGB erforderlich.**[147] Konsequenterweise wird dann auch § 829 BGB analog gegen den Geschädigten angewendet, wenn die-ser nicht verschuldensfähig ist, so dass eine Billigkeitsabwägung auch auf Seiten des verschuldensunfä-higen Geschädigten geboten sein kann.[148] Z. B. soll die Belastung des Schädigers mit dem vollen Schaden unzumutbar sein, wenn der mitverursachende, aber verschuldensunfähige Geschädigte teilweise Ersatz von der Sozialversicherung erhält. Nach der Gegenmeinung sind die §§ 827–829 BGB von vornherein nicht auf das Mitverschulden anzuwenden, weil § 254 BGB keine Ausprägung des Verschuldensgrund-satzes sei; danach ist ein Anspruch eines Verschuldensunfähigen unabhängig von den Voraussetzungen der Billigkeitshaftung anteilig zu kürzen, wenn dieser den Schaden mit verursacht hat.[149] Freilich ist diese Auffassung mit der Verwendung des Verschuldenskriteriums in § 254 BGB kaum vereinbar.

---

[142]   Vgl. dazu unten *Systematische Darstellung Haftung im Straßenverkehr* (Rn. 730 ff.).

[143]   Vgl. BGHZ 135, 235 = JuS 1997, 1042; *BGH* NJW 1995, 395 = JuS 1995, 356. Kritisch *Kreissl*, JZ 1995, 411.

[144]   Vgl. oben *Systematische Darstellung Deliktsrecht* (Rn. 262 f.).

[145]   Vgl. oben *Systematische Darstellung Deliktsrecht* (Rn. 87 ff.).

[146]   Vgl. Palandt/*Grüneberg*, § 254 Rn. 8; *Looschelders*, Schuldrecht AT, Rn. 1019; *Medicus/Lorenz*, Schuldrecht I, Rn. 717 f.

[147]   Vgl. *Larenz*, Schuldrecht I, § 31 I a (S. 539 ff.); Palandt/*Grüneberg*, § 254 Rn. 9; *Looschelders*, Schuldrecht AT, Rn. 1026 f.

[148]   Vgl. BGHZ 37, 102; MünchKomm/*Oetker*, § 254 Rn. 34.

[149]   Vgl. etwa *Esser/Schmidt*, Schuldrecht I/2, § 35 I 3 b (S. 280).

Nach h. M. gilt § 254 I BGB auch beim **Handeln auf eigene Gefahr**, d. h. wenn sich der Verletzte bewusst selbst gefährdet hat (z. B. Mitfahrt bei betrunkenem Fahrradfahrer).[150] Bei der Gefährdungshaftung sind die Fälle des Handelns auf eigene Gefahr (freiwillige Selbstgefährdung) allerdings nach zutreffender Ansicht von vornherein nicht vom Schutzzweck der Gefährdungshaftung umfasst,[151] so dass es auf die Anwendung von § 254 BGB hier nicht mehr ankommt.

619

Neben den Fällen eines Fehlverhaltens findet § 254 I BGB nach ganz h. M. dann analoge Anwendung, wenn auf Seiten des Geschädigten eine Gefahrenquelle mitgewirkt hat, für die dieser einer Gefährdungshaftung unterliegt (z. B. § 7 StVG oder § 833 BGB – sog. **mitwirkende Betriebsgefahr** oder **Tiergefahr**[152]). Im Anwendungsbereich der Gefährdungshaftungstatbestände wird die Mitverursachung durch den Geschädigten z. T. kraft ausdrücklicher Anordnung unabhängig von dessen Verschulden berücksichtigt (vgl. etwa § 17 II StVG). Dies gilt auch dann, wenn den Schädiger aus Verschulden haftet.[153] Bei „mitwirkender Tiergefahr" auf Seiten des Geschädigten muss allerdings die Wertung des § 840 III BGB berücksichtigt werden: Trifft die Tiergefahr mit einer schuldhaften Verletzung zusammen, so erfolgt keine Anrechnung der Tiergefahr, da diese gem. § 840 III BGB subsidiär ist.[154]

620

c) Rechtsfolgen des mitwirkenden Verschuldens

Hat ein „Verschulden" des Geschädigten zur Schadensentstehung beigetragen, so **mindert** sich die Ersatzpflicht des Schädigers. Dabei ist primär auf die **Verursachungsbeiträge** abzustellen, d. h. auf das Maß der Wahrscheinlichkeit, mit der die jeweiligen objektiven Tatbeiträge zur Herbeiführung des Verletzungserfolgs geeignet waren. (Erst) in zweiter Linie ist auf die persönliche Vorwerfbarkeit, namentlich auf den Verschuldensgrad abzustellen. Bei **weit überwiegendem** Verschulden einer Seite (z. B. Vorsatz gegenüber leichter Fahrlässigkeit) kann der Anspruch oder auf der Gegenseite die Anrechnung **völlig ausgeschlossen** sein.

621

Ein weitgehender **Haftungsausschluss** wird von der Rechtsprechung etwa nach den Regeln des Handelns auf eigene Gefahr auch angenommen, wenn der Geschädigte **freiwillig gefährliche Sportarten** ausübt (z. B.: Fußballspiel oder Boxkampf). Danach haftet der Verursacher nicht, wenn er die Verletzung ohne Regelverletzung (z. B.: Regelgerechter Boxtreffer; regelgerechte Grätsche beim Fußball) oder durch eine geringfügige Regelverletzung herbeiführt.[155] Hinsichtlich „regelgerechter Verletzungshandlungen" lässt sich dasselbe Ergebnis auch damit begründen, dass die Verkehrspflichten nach Maßgabe der Sportregeln reduziert sind, so dass die Verletzung schon nicht vom Schutzzweck des § 823 I BGB umfasst wird, ohne dass es auf ein Mitverschulden ankäme.[156]

622

d) Zurechnung des Mitverschuldens Dritter (§§ 254 II 2, 278 BGB)

Gem. § 254 II 2 BGB haftet der Geschädigte auch für das **Mitverschulden seiner Erfüllungsgehilfen**. Die Verweisung des § 254 II 2 BGB auf § 278 BGB bezieht sich ihrer systematischen Stellung nach (eigentlich) nur auf die Schadensminderungsobliegenheit des § 254 II 1 BGB. Es ist aber allgemein anerkannt, dass sie auch für das mitwirkende Verschulden nach § 254 I BGB anzuwenden ist, also wie ein Absatz 3 zu lesen ist; es handelt sich insoweit um ein Redaktionsversehen.[157]

623

Umstritten ist, ob die Verweisung auf § 278 BGB als **Rechtsgrund- oder als Rechtsfolgenverweisung** zu qualifizieren ist. Nimmt man eine **Rechtsgrundverweisung** an, so setzt die unbedingte Zurechnung des Mitverschuldens der Hilfsperson voraus, dass **zwischen dem Geschädigten und dem Schädiger ein Schuldverhältnis (Sonderverbindung) besteht**. Geht man von einer Rechtsfolgenverweisung aus, so hat sich der Geschädigte die Verantwortlichkeit

624

---

[150] Vgl. *BGH* NJW 1993, 2611.

[151] Vgl. *Larenz/Canaris*, Schuldrecht II/2, § 84 II 1 e (S. 604) und dazu oben Fall 4 *„Ein fliehendes Pferd"* (Rn. 445 ff.).

[152] Vgl. z. B. *OLG Düsseldorf* NJW-RR 1999, 1256; *Medicus/Lorenz*, Schuldrecht I, Rn. 720; *Looschelders*, Schuldrecht AT, Rn. 1028.

[153] Vgl. MünchKomm/*Oetker*, § 254 Rn. 14.

[154] Vgl. *OLG Schleswig* NJW-RR 1990, 470; Palandt/*Sprau*, § 840 Rn. 12 sowie oben *Systematische Darstellung Deliktsrecht* (Rn. 263).

[155] Vgl. BGHZ 154, 316 (323) = JuS 2003, 1026; *BGH* NJW-RR 1995, 857 m. w. N.; NJW 2008, 1591 = JuS 2008, 838; NJW-RR 2009, 812.

[156] Vgl. MünchKomm/*Wagner*, § 823 Rn. 550 und dazu näher oben *Systematische Darstellung Deliktsrecht* (Rn. 108).

[157] Vgl. *Medicus/Lorenz*, Schuldrecht I, Rn. 722; MünchKomm/*Oetker*, § 254 Rn. 126 m. w. N.

seiner Hilfspersonen auch außerhalb einer Sonderverbindung mit dem Schädiger zuzurechnen. Relevant wird dies insbesondere bei der Schädigung Minderjähriger, denen das Verschulden ihrer gesetzlichen Vertreter – v. a. die Verletzung der Aufsichtspflicht – schadensmindernd zugerechnet werden soll.

■ Für die Qualifikation des § 254 II 2 BGB als **Rechtsfolgenverweisung** wird der Sphärengedanke angeführt; die Zugehörigkeit der Hilfsperson des Geschädigten zu dessen Sphäre rechtfertige im Hinblick auf das Mitverschulden eine unbedingte Zurechnung von Drittverhalten auch außerhalb von Sonderverbindungen. Einen gesetzlichen Anhaltspunkt hat die These von der unbedingten Zurechnung im Recht der Gefährdungshaftung durch die Zurechnung der Verhaltensbeiträge von „Bewahrungsgehilfen" (z. B. § 9 StVG).[158]

■ Nach **h. M.** ist § 254 II 2 BGB dagegen als **Rechtsgrundverweisung** zu behandeln; die unbedingte Zurechnung beschränkt sich also nach § 278 BGB auf bereits bestehende Schuldverhältnisse.[159] Dafür spricht vor allem der Gedanke der grundsätzlichen Gleichbehandlung von Verschulden und Mitverschulden: Da der Geschäftsherr nur in Sonderverbindungen für das Verhalten seiner Erfüllungsgehilfen nach § 278 BGB auf Schadensersatz haftet, sollte Gleiches spiegelbildlich auch für das Mitverschulden gelten (**„Spiegelbildtheorie"**). Angesichts dessen sind die erwähnten Regeln zum „Bewahrungsgehilfen" Sondervorschriften. Außerhalb einer Sonderverbindung richtet sich die Zurechnung von Verhaltensbeiträgen als Mitverschulden daher nach den §§ 31 und 831 BGB.[160] *. der Schädiger würde , weniger haften als grundsätzlich lrwer nach §831*

e) Mitverschulden bei Mehrheiten von Schädigern

625   Recht kompliziert kann die Berechnung des Schadensausgleichs werden, wenn auf Schädigerseite mehrere Personen beteiligt sind.

Dies soll an folgendem **Beispiel** gezeigt werden: A und B verursachen einen Schaden des C i. H. v. € 12.000. A trifft einen Gesamtverschuldensanteil von 50 %, B von 25 % und C einen Mitverschuldensanteil von 25 %.

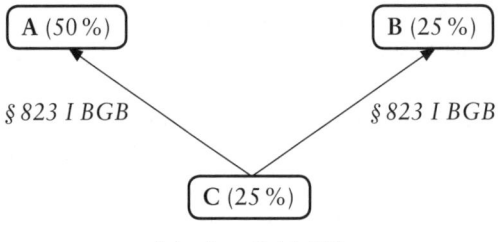

Schaden: € 12.000

Die Behandlung des Mitverschuldens variiert je nach der einschlägigen Beteiligungsform:

aa) Mittäterschaft, Teilnahme

626   Sind A und B Mittäter gem. § 830 I 1 BGB, so werden ihre Tatbeiträge wechselseitig zugerechnet, d. h. sie werden als eine Person betrachtet und die Summe ihrer Beiträge dem Beitrag des Geschädigten in einer **Gesamtbetrachtung** gegenübergestellt.[161] Das Gleiche gilt gem. § 830 II BGB auch bei Anstiftung oder Beihilfe (Teilnahme).

Danach werden im obigen **Beispiel** die Anteile von A (50 %) und B (25 %) addiert, so dass beide als Gesamtschuldner (§ 840 BGB) für 75 % des Schadens = € 9.000 aufzukommen haben; die Gesamt-Mitverschuldensquote des C i. H. v. 25 % wird also vom Gesamtschaden gem. § 254 I BGB abgezogen. Im Innenverhältnis haften A und B nach ihren jeweiligen Anteilen (50 % zu 25 %, d. h. im Verhältnis 2:1). Von den € 9.000 hat A daher im Ergebnis € 6.000 und B € 3.000 zu tragen. Wer von C über diesen Betrag hinaus in Anspruch genommen wurde, kann vom jeweils anderen Mittäter bzw. Teilnehmer die Differenz nach § 426 BGB verlangen.

---

[158] Vgl. z. B. *Lange/Schiemann*, Schadensersatz, § 10 XI 6 (S. 605 ff.); *Schlechtriem/Schmidt-Kessel*, Schuldrecht AT, Rn. 315, allerdings ohne Stellungnahme.

[159] Vgl. BGHZ 103, 338 (342) = JuS 1989, 405; *OLG Saarbrücken* NJW-RR 2006, 1165 (1167); BeckOK/ *Unberath*, § 254 Rn. 40; Staudinger/*Schiemann*, 2005, § 254 Rn. 99; MünchKomm/*Oetker*, § 254 Rn. 128 f; *Medicus/Lorenz*, Schuldrecht I, Rn. 723.

[160] Vgl. MünchKomm/*Oetker*, § 254 Rn. 136 ff.

[161] Vgl. Palandt/*Grüneberg*, § 254 Rn. 68. Die Kombination von Mittäterschaft bzw. Teilnahme und Mitverschulden ist praktisch höchst selten, weil diese Beteiligungsformen Vorsatz voraussetzen, so dass fahrlässige Mitwirkungsbeiträge des Geschädigten regelmäßig zurücktreten.

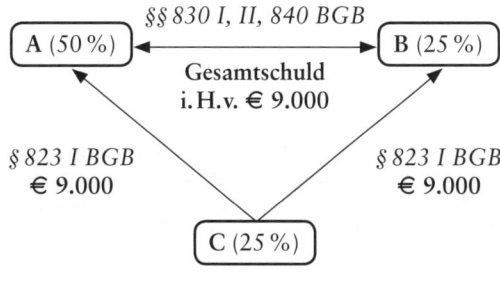

Schaden: € 12.000

bb) Nebentäterschaft

Bei der Nebentäterschaft, d. h. bei voneinander unabhängigen Tatbeiträgen verschiedener Schädiger (z. B.: A und B   **627**
treten unabhängig von einander auf die Straße, beim unachtsam durchgeführten Ausweichmanöver verletzt sich C)
findet keine wechselseitige Zurechnung der Tatbeiträge der Beteiligten statt. Der Kausalbeitrag jedes Schädigers
wird vielmehr zunächst in einer **Einzelbetrachtung** dem Beitrag des Geschädigten allein gegenübergestellt.[162] Dadurch wird sichergestellt, dass kein Schädiger durch die Beteiligung eines weiteren Nebentäters schlechter gestellt
wird als er stünde, wenn er den Schaden alleine verursacht hätte. Insbesondere muss er selbst bei Insolvenz (oder
Unauffindbarkeit) des anderen Nebentäters nur so viel ersetzen, wie er auch ersetzen müsste, wenn der Tatbeitrag
des anderen nicht existieren würde.

Danach kann C im **Beispiel** im Ausgangspunkt von A 2/3 seines Schadens (€ 8.000) verlangen, da beide Anteile
sich 2:1 verhalten (50:25). Von B kann er die Hälfte des Schadens (€ 6.000) verlangen, da dessen Verursachungs-
beitrag gleich groß ist wie sein eigener (25:25).

Im Ergebnis darf der Geschädigte bei dieser Vorgehensweise aber weder besser noch schlechter stehen als bei Mit-   **628**
täterschaft, d. h. er muss insgesamt genau den Anteil seines Schadens selbst tragen, der seinem Verursachungsanteil
am Gesamtgeschehen entspricht. Daher wird die Einzelbetrachtung durch eine **Gesamtbetrachtung modifiziert**, die
sämtliche Verursachungsbeiträge berücksichtigt und bestimmt, welcher Betrag dem Geschädigten insgesamt zusteht.[163] Die maximalen Ansprüche in den Zweipersonenverhältnissen zu den jeweiligen Schädigern ergeben sich
jedoch weiterhin aus der Einzelbetrachtung.

Danach kann C im **Beispiel** entweder den A auf € 8.000 in Anspruch nehmen und den Rest (€ 9.000 – € 8.000 =
€ 1.000) von B verlangen, oder er nimmt zuerst B auf € 6.000 in Anspruch und verlangt den Rest (€ 9.000 –
€ 6.000 = € 3.000) von A. Dogmatisch kann dieses Ergebnis durch die Annahme einer **teilweisen Gesamtschuld**
in Höhe des überschießenden Betrages begründet werden (im Beispiel: Summe der Einzelansprüche [€ 8.000 +
€ 6.000 = € 14.000] – zu ersetzende Gesamtsumme [€ 9.000] = € 5.000).[164]: Wenn A die € 8.000 bezahlt, tilgt
dies die Schuld des B von ursprünglich € 6.000 gem. § 422 I 1 BGB um den Gesamtschuldbetrag von € 5.000 bis
auf einen Restbetrag von € 1.000; wenn B die € 6.000 bezahlt, tilgt dies die Schuld des A von ursprünglich € 8.000
gem. § 422 I 1 BGB bis auf einen Restbetrag von € 3.000. In beiden Fällen erhält C genau die € 9.000, die ihm
nach der Gesamtbetrachtung zustehen.

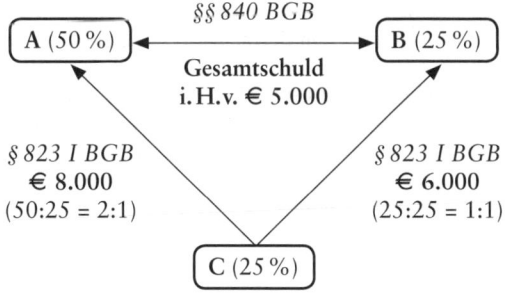

Schaden: € 12.000

---

[162] Vgl. *BGH* NJW 2006, 896; *Larenz/Canaris*, Schuldrecht II/2, § 82 III 3 a (S.581) sowie unten Fall 7 „*Auf
der Flucht*" (Rn. 792 ff.).

[163] Vgl. *BGH* NJW 2006, 896; *Larenz/Canaris*, Schuldrecht II/2, § 82 III 3 a (S. 581).

[164] Im Ergebnis ebenso *Larenz/Canaris*, Schuldrecht II/2, § 82 III 3 a (S. 582): Suspendierung der Erfüllungswir-
kung aus § 422 I 1 BGB, soweit und solange der Gesamtbetrag noch nicht getilgt ist; siehe auch MünchKomm/
Oetker, § 254 Rn. 120 f. mit weiteren dogmatischen Konstruktionsmöglichkeiten.

cc) Haftungs- oder Zurechnungseinheit

629 Um Nebentäter handelt es sich nur, wenn die Verursachungsbeiträge der verschiedenen Schädiger aus verschiedenen Richtungen kommend auf das Schadensereignis hingewirkt haben und erst in dem Schadensereignis selbst zusammengetroffen sind.[165] Wenn die Beiträge verschiedener Schädiger aber nach der Anschauung gleichsam „gekapselt" sind, also gemeinsam *einen* Kausalbeitrag geleistet haben (z.B. A handelt als Verrichtungsgehilfe des B fehlerhaft, B hat ihn unzureichend überwacht), liegt eine **Haftungseinheit** (auch: **Zurechnungseinheit**) vor. Die beiden Beiträge werden dann einheitlich gewichtet, die beiden Täter haftungsrechtlich wie Mittäter behandelt.[166] Im Beispiel haften A und B also gesamtschuldnerisch auf € 9.000.

Typische Beispiele für Haftungseinheiten sind:

- Kfz-Halter (§ 7 StVG) und Kfz-Führer (§§ 7, 18 StVG)
- Verrichtungsgehilfe (§ 823 I BGB) und Geschäftsherr (§ 831 BGB)
- Jugendlicher (§§ 823 I, 828 III BGB) und aufsichtspflichtige Eltern (§ 832 BGB)

Sind daneben andere Nebentäter beteiligt, so wird eine Haftungseinheit wie ein einzelner Nebentäter betrachtet.

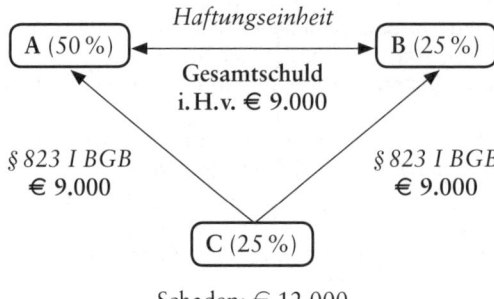

Schaden: € 12.000

dd) Haftung von Alternativtätern (§ 830 I 2 BGB)

630 Bei Alternativtätern (§ 830 I 2 BGB; z.B.: Entweder A oder der nachfolgende B hat C, der fahrlässig auf die Straße getreten ist, überfahren) tritt eine gesamtschuldnerische Haftung der Alternativtäter **nur in Höhe des geringsten (hypothetischen) Verursachungsbeitrags** ein, da die Kausalitätsvermutung nicht weiter reicht.[167]

2. Warn- und Schadensminderungsobliegenheit (§ 254 II 1 BGB)

631 Nach der Anordnung des § 254 II 1 BGB reduziert sich der Schadensersatzanspruch, wenn der Geschädigte den Schädiger nicht vor einem besonders hohen Schaden gewarnt hat, oder wenn er es unterlassen hat, den Schaden abzuwenden oder zu mindern. Der Wortlaut des § 254 II 1 BGB verweist zwar auf § 254 I BGB und damit auf die Schadensteilung nach Verursachungsbeiträgen; im Regelfall führt eine Obliegenheitsverletzung nach § 254 II BGB aber zum **vollständigen Ausschluss des Ersatzes** solcher Schadensposten, die der Geschädigte hätte abwenden bzw. um die er den Schaden hätte mindern können.[168]

- Der Geschädigte hat den Schädiger zunächst vor der Schadensentstehung auf die **Gefahr eines ungewöhnlich hohen Schadens** aufmerksam zu machen, die dieser weder kennt noch kennen muss. Diese **Warnobliegenheit** kommt regelmäßig nur in Vertragsverhältnissen in Betracht, weil die Parteien hier die Einflussnahme des (potenziellen) Schädigers auf die Rechtsgüter des (potenziell) Geschädigten bewusst regeln und dem Schädiger daher durch die Warnung u.U. eine sinnvolle Möglichkeit der Verhaltenssteuerung eröffnet wird. Voraussetzung der Warnobliegenheit ist ein Wissensvorsprung des Geschädigten; kennt auch dieser die Gefahr des ungewöhnlich hohen Schadens nicht, muss er den Schädiger auch nicht darauf aufmerksam machen.[169] Ungewöhnlich hoch ist der Schaden, wenn der Schädiger nach allen Umständen des Falles nicht mit dieser Schadenshöhe rechnen musste (z.B.: Transportgeschäft mit ungewöhnlich hohem Warenwert).[170]

- Den Geschädigten trifft ferner nach dem Eintritt des Schadensereignisses eine **Schadensminderungsobliegenheit**, d.h. er muss alle zumutbaren Anstrengungen unternehmen, um den Schaden so gering wie möglich zu halten. Das Risiko, dass eine solche Anstrengung fehlschlägt, trägt aber der Schädiger, da die Obliegenheit nur auf die Anstrengung, nicht auf deren Erfolg gerichtet ist. **Vorteile**, die der Geschädigte durch diese obligationsgemäßen

---

[165] Vgl. MünchKomm/*Oetker*, § 254 Rn. 123.

[166] Vgl. Palandt/*Grüneberg*, § 254 Rn. 70; *BGH* NJW 1996, 2023 (2024).

[167] Vgl. Palandt/*Grüneberg*, § 254 Rn. 71.

[168] Vgl. MünchKomm/*Oetker*, § 254 Rn. 107.

[169] Vgl. MünchKomm/*Oetker*, § 254 Rn. 72 m.w.N.

[170] Vgl. etwa *BGH* NJW 2006, 1426; NJW-RR 2006, 1108 (jeweils zur unterlassenen Wertdeklaration im Transportrecht).

Anstrengungen erlangt, muss er sich nach den Grundsätzen der Vorteilsausgleichung anrechnen lassen; das gilt jedoch nicht für solche, die er durch *über*obligationsmäßiges Verhalten erlangt.[171]

Auch im Rahmen von § 254 II BGB haftet der Geschädigte nach §§ 254 II 2, 278 BGB für seine Erfüllungsgehilfen und gesetzlichen Vertreter.[172] Der Streit um die Qualifizierung von § 254 II 2 BGB als Rechtsgrund- oder Rechtsfolgenverweis spielt bei der Schadensminderungsobliegenheit keine Rolle, weil durch die grundsätzliche Schadensentstehung auch ein Anspruch und damit ein gesetzliches Schuldverhältnis i.S.v. § 278 BGB entstanden ist. Die Zurechnung beschränkt sich aber auf solche Hilfspersonen, derer sich der Geschädigte im Zusammenhang mit der Vermeidung einer Schadensausdehnung bedient, nicht dagegen auf solche, die er mit der Schadensbehebung, also mit der Naturalrestitution im Sinne von § 249 BGB betraut. Denn die Beseitigung des Schadens obliegt grundsätzlich dem Schädiger (§ 249 I BGB) und nicht dem Geschädigten, so dass etwa eine Reparaturwerkstatt, die der Geschädigte mit der Schadensbeseitigung beauftragt, nicht in dessen Pflichtenkreis tätig wird. Der Geschädigte hat seiner Schadensminderungsobliegenheit grundsätzlich schon durch die Auswahl einer qualifizierten und preislich angemessenen Werkstatt genügt.[173]

632

V. Besonderheiten des deliktischen Schadensersatzanspruches (§§ 842 ff. BGB)

Für die Schadensersatzansprüche aus unerlaubter Handlung gelten grundsätzlich die §§ 249 ff. BGB einschließlich des allgemeinen Schmerzensgeldanspruches aus § 253 II BGB. Die §§ 842 ff. BGB enthalten darüber hinaus **Ergänzungen**, die nach Maßgabe ihrer systematischen Stellung nur auf die deliktischen Ansprüche aus den §§ 823 ff. BGB anwendbar sind. Sie gelten also insbesondere nicht für Ansprüche aus deliktischen Nebengesetzen wie z.B. dem StVG oder ProdHaftG. In den Sondergesetzen bestehen aber regelmäßig inhaltlich weitgehend übereinstimmende Regelungen (z.B. §§ 10 ff. StVG, 7 ff. ProdHaftG); z.T. werden die §§ 842 ff. BGB ausschnittweise explizit für anwendbar erklärt (z.B. §§ 618 III BGB, 9 II ProdHaftG, 13 II StVG). Nach zutreffender, wenngleich nicht herrschender Auffassung sind die §§ 842 ff. BGB darüber hinaus auch auf vertragliche Schadensersatzansprüche aus Schutzpflichtverletzung anzuwenden, weil kein sachlicher Grund besteht, diese Ansprüche gegenüber deliktischen Ansprüchen schlechter zu stellen.[174] Relevant ist dies insbesondere für die §§ 844, 845 BGB, die eigene Ansprüche Dritter für reine Vermögensschäden (Unterhaltsausfall infolge der Tötung des Unterhaltspflichtigen) begründen, insoweit also über eine bloße Konkretisierung der §§ 249 ff. BGB hinausgehen.

633

1. Ansprüche des Verletzten bei Personenschäden (§§ 842 f. BGB)

Bei Körper- und Gesundheitsverletzung sowie bei der Verletzung des Persönlichkeitsrechts regeln die §§ 842 f. BGB, 11, 13 StVG, 8 f. ProdHaftG die Ansprüche des Geschädigten im Wesentlichen im Einklang mit dem grundlegenden Prinzip der Naturalrestitution. Die genannten Vorschriften enthalten **lediglich konkretisierende Klarstellungen**.

634

- Jedenfalls ist Ersatz der **Heilungskosten** geschuldet, d.h. der Arzt-, Arznei- und Kurkosten (entsprechen im Wesentlichen den Kosten für eine „Naturalrestitution" i.S.v. § 249 II BGB). Soweit diese Kosten von einer Kranken- oder Unfallversicherung des Geschädigten übernommen werden, gehen sie gem. § 86 I VVG (für private Versicherungen) bzw. § 116 SGB X (für gesetzliche Versicherungen) auf den jeweiligen Versicherungsträger über, wobei der Geschädigte allerdings vorrangig zu befriedigen ist (vgl. § 86 I 2 VVG bzw. § 116 IV SGB X, sog. Quotenvorrecht[175]). Sämtliche Einwendungen des Schädigers, namentlich der Mitverschuldenseinwand, bleiben gem. §§ 412, 404 BGB erhalten. Die Versicherungsleistung mindert den Schaden des Verletzten nicht (versagte Vorteilsausgleichung[176]), führt aber dazu, dass dieser insoweit nicht mehr aktivlegitimiert ist und also seinen Anspruch nur einklagen kann, „soweit der Anspruch nicht auf Versicherungsträger übergegangen ist." Eine gewillkürte Prozessstandschaft des Geschädigten für seinen Versicherer ist aber möglich.[177]

635

- Zu den Heilungskosten zählt die h.M. auch **Besuchs- und Pflegekosten naher Angehöriger**. Diese sollen grundsätzlich insoweit ersatzfähig sein, als die Besuche bzw. die Betreuungsleistungen medizinisch indiziert sind. In diesem Rahmen werden sie dem Verletzten wie andere Heilungskosten ersetzt, d.h. als ob die Angehörigen dem Verletzten ihre Aufwendungen (z.B. Fahrtkosten oder Verdienstausfall) in Rechnung gestellt hätten.[178] Dass die Angehörigen aus familiärer Verbundenheit auf eine Erstattung der Aufwendungen verzichten, soll den Schädiger

636

---

[171] Vgl. oben Rn. 546.

[172] Vgl. soeben Rn. 623 f.

[173] Vgl. *Larenz*, Schuldrecht I, § 31 I c (S. 543 f.).

[174] Vgl. *Canaris*, FS Larenz, 1983, 27 (108); *Röckrath*, VersR 2001, 1197 (1202 f.); MünchKomm/*Wagner*, § 844 Rn. 12; a.A. BGHZ 5, 62 (66 f.); *BGH* NJW-RR 1997, 541; Palandt/*Sprau*, § 844 Rn. 2.

[175] Vgl. dazu *Armbrüster*, NJW 2009, 191.

[176] Vgl. oben Rn. 548.

[177] Vgl. *OLG Köln* NJW-RR 1994, 227; *Prölss/Martin*, VVG, § 86 Rn. 33 m.w.N.

[178] Vgl. BGHZ 106, 28; *BGH* NJW 1991, 2340 = JuS 1992, 75; i.E. auch *Larenz/Canaris*, Schuldrecht II/2, § 83 I 1 b (S. 586); siehe dazu auch *Armbrüster*, JuS 2007, 605 (611).

nach dem Gedanken des § 843 IV BGB nicht entlasten (versagte Vorteilsausgleichung).[179] Ersatz für die von den Angehörigen aufgewendete Arbeitszeit kann der Geschädigte – sofern kein Verdienstausfall nachgewiesen ist – entsprechend den allgemeinen Grundsätzen[180] nur verlangen, wenn die Tätigkeit einen Marktwert hat, d. h. wenn sie auch von anderen Personen gegen Entgelt erbracht werden könnte. Bei höchstpersönlichen Betreuungsleistungen, die eine enge Verbundenheit mit dem Geschädigten voraussetzen, fehlt es grundsätzlich an einem solchen Marktwert.[181]

637   ■ Ersatzfähig ist auch der **Erwerbs-** oder **Verdienstausfall** des Verletzten, wobei auch (begründete) Aussichten auf eine besser bezahlte Stellung zu berücksichtigen sind (entsprechend § 252 BGB). Erforderlich ist aber, dass der Erwerbsausfall tatsächlich eingetreten oder nach den Umständen zu erwarten ist.[182] Als Erwerbsschaden gilt nach h. M. auch der Ausfall von **Haushaltstätigkeit**, die *Anderen* in Erfüllung einer gesetzlichen Unterhaltspflicht (z. B. gegenüber dem Ehepartner oder Kindern) geleistet wird, da auch hier eine wirtschaftlich ins Gewicht fallende Arbeitsleistung vorliegt (vgl. die Gleichstellung in § 1360 S. 2 BGB).[183] Beim Ausfall von Haushaltstätigkeit zur *Eigenversorgung* liegen dagegen „vermehrte Bedürfnisse" vor (s. sogleich).

Die Ansprüche wegen Erwerbs- und Verdienstausfall sind nach §§ 843 II BGB, 13 StVG, 9 ProdHaftG grundsätzlich in Form einer **Geldrente** zu entrichten, und zwar drei Monate im voraus (§ 843 II BGB i. V. m. § 760 BGB).

638   ■ Auszugleichen ist auch der Aufwand, der sich aus schadensbedingt **vermehrten Bedürfnissen** ergibt, also insbesondere bei dauernden Behinderungen der erhöhte Lebensbedarf oder (auch bei vorübergehenden Schädigungen) die Bezahlung einer Haushaltshilfe o. ä. Dieser Schaden kann auch abstrakt berechnet werden, wenn z. B. der Haushalt von Familienmitgliedern in Erfüllung ihrer Unterhaltspflicht geführt wird (§ 843 IV BGB). Generell können **Unterhaltsleistungen** von Angehörigen des Geschädigten nach § 843 IV BGB den Schädiger nicht im Rahmen der Vorteilsausgleichung entlasten.[184]

639   ■ Hinzu kommt das **Schmerzensgeld** nach § 253 II BGB, das in den §§ 842 f. BGB nicht gesondert erwähnt wird.[185]

2. Ansprüche Dritter bei Tötung (§ 844 BGB)

640   Nach §§ 844 BGB, 10 StVG, 7 ProdHaftG haben **Dritte**, die mangels eigener Rechtsgutsverletzung keinen Anspruch aus den §§ 823 ff. BGB haben, dennoch einen **eigenen Ersatzanspruch** bei der Tötung einer anderen Person. Die genannten Vorschriften gewähren den Angehörigen also ausnahmsweise einen Anspruch auf den Ersatz reiner (primärer) Vermögensschäden, da diese **keine Verletzung eines eigenen Rechtsguts** im Sinne von § 823 I BGB erlitten haben. Anspruchsgrundlage ist in diesen Fällen § 823 I BGB (oder eine andere deliktische Anspruchsgrundlage) i. V. m. § 844 BGB. Der Tod der anderen Person muss dabei nicht zwingend die ursprünglich haftungsbegründende Rechtsgutsverletzung im Rahmen des § 823 I BGB darstellen. Vielmehr genügt es nach h. M., wenn der Schädiger nach § 823 I BGB für eine (rechtswidrige und schuldhafte) Körperverletzung haftet und der Tod des Verletzten eine dem Schädiger im Rahmen der haftungsausfüllenden Kausalität zurechenbare Schadensfolge darstellt (z. B. wenn das Opfer wegen bleibender Verletzungsfolgen später Selbstmord begeht[186]); die Beurteilung der haftungsausfüllenden Kausalität unterliegt dabei dem reduzierten Beweismaß des § 287 ZPO.[187]

641   ■ Der Anspruch aus § 844 BGB umfasst zunächst die **Beerdigungskosten** (§§ 844 I BGB, 10 I 2 StVG, 7 I 2 ProdHaftG), falls der Anspruchsteller diese zu tragen hatte (nach § 1968 BGB regelmäßig der Erbe).

642   ■ Soweit der Getötete dem Anspruchsteller zum Unterhalt verpflichtet war oder eine solche Verpflichtung später entstanden wäre (z. B. bei Kindern, die im Zeitpunkt des Unfalls bereits gezeugt, aber noch nicht geboren waren), ist der **entgangene Unterhalt** zu ersetzen (§§ 844 II BGB, 10 II StVG, 7 II ProdHaftG). Dabei ist der mutmaßliche durchsetzbare Unterhaltsanspruch unter Berücksichtigung der hypothetischen Einkommensverhältnisse des Getöteten zu Grunde zu legen. Der Schädiger hat grundsätzlich durch eine Geldrente (nach §§ 843 BGB, 13 StVG, 9 ProdHaftG) Ausgleich zu leisten. Die **Mithilfe des Ehegatten im Haushalt** ist nach § 1360 S. 2 BGB ebenfalls eine Unterhaltsleistung, so dass für deren Verlust nach § 844 II BGB, nicht nach § 845 BGB gehaftet wird.[188]

643   ■ Unter dem Gesichtspunkt der **Vorteilsausgleichung** muss sich der Dritte allerdings anrechnen lassen, was er durch den Unfall erlangt hat. Bei einer Erbschaft ist das zwar **nicht deren Stammwert**, da dieser dem Erben ohnehin (bei einem späteren natürlichen Tod) zugefallen wäre; anrechenbar sind aber diejenigen Vorteile, die er gerade

---

[179] Vgl. oben Rn. 548.
[180] Vgl. oben Rn. 597.
[181] Vgl. *BGH* NJW 1999, 2819.
[182] Vgl. zur Berechnung *BGH* NJW 1999, 3711.
[183] Vgl. BGHZ 50, 304 = JuS 1969, 92.
[184] Vgl. dazu oben Rn. 548.
[185] Vgl. oben Rn. 606.
[186] Vgl. *BGH* NJW 1958, 1579.
[187] Vgl. MünchKomm/*Wagner*, § 844 Rn. 14 a. E.
[188] Vgl. *Larenz/Canaris*, Schuldrecht II/2, § 83 II 2 (S. 589); *Armbrüster*, JuS 2007, 508.

aufgrund des *verfrühten* Erbfalls bis zum mutmaßlichen Erbfall, wie er ohne den Unfall eingetreten wäre, erhalten hat (sog. **Verfrühungsschaden**).[189]

3. Ansprüche Dritter wegen entgangener gesetzlich geschuldeter Dienste (§ 845 BGB)

Im Falle der Tötung, Verletzung oder Freiheitsberaubung können Dritte nach § 845 BGB auch Ersatz **644** für den **Verlust gesetzlich geschuldeter Dienste** im Haushalt oder Gewerbe verlangen. Allerdings sind *gesetzlich* geschuldete Dienste äußerst selten: Die Dienstleistung unter Ehegatten ist Erfüllung einer Unterhaltpflicht (§ 1360 S. 2 BGB), so dass diese nur im Falle der Tötung nach § 844 II BGB, nicht aber nach § 845 BGB zu ersetzen ist. Damit bleibt für § 845 BGB nur die **Dienstleistungspflicht der Kinder** nach § 1619 BGB (z. B. Pflicht zur Mithilfe auf dem elterlichen Bauernhof).[190] Doch selbst hier geht im Falle einer Verletzung des Kindes dem Anspruch der Eltern aus § 845 BGB der des Kindes aus § 842 BGB vor,[191] so dass § 845 BGB nur noch bei der Tötung gesetzlich dienstverpflichteter Kinder relevant ist und damit **nahezu keine praktische Bedeutung mehr** hat.[192]

4. Ansprüche wegen Entziehung oder Beschädigung einer Sache (§§ 848 ff. BGB)

Bestand die unerlaubte Handlung in der Entziehung oder Beschädigung einer Sache, so gelten nach den §§ 848 ff. **645** BGB bestimmte **Sonderregeln**. Bei der Sachentziehung durch unerlaubte Handlung (insbesondere Diebstahl und Raub) ist zu beachten, dass das allgemeine Deliktsrecht trotz Bestehens eines EBV wegen § 992 BGB (deliktischer Besitzer) anwendbar bleibt.

■ Der Schädiger haftet nach § 848 BGB – wie ein Verzugsschuldner nach § 287 S. 2 BGB – auch für den **zufälligen** **646** **Untergang** oder die zufällige Verschlechterung der Sache, es sei denn, dass diese auch ohne die Entziehung eingetreten wäre. Der Schädiger haftet jedoch nach den allgemeinen Regeln bei deliktischer Sachentziehung (§§ 823 I, 249 ff. BGB) ohnehin nach Maßgabe der haftungsausfüllenden Kausalität für Folgeschäden an der Sache. Auch die objektive Zurechnung wird in den fraglichen Fällen regelmäßig nicht ausgeschlossen sein, wenn der Schaden ohne die Entziehung nicht eingetreten wäre[193]. Daher ist § 848 BGB praktisch obsolet[194] bzw. enthält nur die Klarstellung, dass zufällige Beschädigungen der Sache grundsätzlich als zurechenbare Folgeschäden der Sachentziehung zu qualifizieren sind.

■ Den Wert der Ersatzsumme muss der Schädiger nach § 849 BGB vom Zeitpunkt der Bestimmung des zu ersetzenden Wertes an **verzinsen**. Auch insoweit wird er behandelt, als befände er sich im Verzug (*fur semper in mora*). **647**

■ Der Schädiger hat gem. § 850 BGB einen Anspruch auf **Verwendungsersatz** nur nach den Regeln des EBV **648** (§§ 994 ff. BGB). Da der deliktische Besitzer regelmäßig bösgläubig ist (§ 990 I BGB), kann er nur Ersatz der notwendigen Verwendungen verlangen und auch dies nur nach den Regeln der Geschäftsführung ohne Auftrag (§ 994 II BGB), so dass der Verwendungsersatz unter dem Vorbehalt des Willens (§§ 683, 670 BGB) bzw. der Bereicherung (§§ 684, 812 BGB) des Geschädigten steht. Einen etwaigen Verwendungsersatzanspruch kann der Geschädigte gem. § 273 BGB dem Schadensersatzanspruch des Eigentümers entgegenhalten, sofern er die Sache nicht durch eine *vorsätzliche* unerlaubte Handlung erlangt hat (vgl. § 1000 S. 2 BGB).

■ Der Schädiger kann gem. § 851 BGB an denjenigen **befreiend leisten**, der zum Zeitpunkt der Entziehung Besitzer **649** der Sache war, sofern er hinsichtlich dessen Berechtigung gutgläubig war. Die Leistung an den früheren Besitzer wirkt also insbesondere auch gegenüber dem Eigentümer. Dieser kann beim Leistungsempfänger nach § 816 II BGB Regress nehmen. Nach h. M. greift jedoch die Befreiungswirkung analog § 935 BGB nicht ein, wenn die Sache dem Eigentümer **abhanden gekommen** ist. Denn in diesem Fall würde auch eine Kaufpreiszahlung an den Besitzer keinerlei Rechtswirkungen gegenüber dem Eigentümer entfalten.[195] Wertungsmäßig kann es keinen Unterschied machen, ob der Schädiger den Wert der Sache als Schadensersatz oder als Kaufpreis für die Sache gezahlt hat.[196]

---

[189] Vgl. Palandt/*Grüneberg*, Vorb. v. § 249 Rn. 91 m. N.; *Armbrüster*, JuS 2007, 411 (416).

[190] Vgl. Palandt/*Sprau*, § 845 Rn. 2.

[191] Vgl. BGHZ 69, 380; Palandt/*Sprau*, § 845 Rn. 8.

[192] Vgl. MünchKomm/*Wagner*, § 845 Rn. 3 ff.

[193] Nach *Larenz/Canaris*, Schuldrecht II/2, § 83 IV (S. 593) soll allerdings § 848 BGB eine Haftungserweiterung für solche Schäden bewirken, die außerhalb des Schutzzwecks des § 823 I BGB liegen.

[194] Vgl. MünchKomm/*Wagner*, § 848 Rn. 2; *Meineke*, JZ 1980, 678.

[195] Vgl. *Grigoleit/Auer*, Examinatorium Schuldrecht III – Bereicherungsrecht, Rn. 61 und 101.

[196] Vgl. *Larenz/Canaris*, Schuldrecht II/2, § 83 IV (S. 593); MünchKomm/*Wagner*, § 851 Rn. 7; a. A. *Neuner*, JuS 2007, 401 (408).

5. Verjährung des Schadensersatzanspruches und Bereicherungsanspruch nach Verjährungseintritt (§ 852 BGB)

a) Verjährung des Schadensersatzanspruches (§§ 195, 199 BGB)

650   Ansprüche aus unerlaubter Handlung unterliegen der **regelmäßigen Verjährung** nach den §§ 195, 199 BGB, d.h. sie verjähren grundsätzlich in **drei Jahren** ab dem Ende des Jahres, in dem der Verletzte von den anspruchsbegründenden Umständen Kenntnis erlangt oder hätte erlangen müssen. Kenntnis vom **Umfang des Schadens** ist dafür nicht erforderlich, so dass die Verjährungsfrist hinsichtlich aller objektiv vorhersehbarer Schadensposten einheitlich abläuft, sobald der Geschädigte weiß, dass ihm *überhaupt* ein Schaden entstanden ist (**Grundsatz der Schadenseinheit**). Bereits in diesem Zeitpunkt ist es ihm möglich und zumutbar, hinsichtlich des Gesamtschadens zumindest eine Feststellungsklage (§ 256 ZPO) zu erheben.[197]

651   Für **unvorhersehbare Spätfolgen**, die auch für einen objektiven, fachkundigen Beobachter (z.B. einen medizinischen Sachverständigen) nicht voraussehbar waren, verwehrt die Rechtsprechung dem Schädiger allerdings nach Treu und Glauben die Berufung auf die eingetretene Verjährung.[198] Für diese Schäden läuft eine gesonderte dreijährige Verjährungsfrist ab dem Ende des Jahres, in dem der Geschädigte vom Schadenseintritt und dem haftungsausfüllenden Kausalzusammenhang Kenntnis hatte bzw. hätte erlangen müssen.

652   Unabhängig von den subjektiven Anforderungen verjähren Ansprüche wegen **personenbezogener Verletzungen spätestens in 30 Jahren ab dem haftungsauslösenden Ereignis** (§ 199 II BGB). Bei Eigentums- bzw. Vermögensverletzungen gilt – wiederum als von subjektiven Anforderungen befreite Höchstgrenze – ab („vollständiger") Entstehung des Anspruchs (d.h.: haftungsbegründendes Ereignis und Schaden eingetreten) eine Frist von zehn Jahren bzw. von 30 Jahren, wenn lediglich das haftungsauslösende Ereignis eingetreten ist, nicht aber der Schaden (z.B.: Auto wird durch Einsturz einer Brücke beschädigt, die vor 29 Jahren mangelhaft erbaut worden ist).[199]

b) Bereicherungsanspruch nach Verjährung (§ 852 BGB)

653   Nach Eintritt der Verjährung besteht nach § 852 BGB anstelle des Schadensersatzanspruches ein Bereicherungsanspruch fort. Diese Vorschrift enthält nach h.M. eine **Rechtsfolgenverweisung** auf die §§ 818 ff. BGB, so dass es nicht darauf ankommt, ob ein Kondiktionstatbestand nach den §§ 812 ff. BGB gegeben ist.[200] Der Bereicherungsanspruch aus § 852 BGB ist seinen Voraussetzungen nach vielmehr der **ursprüngliche Deliktsanspruch**; lediglich auf der **Rechtsfolgenseite** werden statt den §§ 249 ff. BGB die §§ 818 ff. BGB angewendet, wenn sich der Schädiger mit Erfolg auf die Einrede der Verjährung beruft.[201] Der Schädiger hat also nicht mehr den Schaden des Opfers zu ersetzen, sondern nur noch herauszugeben, was er durch die Schädigung erlangt hat, soweit er noch bereichert ist (§ 818 III BGB). Dabei ist bei vorsätzlichen unerlaubten Handlungen die verschärfte Haftung des Bereicherungsschuldners nach den §§ 818 IV, 819, 292 BGB zu berücksichtigen.[202] Der Bereicherungsanspruch verjährt in zehn Jahren ab seiner vollständigen Entstehung oder spätestens (d.h. wenn die Bereicherung des Schädigers mit Verzögerung eintritt) in 30 Jahren ab dem haftungsauslösenden Ereignis.

---

[197] Vgl. *BGH* NJW 1991, 973; NJW 2002, 1414; MünchKomm/*Grothe*, § 199 Rn. 9 ff., 38.
[198] Vgl. etwa *BGH* NJW 1991, 973; BGHZ 33, 112 (116).
[199] Vgl. *Grigoleit/Herresthal*, Examinatorium Zivilrecht, BGB Allgemeiner Teil, Systematische Darstellung Verjährungsrecht (Rn. 527 ff.).
[200] Vgl. *Larenz/Canaris*, Schuldrecht II/2, § 83 V 2 (S. 595).
[201] Vgl. BGHZ 71, 86.
[202] Vgl. dazu *Grigoleit/Auer*, Examinatorium Zivilrecht, Schuldrecht III – Bereicherungsrecht, Systematische Darstellung Grundlagen des Bereicherungsrechts (Rn. 129 ff.).

B. Fall 6: „Big Brother"

Themenkreis: *Ladendiebstahl, Schadensrecht, Taschenkontrollen, Hausverbot*

Sachverhalt

Der 13-jährige Lutz Langfinger (L) will seinen Freunden seinen Mut beweisen. Er begibt sich zum Zwe-   **654**
cke eines Diebstahls in ein Kaufhaus der Bertie-AG (B-AG). Dieses Kaufhaus ist durch Videoüberwachung, elektronische Ausgangskontrollen und zahlreiche Hausdetektive aufwändig gesichert; die Sicherungsmaßnahmen kosten die B-AG jährlich € 500.000, bei einem verbleibenden Gesamtschaden durch
Diebstähle von € 1 Mio. An den Eingängen und an zahlreichen weiteren Stellen im Kaufhaus sind deutlich sichtbare Schilder folgenden Inhalts ausgehängt:

> *„Sehr geehrte Kunden, wir bitten Sie höflich, Ihre Taschen hier an der Information vor dem Betreten
> des Kaufhauses abzugeben; andernfalls weisen wir Sie höflichst darauf hin, dass wir an den Kassen
> ggf. Taschenkontrollen durchführen müssen.*
> *Jeder Ladendiebstahl wird zur Anzeige gebracht. Vertraglich vereinbarte Vertragsstrafe ist der dop-
> pelte Wert des Diebesgutes. Weitere Schadensersatzforderungen bleiben vorbehalten."*

Nachdem L mehrere CDs im Wert von insgesamt € 150 in seine mitgeführte Sporttasche gesteckt hat,
wird er vom Kaufhausdetektiv Detlev Durchblicker (D) gestellt. Dieser erhält von der B-AG die in seinem
Anstellungsvertrag vereinbarte Fangprämie in Höhe von € 100. Bei der weiteren Bearbeitung des Falles
entstehen der B-AG darüber hinaus Bearbeitungskosten für die zivil- und strafrechtliche Behandlung des
Falles (Zeitaufwand der Angestellten; Materialkosten) in Höhe von € 120.

Noch am selben Nachmittag betritt Selma Sauertopf (S) das Kaufhaus, eine entschiedene Verfechterin
der Bürgerrechte. Aus Prinzip und aus Misstrauen gegen das Kaufhauspersonal gibt sie ihre geräumige
Einkaufstasche nicht am Eingang ab, sondern führt sie während des gesamten Aufenthaltes im Kaufhaus
mit sich; sie kauft letztlich aber nichts ein. An der Kasse hält D sie auf und bittet sie, ihre Tasche für eine
„reine Routinekontrolle" zu öffnen. Sie protestiert lautstark dagegen und verweigert D den „frechen
Übergriff in ihre Intimsphäre". Dieser lässt sich nicht beirren und greift in ihre Tasche. Zum Schutz ihres
Tascheninhalts tritt ihn S mehrfach mit ihren spitzen Absätzen gegen das Schienbein. D erteilt der S im
Namen der B-AG Hausverbot für alle Bertie-Kaufhäuser und fordert zudem Schmerzensgeld wegen sei-
ner Verletzungen.

Bearbeitervermerk: In einem umfassenden Rechtsgutachten sind folgende Fragen in der vorgegebenen
Reihenfolge zu beantworten. Dabei ist – ggf. hilfsgutachtlich – auf alle angesprochenen Rechtsfragen
einzugehen.

1. Die B-AG verlangt von L anteiligen Ersatz der Überwachungskosten in Höhe von € 75 (d.h. Anteil
   der Gesamtkosten für Überwachung nach dem Verhältnis des objektiven Wertes des Diebesgutes zum
   Gesamtschaden aus Diebstählen), zusätzlich die vereinbarte Vertragsstrafe in Höhe von € 300, Ersatz
   der Fangprämie in Höhe von € 100 sowie der Bearbeitungskosten in Höhe von € 120. Zu Recht?
2. Kann D von S wegen seiner Schienbeinverletzungen ein angemessenes Schmerzensgeld verlangen?
3. Ist das gegenüber S ausgesprochene Hausverbot wirksam?

Lösung zu Fall 6

I. Ansprüche der B-AG gegen L (Frage 1)

1. Anspruch aus Vertragsstrafenvereinbarung

655   Ein Anspruch auf Zahlung einer Vertragsstrafe setzt voraus, dass zwischen der B-AG und L ein **Vertrag über die Vertragsstrafe** zustande gekommen ist. Anknüpfung des Vertragsschlusses kann vorliegend allein der ausdrücklich auf eine Vertragsstrafe Bezug nehmende Hinweis auf dem Schild sein.

    Zunächst ist festzustellen, ob hinsichtlich der möglichen Vereinbarung der Vertragsstrafe die **für die Einbeziehung von AGB geltenden Regeln zur Anwendung kommen**. Gegen die Anwendung AGB-rechtlicher Vorschriften mag eingewendet werden, dass die Vertragsstrafe ihre Bedeutung auch und gerade dann entfalten soll, wenn es nicht zu einem (Haupt-)Vertragsschluss kommt – nämlich beim Ladendiebstahl. Bei zweckgerechter Auslegung (§§ 133, 157 BGB) hat der auf den Schildern verlautbarte Text daher die Funktion, das **vorvertragliche Schuldverhältnis** gem. § 311 II BGB auszugestalten. Wie sich aus den §§ 308 Nr. 1, 309 Nr. 11 BGB ergibt, können AGB i. S. v. § 305 BGB als (Neben-)Vertragsbedingungen ohne Weiteres auch das vorvertragliche Schuldverhältnis regeln, sie sind also nicht an das Vorliegen eines wirksamen Hauptvertrags gebunden.[203] Somit muss auch die Einbeziehung nicht anlässlich des Hauptvertragsschlusses stattfinden, sondern kann bereits bei der Begründung des vorvertraglichen Schuldverhältnisses gem. § 311 II BGB erfolgen. Da der Hinweis auf dem Schild für eine Vielzahl von Verträgen vorformuliert ist und die resultierenden Bedingungen von der B-AG einseitig gestellt werden, kommen die Sondervorschriften für **Allgemeine Geschäftsbedingungen** zur Anwendung (§ 305 I BGB), so dass sich die Einbeziehung nicht (allein) nach den §§ 145 ff. BGB, sondern primär nach § 305 II, III BGB richtet. Bei der Ausgestaltung des **vorvertraglichen Schuldverhältnisses** durch AGB sind die Einbeziehungsvorschriften des § 305 II BGB mit der Modifikation anzuwenden, dass die Geschäftsbedingungen nicht „bei Vertragsschluss" einbezogen werden müssen, sondern schon bei der Aufnahme des geschäftlichen Kontakts gem. § 311 II BGB.

Vorliegend sind die Kunden durch die Schilder an den Eingängen ausdrücklich auf die AGB hingewiesen worden; zudem bestand die zumutbare Möglichkeit der Kenntnisnahme (§ 305 II Nr. 1, 2 BGB). Entscheidend kommt es daher darauf an, ob L **mit der Geltung einverstanden** war (§ 305 II a. E. BGB).

a) Einverständnis nach den Regeln des sozialtypischen Verhaltens

Ein Einverständnis nach den Regeln des sozialtypischen Verhaltens kommt schon deswegen nicht in Betracht, weil diese nur für den Vertragsschluss bei anonymer Inanspruchnahme von Leistungen im Massenverkehr entwickelt wurden. Darüber hinaus sind die Regeln des sozialtypischen Verhaltens als Verstoß gegen die auf Willenserklärungen bezogene Vertragskonzeption des BGB und letztlich als **Verstoß gegen den Grundsatz der Privatautonomie** bereits im Ansatz abzulehnen.[204]

656

b) Konkludentes Einverständnis durch Betreten des Supermarktes

Den allgemeinen Regeln des Vertragsschlusses entsprechend setzt die Feststellung des Einverständnisses voraus, dass L eine zustimmende Willenserklärung abgegeben hat. Eine solche Erklärung könnte vorliegend **allenfalls konkludent durch Betreten des Kaufhauses** (bzw. sein Verbleiben darin) abgegeben worden sein (§§ 133, 157 BGB). In Abgrenzung zu den Fällen der Inanspruchnahme anonymer Leistungen (z.B. Betreten der U-Bahn) – in denen grundsätzlich von einem konkludenten Vertragsschluss ausgegangen werden kann – ist hinsichtlich der vorliegenden Konstellation festzustellen, dass die **Kunden des Kaufhauses durch dessen Betreten keine konkrete, typischerweise entgeltliche Leistung in Anspruch nehmen.** Das Betreten des Kaufhauses steht daher nach der allgemeinen Vorstellung nicht ebenso selbstverständlich mit der Vereinbarung der Vertragsstrafe in Verbindung wie die Inanspruchnahme einer anonymen Leistung mit dem zugrundeliegenden entgeltlichen Vertrag. Ferner ist zu berücksichtigen, dass eine solche Vereinbarung **nur für den potenziellen Dieb relevant** sein kann, wobei aber an dessen ablehnender Haltung gegenüber einer derartigen Vereinbarung bei objektiver Betrachtung kein Zweifel bestehen kann; der Dieb hat ja nicht einmal vor, den nachfolgenden Kaufvertrag über Waren abzuschließen. Daher kann dem Betreten eines Kaufhauses kein rechtsgeschäftlich verbindliches Einverständnis mit einer auf einem Schild verlautbarten Vertragsstrafenvereinbarung zugemessen werden.[205]

657

Selbst wenn man aber dem Betreten des Kaufhauses ein Einverständnis mit der Vertragsstrafe entnehmen würde, so wäre die Vereinbarung aufgrund der beschränkten Geschäftsfähigkeit des L (§§ 2, 106 BGB) gemäß den §§ 107, 108 I BGB unwirksam, weil sie für diesen nicht lediglich rechtlich vorteilhaft und eine **Zustimmung der gesetzlichen Vertreter** nicht ersichtlich ist.

c) Ergebnis

Die B-AG hat keinen Anspruch auf Bezahlung einer Vertragsstrafe.

---

[203] Vgl. BGHZ 133, 184; Palandt/*Grüneberg*, § 305 Rn. 4; siehe auch *Grigoleit/Herresthal*, BGB Allgemeiner Teil, Systematische Darstellung Allgemeine Geschäftsbedingungen (Rn. 297).

[204] Ausführlich *Grigoleit/Herresthal*, BGB Allgemeiner Teil, Fall 1 „Die Schwarzfahrt" (Rn. 35 ff.).

[205] Vgl. Staudinger/*Rieble*, 2004, Vor § 339 Rn. 122; *Looschelders*, Schuldrecht AT, Rn. 813; *Larenz*, Schuldrecht I, § 25 II c (S. 386 f.); *Musielak*, JuS 1977, 531 (532).

2. Anspruch auf Schadensersatz aus §§ 280 I, 241 II, 311 II BGB

658 Voraussetzung eines Schadensersatzanspruches der B-AG aus §§ 280 I, 241 II, 311 II BGB (*culpa in contrahendo*) ist das Entstehen eines **vorvertraglichen Schuldverhältnisses aus geschäftlichem Kontakt**. Mangels konkreter Vertragsverhandlungen (§ 311 II Nr. 1 BGB) kommt vorliegend nur ein Anbahnungskontakt im Sinne von § 311 II Nr. 2 BGB in Betracht. Das Betreten eines Kaufhauses ist grundsätzlich ein hinreichender Anbahnungskontakt, weil dadurch Kaufhausbetreiber und Kunde ihre jeweiligen Rechtsgüter der Einwirkung der Gegenseite aussetzen.[206] Es fragt sich allerdings, ob die Entstehung des vorvertraglichen Schuldverhältnisses durch die Besonderheiten des vorliegenden Falls gehindert wird.

Die Tatsache, dass L das Kaufhaus in **vertragsfremder Absicht** betreten hat, schließt nach zutr. h. M. dessen Ansprüche aus der vorvertraglichen Sonderverbindung aus, weil sein Vertrauen auf Rücksichtnahme der Gegenseite aufgrund der eigenen Gesinnung nicht schutzwürdig ist.[207] Demgegenüber besteht kein Anlass, damit auch die Aktivlegitimation der B-AG in Frage zu stellen, da deren Schutzwürdigkeit durch den inneren Vorbehalt des L nicht berührt wird.[208]

Ein weiterer Einwand gegen die Haftung des L aus Sonderverbindung betrifft dessen Minderjährigkeit. Es ist anerkannt, dass die **Regeln des Minderjährigenschutzes** eine **Verpflichtung des Minderjährigen** aus vorvertraglicher Sonderverbindung **grundsätzlich ausschließen**.[209] Es wäre mit der grundsätzlichen Abschirmung vor rechtsgeschäftlichen Verbindlichkeiten unvereinbar, wenn Minderjährige im rechtsgeschäftlichen Kontakt einer vertragsähnlichen Haftung unterworfen würden. Ist der Minderjährige – wie L – beschränkt geschäftsfähig (vgl. § 106 BGB), so können sich Ansprüche gegen ihn aus vorvertraglichem Schuldverhältnis indessen analog den §§ 107, 108 I, 179 III 2 BGB dann ergeben, wenn die gesetzlichen Vertreter in den geschäftlichen Kontakt eingewilligt haben.[210] Vorliegend ist eine konkrete Einwilligung der Eltern des L in das Betreten des Kaufhauses durch L zum Zwecke des Diebstahls nicht ersichtlich. Auch gibt es keine Anhaltspunkte für eine Generaleinwilligung der Eltern des L in Einkäufe allgemeiner Art; eine derartige Generaleinwilligung wäre ohnehin aus Gründen des Minderjährigenschutzes restriktiv auszulegen und bezöge sich nicht auf Besuche des Kaufhauses zum Zwecke des Diebstahls.[211]

Danach hat die B-AG keine Ansprüche gegen L aus §§ 280 I, 241 II, 311 II BGB.

3. Anspruch aus § 823 I BGB

a) Tatbestand

659 Eine Eigentumsverletzung i. S. v. § 823 I BGB ist eine Einwirkung auf die Sache, durch welche der Eigentümer in seinen Eigentümerrechten aus § 903 BGB behindert wird.[212] Der **Entzug des Sachbesitzes** der B-AG durch L ist eine solche Beeinträchtigung der Eigentümerrechte, da aus dem Eigentum auch das Recht auf Ausübung der unumschränkten Sachherrschaft folgt; es liegt also eine Eigentumsverletzung vor – unabhängig davon, ob die Sache nach der Entdeckung des Diebstahls wieder in den Besitz der B-AG zurückgelangt ist[213]. Die Eigentumsverletzung ist auch **rechtswidrig**, da Rechtfertigungsgründe für sie nicht in Betracht kommen.

L handelte schließlich **vorsätzlich**. Er ist auch gemäß § 828 III BGB verantwortlich für sein vorsätzliches Handeln, da bei einem 13-jährigen typischerweise von hinreichender Einsichtsfähigkeit in die Rechtswidrigkeit eines vorsätzlichen Diebstahls ausgegangen werden kann und L sein Verhalten auch als unerlaubte „Mutprobe" ansah.

---

[206] Vgl. Palandt/*Grüneberg*, § 311 Rn. 23.

[207] Vgl. BGHZ 66, 51 (55); Jauernig/*Stadler*, § 311 Rn. 44; MünchKomm/*Emmerich*, § 311 Rn. 92.

[208] Vgl. hierzu *Grigoleit/Herresthal*, BGB Allgemeiner Teil, Fall 1 „Die Schwarzfahrt" (Rn. 66).

[209] Vgl. *BGH* NJW 1973, 1790; Palandt/*Grüneberg*, § 311 Rn. 26.

[210] Vgl. MünchKomm/*Emmerich*, § 311 Rn. 90 m. w. N.

[211] Vgl. dazu den Parallelfall der Schwarzfahrt in *Grigoleit/Herresthal*, BGB Allgemeiner Teil, Fall 1 „Die Schwarzfahrt" (Rn. 84).

[212] Vgl. Palandt/*Sprau*, § 823 Rn. 7; *Canaris*, NJW 1974, 521.

[213] A. A. insoweit Erman/*Schiemann*, § 823 Rn. 34, der beim missglückten Diebstahl nur §§ 823 II, 242 StGB zur Anwendung bringen will.

b) Haftungsausfüllungstatbestand

Es fragt sich, ob bzw. inwieweit die von der B-AG geltend gemachten Einbußen im Sinne der §§ 249 ff. **660**
BGB **ersatzfähige Schadensposten** darstellen.

aa) Überwachungskosten

Die Aufwendungen zur Überwachung des Kaufhauses sind unabhängig vom Diebstahl des L getätigt **661**
worden, d. h. sie wären auch bei pflichtgemäßem Verhalten des L angefallen. Sie sind daher **kein äqui-**
valent kausal durch die Eigentumsverletzung verursachter Schaden und nicht ersatzfähig im Sinne der
Differenzhypothese (§ 249 I BGB). Zu erwägen ist aber, ob insoweit die Differenzhypothese einer normativen Korrektur bedarf, ob also nach dem **Schutzzweck der Haftungsnorm** die Überwachungsauf-
wendungen auch ohne äquivalente Verursachung ersatzfähig sind.[214]

(1) Ersatzfähigkeit von Vorsorgekosten

Angesprochen ist damit das Problem der Vorsorgekosten, d. h. **solcher Aufwendungen**, die vom Geschä- **662**
digten **zur Verhinderung des Schadenseintritts** oder **zur Milderung der Folgen der Schädigung** bereits
vor einer Schadensverursachung erbracht werden und die daher nicht mehr in kausalem Zusammenhang zur konkreten Rechtsgutsverletzung stehen können. Nach der Rechtsprechung des *BGH* können
derartige Vorsorgekosten unter besonderen Umständen ausnahmsweise ersatzfähig sein:[215]

In der **Reservewagen-Entscheidung** bejahte der *BGH* in einem Fall, in dem ein Straßenbahnwagen beschädigt worden war, einen Anspruch auf **anteiligen Ausgleich des Unterhaltungsaufwands** für einen zum Einsatz gebrachten
Ersatzwagen.[216] Die Höhe des Ausgleichs wurde nach den auf die Einsatzzeit entfallenden Kosten für Abschreibung,
Verzinsung und Unterhalt bemessen. Zur Begründung führt das Gericht an, dass durch das Vorhalten eines Reservewagens im Vergleich zur Anmietung im Schadensfall Kosten gespart würden. Wenn der ausgefallene Wagen gar
nicht ersetzt würde, wäre der Ausfall wohl noch höher. Aus diesen Gründen geht der *BGH* davon aus, dass das
Vorhalten des Reservewagens im Rahmen der Schadensminderungsobliegenheit des Geschädigten (§ 254 II BGB)
geradezu geboten sei. Ein derartiges obliegenheitsgemäßes Verhalten könne nach Treu und Glauben nicht zu einem
Verlust des Schadensersatzanspruches führen, so dass es auf den (zufälligen) Zeitpunkt der Tätigung der Aufwendungen nicht ankommen dürfe.

In der **GEMA-Entscheidung** hat der *BGH* der GEMA (Gesellschaft für musikalische Aufführungsrechte) als
Schadensersatz für die von ihr zu verfolgenden **Verletzungen von Immaterialgüterrechten** einen **Betrag in Höhe der**
verdoppelten Normalgebühr zugebilligt.[217] Der Gesichtspunkt der Vorhaltekosten spielt für dieses Judikat deswegen eine entscheidende Rolle, weil das Gericht den Anspruch auf Erhebung der doppelten Gebühr mit dem Hinweis
darauf rechtfertigt, dass die GEMA zu dem ihr obliegenden Schutz der Immaterialgüterrechte ein Überwachungssystem unterhalten müsse. Die besondere Sensibilität der von der GEMA wahrgenommenen Rechte führe zu einem
(etwa gegenüber Warenzeichen oder Patenten) erhöhten Aufwand bei Verwirklichung des Kontrollsystems. Billigerweise müsse dieses Überwachungssystem durch den Rechtsverletzer getragen werden, da ansonsten die Überwachung zu Lasten des rechtstreuen Benutzers eine Erhöhung der Normaltarife bewirken würde.

(2) Übertragung auf Überwachungskosten?

Vor dem Hintergrund dieser Präzedenzfälle ist im Schrifttum z. T. vorgeschlagen worden, im Rahmen **663**
des Schadensersatzes auch einen anteiligen Ausgleich der zur Verhinderung von Ladendiebstählen aufgewendeten **Überwachungskosten** zuzulassen.[218] Als Parallele zur Reservewagen-Entscheidung kann
auf die schadensmindernde Wirkung der Überwachung hingewiesen werden. Ein Vergleich zur GEMA-
Entscheidung kann dadurch bekräftigt werden, dass auch die Rechtsgüter von Kaufhausbetreibern besonders verletzungsanfällig sind, wenn das Ausmaß der Schäden und die Probleme einer wirksamen

---

[214] Vgl. dazu auch *Armbrüster*, JuS 2007, 508 (511).
[215] Zum Ersatz von Vorsorgekosten siehe MünchKomm/*Oetker*, § 249 Rn. 193 ff. und Staudinger/*Schiemann*,
2005, § 249 Rn. 109 ff.
[216] Vgl. BGHZ 32, 280 (283 ff.); BGHZ 70, 199 (200 ff.) = JuS 1978, 564; zustimmend Palandt/*Grüneberg*,
§ 249 Rn. 62 sowie im Ergebnis auch MünchKomm/*Oetker*, § 249 Rn. 195; ablehnend Staudinger/*Schiemann*,
2005, § 249 Rn. 122.
[217] Vgl. BGHZ 17, 376 (383 ff.); BGHZ 59, 286.
[218] Vgl. *Canaris*, NJW 1974, 521 (524 f.), unter Begrenzung der Überwälzung der Überwachungskosten auf den
Wert des Diebesgutes.

Prävention berücksichtigt werden. Auch in diesem Fall erscheint es unbillig, die Überwachungskosten letztlich über die Preise auf die rechtstreuen Kunden umzulegen.

664 Ungeachtet dieser Erwägungen lehnt die h. M. eine anteilige Belastung gefasster Ladendiebe mit den Überwachungskosten ab.[219] Dahinter steht vor allem der Gedanke, dass die erwähnten **Präzedenzfälle als Billigkeitsjudikate bzw. aufgrund der mit ihnen verbundenen Durchbrechung des Verursacherprinzips ihrerseits nicht unbedenklich sind;** daher sollte jedenfalls bei einer Ausdehnung des in den *BGH*-Entscheidungen zum Ausdruck kommenden Grundgedankens Zurückhaltung geübt werden, um eine billigkeitsbasierte Ausuferung von Schadensersatzansprüchen zu vermeiden.[220] Hinzu kommt, dass ein näherer Vergleich des Ladendiebstahls mit den skizzierten Präzedenzfällen wesentliche Unterschiede zutage fördert: So ist der Fall des Ladendiebstahls – im Unterschied zur Verletzung von Musikaufführungsrechten – dadurch gekennzeichnet, dass es der Kaufhausbetreiber durchaus in der Hand hat, seine Rechtsgüter effektiv vor Diebstählen zu schützen; die besondere Sensibilität des Schutzgutes „Waren im Kaufhaus" ist nicht eine Folge der „besonderen Sensibilität" des Rechtsgutes als solchem, sondern vornehmlich Konsequenz einer **besonders diebstahlsanfälligen Warenpräsentation** (Selbstbedienung[221]), für die sich der Kaufhausinhaber im eigenen unternehmerischen Interesse entschieden hat. Im Vergleich zur Reservewagen-Entscheidung ist zu berücksichtigen, dass Zweck der Überwachung im Warenhaus **nicht lediglich die Minderung eines konkreten Schadens** aus einer Rechtsgutsverletzung ist, sondern vielmehr auch potenzielle Diebe abgeschreckt werden sollen. Es wäre mit allgemeinen schadensrechtlichen Grundsätzen kaum vereinbar, diesem generalpräventiven Zweck pauschal durch eine Schadensfiktion Rechnung zu tragen, während es gleichzeitig nicht rechtssicher möglich ist, das generalpräventive Zweckelement im Rahmen der anteiligen Umlegung der Überwachungskosten „herauszufiltern" und den Ausgleich so auf den Zweck einer Schadensminderung im konkreten Fall zu konzentrieren.[222]

(3) Ergebnis

665 Folgt man der Argumentation der h. M., so besteht kein Anspruch der B-AG auf anteiligen Ersatz der Überwachungskosten.

bb) Fangprämie

666 Die Kosten der Bezahlung der Fangprämie an den Detektiv wären ohne den Diebstahl des L nicht angefallen; sie sind also ein äquivalent kausal durch die Eigentumsverletzung bedingter bzw. nach der Differenzhypothese grundsätzlich ersatzfähiger Schaden. Auch an der Adäquanz des Kausalverlaufs ist nicht zu zweifeln, da die Aussetzung derartiger Prämien üblich und die Möglichkeit einer Diebstahlsaufdeckung gerade gewollt ist.

(1) Zurechnungsausschluss wegen freiwilliger Aussetzung der Prämie?

667 Teilweise wird aber vertreten, dass die haftungsausfüllende Kausalität aus normativen Erwägungen zu verneinen ist, der Schaden infolge der Bezahlung der Fangprämie also **nicht mehr vom Schutzzweck der Haftungsnorm umfasst sei.** Die Zurechnung des Schadens müsse entfallen, da die Prämie freiwillig durch den Kaufhausbetreiber ausgesetzt worden sei, dessen Angestellte im Übrigen ohnehin im Rahmen ihrer Dienstpflichten zur Aufdeckung von Ladendiebstählen verpflichtet seien.[223] Der hinter der Fangprämie stehende Zweck einer allgemeinen Prävention habe mit dem konkreten Diebstahl nichts zu tun. Auch ginge es letztlich um eine zivilrechtliche Bestrafung des Diebes, die dem Schadensrecht fremd sei.[224] Schließlich profitiere der Eigentümer von einem wirksamen Eigentumsschutz vor allem selbst durch die Reduktion der Diebstahlsquote; er müsse daher auch die damit verbundenen Kosten selbst tragen.[225]

---

[219] Vgl. BGHZ 75, 230 (237) = JuS 1980, 146; *BGH* NJW 1992, 1043 (1044); zustimmend Staudinger/*Schiemann*, 2005, § 249 Rn. 119; MünchKomm/*Oetker*, § 249 Rn. 194; Palandt/*Grüneberg*, § 249 Rn. 63; *Medicus/Lorenz*, Schuldrecht I, Rn. 680.

[220] Vgl. *Musielak*, JuS 1977, 531 (535).

[221] Vgl. *Lange/Schiemann*, Schadensersatz, § 6 VIII 3 (S. 298); *Medicus/Petersen*, Bürgerliches Recht, Rn. 864.

[222] Vgl. zum Ganzen BGHZ 75, 230 (237) = JuS 1980, 146.

[223] Vgl. *OLG Braunschweig* NJW 1976, 60 (61).

[224] Vgl. *Wollschläger*, NJW 1976, 12 (16).

[225] So noch MünchKomm/*Grunsky*, 3. Aufl., 1994, Vor § 249 Rn. 76a; *Musielak,* JuS 1977, 531 (534); AnwKomm/*Rüßmann*, Vor § 249 Rn. 41.

(2) Rechtfertigung der Fangprämie zur Schadensvermeidung

Nach zutr. h. M. ist indessen im Grundsatz ein hinreichender Zurechnungszusammenhang zwischen der Eigentumsverletzung und der durch die Fangprämie eintretenden Einbuße gegeben.[226] Die Fangprämie dient schwerpunktmäßig nicht dem generalpräventiven Eigentumsschutz, sondern der Abwendung einer konkreten Bedrohung, also der Schadensvermeidung. Sie ist unabhängig von der allgemeinen Verpflichtung der Angestellten zur Wachsamkeit zweckmäßig,[227] weil sie einen Anreiz zum Eingreifen in einer besonders heiklen Situation setzt. Den allgemein in den sog. Herausforderungsfällen praktizierten Regeln entsprechend folgt die grundsätzliche Ersatzfähigkeit der Fangprämie daraus, dass ihre Auszahlung letztlich durch den konkreten Diebstahl herausgefordert wird und sich als eine angemessene Reaktion auf diesen darstellt.[228]

668

Allerdings gilt die Ersatzfähigkeit von Fangprämien nicht unbegrenzt. Vielmehr ist zu vermeiden, dass der Kaufhausbetreiber durch die Fangprämie und deren Bemessung Zwecke verfolgt, die mit der konkreten Eigentumsverletzung in keinem Zusammenhang stehen (Generalprävention, Strafzweck, Überwälzung der Überwachungskosten durch die Hintertür). Um sicherzustellen, dass sich die Funktion der Fangprämie auf den Anreiz zur konkreten Schadensvermeidung beschränkt, hält der *BGH* eine höhenmäßige Begrenzung des Ausgleichs für erforderlich, hinsichtlich derer das Gericht gewisse Leitlinien formuliert hat:[229] Die Dominanz der Anreiz- bzw. Schadensvermeidungsfunktion ist danach nur insoweit anzuerkennen, als die Fangprämie in einem angemessenen Verhältnis zum gestohlenen Warenwert steht; nur insoweit befindet sich auch die aus der Bezahlung der Fangprämie resultierende Einbuße im Schutzzweck der Haftungsnorm.[230] Bei der Entwendung von ganz geringen Werten (etwa Süßigkeiten durch einen Jugendlichen) kann daher ein Ausgleich u. U. auch zur Gänze ausgeschlossen sein. Bei Diebstahl von Gegenständen mittleren Wertes soll eine (pauschalierte) Fangprämie von etwa € 50 (inflationsbereinigt) angemessen sein, auch wenn der Warenwert geringer ist,[231] und bei Entwendung höherwertiger Gegenstände soll auch eine Fangprämie von mehr als € 50 ersatzfähig sein, wenn sie noch in angemessenem Verhältnis zum Warenwert steht.[232]

669

Vorliegend dürfte bei einem Warenwert von € 150 eine Fangprämie von € 100 über den legitimen „Anreizzweck" hinausgehen. Angemessen ist demgegenüber eine Orientierung am (pauschalierten) Richtwert der Rechtsprechung von € 50.

Ergebnis: Die Fangprämie ist daher nur in Höhe von € 50 ersatzfähig.

cc) Bearbeitungskosten

Soweit sich der Bearbeitungsaufwand auf die **Einleitung der Strafverfolgung** bezieht, ist er zwar ebenfalls äquivalent kausale Folge der Eigentumsverletzung. Strafverfolgungsbezogene Belastungen liegen aber nach ganz h. M. außerhalb des Schutzzwecks des *zivilrechtlichen* Eigentumsschutzes.[233]

670

Auch hinsichtlich des **Aufwands für die zivilrechtliche Rechtsverfolgung** ist die schadensrechtliche Ersatzfähigkeit Einwänden ausgesetzt und zwar insoweit, als es um einen Ausgleich des Zeitaufwands des Geschädigten bzw. von dessen Mitarbeitern geht. Nach h. M. ist ein solcher Zeitaufwand als sog. **Mühewaltung in eigenen Angelegenheiten dem Verantwortungsbereich des Geschädigten** zuzuordnen und damit dem Schutzbereich der jeweiligen Haftungsnorm entzogen. Zur Begründung wird insbesondere auf die **Wertung des § 91 ZPO** verwiesen. Nach dieser Vorschrift gehört der eigene Zeitaufwand der obsiegenden Partei nicht zu den ersatzfähigen Prozesskosten. Hinzu kommt aus schadensrechtlicher Perspektive, dass ein etwaiger Zeitaufwand als solcher grundsätzlich nicht als nach § 251 I BGB ersatzfähiger Vermögensschaden anzuerkennen ist.[234] Diese Erwägungen sollen nach h. M. nicht nur der Er-

671

---

[226] Vgl. BGHZ 75, 230 (248 ff.) = JuS 1980, 146; Staudinger/*Schiemann*, 2005, § 249 Rn. 121; zustimmend nun auch MünchKomm/*Oetker*, § 249 Rn. 197. Siehe auch *Medicus/Lorenz*, Schuldrecht I, Rn. 681; *Armbrüster*, JuS 2007, 508 (511).

[227] Insoweit a. A. *Lange/Schiemann*, Schadensersatz, § 6 VIII 6 (S. 305 f.).

[228] Vgl. MünchKomm/*Oetker*, § 249 Rn. 196 f.

[229] Vgl. BGHZ 75, 230 (238 ff.) = JuS 1980, 146.

[230] So auch Staudinger/*Schiemann*, 2005, § 249 Rn. 121.

[231] Vgl. *AG Dülmen* NJW-RR 2002, 91: Fangprämie von DM 100 (€ 51) allgemein gerechtfertigt; vgl. auch MünchKomm/*Oetker*, § 249 Rn. 196 f.; Palandt/*Grüneberg*, § 249 Rn. 63.

[232] Vgl. z. B. auch *LG Berlin* DB 1984, 1029: Bei Werten über € 750 nicht mehr als € 250 ersatzfähig; das Einkommen des jeweiligen Angestellten soll aber nicht durch Fangprämien überschritten werden dürfen.

[233] Vgl. nur Palandt/*Grüneberg*, Vorb. v. § 249 Rn. 45.

[234] Vgl. oben *Systematische Darstellung Schadensrecht* (Rn. 597 f.).

satzfähigkeit des Zeitaufwands des Geschädigten selbst entgegenstehen, sondern **auch einem Ausgleich für das Tätigwerden von Angestellten** und zwar auch dann, wenn diese ausschließlich mit der Klärung zivilrechtlicher Ansprüche betraut sind. Dafür wird insbesondere das Bedürfnis einer Gleichbehandlung von privaten und gewerblichen Geschädigten angeführt; denn jedenfalls der Zeitaufwand einer geschädigten Privatperson stellt keinen ersatzfähigen Vermögensschaden dar, solange nicht weitergehende, durch den Zeitverlust verursachte Vermögenseinbußen dargelegt werden können.[235]

Diese restriktive Behandlung des zeitlichen Bearbeitungsaufwands im Schadensrecht ist indessen angreifbar.[236] Insbesondere ist das **Argument aus § 91 ZPO nicht schlüssig**, da diese Regelung eine verschuldensunabhängige Veranlassungshaftung begründet, die einem weitergehenden verschuldensabhängigen Schadensersatz nicht entgegenstehen sollte. Der mangelnde **Vermögenswert bloßen „Zeitverlusts" steht lediglich dem Ausgleich für die Tätigkeit des Geschädigten selbst entgegen** (§§ 251, 253 BGB), nicht aber einem Ausgleich für den Einsatz von Mitarbeitern, da insoweit regelmäßig ein nach § 249 I BGB ersatzfähiger Vermögensfolgeschaden geltend gemacht werden kann, dessen Ersatzfähigkeit nicht durch die §§ 251 I, 253 BGB berührt wird. Wertungswidersprüchlich ist die Verwehrung eines Ausgleichs für diesen Vermögensfolgeschaden insbesondere deswegen, weil etwaige Rechtsanwaltskosten des Geschädigten für eine angemessene Rechtsverfolgung grundsätzlich ersatzfähig sind. Der Gesichtspunkt der Gleichbehandlung von Unternehmen und Privaten ist ebenfalls nicht überzeugend. Denn einerseits können bei unternehmerischer Tätigkeit in vielfältiger Hinsicht „besondere" und ohne Weiteres ersatzfähige Schäden entstehen, andererseits bleibt es dem Privaten unbenommen, einen Rechtsanwalt mit der Durchsetzung seiner Rechte zu betrauen. Die restriktive Behandlung des Bearbeitungsaufwands kann somit hinsichtlich der durch den Einsatz von Mitarbeitern veranlassten Arbeitskosten allenfalls dadurch gerechtfertigt werden, dass einem ausufernden Schadensersatz und einem (u. U. schwer kontrollierbaren) Abrechnungsmissbrauch vorgebeugt werden soll.

672   Unstreitig ist indessen die Ersatzfähigkeit der in den Bearbeitungskosten enthaltenen **baren Auslagen** (z. B. für Porto, Telefon oder Papier). Insoweit kann § 91 ZPO keine Ausschlusswirkung zugemessen werden. Auch ist ohne Weiteres ein durch die Schädigung veranlasster Vermögensabfluss gegeben, der nach § 249 I BGB zu ersetzen ist; die Frage der Ersatzfähigkeit von Nichtvermögensschäden (§§ 251 I, 253 BGB) stellt sich nicht. Prozessual ist aber zu beachten, dass einer selbständigen Klage auf Ersatz der Materialkosten, die bei zivilrechtlicher Rechtsverfolgung angefallen sind, das Rechtsschutzbedürfnis fehlt, da derartige Kosten bereits durch die von Amts wegen zu treffende Kostenentscheidung (vgl. § 308 II ZPO) umfasst sind, soweit sie mit eingeklagten Hauptansprüchen zusammenhängen.[237]

dd) Ergebnis

Die Überwachungskosten sind nicht ersatzfähig, die Fangprämie nur in Höhe von ca. € 50. Die Bearbeitungskosten sind nach h. M. nur insoweit ersatzfähig, als in ihnen ein Materialkostenanteil enthalten ist, der auf die zivilrechtliche Rechtsverfolgung entfällt.

4. Anspruch aus § 823 II BGB i. V. m. § 242 StGB

673   Der Straftatbestand des § 242 StGB ist ein Schutzgesetz zugunsten des Eigentümers. Ein Schadensersatzanspruch aus § 823 II BGB setzt grundsätzlich eine vollständige Erfüllung der Voraussetzungen des Schutzgesetzes, insbesondere auch der subjektiven Voraussetzungen voraus. Vorliegend war L gemäß § 19 StGB zum Zeitpunkt des Diebstahls **schuldunfähig**.

674   Indessen soll es nach verbreiteter Auffassung bei der Prüfung eines strafrechtlichen Schutzgesetzes ausschließlich auf die **zivilrechtliche (hier: § 828 BGB), nicht auf die strafrechtliche Schuldfähigkeit** ankommen. Die Schutzgesetzhaftung aus § 823 II BGB nimmt danach zwar den gesamten Tatbestand des Schutzgesetzes als solchen in Bezug – wie insbesondere auch den Verschuldensmaßstab –, nicht aber die dahinterstehenden Normen des allgemeinen Strafrechts.[238] Hiergegen spricht jedoch bereits ein Umkehrschluss aus § 823 II 2 BGB, wonach eine Modifizierung der Verschuldensanforderungen

---

[235] Vgl. i. E. BGHZ 75, 230 (232 ff.) = JuS 1980, 146; BGHZ 66, 112 (114); *BGH* NJW 1961, 729 f.; näher Staudinger/*Schiemann,* 2005, § 251 Rn. 126; MünchKomm/*Oetker,* § 249 Rn. 83 f. und 198 ff.
[236] Kritisch etwa auch *Medicus/Lorenz,* Schuldrecht I, Rn. 682; Staudinger/*Medicus,* 12. Aufl., 1980, § 253 Rn. 53; *Canaris,* NJW 1974, 521 (522); *Weimar,* NJW 1989, 3246 (3248 f.).
[237] Vgl. BGHZ 75, 230 (235) = JuS 1980, 146.
[238] Vgl. Staudinger/*Hager,* 2009, § 823 Rn. G 36 ff. m. w. N. auch zu näheren Differenzierungen.

des Schutzgesetzes lediglich dann geboten sein soll, wenn das Schutzgesetz selbst kein Verschulden voraussetzt. Auch ist anerkannt, dass auf ein strafrechtliches Schutzgesetz die im Strafrecht herrschende Schuldtheorie angewendet wird,[239] obwohl ansonsten im Rahmen des Zivilrechts die Vorsatztheorie gilt. Die Heranziehung des zivilrechtlichen Maßstabs der Verschuldensfähigkeit hätte die fragwürdige Konsequenz, dass eine Haftung für Delikte begründet würde, die durch das Strafrecht gar nicht sanktioniert sind. Die Voraussetzungen der Erfüllung eines strafrechtlichen Schutzgesetzes sollten daher uneingeschränkt **nach den Regeln des Strafrechts bestimmt werden.**[240] Damit scheidet nach zutreffender Auffassung ein Schadensersatzanspruch der B-AG aus § 823 II BGB aus, weil L gem. § 19 StGB strafunmündig ist.

5. Anspruch aus § 826 BGB

Der vorsätzliche Diebstahl des L war zugleich eine vorsätzliche Schädigung der B-AG, die – angesichts der grundsätzlichen strafrechtlichen wie moralischen Verwerflichkeit der Tat – ohne Weiteres auch gegen die guten Sitten verstieß. Daher ergibt sich ein Anspruch in gleicher Höhe wie bei § 823 I BGB auch aus § 826 BGB.

675

II. Anspruch des D gegen S auf ein angemessenes Schmerzensgeld (Frage 2)

1. Anspruch aus §§ 280 I, 241 II, 253 II BGB i.V.m. den Grundsätzen über den Vertrag mit Schutzwirkung zugunsten Dritter

Mit dem Betreten des Kaufhauses kam ein **vorvertragliches Schuldverhältnis** i.S.v. § 311 II Nr. 2 BGB (Vertragsanbahnung) zwischen S und der B-AG zustande, aus dem S Schutzpflichten i.S.v. § 241 II BGB gegenüber der B-AG trafen. Ob das vorvertragliche Schuldverhältnis durch den Abschluss eines Kaufvertrages in ein vertragliches Schuldverhältnis übergegangen ist, ist für den Bestand der Schutzpflichten unerheblich.[241]

676

a) Sonderverbindung zwischen D und S (Vertrag mit Schutzwirkung zugunsten Dritter)

Grundsätzlich entsteht das Schuldverhältnis aus Vertragsverhandlungen bzw. aus Vertragsanbahnung nur zwischen den Parteien des intendierten Vertragsschlusses (arg. e § 311 III 1 BGB). Unter besonderen Umständen können aber Dritte aus einem zwischen anderen Parteien begründeten Schuldverhältnis berechtigt oder verpflichtet werden (§§ 311 II Nr. 3, III 1 BGB).[242] Insbesondere kann sich eine Aktivlegitimation Dritter aus den Grundsätzen über den Vertrag bzw. das Schuldverhältnis mit Schutzwirkung zugunsten Dritter ergeben.[243] Wendet man diese Grundsätze im vorliegenden Fall an, so ist auch das Personal der B-AG **in den Schutzbereich des zwischen der B-AG und der S begründeten Schuldverhältnisses einbezogen,** weil die Angestellten den Gefahren einer Schutzpflichtverletzung durch Kunden in gleicher Weise ausgesetzt sind wie die B-AG selbst (**Leistungsnähe**), die B-AG als Arbeitgeberin für das Wohl und Wehe ihrer Angestellten verantwortlich ist (**Gläubigernähe**), und die **Schutzbedürftigkeit** der Angestellten für die Kunden auch **erkennbar** ist.

677

b) Pflichtverletzung

S hat vorsätzlich den **Körper des D verletzt.** Grundsätzlich stellt eine solche Körperverletzung auch eine Schutzpflichtverletzung i.S.v. §§ 241 II, 311 II Nr. 3, III 1 BGB dar. Nach dem Grundsatz der Einheit der Rechtsordnung finden allerdings auch vorvertragliche Schutzpflichten eine Grenze in den gesetz-

678

---

[239] Vgl. *BGH* NJW 1985, 134; Palandt/*Sprau*, § 823 Rn. 60.

[240] Vgl. MünchKomm/*Wagner*, § 823 Rn. 361 m.w.N.

[241] Vgl. *Canaris*, JZ 1965, 475; *Lorenz/Riehm*, Lehrbuch zum neuen Schuldrecht, Rn. 355.

[242] Zur Anwendung des § 311 III 1 BGB auf vorvertragliche Schuldverhältnisse zugunsten Dritter vgl. *Lorenz/Riehm*, Lehrbuch zum neuen Schuldrecht, Rn. 376.

[243] Vgl. dazu näher Palandt/*Grüneberg*, § 328 Rn. 13 ff.

lichen Rechtfertigungsgründen.[244] Das in § 241 II BGB verankerte Rücksichtnahmegebot verbietet kein Verhalten, das durch einen anerkannten Rechtfertigungsgrund gedeckt ist.[245]

679   In Betracht kommt vorliegend eine **Rechtfertigung** des Verhaltens der S durch **Besitzwehr** (§ 859 BGB).[246] Die Durchsuchung einer Tasche gegen den Willen der Besitzerin stellt grundsätzlich **verbotene Eigenmacht** i.S.v. § 858 BGB dar und ist zudem als Verletzung des Allgemeinen Persönlichkeitsrechts (Recht auf Privatsphäre) gem. § 823 I BGB zu qualifizieren. Damit darf sich S gegen den Übergriff in ihren Besitz auch mit Gewalt wehren, es sei denn, D war seinerseits hierzu berechtigt und S daher zur Duldung der Taschenkontrolle verpflichtet.

aa) Gesetzliche Befugnis zur Vornahme von Taschenkontrollen

680   Eine Befugnis der B-AG zur Vornahme der Taschenkontrolle – und damit eine entsprechende **Duldungspflicht** der S – kann sich zunächst aus gesetzlichen Vorschriften ergeben.

(1) Notwehr (§ 227 BGB)

681   Eine Rechtfertigung der von D vorgenommenen Taschenkontrolle unter dem Gesichtspunkt der Notwehr (§ 227 BGB, 32 StGB) setzt voraus, dass die B-AG bzw. ihr Angestellter D zur Abwehr eines **gegenwärtigen rechtswidrigen Angriffes** gehandelt hat. Dies wäre der Fall, wenn S tatsächlich einen Diebstahl begangen (oder versucht) und D die Taschenkontrolle zur Sicherstellung des Diebesguts durchgeführt hätte. Jedoch lag weder tatsächlich ein Diebstahl vor, noch bestanden für D irgendwelche Anhaltspunkte für einen entsprechenden Verdacht, die eine Anwendung der Grundsätze der Putativnotwehr[247] ermöglichen könnten. D führte vielmehr nach eigener Aussage eine „Routinekontrolle" durch.

(2) Besitzrechtliches Selbsthilferecht (§ 859 BGB)

682   Das besitzrechtliche Selbsthilferecht aus § 859 BGB (Besitzwehr) gewährt dem Besitzer einer Sache – hier der B-AG als Besitzerin der Waren im Kaufhaus (vermittelt durch die Sachherrschaft der Organe, § 31 BGB analog) – das Recht, zur Abwehr verbotener Eigenmacht – hier: durch eine Hilfsperson – Gewalt anzuwenden. Voraussetzung dieses Rechts ist aber, dass S **verbotene Eigenmacht** verübt, sie der B-AG also den Besitz an ihren Waren entzogen bzw. dieses versucht hat. Für einen (versuchten) Diebstahl der S liegen aber keinerlei Anhaltspunkte vor. Eine eigenmächtige Kontrolle, *ob* verbotene Eigenmacht vorliegt, ist von § 859 BGB nicht gedeckt.[248]

(3) Allgemeines Selbsthilferecht (§ 229 BGB)

683   Das allgemeine zivilrechtliche Selbsthilferecht aus § 229 BGB, das u.U. die Festnahme der S decken könnte,[249] setzt voraus, dass ohne ein sofortiges Eingreifen der B-AG die Gefahr besteht, dass die **Verwirklichung eines Anspruchs vereitelt oder wesentlich erschwert** werde. Voraussetzung ist also ein Anspruch der B-AG gegen S (z.B. auf Herausgabe von Diebesgut), der indessen vorliegend nicht bestanden hat. Wiederum sind eigenmächtige Kontrollen, gerichtet auf die Prüfung, *ob* ein sicherungsfähiger Anspruch überhaupt besteht, nicht von § 229 BGB gedeckt.[250]

(4) Recht zur vorläufigen Festnahme (§ 127 I StPO)

684   Das strafprozessuale (Jedermanns-)Recht zur vorläufigen Festnahme nach § 127 I StPO setzt voraus, dass D die S **„auf frischer Tat"** angetroffen hat. Auch das Festnahmerecht nach § 127 I StPO verlangt zumindest, dass die erkennbaren äußeren Umstände einen dringenden Tatverdacht nahelegen.[251] Vorliegend sind derartige konkrete Verdachtsmerkmale nicht ersichtlich; insbesondere begründet die bloße Weigerung, eine Taschenkontrolle zu dulden, noch keinen dringenden Tatverdacht eines Diebstahls, weil S hierfür plausible andere Gründe angegeben hat. Zu-

---

[244]   Vgl. auch *Looschelders*, Schuldrecht AT, Rn. 556.

[245]   Eine dogmatische Alternative für die Berücksichtigung des Rechtfertigungsgrunds besteht darin, wegen der objektiv vorliegenden Körperverletzung eine Pflichtverletzung zu bejahen und die Rechtfertigungsgründe unter dem Gesichtspunkt des Vertretenmüssens zu prüfen, vgl. *Riehm*, FS Canaris, Bd. 1, 2007, S. 1079 (1100 f.).

[246]   Als Rechtfertigungsgrund könnte auch Notwehr (§ 227 BGB) herangezogen werden; die folgenden Ausführungen betreffen dann – ohne inhaltliche Abweichung – die Rechtswidrigkeit des gegenwärtigen Angriffs des D auf den Besitz bzw. das Persönlichkeitsrecht der S. Allerdings ist § 859 I BGB gegenüber § 227 BGB der sachnähere und weiterreichende Rechtfertigungsgrund zum Besitzschutz und daher vorrangig zu prüfen.

[247]   Vgl. dazu oben *Systematische Darstellung Deliktsrecht* (Rn. 123).

[248]   Vgl. auch MünchKomm/*Joost*, § 859 Rn. 5.

[249]   Vgl. MünchKomm/*Grothe*, § 229 Rn. 8.

[250]   Vgl. auch MünchKomm/*Grothe*, § 229 Rn. 3; a.A. *OLG Frankfurt a.M.* NJW-RR 1993, 788 (790).

[251]   Vgl. *BGH* NJW 1981, 745; KK-StPO/*Schultheis*, § 127 Rn. 9.

dem kann § 127 I StPO auch lediglich die **Festnahme** der S rechtfertigen, d.h. das physische Festhalten am Ort, nicht dagegen die Durchsuchung ihrer Tasche.[252]

(5) Zwischenergebnis

Damit setzen alle gesetzlichen Selbsthilferechte, die ggf. auch eine Befugnis zur Vornahme von Taschenkontrollen gewähren könnten, zumindest einen konkreten Diebstahlsverdacht voraus. Da ein solcher nicht bestanden hat, ist auch kein gesetzliches Recht zur Taschenkontrolle gegeben.

685

bb) Vertragliche Befugnis zur Vornahme von Taschenkontrollen

Besteht kraft Gesetzes keine Befugnis zur Vornahme von Taschenkontrollen, so stellt sich die Frage, ob sich ein solches Recht aus dem von der B-AG im Eingangsbereich aufgestellten **Hinweisschild** ergibt. Dieses könnte als Allgemeine Geschäftsbedingung i.S.v. § 305 I BGB das vorvertragliche Schuldverhältnis zwischen S und der B-AG ausgestalten und ein vertragliches Recht zur Vornahme von Taschenkontrollen gewähren.

686

(1) Vorliegen Allgemeiner Geschäftsbedingungen (§ 305 I 1 BGB)

Der Umstand, dass sich der auf dem Schild verlautbarte Text (auch) auf Kunden bezieht, mit denen kein Vertrag geschlossen wird, schließt die Einordnung als Vertragsbedingung i.S.v. § 305 I 1 BGB nicht aus.[253] Am Vorliegen von Vertragsbedingungen mag aber unter dem Gesichtspunkt des Rechtsbindungswillens gezweifelt werden, weil **keine ausdrückliche Pflicht** zur Duldung von Taschenkontrollen statuiert wird, sondern die Kunden lediglich „**höflichst" darauf hingewiesen werden**, dass ihre Taschen ggf. kontrolliert werden.[254] Indessen endet der „höflichste Hinweis" damit, dass die Taschenkontrollen ggf. durchgeführt werden „müssen". Die Aussage hat daher nicht nur eine unverbindliche Bitte um Öffnung der Taschen an den Kassen zum Gegenstand, sondern stellt – mit der Einschränkung „gegebenenfalls" – die Durchführung einer Taschenkontrolle als zwingende Folge der Mitnahme von Taschen in das Kaufhaus dar. Für den Kunden entsteht dadurch der Eindruck, die B-AG wolle sich für den Fall, dass der Kunde seine Tasche in das Kaufhaus mitnimmt, grundsätzlich das Recht einer Taschenkontrolle vorbehalten, die Kunden also zu deren Duldung verpflichten. Damit liegt für den insoweit maßgeblichen Empfängerhorizont eines Durchschnittskunden eine bindende vorvertragliche Regelung vor, die auch für eine Vielzahl von Verträgen von der B-AG vorformuliert sowie einseitig von dieser gestellt ist. Es handelt sich mithin um eine Allgemeine Geschäftsbedingung i.S.v. § 305 I 1 BGB.[255]

687

(2) Wirksame Einbeziehung der AGB (§ 305 II BGB)

Hinsichtlich der **förmlichen Einbeziehungsvoraussetzungen** gelten grundsätzlich die bereits im Zusammenhang mit der Vertragsstrafe angestellten Erwägungen.[256] Näherer Erörterung bedarf hier allein, ob S durch das Betreten des Kaufhauses konkludent ihr Einverständnis mit der auf dem Schild getroffenen Regelung der Taschenkontrolle erklärt hat (§§ 133, 157, 305 II BGB a. E.). Die Zulassung von Taschenkontrollen unterscheidet sich nicht unwesentlich von der Vereinbarung einer Vertragsstrafe:[257] Anders als bei der Vertragsstrafe betrifft die Taschenkontrolle nicht nur Ladendiebe, die ohnehin keinen Vertrag schließen wollen, sondern alle Kunden. Auch mögen die rechtstreuen Kunden u.U. ein Eigeninteresse daran haben, durch Zulassung von Taschenkontrollen an der Aufdeckung von Straftaten und an der Vermeidung der durch Ladendiebstähle verursachten Schäden sowie der damit verbundenen Preiseffekte mitzuwirken. Im Übrigen ist die Belastung durch stichprobenartige Taschenkontrollen nicht besonders gravierend und jeder Kunde hat die Möglichkeit, das Kaufhaus zu meiden oder seine Tasche beim Betreten abzugeben, wenn er die Gefahr einer Taschenkontrolle ausschließen will. Es sprechen daher ge-

688

---

[252] Vgl. *Schultheis,* in: Karlsruher Kommentar zur StPO, 6. Aufl., 2008, § 127 Rn. 30 m.w.N.

[253] Vgl. oben Rn. 655.

[254] Aus diesem Grund hat BGHZ 124, 39 (42) = JuS 1994, 434 die AGB-Qualität verneint (aufgegeben in BGHZ 133, 184 [188f.]).

[255] Vgl. BGHZ 133, 184 (188f.).

[256] Vgl. oben Rn. 655 ff.

[257] Vgl. oben Rn. 657.

wichtige Gründe dafür, das Passieren der deutlich sichtbaren Schilder der h. M. entsprechend als Einverständnis mit den darauf enthaltenen Geschäftsbedingungen zu deuten (a. A. vertretbar).[258]

(3) Inhaltskontrolle (§§ 307 ff. BGB)

689 Eine Inhaltskontrolle nach den §§ 307 ff. BGB setzt zunächst voraus, dass die Klausel überhaupt **kontrollfähig** ist. Gibt die Klausel nämlich nur die geltende Gesetzeslage wieder, so ist sie nach § 307 III 1 BGB der Inhaltskontrolle entzogen und unterliegt lediglich der Transparenzkontrolle nach § 307 I 2 BGB. Nach der gesetzlichen Regelung steht der B-AG ein Kontrollrecht allenfalls bei einem konkreten Diebstahlsverdacht zu. Man mag erwägen, ob die Einschränkung „gegebenenfalls" in der Klausel so zu deuten ist, dass sie ein Kontrollrecht nur für diese Fälle eines auch gesetzlich begründeten Kontrollrechts vorsieht; dann wäre sie nicht kontrollfähig. Indessen gilt für AGB-Klauseln im Rahmen der Inhaltskontrolle (anders als bei der Anwendung einer Klausel, wenn verschiedene wirksame Auslegungsalternativen in Frage stehen) der **Grundsatz der kundenfeindlichsten Auslegung**.[259] Danach ist die Klausel so zu verstehen, als würde sie ein Kontrollrecht nach der willkürlichen Entscheidung des Ladeninhabers bzw. seines Überwachungspersonals einräumen. Offenbar hat D die Kontrollen auch in dieser Weise gehandhabt. Ein solches voraussetzungsloses Kontrollrecht weicht von der Gesetzeslage ab und eröffnet daher die Inhaltskontrolle nach den § 307 ff. BGB.[260]

690 Da die §§ 308, 309 BGB keine besonderen Klauselverbote für derartige Kontrollrechte enthalten, richtet sich die Inhaltskontrolle alleine nach der **Generalklausel des § 307 BGB**, d. h. zunächst nach den Regelbeispielen des § 307 II BGB. Vorliegend weicht die Klausel von den wesentlichen Grundgedanken der gesetzlichen Regelung ab (§ 307 II Nr. 1 BGB), nach denen die B-AG Taschenkontrollen allenfalls vornehmen darf, wenn ein konkreter Diebstahlsverdacht vorliegt.[261] Diese gesetzliche Regelung dient dem Schutz der Persönlichkeitsrechte der Kunden. Überwiegende Interessen des Kaufhausinhabers, die in Abweichung von der gesetzlichen Regelung einen derartigen Eingriff in die Privatsphäre der Kunden rechtfertigen könnten (§ 307 I BGB), sind nicht ersichtlich. Zwar hat die B-AG grundsätzlich ein berechtigtes Interesse daran, sich vor Ladendiebstählen zu schützen; die Vornahme von Taschenkontrollen mag insoweit auch ein taugliches Mittel sein. Die gesetzliche Regelung trägt indessen diesem Interesse bereits unter Abwägung mit den Persönlichkeitsinteressen der Kunden Rechnung. Die Unabhängigkeit des Kontrollrechts von einem konkreten Verdacht stellt demgegenüber den Eingriff in die Persönlichkeitssphäre in das Belieben des Kaufhausbetreibers bzw. seiner Mitarbeiter. Die Ermöglichung derart willkürlicher Eingriffe stellt eine unangemessene Benachteiligung des Kunden i. S. v. § 307 I BGB dar.[262] Daher ist die Klausel nach § 307 I i. V. m. II Nr. 1 BGB unwirksam.

(4) Rechtsfolge des Verstoßes

691 Wegen des **Verbotes geltungserhaltender Reduktion** kann die auf den Hinweisschildern statuierte Pflicht zur Duldung von Taschenkontrollen auch nicht insoweit aufrechterhalten werden, als sie Taschenkontrollen zumindest bei Vorliegen eines konkreten Diebstahlsverdachts zulässt. Sie ist daher insgesamt unwirksam (§ 306 I BGB). Damit besteht keine vertragliche Duldungspflicht.

Lediglich hilfsweise ist darauf hinzuweisen, dass selbst die **Wirksamkeit der Verpflichtung zur Duldung von Taschenkontrollen** in den AGB nichts am Vorliegen verbotener Eigenmacht – und damit am Recht der S zur Besitzwehr – ändern würde. Denn für das Vorliegen verbotener Eigenmacht i. S. v. § 858 BGB kommt es nur auf den tatsächlichen Gestattungswillen des Besitzers im Augenblick der Besitzstörung an; eine vertragliche Bindung ist insoweit nicht wirksam möglich.[263]

---

[258] Vgl. *OLG Frankfurt a. M.* NJW-RR 1993, 788 (790); *BGH* NJW 1982, 1144; *Palandt/Grüneberg*, § 305 Rn. 43; *Christensen*, JuS 1996, 873 (878); *Graf v. Westphalen*, NJW 1994, 367.

[259] Vgl. *Grigoleit/Herresthal*, BGB Allgemeiner Teil, *Systematische Darstellung Allgemeine Geschäftsbedingungen*, Rn. 321 m. w. N.

[260] Vgl. BGHZ 133, 184 (189 f.).

[261] Vgl. oben Rn. 680 ff.

[262] Vgl. BGHZ 133, 184 (190 f.).

[263] Vgl. MünchKomm/*Joost*, § 858 Rn. 7. D dürfte die S lediglich gem. § 229 BGB festhalten, um dann seinen vertraglichen Anspruch auf Duldung von Taschenkontrollen auf der Grundlage einer einstweiligen Verfügung durch einen Gerichtsvollzieher durchzusetzen.

c) Ergebnis

D beging also verbotene Eigenmacht, als er die Tasche kontrollieren wollte; ein etwaiger Rechtsirrtum **692** des D über seine Berechtigung zur Vornahme von Taschenkontrollen ändert hieran nichts. Da die Verteidigungshandlung der S auch erforderlich war, um die verbotene Eigenmacht abzuwehren, ist sie gem. § 859 I BGB gerechtfertigt. Daher bestehen keine Ansprüche des D aus §§ 280 I, 241 II, 253 II BGB i.V.m. den Grundsätzen des Vertrags mit Schutzwirkung für Dritte.

2. Ansprüche des D aus § 823 I BGB i.V.m. § 253 II BGB oder aus § 823 II BGB i.V.m. § 223 StGB und § 253 II BGB.

Wegen der Rechtfertigung der Körperverletzung nach § 859 I BGB bestehen auch keine Ansprüche des D aus § 823 **693** I BGB i.V.m. § 253 II BGB oder aus § 823 II BGB i.V.m. § 223 StGB und § 253 II BGB.

III. Wirksamkeit des Hausverbots gegen S (Frage 3)

1. Grundlage und Rechtsnatur des Hausverbotes

Das privatrechtliche Hausrecht hat seine Grundlage primär in den §§ 858, 859 BGB:[264] Das Betreten eines Gebäudes **694** ist stets eine **Besitzstörung** gegenüber dem Besitzer, die nach § 858 I BGB verbotene Eigenmacht darstellt, wenn sie ohne den Willen des Besitzers erfolgt. Ist der Besitzer zugleich **Eigentümer** der Sache, so ergibt sich sein Hausrecht zudem aus §§ 903 Alt. 2, 1004 BGB: Der Eigentümer kann Dritte nach Belieben von dem Zugriff auf seine Sache ausschließen oder ihnen die Benutzung gestatten.[265]

Besitzer und Eigentümer können die Benutzung der Sache grundsätzlich nach freiem Belieben zulassen oder verbieten. Durch die Öffnung seines Grundstück für den Publikumsverkehr erklärt der Besitzer oder Eigentümer konkludent sein generelles Einverständnis bzw. seine Einwilligung mit dem Betreten. Der *actus contrarius* hierzu ist das Hausverbot, das sich dementsprechend als **individuelle Rücknahme des Einverständnisses** bzw. der Einwilligung in das Betreten darstellt. Unabhängig von der Rechtsnatur dieser Rücknahme – nach zutr. h.M. rein tatsächliche Äußerung des natürlichen Besitzwillens (vgl. § 858 BGB: „ohne dessen Willen"),[266] nach a.A. rechtsgeschäftliche Rücknahme einer Einwilligung des Eigentümers[267] – hat diese Äußerung **rechtliche Wirkungen**, denn sie ist Voraussetzung für das Selbsthilferecht des Besitzers (§ 859 BGB) und für die Strafbarkeit des Störers gem. § 123 StGB (Hausfriedensbruch). Sie kann daher als „wirksam" oder „unwirksam" bezeichnet werden, je nachdem ob diese Wirkungen eintreten oder nicht. Auch die Regeln über die Stellvertretung sind (jedenfalls) analog anwendbar, so dass D das Hausverbot für die B-AG aussprechen konnte, sofern er dazu bevollmächtigt worden ist.

Unabhängig davon, ob die B-AG Eigentümerin oder bloße Besitzerin des Kaufhauses ist, hat das Hausverbot **696** daher grundsätzlich die **Wirkung**, dass ein erneutes Betreten des Kaufhauses durch S eine Straftat gem. § 123 StGB darstellt und die B-AG sie hieran ggf. auch mit Gewalt hindern darf. Fraglich ist, ob die Erklärung des D, der im Namen und mit Vollmacht der B-AG gehandelt hatte, wirksam im soeben geschilderten Sinne ist.

2. Wirksamkeit des Hausverbots

Eine Besonderheit des Hausverbots besteht darin, dass die B-AG das Kaufhaus **für den allgemeinen Ver-** **697** **kehr geöffnet** hat. Es fragt sich daher, ob bzw. inwieweit diese allgemeine Öffnung der räumlichen Sphäre die Wirksamkeit des Hausverbots beeinflusst. Die Kaufhausbetreiberin hat auf ihr Hausrecht verzichtet bzw. ihr generelles Einverständnis damit erklärt, dass die Kunden – zu denen auch S gehört – das Kaufhaus betreten. Dieses Einverständnis gilt in den vom Inhaber festgesetzten Grenzen, d.h. insbesondere nur während der Ladenöffnungszeiten. Zudem ist es bei objektiver Auslegung analog §§ 133, 157 BGB konkludent beschränkt auf diejenigen Kunden, die sich im Rahmen des „üblichen Käuferverhaltens" bewegen.[268] Der Verkehr ist damit bereits von vornherein nicht für diejenigen Personen eröff-

[264] Vgl. *BGH* NJW 2010, 534 (535); NJW 2006, 1054 = JuS 2006, 737; *Löwisch/Rieble,* NJW 1994, 2596; *Christensen,* JuS 1996, 873.

[265] Vgl. auch BGHZ 110, 371 (383f.) = JuS 1991, 156; *BGH* NJW 2006, 377 (379) = JuS 2007, 479; NJW 2006, 1054 = JuS 2006, 737. Näher zum Eigentumsschutz auch *Neuner*, Sachenrecht, Rn. 84ff.

[266] Vgl. MünchKomm/*Joost*, § 858 Rn. 7 m.w.N.

[267] Vgl. BeckOK/*Fritzsche*, § 1004 Rn. 99.

[268] Vgl. BGHZ 124, 39 (43) = JuS 1994, 434.

net, die das Kaufhaus nicht zum Einkaufen bzw. zur Prüfung der Angebote, sondern etwa zum Schlafen betreten. S hat das Kaufhaus jedoch als gewöhnliche Kundin betreten, so dass sie sich innerhalb der Grenzen des Einverständnisses der B-AG bewegt hat.

698   Es fragt sich daher, ob die B-AG ihr generell erteiltes Einverständnis durch das Hausverbot **im Einzelfall** wirksam in der Weise begrenzen konnte, dass die S trotz der allgemeinen Öffnung des Kaufhauses vom Betreten ausgeschlossen wurde. Hierfür ist entscheidend, ob die B-AG frei darüber entscheiden darf, wen sie in ihr Kaufhaus einlässt, oder ob sie insoweit einer rechtlichen Kontrolle unterliegt.

a) Sachlicher Grund erforderlich?

699   Nach Auffassung des *BGH* ist der Hausrechtsinhaber an seiner einmal erfolgten Öffnung des Verkehrs in seinem Kaufhaus festzuhalten. Nach seiner Auffassung kommt ein Hausverbot eines Ladeninhabers gegenüber Kunden nur in Betracht, wenn diese den betrieblichen Ablauf stören, d.h. die **Grenzen des „gewöhnlichen Kundenverhaltens" überschreiten.**[269] Das bedeutet mit anderen Worten, dass der *BGH* ein Hausverbot des Inhabers eines Kaufhauses nur für wirksam hält, wenn es von einem sachlichen Grund gedeckt ist; ein willkürliches Hausverbot ist unwirksam.

700   Diese Rechtsprechung findet ihren Ursprung in **wettbewerbsrechtlichen Entscheidungen** zu Hausverboten, die gegenüber sog. „Testkäufern" ausgesprochen worden waren, d.h. Personen, die im Auftrag eines Konkurrenten oder Geschäftspartners das Geschäftsgebaren des Ladeninhabers überprüfen und dazu dessen Laden betreten. Hier hat der *BGH* die Hausverbote als wettbewerbswidrig und daher unwirksam angesehen, weil der Testkäufer ein (im konkreten Fall) legitimes Interesse an der Überwachung von Konkurrenten durchsetze, die ihm aus wettbewerbsrechtlichen Gründen (§ 1 UWG) nicht verweigert werden dürfe.[270] Der Inhaber des Hausrechts dürfe Testkäufern, die sich nicht anders verhalten als andere Kunden auch, nicht den Zutritt zu seinen Geschäftsräumen verweigern; insoweit habe er sich durch die Öffnung des Ladens für den allgemeinen Verkehr seines Hausrechts begeben. Ohne die Übertragbarkeit dieser spezifisch wettbewerbsrechtlichen Argumentation zu problematisieren, wendet der *BGH* die gleichen Grundsätze auch auf „gewöhnliche" Kunden an.[271] Zusätzlich wird dieses Ergebnis auch mit der Ausstrahlungswirkung des Art. 3 GG auf das Privatrecht begründet,[272] die zu einer Einschränkung der Privatautonomie in Fällen führen müsse, in denen einerseits ein wirtschaftliches oder soziales Machtungleichgewicht besteht und andererseits die Ausübung der Privatautonomie zu einer geradezu öffentlichen Diskriminierung führe, den Betroffenen also übermäßig belaste.[273]

701   Grundlage des Hausverbots ist nach der neueren Rechtsprechung des *BGH* daher **nicht mehr das Hausrecht selbst**, welches seinem Inhaber gestattet, Andere nach Belieben in sein Haus zu lassen oder vom Betreten auszuschließen. Vielmehr verlangt er umgekehrt, dass der Hausrechtsinhaber einen **besonderen Grund** hat, eine Person vom Betreten auszuschließen, und sieht die Grundlage des Hausverbotes daher in den §§ 862 I 2, 1004 I 2 BGB, d.h. in den Vorschriften über die Abwehr von Störungen von Besitz und Eigentum. Voraussetzung ist damit das **Vorliegen einer konkreten Störung** durch die ausgeschlossene Person,[274] wobei das bloße Betreten als solches – entgegen den allgemeinen Grundsätzen des Besitz- und Eigentumsschutzes[275] – offenbar nicht als Störung ausreichen soll, sondern darüber hinausgehende Störungen (z.B. Gewalttätigkeiten gegen andere Besucher) erforderlich sind.

702   Nach dieser Rechtsprechung ist die B-AG daran gebunden, dass sie ihr Kaufhaus für alle Kunden geöffnet hat, die sich an die von ihr *ex ante* definierten Grenzen des „**gewöhnlichen Kundenverhaltens**" halten. Die Verweigerung einer Taschenkontrolle oder der Angriff auf den Kaufhausdetektiv können ein Hausverbot danach nur dann stützen, wenn beides den Rahmen des „gewöhnlichen Kundenverhaltens" überschreitet. Diese Voraussetzung ist erfüllt, wenn sich S gegenüber D, also einem Mitarbeiter der B-AG, rechtswidrig verhalten hat. Da jedoch D nicht berechtigt war, die Tasche der S zu kontrollieren und ihre Fußtritte daher durch Notwehr nach §§ 227 BGB, 32 StGB gerechtfertigt waren,[276] hat S rechtmäßig gehandelt, so dass ein beanstandungswürdiges Kundenverhalten nicht vorliegt und somit nach den Kriterien der *BGH*-Rechtsprechung kein Hausverbot verhängt werden durfte.

---

[269] Vgl. BGHZ 124, 39 (43, 46) = JuS 1994, 434; ebenso bereits *OLG Hamm* BB 1964, 939.
[270] Vgl. z.B. BGHZ 43, 359 (367); *BGH* NJW 1966, 1558; NJW 1980, 700 (701) = JuS 1980, 196.
[271] Vgl. BGHZ 124, 39 (43) = JuS 1994, 434.
[272] Vgl. *BGH* NJW 2010, 534 (535).
[273] Vgl. *Christensen*, JuS 1996, 873 (874).
[274] Vgl. *BGH* NJW 2010, 534 (535 f.).
[275] Vgl. *KG* NJW-RR 1988, 780; BeckOK/*Fritzsche*, § 858 Rn. 9.
[276] Vgl. oben Rn. 679 ff.

b) Grundsätzliche Entscheidungsfreiheit des Hausrechtsinhabers

In der Literatur und der älteren Rechtsprechung wird hingegen überwiegend die Auffassung vertreten, das Haus- 703
recht als **Ausprägung der (negativen) Privatautonomie** umfasse grundsätzlich das Recht, willkürlich darüber zu
entscheiden, wer das Gebäude betreten dürfe und wer nicht.[277] In der Tat kann insoweit **nichts anderes gelten als
hinsichtlich der negativen Vertragsabschlussfreiheit.** Diese Parallele ergibt sich schon aus der einheitlichen Verankerung der Eigentums- bzw. Besitzrechte einerseits und der Vertragsabschlussfreiheit andererseits in der Privatautonomie. Das Prinzip der Privatautonomie gewährleistet in allen seinen Ausprägungen eine grundsätzlich kontroll-
freie, d. h. der individuellen Willkür Raum gebende Verfügungssphäre.[278] Aus der Perspektive des vorliegenden Falls
kommt hinzu, dass eine etwaige Unwirksamkeit des Hausverbotes nur dann wirkungsvoll ist, wenn die B-AG zugleich zum Abschluss von Kaufverträgen mit S verpflichtet ist. Anderenfalls wäre das Betreten des Kaufhauses für
S weitgehend sinnlos.

Sind Hausverbot und Verweigerung des Vertragsschlusses danach grundsätzlich gleich zu behandeln, so müssen 704
auch die Grenzen der Wirksamkeit von Hausverboten identisch sein mit den Grenzen der negativen Vertragsabschlussfreiheit. Eine Pflicht, das Betreten des Kaufhauses zu gestatten, kommt daher nur unter den engen Voraussetzungen eines **Kontrahierungszwangs** in Betracht. Ein solcher kann sich im allgemeinen Zivilrecht aus § 826 BGB
oder § 21 I AGG[279] ergeben.[280] Ein durch § 826 BGB begründetes Diskriminierungsverbot setzt nach h. M. voraus,
dass das Kaufhaus der B-AG öffentlich Güter anbietet, die für den Lebensbedarf essentiell sind, ohne dass dem
Kunden eine andere zumutbare Möglichkeit zur Deckung seines Bedarfes zur Verfügung steht.[281] Dafür sind im
vorliegenden Fall keine Anhaltspunkte ersichtlich. Auch ein Verstoß der B-AG gegen das Benachteiligungsverbot
des § 19 I AGG ist nicht ersichtlich, da der Grund des Hausverbots allein in dem Vorfall anlässlich der Taschenkontrolle liegt, nicht aber in einem in der Person der S liegenden und vom AGG erfassten Diskriminierungsmerk-
mal. Der vorliegende Fall ist schließlich nicht mit den vom **kartellrechtlichen Kontrahierungszwang** nach den
§ 19 IV GWB, Art. 82 I EG erfassten Fällen vergleichbar, so dass auch **keine Analogie** zu diesen Vorschriften in
Betracht kommt. Der entscheidende Unterschied liegt jeweils darin, dass es S unbenommen bleibt, in einem anderen
Kaufhaus einzukaufen, so dass keine wesentliche Beeinträchtigung ihrer (positiven) Vertragsabschlussfreiheit vorliegt.

Ein über die genannten Vorschriften hinausgehendes **allgemeines Erfordernis eines sachlichen Grundes** für das 705
Hausverbot ist **nicht zu rechtfertigen**: Eine mittelbare Drittwirkung von Art. 3 GG setzt voraus, dass die Grundrechte gegenüber dem konkreten Anbieter überhaupt (Dritt-)Wirkungen entfalten; das mag für Monopolanbieter
(wie etwa die Stadionbetreiber in einem vom *BGH* behandelten Fall[282]) der Fall sein, aber nicht für die Betreiber
gewöhnlicher (und ersetzbarer) Ladengeschäfte. Würde man auch insoweit ein allgemeines Willkürverbot zu Lasten
Privater anerkennen, so wäre die – *unmittelbar* grundrechtlich gewährleistete – negative Vertragsfreiheit faktisch
aufgehoben. Solange daher der Hausrechtsinhaber keine monopolartige Stellung hat, können ihm keine Beschränkungen des (ebenfalls grundrechtlich nach Art. 14 GG geschützten) Hausrechts auferlegt werden; er kann vielmehr
selbst frei und willkürlich entscheiden, wem er das Betreten seines Hauses gestattet.

3. Ergebnis

Entgegen der Auffassung des *BGH* ist das **Hausverbot daher wirksam.** Im Ergebnis darf die B-AG also 706
zwar – aus Gründen des Persönlichkeitsrechts- und Besitzschutzes – nicht verdachtsunabhängig die
Tasche der S kontrollieren lassen. Es ist ihr aber unbenommen, nur solche Kunden in ihre Kaufhäuser
zu lassen (und nur mit solchen Kunden Verträge zu schließen), die freiwillig eine Taschenkontrolle über
sich ergehen lassen.

---

[277] Vgl. *OLG Celle* OLGZ 1972, 281; *Koller*, EWiR 1994, 41; *Löwisch/Rieble*, NJW 1994, 2596.

[278] Vgl. etwa näher *Grigoleit*, in: Jestaedt/Lepsius (Hrsg.), Rechtswissenschaftstheorie, 2008, S. 52 (54 ff.).

[279] Vgl. zum Kontrahierungszwang aus § 21 I AGG nur BeckOK-AGG/*Wendtland*, § 21 Rn. 13 ff.

[280] Vgl. als Beispiel *BGH* NJW 2006, 1054 = JuS 2006, 737 (Einschränkung des Hausrechts eines Flughafen-
betreibers wegen Kontrahierungszwangs).

[281] Vgl. *Bydlinski*, AcP 180 (1980), 1 (41 f.); *Larenz/Wolf*, Allgemeiner Teil des Bürgerlichen Rechts, § 34
Rn. 33; *LG Berlin* WM 2008, 1825 (1826 f.).

[282] Vgl. *BGH* NJW 2010, 534.

C. Aktuelle Rechtsprechung

707   I. Auswirkungen eines Deckungsgeschäfts auf den Schadensersatz

BGH NJW 2008, 2430 = JuS 2008, 1028

Die Entscheidung betrifft die Frage, ob bzw. inwieweit ein vom Geschädigten vorgenommenes Deckungsgeschäft Auswirkungen auf dessen Anspruch auf Naturalherstellung hat. Die Schädigerin, die Stieftochter des Geschädigten, hatte 466 Mannesmann-Aktien ihres Stiefvaters unberechtigterweise zum Preis von ca. € 34.000 veräußert. Der Geschädigte erwarb nur eine Woche später erneut 466 Mannesmann-Aktien zum Preis von ca. € 38.000 zur Wiederauffüllung seines Depots. Er verklagte die Schädigerin zunächst auf Ersatzbeschaffung von (weiteren) 466 Mannesmann-Aktien und später – nach der während des Prozesses erfolgten Übernahme von Mannesmann durch Vodafone – auf Zahlung der auf 466 Aktien angefallenen hypothetischen Barabfindung i.H.v. mehr als € 1 Mio.

Grundsätzlich kann der Geschädigte wahlweise Naturalherstellung (§ 249 I BGB), d.h. Wiederbeschaffung eines entsprechenden Aktienpaketes, oder aber Zahlung des zur Herstellung erforderlichen Geldbetrages verlangen (§ 249 II 1 BGB). Der *BGH* beschränkte den Schadensersatzanspruch gleichwohl auf den Vermögensverlust, den der Geschädigte anlässlich seines Neuankaufs von 466 Aktien erlitten hat. Durch den **Deckungskauf** hat sich der Vermögensschaden des Geschädigten allein auf den zum Neuankauf **konkret angefallenen Betrag** reduziert. Der *BGH* hält den Einwand des Geschädigten, er habe durch das Deckungsgeschäft nicht den von der Schädigerin herbeigeführten Schaden kompensieren, sondern unabhängig von der Schädigung sein Aktiendepot aufstocken wollen, für irrelevant. Insbesondere die zahlenmäßige Identität von neu angekauften und widerrechtlich veräußerten Aktien spricht dafür, dass der Geschädigte einen den Schaden reduzierenden Deckungskauf vorgenommen hat und keine „zusätzliche" Kapitalanlage erwerben wollte. Die Entscheidung des *BGH* ist im Übrigen auch deswegen wertungsmäßig überzeugend, weil sie eine risikolose Spekulation des Geschädigten zu Lasten des Schädigers ausschließt; für einen solchen Spekulationsvorteil bietet der Schadensersatzanspruch keine Rechtfertigung.

708   II. Zurechnung von Schockschäden

BGHZ 172, 263 = JuS 2008, 375

Der *BGH* bestätigt die von ihm aufgestellten Grundsätze zur haftungsrechtlichen Zurechnung von Schockschäden. Zwei Polizisten waren an der Unfallstelle eines schweren Verkehrsunfalls im Einsatz. Ein von ihnen unternommener Rettungsversuch musste abgebrochen werden. Die Beamten mussten sodann mit ansehen, wie die beteiligten Verkehrsteilnehmer verbrannten und erlitten posttraumatische Belastungsstörungen, die mit einer zeitweisen Arbeitsunfähigkeit verbunden waren.

Der *BGH* lehnt den Schadensersatzanspruch des klagenden Bundeslandes aus übergegangenem Recht ab, weil die bei den Beamten eingetretenen Gesundheitsverletzungen nicht dem Unfallverursacher zurechenbar sind. Zur Eingrenzung des Kreises der potentiell Geschädigten verlangt der *BGH* für die Zurechnung von psychischen Schädigungen, dass diese entweder bei **direkt am Unfall Beteiligten** oder aber bei **nahen Angehörigen des Opfers** eintreten. Unbeteiligte Unfallzeugen oder gar Schaulustige werden für erlittene Schockschäden nicht entschädigt. Im zu entscheidenden Fall waren die Polizisten keine unmittelbaren Unfallbeteiligten. Einer direkten Unfallbeteiligung ist die Betroffenheit der Polizisten auch nicht etwa deswegen gleichzustellen, weil sie einen Rettungsversuch unternommen haben. Zwar wäre eine anlässlich der Rettungshandlung erlittene Verletzung des Polizisten dem Unfallverursacher nach Herausforderungsgrundsätzen zurechenbar. Die psychische Beeinträchtigung beruht im Streitfall allerdings nicht auf dem Rettungsversuch, sondern allein auf der Konfrontation mit dem Unfall als solchem bzw. mit dessen Folgen. Die Polizeibeamten wurden daher wie zufällige Zeugen durch das belastende Geschehen betroffen.

709   III. Verhältnis von Wiederherstellungskosten und Wertersatz bei Verlust von Daten

BGH NJW 2009, 1066

Der Schädiger, freier Mitarbeiter eines Ingenieursbüros, hatte durch die unsachgemäße Installation eines Computerspiels auf dem EDV-System des geschädigten Ingenieursbüros den Verlust eines großen Bestandes betriebsnotwendiger Daten (Pläne von Steuerungsanlagen) herbeigeführt. Der Geschädigte beziffert die Kosten der Wiederherstellung aller gelöschten Pläne mit ca. € 496.000. In den zehn Jahren zwischen Schädigung und Berufungsverhandlung hat er aus Geldmangel lediglich die dringendsten 10 % des ursprünglichen Datenbestands rekonstruiert; dafür haben seine Mitarbeiter ca. 200 (nicht gesondert vergütete) Arbeitsstunden aufgewandt. Das Berufungsgericht gewährte jedoch lediglich € 322 für den Austausch der Festplatte, lehnte den Ersatz der Wiederherstellungskosten dagegen ab, weil der Geschädigte keinen konkreten wirtschaftlichen Wert der verlorenen Daten nachgewiesen habe und deshalb die Wiederherstellungskosten gegenüber einem mit Null anzusetzenden Wertersatz unverhältnismäßig i.S.v. § 251 II 1 BGB seien.

Der *BGH* stellt fest, dass vor der Anwendung des § 251 BGB die Frage zu klären ist, ob die Rekonstruktion der Daten überhaupt möglich ist (etwa anhand von Ausdrucken der früheren Pläne). Ist dies nicht der Fall, kommt gem. § 251 I BGB ohnehin nur ein Anspruch auf Wertersatz, nicht aber auf Ersatz der Wiederherstellungskosten in Betracht. Erst in einem zweiten Schritt stellt sich dann die Frage, ob die Wiederherstellungskosten im Hinblick auf den Wert unverhältnismäßig sind (§ 251 II BGB). Die **Darlegungs- und Beweislast** für die Unmöglichkeit wie auch für die Unverhältnismäßigkeit der Wiederherstellung trägt **der Schädiger**, weil die aus § 251 II BGB folgende Begrenzung der an sich bestehenden Pflicht zum Ersatz der vollen Herstellungskosten ein für den Schädiger günstiger Einwand gegen seine Schadensersatzverpflichtung sind.

Sowohl für die Ermittlung der Wiederherstellungskosten als auch für die Bestimmung des Wertes der verlorenen Daten gilt die **Beweiserleichterung des § 287 I ZPO**, die dem Tatgericht die Schätzung des Schadens mit einem geringeren Beweismaß gestattet (vgl. dazu oben *Systematische Darstellung Schadensrecht*, Rn. 530). Für die Schätzung des **Vermögenswerts der verlorenen Daten** kommt es danach insbesondere darauf an, inwieweit durch das Fehlen der Daten Betriebsabläufe gestört und erschwert werden und dadurch personeller oder zeitlicher Mehraufwand erforderlich wird. In diesem Zusammenhang können als Anhaltspunkt die **Arbeitsleistungen der eigenen Mitarbeiter zur Schadensbeseitigung** herangezogen werden. Dabei ist unerheblich, ob diese zusätzlich vergütet wurden; sie sind vielmehr nach allgemeinen schadensrechtlichen Grundsätzen zum Marktwert entsprechender Tätigkeiten anzusetzen (vgl. dazu oben *Systematische Darstellung Schadensrecht*, Rn. 597). Die Wiederherstellungskosten sind zu dem so ermittelten Vermögenswert der verlorenen Daten ins Verhältnis zu setzen. Ergibt sich auch dann noch eine Unverhältnismäßigkeit der Wiederherstellung, so ist nach § 251 II BGB (immerhin) Ersatz des Vermögenswertes zu leisten.

IV. Vertraglich pauschalierte Schadensersatzleistung an einen Dritten als zurechenbarer Folgeschaden

710

BGH NJW 2009, 1207

Der Kläger hatte vom beklagten Landkreis eine Baugenehmigung zur Errichtung von Photovoltaik-Modulträgern an Windkraftanlagen erhalten. Im Vertrauen auf den Bestand der Baugenehmigung beauftragte er einen Bauunternehmer mit der Realisierung des Vorhabens. Er vereinbarte hierbei ein vertragliches Rücktrittsrecht sowie pauschalierten Schadensersatz i.H.v. € 5.000 für den Fall der Verzögerung der Bauausführung aufgrund behördlicher Eingriffe. Hierdurch sollte der Bauunternehmer von dem finanziellen Risiko entlastet werden, dass er in Erwartung der Realisierbarkeit des Vorhabens andere Aufträge ausschlägt. Nachdem der Landkreis amtspflichtwidrig die Baugenehmigung zurückgenommen hat, tritt der Kläger vom Bauvertrag zurück und erfüllt seine pauschalierte Schadensersatzverpflichtung. Diesen Betrag verlangt er vom Landkreis aus Amtshaftung (§ 839 BGB i.V.m. Art. 34 GG).

Das Berufungsgericht hatte die vom Kläger bezahlten € 5.000 als nicht vom Schutzzweck der Amtshaftung umfasst angesehen, weil die Zahlung auf einer vom Kläger **vertraglich frei vereinbarten Verpflichtung** beruhte, die vom gesetzlichen Haftungsleitbild der Haftung des Auftraggebers eines Bauwerks erheblich abweiche. Mit derartigen Folgeschäden müsse die Behörde nicht rechnen, zumal derartige Vereinbarungen im Ergebnis dann einen Vertrag zu Lasten Dritter darstellen würden. Demgegenüber spricht der *BGH* den Anspruch auf Erstattung der € 5.000 in voller Höhe zu. Maßgeblich für den Umfang des Schadensersatzes ist der **Schutzzweck der verletzten Amtspflicht** (hier der Pflicht, die Baugenehmigung nicht in rechtswidriger Weise zurückzunehmen); damit kommt es entscheidend darauf an, welche Dispositionen der Kläger im Vertrauen auf die Wirksamkeit der Genehmigung berechtigterweise tätigen durfte. Diese Fragestellung steht der sog. **Herausforderungsproblematik** nahe, wo es ebenfalls um die Zurechnung von Schäden geht, die sich der Geschädigte – veranlasst durch ein Verhalten des Schädigers – selbst zugefügt hat (vgl. dazu oben *Systematische Darstellung Deliktsrecht*, Rn. 108 f.). Darauf, dass der Schaden auf einer eigenen selbstbestimmten Handlung des Geschädigten beruht – hier auf der vertraglichen Vereinbarung der Schadenspauschalisierung – kommt es nicht an, solange nur diese Handlung ihrerseits durch den Schädiger in **verhältnismäßiger und vorhersehbarer Weise veranlasst wurde**. Hiervon ausgehend sieht der *BGH* nicht nur den Abschluss eines Werkvertrages mit den für den Fall der Nichtdurchführbarkeit des Bauvorhabens vorgesehenen Haftungsfolgen (insb. §§ 642 ff. BGB) als zurechenbare Folge des Vertrauens in die erteilte Baugenehmigung an, sondern auch die vertragliche Eingehung besonderer Haftungsrisiken, sofern die eingegangene Verpflichtung **unmittelbar mit der Durchführung der beabsichtigten Baumaßnahme verbunden** ist und der **bezüglich des konkreten Bauvorhabens bestehenden Interessenlage der Vertragspartner** Rechnung trägt. Nicht mehr vom Schutzzweck erfasst wären demgegenüber etwa freiwillige Haftungsübernahmen, die der Kompensation von Nachteilen aus anderen Bauvorhaben dienen.

Nach diesen Kriterien war die freiwillige Haftungsübernahme im Streitfall nicht zu beanstanden. Die pauschalierte Schadensersatzhaftung ordnete nur das Risiko der Unausführbarkeit des **konkreten** Bauvorhabens zu. Sie war diesbezüglich auch **interessengerecht**, denn es ist grundsätzlich Sache des Bestellers, die zur Ausführbarkeit des Bauvorhabens erforderlichen Voraussetzungen zu schaffen. Es war insoweit sowohl gerechtfertigt, von einem Verschuldenserfordernis auf Seiten des Klägers abzusehen, als auch den Bauunternehmer von einem Kausalitätsnachweis zu entlasten, da dieser die Offenlegung der eigenen Kalkulation erforderte.

Anders entschied der *BGH* den Fall eines Architekten, dem eine im eigenen Namen, jedoch im Auftrag des Grundstückeigentümers gestellte Bauvoranfrage amtspflichtwidrig versagt wurde, und der dadurch einen materiellen Schaden in Form entgangener Provisionsansprüche erlitten hat. Für eine Ersatzfähigkeit des Schadens fehlt es an einem **unmittelbaren Bezug zur baulichen Nutzbarkeit** des Grundstücks. Dieser besteht nur beim Bauherrn und Eigentümer des Baugrundstücks, nicht aber bei dem mit der Bauvorbereitung beauftragten Architekten, dem es nicht unmittelbar um die Bebauung selbst, sondern primär um eigene Vermögensinteressen geht (*BGH NJW 1994, 1647*).

Beachte: Die AGB-rechtliche Inhaltskontrolle einer Abrede über pauschalierten Schadensersatz kann zu deren Unwirksamkeit führen (vgl. § 309 Nr. 5 BGB sowie u.U. auch § 307 BGB). In diesem Fall scheitert die Ersatzfähigkeit des Haftungsschadens nicht erst am fehlenden Schutzzweckzusammenhang, sondern schon an der fehlenden **haftungsausfüllenden äquivalenten Kausalität**. Da dann nämlich schon gar kein pauschalierter Schadensersatz geschuldet ist, kann ein solcher auch nicht kausal durch eine Pflichtverletzung des Schädigers verursacht worden sein (vgl. *BGH* NJW 1998, 1493). Mangels entsprechender Anhaltspunkte, insb. aufgrund der im Vergleich zum Auftragsvolumen nur geringen Höhe der Vertragsstrafe, wurde die Unwirksamkeit der Klausel im vorliegenden Fall vom *BGH* nicht einmal thematisiert.

711   **V. Umfang des Schadensersatzes bei fehlerhafter Anlageberatung**

BGH NJW-RR 2009, 603

Ein Kapitalanleger hatte infolge fehlerhafter Anlageberatung eine nicht voll werthaltige Eigentumswohnung erworben. Die Entscheidung konkretisiert den Inhalt des Schadensersatzanspruchs gegen den Anlageberater.

Ausgehend vom schadensrechtlichen Grundsatz, dass der Geschädigte so zu stellen ist, wie er ohne das schädigende Ereignis stünde (§ 249 I BGB), räumt der *BGH* dem geschädigten Immobilienerwerber für die Geltendmachung der Naturalrestitution ein **Wahlrecht zwischen zwei Berechnungsansätzen** ein: Entweder der Geschädigte behält die erworbene Immobilie und liquidiert lediglich zusätzliche Vermögenseinbußen, wie beispielsweise erhöhte Sanierungskosten. Oder aber der Geschädigte verlangt als „großen Schadensersatz" darüber hinaus den für das Anlageobjekt gezahlten Kaufpreis vom Anlageberater, Zug um Zug gegen Übereignung der unrentablen Kaufsache. Einer solchen Betrachtung steht nicht entgegen, dass die Immobilie nicht vom Anlageberater, sondern von einem Dritten erworben worden war. Denn für die Naturalrestitution kommt es nur auf die Situation des Geschädigten an, nicht auf diejenige des Schädigers. Insoweit macht es aber keinen Unterschied, ob der Kaufpreis von Berater oder Verkäufer erstattet wird und ob das Kaufobjekt an diesen oder jenen herauszugeben ist. Der *BGH* weist ferner darauf hin, dass es für eine bloße Zug-um-Zug-Verurteilung keiner Einrede des schädigenden Beraters bedarf. Denn dass der Kaufpreis nur gegen Übereignung des unerwünschten Anlageobjektes zu erstatten ist, folgt unmittelbar aus dem **schadensrechtlichen Prinzip der Vorteilsausgleichung** und stellt so eine immanente Begrenzung des Anspruchs des Geschädigten auf Erstattung des Kaufpreises dar (vgl. dazu oben *Systematische Darstellung Schadensrecht*, Rn. 542 ff.).

Beachte: Ein grundsätzliches Wahlrecht zwischen schadensrechtlicher Vertragsanpassung und Vertragsaufhebung erkennt der *BGH* auch im Falle **vorvertraglicher Aufklärungspflichtverletzungen** an (*BGH* NJW 2001, 2163; NJW 2007, 3057; vgl. näher *Grigoleit/Herresthal*, BGB Allgemeiner Teil, Rn. 235; *Grigoleit/Auer*, Bereicherungsrecht, Rn. 193 f.).

3. Kapitel. Haftung im Straßenverkehr

A. Systematische Darstellung Haftung im Straßenverkehr

Inhaltsübersicht

Die Haftung bei Unfällen im Straßenverkehr ist im **Straßenverkehrsgesetz (StVG)** besonders geregelt. **712**
Neben dessen Vorschriften findet zwar auch das allgemeine Deliktsrecht der §§ 823 ff. BGB Anwendung;
die Sonderregelungen des StVG sowie schadensrechtliche Besonderheiten, die sich für Verkehrsunfälle
aus der höchstrichterrechtlichen Rechtsprechung ergeben und auch die deliktsrechtliche Haftung betreffen, legen jedoch eine gesonderte Darstellung nahe. Im Einzelnen geht es auf der Tatbestandsseite um
die beiden besonderen Anspruchsgrundlagen des StVG, d.h. die Halterhaftung nach § 7 StVG (Gefährdungshaftung) und die Haftung des Kfz-Führers nach § 18 StVG (Haftung für vermutetes Verschulden),
sowie auf der Rechtsfolgenseite um die Behandlung typischer Schadensposten beim Verkehrsunfall.
Beide Anspruchsgrundlagen des StVG sind neben den §§ 823 ff. BGB anwendbar (vgl. § 16 StVG); es
empfiehlt sich jedoch, die Ansprüche aus dem StVG vor § 823 I BGB zu prüfen, weil die Anspruchsvoraussetzungen einfacher nachzuweisen sind.

I. Die Haftung des Kfz-Halters nach § 7 StVG

§ 7 I StVG begründet eine **Gefährdungshaftung des Kfz-Halters** für Schäden, die beim Betrieb seines Kfz **713**
oder Anhängers entstehen. Dabei haftet der Halter nicht für ein Fehlverhalten – er muss das Kfz nicht
einmal selbst gefahren haben –, sondern nur für die von seinem Fahrzeug ausgehende Betriebsgefahr,
die im Grundsatz unabhängig vom Fahrer und seinem Können ist.[1] Bedeutung hat § 7 I StVG nicht nur
als Haftungsbegründungstatbestand, sondern auch als Einwendung der **mitwirkenden Betriebsgefahr**,
die sich ein geschädigter Kfz-Halter bei seinem eigenen Schaden analog § 254 I BGB entgegenhalten
lassen muss.

---

[1] Sorgfaltswidriges Fahrverhalten des Fahrers (der nicht zugleich Halter sein muss), erhöht allerdings die Betriebsgefahr als sog. „subjektive Betriebsgefahr", vgl. dazu unten Rn. 732.

Prüfungsaufbau und Problemübersicht

1. Rechtsgutsverletzung

714 Die Haftung bei Verkehrsunfällen ist ebenso wie die Haftung nach § 823 I BGB auf die **Verletzung von Rechtsgütern** begrenzt; es existiert wie dort keine Haftung für primäre Vermögensschäden und für Beeinträchtigungen der allgemeinen Handlungsfreiheit.[2] Darüber hinaus sind die geschützten Rechtsgüter **gegenüber § 823 I BGB eingeschränkt**, denn nach § 7 StVG wird nur für die Verletzung von Körper, Leben und Gesundheit sowie für Sachschäden gehaftet, nicht aber für die Verletzung sonstiger Rechte. Diese Einschränkung, die in gleicher Weise bei § 833 BGB und bei § 1 ProdHaftG besteht, korreliert mit der besonderen Schärfe der verschuldensunabhängigen Haftung; gleichzeitig kommen Verletzungen sonstiger Rechte im Straßenverkehr in der Praxis kaum vor.

715 Problematisch ist die Beschränkung des Schutzbereiches aber bei der Beschädigung **geleaster** oder **unter Eigentumsvorbehalt gekaufter Fahrzeuge:** Im Rahmen des § 823 I BGB werden die Rechtspositionen des Leasingnehmers (berechtigter Besitz) und des Vorbehaltskäufers (Anwartschaftsrecht) als „sonstiges Recht" geschützt; dies ist bei § 7 StVG nicht möglich, weil diese Vorschrift „sonstige Rechte" gerade nicht schützt. Nach h. M. ist dieses Schutzdefizit aber dadurch zu kompensieren, dass das Kriterium des „Sachschadens" i. S. v. § 7 StVG unter Einbeziehung des Schadens eines Mieters oder Leasingnehmers weit gefasst wird.[3]

2. Betrieb eines Kfz

Zur Ausfüllung des Merkmals „bei Betrieb" des Fahrzeugs sind verschiedene Ansätze vertreten worden:

716 ▪ Nach der sog. **maschinentechnischen Auffassung** ist maßgeblich, ob die Verletzung gerade aus den ungebremsten Betriebskräften des Kfz resultiert. Danach ist das Kfz nur solange in Betrieb, wie der **Motor** das Kfz bewegt. Macht sich das Auto „selbständig" (z. B. wenn es wegen Bremsversagens aus dem Parkplatz rollt), so liegt nach der maschinentechnischen Auffassung kein Betrieb des Kfz vor. Diese Meinung wurde zuletzt 1975 für Schadensfälle auf Privatgrundstücken, d. h. außerhalb des öffentlichen Verkehrs, vertreten[4] und kann heute als überholt gelten.[5]

717 ▪ Nach der inzwischen ganz herrschenden **verkehrstechnischen Auffassung** liegt ein „Betrieb" solange vor, wie das Auto als **Verkehrs- oder Transportmittel am Straßenverkehr teilnimmt.** Diese Definition beruht auf der Erwägung, dass die spezifische Gefährdung von Kfz mit deren Teilnahme am Straßenverkehr verbunden ist und nicht notwendig vom Motorbetrieb abhängt. Ein „Betrieb" ist daher auch dann zu bejahen, wenn es auf einer öffentlichen Straße geparkt oder aufgrund eines Defekts liegengeblieben ist.[6] „In Betrieb" sind auch langsame Mäh- oder Streufahrzeuge.[7] Demgegenüber fehlt es an einem haftungsrelevanten „Betrieb", wenn ein Kfz am Haken abgeschleppt wird, ohne selbst gelenkt zu werden.[8] Gleiches gilt, wenn das Kfz **ausschließlich als Arbeitsgerät** verwendet wird, ohne in irgendeiner Weise am Verkehr teilzunehmen (z. B. bei Schäden durch auslaufendes Öl aus einem Tanklaster, soweit dies nicht im Verkehr, sondern auf dem Grundstück des Kunden geschieht;[9] ebenso

---

[2] Vgl. dazu oben *Systematische Darstellung Deliktsrecht* (Rn. 4).

[3] Vgl. *BGH* NJW 1981, 750 (751); Jagow/*Burmann*/Heß, § 7 StVG Rn. 16.

[4] Vgl. *BGH* NJW 1975, 1886.

[5] *BGH* NJW-RR 1995, 215 (216) geht bei einem Unfall auf einem Privatgelände von der verkehrstechnischen Auffassung aus, ohne allerdings die frühere Rspr. ausdrücklich aufzugeben; s. a. Jagow/*Burmann*/Heß, § 7 StVG Rn. 8.

[6] Vgl. BGHZ 29, 163; BGHZ 105, 65; *OLG München* NZV 1996, 199 (200); *Kötz/Wagner*, Deliktsrecht, Rn. 548.

[7] Vgl. *LG Kaiserslautern* NJW 2008, 2786 (Mähfahrzeug); BGHZ 105, 65 (Streufahrzeug).

[8] Vgl. Jagow/*Burmann*/Heß, § 7 StVG Rn. 10. Demgegenüber nimmt ein Fahrzeug auch dann noch am Straßenverkehr teil, wenn es am Seil oder an der Stange abgeschleppt wird; vgl. *OLG Hamm* NJW-RR 2009, 1031 (1032).

[9] Vgl. *BGH* BeckRS 2008, 6942; *BGH* NJW 1993, 2740; NJW 1975, 1886 (Schäden beim Entladen von Tanklastern); *Kötz/Wagner*, Deliktsrecht, Rn. 551 f.

bei geparkten Fahrzeugen, die von Dritten in Brand gesetzt werden und aufgrund dieses Brandes andere Fahrzeuge in Mitleidenschaft ziehen[10]).

3. Haltereigenschaft des Anspruchsgegners

Halter i.S.v. § 7 I StVG ist – wie bei der Tierhalterhaftung nach § 833 BGB[11] – derjenige, der das Kfz (oder den Anhänger) für **eigene Rechnung** im Gebrauch hat und die zum Gebrauch erforderliche **Verfügungsgewalt** über das Kfz besitzt.[12] Auf die Eigentumslage kommt es dabei nicht entscheidend an, ebenso wenig auf die Frage, auf wen das Fahrzeug zugelassen und haftpflichtversichert ist.[13] Im Regelfall (Privatwagen) wird zwar der Eigentümer zugleich Versicherungsnehmer, zulassungsrechtlicher und haftungsrechtlicher Fahrzeughalter sein. Beim Auseinanderfallen dieser Eigenschaften kommt es aber auf die Verfügungsgewalt und damit darauf an, wer über den Einsatz des Fahrzeugs entscheiden kann und die laufenden Kosten trägt. Das kann z.B. derjenige sein, der das Kfz aufgrund eines längerfristigen Miet- oder Leasingvertrages in Gebrauch hat und während dieser Zeit die Betriebskosten (insbesondere Versicherungsprämien und Steuern) trägt.[14] Bei der Sicherungsübereignung und beim Kauf unter Eigentumsvorbehalt ist ebenfalls der Besitzer Halter, nicht der Eigentümer (Bank oder Verkäufer).

718

Bei **Firmenwagen** ist grundsätzlich die Firma (z.B. die Gesellschaft) Halterin, wenn und weil diese generell über den Einsatz des Fahrzeugs bestimmen kann und so die Gefahrenquelle schafft. Bei **Dienstwagen**, die vom Arbeitgeber lediglich – als Teil des Arbeitseinkommens – finanziert werden, die aber dem Arbeitnehmer zur persönlichen Nutzung zustehen, ist dagegen der Arbeitnehmer als Halter anzusehen, da dieser die Kosten des Kfz zumindest mittelbar finanziert (Lohnersatzfunktion des Dienstwagens) und jedenfalls die Nutzungen zieht.

719

Wird das Kfz **gestohlen**, so ist zu unterscheiden: Wurde der Wagen dem Halter **dauerhaft** entzogen (Diebstahl i.S.v. § 242 StGB), so endet die Haltereigenschaft damit; der Dieb wird neuer Halter. Handelt es sich lediglich um eine vorübergehende **Schwarzfahrt** (Gebrauchsanmaßung i.S.v. § 248a StGB), so bleibt die Haltereigenschaft erhalten (arg. ex § 7 III 1 StVG).[15]

720

4. Kausalität zwischen Betrieb und Verletzung

Zwischen dem Betrieb des Kfz und der eingetretenen Rechtsgutsverletzung muss ein ursächlicher Zusammenhang bestehen. Da es sich bei § 7 I StVG um eine Gefährdungshaftung handelt, **kommt nur die Äquivalenz-, nicht aber die Adäquanzformel** zur Anwendung, weil es gerade der Zweck der Gefährdungshaftung ist, auch vor unvorhersehbaren Gefahren zu schützen.[16] Für den Kausalzusammenhang ist dabei nicht erforderlich, dass ein **physischer Kontakt** zwischen Kfz und Verletztem stattgefunden hat. Es genügt z.B., wenn ein Radfahrer dem Auto zur Vermeidung der Kollision ausweicht, wenn andere Verkehrsteilnehmer wegen einer Ölspur zu Schaden kommen, oder wenn das Fahrzeug einen Stein aufschleudert.[17]

721

Die Verletzung muss aber vom **Schutzzweck der Norm** erfasst sein, d.h. es muss sich gerade die **typische Betriebsgefahr** des Kfz realisiert haben, weil die strenge Gefährdungshaftung sonst nicht gerechtfertigt wäre. Danach ist nach der Rechtsprechung erforderlich, dass die Verletzung in einem nahen **örtlichen und zeitlichen** Kausalzusammenhang mit dem Betriebsvorgang steht.[18] Der Schutzzweckzusammenhang reicht dabei nach h.M. weniger weit als bei § 823 I BGB;[19] er fehlt insbesondere dann,

722

---

[10] Vgl. *BGH* NJW-RR 2008, 764.

[11] Vgl. dazu oben *Systematische Darstellung Deliktsrecht* (Rn. 239).

[12] Vgl. BGHZ 13, 351; BGHZ 173, 182; *Larenz/Canaris*, Schuldrecht II/2, § 84 III 1 b (S. 618 ff.).

[13] Vgl. *BGH* VersR 1969, 907; *OLG Hamm* NZV 1990, 363.

[14] Vgl. BGHZ 87, 133; siehe zur Halterfrage beim Leasing *Becker*, ZGS 2008, 415 (416).

[15] Vgl. *OLG Hamm* NJW-RR 1996, 282 (283).

[16] Vgl. schon oben *Systematische Darstellung Deliktsrecht* (Rn. 95).

[17] Vgl. *Kötz/Wagner*, Deliktsrecht, Rn. 386; *LG Kaiserslautern* NJW 2008, 2786 (von einem Mähfahrzeug aufgeschleuderter Stein).

[18] Vgl. RGZ 133, 279 (274); *BGH* NJW 1972, 1808; abl. *Larenz/Canaris*, Schuldrecht II/2, § 84 III 1 d (S. 621 f.).

[19] Siehe dazu oben *Systematische Darstellung Deliktsrecht* (Rn. 97 ff., 100 ff.); a. A. *Larenz/Canaris*, Schuldrecht II/2, § 84 III 1 d (S. 621 f.), die bei mittelbaren Verletzungen für die Angleichung des Schutzumfangs an § 823 I BGB plädieren.

wenn sich nicht die Betriebsgefahr des Autos verwirklicht, sondern die Verletzung aus einem anderen, von Dritten oder dem Geschädigten geschaffenen Gefahrenkreis herrührt.[20]

Nach der h. M. greift § 7 I StVG insbesondere nicht ein:

- Wenn bei **Verfolgungsfällen**[21] das verfolgende Fahrzeug in einen Unfall gerät, da sich hier nicht die Betriebsgefahr des verfolgten, sondern allein diejenige des verfolgenden Kfz realisiert.[22]

- Bei anderen Fällen **entfernter mittelbarer Verletzung**, z. B. wenn durch die Umfahrung eines liegengebliebenen Fahrzeugs Schäden an einem Grünstreifen herbeigeführt werden[23], wenn durch Unfallgeräusche eine „Panik im Schweinestall" ausgelöst wird,[24] oder wenn ein Unfallbeteiligter infolge der Aufregung über falsche Anschuldigungen in der Schuldfrage einen Schlaganfall erleidet,[25] weil sich auch hier jeweils andere Gefahrenquellen als die Betriebsgefahr des Kfz realisiert haben.

In Fällen der **freiwilligen Selbstgefährdung** (z. B. sorgfaltswidriges Überqueren einer Straße durch einen Fußgänger; Mitfahrt bei einem betrunkenen Autofahrer[26]) bejaht die Rspr. dagegen den Schutzzweckzusammenhang und berücksichtigt das Verhalten des Geschädigten erst im Rahmen von § 254 BGB.[27] Auch unfallbedingte **Schockschäden** können grundsätzlich in den Rahmen der Betriebsgefahr fallen; sie sind – unter den gleichen einschränkenden Voraussetzungen wie bei § 823 I BGB[28] – nach § 7 StVG ersatzfähig.[29]

5. Ausschluss der Ersatzpflicht

Die Ersatzpflicht aus § 7 I StVG kann aus verschiedenen Gründen ausgeschlossen sein:

723 - Grundsätzlich zulässig ist zunächst die **vertragliche Vereinbarung** eines Haftungsausschlusses. Bei entgeltlicher **geschäftsmäßiger Beförderung** – insbesondere bei Taxis – ist ein Haftungsausschluss für Fahrzeuginsassen jedoch gem. § 8a StVG unwirksam.

724 - Nach **§ 7 II StVG** ist die Haftung ausgeschlossen, wenn der Unfall durch **höhere Gewalt** verursacht wurde. Höhere Gewalt in diesem Sinne liegt **nur bei betriebsfremden, von außen durch Naturkräfte oder durch Handlungen dritter Personen herbeigeführten** Ereignissen vor, die nach menschlicher Einsicht und Erfahrung **unvorhersehbar und nicht mit vertretbarem Aufwand vermeidbar** sind.[30] Beispiele höherer Gewalt sind etwa außergewöhnliche Naturereignisse (z. B.: Bewegung eines Fahrzeugs durch Orkanböen oder Sturmflut), vorsätzliche Eingriffe Dritter in den Straßenverkehr sowie Tierunfälle in Bereichen, in denen mit Tieren nicht zu rechnen ist.[31] Ein Haftungsausschluss wegen höherer Gewalt liegt jedenfalls dann nicht vor, wenn die Rechtsgutsverletzung auf einem Fehler in der **Beschaffenheit des Fahrzeugs** beruht oder durch eine **Störung in der Person des Fahrers** (z. B. Ohnmacht, Herzinfarkt) verursacht wurde, da derartige Umstände wesentlich zur Betriebsgefahr des Kfz beitragen.

725 - Nach **§ 7 III StVG** entfällt die Halterhaftung dann, wenn ein **Dritter** (z. B. ein Dieb) das Kfz unbefugt verwendet und diese **Schwarzfahrt** nicht vom Halter schuldhaft ermöglicht wurde (z. B. durch sorgfaltswidrige Aufbewahrung des Schlüssels, vgl. § 14 II 2 StVO).

726 - Nach **§ 8 Nr. 2 StVG** sind ferner Personen, die **beim Betrieb des Kfz tätig** sind, nicht vom persönlichen Schutzbereich des § 7 I StVG umfasst. Solche Personen sind insbesondere der Fahrer und ein angestellter Beifahrer, bei

---

[20] Vgl. auch *BGH* NJW-RR 2008, 764: Kein Zusammenhang mit der Betriebsgefahr eines ordnungsgemäß auf einem Parkplatz abgestellten Kfz bei vorsätzlicher Brandstiftung, wenn durch das Feuer andere Rechtsgüter verletzt werden.

[21] Vgl. unten Fall 7 „*Auf der Flucht*" (Rn. 787).

[22] Vgl. *BGH* NJW 1990, 2885 (2886) = JuS 1991, 152.

[23] „Grünstreifenfall", vgl. BGHZ 58, 162 (165 ff.) und dazu oben *Systematische Darstellung Deliktsrecht* (Rn. 106).

[24] Vgl. BGHZ 115, 84 (87 ff.) und dazu unten Fall 8 „*Sauerei*" (Rn. 827).

[25] Vgl. BGHZ 107, 359 = JuS 1990, 143.

[26] Vgl. *BGH* NJW 1979, 2109; NJW 1988, 2365; *OLG Karlsruhe* NJW 2009, 2608.

[27] Vgl. BGHZ 34, 355; vgl. zum Parallelproblem bei der Tierhalterhaftung ausführlich Fall 4 „*Ein fliehendes Pferd*" (Rn. 445 ff., 461 ff.).

[28] Vgl. dazu oben *Systematische Darstellung Deliktsrecht* (Rn. 103).

[29] Vgl. unten Fall 7 „*Auf der Flucht*" (Rn. 804).

[30] Vgl. z. B. *BGH* NJW 1988, 910.

[31] Vgl. Jagow/*Burmann*/Heß, § 7 StVG Rn. 19.

kurzfristigen Mietverhältnissen auch der Mieter;[32] bei langfristigen Mietverhältnissen ist der Mieter regelmäßig selbst Halter.

■ Nach **§ 8 Nr. 3 StVG** sind ferner Sachen, die mit dem Fahrzeug befördert werden, ohne dass eine beförderte Person die Sache an sich trägt oder mit sich führt (also insbesondere: **Frachtgut**), nicht vom Schutzbereich des StVG umfasst. Insoweit greifen besondere Vorschriften des Transportrechts ein. Dieser Haftungsausschluss betrifft allerdings nach der Rechtsprechung des *BGH* nur den Schaden an der beförderten Sache selbst, keine anderen Kosten, die im Zusammenhang mit der beförderten Sache entstehen (z. B. Bergungskosten für das Transportgut).[33] **727**

■ Ausgeschlossen ist der Anspruch schließlich nach § 15 StVG, wenn der Geschädigte den Schaden nicht **innerhalb von zwei Monaten nach Kenntnis** von dem Schaden und der Person des Ersatzpflichtigen bei dieser anzeigt (**materiellrechtliche Ausschlussfrist**), sofern der Ersatzpflichtige nicht – wie im Regelfall – auf andere Weise von dem Unfall Kenntnis erlangt hat. **728**

6. Rechtsfolgen der Haftung aus § 7 I StVG

Rechtsfolge der Haftung aus § 7 I StVG ist grundsätzlich ein Anspruch auf **Schadensersatz** nach den §§ 249 ff. BGB. Zu beachten ist aber, dass – anders als bei § 823 I BGB – die **§§ 842 ff. BGB nicht** anwendbar sind. Dafür enthält das StVG einige Spezialregelungen, die allerdings inhaltlich weitgehend mit den allgemeinen Vorschriften übereinstimmen: **729**

■ §§ 10 I, II, 13 StVG bei **Tötung**, inhaltlich identisch mit § 844 I, II BGB.[34]

■ §§ 11, 13 StVG bei **Körperverletzung**, inhaltlich identisch mit § 843 BGB.[35] Gem. § 11 S. 2 StVG steht dem Verletzten auch ein **Anspruch auf Schmerzensgeld** nach § 253 II BGB zu.

■ Die Haftung besteht nur innerhalb der **Haftungshöchstbeträge** des § 12 StVG; werden diese überschritten, so werden die Ansprüche aller Opfer des Unfallereignisses proportional gekürzt.

■ Für die **Verjährung** gilt gem. § 14 StVG das Gleiche wie für deliktische Ansprüche aus dem BGB, also die §§ 195, 199 BGB.[36]

Ist der Schädiger – wie gewöhnlich – haftpflichtversichert, so kann der Anspruch gem. § 115 I Nr. 1 VVG unmittelbar gegen den **Haftpflichtversicherer** gerichtet werden.

7. Mitverschulden

Im Hinblick auf das Mitverschulden sind bei der Haftung nach dem StVG einige Besonderheiten zu beachten. Insbesondere findet **§ 254 BGB** auf Ansprüche aus dem StVG (§§ 7 I, III und 18 StVG) **nie unmittelbar Anwendung** (arg. ex § 9 StVG). Die Berücksichtigung des Mitverschuldens erfolgt vielmehr entweder nach § 17 StVG oder nach § 9 StVG i.V.m. § 254 BGB. **730**

a) Mitverursachung eines geschädigten Kfz-Halters oder -Eigentümers

Eine vorrangige Spezialregelung gegenüber § 254 BGB ist in § 17 I-III StVG hinsichtlich der mitwirkenden Verantwortlichkeit des geschädigten **Halters oder Eigentümers eines unfallbeteiligten Fahrzeugs** vorgesehen. Nach dieser Vorschrift, die analog auch auf einen konkurrierenden deliktischen Schadensersatzanspruch des *Halters*[37] anzuwenden ist, muss sich der Halter oder Eigentümer eines unfallbeteiligten Fahrzeugs die mitwirkende Betriebsgefahr seines Kfz entgegenhalten lassen, soweit diese kausal für das Schadensereignis war. Die Haftungsverteilung zwischen den Unfallbeteiligten richtet sich dann gem. § 17 I, II StVG nach dem Verhältnis der auf beiden Seiten mitwirkenden Betriebsgefahren. **731**

---

32 Wohl zu weit gehend *OLG Jena* NZV 1999, 331: Auch wer einen Pkw durch Entgegenstemmen aufhalten will, soll „beim Betrieb" tätig sein.

33 *BGH* NJW-RR 2008, 406.

34 Vgl. dazu oben *Systematische Darstellung Schadensrecht* (Rn. 640 ff.).

35 Vgl. dazu oben *Systematische Darstellung Schadensrecht* (Rn. 634 ff.).

36 Vgl. dazu oben *Systematische Darstellung Schadensrecht* (Rn. 650).

37 Ist der geschädigte Kfz-Eigentümer jedoch nicht Halter, sondern „nur" Eigentümer (z. B. ein Leasinggeber), so muss er sich ein Fehlverhalten des (von ihm verschiedenen) Fahrers grundsätzlich nicht entgegenhalten lassen, vgl. *BGH* NJW 2007, 3120; *Kötz/Wagner*, Deliktsrecht, Rn. 565; ist umgekehrt der geschädigte Kfz-Führer nicht zugleich Halter (z. B. der Fahrer eines Dienstfahrzeugs), muss er sich auch nicht die Betriebsgefahr des Kfz anrechnen lassen, sondern nur eigenes echtes (§ 823 I BGB) oder vermutetes (§ 18 I StVG) Mitverschulden (vgl. *BGH* NJW 2010, 930 (931); *BGH* NJW 2010, 927 (928 f.)).

732   Bei der **Gewichtung** der Betriebsgefahren werden **zwei Elemente** unterschieden:
- Zum einen sind die **objektiven**, fahrzeugbezogenen Umstände zu bewerten, d.h. die gewöhnliche Betriebsgefahr jedes Autos, ggf. erhöht durch gefahrerhöhende Umstände wie z.B. defekte Sicherheitseinrichtungen.
- Zum anderen sind die **subjektiven**, fahrerbezogenen Umstände zu berücksichtigen; die in Anschlag zu bringende Betriebsgefahr ist ggf. erhöht bei einem Fehlverhalten des Fahrers oder bei schwierigen Verkehrssituationen.[38]

733   Fallen Fahrer und Halter auseinander, so wird ein eventuelles Fehlverhalten des Fahrers dem jeweiligen Halter als **erhöhte Betriebsgefahr** zugerechnet und steigert dessen Haftungsanteil. Im Rahmen der Gesamtabwägung gegenüber anderen Geschädigten werden Fahrer und Halter grundsätzlich als **Haftungseinheit** angesehen und ihre Beiträge einheitlich behandelt; vermittels des Gesichtspunkts der Betriebsgefahr findet somit im praktischen Ergebnis eine unbedingte Zurechnung des Fahrerverhaltens gegenüber dem Halter statt.[39] Aus dem jeweiligen Umfang der beteiligten Betriebsgefahren und ihrem Verhältnis zueinander wird schließlich die Haftungsquote bestimmt. Dabei gilt als Faustregel, dass die „allgemeine Betriebsgefahr", die also durch keine besonderen objektiven oder subjektiven Umstände erhöht wurde, gegenüber einfachem Verschulden (normal fahrlässiger Verkehrsverstoß) mit 20 % anzusetzen ist.[40]

734   Die Betriebsgefahr bleibt dabei jeweils nach § 17 III StVG unberücksichtigt, wenn der Unfall durch ein **unabwendbares Ereignis** verursacht wird, das weder auf einem Fehler in der Beschaffenheit des jeweiligen Fahrzeugs noch auf einem Versagen seiner Verrichtungen beruht. Insoweit unterscheidet sich § 17 III StVG von der Behandlung der Betriebsgefahr im Verhältnis zu außenstehenden Geschädigten, die gem. § 7 II StVG nur bei höherer Gewalt unberücksichtigt bleibt.[41] Der Unterschied liegt darin, dass ein unabwendbares Ereignis schon dann vorliegt, wenn ein **Idealfahrer** mit einem Idealfahrzeug den Unfall nicht hätte vermeiden können (z.B.: Ein Auto durchbricht auf der Autobahn die Leitplanke und kollidiert mit einem Fahrzeug, dessen Fahrer keine Chance zum Ausweichen hat). Es ist daher für § 17 III StVG nicht erforderlich, dass der Unfall auf ein *von außen kommendes Ereignis* zurückgeht.

Folge eines unabwendbaren Ereignisses ist, dass die Haftung (oder Mithaftung) desjenigen, für den der Unfall unabwendbar war, vollständig ausgeschlossen ist. Die Haftungsquoten sind in diesem Fall also 100:0 zugunsten desjenigen, für den der Unfall unabwendbar war. War der Unfall für beide beteiligten Halter unabwendbar, so ist die Haftung auf beiden Seiten ausgeschlossen, d.h. jeder Unfallbeteiligte trägt seinen Schaden selbst.

b) Mitverursachung eines außenstehenden Geschädigten

735   Für Schadensersatzansprüche **außenstehender Geschädigter**, die selbst keiner Gefährdungshaftung unterliegen (insbesondere **Fußgänger**, aber auch Kfz-Eigentümer, die nicht zugleich Halter sind, etwa Leasinggeber oder finanzierende Banken als Sicherungseigentümer), gilt aufgrund der Verweisung des § 9 StVG die allgemeine Regelung des § 254 BGB, d.h. hier wird – selbstverständlich – keine mitwirkende Betriebsgefahr angerechnet, sondern nur deren „echtes" Mitverschulden. Die Vorschrift geht allerdings insoweit über § 254 II 2 BGB hinaus, als der Verletzte nicht nur für sein eigenes Mitverschulden einzustehen hat, sondern – unabhängig vom Bestehen einer Sonderverbindung[42] – auch (unbedingt) für das Mitverschulden seines **Sachbewahrungsgehilfen**, bei Leasinggebern oder Sicherungseigentümern also insbesondere für das Mitverschulden des Fahrers.[43] Bei der Bestimmung der relativen Verantwortungsanteile ist auf Seiten des haftpflichtigen Halters wiederum das konkrete Gewicht der Betriebsgefahr einzuschätzen, ggf. unter Berücksichtigung besonderer Umstände wie etwa eines Fehlverhaltens des Fahrers.

736   Beim Mitverschulden **minderjähriger Straßenverkehrsopfer** ist § 828 II BGB zu beachten, wonach deren Mitverantwortlichkeit bis zum Alter von zehn Jahren gänzlich ausgeschlossen ist. Die Rechtspre-

---

[38] Vgl. *BGH* NZV 2005, 249 (252); NJW 2000, 3069.

[39] Vgl. näher *Systematische Darstellung Schadensrecht* (Rn. 629 ff.), sowie zu einem Ausnahmefall Fall 7 *„Auf der Flucht"* (Rn. 793 ff.).

[40] Vgl. Jagow/Burmann/*Heß*, § 17 StVG Rn. 20.

[41] Vgl. soeben Rn. 724.

[42] Vgl. zu diesem Problem im Rahmen des § 254 BGB oben *Systematische Darstellung Schadensrecht* (Rn. 623 f.).

[43] Vgl. dazu *Becker*, ZGS 2008, 415 (418); *Tomson*, NZV 2009, 577 ff.; diese Vorschrift ist auf konkurrierende deliktische Ansprüche nach der Rechtsprechung nicht analog anzuwenden; der Eigentümer eines geschädigten Kfz muss sich gegenüber einem *deliktischen* Anspruch aus § 823 I BGB daher das Verschulden des – von ihm verschiedenen – Fahrers nicht anrechnen lassen, vgl. *BGH* NJW 2007, 3120; den Verschuldensanteil des Fahrers muss sich der Schädiger daher von diesem im Wege des Gesamtschuldnerregresses nach § 426 BGB holen, denn der Fahrer haftet dem Eigentümer selbst aus § 18 StVG bzw. § 823 I BGB, vgl. *Becker*, a.a.O. S. 422; *Tomson*, a.a.O.

chung reduziert diese Vorschrift teleologisch dahingehend, dass sie nur bei der typischen Überforderung Minderjähriger durch den motorisierten Straßenverkehr anzuwenden ist, also namentlich bei der Teilnahme am fließenden Verkehr, nicht dagegen, wenn ein minderjähriger Radfahrer etwa mit einem ordnungsgemäß geparkten Auto kollidiert.[44]

II. Die Haftung des Kfz-Führers nach §§ 18 I, 7 I StVG

Nach §§ 18 I, 7 I StVG haftet auch der Kraftfahrzeugführer (d. h. der Fahrer des Kfz oder des Anhängers) für die Schäden, die beim Betrieb des Kfz entstanden sind. Insoweit handelt es sich aber – anders als bei § 7 StVG – nicht um eine Gefährdungshaftung, sondern um eine **Haftung für (widerleglich) vermutetes Verschulden** (vgl. § 18 I 2 StVG).   737

Prüfungsaufbau und Problemübersicht

> I. Rechtsgutsverletzung
> II. Betrieb des Kfz
> III. Führereigenschaft des Anspruchsgegners
> IV. Kausalität zwischen Betrieb und Verletzung
> V. Kein Ausschluss der Ersatzpflicht
> VI. Keine Widerlegung der Verschuldensvermutung (§ 18 I 2 StVG)
> VII. Rechtsfolge

Für die geschützten Rechtsgüter, das Kriterium „Betrieb", die Kausalitätserwägungen und die Haftungsausschlussgründe kann auf die Ausführungen zu § 7 I StVG verwiesen werden.[45] Besondere Erwägungen sind hinsichtlich der Bestimmung des Fahrzeugführers und der Widerlegung der Verschuldensvermutung anzustellen.   738

1. Führereigenschaft des Haftungsschuldners

Führer eines Kfz (bzw. des Anhängers) ist derjenige, der es **in eigener Verantwortung in Betrieb setzt,** wer also selbst die Bewegung und Richtung des Fahrzeuges kontrolliert – in aller Regel also der Fahrer. Wer nur unselbständige Hilfsdienste leistet, etwa auf Anweisung des verantwortlichen Fahrers das Lenkrad einschlägt oder beim Einparken durch Handzeichen hilft, ist nicht Fahrzeugführer.[46]   739

2. Exkulpation (§ 18 I 2 StVG)

Der Fahrzeugführer kann sich von seiner Haftung nach § 18 I 1 StVG gem. § 18 I 2 StVG auf zwei Arten entlasten: 740

- Durch Widerlegung der **Verschuldensvermutung,** d. h. durch den Nachweis, dass er die objektiv erforderliche Sorgfalt beachtet, insbesondere alle Normen der StVO eingehalten hat. Hierbei ist nicht auf den Maßstab des „Idealfahrers" abzustellen, sondern auf den des normal befähigten Fahrers.
- Durch Widerlegung der **Kausalitätsvermutung,** d. h. durch den Nachweis, dass die Verletzung auch bei Anwendung der erforderlichen Sorgfalt eingetreten wäre und daher nicht auf dem (vermuteten) Verschulden des Fahrers beruht.

---

[44] Vgl. BGHZ 161, 180. Beachte aber auch *BGH* NJW-RR 2009, 95: Anwendung des § 828 II BGB bei Kollision eines Fahrrad fahrenden Kindes mit den geöffneten Türen eines parkenden Autos. Zur Beweislast vgl. *BGH* NJW 2009, 3231. Näher zum Problemkomplex *Oechsler,* NJW 2009, 3185 ff.

[45] Vgl. oben Rn. 714 ff.

[46] Vgl. *BGH* NJW 1977, 1056 = JuS 1977, 549.

3. Haftungsausschluss, Rechtsfolge, Mitverschulden

741   Hinsichtlich des Haftungsausschlusses nach § 8 StVG, der Rechtsfolgen und der Berücksichtigung des Mitverschuldens gelten infolge des Verweises auf § 7 I StVG wiederum dieselben Regeln wie bei der Halterhaftung.[47]

III. Besonderheiten des Schadensersatzes bei Verkehrsunfällen

742   Bei dem Massenphänomen „Verkehrsunfall" stellen sich auf der Rechtsfolgenseite **einige typische Fragen,** für welche die Praxis Lösungen erarbeitet hat, die im Folgenden dargestellt werden. Die schadensrechtlichen Besonderheiten des Verkehrsunfalls betreffen die Regelungen der §§ 249 ff. BGB; sie gelten daher unabhängig davon, ob der Schadensersatzanspruch auf das StVG oder auf das allgemeine Deliktsrecht des BGB gestützt wird.

1. Abrechnung auf Gutachtenbasis (fiktive Schadensberechnung)

743   Im Grundsatz steht es dem Geschädigten nach h. M. frei, ob er das beschädigte Auto tatsächlich von einer Fachwerkstatt reparieren lässt, ob er es selbst repariert oder ob er es unrepariert behält (oder weiterveräußert). In jedem der genannten Fälle hat er grundsätzlich die Wahl zwischen einer Abrechnung anhand des tatsächlichen Reparaturaufwandes (**konkrete Schadensberechnung**) und einer Abrechnung auf Gutachtenbasis, d. h. anhand der vom Gutachter geschätzten Reparaturkosten in einer Fachwerkstatt (**fiktive Schadensberechnung**) als „erforderliche Kosten" der Herstellung i. S. v. § 249 II BGB (sog. **Dispositionsfreiheit** des Geschädigten). Zu beachten ist dabei, dass die auf die fiktiven Reparaturkosten entfallende **Mehrwertsteuer** nicht ersatzfähig ist (§ 249 II 2 BGB). Die fiktive Schadensberechnung ist für den Geschädigten namentlich dann günstiger, wenn er das Fahrzeug gar nicht oder nur notdürftig repariert oder die Reparaturen teilweise in Eigenleistung vornimmt. Nach der Rechtsprechung führt das nicht zu einer Entlastung des Schädigers; vielmehr erlaubt sie dem Geschädigten, durch die Wahl der fiktiven Schadensberechnung ggf. einen finanziellen Gewinn aus dem Unfall zu ziehen.[48]

Die **Höhe der anzusetzenden fiktiven Reparaturkosten** richtet sich – wie bei tatsächlicher Durchführung der Reparatur – nach dem **Wirtschaftlichkeitspostulat:**[49] Der Geschädigte muss unter den ihm ohne Weiteres zugänglichen und gleichwertigen Reparaturmöglichkeiten die günstigste auswählen und darf sich dabei nicht auf markengebundene Fachwerkstätten beschränken. Dabei ist er indessen nicht gehalten, auf eigene Faust günstige Werkstätten zu suchen. Nur wenn ihm der Schädiger (in der Praxis seine Haftpflichtversicherung) eine konkrete günstigere Reparaturmöglichkeit nachweist, deren Leistung der einer markengebundenen Fachwerkstatt entspricht, so muss er diese in Anspruch nehmen bzw. deren Tarife für die fiktiven Reparaturkosten zugrunde legen.[50]

Diese Praxis steht in einem **Spannungsverhältnis zum schadensrechtlichen Bereicherungsverbot** und wird daher in der Literatur verschiedentlich kritisiert.[51] Für die Zulassung der Abrechnung auf Gutachtenbasis spricht aber, dass dadurch die Abwicklung vereinfacht und aufwendige Streitigkeiten über die konkrete Bestimmung des Schadens vermieden werden können. Gerade angesichts der Massenhaftigkeit von Unfallschäden dürfte der Vereinfachungsgesichtspunkt aus Sicht der Gesamtheit der Versicherten schwerer ins Gewicht fallen als der Gedanke der Vermeidung jeglicher Bereicherung auf Seiten der Geschädigten.[52]

---

[47]   Vgl. dazu soeben Rn. 723 ff. (Haftungsausschluss), 729 (Rechtsfolgen), 730 ff. (Mitverschulden).

[48]   Vgl. BGHZ 61, 56 (58); BGHZ 155, 1 (6); BeckOK/*Schubert,* § 249 Rn. 186; MünchKomm/*Oetker,* § 249 Rn. 354; siehe zum Ganzen bereits oben *Systematische Darstellung Schadensrecht* (Rn. 570 ff.) und fallbezogen unten Fall 8 „*Sauerei"* (Rn. 854 ff.).

[49]   Vgl. BGHZ 155, 1 (5 f.) – Porsche.

[50]   Vgl. *BGH* NJW 2010, 606 – VW; *BGH* NJW 2010, 2118; *BGH* NJW 2010, 2727 und dazu *Witt,* NJW 2010, 3329 (3330 ff.) sowie näher unten Fall 8 „*Sauerei"* (Rn. 855 f.).

[51]   Vgl. etwa *Honsell/Harrer,* JuS 1985, 161 (164); *Larenz,* Schuldrecht I, § 28 I (S. 470 f.); *Schiemann/Haug,* VersR 2006, 160 (167); Jauernig/*Teichmann,* § 249 Rn. 5; *Esser/Schmidt,* Schuldrecht I/2, § 32 I 2 (S. 192 f.).

[52]   Vgl. BGHZ 61, 56 (58).

2. Reparaturkosten oder Wiederbeschaffungswert (wirtschaftlicher Totalschaden)

744 Ein weiteres zentrales Problem des Schadensersatzes bei Kfz-Schäden ist die Frage, ob bzw. inwieweit der Geschädigte die (realen oder fiktiven) **Reparaturkosten** auch dann ersetzt verlangen kann, wenn diese über die Kosten für die Wiederbeschaffung eines gleichwertigen Ersatzfahrzeugs (**Wiederbeschaffungswert**) hinausgehen. Nach der Rechtsprechung des *BGH* handelt es sich bei beiden Ausgleichsformen um Naturalrestitution i.S.v. § 249 II BGB, so dass die Problemlösung davon abhängt, welcher Aufwand zur Wiederherstellung „erforderlich" i.S.v. § 249 II BGB ist.[53] Nach a. A. ist dagegen die Wiederbeschaffung keine Naturalrestitution, sondern **Wertersatz** i.S.v. § 251 I BGB, so dass sich das Verhältnis zwischen Reparatur und Wiederbeschaffung nach § 251 II 1 BGB bestimmt; der Geschädigte muss sich danach nur dann auf Wiederbeschaffung verweisen lassen, wenn die Reparatur „nur mit unverhältnismäßigen Aufwendungen möglich wäre."[54] In der Sache hat diese dogmatische Unterscheidung aber keine Auswirkungen, da beide Auffassungen die gleichen Maßstäbe anwenden – entweder zur Ausfüllung des Kriteriums „Erforderlichkeit" der Reparaturaufwendungen i.S.v. § 249 II BGB oder bei der Einschätzung der Verhältnismäßigkeit der Reparaturkosten i.S.v. § 251 I BGB.

745 Im Grundsatz ist die „Erforderlichkeit" verschiedener Alternativen der Naturalrestitution nach Maßgabe des **Wirtschaftlichkeitspostulats** zu bestimmen: Der Geschädigte muss diejenige Möglichkeit der Schadensbeseitigung wählen, die für den Schädiger mit geringeren Kosten verbunden ist.[55] Der Vorrang des kostengünstigeren Ausgleichs gilt im Ansatz auch bei Heranziehung des § 251 II BGB. Bei einer unbedingten Verwirklichung des Wirtschaftlichkeitspostulats wäre ein Ersatz der Reparaturkosten ausgeschlossen, wenn der **Aufwand für die Wiederbeschaffung** (d.h. die Differenz zwischen dem Wiederbeschaffungswert eines gleichwertigen Ersatzfahrzeugs und dem erzielbaren Verwertungserlös des Unfallfahrzeugs) geringer ist als die Reparaturkosten (sog. **wirtschaftlicher Totalschaden**). Allerdings erachtet die h.M. unter bestimmten Voraussetzungen ein **besonderes Integritätsinteresse** des Geschädigten an der Erhaltung seines konkreten Fahrzeugs für **schutzwürdig**, sofern die Reparaturkosten den **Wiederbeschaffungswert nicht um mehr als 30 %** übersteigen.[56] Begründet wird dies damit, dass der Geschädigte mit seinem Auto vertraut ist und dessen Vorgeschichte und Pflegezustand kennt („my car is my castle"). Des Weiteren führt die Beschaffung eines Ersatzfahrzeugs über den bloßen Kaufpreis hinaus zu weiteren, nicht ohne Weiteres bezifferbaren Einbußen (z.B. Bewertungsunsicherheiten und Suchaufwand beim Gebrauchtwagenkauf).[57] Zudem spiegelt bei älteren, noch funktionsfähigen Fahrzeugen der Marktwert (Zeitwert) nicht mehr notwendig den tatsächlichen Wert wider, den das Fahrzeug für seinen Eigentümer infolge seiner Nutzungsmöglichkeit noch hat.

Die Zuerkennung dieses **Integritätszuschlages** hängt indessen nach der Rechtsprechung des *BGH* von besonderen Voraussetzungen ab:[58]

746
- **Übersteigen** die Reparaturkosten den **Wiederbeschaffungswert** (um bis zu 30 %), so kann der Geschädigte ihren Ersatz nur verlangen, wenn er das Fahrzeug tatsächlich **vollständig und fachgerecht repariert** (konkrete Schadensberechnung!) *und* es mindestens **sechs Monate weiternutzt**.[59] Denn dadurch weist der Geschädigte sein *besonderes* Integritätsinteresse nach, weil er sein vertrautes Fahrzeug im bisherigen Zustand für eine gewisse Dauer weiternutzt. Repariert er das Auto dagegen nicht vollständig und fachgerecht, so demonstriert er – nach Auffassung des *BGH* – nur sein allgemeines Interesse an Mobilität, aber nicht das Interesse am Erhalt genau seines vertrauten Autos; nutzt er das Fahrzeug nach der Reparatur nicht selbst weiter, so fehlt ebenfalls das Interesse

---

[53] Vgl. aus jüngerer Zeit etwa BGHZ 154, 395 (397 ff.); BGHZ 162, 161 (164 f.); BGHZ 163, 180 (184); *BGH* NJW 2007, 588.

[54] Vgl. *Medicus*, JuS 1973, 211 ff; Staudinger/*Schiemann*, 2005, § 251 Rn. 22; umfassend zu beiden Konstruktionen *Ruppert*, ZGS 2010, 466 (467 ff.).

[55] Vgl. BGHZ 115, 364.

[56] Vgl. BGHZ 115, 364; kritisch zum Integritätszuschlag im Allgemeinen: *Grunsky*, JZ 1997, 825 (827); gegen die Beachtung eines Integritätszuschlags im Rahmen der Unverhältnismäßigkeit i.S.v. § 251 II BGB: *Schiemann*, NZV 1996, 1 (5); insoweit a.A. *Ruppert*, ZJS 2010, 466 (469).

[57] Vgl. auch *Armbrüster*, JuS 2007, 411 f.

[58] Vgl. die instruktive Übersicht bei *Hirsch*, JuS 2009, 299 ff., sowie *Armbrüster*, JuS 2007, 411 (412) und unten Fall 8 „*Sauerei*" (Rn. 856 ff.).

[59] Vgl. *BGH*, Urt. v. 14.12.2010 – VI ZR 231/09, Rn. 8 (www.bundesgerichtshof.de); *BGH* NJW 2008, 2183; BGHZ 162, 161; BGHZ 154, 395; BGHZ 115, 364; der Anspruch ist gleichwohl nicht erst sechs Monate nach dem Unfall, sondern gem. § 271 BGB sofort fällig; der Versicherer des Schädigers muss den fraglichen Betrag ggf. unter Rückforderungsvorbehalt leisten, vgl. BGHZ 178, 338 (341 ff.).

am Erhalt genau seines Fahrzeugs. Er hat in den Fällen grundsätzlich lediglich Anspruch auf den Ersatz des Aufwandes für die Beschaffung eines gleichwertigen Autos, d. h. der Differenz zwischen Wiederbeschaffungswert und Restwert.[60]

747　■ Erleichtert sind die Anforderungen indes, wenn die Reparaturkosten **geringer als der Wiederbeschaffungswert** (ohne Abzug des Restwertes; sog. 100 %-Grenze) sind, aber höher als der Wiederbeschaffungsaufwand (d. h. Wiederbeschaffungswert abzüglich Verwertungserlös des Unfallfahrzeugs, s. o.). In diesem Fall sind die Reparaturkosten schon dann ersatzfähig, wenn der Geschädigte das Fahrzeug **tatsächlich mindestens sechs Monate weiternutzt** (auch ohne Reparatur)[61] *oder* das Fahrzeug **tatsächlich vollständig und fachgerecht repariert.**[62] Zwar ist in derartigen Fällen das Integritätsinteresse des Geschädigten nicht voll ausgeprägt. Allerdings zeigt die Behandlung des Unfallfahrzeugs durch den Geschädigten immerhin ein Mindestmaß an Integritätsinteresse, während sich das Ausmaß der „überschießenden" Reparaturkosten in vertretbaren Grenzen hält.

Liegen die Voraussetzungen für die Anerkennung eines Integritätszuschlages nicht vor, so kann der Geschädigte maximal den **Wiederbeschaffungsaufwand** verlangen, d. h. den Wiederbeschaffungswert abzüglich des Restwertes des Unfallwagens.

748　Bei der Berechnung des **Reparaturaufwandes** ist dabei stets von einer ex-ante-Sicht auszugehen, d. h. es ist in den Vergleich der unter normalen Umständen zu erwartende Reparaturaufwand einzustellen, nicht der tatsächliche, selbst wenn sich dieser aufgrund zunächst nicht erkennbarer Umstände als höher herausstellt. Denn das **Prognoserisiko** trägt der Schädiger.[63] Umgekehrt kann der Geschädigte die realen Reparaturkosten einer vollständigen und fachgerechten Reparatur ersetzt verlangen, wenn diese unterhalb der 130 %-Grenze bleiben, auch wenn der Sachverständige die Reparaturkosten oberhalb dieser Grenze prognostiziert hatte.[64] Ferner ist zu beachten, dass beim Vergleich mit dem Wiederbeschaffungswert grundsätzlich die Bruttoreparaturkosten (d. h. einschließlich Mehrwertsteuer) anzusetzen sind, weil diese den normalen Aufwand für die Wiederherstellung des Integritätsinteresses markieren und daher den verlässlichsten Indikator für die Wirtschaftlichkeit der Reparatur gestatten. Die Wertung des § 249 II 2 BGB steht nicht entgegen, weil diese Vorschrift allein eine unangemessene Bereicherung des Geschädigten bei der Abrechnung auf Reparaturkostenbasis verhindern soll. Der Ansatz der Bruttoreparaturkosten hat etwa zur Folge, dass der Geschädigte nur den Wiederbeschaffungswert und nicht etwa die (höheren) Nettoreparaturkosten liquidieren kann, wenn eine Reparatur unterbleibt und die Bruttoreparaturkosten den Wiederbeschaffungswert (auch um weniger als 30 %!) übersteigen.[65] Schließlich ist zu berücksichtigen, dass die anzusetzenden Reparaturkosten durch einen evtl. verbleibenden **merkantilen Minderwert** erhöht werden, da auch dieser im Falle einer Reparatur zu ersetzen ist.

3. Ersatz des Minderwerts

749　Nach der Rspr. kann der Geschädigte u. U. alternativ bzw. zusätzlich zum Ersatz der Reparaturkosten auch Ausgleich des **trotz einer etwaigen Reparatur verbleibenden Minderwerts** verlangen. Dabei wird unterschieden:[66]

■ Ein **technischer Minderwert** liegt vor, wenn das Kfz nicht mehr vollständig repariert werden kann (z. B. irreparabler Rahmenschaden) und wegen des verbleibenden Restschadens einen geringeren Kaufpreis erzielt. Dieser technische Minderwert ist ohne Weiteres voll ersatzfähig.

■ Ein **merkantiler Minderwert** liegt vor, wenn das Kfz zwar technisch einwandfrei repariert wurde (d. h. keine bleibenden Schäden vorliegen), aber dennoch am Markt einen geringeren Verkaufspreis erzielt, allein weil es sich um einen Unfallwagen handelt. Voraussetzung hierfür sind **Unfallschäden von einigem Gewicht**, die regelmäßig vorliegen, wenn die Reparaturkosten **10 % des Wiederbeschaffungswertes** überschreiten.[67]

---

[60]　Vgl. BGHZ 163, 180; BGHZ 162, 170; zur Höhe des anzusetzenden Restwertes vgl. *BGH* NJW 2005, 357: Wertermittlung durch Sachverständigen anhand des allgemeinen regionalen Gebrauchtwagenmarkts, keine Einbeziehung spezialisierter Restwertaufkäufer im Internet (ebenso *BGH*, Urt. v. 23. 11. 2010 – VI ZR 35/10, Rn. 11 [www.bundesgerichtshof.de]); s. aber auch *BGH* NJW 2010, 2722: Zumutbares konkretes günstigeres Angebot (auf Vermittlung der gegnerischen Versicherung) muss wahrgenommen werden; s. ferner *BGH* NJW 2010, 2724: müheloser günstigerer Verkauf durch den Geschädigten ist anzurechnen; vgl. zum Ganzen *Witt*, NJW 2010, 3329 (3332 ff.).

[61]　Vgl. BGHZ 154, 395; BGHZ 168, 43 (47 f.) = JuS 2007, 283; *BGH* NJW 2008, 437; NJW 2008, 439.

[62]　Vgl. *BGH* NJW 2007, 588 f.; bei einer *nicht* fachgerechten Reparatur (sog. Notreparatur) und anschließender Veräußerung gewährt der *BGH* Schadensersatz nur in Höhe des Wiederbeschaffungsaufwandes, weil der Geschädigte dann kein *besonderes* Integritätsinteresse demonstriert hat, vgl. *BGH* NJW 2008, 1941 (Rn. 9), unter Hinweis auf BGHZ 154, 395 – Karosseriebaumeister, und BGHZ 168, 43 = JuS 2007, 283; siehe dazu auch *Hirsch*, JuS 2009, 299 (302); vgl. aber auch *BGH*, Urt. v. 23. 11. 2010 – VI ZR 35/10, Rn. 8 ff. (www.bundesgerichtshof.de): Kein Ersatz fiktiver Reparaturkosten (sondern nur der realen Kosten), wenn der Geschädigte das Kfz nur teilweise reparieren lässt und vor Ablauf von sechs Monaten veräußert.

[63]　Vgl. oben *Systematische Darstellung Schadensrecht* (Rn. 573).

[64]　Vgl. *BGH*, Urt. v. 14. 12. 2010 – VI ZR 231/09, Rn. 12 f. (www.bundesgerichtshof.de).

[65]　Vgl. *BGH* NJW 2009, 1340 (1341, Rn. 10 ff.; im Fall wurde lediglich eine Notreparatur durchgeführt).

[66]　Vgl. *Armbrüster*, JuS 2007, 411 (416).

[67]　Siehe zur Berechnung des merkantilen Minderwerts im Einzelnen Palandt/*Grüneberg*, § 251 Rn. 17; vgl. auch *Medicus/Lorenz*, Schuldrecht I, Rn. 669.

4. Mietwagenkosten

Mietwagenkosten sind grundsätzlich voll ersatzfähig, soweit sie **erforderlich** waren. Der Anspruch 750
auf Ersatz der tatsächlich angefallenen Mietwagenkosten ergibt sich aus § 249 II BGB, da der Schädiger dem Geschädigten als Naturalrestitution ein Kfz zur Verfügung zu stellen hat, solange dieser
wegen des Unfalls – insbesondere während der Reparaturzeit – auf sein eigenes Fahrzeug verzichten
muss. Nach dem **Wirtschaftlichkeitspostulat** darf er einen Ersatzwagen aber nur dann anmieten, wenn
dies unumgänglich ist und z. B. die notwendigen Fahrten nicht billiger mit einem Taxi hätten erfolgen
können. Außerdem darf die Dauer der Anmietung des Ersatzfahrzeugs (Reparatur oder Ersatzbeschaffung) nicht durch ein Verschulden des Geschädigten verzögert werden; in Ermangelung eines
Fehlverhaltens des Geschädigten trägt allerdings der Schädiger das **Werkstattrisiko**.[68] Zudem muss
der Geschädigte sich nach h. M. **10 %** der Mietwagenkosten als ersparte Eigenaufwendungen anrechnen lassen.[69]

Seit einiger Zeit haben zahlreiche Autovermietungen ihre Preispolitik darauf ausgerichtet, Autos an Unfallgeschä- 751
digte zu deutlich (bis zu 500 %![70]) höheren sog. **Unfallersatztarifen** zu vermieten als anderen Kunden.[71] Diese Gestaltung hat zur Folge, dass die Autovermietung im Ergebnis direkt mit der gegnerischen Haftpflichtversicherung
abrechnen kann und das Unfallopfer keine Nachforderung des Vermieters fürchten muss; wirtschaftlich betrachtet
handelt es sich um Verträge zwischen Unfallopfern und Autovermietungen zu Lasten Dritter, nämlich der gegnerischen Haftpflichtversicherungen.[72] Unter dem Gesichtspunkt des **Wirtschaftlichkeitspostulats**[73] hat die Rechtsprechung daher enge Grenzen für die Ersatzfähigkeit derartiger Unfallersatztarife aufgestellt:[74] Ist dem Geschädigten
unter zumutbaren Bedingungen **ein günstigerer Tarif zugänglich**, so ist er gehalten, diesen wahrzunehmen.[75] Zugänglich ist ihm der Tarif insbesondere dann, wenn die gegnerische Haftpflichtversicherung ihn über andere Miet-
wagenangebote informiert hat.[76] Bei erkennbaren Preisunterschieden (etwa wenn der Tarif ausdrücklich als „Unfallersatztarif" bezeichnet wird) soll den Geschädigten darüber hinaus eine **Nachfrageobliegenheit** bezüglich der
Verfügbarkeit eines günstigeren „Normaltarifes" treffen.[77] Der in Anspruch genommene Tarif muss ferner **objektiv
angemessen** sein, d. h. der Aufschlag auf den Selbstzahlertarif muss durch entsprechend werthaltige schadensbe-
dingte Mehrleistungen[78] gerechtfertigt sein; dies kann der Tatrichter im Rahmen des § 287 ZPO durch einen pauschalen Aufschlag (z. B. von 20 %[79]) auf den Normaltarif berücksichtigen, sofern entsprechende Mehrleistungen
tatsächlich erbracht wurden.[80]

Sofern der Geschädigte für den Unfallersatztarif **tatsächlich mehr bezahlt hat**, als ihm schadensrechtlich zu er- 752
statten ist, und die Autovermietung ihm dieses Risiko auch nicht durch die Vertragsgestaltung abgenommen hat,
stellt sich die Frage nach **Ausgleichsansprüchen im Verhältnis zwischen dem Geschädigten und der Autovermietung**.
Zu denken ist hier in extremen Fällen sogar an die Nichtigkeit des Mietvertrages wegen **Wuchers** (§ 138 II BGB)
oder eines wucherähnlichen Geschäfts (§ 138 I BGB), wenn die Versicherung die unfallbedingte Zwangslage des
Geschädigten oder seine geschäftliche Unerfahrenheit ausgenutzt hat, um ihn zum Abschluss eines extrem überteu-
erten Vertrages zu bewegen.[81] Darüber hinaus nimmt der *BGH* eine – aus § 242 BGB folgende – **Aufklärungspflicht
des Autovermieters** gegenüber dem Geschädigten an, wenn sein Unfallersatztarif derart überteuert ist, dass der
Geschädigte nicht mehr mit einer vollständigen Erstattung durch die gegnerische Versicherung rechnen kann.[82] Bei

---

68 Vgl. *Systematische Darstellung Schadensrecht* (Rn. 573).

69 Vgl. Palandt/*Grüneberg*, § 249 Rn. 36; siehe auch *Armbrüster*, JuS 2007, 411 (413).

70 Vgl. *AG Speyer* VersR 2003, 222; *Wagner*, NJW 2007, 2149.

71 Vgl. zu diesem Problem etwa *Herrler*, JuS 2007, 103 ff.

72 Vgl. den Sachverhalt in BGHZ 160, 377.

73 Vgl. BGHZ 160, 377; für eine zusätzliche Anwendung des § 254 II 1 BGB (Schadensminderungsobliegenheit)
Herrler, NZV 2007, 337 ff.

74 Vgl. grundlegend BGHZ 160, 377; nachfolgend etwa *BGH* NJW 2005, 1041; NJW 2005, 1933; NJW 2006,
360; NJW 2006, 1506; NJW 2006, 1508; NJW 2006, 1726; NJW 2007, 1122; NJW 2007, 1123; NJW 2007,
1124; NJW 2007, 1449; NJW 2007, 1676; NJW 2007, 2758; NJW 2007, 2916; NJW 2007, 3782; NJW-RR 2008,
689; NJW 2008, 1519; NJW 2008, 2910; NJW-RR 2009, 1101.

75 Vgl. *BGH* NJW 2006, 1508; NJW 2006, 2106.

76 Vgl. *BGH* NJW 2006, 1726 (1728); siehe auch *BGH* NJW 2009, 58.

77 Vgl. *BGH* NJW 2007, 1449.

78 Schadensbedingt sind Mehrleistungen, die der Schädiger nach den §§ 249 ff. BGB selbst erbringen müsste (z. B.
Hol- und Bringservice, vgl. *Herrler*, NZV 2007, 337 [338]); die Übernahme des Risikos einer Fehlbeurteilung der
Haftungsquote („versteckt" in der Abtretung der Erstattungsansprüche gegen die Versicherung *an Erfüllungs statt*)
fällt hierunter aber nicht, zutr. *Wagner*, NJW 2006, 2289 (2292).

79 Vgl. *BGH* NJW 2010, 2569 (2570, Rn. 12).

80 S. zum Ganzen unten Fall 8 *„Sauerei"* (Rn. 860 ff.).

81 Vgl. *AG Speyer* VersR 2003, 222.

82 Vgl. *BGH* NJW 2006, 2621.

Verletzung dieser Pflicht kann der Geschädigte dann aus §§ 280 I, 311 II BGB (*culpa in contrahendo*) die Freistellung von Mehrforderungen der Autovermietung über den von der gegnerischen Versicherung erstatteten Betrag hinaus verlangen.[83]

5. Abstrakter Nutzungsersatz

753   Wenn der Geschädigte keinen Mietwagen nimmt, sondern sich während der Reparaturdauer mit anderen Verkehrsmitteln behilft, erhält er für die Zeit, in der er das Auto nicht nutzen kann, grundsätzlich eine **abstrakte Nutzungsentschädigung**.[84] Diese soll den Wert der entgangenen Nutzungen nach § 251 BGB ersetzen. Hinsichtlich der Höhe orientiert sich die heutige Praxis an den Vorhaltekosten für ein entsprechendes Fahrzeug, die mit einem Faktor von ca. 3,5 multipliziert werden;[85] die entsprechenden Werte werden regelmäßig in standardisierten Tabellen veröffentlicht.[86]

---

[83] Gegen die Annahme einer Aufklärungspflicht *Rehm*, JZ 2007, 786.

[84] Vgl. zur dogmatischen Herleitung eingehend oben *Systematische Darstellung Schadensrecht* (Rn. 584 ff.).

[85] Vgl. Palandt/*Grüneberg*, § 249 Rn. 43.

[86] Zuletzt etwa veröffentlicht in der Beilage zu Heft 1-2/2011 der NJW.

B. Fall 7: „Auf der Flucht"

Themenkreis: *Kausalität und Schutzzweck, Herausforderungsfälle, StVG, Gesamtschuld, Mitverschulden*

Sachverhalt

Freddy (F) ist ein polizeibekannter Autoknacker. Auf einem seiner Streifzüge durch die Stadt fällt ihm der 754
Sportwagen des Harry (H) auf. H, der nur kurz in einer Bar vorbeischauen wollte, hatte vergessen, das
Auto ordnungsgemäß zu verschließen. F steigt kurzerhand in das Fahrzeug, startet es mit dem noch im
Schloss befindlichen Schlüssel und fährt zu einer Spritztour los. Es lässt sich nicht ermitteln, ob F den
Wagen des H auch dann „geknackt" hätte, wenn dieser ordnungsgemäß verschlossen gewesen wäre.

Das von F gesteuerte Fahrzeug fällt alsbald zwei Polizeibeamten in einem Streifenwagen auf, weil der
Frontspoiler herunterhängt und ein Scheinwerfer nicht funktioniert. Die Polizisten beschließen daher,
den Wagen routinemäßig zu kontrollieren. Als F die Zeichen der Polizisten bemerkt, gerät er in Panik
und gibt Vollgas. Die Polizisten, die nunmehr davon ausgehen, dass F einiges auf dem Kerbholz haben
müsse, nehmen die Verfolgung auf. Die Verfolgungsjagd zieht sich durch die ganze Stadt und endet
schließlich auf einem unübersichtlichen Waldweg, in den F den Sportwagen mit hoher Geschwindigkeit
gesteuert hat, um die Verfolger abzuschütteln.

In einer Kurve verlieren die Polizeibeamten aufgrund der hohen Geschwindigkeit und infolge eines
Fahrfehlers die Kontrolle über ihr Fahrzeug und steuern es gegen einen Baum, wobei es vollkommen
zerstört wird. Das Einsatzfahrzeug der Polizei hatte der Freistaat Bayern als Träger der Polizei von der
Leasing AG (L-AG) für zwei Jahre geleast, von denen erst drei Monate vergangen sind. Eigentümer ist
also die L-AG, während der Freistaat Bayern als Nutzer für die laufenden Kosten aufzukommen hat.
Nach dem Unfall verlangt die L-AG die Ablösung des Leasingvertrages, d. h. die Zahlung der noch ausstehenden Leasingraten (abgezinst) sowie den (ebenfalls abgezinsten) kalkulatorischen Restwert, für den
der Freistaat Bayern das Fahrzeug am Vertragsende hätte erwerben können, insgesamt € 65.000. Ein
vergleichbares Einsatzfahrzeug hätte einen Anschaffungspreis von € 60.000; der Freistaat Bayern verzichtet zur Kosteneinsparung jedoch vollständig auf eine Ersatzbeschaffung.

Abgelenkt durch den Unfall des Polizeifahrzeuges, den F im Rückspiegel beobachtet, kann auch er
den Sportwagen nicht auf dem Waldweg halten und gerät damit ins Unterholz. Dabei überfährt er den
gerade auf der Pirsch befindlichen Oberförster Ortwin (O). Als dessen Gattin Gerti (G) wenig später vom
gewaltsamen Tod ihres Mannes erfährt, bricht sie mit einem schweren Nervenschock zusammen und
muss sich selbst für längere Zeit einer stationären nervenärztlichen Behandlung unterziehen.

Bearbeitervermerk: In einem umfassenden Rechtsgutachten, das auf alle aufgeworfenen Rechtsfragen
(ggf. hilfsgutachtlich) eingeht, sind die folgenden Fragen in der vorgegebenen Reihenfolge zu beantworten:
1. Welche Ansprüche hat der Freistaat Bayern gegen F und/oder H wegen der Zerstörung des Polizeifahrzeuges? Dabei ist davon auszugehen, dass die Forderungen der L-AG gegen den Freistaat Bayern
   berechtigt sind.
2. Stehen G, die noch einen sehr vermögenden und gut verdienenden Sohn hat, Ansprüche gegen F und/
   oder H zu
   a) auf Ersatz der Unterhaltsleistungen, welche ihr aufgrund des Todes ihres Mannes entgangen sind?
   b) auf Ersatz der Kosten, die für die ärztliche Behandlung ihres Nervenschocks entstanden sind?
   c) auf ein angemessenes Schmerzensgeld?
3. H ist von einem Zivilgericht rechtskräftig zur Begleichung der genannten Schadensposten der G ver-
   urteilt worden. Welche Ansprüche hat H gegen F, wenn er die Ansprüche der G vollständig erfüllt hat?

Versicherungsrechtliche Aspekte bleiben bei allen Fragen außer Betracht.

Lösung zu Fall 7

Prüfungsstruktur

Frage 1: Ansprüche des Freistaates Bayern

I. Ansprüche gegen F

1. Anspruch aus § 7 III 1, I StVG

Nach § 7 III 1 StVG ist der **unbefugte Fahrzeugbenutzer** an Stelle des Halters oder neben diesem nach den gleichen Regeln wie dieser verantwortlich. Die Regelung des § 7 III 1 StVG verweist daher auf die Voraussetzungen des § 7 I StVG (Gefährdungshaftung) und ist *lex specialis* gegenüber der allgemeinen Haftung des Fahrzeugführers für vermutetes Verschulden nach § 18 StVG.   **755**

a) Rechtsgutsverletzung

An dem Polizeiwagen ist ein Sachschaden i. S. v. § 7 I StVG entstanden. Hierfür ist es nach h. M. unerheblich, dass das Fahrzeug sich nicht im Eigentum des Freistaates Bayern, sondern der L-AG befand. Denn § 7 StVG schützt nicht lediglich das Eigentum – wie der Haftungstatbestand des § 823 I BGB, wonach der berechtigte Besitz nur als „sonstiges Recht" geschützt wird –, sondern erfasst jegliche Sachschäden, auch solche des bloßen Besitzers.[87]   **756**

b) Betrieb eines Kfz

Diese Sachbeschädigung müsste sich „bei Betrieb" des von F gefahrenen Fahrzeuges ergeben haben. Der **Betrieb eines Kfz** i. S. v. § 7 I StVG ist weit zu verstehen und bedeutet nach der herrschenden „verkehrstechnischen" Auffassung jede Teilnahme am Straßenverkehr in verkehrsbeeinflussender Weise.[88] Vorliegend ist die Fahrt des F mit dem Auto des H ohne Weiteres als eine solche Teilnahme am Straßenverkehr zu qualifizieren.   **757**

c) Kausalität im engeren Sinne

Der Betrieb war auch **äquivalent kausal** für den Unfall des Polizeiwagens und damit für die Sachbeschädigung, da die Fahrt des F nicht hinweggedacht werden kann, ohne dass auch die Verfolgung durch die Polizisten und damit der Unfall entfiele. Die **Adäquanzformel** findet nach h. M. im Rahmen von Gefährdungshaftungstatbeständen keine Anwendung, weil diese Vorschriften grundsätzlich auch darauf abzielen, einen Schutz bei ungewöhnlichen Kausalverläufen zu begründen.[89]   **758**

---

[87] Vgl. *BGH* NJW 1981, 750 (751); Jagow/Burmann/Heß/*Burmann*, § 7 StVG Rn. 16.
[88] Vgl. auch Fall 8 „*Sauerei*" (Rn. 823 f.).
[89] Vgl. BGHZ 79, 259; BGHZ 115, 84; *BGH* NJW 1982, 2669; a. A. Jagow/*Burmann*/Heß, § 7 StVG Rn. 13; vgl. näher *Systematische Darstellung Deliktsrecht* (Rn. 95).

d) Schutzzweck der Norm – spezifische Betriebsgefahr

759   Besonderer Berücksichtigung bedarf indes der **Schutzzweck** des § 7 I StVG. Der Schutzzweck der Straßenverkehrshaftung ist angesichts der zugrundeliegenden Prinzipien (vor allem Risikonutznießung und Gefahrbeherrschung[90]) grundsätzlich weit zu fassen. Gleichwohl kann nicht jeder äquivalente Kausalzusammenhang eine Haftung nach § 7 I StVG begründen. Vielmehr muss sich in der Rechtsgutsverletzung die **spezifische Betriebsgefahr** realisiert haben. Der Betrieb des Kfz darf nicht lediglich als äußerer Anlass hinter einer anderen, eigenständigen Gefahrenquelle zurücktreten.[91]

760   Der Verfolgungsfahrt lag eine **eigene Entscheidung der Polizisten** zugrunde. Diese war zwar durch den verkehrswidrigen Zustand des von F gefahrenen Kfz und durch dessen verkehrswidrige Flucht beeinflusst; gleichwohl war die Fahrt des F nicht *unmittelbare* Ursache des Unfalls des Polizeifahrzeuges, etwa durch einen Zusammenprall, sondern lediglich *mittelbare* Ursache, während der Unfall *unmittelbar* auf die Verfolgungsentscheidung der Polizisten und deren Verhalten während der Verfolgungsfahrt zurückgeht. Realisiert hat sich damit nicht die Betriebsgefahr des verfolgten Fahrzeuges, sondern allein diejenige des Verfolgerfahrzeuges, die durch die Fahrweise des fahrzeugführenden Polizisten noch erheblich erhöht wurde. Würde man die Realisierung derartiger eigenständiger Gefahrenquellen noch dem Schutzzweck der straßenverkehrsrechtlichen Gefährdungshaftung zuordnen, so würde eine ausufernde (verschuldensunabhängige!) Straßenverkehrshaftung, etwa auch für Beschädigungen aller zu einem Unfallort gerufenen Einsatzfahrzeuge drohen. Eine solche Haftung sollte aber dem Deliktsrecht unter dem Gesichtspunkt der „pflichtwidrigen Herausforderung" vorbehalten sein, d. h. von einer konkreten schuldhaften Verkehrspflichtverletzung des Schädigers abhängen.[92]

Im vorliegenden Fall resultiert der Unfall damit nicht aus einem typischen, vom verfolgten Fahrzeug ausgehenden und damit vom StVG erfassten Risiko, sondern aus einer **eigenständigen, besonderen Gefahrenquelle.** Es besteht **kein Anspruch aus § 7 StVG.**

Anm.: Das gegenteilige Ergebnis ist ebenfalls vertretbar, etwa mit der Begründung, dass die fahrtechnischen Entscheidungen des verfolgenden Polizisten letztlich vom Fahrverhalten des F abhingen und somit gegenüber der subjektiven Betriebsgefahr des verfolgten Fahrzeuges keine *eigenständige* Gefahrenquelle darstellten. Der Haftungsausfüllungstatbestand wäre der Gleiche wie bei § 823 I BGB.

2. Anspruch aus § 823 I BGB

a) Anwendbarkeit des allgemeinen Deliktsrechts

761   Gemäß den §§ 16, 18 II StVG ist die Anwendung deliktischer Haftungsvorschriften durch das StVG nicht ausgeschlossen.

b) Rechtsgutsverletzung

762   In der Zerstörung des Einsatzwagens liegt keine Verletzung des Eigentums des *Freistaates Bayern*, da dieser als Leasingnehmer nicht Eigentümer des Leasinggutes geworden ist, sondern lediglich aufgrund des Leasingvertrages berechtigter Besitzer.[93] Ob auch der Besitz als sonstiges Recht i. S. v. § 823 I BGB geschützt ist, ist in Anlehnung an die in § 823 I BGB explizit genannten Rechtsgüter danach zu beurteilen, ob dem Besitz im Einzelfall positive Zuweisungsfunktion (vgl. § 903 Alt. 1 BGB) und negative Ausschlussfunktion (vgl. § 903 Alt. 2 BGB) zukommen. Das Recht, andere von Einwirkungen auszuschließen, ist für den Besitzer gesetzlich in Form umfassender Besitzschutzansprüche (§§ 861 ff. BGB) geregelt. Eine § 903 Alt. 1 BGB vergleichbare Regelung, die dem Besitzer als solchem das Recht zuweist, mit der Sache nach Belieben zu verfahren, fehlt hingegen. Solche Nutzungsrechte können sich erst aus schuldrechtlichen oder dinglichen Besitzrechten ergeben, so dass nach h. M. nur der **berechtigte Besitz** Delikts-

---

[90] Vgl. näher *Systematische Darstellung Deliktsrecht* (Rn. 228 f.).
[91] Vgl. ausführlich Fall 8 „*Sauerei*" (Rn. 827 ff.).
[92] Vgl. *BGH* NJW 1990, 2885 (2886) = JuS 1991, 152; zust. *Lange*, NZV 1991, 426 (427 f.).
[93] Vgl. Palandt/*Weidenkaff*, Einf. v. § 535 Rn. 37.

schutz nach § 823 I BGB genießt.[94] Da der *Freistaat Bayern* vorliegend aufgrund des Leasingvertrages berechtigter Besitzer des Einsatzfahrzeuges ist, hat er durch die Zerstörung des Fahrzeuges eine haftungsbegründende Rechtsgutsverletzung erlitten.

c) Kausalität

Das Verhalten des F (Flucht) war **äquivalent kausal** für diese Rechtsgutsverletzung, da es nicht hinweggedacht werden kann, ohne dass der Erfolg der Zerstörung des Fahrzeuges entfiele. Auch ist die **Adäquanz** des Kausalverlaufes zu bejahen, da die Verfolgungsjagd und der Unfall jeweils nicht ganz unwahrscheinliche Folgen des Fluchtverhaltens des F sind.

763

d) Schutzzweck der Norm (Zurechnung)

Näherer Untersuchung bedarf allerdings wiederum, ob die konkrete Verletzung auch vom Schutzzweck des § 823 I BGB umfasst ist, ob also der Unfall bei **wertender Betrachtung** dem F zugerechnet werden kann. Dabei ist erneut zu berücksichtigen, dass F den Unfall der Polizisten lediglich mittelbar verursacht hat, während als unmittelbare Ursache der **freiwillige Entschluss** der Polizisten zur Verfolgung hinzutrat. Bei Verletzungen, an deren Entstehung eine freiwillige Handlung des Geschädigten mitgewirkt hat, wird die Frage des Schutzzweckzusammenhangs unter dem Gesichtspunkt der sogenannten **Herausforderung** diskutiert. Es wird also darauf abgestellt, ob der Schädiger die freiwillige Entscheidung des Geschädigten im Rechtssinne herausgefordert hat oder ob die freiwillige Entscheidung des Geschädigten den vom Schädiger in Gang gesetzten Kausalverlauf als eigenständige bzw. dominierende Ursache unterbricht.[95]

764

aa) Verhältnis zu § 254 BGB

Im Ausgangspunkt ist zunächst zu bedenken, dass das BGB für die Bewertung der Mitursächlichkeit eines **freiwilligen Verhaltens des Geschädigten** (bzw. von dessen Hilfspersonen) eine Regelung in § 254 I BGB bereithält. Indem diese Norm bei Mitverursachung durch den Geschädigten eine **anteilige Reduktion** des Schadensersatzanspruches anordnet, bringt sie zum Ausdruck, dass trotz der Mitursächlichkeit eines Geschädigtenverhaltens eine normative Zurechnung der Verletzung zu Lasten des Schädigers erfolgen kann. Nähme man dagegen an, dass freiwillige Mitwirkungsbeiträge des Geschädigten stets eine Unterbrechung des Zurechnungszusammenhangs auslösen, so käme man zu dem Ergebnis, dass ein Schadensersatzanspruch – mangels Kausalität der Handlung – **völlig ausgeschlossen** ist. Nach der Wertung des § 254 BGB kann eine **Anwendung dieses „Alles-oder-Nichts-Prinzips"** jedoch **nur in Ausnahmefällen** in Betracht kommen.

765

bb) Zurechnungsgrundsätze bei den sog. Herausforderungsfällen

Ein solcher Ausnahmefall ist dann gegeben, wenn das Verhalten des Schädigers **lediglich der äußere Anlass** für die freiwillige Selbstgefährdung des Opfers war, **ohne dass ein innerer sachlicher Zusammenhang zwischen einer Verkehrspflichtverletzung des Schädigers und der Rechtsgutsverletzung des Opfers** besteht. Dies kann dann anzunehmen sein, wenn die Selbstgefährdung durch den Schädiger **nicht vorwerfbar herbeigeführt** wurde (der Schädiger sich also nicht verkehrspflichtwidrig verhalten hat), wenn der Geschädigte oder seine Hilfspersonen sich **nicht herausgefordert fühlen durften**, oder wenn die Selbstgefährdung keine angemessene Reaktion darstellt, insbesondere nach Art und Weise der Verfolgung in keinem **vernünftigen Verhältnis zum verfolgten Zweck** steht, so dass der Schädiger damit nicht rechnen konnte.[96]

Im vorliegenden Fall forderte F die Verfolgung der Polizisten **vorwerfbar dadurch heraus,** dass er ihrem durch Zeichen vermittelten Gebot zum Anhalten nicht Folge leistete. Die Polizisten durften sich angesichts der Fluchtreaktion des F **herausgefordert fühlen** und reagierten schließlich auch **angemessen,** da die Flucht des F den Verdacht schwerwiegender Verfehlungen begründete. Die Unachtsamkeit bei

766

---

[94] MünchKomm/*Wagner*, § 823 Rn. 158; *Larenz/Canaris*, Schuldrecht II/2, § 76 II 4 f (S. 396 f.); noch weitergehend *Medicus/Petersen*, Bürgerliches Recht, Rn. 607: Schutz auch des entgeltlichen redlichen Besitzers, da diesem über § 993 I Hs. 2 BGB die Nutzungen zugewiesen sind; vgl. dazu oben *Systematische Darstellung Deliktsrecht* (Rn. 36).

[95] Vgl. dazu auch oben *Systematische Darstellung Deliktsrecht* (Rn. 105 ff.).

[96] Vgl. BGHZ 57, 25 (28 ff.); BGHZ 63, 189 (191 ff.); *BGH* NJW 1990, 2885 = JuS 1991, 152; NJW 1995, 449 (451); jüngst auch BGHZ 181, 233 (238 f.) = JuS 2009, 762.

der Verfolgung begründet als solche noch keine Unverhältnismäßigkeit der Verfolgungsmaßnahme, sondern bewirkt nur u. U. eine anteilige Anspruchskürzung gemäß § 254 I BGB. Das Verhältnismäßigkeitserfordernis bei der Zurechnung dient lediglich dazu, eine Haftung dann auszuschließen, wenn die Selbstgefährdung derart übersteigert ist, dass eine Zuweisung des Risikos an den Herausforderer ein „unermessliches" Haftungsrisiko begründen würde.[97] Damit ist die Zurechnung der Verletzung nicht wegen der Selbstgefährdung der Verfolger ausgeschlossen. Vielmehr stellt sich die Verletzung gerade als Verwirklichung des von F gesetzten unerlaubten Risikos dar.

cc) Zurechnungsausschluss bei typischem Berufsrisiko?

767   Teilweise wird vertreten, dass die Zurechnung des Verfolgungsrisikos ausgeschlossen ist, wenn es sich bei den Verfolgern um Polizisten handelt, für die das Verfolgungsrisiko zum typischen Berufsrisiko gehört.[98] Diese Auffassung ist jedoch abzulehnen. Denn die **Pflichtbindung der Polizisten** korrespondiert keineswegs mit einer geringeren Schutzwürdigkeit gegenüber verbotenen Gefährdungen; im Gegenteil führt sie dazu, dass Polizisten (und deren Träger) in besonderem Maße Haftungsschutz verdienen, weil sie sich u. U. kraft Gesetzes den Risiken derartiger Verfolgungsmaßnahmen aussetzen müssen. Es kommt hinzu, dass sich ein Bürger, der sich dem Zugriff der Polizei zu entziehen versucht, der aus einer etwaigen Verfolgung resultierenden Risiken bewusst sein sollte.[99]

dd) Zurechnungsausschluss wegen Straflosigkeit der Selbstbegünstigung (§ 258 V StGB)?

768   Auch der Grundsatz der Straflosigkeit der Selbstbegünstigung (vgl. § 258 V StGB) schließt die normative Zurechnung nicht aus, da Haftungsgrundlage nicht die Flucht als solche, sondern die **Art und Weise der Flucht**, namentlich die Veranlassung der Beamten zur Verfolgung ist.[100] Im Übrigen folgt aus der Straflosigkeit der Flucht lediglich der gesetzgeberische Verzicht auf strafrechtliche Sanktionen; nicht aber können daraus Schlüsse über die (verwaltungs- bzw. zivilrechtliche) Rechtmäßigkeit der Flucht und über die Angemessenheit eines zivilrechtlichen Ausgleichs gezogen werden.

Damit ist dem F der Unfall des Einsatzwagens zuzurechnen.

e) Rechtswidrigkeit und Verschulden

769   F handelte rechtswidrig und auch schuldhaft (d. h. mindestens fahrlässig), da er mit der Verfolgung und der daraus resultierenden Gefährdung **hätte rechnen müssen**. Darüber hinaus ist nicht erforderlich, dass der Fliehende auch tatsächlich erkannt hat, dass er verfolgt wird.[101]

f) Rechtsfolge

770   Damit hat F dem Freistaat Bayern den Schaden zu ersetzen, der diesem durch die Zerstörung des Dienstfahrzeuges entstanden ist.

aa) Schadensumfang

771   Hinsichtlich der Höhe des dem Freistaat Bayern entstandenen Schadens kommen verschiedene Bezugsgrößen in Betracht: Zum einen könnte auf die **Ablösungskosten** für den laufenden Leasingvertrag (abgezinste Raten plus abgezinster Restwert, insgesamt also € 65.000), zum anderen auf den **Wiederbeschaffungswert** von € 60.000 abgestellt werden.[102]

772   Auszugehen ist dabei gem. § 249 I BGB zunächst von der **Differenzhypothese**: F hat den Freistaat Bayern so zu stellen, wie dieser ohne das schädigende Ereignis stünde. Ohne den Unfall hätte der Freistaat den Leasingvertrag fortgesetzt, also die noch ausstehenden **Leasingraten** bezahlt und am Ende entweder das Fahrzeug zurückgegeben oder – wirtschaftlich gleichbedeutend – den kalkulatorischen

---

[97] Vgl. BGHZ 132, 164 (173) = JuS 1996, 845.

[98] Vgl. RGRK/*Steffen*, § 823 Rn. 94; ähnlich *Stoll*, FS Deutsch, 2009, S. 943 (948 f.).

[99] Vgl. BGHZ 132, 164 (167) = JuS 1996, 845.

[100] Vgl. BGHZ 132, 164 (168) = JuS 1996, 845.

[101] Vgl. BGHZ 132, 164 (171); vorliegend ist aber ohnehin eine entsprechende Kenntnis gegeben; vgl. auch *Stoll*, FS Deutsch, S. 943 (954 f.), der die Vorhersehbarkeit der Herausforderung für den Schädiger als keineswegs evident ansieht.

[102] Vgl. zum Folgenden eingehend BGHZ 116, 22 (27 ff.); MünchKomm/*Koch*, Finanzierungsleasing Rn. 90; MünchKomm/*Oetker*, § 249 Rn. 415 ff., jeweils m.w. N.

Restwert bezahlt. Die **Ausgabenseite** des Freistaats Bayern ist also durch den Unfall nicht verändert worden, denn genau diese Posten sind in der Abstandssumme von € 65.000 enthalten; die Abzinsung der Raten und des Restwertes gleichen lediglich die vorfristige Zahlung aus. Insoweit ergibt die Differenzhypothese also keinen ersatzfähigen Schaden, weil reale und hypothetische Lage sich entsprechen.[103]

773

Entgangen ist dem Freistaat Bayern allerdings die **Gegenleistung** für diese Leasingraten, d. h. die Nutzungsmöglichkeit des Einsatzfahrzeuges während der restlichen Laufzeit des Leasingvertrages, sowie die Gegenleistung für die Bezahlung des kalkulatorischen Restwertes, d. h. das Eigentum an dem Gebrauchtfahrzeug bei Vertragsende. Diese Gegenleistungen hat F dem Freistaat Bayern als **Naturalrestitution gem. § 249 BGB zu verschaffen**, wobei der Freistaat nach dem **schadensrechtlichen Wirtschaftlichkeitspostulat** gehalten ist, insoweit die günstigste Möglichkeit zu wählen. Deren Kosten hat F als „zur Herstellung **erforderlichen** Geldbetrag" i. S. v. § 249 II BGB zu ersetzen.

In Betracht kommen insoweit das **erneute Leasing** eines gleichartigen Ersatzfahrzeuges oder die **Anschaffung zu Eigentum**. Aus den im Sachverhalt angegebenen Beträgen ist ersichtlich, dass das Leasing insoweit die weniger wirtschaftliche Möglichkeit ist, denn die abgezinsten Raten zzgl. des Restwertes liegen € 5.000 über dem Kaufpreis eines gleichwertigen Neufahrzeuges.[104] Daher kann der Freistaat Bayern als **günstigere Variante** nur den Neupreis eines gleichwertigen Fahrzeuges, also € 60.000 verlangen.[105] Dass er dabei „mehr" erhält, als er ohne das schädigende Ereignis hätte – nämlich während der hypothetischen Vertragslaufzeit das Eigentum, nicht nur den Besitz am Fahrzeug –, ist insoweit unerheblich, weil damit kein realer, wirtschaftlich werthaltiger Vorteil verbunden ist, den der Freistaat Bayern ausgleichen müsste.

774

Zwar liquidiert der Freistaat Bayern damit letztlich den aus Verletzung der Sachsubstanz resultierenden Schaden, obwohl ihm im Rahmen des zum Besitz berechtigenden Schuldverhältnisses an sich lediglich der sich im Nutzungsrecht an dem Fahrzeug verkörpernde Wert, nicht aber auch dessen Substanzwert zugewiesen ist. Jedoch kann der berechtigte Besitzer ausnahmsweise auch den **Substanzschaden** des verletzten Rechtsguts ersetzt verlangen, wenn er im Verhältnis zum Eigentümer der Sache die Verantwortung für die Sachsubstanz trägt („Haftungsschaden")[106] oder aber der Nutzungsschaden deckungsgleich mit dem Substanzschaden ist.[107] Beide Fälle liegen hier vor, denn zum einen trug der Freistaat Bayern als Leasingnehmer das wirtschaftliche Risiko des Untergangs der Leasingsache,[108] zum anderen hätte er als Äquivalent für die an den Leasinggeber zu zahlenden Leasingraten samt Abschlusszahlung das Fahrzeug über dessen gesamte Lebensdauer nutzen können, so dass kein über den dem Freistaat zugewiesenen Nutzungswert hinausgehender Substanzwert mehr verbleiben würde.

bb) Berücksichtigung der Einsparungsmaßnahme?

Es fragt sich im Hinblick auf die Ersatzfähigkeit dieses Schadens, ob **zugunsten des F zu berücksichtigen** ist, dass der Freistaat Bayern aus **Gründen der allgemeinen Kosteneinsparung** letztlich **gar kein Ersatzfahrzeug angeschafft hat**. Indessen kommt es für den Ersatz der erforderlichen Herstellungskosten gem. § 249 II BGB nach h. M. bei Sachschäden grundsätzlich nicht darauf an, ob der Geschädigte den Schadensbetrag tatsächlich zur Schadensbeseitigung verwendet (sog. **Dispositionsfreiheit des Geschädigten**). Es steht dem Geschädigten vielmehr frei, den Schadensersatzbetrag anderweitig zu verwenden.[109] Es ist kein Grund dafür ersichtlich, staatlichen Organisationen die mit diesem Grundsatz verbundene Begünstigung vorzuenthalten. In der vorliegenden Konstellation sprechen vielmehr zusätzliche Erwägungen für einen Ausgleich: So ist wohl davon auszugehen, dass die Kosteneinsparung nicht etwa durch den Unfall veranlasst ist. Derartige politische Entscheidungen werden nämlich typischerweise allgemein getroffen und nicht anlässlich eines konkreten Unfallereignisses; es liegt daher nahe, dass der Freistaat Bayern die Einsparung ohne den Unfall an anderer Stelle hätte realisieren können.

775

---

[103] Vgl. *BGH* VersR 1976, 943 (944); VersR 1977, 227 (228); NJW-RR 1991, 280 (281).
[104] Diese Differenz ist der Gewinn (und der Risikoaufschlag) des Leasinggebers.
[105] Vgl. die Nachweise in Fn. 101 f.
[106] *BGH* NJW 1981, 750 (751); NJW 1994, 2569 (2570); *Medicus/Petersen*, Bürgerliches Recht, Rn. 607.
[107] BGHZ 116, 22 (26).
[108] Vgl. nur MünchKomm/*Koch*, Finanzierungsleasing Rn. 80.
[109] Vgl. oben *Systematische Darstellung Schadensrecht* (Rn. 570 ff.).

cc) Mitverschulden – Ergebnis

776 Der Freistaat Bayern hat daher einen Schaden in Höhe der Wiederbeschaffungskosten eines gleichwertigen Ersatzfahrzeuges erlitten (€ 60.000), der im Grundsatz nach § 249 II BGB ersatzfähig ist. Als Halter des geschädigten Kfz muss er sich aber analog §§ 17 I, II StVG BGB die durch ein Verschulden der Polizisten **erhöhte Betriebsgefahr** des Einsatzfahrzeuges anspruchsmindernd entgegenhalten lassen.[110] Das – nach Maßgabe der Höhe des Risikos und der Verantwortungsbeiträge zu bestimmende – Verhältnis des (gravierenden) Verschuldens des F (Versuch einer Verhinderung des Polizeizugriffs) zur (durch den Fahrfehler) erhöhten Betriebsgefahr des Einsatzfahrzeuges ergibt in etwa einen **Mitverschuldensanteil** des Freistaates Bayern i. H. v. 1/3, so dass F 2/3 des entstandenen Schadens (€ 40.000) zu ersetzen hat (andere Quotelung vertretbar).

3. Anspruch aus § 823 II BGB i.V.m. § 315c StGB

777 Ein Anspruch des Freistaates Bayern gegen F könnte sich ferner aus § 823 II BGB i.V.m. § 315c I Nr. 2 d), III Nr. 2 StGB (fahrlässige Gefährdung des Straßenverkehrs) ergeben. F fuhr grob verkehrswidrig und rücksichtslos und sicherlich auch zu schnell; der Feldweg ist nach dem Sachverhalt eine „unübersichtliche Stelle" i. S. v. § 315c I Nr. 2 d) StGB. F hat durch seine Fahrweise auch „fremde Sachen von bedeutendem Wert" gefährdet: Zwar ist das von F geführte, ihm aber nicht gehörende Auto als notwendiges Tatmittel nicht vom Schutzzweck des § 315c StGB umfasst;[111] das Polizeifahrzeug ist dagegen eine fremde Sache von bedeutendem Wert. Es wurde auch durch die Fahrweise des F konkret gefährdet; insoweit sind im Strafrecht vergleichbare Grundsätze der normativen Zurechnung anzuwenden wie im Rahmen der zivilrechtlichen Haftung für Herausforderungsfälle aus § 823 I BGB.[112] Damit **besteht ein Anspruch** aus § 823 II BGB i.V.m. § 315c I Nr. 2 d), III Nr. 2 StGB.

4. Anspruch aus § 823 II BGB i.V.m. §§ 242, 248b StGB

778 Ein Anspruch aus § 823 II BGB i.V.m. §§ 242, 248b StGB (Diebstahl bzw. Gebrauchsanmaßung) ist **nicht gegeben**, da es sich auch insoweit nicht um Schutzgesetze zugunsten der verfolgenden Polizei handelt. Sie schützen vielmehr nur den unmittelbar geschädigten Eigentümer bzw. Besitzer des entwendeten Fahrzeuges.

5. Anspruch aus § 823 II BGB i.V.m. §§ 1 ff. StVO

779 Ansprüche aus § 823 II BGB i.V.m. §§ 1 ff. StVO (etwa wegen Geschwindigkeitsüberschreitung oder verkehrswidrigen Zustands des Fahrzeuges) scheitern ebenfalls daran, dass diese Vorschriften der StVO **nicht als Schutzgesetze zugunsten verfolgender Einsatzfahrzeuge** anzusehen sind. Ihr Schutzbereich erstreckt sich vielmehr nur auf diejenigen Personen, die durch die fehlerhafte Fahrweise bzw. den verkehrswidrigen Zustand des Fahrzeuges *unmittelbar* gefährdet werden.

6. Anspruch aus §§ 677, 683 S. 1, 670 BGB

780 Auch ein Anspruch aus den §§ 677, 683 S. 1, 670 BGB kommt nicht in Betracht, da die Verfolgung von Verkehrssündern **kein Geschäft des Verfolgten**, sondern ausschließlich ein eigenes Geschäft der Polizei darstellt.[113]

II. Ansprüche gegen H

1. Anspruch aus § 7 I StVG

781 Der Anspruch gegen H aus § 7 I StVG ist nicht schon wegen der Haftung des F aus § 7 III 1 StVG ausgeschlossen, da H ein **Verschulden** an der Spritztour des F trifft (Steckenlassen des Zündschlüssels, vergessenes Abschließen).

---

[110] Vgl. zur Anwendbarkeit auf § 823 I BGB oben *Systematische Darstellung Haftung im Straßenverkehr* (Rn. 732).

[111] Vgl. *Fischer*, StGB, § 315c Rn. 17; BGHSt 27, 40 = JuS 1977, 691; *BGH* NZV 1998, 211.

[112] Vgl. dazu etwa Schönke/Schröder/*Sternberg-Lieben*, § 15 Rn. 168 unter Verweis auf BGHZ 132, 164 (166) = JuS 1996, 845; MünchKomm-StGB/*Groeschke*, 2006, § 315c Rn. 55, 57.

[113] Vgl. dazu näher oben Fall 5 „*Die wilde Hilde*" (Rn. 501 ff.).

Der Anspruch scheidet indessen aus, weil, wie oben ausgeführt,[114] der Verfolgungsschaden nicht im Schutzbereich von § 7 I StVG liegt.

2. Anspruch aus § 823 I BGB

a) Rechtsgutsverletzung

Eine Rechtsgutsverletzung auf Seiten des Freistaates Bayern liegt in der Zerstörung des Polizeifahrzeuges, also in einer Verletzung des **berechtigten Besitzes**.

782

b) Handlung bzw. Unterlassen

H hat es unterlassen, seinen Wagen **ordnungsgemäß zu verschließen**. Dieses Unterlassen verstößt gegen die bestehende Verkehrspflicht zum ordnungsgemäßen Verschließen von Kfz (vgl. § 14 II 2 StVO) und ist daher haftungsrechtlich relevant.

783

c) Kausalität

Die äquivalente, haftungsbegründende Kausalität des Unterlassens des H ist deswegen fraglich, weil laut Sachverhalt nicht erweislich ist, ob nicht die Schwarzfahrt auch bei ordnungsgemäßem Verhalten des H stattgefunden hätte. Nach den allgemeinen Regeln der **Beweislast** hat der Geschädigte die haftungsbegründende Voraussetzung der Kausalität zu beweisen. Dieser Beweis ist vorliegend nicht gelungen. Der *BGH* hält es aber für ausreichend, dass die pflichtwidrige Fahrzeugsicherung die Schwarzfahrt **nicht unerheblich erleichtert** hat. Würde man nämlich einen vollen Kausalitätsnachweis verlangen, so wäre eine Haftung des Verkehrspflichtigen nahezu ausgeschlossen, da Sicherungsmaßnahmen Schwarzfahrten zwar erschweren, nie aber ganz verhindern können.[115]

784

Dem ist auch unter Berücksichtigung der allgemeinen Grundsätze zur Behandlung des Einwandes eines **rechtmäßigen Alternativverhaltens** zuzustimmen. Denn hinsichtlich derartiger Konstellationen ist anerkannt, dass der Schädiger jedenfalls beweispflichtig dafür ist, dass der Schaden bei rechtmäßigem Alternativverhalten in gleicher Weise eingetreten wäre.[116] Anderenfalls würde dem Geschädigten der Beweis einer negativen Tatsache auferlegt: Er müsste beweisen, dass die Rechtsgutsverletzung ohne das Verhalten des Schädigers *nicht* eingetreten wäre; dieser Beweis ist wesentlich schwieriger zu führen als der Positivbeweis, dass die Rechtsgutsverletzung gleichwohl eingetreten wäre. Auch aus Präventionsgründen sowie in Anbetracht des Umstandes, dass die beweisrechtliche Schutzwürdigkeit des Schädigers durch die feststehende Rechtsverletzung ohnehin in Frage gestellt ist, ist es vorzugswürdig, die Beweislast im vorliegenden Fall dem Schädiger aufzuerlegen. Daher ist davon auszugehen, dass die mangelnden Sicherungsmaßnahmen des H **äquivalent kausal** für die Schwarzfahrt des F und damit für den Unfall der Polizisten war.

785

Der Unfall stellt auch eine **adäquate Folge** der Verletzung der Verkehrspflicht dar, da die Schwarzfahrt mit ihrem Ausgang keine ganz unwahrscheinliche Folge einer mangelnden Fahrzeugsicherung darstellt.

786

d) Schutzzweck der Norm

Ist die äquivalente und adäquate Kausalität festgestellt, bleibt zu prüfen, ob der Verfolgungsschaden noch vom **Schutzzweck der Verkehrspflicht** (vgl. § 14 II 2 StVO) umfasst ist. Gegen eine Zurechnung des Schadens mag sprechen, dass die Pflichtverletzung des H den Schaden lediglich mittelbar verursachte und die Kausalkette erst durch eine **vorsätzliche Straftat** (Diebstahl) des F, durch dessen **Fluchtversuch** und den **freiwilligen Verfolgungsentschluss** der Polizisten zum Erfolg geführt wurde. Für einen Zurechnungszusammenhang spricht aber entscheidend, dass die Verkehrspflicht gerade vor Schwarzfahrten und deren spezifischen Gefahren schützen soll. Zu den **spezifischen Gefahren einer Schwarzfahrt** gehört aber auch die polizeiliche Verfolgung, so dass der Fluchtversuch und die Verfolgungsentscheidung der

787

---

[114] Vgl. oben Rn. 760.
[115] Vgl. *BGH* NJW 1981, 113 (114).
[116] Vgl. etwa *BGH* NJW 2005, 1718 (1720); Palandt/*Grüneberg*, Vorb. v. § 249 Rn. 66; die Grundsätze des rechtmäßigen Alternativverhaltens betreffen, anders als das hier zu behandelnde Problem, jedoch nicht die fehlende Kausalität eines Verhaltens, sondern die fehlende Kausalität der Rechtswidrigkeit eines Verhalten, so dass sie i. R. d. Schutzzwecks der Norm anzusprechen sind.

Polizisten den Zurechnungszusammenhang nicht unterbrechen können. Auch die Überlegungen zur Herausforderung der Verfolgung durch F sprechen für eine Zurechnung des Unfalls. Wenn die Verfolgungsfahrt zurechenbar durch die Schwarzfahrt herausgefordert wurde, und wenn gleichzeitig die Verkehrspflicht des H gerade die Gefahren einer Schwarzfahrt vermeiden sollte, kann eine mittelbare Herausforderung der Verfolgungsfahrt durch die mangelnde Fahrzeugsicherung des H angenommen werden.[117]

e) Rechtswidrigkeit, Verschulden

788 H handelte rechtswidrig und auch schuldhaft, da die Schwarzfahrt und die gefährdende Verfolgungsjagd vorhersehbar und durch entsprechende Sicherungsmaßnahmen vermeidbar waren.

f) Rechtsfolge

789 Für den haftungsausfüllenden Tatbestand gilt das Gleiche wie oben, d. h. der im Ausgangspunkt ersatzfähige Schaden besteht in den Kosten für die Beschaffung eines gleichwertigen Ersatzfahrzeuges i. H. v. € 60.000.[118]

790 Hinsichtlich des **Mitverschuldens** ist vorliegend, da der Freistaat Bayern selbst Halter des geschädigten Fahrzeugs ist, nicht § 254 BGB, sondern § 17 I, II StVG analog anzuwenden, obwohl der Anspruch aus § 823 BGB folgt.[119] Insoweit muss sich der Freistaat Bayern auch gegenüber H die durch das Verschulden der Polizisten erhöhte Betriebsgefahr des Einsatzwagens anspruchsmindernd zurechnen lassen. Bezogen auf das lediglich entfernte Verschulden des H fällt aber der Verantwortungsbeitrag des Freistaates höher aus als bezogen auf das Verschulden des F. Insoweit erscheint ein **hälftiges Mitverschulden** (bzw. erhöhte Betriebsgefahr) des Freistaates angemessen, so dass H die Hälfte des entstandenen Schadens (€ 30.000) zu ersetzen hat (andere Quotelung vertretbar).

3. Anspruch aus § 823 II BGB i. V. m. § 14 II 2 StVO

791 Nach dem oben dargestellten Schutzzweck von § 14 II 2 StVO ist diese Vorschrift ein **Schutzgesetz** i. S. v. § 823 II BGB zugunsten solcher Personen, die bei einer Schwarzfahrt aufgrund von deren besonderen Risiken zu Schaden kommen. Damit ergibt sich ein Anspruch des Freistaats auch aus § 823 II BGB, und zwar in gleicher Höhe wie der Anspruch aus § 823 I BGB.

III. Ergebnis zu Frage 1

792 F und H haften dem Freistaat Bayern als Gesamtschuldner (§ 840 I BGB). Näherer Untersuchung bedarf allerdings die Haftungsverteilung im Außen- und Innenverhältnis:

1. Ausnahmsweise keine Haftungseinheit zwischen Halter und Fahrzeugführer

793 Beim Zusammentreffen von Halter- und Fahrerhaftung im Rahmen von Verkehrsunfällen werden die Täter **haftungsrechtlich wie eine Person behandelt**, sofern sich die Verantwortlichkeit in demselben Ursachenbeitrag ausgewirkt hat (sog. **Haftungseinheit**).[120] Ihr gemeinsamer Tatbeitrag wird in der Abwägung dem des Geschädigten einheitlich gegenübergestellt. Vorliegend können jedoch die Verursachungsbeiträge von F und H eindeutig voneinander geschieden werden. Anders als im „Normalfall" des Zusammentreffens von Halter- und Fahrerhaftung haftet nämlich der Halter hier nicht nur aufgrund der Gefährdungshaftung des § 7 I StVG für die Betriebsgefahr des Fahrzeuges, der auch das Verhalten des Fahrzeugführers als „erhöhte Betriebsgefahr" zugerechnet wird, sondern wegen eines eigenen Ver-

---

[117] Vgl. ebenso i. E. *BGH* NJW 1981, 113; *OLG Jena* NZV 2004, 313.
[118] Vgl. oben Rn. 770 ff.
[119] Vgl. oben *Systematische Darstellung Haftung im Straßenverkehr* (Rn. 731).
[120] Vgl. dazu ausführlich *Lange/Schiemann*, Schadensersatz, § 10 XIII 4 (S. 635 f.) sowie oben *Systematische Darstellung Schadensrecht* (Rn. 629).

schuldens, das vom Verhalten des Fahrzeugführers unabhängig ist. Daher ist ausnahmsweise von einer Nebentäterschaft von F und H und damit von unterschiedlichen Einzelquoten auszugehen.

2. Einzelbetrachtung der Haftungsanteile

Der individuelle Anspruch des Freistaates gegen die beiden verantwortlichen Schädiger richtet sich dann nach den jeweiligen Verantwortungsbeiträgen des Freistaates Bayern und F einerseits, sowie des H andererseits. Nach der oben in den jeweiligen Zwei-Personen-Verhältnissen bereits vorgenommenen **Einzelbetrachtung** kann der Freistaat zunächst von F maximal € 40.000 (relatives Mitverschulden 1/3, da die Haftungsanteile im Zwei-Personen-Verhältnis 2:1 verteilt sind) und von H maximal € 30.000 (relatives Mitverschulden 1/2 bei Haftungsverteilung 1:1) seines Schadens ersetzt verlangen.[121]   **794**

3. Ergänzende Gesamtbetrachtung

Dabei ist allerdings zu beachten, dass der Gesamtbetrag des Schadensersatzes den Betrag nicht überschreiten darf, der nach allgemeinen Regeln im Wege einer **Gesamtschau** zu ermitteln ist, bei der die Verantwortlichkeit des Geschädigten im Verhältnis zu beiden Schädigern ermittelt wird. Der Gesamtanspruch des Geschädigten kann dann zwar über den höheren der beiden Einzelansprüche hinausgehen, darf aber den durch die Gesamtschau ermittelten Betrag nicht überschreiten. Bei einer Haftungsverteilung von 2:1:1 zwischen F, H und dem Freistaat Bayern ergibt die Gesamtbetrachtung einen Eigenanteil des Freistaates Bayern von 1:(2+1+1)=1/4. Dem Freistaat kann also insgesamt lediglich ein Anspruch auf Ersatz von **3/4 seines Schadens** zustehen (€ 45.000).   **795**

Es ist umstritten, ob bzw. inwieweit die beiden Schädiger in einer solchen Konstellation als **Gesamtschuldner** haften.[122] Für den Fall, dass lediglich zwei Schädiger für den Schaden verantwortlich sind, kann die Gesamtschuldquote nach zutr. h. M. folgendermaßen berechnet werden: Nimmt man an, dass F zunächst die geschuldeten € 40.000 des Schadens bezahlt, dann kann der Freistaat Bayern von H noch die fehlenden € 5.000 (€ 45.000 – € 40.000) verlangen. Daraus folgt, dass der Anspruch gegen H i.H.v. € 25.000 (€ 30.000 – € 5.000) durch die Zahlung des F erloschen ist (§ 422 I 1 BGB); insoweit liegt also eine Gesamtschuld vor. Das gleiche Ergebnis wird erzielt, wenn zuerst H die geschuldeten € 30.000 bezahlt. Dann schuldet H noch € 15.000 (€ 45.000 – € 30.000), so dass auch seine Verpflichtung i.H.v. € 25.000 (€ 40.000 – € 15.000) gem. § 421 I 1 BGB erloschen sein muss.

4. Ergebnis

Im Ergebnis haftet also im **Außenverhältnis** zum Freistaat Bayern der F auf € 40.000 und H auf € 30.000; in Höhe von € 25.000 haften beide als Gesamtschuldner. Dadurch ist sichergestellt, dass der Freistaat Bayern insgesamt nicht mehr als € 45.000 (3/4 seines Schadens) liquidieren kann und gleichwohl beide Schädiger nur entsprechend ihren individuellen Haftungsanteilen herangezogen werden können. Im **Innenverhältnis** zwischen H und F hat hingegen F den gesamten Betrag alleine zu tragen, da sein Haftungsanteil aufgrund seines vorsätzlichen Verhaltens weit überwiegt.[123]   **796**

Frage 2: Ansprüche der G

I. Ansprüche gegen F

1. Anspruch aus §§ 7 III 1, 10 II 1 StVG

a) Entgangener Unterhalt

Ein Anspruch der G auf entgangenen Unterhalt kann sich aus § 10 II 1 StVG ergeben. Diese Norm gewährt – nach dem Vorbild des § 844 II 1 BGB – unterhaltsberechtigten Personen unabhängig von einer   **797**

---

[121] Vgl. zum Folgenden eingehend oben *Systematische Darstellung Schadensrecht* (Rn. 627 ff.) sowie *Lemcke*, r + s 2009, 45 (48 ff.).

[122] Vgl. dazu eingehend und mit Beispielen *Lange/Schiemann*, Schadensersatz, § 10 XIII 3 b (S. 632 f.).

[123] Vgl. dazu unten Rn. 814 ff.

eigenen Rechtsgutsverletzung einen Anspruch auf **Ersatz des Unterhaltsausfalles,** wenn der Unterhaltsverpflichtete getötet wurde. Es handelt sich also aus der Perspektive des Anspruchsstellers um die ausnahmsweise Gewährung eines Schadensersatzanspruches für einen reinen Vermögensschaden, der an die Rechtsgutsverletzung bei einem Dritten anknüpft.

aa) Haftungsbegründungstatbestand

798   Der Tatbestand von § 7 I, III 1 StVG ist erfüllt, da F als unbefugter Fahrzeugnutzer bei dem Betrieb eines Kfz (verkehrstypischer Unfallschaden) den **O getötet** hat, ohne dass ein Fall höherer Gewalt i. S. v. § 7 II StVG vorliegt.

bb) Haftungsausfüllungstatbestand

799   Gemäß **§ 10 II 1 StVG** i. V. m. § 1360 BGB kann G danach **Unterhalt** von F verlangen. Dieser Anspruch wird nach § 13 II StVG i. V. m. § 843 IV BGB nicht dadurch ausgeschlossen, dass ein anderer – im vorliegenden Fall der vermögende Sohn (vgl. § 1601 BGB) – dem Unterhaltsberechtigten Unterhalt zu gewähren hat (versagte Vorteilsausgleichung).

b) Behandlungskosten wegen des Nervenschocks

800   Ein Ersatz der Behandlungskosten nach § 7 I, III 1 StVG kommt nur aufgrund einer **eigenen Rechtsgutsverletzung der G** in Frage.

aa) Rechtsgutsverletzung

801   Eine Rechtsgutsverletzung könnte hier darin liegen, dass die G einen **schweren, behandlungsbedürftigen Schock** erlitten hat. Eine Gesundheitsverletzung liegt vor, wenn eine pathologische Störung physiologischer Abläufe eintritt. In der Rechtsprechung sind darüber hinaus im Hinblick auf die Ersatzfähigkeit von Schockschäden z. T. besondere Anforderungen an die Intensität der pathologischen Störung gestellt worden.[124] Diese Qualifizierung sollte als Kriterium normativer Zurechnung herangezogen werden,[125] nicht aber die einheitliche und empirische Bestimmung einer haftungsrelevanten Gesundheitsverletzung modifizieren. Jedenfalls geht der Schock der G laut Sachverhalt nach Art und Schwere deutlich über das hinaus, was Betroffene in derartigen Fällen erfahrungsgemäß an Beeinträchtigungen erleiden, so dass auch unter diesem Gesichtspunkt von einer haftungsrelevanten Gesundheitsverletzung i. S. v. § 7 I StVG auszugehen ist.

bb) Kausalität (Äquivalenzformel)

802   Diese Gesundheitsverletzung erfolgte auch **beim Betrieb eines Kraftfahrzeuges.** Der Betrieb des Kfz durch F ist nicht hinwegzudenken, ohne dass der Erfolg entfiele, so dass er kausal im Sinne der Äquivalenzformel war.

cc) Schutzzweck der Norm

803   Näherer Prüfung bedarf wiederum, ob diese Gesundheitsverletzung noch vom Schutzzweck der straßenverkehrsrechtlichen Gefährdungshaftung umfasst ist, ob sich m. a. W. noch die **spezifische Betriebsgefahr** des Kfz realisiert hat und nicht das allgemeine Lebensrisiko der G.

---

[124] Vgl. BGHZ 56, 163 (165 f.); *BGH* NJW 1984, 1405; NJW 1989, 2317 f.; NJW 2006, 3268 (2370); unklar *BGH* NJW 2007, 2764 (2765) = JuS 2008, 375, wo von fehlender Zurechenbarkeit der Gesundheitsverletzung die Rede ist; von der Problematik des Schockschadens eines Dritten zu unterscheiden ist der Fall, in dem ein *unmittelbar* am Unfall Beteiligter einen Schockschaden erleidet, da diesem ein Ersatz seines Schadens unabhängig von einer personalen Beziehung zum Getöteten zusteht, vgl. *BGH* NJW 1986, 777 (778).

[125] Vgl. sogleich unten Rn. 805.

(1) Spezifische Betriebsgefahr

Nach zutreffender Auffassung können Nervenschocks bei Erhalt der Nachricht über die Verletzung **804**
nahestehender Personen **grundsätzlich als spezifische Folge einer Betriebsgefahr** qualifiziert werden,
denn solche Reaktionen hängen gerade mit der Unerwartetheit und der Schwere der Folgen zusammen,
die für Verkehrsunfälle und vergleichbare Verletzungskonstellationen typisch sind.[126] Damit entspricht
zugleich die Reichweite des Rechtsgüterschutzes nach dem StVG grundsätzlich derjenigen des Deliktsrechts. Angesichts der Gefahr einer uferlosen Haftungsausweitung und zur Vermeidung unangemesse-
ner Begehrlichkeit ist aber die Zurechnung von Schockschäden im Rahmen von § 7 I StVG nach den
gleichen Grundsätzen zu beschränken wie bei der deliktischen Haftung.[127]

(2) Besondere Voraussetzungen für den Ersatz von Schockschäden

Danach muss der Schock zunächst eine **besondere Beeinträchtigung** darstellen, die das normale Maß **805**
einer in einer vergleichbaren Situation empfundenen, ggf. auch behandlungsbedürftigen tiefen Trauer
überschreitet.[128] Zudem muss das auslösende Ereignis einen **nahen Angehörigen** oder **engen Lebenspart-
ner** des Geschädigten getroffen haben. Der Schock muss schließlich im Hinblick auf den Anlass **verständlich** sein.[129]

Vorliegend ergibt sich die Besonderheit der Beeinträchtigung der G bereits aus dem Erfordernis einer
ärztlichen Behandlung. Die ihr überbrachte Nachricht betraf einen nahen Angehörigen, nämlich ihren
Mann. Daraus, sowie aus dem Todesfall ergibt sich auch die Verständlichkeit ihrer Schockreaktion.

dd) Ergebnis

Die Behandlungskosten für den Schock sind damit gem. §§ 7 I, III 1, 11 S. 1 StVG ersatzfähig.

c) Angemessenes Schmerzensgeld

Da der Schock eine Gesundheitsverletzung darstellt, umfasst der Schadensersatzanspruch gem. §§ 7 I, **806**
III 1, 11 S. 2 StVG auch eine billige Entschädigung in Geld für den immateriellen Schaden, d. h. ein **angemessenes Schmerzensgeld**.

2. Anspruch aus § 823 I BGB

a) Anwendbarkeit des allgemeinen Deliktsrechts

Gemäß den §§ 16, 18 II StVG bleiben die deliktischen Haftungsvorschriften neben dem StVG anwend- **807**
bar.

b) Haftungsbegründende Voraussetzungen des § 823 I BGB

F hat durch seine verkehrsordnungswidrige und damit ohne Weiteres verkehrspflichtwidrige Fahrweise
den Tod des O fahrlässig verursacht. Er hat damit den Haftungsbegründungstatbestand des § 823 I BGB
erfüllt.

c) Entgangener Unterhalt (§§ 823 I, 844 II 1 BGB)

F hat der G daher gemäß §§ 249, 844 II 1 BGB den entgangenen Unterhalt zu ersetzen. **808**

---

[126] Vgl. *Larenz/Canaris*, Schuldrecht II/2, § 84 III 1 d (S. 621 f.); *BGH* NJW 1989, 2317; a. A. noch RGZ 133,
270 (274 f.).
[127] Vgl. *Hentschel*, § 11 StVG Rn. 6 f.; siehe dazu oben *Systematische Darstellung Deliktsrecht* (Rn. 103).
[128] Vgl. BGHZ 56, 163 (165 f.); *BGH* NJW 1984, 1405; NJW 1989, 2317; NJW 2006, 3268 (2370); Palandt/
Grüneberg, Vorb. v. § 249 Rn. 40.
[129] Vgl. etwa Palandt/*Grüneberg*, Vorb. v. § 249 Rn. 40; zuletzt *BGH* NJW 2007, 2764 = JuS 2008, 375.

d) Behandlungskosten und Schmerzensgeld wegen Nervenschocks (§ 823 I BGB)

809 Der Schock stellt – wie bereits ausgeführt – eine **Gesundheitsverletzung** auch im Sinne des § 823 I BGB dar. Diese Gesundheitsverletzung ist auch vom **Schutzzweck** des § 823 I BGB umfasst, weil sich in ihm gerade das von F gesetzte unerlaubte Risiko realisiert hat. Die oben erörterten einschränkenden Kriterien für die Ersatzfähigkeit von Schockschäden gelten gleichermaßen im Rahmen des § 823 I BGB und sind hier ebenfalls erfüllt. Der Schock der G war für F auch voraussehbar, da es zu den allgemein zu erwartenden Folgen eines Unfalles gehört, dass nahe Angehörige aufgrund der Nachricht vom Tod ihres Angehörigen einen Schock erleiden. F handelte daher auch hinsichtlich der Gesundheitsverletzung der G **fahrlässig**.

Für die fahrlässige Gesundheitsverletzung der G durch Zufügung eines Schocks haftet F auch nach den §§ 823 I, 249 II, 253 II BGB auf Ersatz der **Behandlungskosten** und ein angemessenes **Schmerzensgeld**.

3. Anspruch aus § 823 II BGB i.V.m. §§ 222, 229 StGB bzw. §§ 1 ff. StVO

810 Eine Haftung des F gegenüber der G auf Ersatz des Schockschadens aus § 823 II BGB i.V.m. § 229 StGB ist zwar angesichts des Schutzgesetzcharakters des § 229 StGB denkbar, doch liegen Schockschäden, die Dritte infolge des Unfalltodes eines nahen Angehörigen erleiden, **außerhalb des Schutzzwecks** des § 229 StGB und führen daher nicht zur strafrechtlichen Verantwortlichkeit.[130] Gleiches gilt für eine Haftung auf Ersatz des Schockschadens aus § 823 II BGB i.V.m. §§ 1 ff. StVO, da die §§ 1 ff. StVO lediglich die unmittelbar durch die fehlerhafte Fahrweise geschädigten Verkehrsteilnehmer schützen.[131] Damit scheidet auch ein Anspruch auf Schmerzensgeld gestützt auf eine Verletzung dieser Schutznormen aus.

Möglich bleibt hingegen ein Anspruch auf **Ersatz des Unterhaltsausfalls** gem. § 823 II BGB i.V.m. §§ 222 StGB, 1 ff. StVO, 844 II 1 BGB, da es für diesen Anspruch auf eine Haftung wegen Schutzgesetzverletzung gegenüber dem Getöteten O ankommt, die angesichts der von F begangenen unmittelbaren fahrlässigen Tötung unproblematisch zu bejahen ist.

II. Ansprüche der G gegen H

1. Anspruch aus § 7 I StVG

811 H haftet als Fahrzeughalter nach den §§ 7 I, 10 II 1 StVG auf die entgangenen Unterhaltskosten, nach §§ 7 I, 11 S. 1 StVG auf die Behandlungskosten und nach §§ 7 I, 11 S. 2 StVG auf ein angemessenes Schmerzensgeld, wobei dieselben Zurechnungserwägungen anzustellen sind wie beim Anspruch der G gegen F aus § 7 I, III 1 StVG. Ein Ausschluss der Haftung wegen unbefugter Benutzung nach § 7 III 1 StVG kommt wegen der mangelnden Fahrzeugsicherung nicht in Frage.

2. Anspruch aus § 823 I BGB bzw. § 823 II BGB i.V.m. §§ 14 II 2, 49 I Ziff. 14 StVO, § 844 II 1 BGB

812 Die deliktischen Ansprüche sind zugunsten der G in gleicher Weise wie in Frage 1 zugunsten des Freistaates Bayern gegeben, da es sich auch bei der Tötung des O um eine der Verletzung der Verkehrspflicht durch H zurechenbare Folge der Schwarzfahrt handelt.

III. Ergebnis zu Frage 2

813 F und H sind der G als Nebentäter gesamtschuldnerisch (§ 840 I BGB) für alle Schäden ersatzpflichtig.

---

[130] Schönke/Schröder/*Sternberg-Lieben*, § 15 Rn. 162 m.w.N.
[131] Vgl. oben Rn. 779.

Frage 3: Rückgriffsansprüche des H gegen F

I. Anspruch aus § 426 I 1 BGB

H und F haften gemäß § 840 I BGB als **Gesamtschuldner.** Nach § 426 I 1 BGB (selbständige Anspruchsgrundlage)[132] sind die Gesamtschuldner im Verhältnis zueinander zu gleichen Anteilen verpflichtet, soweit nicht ein Anderes bestimmt ist. Im vorliegenden Fall ist zu berücksichtigen, dass sowohl das **Maß der Verursachung (Gewicht des Kausalbeitrages)** als auch das **Maß des Verschuldens** auf Seiten des F überwiegt, da dieser *vorsätzlich* die Gefährdung durch die Schwarzfahrt herbeigeführt hat, indem er bewusst die von H lediglich fahrlässig geschaffene Situation ausnutzte. Was die deliktische Haftung angeht, ist daher aufgrund des überragenden Verantwortungsbeitrages des F davon auszugehen, dass dieser **im Innenverhältnis den gesamten Schaden allein** zu tragen hat, mit der Konsequenz einer Rückerstattungspflicht in voller Höhe gegenüber H.

814

Bei Anwendung der Regeln der Straßenverkehrshaftung ist zu berücksichtigen, dass § 17 StVG im Innenverhältnis zwischen Halter und Fahrer ohnehin **keine Anwendung** findet; vielmehr hat der Fahrer im Innenverhältnis den Schaden grundsätzlich allein zu tragen (vgl. § 18 III StVG; der Verweis auf § 17 StVG bezieht sich nur auf die Verantwortlichkeit für andere Fahrzeuge).[133]

H hat also einen Rückgriffsanspruch gegen F aus § 426 I 1 BGB in voller Höhe.

II. Anspruch aus § 426 II i. V. m. § 823 I BGB bzw. § 7 III 1 StVG

Des Weiteren ist ein Anspruch in gleicher Höhe aufgrund der **Legalzession** gemäß § 426 II BGB i. V. m. § 823 I BGB bzw. § 7 III 1 StVG gegeben.

815

III. Anspruch aus §§ 677, 683, 670 BGB

Rückgriffsansprüche aus Geschäftsführung ohne Auftrag scheiden bei Vorliegen einer Gesamtschuld nach zutreffender h.L. aus, da der Bezahlende ein **ausschließlich eigenes Geschäft** besorgt hat bzw. § 426 BGB eine spezielle Regelung vorsieht.[134] Jedenfalls spielen solche Ansprüche im vorliegenden Zusammenhang – wie nahezu stets – keine eigenständige Rolle.

816

IV. Anspruch aus § 812 I 1 Fall 2 BGB (Rückgriffskondiktion)

Ein Anspruch aus § 812 I 1 Fall 2 BGB (Rückgriffskondiktion) ist nicht gegeben, da F aufgrund der Regelung des § 426 II BGB durch die Zahlung des H nicht von dem gegen ihn gerichteten Anspruch befreit wird, er also **nichts erlangt** hat.

817

---

[132] Vgl. nur BeckOK/*Gehrlein*, § 426 Rn. 1.

[133] Vgl. *Hentschel*, § 17 StVG Rn. 3; siehe auch *BGH* NJW 1972, 1415.

[134] Vgl. Jauernig/*Mansel*, Vor § 677 Rn. 7; MünchKomm/*Bydlinski*, § 421 Rn. 67.

C. Fall 8: „Sauerei"

Themenkreis: *Schutzzweck der Gefährdungshaftung, Schadensberechnung bei Verkehrsunfällen*

Sachverhalt

818 Franz Forsch (F) fährt mit einem Kfz auf der Landstraße. Halter des Fahrzeugs ist Haribert Habenichts (H), der dem F das Auto kurzfristig geliehen hatte. Als Folge einer technischen Panne versagt der Motor und das von F gefahrene Auto bleibt direkt hinter einer scharfen Kurve stehen. Noch bevor F das liegengebliebene Fahrzeug sichern kann, prallt Rudi Rost (R) mit seinem Oldtimer vom Typ Porsche 959 darauf. Weder F noch R noch H trifft ein Verschulden an dem Unfall. R hätte den Unfall aufgrund der Umstände auch bei äußerster Sorgfalt nicht verhindern können.

50 Meter entfernt von der Unfallstelle befindet sich der Stall des Schweinezüchters Sigi Säuling (S), in dem dieser 1.000 Schweine in Massentierzucht hält. Wegen des beim Unfall aufgetretenen lauten Knalles gebärden sich die Schweine wie wilde Tiere. Dabei verenden sechs hochtragende Jungsauen, fünf andere Jungsauen verlieren vorzeitig ihre Ferkel durch Totgeburten. So entsteht dem S ein Schaden in Höhe von € 8.000. Die schadensstiftende Panik der Tiere als Folge des Knalles wäre nicht eingetreten, wenn die Schweine nicht aufgrund der Massentierhaltung besonders sensibel gewesen wären.

R erleidet bei dem Unfall Gesichtsverletzungen, die nach Heilung eine deutlich sichtbare große Narbe auf der rechten Backe hinterlassen. Eine erfolgversprechende kosmetische Operation zur Beseitigung der Narbe würde € 6.000 kosten. R hat aber aus Angst vor chirurgischen Eingriffen endgültig beschlossen, die Narbe nicht entfernen zu lassen.

Der von R hinzugezogene amtlich bestellte und vereidigte Kfz-Sachverständige ermittelt Folgendes: Die Kosten für eine Reparatur des Fahrzeugs des R in der einzigen auf Oldtimer spezialisierten Porsche-Fachwerkstatt in der Umgebung würden sich auf € 11.900 (inklusive € 1.900 Mehrwertsteuer) belaufen. Unter Zugrundelegung des durchschnittlichen Verrechnungssatzes aller Marken- und freien Fachwerkstätten in der Umgebung würden die Reparaturkosten allerdings nur € 10.500 (inkl. € 1.676,47 MwSt) betragen. Nach einer Reparatur würde in jedem Fall ein Minderwert des Fahrzeugs von € 1.000 verbleiben. Der Restwert des Porsche beläuft sich nunmehr (ohne Reparatur) auf € 3.000; ein gleichwertiges (unbeschädigtes) Gebrauchtfahrzeug würde € 10.000 kosten.

R, der selbst Karosseriebaumeister ist, und dem an der Weiternutzung des Autos viel liegt, entschließt sich, den Wagen nicht in die Werkstatt zu geben, sondern die erforderlichen Reparaturmaßnahmen selbst in seiner Freizeit vorzunehmen; er wendet dafür 40 Arbeitsstunden auf (gewöhnlicher Stundenverrechnungssatz: € 45). Die Ersatzteile besorgt er für insgesamt € 6.200 bei einem befreundeten Schrotthändler. Die Instandsetzung ist erfolgreich: R fährt den Porsche heute noch.

Die Reparatur durch R dauert fünf Tage – wie dies auch bei einer Fachwerkstätte der Fall gewesen wäre. Während dieser Zeit mietet R bei der Autovermietung Gierschlund (G) einen vergleichbaren Sportwagen an. R hatte G unter verschiedenen Angeboten ausgewählt, weil diese ihm ein „Unfallersatzwagen-Komfortpaket" angeboten hatte, bei dem sie auf die sonst übliche Vorauskasse und auf eine Kaution verzichtet und für das Ersatzfahrzeug einen „Hol- und Bringservice" bis zur Haustür vorsieht. Zudem akzeptiert G anstelle einer Barzahlung als Leistung an Erfüllungs statt die Abtretung der Schadensersatzansprüche des R gegen die Haftpflichtversicherung des H, soweit diese den Ausfall der Nutzung des geschädigten Fahrzeugs zum Gegenstand haben; R soll aber zur Geltendmachung dieser Ansprüche ermächtigt bleiben. Ferner verzichtet G ausdrücklich auf Nachforderungen für den Fall, dass die gegnerische Versicherung nicht den vollen Betrag erstatten sollte. Dafür verlangt G € 300 täglich, insgesamt also € 1.500. Nach dem Normaltarif (ohne „Komfortpaket"), den G dem R ebenfalls angeboten hatte, hätte ein gleichwertiger Mietwagen täglich € 120, insgesamt also € 600 gekostet. Dieser Tarif entspricht auch dem allgemeinen Marktpreis.

Bearbeitervermerk: In einem umfassenden Rechtsgutachten, das auf alle aufgeworfenen Rechtsfragen (ggf. hilfsgutachtlich) eingeht, sind die folgenden Fragen in der vorgegebenen Reihenfolge zu beantworten:

1. Kann S von H Ersatz seines Schadens verlangen?
2. Welche Ansprüche kann R gegen H geltend machen?

3. Welche Ansprüche hat R gegen H, wenn er das Fahrzeug nicht in Eigenarbeit instandgesetzt, sondern unrepariert für € 3.000 beim Kauf eines Neuwagens einem Kfz-Händler in Zahlung gegeben hat?

4. Welche Ansprüche hat R gegen H, wenn er in den fünf Tagen, die die Instandsetzung des Autos in Anspruch nahm, keinen Ersatzwagen angemietet, sondern sich mit öffentlichen Verkehrsmitteln beholfen hat? Die Fixkosten für das beschädigte, nicht fahrbereite Fahrzeug des R (Steuer, Versicherung, Kapitalkosten) betragen € 15 täglich.

Lösung zu Fall 8

Prüfungsstruktur

Frage 1: Anspruch des S gegen H aus § 7 I StVG

Da laut Sachverhalt weder H noch F ein Verschulden trifft, kommen Ansprüche aus § 823 BGB nicht in **819**
Betracht. Denkbar ist eine Haftung des H daher lediglich unter dem Gesichtspunkt der Gefährdungshaftung des Kfz-Halters gemäß § 7 I StVG.

I. Rechtsgutsverletzung

Gemäß § 90a S. 3 BGB ist die Verletzung bzw. Tötung der Tiere des S einer **Sachbeschädigung** i. S. v. **820**
§ 7 I StVG gleichzustellen.

II. Haltereigenschaft des H

Laut Sachverhalt war H Halter i. S. v. § 7 I StVG des von F gefahrenen Fahrzeugs.   **821**

III. Beim Betrieb des Kfz

Zunächst muss ein „Betrieb" des Fahrzeugs i. S. v. § 7 I BGB vorliegen und des Weiteren die Schädigung **822**
zurechenbar durch den Betrieb des Fahrzeugs hervorgerufen worden sein.[135]

1. „Betrieb"

Nach der früher vertretenen **maschinentechnischen Auffassung** setzt der Betrieb eines Fahrzeugs i. S. v. § 7 I StVG **823**
eine Bewegung des Motors bzw. der Betriebseinrichtungen des Fahrzeugs voraus.[136] Eine solche, insbesondere am
Wortlaut des Kriteriums „Betrieb" haftende Auslegung führt im vorliegenden Fall dazu, dass sich das von F gesteuerte Fahrzeug im Zeitpunkt des Unfalls nicht in „Betrieb" befunden hat, da der Motor des Fahrzeugs nicht mehr
lief und das Auto vor dem Aufprall des Kfz des R stehen geblieben war.

Nach zutreffender, heute h. M. ist aber jedenfalls im öffentlichen Verkehr die sog. **verkehrstechnische Auffassung** **824**
maßgeblich. Danach ist für den „Betrieb" eines Fahrzeugs jede Teilnahme am Straßenverkehr, d. h. jedes Bewegen
oder Ruhen in verkehrsbeeinflussender Weise ausreichend.[137] Diese weite Auslegung des Kriteriums „Betrieb", die
auch von stehenden Fahrzeugen ausgehende Gefährdungen mit einbezieht, trägt dem **Schutzzweck** von § 7 I StVG
Rechnung. Wie der Fall zeigt, können von ruhenden Fahrzeugen im Straßenverkehr ebenso gravierende Gefährdungen ausgehen wie von Fahrzeugen in voller Bewegung; die Betriebsgefahr beruht nicht allein auf der maschi-
nenbedingten Bewegung, sondern auch auf anderen verkehrsbeeinflussenden Zuständen des Kfz, insbesondere auf
seinem technischen Versagen zur Unzeit.

Danach ist vorliegend von einem „Betrieb" des Fahrzeugs von H im Zeitpunkt des Unfalls auszugehen.

2. Kausalität/Zurechnung

Der Betrieb des Fahrzeugs muss ferner kausal für die eingetretenen Rechtsgutsverletzungen gewesen
sein.

---

[135] Vgl. dazu Hentschel/*König*/Dauer, Straßenverkehrsrecht, § 7 StVG Rn. 4 ff.
[136] Vgl. die Nachweise bei Hentschel/*König*/Dauer, Straßenverkehrsrecht, § 7 StVG Rn. 5a.
[137] Vgl. BGHZ 29, 163; *Larenz/Canaris*, Schuldrecht II/2, § 84 III 1c (S. 620); Hentschel/*König*/Dauer, Straßenverkehrsrecht, § 7 StVG Rn. 5.

a) Äquivalenzformel

825   Das Liegenbleiben des Fahrzeugs des H kann nicht hinweggedacht werden, ohne dass der Unfall und der daraus resultierende Knall entfielen. Gleichzeitig kann der Knall nicht hinweggedacht werden, ohne dass die schadensstiftende Panik der Schweine entfiele. Nach der **Conditio-sine-qua-non-Formel** ist der Betrieb des Fahrzeugs von H damit im Sinne der Äquivalenzformel Ursache des Schadens, den S erlitten hat.

b) Keine Anwendung des Adäquanzkriteriums

826   Die Verursachung der Rechtsgutverletzung im Sinne der Äquivalenzformel reicht aber für eine Haftung nach § 7 I StVG nicht aus. Wie im Bereich der Verschuldenshaftung ist eine normative Einschränkung der Zurechnung erforderlich. Die Rechtsprechung hält wegen des weiten Schutzzweckes von § 7 I StVG eine weitergehende Zurechnung als bei der verhaltensbezogenen Deliktshaftung für nötig. Dabei wird konsequenterweise – wie bei allen Tatbeständen der Gefährdungshaftung – das **Adäquanzkriterium** (Ausscheidung ganz unwahrscheinlicher, unvorhersehbarer Folgen) nicht als Zurechnungsfilter angewandt. Denn den Gesichtspunkten der Wahrscheinlichkeit und der Vorhersehbarkeit wohnt ein verschuldensähnliches Element inne. Die Gefährdungshaftung soll dagegen nach ihrem Schutzzweck gerade auch bei gänzlich unerwarteten Schäden eingreifen und ist zudem unabhängig vom Verschulden.[138]

c) Schutzzweck der Norm – spezifische Betriebsgefahr

827   Maßgeblich ist neben dem Ursachenzusammenhang nach der Äquivalenzformel vielmehr, ob die Verletzung der in § 7 I StVG genannten Rechtsgüter noch vom **Schutzzweck der Norm** umfasst ist. Das ist der Fall, wenn sich die Rechtsgutsverletzung als **spezifische Folge typischer Gefahren des Straßenverkehrs** darstellt, sich also nicht eine gegenüber der Betriebsgefahr eigenständige Gefahr realisiert hat.[139]

828   Nach Auffassung des *BGH* ist die schadensstiftende Panik der Tiere vorliegend nicht mehr spezifische Folge derjenigen Straßenverkehrsgefahren, vor denen § 7 I StVG einen haftungsrechtlichen Schutz gewähren soll. Die besonderen Umstände der Tierhaltung würden eine Neigung zur Aggression erzeugen. Aufgrund dieser überhöhten Sensibilität der Tiere vertrüge sich die Massentierhaltung nicht mit den typischen Geräuschen des Straßenverkehrs. Dabei komme es nicht darauf an, ob die Bedingungen der Massentierhaltung üblich seien. Maßgeblich sei lediglich, dass durch die **Massentierhaltung** ein **eigenständiger Gefahrenkreis geschaffen werde**, dessen vorhersehbare Risiken von dem zu tragen seien, der für die Gefahrenquelle verantwortlich ist.[140] Zwar sei grundsätzlich eine Zurechnung des Verkehrslärms im Rahmen der Gefährdungshaftung möglich.[141] Allerdings dürfte dann die Lärmreaktion nicht auch gleichzeitig Folge einer durch den Verantwortlichen selbst gesetzten Überempfindlichkeit sein.

829   **Gegen** die Entscheidung des *BGH* spricht, dass **besonders laute Geräusche typische, außerhalb des Straßenverkehrs nicht ohne Weiteres vorkommende Gefahren** darstellen. Der Verkehrsunfalllärm ist daher gerade nicht dem allgemeinen Lebensrisiko, sondern dem spezifischen Betriebsrisiko der Autos zuzuordnen. Vielmehr liegt bei der besonderen Empfindlichkeit der Schweine ein geradezu klassischer Fall einer besonderen Schadensanlage vor, die nach h.M. nur dann zum Ausschluss der Zurechnung führt, wenn die Schadensanfälligkeit völlig unvorhersehbar war; das ist hier angesichts der Üblichkeit moderner Massentierhaltung aber nicht der Fall.[142] Grundsätzlich hat der Schädiger ein besonders sensibles Rechtsgut so zu nehmen, wie es ist. Konsequenterweise hat der *BGH* etwa die Zurechnung zur (luftverkehrsrechtlichen) Gefährdungshaftung in einem Fall bejaht, in dem ein Hubschrauber durch den von seinem Rotor ausgehenden Luftdruck ein bereits instabiles Dach zum Einsturz gebracht hatte.[143]

830   Daher ist es vorzugswürdig, im vorliegenden Fall die Rechtsgutsverletzungen der spezifischen Betriebsgefahr der Kraftfahrzeuge zuzurechnen; sie beruhen nicht allein auf dem eigenständigen Gefahrenkreis, der durch die moderne

---

[138] Vgl. BGHZ 79, 259.

[139] Vgl. dazu *BGH* NJW 2005, 2081 (2081 f.); NJW 1982, 1046; BGHZ 79, 259 (262 f.) für die luftverkehrsrechtliche Gefährdungshaftung.

[140] Vgl. BGHZ 115, 84; ebenso bereits RGZ 158, 34 zur Panikreaktion von (zur Pelzgewinnung gehaltenen) Silberfüchsen auf ein ruhig schwebendes Flugzeug.

[141] Vgl. so *BGH* NJW 1982, 1046: Luftverkehrsrechtliche Gefährdungshaftung bei Lärmreaktion auf tief fliegendes Düsenflugzeug. Ferner auch *LG Köln* NJW-RR 1998, 320: Anspruch des Pferdehalters aus § 7 I StVG in einem Fall, in dem das traditionell gehaltene Tier aufgrund der Vorbeifahrt eines laut hupenden Autokorsos an seiner Koppel in Panik geraten war und sich dabei tödlich verletzt hatte.

[142] Vgl. dazu oben *Systematische Darstellung Deliktsrecht* (Rn. 101).

[143] Vgl. BGHZ 79, 259.

Massentierhaltung geschaffen wurde, sondern auf der **Kumulation** zweier Risiken, nämlich des Betriebsrisikos des Kfz und des Risikos der Massentierhaltung. Derartige Fälle sind aber typische Fälle des § 254 BGB, der mit der Rechtsfigur der **Mitverursachung** eine besser geeignete Handhabe für die Abwägung von Verantwortungsanteilen zur Verfügung stellt als die starre „Alles-oder-Nichts-Lösung" des Zurechnungszusammenhanges.[144]

Hinweis: Die Gegenauffassung des *BGH* ist selbstverständlich ebenfalls vertretbar; dann müssen die nachfolgend erörterten Punkte aber in einem Hilfsgutachten behandelt werden.

IV. Rechtsfolge

1. Schaden

Durch die Sachbeschädigung ist laut Sachverhalt ein **Schaden in Höhe von** € 8.000 hervorgerufen worden.   831

2. Mitverschulden (§§ 9 StVG, 254 I BGB bzw. § 17 I, II, IV StVG)

Den S könnte aber ein Mitverschulden bei der Entstehung des Schadens gemäß §§ 9 StVG, 254 I BGB   832
bzw. § 17 I, II, IV StVG treffen.[145]

a) Anwendbarkeit von § 9 StVG i. V. m. § 254 BGB oder § 17 StVG

Zunächst ist festzustellen, ob sich die Anrechnung des Mitverschuldens bzw. der **mitwirkenden Tiergefahr** hier nach   833
§ 9 StVG i. V. m. § 254 BGB oder nach § 17 I, II, IV StVG richtet. Zwar stellt die Regelung des § 17 StVG, die gem.
§ 17 IV StVG auch auf Mitwirkungsbeiträge von Tieren anzuwenden ist, eine vorrangige Sonderregelung gegenüber
§ 9 StVG dar.[146] Jedoch unterliegt S hinsichtlich seiner Schweine keiner Gefährdungshaftung nach § 833 S. 1 BGB,
sondern nur der Haftung eines Nutztierhalters für vermutetes Verschulden nach § 833 S. 2 BGB,[147] was gegen die
Anwendung des § 17 IV StVG spricht, da sich diese Vorschrift nach ihrem Systemkontext auf eine Anrechnung der
mitwirkenden Tier*gefahr* (und nicht des mitwirkenden Halterverschuldens) bezieht.[148]

Hinweis: Die richtige Anknüpfung der die Mitverantwortlichkeit regelnden Norm wirkt sich im Ergebnis nicht aus.
Die zu berücksichtigenden Sachgesichtspunkte sind jeweils gleich; insbesondere ist in jedem Fall ein mitwirkendes
Verschulden des Tierhalters (ggf. als Gefahrerhöhung) bei der Bewertung der Verantwortungsbeiträge zu berück-
sichtigen.

b) Sorgfaltspflichtverletzung durch bewusste Selbstgefährdung

Nach h. M. setzt ein Mitverschulden i. S. v. § 254 I BGB voraus, dass der Geschädigte diejenige Sorgfalt   834
außer Acht lässt, die ein verständiger Mensch anwendet, um sich vor Schaden im Rahmen des Vorhersehbaren und Vermeidbaren zu bewahren (§ 276 BGB analog).[149] Sonderfall eines solchen Mitverschuldens ist das sogenannte „Handeln auf eigene Gefahr".[150] Danach ist ein Mitverschulden dann gegeben,
wenn sich der Geschädigte bewusst in eine erkennbar gefährliche Situation, also in eine Situation dro-
hender Eigengefährdung begeben hat. Eine solche Eigengefährdung kann vorliegend angesichts der besonderen Umstände der Massentierhaltung angenommen werden. S hat sich bewusst dem Risiko einer
Störung seiner sensiblen Tiere durch die nahe Straße ausgesetzt.

---

[144] Vgl. zur Kritik vor allem *Larenz/Canaris*, Schuldrecht II/2, § 84 III 1 d (S. 624).
[145] Vgl. zur Behandlung des Mitverschuldens nach dem StVG oben *Systematische Darstellung Haftung im Straßenverkehr* (Rn. 730 ff.).
[146] Vgl. Hentschel/*König*/Dauer, Straßenverkehrsrecht, § 17 StVG Rn. 1.
[147] Vgl. unten Rn. 835.
[148] Vgl. aber auch *RG* JW 1913, 649 Nr. 13; RGZ 96, 130 (132); RGZ 129, 55 (59 f.), das bei der Kollision
zwischen Kfz- und Nutztierhalterhaftung zwar die Vorläufernorm des § 17 IV StVG anwendet, aber auf das mitwirkende *Verschulden* abstellt.
[149] Vgl. nur Palandt/*Grüneberg*, § 254 Rn. 8.
[150] Vgl. MünchKomm/*Oetker*, § 254 Rn. 64 ff.

Die Höhe des Mitverschuldensanteils ist **Tatfrage**; zu denken wäre etwa an eine Anspruchsminderung in Höhe von zwei Dritteln, weil S aufgrund der Einrichtung der Tierhaltung in Straßennähe einen deutlich höheren Verantwortungsbeitrag geleistet hat als der schuldlos handelnde H.

c) Mitwirkende Tiergefahr bzw. vermutetes Mitverschulden nach § 833 S. 2 BGB

835   Lehnt man entgegen der soeben getroffenen Feststellung ein Mitverschulden ab – etwa wegen der allgemeinen Üblichkeit der Massentierhaltung –, kommt auch eine anspruchsmindernde **Anrechnung des durch eine gesetzlich angeordnete Gefährdungshaftung begründeten Verantwortungsbeitrags des Geschädigten** in Betracht (vgl. auch § 17 IV StVG).[151] Ein solcher Verantwortungsbeitrag kann sich vorliegend aus der Tierhalterhaftung nach § 833 BGB ergeben. Da S die Schweine (= Haustiere) gewerblich hält, diese also seiner Erwerbstätigkeit zu dienen bestimmt sind, greift lediglich § 833 S. 2 BGB ein. S unterliegt also **keiner Gefährdungshaftung**, sondern könnte sich bezüglich seines Mitverschuldensbeitrages durch den Nachweis sorgfältigen Verhaltens oder fehlender Kausalität entlasten.[152]

Allerdings kann auch § 833 S. 2 BGB im Rahmen des Mitverschuldens herangezogen werden. Gegenüber den allgemeinen Regeln für das Mitverschulden nach § 9 StVG i.V.m. § 254 I BGB bzw. § 17 I, II, IV StVG führt eine Anwendung von § 833 S. 2 BGB zu einer **Umkehr der Beweislast**: Während grundsätzlich der Schädiger die haftungsausschließende Tatsache des Mitverschuldens beweisen muss, hat gemäß § 833 S. 2 BGB der Geschädigte sein sorgfaltsgemäßes Verhalten nachzuweisen; gelingt ihm dieser Nachweis nicht, so ist sein Mitverursachungsbeitrag bei der Abwägung so zu werten, als sei er schuldhaft erfolgt.

An den Entlastungsbeweis gemäß § 833 S. 2 BGB werden **strenge Anforderungen** gestellt. Eine Sorgfaltspflichtverletzung bei Beaufsichtigung von Tieren kann nach der Rechtsprechung u.U. bereits im Vorhandensein gefährlicher Eigenschaften der Tiere gesehen werden.[153] Vorliegend kann dem S angesichts der risikoträchtigen Umstände der Tierhaltung der Entlastungsbeweis daher nicht gelingen.

V. Kein Ausschluss der Haftung nach § 7 II, III StVG

1. Kein Ausschluss wegen höherer Gewalt (§ 7 II StVG)

836   Nach § 7 II StVG ist die Haftung nur ausgeschlossen, wenn der Unfall durch **höhere Gewalt** verursacht worden ist. Höhere Gewalt ist nach der Rechtsprechung ein betriebsfremdes, von außen durch elementare Naturkräfte oder durch Handlungen dritter Personen herbeigeführtes Ereignis, das nach menschlicher Einsicht und Erfahrung unvorhersehbar ist, mit wirtschaftlich erträglichen Mitteln auch durch die äußerste nach der Sachlage vernünftigerweise zu erwartende Sorgfalt nicht verhütet oder unschädlich gemacht werden kann und auch nicht wegen seiner Häufigkeit in Kauf zu nehmen ist.[154] Eine technische Panne ist schon kein betriebsfremdes Ereignis und stellt daher keine höhere Gewalt i.S.v. § 7 II StVG dar.

2. Kein Ausschluss wegen Schwarzfahrt (§ 7 III 1 StVG)

837   Die Haftung ist auch nicht nach § 7 III 1 StVG ausgeschlossen, weil H dem F sein Fahrzeug geliehen hat, dieser es also **nicht gegen den Willen des H** benutzt hat.

VI. Ergebnis

838   Nach Auffassung des *BGH* scheitert eine Haftung des H aus § 7 I StVG bereits am **fehlenden Zurechnungszusammenhang** zwischen dem Betrieb seines Kfz und der Schädigung der Schweine des S. Sofern entgegen der Meinung des *BGH* eine Zurechnung im Rahmen von § 7 I StVG bejaht wird, ist die Haftung des H um einen (**erheblichen**) **Mitverschuldensanteil** des S zu kürzen.

---

[151] Vgl. *BGH* NJW 1985, 2416f.; BGHZ 173, 182; Palandt/*Grüneberg*, § 254 Rn. 11.
[152] Vgl. Palandt/*Sprau*, § 833 Rn. 15 ff.
[153] Vgl. *BGH* VersR 1956, 502 (503).
[154] Vgl. BGHZ 7, 338 (339); *BGH* NJW-RR 1988, 986; zu § 7 II StVG *OLG Celle* ZGS 2005, 278.

Frage 2: Anspruch des R gegen H aus § 7 I StVG

Als Anspruchsgrundlage kommt wiederum nur § 7 I StVG in Betracht.   839

I. Rechtsgutsverletzung

R hat infolge des Unfalls sowohl eine Körperverletzung als auch eine Sachbeschädigung i. S. v. § 7 I StVG   840
erlitten.

II. Beim Betrieb eines Kfz

Diese Rechtsgutsverletzungen sind bei Betrieb des Kfz des H entstanden.[155] Was die Schäden des R angeht,   841
so ist auch nicht daran zu zweifeln, dass diese in den Schutzzweck von § 7 I StVG fallen, da es sich um
typische Unfallfolgen, also um typische Folgen der Gefahren des Straßenverkehrs handelt.

III. Rechtsfolge: Schadensersatz

Fraglich ist nur, ob und in welcher Höhe ein nach den §§ 249 ff. BGB, 10 f. StVG **ersatzfähiger Schaden**   842
gegeben ist. Bei der Bestimmung des ersatzfähigen Schadens sind die §§ 10 f. StVG neben den §§ 249 ff.
BGB anwendbar. Die §§ 10 f. StVG enthalten lediglich Präzisierungen, ohne von den Grundregeln der
§§ 249 ff. BGB abzuweichen.

1. Narbe

a) Ersatzfähigkeit als erforderliche Kosten der Naturalrestitution gem. § 249 I, II BGB

Gemäß § 249 I BGB hat H den R so zu stellen, wie er ohne die Verletzungen durch den Unfall stünde.   843
Gemäß §§ 249 II, 11 StVG kann R den dazu **erforderlichen Geldbetrag**, also die Kosten der Heilung
verlangen. Dazu gehören grundsätzlich auch die Kosten für eine Narbenbeseitigung.[156] Ein Ersatz der
Kosten einer kosmetischen Operation kann nicht etwa mit dem Argument abgelehnt werden, es handle
sich bei der Narbe um einen gemäß § 253 I BGB nicht ersatzfähigen **Nichtvermögensschaden**. Der Anspruch auf **Naturalrestitution** ist nämlich – im Gegensatz zum Wertersatz bei Unmöglichkeit der Naturalrestitution gemäß § 251 I BGB – **unabhängig vom Vorliegen eines Vermögensschadens**.[157] Auch kann
die Narbenbeseitigung nicht gemäß § 251 II BGB wegen **Unverhältnismäßigkeit** abgelehnt werden.
Nach h. M. gilt nämlich § 251 II BGB nicht für die Beseitigung von Nichtvermögensschäden, da es insoweit an einer Vergleichsgröße (dem „Wert" der Beeinträchtigung) fehlt.[158] Eine Grenze wird der Beseitigung von Nichtvermögensschäden nur durch die Anwendung von § 242 BGB (**„unzulässige Rechtsausübung"**) gesetzt, wenn das immaterielle Interesse so geringfügig ist, dass die Herstellung angesichts
der Kosten rechtsmissbräuchlich wäre.[159] Die Beseitigung einer deutlich sichtbaren großen Narbe auf
der Backe für € 6.000 kann aber weder als unzulässige Rechtsausübung gemäß § 242 BGB, noch – wenn
entgegen der h. M. § 251 II BGB angewendet würde – als unverhältnismäßig bezeichnet werden.

---

[155] Zum Begriff des Betriebes siehe oben Rn. 823.
[156] Vgl. nur Hentschel/*König*/Dauer, Straßenverkehrsrecht, § 11 Rn. 4.
[157] Vgl. oben *Systematische Darstellung Schadensrecht* (Rn. 563).
[158] Vgl. BGHZ 63, 295 (297 ff.); Staudinger/*Schiemann*, 2005, § 251 Rn. 19 f.
[159] Vgl. BGHZ 63, 295 (301) bei kaum sichtbarer Narbe ohne Funktionsbeeinträchtigungen.

b) Möglichkeit des Ersatzes fiktiver Heilungskosten?

844 Wenn danach also R gemäß §§ 11 StVG, 249 II BGB den für eine Operation erforderlichen Geldbetrag grundsätzlich verlangen kann, so stellt sich die Frage, ob dieser Anspruch **auch dann besteht, wenn er die Operation tatsächlich gar nicht durchführen lassen will**.[160] Der Wortlaut der §§ 11 StVG, 249 II BGB ist insoweit nicht eindeutig: Einerseits könnten die Begriffe „Kosten der Heilung" bzw. „Erforderlichkeit" des Geldbetrags auf eine tatsächliche Durchführung der Heilungsmaßnahme hinweisen. Andererseits wird eine solche tatsächliche Durchführung der Naturalrestitution gerade nicht ausdrücklich vom Gesetz verlangt.[161]

aa) Systematische Einwände gegen den Ausgleich fiktiver Herstellungskosten

845 Nach einer v. a. früher vertretenen Meinung in der Literatur hat der Geschädigte im Rahmen des Schadensersatzes nach § 249 II BGB keinerlei Dispositionsfreiheit bezüglich des ihm zur Durchführung der Naturalrestitution zur Verfügung gestellten Geldbetrages.[162] Soweit er die Durchführung der Naturalrestitution nicht beabsichtigt, kann er auch den erforderlichen Geldbetrag nicht verlangen. Die „erforderlichen Kosten" gem. § 249 II BGB sind danach entweder erst im Nachhinein oder jedenfalls nur als zweckgebundener Vorschuss ersatzfähig, über dessen zweckgemäße Verwendung nachträglich abzurechnen ist.

846 Für diese Position spricht die enge Bindung des § 249 II BGB an die Naturalrestitution in § 249 I BGB. Die Anerkennung einer Dispositionsfreiheit des Geschädigten steht zudem in einem Spannungsverhältnis zur Wertung von § 251 I BGB, wonach (ein von der Naturalherstellung losgelöster) Ersatz in Geld **nur bei Unmöglichkeit der Naturalrestitution** gefordert werden kann und zwar grundsätzlich **nur unter dem Vorbehalt der Entstehung eines Vermögensschadens** (§ 253 I BGB). Auch das **schadensrechtliche Bereicherungsverbot** (Rechtsgedanke des § 255 BGB) spricht dagegen, dem Geschädigten einen Ausgleich des Wiederherstellungsaufwands unabhängig von der Durchführung der Wiederherstellung zu gewähren, weil dieser Aufwand u. U. deutlich über die verbleibende Einbuße hinausgeht. Dass der Schädiger ggf. vom Unterbleiben der Naturalrestitution profitiert, erzwingt noch nicht die Anerkennung der Dispositionsfreiheit; vielmehr kann die zufällige Entlastung des Schädigers damit gerechtfertigt werden, dass dieser umgekehrt auch für eine zufällige Erhöhung des Schadensumfanges einzustehen hat.

bb) Ersatzfähigkeit fiktiver Herstellungskosten bei Sachschäden

847 Die Rechtsprechung und h. M. vertritt zur Dispositionsfreiheit des Geschädigten eine **differenzierende Auffassung**: Danach soll bei **Sachschäden** eine uneingeschränkte Dispositionsfreiheit des Geschädigten bestehen (sog. Abrechnung auf Gutachtenbasis; fiktive Reparaturkosten), während bei anderen Schadensposten, namentlich bei **Personenschäden** die Ersatzleistung nach § 249 II BGB von der tatsächlichen Durchführung der Naturalherstellung abhängig sein soll.

848 Den dargestellten schadensrechtssystematischen Einwänden – Begrenzung des Ersatzes in Geld und Bereicherungsverbot (§§ 249, 251, 253, 255 BGB) – kann ansatzweise durch das Argument begegnet werden, dass bei Sachschäden **jedenfalls eine Wertminderung im Vermögen des Geschädigten** eingetreten ist. Auch ist es der Sparsamkeit und Geschäftstüchtigkeit des Geschädigten zuzuschreiben, wenn er auf eine Wiederherstellung des Gegenstandes verzichtet oder es ihm gelingt, die Wiederherstellung kostengünstig, also unter Marktpreis, durchzuführen. Dies spricht dafür, ihm und nicht dem Schädiger die resultierenden Vorteile zukommen zu lassen. Die Dispositionsfreiheit des Geschädigten führt ferner zu einer **Vereinfachung der Schadensabwicklung bzw. zu einer Transaktionskostenersparnis**, indem auf den Marktwert der Reparatur bzw. Neubeschaffung abgestellt und damit ein Streit über die Abrechnung der tatsächlich angefallenen Kosten vermieden werden kann.[163] Die Anerkennung der Dispositionsfreiheit bei Sachschäden ergibt sich schließlich auch aus § 249 II 2 BGB. Diese Regelung macht den Ersatz der **Umsatzsteuer** davon abhängig, dass sie auch tatsächlich angefallen ist. Im Umkehrschluss dazu ist Herstellungsaufwand bei Sachschäden im Übrigen unabhängig davon ersatzfähig, ob er tatsächlich angefallen ist.

cc) Ersatzfähigkeit fiktiver Behandlungskosten bei Personenschäden

849 Im Gegensatz dazu ist bei **Personenschäden** nach zutr. h. M. keine Dispositionsfreiheit hinsichtlich des nach § 249 II BGB geschuldeten Herstellungsaufwands anzuerkennen. Vielmehr soll der Ausgleich nach § 249 II BGB eine **erkennbare Absicht** zur Behebung des Schadens erfordern.[164] Der zentrale Unterschied zu den Sachschäden ist

---

[160] Vgl. dazu auch *Armbrüster*, JuS 2007, 411 (413 f.).

[161] Vgl. zum Problem oben *Systematische Darstellung Schadensrecht* (Rn. 570 ff.).

[162] Vgl. die grundsätzliche Kritik an der Dispositionsfreiheit des Geschädigten bei *Köhler*, FS Larenz, 1983, S. 363 ff.; *Honsell/Harrer*, JuS 1985, 161 ff.; *Jauernig/Teichmann*, § 249 Rn. 5; *Larenz*, Schuldrecht I, § 28 I (S. 470 f.); *Esser/Schmidt*, Schuldrecht I/2, § 32 I 2 a (S. 202 f.); nach der Schadensrechtsreform 2002 noch *Schiemann/Haug*, VersR 2006, 160 (167).

[163] Vgl. BGHZ 61, 56 (58) für Kfz; vgl. zur Rspr. bei Grundstücken Palandt/*Grüneberg*, § 249 Rn. 6.

[164] Vgl. BGHZ 97, 14 = JuS 1986, 648; zust. *Armbrüster*, JuS 2007, 411 (414).

darin zu sehen, dass **Personenschäden nicht unmittelbar zu einem wertmindernden Niederschlag im Vermögen des Geschädigten** führen. Daher besteht hier in besonderem Maße die Gefahr einer Umgehung der **Wertung des § 253 I, II BGB**. Auch sind die Kosten einer Beseitigung von Personenschäden wegen der Unsicherheit des Heilungsverlaufs nicht ebenso sicher prognostizierbar wie die Kosten einer Schadensbeseitigung bei Sachschäden. Es besteht daher die Gefahr eines Verstoßes gegen das schadensrechtliche Bereicherungsverbot.[165] Schließlich ist der Geschädigte, wenn die Naturalherstellung unterbleibt, in allen Fällen haftungsrechtlich relevanter Personenschäden ausreichend durch den Anspruch auf Schmerzensgeld geschützt (§ 253 II BGB). Dieser Schutz begründet auch die Ungleichbehandlung von Personen- und Sachschäden und trägt dem besonderen, grundgesetzlich geschützten Rang der körperlichen Unversehrtheit, der Gesundheit und des Persönlichkeitsrechts hinreichend Rechnung.[166]

dd) Ergebnis

R kann daher **keinen Ausgleich der fiktiven Kosten** einer operativen Narbenbeseitigung verlangen (a. A. vertretbar).

2. Schmerzensgeld

R kann gem. § 11 S. 2 StVG ein **angemessenes Schmerzensgeld** für die erlittenen immateriellen Beeinträchtigungen verlangen. Bei der Bemessung ist zu berücksichtigen, dass er durch die bleibende Narbe dauerhaft beeinträchtigt ist – freilich bilden die Kosten einer entsprechenden Operation keinen Orientierungspunkt für die Bemessung. Gewährt man dem R aber entgegen der hier vertretenen Auffassung einen Anspruch auf Ersatz der fiktiven Heilungskosten, so darf die bleibende Narbe nicht beim Schmerzensgeld berücksichtigt werden, weil sie sonst gewissermaßen doppelt ersetzt würde.

850

3. Fahrzeugschaden

R kann von H nach § 249 BGB auch für die Beschädigung seines Autos Schadensersatz verlangen. Fraglich ist, in welcher Höhe der Schaden ersatzfähig ist.

a) Merkantiler Minderwert

Unter dem sog. **merkantilen Minderwert** des Wagens versteht man denjenigen unfallbedingten Wertverlust, der trotz einer fachgerechten Reparatur verbleibt („Unfallwagen"; hier: € 1.000). Dieser Wertverlust kann gerade nicht durch Naturalrestitution gem. § 249 BGB behoben werden, so dass die Herstellung insoweit unmöglich und gem. § 251 I BGB Wertersatz geschuldet ist.[167]

851

b) Konkrete Reparaturkosten

Hinsichtlich der Reparaturkosten kann R zunächst ohne Weiteres den Ersatz der **tatsächlich angefallenen Kosten** verlangen. Wird – wie im vorliegenden Fall – das beschädigte Fahrzeug in Eigenarbeit instandgesetzt, so zählen zu den ersatzfähigen Herstellungskosten zunächst einmal die Ausgaben für die Beschaffung der **Ersatzteile**. Darüber hinaus stellt sich die Frage, ob R auch Ersatz für die **aufgewendete Arbeitskraft** verlangen kann. Nach h. M. kann für erbrachte Arbeitsleistung nur – aber immerhin – dann Ersatz verlangt werden, wenn diese nach der Verkehrsanschauung einen Marktwert hat,[168] ohne dass es darauf ankommt, ob der Geschädigte einen anderweitigen Verdienstausfall erlitten hat. Das ist hier der Fall, da R Karosseriebaumeister ist und die konkrete Arbeitsleistung in seinem Beruf liegt, so dass sie einen Marktwert von € 45 pro Stunde hat.

852

Demnach steht R gegen H jedenfalls ein Anspruch nach § 249 II 1 BGB in Höhe von insgesamt € 8.000 (€ 6.200 für Ersatzteile und € 1.800 für die Arbeitsleistung) zu.

---

[165] Vgl. auch *Steffen*, NJW 1995, 2059 ff.; MünchKomm/*Oetker*, § 249 Rn. 357 ff.; Soergel/*Mertens*, § 249 Rn. 22; Palandt/*Grüneberg*, § 249 Rn. 6.

[166] A. A., d. h. für die Anerkennung eines Ersatzes fiktiver Heilungskosten bei Personenschäden, *Rinke*, DAR 1986, 141 f.; i. E. *OLG Stuttgart* VersR 1978, 188; *OLG Celle* VersR 1972, 468; *Haug*, NZV 2003, 545 (552 f.).

[167] Vgl. Palandt/*Grüneberg*, § 251 Rn. 14.

[168] Vgl. BGHZ 131, 220 (225); Palandt/*Grüneberg*, § 249 Rn. 67; vgl. oben *Systematische Darstellung Schadensrecht* (Rn. 597).

c) Fiktive Reparaturkosten

853   Zu erwägen ist des Weiteren, ob R **anstatt der tatsächlich angefallenen Reparaturkosten** auch die **vom Sachverständigen veranschlagten (fiktiven) Reparaturkosten** bei einer Porsche-Fachwerkstätte verlangen kann, obgleich diese Kosten gar nicht angefallen sind.

aa) Zulässigkeit der fiktiven Schadensberechnung trotz geringeren konkreten Schadens

854   Ausgangspunkt bildet insoweit wiederum § 249 II 1 BGB, wonach der Geschädigte Ersatz der **erforderlichen Reparaturkosten** verlangen kann. Erforderlich in diesem Sinne sind diejenigen Aufwendungen, die „vom Standpunkt eines verständigen, wirtschaftlich denkenden Menschen in der Lage des Geschädigten zur Behebung des Schadens zweckmäßig und angemessen erscheinen"[169]. Es liegt in der Konsequenz der oben[170] angeführten Argumente, dass die auf Gutachtenbasis ermittelten üblichen Reparaturkosten als „erforderlich" i.S.v. § 249 II 1 BGB zu qualifizieren und grundsätzlich auch dann ersatzfähig sind, wenn der Geschädigte die Reparatur – wie im vorliegenden Fall – mit geringerem Aufwand in Eigenarbeit durchführt.[171] Von den gegen die Abrechnung auf Reparaturkostenbasis vorgetragenen Einwänden[172] wird bei einer kostengünstigeren Reparatur insbesondere das Spannungsverhältnis zum schadensrechtlichen Bereicherungsverbot virulent, da der Geschädigte nach Durchführung der Reparatur einen Vermögenszuwachs in Höhe der Differenz zwischen den tatsächlichen Kosten und den im Gutachten ausgewiesenen Kosten realisiert. Dieser Einwand wird freilich durch den Gesichtspunkt der Transaktionskostenersparnis relativiert. Gerade bei Verkehrsunfällen kommt die Standardisierung der Abwicklung auch der Gemeinschaft der Versicherten zu Gute und die dadurch erzielten Einsparungen dürften insgesamt schwerer ins Gewicht fallen als die Entlastung, die sich aus einer Abrechnung der tatsächlich angefallenen (und u.U. geringeren) Reparaturkosten ergeben könnte.[173] Dies gilt umso mehr, als der Geschädigte keinerlei Anreiz zur Ausnutzung besonders günstiger Reparaturmöglichkeiten hätte, wenn er die Vorteile an den Schädiger bzw. dessen Versicherung weiterreichen müsste.

Daher kann R trotz der günstigeren realen Reparaturkosten nach seiner Wahl auch auf der Basis des Gutachtens die **fiktiven Reparaturkosten** abrechnen.

bb) Berechnung nach Tarifen der Markenwerkstatt

855   Allerdings bedarf die **Berechnungsgrundlage** der zu ersetzenden fiktiven Reparaturkosten näherer Bestimmung. Insbesondere stellt sich die Frage, ob der Schätzung der höhere Verrechnungssatz einer markengebundenen und spezialisierten Fachwerkstatt zu Grunde zu legen ist oder ob aufgrund der Schadensminderungsobliegenheit des Geschädigten (§ 254 II BGB) vom durchschnittlichen Verrechnungssatz aller markengebundener und freier Werkstätten der Region auszugehen ist.

Nach der Rechtsprechung des *BGH* folgt aus dem Prinzip der Dispositionsfreiheit des Geschädigten auch, dass der Ersatz fiktiver Reparaturkosten **nach den gleichen Regeln** zu behandeln ist wie der Ersatz tatsächlich angefallener Reparaturkosten.[174] Da der Geschädigte im Fall einer tatsächlichen Durchführung der Reparatur grundsätzlich nicht gehalten ist, bei verschiedenen Werkstätten Erkundigungen über Preisangebote einzuholen, muss er sich auch bei der Abrechnung auf Gutachtenbasis nicht allgemein auf einen besonders kostengünstigen Verrechnungssatz verweisen lassen. Etwas anderes gilt lediglich dann, wenn der Schädiger (bzw. seine Versicherung) dem Geschädigten eine konkrete günstigere und mühelos zugängliche Reparaturmöglichkeit[175] in der Umgebung nachweist, die qualitativ gleichwertig und dem Geschädigten zumutbar ist; dann ist der Geschädigte unter dem Gesichtspunkt der Schadensminderungsobliegenheit (§ 254 II BGB) gehalten, von einer solchen Möglichkeit Gebrauch zu machen.[176] An der Zumutbarkeit kann es etwa bei Neuwagen fehlen, wenn der Geschädigte durch die Reparatur in nicht markengebundenen Werkstätten damit rechnen muss, bei der späteren Inanspruchnahme von Garantieleistungen Schwierigkeiten zu bekommen.

Vorliegend fehlt es schon am Nachweis einer **konkreten günstigeren Reparaturmöglichkeit** durch den Schädiger; der Geschädigte ist keinesfalls gehalten, von sich aus aktiv nach günstigeren Werkstätten zu suchen. Zudem besteht hier ein anerkennenswertes (Integritäts-)Interesse des R daran, seinen Oldtimer nur bei einer hierauf spezialisierten Porsche-Fachwerkstatt reparieren zu lassen und nicht bei einer gewöhnlichen, unspezialisierten Werkstatt. Daher

---

[169]   Vgl. BGHZ 160, 377 (383 f.); *BGH* NJW 2005, 1041 (1042); NJW 2006, 360 (361); NJW 2006, 2106 (2107).
[170]   Rn. 847.
[171]   Vgl. BGHZ 61, 56 (58); 155, 1 (6); BeckOK/*Schubert*, § 249 Rn. 186; MünchKomm/*Oetker*, § 249 Rn. 354; Palandt/*Grüneberg*, § 249 Rn. 6.
[172]   Vgl. oben Rn. 845 f.
[173]   Vgl. dazu auch *Steffen*, NJW 1995, 2057 (2060).
[174]   Vgl. BGHZ 155, 1 (5 f.) – Porsche.
[175]   Vgl. BGHZ 183, 21; *BGH* NJW 2010, 2118; NJW 2010, 2725; NJW 2010, 2727; NJW 2010, 2941; dabei sind wegen der Dispositionsfreiheit des Geschädigten nach § 249 II 1 BGB keine etwaigen Sondertarife zu Grunde zu legen, welche die Versicherung des Schädigers mit einzelnen Werkstätten ausgehandelt hat, vgl. *BGH* NJW 2010, 606 (607) –VW; NJW 2010, 2725.
[176]   Vgl. *BGH* NJW 2010, 606 – VW; NJW 2010, 2118; NJW 2010, 2727; s. dazu Witt, NJW 2010, 3329 (3330 ff.).

darf den zu ersetzenden fiktiven Kosten der Verrechnungssatz der spezialisierten Porsche-Fachwerkstätte zugrunde gelegt werden.[177]

Nicht ersatzfähig ist indessen nach der ausdrücklichen Regelung des § 249 II 2 BGB im Rahmen der Abrechnung auf Gutachtenbasis die fiktive **Umsatzsteuer** (im Fall € 1.900).

cc) Begrenzung der ersatzfähigen Reparaturkosten durch den Wiederbeschaffungswert

Zu prüfen ist ferner, ob die fiktiven Reparaturkosten auch dann ersatzfähig sind, wenn die Ersatzbeschaffung – d. h. der Kauf eines gleichwertigen Ersatzfahrzeugs und der Verkauf des Unfallwagens zum Restwert – günstiger ist. Dogmatischer Ausgangspunkt ist insoweit nach der Rechtsprechung das sog. **Wirtschaftlichkeitspostulat**, das dem Merkmal der „Erforderlichkeit" der Kosten in § 249 II 1 BGB zu entnehmen ist; in der Literatur wird z. T. – ohne Abweichungen im praktischen Ergebnis – darauf abgestellt, ob die Reparaturkosten **unverhältnismäßige Aufwendungen** i. S. v. § 251 II BGB darstellen.[178]

856

Einigkeit besteht darüber, dass sich der Geschädigte nicht schon immer dann auf die Beschaffung eines Ersatzfahrzeugs verweisen lassen muss, wenn die Reparaturkosten den Wiederbeschaffungsaufwand (d. h. den Preis eines gleichwertigen Ersatzfahrzeugs abzüglich des Restwerts des Unfallwagens) überschreiten. Der Geschädigte hat nämlich in der Regel ein Interesse daran, sein eigenes Fahrzeug zu behalten; dieses **besondere Integritätsinteresse** kann auch nicht als „immaterielles" Interesse generell vernachlässigt werden, da es nicht zuletzt darauf beruht, dass der Kauf eines Ersatzfahrzeuges – wie jeder Gebrauchtwagenkauf – mit Bewertungsunsicherheiten und anderen Transaktionskosten verbunden ist, die entfallen, wenn das bisherige Fahrzeug repariert wird.[179] Die Rechtsprechung veranschlagt das schutzwürdige Integritätsinteresse pauschal mit **30 % des Wiederbeschaffungswertes** (d. h. des Preises eines gleichwertigen Ersatzfahrzeugs), so dass der Geschädigte im Ergebnis die fiktiven Reparaturkosten bis zur Höhe von 130 % des Wiederbeschaffungswertes geltend machen kann.[180] Der Umstand, dass bei einer Wiederbeschaffung das beschädigte Fahrzeug verwertet werden kann, mit der Folge einer Absenkung des sog. **Wiederbeschaffungsaufwands**, ist bei dieser Kostenrelation außer Acht zu lassen, um eine einfache und praktikable Handhabung der Schadensregulierung zu gewährleisten.[181]

857

Voraussetzung für die Anerkennung dieses sog. **Integritätszuschlages** von 30 % ist jedoch, dass der Geschädigte sein besonderes Interesse am Erhalt gerade seines Fahrzeugs tatsächlich manifestiert. Das ist nach der Rechtsprechung des *BGH* der Fall, wenn er das Fahrzeug einerseits **fachgerecht und vollständig repariert** und andererseits **mindestens sechs Monate weiternutzt**.[182] Stellt der Geschädigte lediglich die Fahrbereitschaft, nicht aber den früheren Zustand des Fahrzeugs wieder her, so beweist er dadurch zwar ein allgemeines Interesse an Mobilität durch sein Fahrzeug, das jedoch im Allgemeinen in vergleichbarer Weise auch durch eine Ersatzbeschaffung befriedigt werden könnte.[183]

858

R hat als Karosseriebaumeister die erforderlichen Reparaturmaßnahmen **vollständig und fachgerecht vorgenommen** und **nutzt das Kfz bis heute weiter**. Demzufolge sind hier die veranschlagten Instandsetzungskosten zzgl. des nach einer Reparatur verbleibenden Minderwerts mit dem Wiederbeschaffungswert von € 10.000 zzgl. des 30 %igen Integritätszuschlages, also € 13.000, zu vergleichen. Bei den Reparaturkosten ist nach der Rechtsprechung des *BGH* die Umsatzsteuer ungeachtet der Anordnung des § 249 II 2 BGB auch dann anzusetzen, wenn sie tatsächlich gar nicht angefallen ist, weil der Geschädigte die Reparatur selbst vorgenommen hat.[184] Dafür spricht, dass die Anwendung der 130 %-Regel auf die Bestimmung der Wirtschaftlichkeit der Reparatur abzielt. Diese Festlegung sollte einheitlich, d. h. insbesondere unabhängig davon vorgenommen werden, ob die Reparatur tatsächlich durchgeführt wird oder nicht. Daher sind die Reparaturkosten in Höhe von € 11.900 anzusetzen. Zuzüglich des

---

[177] Vgl. ebenso *KG* NJW 2008, 2656.

[178] Staudinger/*Schiemann*, 2005, § 251 Rn. 22; umfassend zu beiden Konstruktionen *Ruppert*, ZJS 2010, 466 (467 ff.); vgl. zum Problem oben *Systematische Darstellung Haftung im Straßenverkehr* (Rn. 744) m. w. N.

[179] Vgl. etwa BGHZ 115, 364 (371 ff.).

[180] Kritisch zum Integritätszuschlag im Allgemeinen: *Grunsky*, JZ 1997, 825 (827); gegen die Beachtung eines Integritätszuschlags im Rahmen der Unverhältnismäßigkeit i. S. v. § 251 BGB: *Schiemann*, NZV 1996, 1 (5); kritisch hierzu *Ruppert*, ZJS 2010, 466 (469).

[181] Vgl. *BGH* NJW 2003, 2085; NJW 1992, 302 (304); NJW-RR 2010, 377.

[182] Vgl. BGHZ 154, 395 (400); 163, 180 (184 ff.); *BGH* NJW 2008, 2183; BGHZ 168, 43 (47 f.) = JuS 2007, 283.

[183] Vgl. *BGH* NJW 2007, 2917; BGHZ 162, 161 (168) = NJW 2005, 1108; BGHZ 162, 170 (173); Münch-Komm/*Oetker*, § 251 Rn. 45.

[184] Vgl. *BGH* NJW 2009, 1340 (1341, Tz. 11 ff.).

merkantilen Minderwerts von € 1.000 betragen sie nur € 12.900 und damit weniger als 130 % des Wiederbeschaffungswertes. Sie sind daher noch erforderlich i. S. v. § 249 II 1 BGB bzw. nicht unverhältnismäßig i. S. v. § 251 II BGB.

d) Ergebnis

859   Somit kann R von H nach der h. M. gem. § 249 II 1 BGB Ersatz der fiktiven Reparaturkosten in Höhe
von € 10.000 (€ 11.900 unter Abzug der MwSt gemäß § 249 II 2 BGB) sowie nach § 251 I BGB Wertersatz in Höhe von € 1.000 für den merkantilen Minderwert, insgesamt also € 11.000 verlangen.

4. Mietwagenkosten

860   Mietwagenkosten sind grundsätzlich nach § 249 II 1 BGB ersatzfähig, weil die Anmietung eines Ersatzfahrzeugs der **Naturalherstellung** des Zustands dient, der ohne das schädigende Unfallereignis bestünde.
Der Geschädigte erhält während der Reparaturzeit ein Ersatzfahrzeug, weil er ohne Schädigung und
Reparatur sein eigenes (beschädigtes) Fahrzeug hätte nutzen können. Daher kann R von H den Ersatz
des „**erforderlichen Geldbetrages**" gem. § 249 II 1 BGB verlangen. Dabei handelt es sich regelmäßig um
die tatsächlich angefallenen Mietwagenkosten; nach den Grundsätzen der Vorteilsausgleichung sind
diese Kosten um die **ersparten Eigenaufwendungen** bei Vorhaltung eines Pkws zu kürzen (z. B.: Kilome-
terleistung, Abnutzung etc.), die in der Praxis pauschal mit 10 % des Mietwagenpreises angesetzt werden.

861   Hier besteht allerdings insoweit eine besondere Konstellation, als R das Ersatzfahrzeug **nicht zum gewöhnlichen
Tarif angemietet hat, sondern zu einem sog. „Unfallersatztarif"**, der den Normaltarif erheblich überschreitet. Bereits die absolute Differenz zum Normaltarif weckt den Verdacht, dass die Höhe des Unfallersatztarifes nicht nur
durch die Mehrleistungen des Versicherers bedingt ist, sondern auch durch den Umstand, dass Geschädigte, welche
die Haftung ohnehin an einen Schädiger weiterreichen können, kein Interesse an Preisverhandlungen mit der Autovermietung haben, so dass diese die Tarife faktisch einseitig zu ihren Gunsten – und zu Lasten des hieran unbeteiligten Schädigers – festlegen kann (wirtschaftlich gesehen ein „Vertrag zu Lasten Dritter").[185] Um einen Missbrauch
dieser Konstellation zu Lasten der Unfallschädiger bzw. ihrer Haftpflichtversicherungen – und damit letztlich zum
Nachteil der Versichertengemeinschaft – zu verhindern, hat die Rechtsprechung seit 2004 begonnen, den besonderen Unfallersatztarifen Grenzen zu setzen.[186] Dogmatischer Anknüpfungspunkt ist dabei das **Wirtschaftlichkeitspostulat**, d. h. die „Erforderlichkeit" der Kosten der Wiederherstellung i. S. v. § 249 II BGB.[187] Danach kann der Geschädigte vom Schädiger und dessen Haftpflichtversicherer als erforderlichen Herstellungsaufwand **nur den Ersatz
derjenigen Mietwagenkosten verlangen, die ein verständiger, wirtschaftlich denkender Mensch in der Lage des
Geschädigten für zweckmäßig und notwendig halten darf**. Insbesondere hat der Geschädigte bei der Schadensabwicklung im Interesse des Schädigers unter verschiedenen geeigneten Möglichkeiten die günstigste zu wählen.

862   Ersatzfähig ist danach **grundsätzlich nur der Normaltarif**, sofern er dem Geschädigten – wie hier – tatsächlich
bekannt[188] und **ohne Weiteres zugänglich** war. Ein höherer Unfallersatztarif ist nur insoweit ersatzfähig, als die darin
enthaltenen Sonderleistungen **Teil der vom Schädiger geschuldeten Naturalherstellung** sind und der entsprechende
Preisaufschlag **durch den objektiven Wert dieser Zusatzleistungen gerechtfertigt** ist.[189] Unter dem Gesichtspunkt
der Naturalherstellung gerechtfertigt ist die Vergütung eines Hol- und Bringservice und der Verzicht der Versicherung auf Vorleistung und Kaution, weil der Geschädigte dadurch von allen unfallbedingten Belastungen freigestellt
wird; ihm ist weder das Abholen und Zurückbringen eines Ersatzfahrzeuges noch die Erbringung finanzieller Vorleistungen zuzumuten.[190] Nicht unter dem Gesichtspunkt der Naturalrestitution ersatzfähig sind demgegenüber
Vergütungsbestandteile, die sich auf die Abtretung der Ersatzforderungen an Erfüllungs statt unter Verzicht auf
Nachforderungen beziehen und den Geschädigten damit in solchen Fällen freistellen, in denen die gegnerische Versicherung die Kosten nicht voll erstattet. Denn dadurch wird das Risiko, einen Schadensposten falsch zu bewerten,
oder gar selbst einen Mitverursachungsanteil tragen zu müssen, auf den Schädiger abgewälzt.[191] Hierbei handelt es
sich nicht um den Ausgleich eines unfallbedingten Nachteils sondern um ein Lockmittel der G, das H – auf Kosten
des Schädigers und zum alleinigen Vorteil der G – von der Wahl des Normaltarifes abhalten sollte.

---

[185] Vgl. zu den ökonomischen Hintergründen etwa *Herrler*, JuS 2007, 103 (104).
[186] Vgl. grundlegend BGHZ 160, 377; weitere. Nachw. oben Fn. 73.
[187] Vgl. BGHZ 160, 377; für die ergänzende Heranziehung der Schadensminderungsobliegenheit aus § 254 II 1
BGB *Herrler*, NZV 2007, 337 ff.
[188] Bei der Bezeichnung eines Tarifs als „Unfallersatztarif" soll den Geschädigten nach Auffassung des *BGH* sogar eine Nachfrageobliegenheit treffen, sich nach einem „Normaltarif" zu erkundigen, vgl. *BGH* NJW 2007, 1449.
[189] Vgl. *Herrler*, NZV 2007, 337 ff.
[190] Vgl. *Herrler*, NZV 2007, 337 (338).
[191] Vgl. *Wagner*, NJW 2006, 2289 (2292).

Danach ist der Preisaufschlag auf den Normaltarif nur insoweit „erforderlich" i. S. v. § 249 II 1 BGB, als er durch den Hol- und Bringservice und den Verzicht auf Vorleistungen **objektiv gerechtfertigt** ist. Hierbei verlangt der *BGH* keinen Einblick in die Kalkulation der Autovermietung, sondern akzeptiert es, wenn die Instanzgerichte im Wege der Schadensschätzung nach § 287 ZPO einen **pauschalen Aufschlag von 20 %** auf den Normaltarif zu Grunde legen.[192] Dies führt zu einem ersatzfähigen Betrag von € 144 pro Tag, insgesamt also € 720.

5. Mitverursachung (§ 17 II StVG)

Eine **Mitverursachung** des R gemäß § 17 II StVG ist nicht gegeben, da der Unfall für R laut Sachverhalt auch bei äußerster Sorgfalt nicht vermeidbar war, also ein unabwendbares Ereignis i. S. v. § 17 III StVG darstellte und der Unfall auch nicht auf einen Fehler der Beschaffenheit oder ein Versagen der Vorrichtungen des Fahrzeugs des R zurückzuführen war.

863

IV. Kein Ausschluss der Haftung nach § 17 III 1, II StVG

Der Anspruch ist nicht gem. § 17 III 1, II StVG ausgeschlossen. Zwar stellte der Unfall auch für H und F (vgl. insoweit § 17 III 2 StVG) ein **unabwendbares Ereignis** dar. Allerdings beruhte das unabwendbare Ereignis auf einem Versagen der Einrichtungen des Fahrzeugs des H, sodass der Anspruch gegen diesen[193] nicht gem. § 17 III 1, II StVG ausgeschlossen ist.

864

V. Ergebnis

R kann zwar nicht die Kosten einer fiktiven Heilbehandlung verlangen, wohl aber ein **angemessenes Schmerzensgeld** für die Narbe, die Kosten einer **fiktiven Reparatur** ohne Mehrwertsteuer (€ 10.000), den **merkantilen Minderwert** (€ 1.000) sowie Ersatz für die **Anmietung** des Ersatzwagens in Höhe von € 720.

Frage 3: Ansprüche bei unreparierter Veräußerung

Veräußert R das beschädigte Fahrzeug in unrepariertem Zustand, so stellt sich die Frage, ob und ggf. in welcher Höhe ihm ein **auf Gutachtenbasis** abgerechneter Schadensersatzanspruch zusteht, oder ob er sich auf die (niedrigeren) Kosten der Beschaffung eines Ersatzfahrzeugs verweisen lassen muss.

865

Legt man den Grundsatz der Dispositionsfreiheit des Geschädigten zugrunde,[194] kann dieser nach § 249 II BGB regelmäßig Ersatz der objektiv zur Wiederherstellung erforderlichen Kosten unabhängig davon verlangen, ob die Instandsetzung tatsächlich durchgeführt wird oder nicht. Allerdings setzt ein solcher Anspruch grundsätzlich voraus, dass eine Naturalherstellung **noch möglich** ist, da andernfalls nach § 251 I BGB lediglich ein Anspruch auf Wertersatz besteht. Von diesem Grundsatz wird eine Ausnahme dahingehend gemacht, dass der Anspruch aus § 249 II BGB **bei unreparierter Veräußerung beschädigter Gegenstände besteht bleibt**.[195] Im Wesentlichen werden dafür die gleichen Argumente wie für die Dispositionsfreiheit im Rahmen von § 249 II BGB angeführt. Wenn der Geschädigte nach den Grundsätzen der Dispositionsfreiheit fiktive Reparaturkosten verlangen und das Fahrzeug später in unrepariertem Zustand veräußern dürfe, dann dürfe es keinen Unterschied machen, wenn der Geschädigte den Wagen vor Erfüllung des Ersatzanspruches veräußere.

---

[192] Vgl. *BGH* NJW 2008, 2910.

[193] Das Gleiche gilt für einen Anspruch gegen den F, der vorliegend allerdings bereits am mangelnden Verschulden scheitert, vgl. § 18 I 2 StVG.

[194] Vgl. oben Rn. 847 f.

[195] Vgl. für Kfz mit ausführlicher Begründung BGHZ 66, 239 (241 ff.); siehe ferner ausführlich MünchKomm/ *Oetker*, § 249 Rn. 348 m. w. N.

Allerdings dürfen die Reparaturkosten nach der Rechtsprechung des *BGH* in diesem Fall den **Wiederbeschaffungsaufwand für ein Ersatzfahrzeug nicht überschreiten**.[196] Denn wenn der Geschädigte das Kfz ohnehin weiterveräußert, demonstriert er dadurch gerade, dass er **kein besonderes Integritätsinteresse** hat, das eine Privilegierung der Naturalrestitution rechtfertigen könnte. In diesem Fall ist beim Kostenvergleich im Rahmen der Erforderlichkeitsprüfung nach § 249 II BGB bzw. der Unverhältnismäßigkeitsprüfung i. S. v. § 251 II BGB daher kein Integritätszuschlag von 30 % zu gewähren.[197] Der Anspruch ist **dann vielmehr auf den Wiederbeschaffungsaufwand**, d. h. auf die Differenz zwischen Wiederbeschaffungswert und Restwert reduziert, weil dieser Betrag die nach dem Wirtschaftlichkeitspostulat günstigste Möglichkeit wiedergibt, das Interesse des Geschädigten an Mobilität zu befriedigen.

Demnach ist der Anspruch des R auf Ersatz der fiktiven Reparaturkosten nach § 249 II 1 BGB auf den Wiederbeschaffungsaufwand von € 7.000 (€ 10.000 Wiederbeschaffungswert − € 3.000 Restwert) beschränkt.

Frage 4: Ansprüche bei Verzicht auf Anmietung eines Ersatzfahrzeugs

I. Keine Naturalrestitution (§ 249 BGB)

866   Verzichtet R auf die Anmietung eines Ersatzfahrzeugs, so existieren **keine erstattungsfähigen Mietwagenkosten**. Eine nachträgliche Naturalrestitution (§ 249 I BGB) ist bei entgangenen Nutzungsvorteilen unmöglich; damit scheitert auch der in § 249 II 1 BGB vorgesehene Ersatz des „erforderlichen Geldbetrags".

II. Entschädigung in Geld (§ 251 BGB)

867   Ein Ersatz entgangener Nutzungen ist daher gem. §§ 251 I, 253 I BGB nur dann möglich, wenn der in der Vergangenheit liegende Nutzungsausfall einen **Vermögensschaden** darstellt. Dagegen kann angeführt werden, dass es sich bei der reinen Nutzungsmöglichkeit um eine bloße Annehmlichkeit handelt, der kein eigener Vermögenswert zukommt, d. h. um einen **immateriellen Schaden**. Dann besteht allerdings kein Ausgleichsanspruch, weil der Nutzungsausfall nicht auf der Verletzung eines in § 253 II BGB genannten Rechtsguts beruht. Indessen sind verschiedene Ansätze entwickelt worden, die auf eine Qualifikation des Nutzungsausfalls als Vermögensschaden hinauslaufen.

1. Frustrationsthese

868   Nach einer Auffassung besitzen entgangene Nutzungen insoweit einen Vermögenswert, als durch das schädigende Ereignis Aufwendungen des Geschädigten für Erwerb und Erhaltung des Gegenstandes (hier etwa Kfz-Steuer, Versicherung, Kapitalkosten) fehlgeschlagen sind, also nicht amortisiert werden konnten. Danach ermöglicht die Orientierung des Schadensbetrages an der Höhe der fehlgeschlagenen Aufwendungen eine nachvollziehbare, sachgerechte Grenzziehung zwischen Vermögensschäden und Nichtvermögensschäden. Die geldliche Bezifferbarkeit auf der Grundlage der fehlgeschlagenen Aufwendungen dient dazu, im Einklang mit § 253 I BGB einen generellen Ersatz des Affektionsinteresses zu vermeiden.[198]

869   Gegen eine umfassende Verwirklichung dieses Ansatzes spricht jedoch, dass er zu einer **Überwälzung des allgemeinen Lebensrisikos** des Geschädigten auf den Schädiger führt. Insbesondere bei Personenschäden würde die Höhe des Ausgleichs durch den Lebenswandel des Geschädigten bestimmt, indem dieser etwa sämtliche von ihm gekauften und unterhaltenen Gegenstände nicht mehr benutzen oder Clubmitgliedschaften nicht mehr in Anspruch nehmen könnte. Ferner verstößt der Frustrierungsgedanke gegen die Differenzhypothese, da die frustrierten Aufwendungen ja auch ohne das schädigende Ereignis getätigt worden wären. Maßgeblich kann vielmehr nur sein, ob den durch die frustrierten Aufwendungen bedingten *Vorteilen* ein Vermögenswert zukommt; diese Frage wird durch den Verweis auf die Aufwendungen gerade nicht beantwortet. Nach zutr. h. M. findet der **Frustrationsgedanke**

---

[196] Vgl. BGHZ 66, 239 (241 ff.).
[197] Vgl. BGHZ 163, 180; MünchKomm/*Oetker*, § 251 Rn. 45; Palandt/*Grüneberg*, § 249 Rn. 25.
[198] So insbesondere *Esser/Schmidt*, Schuldrecht I/2, § 31 III 1 (S. 194 f.).

daher nur im Rahmen des **vertraglichen Schadensausgleiches** grundsätzliche Berücksichtigung (vgl. insbesondere § 284 BGB sowie die „Rentabilitätsvermutung" beim Schadensersatz statt der Leistung[199]), während seine Anwendung im Übrigen zu Recht abgelehnt wird.[200]

2. Kommerzialisierungsthese

Nach der sogenannten Kommerzialisierungsthese soll eine entgangene Nutzungsmöglichkeit (bzw. eine andere ungegenständliche Einbuße) dann einen Vermögensschaden darstellen, wenn der Nutzungswert durch entsprechendes **Angebot am Markt kommerzialisiert** ist.[201] Auch diesem Ansatz ist entgegenzuhalten, dass er bei allgemeiner Umsetzung die in §§ 251 I, 253 I BGB angelegten Grenzen des Schadensersatzes sprengt. In einer modernen Markwirtschaft ist nämlich **die Nutzung eines jeden Gegenstandes und fast jede Form menschlichen Wohlbefindens käuflich** und daher **kommerzialisiert**. Zudem führt auch diese Meinung zu Konflikten mit der Differenzhypothese und damit zu einem Verstoß gegen das schadensrechtliche Bereicherungsverbot, da der Gebrauchswert eines Gegenstandes keinen vom Substanzwert gesonderten Posten darstellt.[202]

870

3. Die vermittelnde Position der Rechtsprechung

Die Rechtsprechung des *BGH* verwirklicht im Grundsatz weder den Frustrations- noch den Kommerzialisierungsgedanken. Sie gewährt aber dennoch unter bestimmten Voraussetzungen einen **abstrakten Nutzungsersatz** und führt so eine **normative Korrektur der Differenzhypothese** bzw. des Verbots eines Geldausgleichs für **Nichtvermögensschäden** (§ 253 I BGB) durch. Diese Korrektur dient im Wesentlichen der Vermeidung einer unbilligen Entlastung des Schädigers bzw. der Belohnung des sparsamen Geschädigten, dessen Nutzungsverzicht auch dem Schädiger bzw. der Allgemeinheit (Versicherungsprämien) zu Gute kommt.[203] Hinzu kommt der Gedanke der Gleichstellung von privaten und gewerblichen Nutzungsausfällen, weil Letztere regelmäßig als entgangener Gewinn nach § 252 BGB kompensiert werden. Um eine Ausuferung der Haftung zu vermeiden, knüpft der *BGH* den abstrakten Nutzungsersatz in ständiger Rechtsprechung an verschiedene – positivrechtlich nicht eindeutig vorgeprägte und damit im Wesentlichen auf richterlicher Rechtsschöpfung beruhende – Voraussetzungen:[204]

871

a) Gegenstand des täglichen Gebrauches mit zentraler Bedeutung für die eigenwirtschaftliche Lebenshaltung

Der Nutzungsausfall muss zunächst einen Gegenstand des täglichen Gebrauches betreffen, der für eine eigenwirtschaftliche Lebenshaltung von zentraler Bedeutung ist.[205] Diese allgemeine Beschreibung der in Frage kommenden Nutzungsgegenstände ist eng auszulegen; sie dient einer Erweiterung der zunächst auf **Kfz** beschränkten Rechtsprechung und soll gleichzeitig einen unbegrenzten Ersatz von Nutzungspotenzialen ausschließen, der sich etwa auch auf **Luxusgüter** beziehen könnte. Ein selbst genutztes Kfz fällt ohne Weiteres in den Kreis der erfassten Gegenstände.

872

b) Unmittelbarer Eingriff in den Nutzungsgegenstand

Das schadensstiftende Ereignis muss ferner einen **unmittelbaren Eingriff in den Nutzungsgegenstand** darstellen, darf also nicht lediglich den Nutzungsberechtigten seiner **persönlichen Nutzungsmöglichkeit** berauben (etwa bei einem Krankenhausaufenthalt). Auch diese Voraussetzung ist vorliegend aufgrund der unfallbedingten Beschädigung des Fahrzeugs erfüllt.

873

---

[199] Vgl. nur § 284 BGB sowie Palandt/*Grüneberg,* § 281 Rn. 23.

[200] Vgl. *Medicus/Petersen,* Bürgerliches Recht, Rn. 825 f.; MünchKomm/*Oetker,* § 249 Rn. 46 ff.

[201] So noch in dieser Allgemeinheit BGHZ 63, 98 (102) für vertanen Urlaub (heute durch § 651f II BGB überholt); MünchKomm/*Oetker,* § 249 Rn. 40.

[202] Vgl. zur Einschränkung der Kommerzialisierungstheorie durch die Rechtsprechung die Nachweise bei Palandt/*Grüneberg,* Vorb. v. § 249 Rn. 11 f.; zum Problem auch *Larenz,* Schuldrecht I, § 29 I c (S. 485 f.); *Medicus/Petersen,* Bürgerliches Recht, Rn. 828 ff.

[203] *Medicus/Petersen,* Bürgerliches Recht, Rn. 828 spricht von einer „Sparsamkeitsprämie".

[204] Vgl. ausführlich BGHZ (GS) 98, 212 = JuS 1987, 574.

[205] Vgl. insbesondere BGHZ (GS) 98, 212 = JuS 1987, 574.

c) Fühlbare Beeinträchtigung

874 Als dritte und letzte Voraussetzung verlangt der *BGH* eine fühlbare Beeinträchtigung des Geschädigten,[206] d. h. dieser oder einer seiner Angehörigen muss den Willen zur Nutzung sowie eine hypothetische Nutzungsmöglichkeit und ein Nutzungsbedürfnis (fehlt etwa bei persönlichem Fuhrpark) haben. Die Fühlbarkeit entfällt im vorliegenden Falle ab dem Zeitpunkt, zu dem R wieder über sein Fahrzeug verfügen konnte.[207] Bis zur Wiedererlangung des Wagens musste R aber fünf Tage auf dessen Nutzung verzichten, so dass insoweit die Voraussetzung der Fühlbarkeit erfüllt ist.

d) Höhe der Entschädigung

875 Der Höhe nach soll dem Geschädigten **nicht etwa der volle marktübliche Mietpreis** eines Ersatzfahrzeuges zustehen, da im Rahmen des abstrakten Nutzungsersatzes lediglich der **Kompensationswert**, nicht aber der **Reparationswert** geschuldet ist.[208] Die Praxis geht von den 3,5-fachen Vorhaltekosten aus; für einen gebrauchten Porsche wäre danach ein abstrakter Nutzungsersatz in Höhe von ca. € 50 täglich für fünf Tage anzusetzen, insgesamt also € 250.

---

[206] Vgl. BGHZ 45, 212 (219).
[207] Vgl. BGHZ 66, 239 (249 f.).
[208] So BGHZ (GS) 98, 212 (225) = JuS 1987, 574.

D. Aktuelle Rechtsprechung

I. Teleologische Begrenzung des im Straßenverkehr für Kinder vorgesehenen Haftungsprivilegs (§ 828 II 1 BGB)   876

BGHZ 161, 180

Der *BGH* nimmt zur Reichweite des in § 828 II 1 BGB verankerten Haftungsprivilegs Stellung, wonach die Altersgrenze der Deliktsfähigkeit Minderjähriger im Straßenverkehr auf zehn Jahre angehoben ist. Der seinerzeit neunjährige Beklagte veranstaltete mit zwei weiteren Kindern auf einer Straße ein Wettrennen mit Kickboards. Dabei stürzte er, wobei sein Kickboard in das ordnungsgemäß am Fahrbahnrand abgestellte Fahrzeug des Klägers prallte und dieses beschädigte. Der Eigentümer des Fahrzeugs verlangt nun vom Beklagten Ersatz des Schadens gem. § 823 I BGB.

Kernproblem der Entscheidung war die Frage, ob das Haftungsprivileg des § 828 II 1 BGB im vorliegenden Fall uneingeschränkt greift oder ob eine am Zweck der Vorschrift orientierte Begrenzung deren Anwendungsbereichs vorzunehmen ist. Seinem **Wortlaut** nach ist § 828 II 1 BGB im vorliegenden Fall ohne Weiteres anwendbar. Hauptzweck der im Jahre 2002 durch die Schadensrechtsreform eingeführten Vorschrift ist ausweislich der Gesetzesmaterialien die Begrenzung des Mitverschuldenseinwands gem. § 254 BGB bzw. § 9 StVG gegenüber Kindern dieses Alters. Zusätzlich wird auch die eigene Haftung des Kindes ausgeschlossen. Dadurch sollte den Unzulänglichkeiten der kindlichen Einschätzungsfähigkeit in Bezug auf fahrende Fahrzeuge Rechnung getragen werden. Der *BGH* entnimmt dem Schutzzweck des § 828 II BGB, dass die Deliktsfähigkeit von Kindern in dieser Altersstufe im Straßenverkehr nicht generell ausgeschlossen werden soll. Vielmehr sind von § 828 II 1 BGB **nur typische Fälle der Überforderung von Kindern durch die spezifischen Gefahren des motorisierten Verkehrs** erfasst. Die typische Überforderung ergibt sich daraus, dass es Kindern in der betroffenen Altersgruppe gerade aufgrund der Geschwindigkeit von Autos nur sehr schwer möglich ist, Entfernungen und Geschehensabläufe richtig einzuschätzen. Dem vorliegenden Fall liegt **keine solche typische Überforderungssituation** zugrunde, weil das beschädigte Auto außerhalb des Fahrbereichs parkte. Aus diesem Grund wird das Haftungsprivileg des § 828 II 1 BGB im Wege einer teleologischen Reduktion außer Anwendung gelassen.

Der *BGH* unterscheidet für die Anwendbarkeit von § 828 II 1 BGB aber nicht strikt zwischen „ruhendem" und „fließendem Verkehr". Entscheidend ist vielmehr, ob **die dem motorisierten Verkehr innewohnenden Gefahren typischerweise zu einer Überforderungssituation des Kindes** führen, sodass auch Konstellationen auftreten können, in denen von einem unbewegten Auto entsprechende Gefahren ausgehen. So hat der *BGH* § 828 II 1 BGB etwa in einer Situation angewendet, in der ein achtjähriger Fahrradfahrer mit einem verkehrsbedingt an einer Haltelinie wartenden Fahrzeug kollidierte und dieses beschädigte (*BGH* NJW 2007, 2113).

II. Keine Berücksichtigung der Betriebsgefahr zu Lasten des Fahrers, der nicht gleichzeitig Halter ist; Schadensminderungsobliegenheit des Zessionars der Ersatzforderung   877

BGH NJW 2010, 927

Der Kläger, ein Bundesland, macht gegen den schuldhaften Verursacher eines Verkehrsunfalls kraft beamtenrechtlicher Vorschriften auf ihn übergegangene Schadensersatzansprüche eines Polizeibeamten geltend (insbesondere: Heilbehandlungskosten; Bezüge während Dienstunfähigkeit), der anlässlich einer beruflichen Motorradfahrt bei dem Unfall ohne eigenes Verschulden verletzt worden war. Der Beamte war bis zum 31. 12. 2001 außer Dienst; er hätte aber – wie dem Kläger bekannt war – bereits ab dem 01. 09. 2001 wieder eingesetzt werden können.

Im ersten Teil der Entscheidung bestätigt der *BGH*, dass sich ein Kraftfahrzeugführer, der nicht zugleich Halter des Kfz ist, die Betriebsgefahr des von ihm geführten Fahrzeuges nicht im Rahmen eines Mitverschuldens gem. oder analog § 254 I BGB (ggf. i. V. m. § 9 StVG) zurechnen lassen muss. Als Mitverschulden ist danach nur ein solcher Verantwortungsbeitrag zu berücksichtigen, der auch eine Haftung des Gläubigers auslösen würde, wenn er einen Schaden des Schuldners herbeigeführt hätte („Spiegelbildtheorie"). Da der Beamte als nicht-haltender Kfz-Führer nur der Haftung für vermutetes Verschulden aus §§ 18 I, 7 I StVG und der Verschuldenshaftung aus § 823 I BGB, nicht aber der Gefährdungshaftung aus § 7 I StVG unterlag, würde er selbst für den Unfall mangels Verschuldens nicht haften. Daher kann auch auf der Ebene seines Mitverschuldens **nur das echte** (bzw. das gem. § 18 I StVG widerlegbar vermutete) **Verschulden** angerechnet werden, **nicht die reine Betriebsgefahr** des von ihm geführten Motorrads. Der Kläger selbst würde zwar als Halter des Dienstmotorrades einer Gefährdungshaftung aus § 7 I StVG unterliegen. Da er aber hier keine eigenen Ansprüche wegen des Sachschadens am Motorrad geltend macht (bei denen er sich gem. § 17 I, II StVG die mitwirkende Betriebsgefahr des Motorrades anrechnen lassen müsste), sondern übergegangene Ansprüche des Beamten auf Verdienstausfall und Heilbehandlungskosten, muss er sich *insoweit* auch den Mitverschuldenseinwand nur in dem Maße entgegenhalten lassen, in dem er dem Beamten entgegengehalten werden könnte – hier also gar nicht.

Im Hinblick auf den verzögerten Dienstantritt des Beamten stellt das Gericht fest, dass **den Zessionar** einer kraft Gesetzes übergegangenen Schadensersatzforderung **ausnahmsweise Schadensminderungsobliegenheiten nach § 254 II 1 BGB treffen können**, wenn nur dieser und nicht der geschädigte Primärgläubiger selbst maßgeblichen Einfluss auf die tatsächliche und rechtliche Schadensentwicklung hat. Zwar obliegt die Schadensminderung grundsätzlich nur dem Geschädigten selbst. Eine Ausnahme besteht aber dann, wenn der **Zessionar in der Weise Einfluss** auf die Schadensentwicklung hat, dass weitgehend er und nicht der Geschädigte für die Geringhaltung des Schadens zuständig ist. Vorliegend war es allein Aufgabe des Klägers als anstellende Behörde, den Beamten ab dem 1. 9. 2001 wieder zu beschäftigen und so den eingetretenen Erwerbsschaden zu mindern. Dem Beamten selbst war es ohne die Zuweisung eines entsprechenden Postens nicht möglich, seiner Obliegenheit zu genügen. Daher waren die auf den Kläger übergegangenen Ansprüche gegen die Beklagten wegen fortlaufender Dienstbezüge in entsprechender Anwendung von § 254 II 1 BGB um den seit 1. 9. 2001 angefallen Betrag zu kürzen.

878   **III. Keine Zurechnung von Mitverschulden des Fahrers und Betriebsgefahr an den Eigentümer, der nicht gleichzeitig Halter ist (Leasinggeber)**

BGHZ 173, 182

Die Entscheidung betrifft die Frage der Berücksichtigung eines Mitverschuldens des Fahrers sowie der mitwirkenden Betriebsgefahr eines Kfz zu Lasten der klagenden Eigentümerin, die – als Leasinggeberin – nicht dessen Halter ist. Den Unfall hatte der Beklagte schuldhaft verursacht. Allerdings war auch der Leasingnehmer als Fahrer und Halter des beschädigten Autos mit einem Verschuldensanteil von 50 % an der Unfallverursachung beteiligt. Der Beklagte verweigert die Zahlung von Schadensersatz aus § 823 I BGB in voller Höhe mit der Begründung, die Klägerin müsse sich das Mitverschulden des Leasingnehmers zurechnen lassen.

Eine **Zurechnung gem. § 278 BGB oder § 831 BGB** kommt vorliegend nicht in Frage, da der Leasingnehmer **weder Erfüllungs- noch Verrichtungsgehilfe** der Leasinggeberin war. Der *BGH* verneint ebenso eine Zurechnung gem. § 17 II StVG und § 9 StVG. Eine Anrechnung als subjektiv erhöhte Betriebsgefahr nach **§ 17 II StVG** scheidet aus, weil dessen **eindeutiger Wortlaut die Einbeziehung des Eigentümers, der nicht gleichzeitig Halter ist, ausschließt.** Entgegen einiger Stimmen in der Literatur rechtfertigt nach Ansicht des Gerichts auch § 17 III 3 StVG keine abweichende Beurteilung. Dessen Zweck erschöpft sich in der umfassenden Haftungsfreistellung des Idealfahrers; darüber hinaus erlaubt er aber keine Rückschlüsse auf eine weitergehende Gleichstellung von Eigentümer und Halter im Rahmen des § 17 StVG. Die Vorschrift des **§ 9 StVG** bezieht sich dagegen nur auf Ansprüche des **selbst nicht nach StVG haftenden** Geschädigten **aus Gefährdungshaftung**, weshalb eine direkte Anwendung der Vorschrift auf Ansprüche aus § 823 BGB nicht in Betracht kommt. Eine analoge Anwendung der Vorschrift scheitert am Fehlen einer planwidrigen Regelungslücke. Die in § 9 StVG geregelte – gegenüber § 254 BGB weitergehende – Möglichkeit, dass sich ein Geschädigter das Mitverschulden schon des Sachbewahrungsgehilfen (hier des Leasingnehmers) zurechnen lassen muss, ist (wie z. B. auch die Haftungshöchstbeträge in § 12 StVG) als Korrelat der besonderen Strenge der Gefährdungshaftung zu betrachten und daher nicht auf die Verschuldenshaftung übertragbar.

Der *BGH* begründet die Angemessenheit des gefundenen Ergebnisses ferner damit, dass es dem Schädiger lediglich verwehrt sei, das Mitverschulden des Fahrers dem Kläger unmittelbar entgegenzuhalten. Nicht betroffen sind seine **Regressansprüche gegen den Fahrer,** die er gem. § 426 I, II BGB im Wege des **Gesamtschuldnerausgleichs** geltend machen kann. Denn auch der Fahrer (und Leasingnehmer) haftet gegenüber dem Leasinggeber für die schuldhafte Beschädigung des Kfz aus §§ 280 I, 241 II BGB sowie aus § 823 I BGB. Die gesamtschuldnerische Haftung mit dem Unfallgegner ergibt sich aus § 840 I BGB.

4. Kapitel. Produkthaftungsrecht

A. Systematische Darstellung Produkthaftungsrecht

Inhaltsübersicht

Unter den Begriff Produkthaftung werden die Ansprüche auf Ersatz solcher Schäden gefasst, die auf- **879** grund eines Produktfehlers beim Käufer des Produkts oder bei einem Dritten entstehen. Die Ansprüche können zum einen gegen den unmittelbaren Verkäufer des Produkts und zum anderen gegen dessen Hersteller gerichtet sein.

I. Ansprüche gegen den Verkäufer

Gegenüber dem Verkäufer kann sich ein Anspruch des Geschädigten aus **Vertrag**, aus dem **ProdHaftG** **880** und aus dem **allgemeinen Deliktsrecht** ergeben.

1. Ansprüche aus dem vertraglichen Gewährleistungsrecht

Gegen den Verkäufer kommen in erster Linie vertragliche Ansprüche aus dem Recht der Sachmangel- **881** haftung in Betracht, d.h. aus §§ 437 Nr. 3, 280 I, 281, 283, 311a BGB. Die **Pflichtverletzung** liegt in der Lieferung der mangelhaften Sache selbst (§ 433 I 2 BGB). Zu vertreten hat der Verkäufer den Mangel aber nur, wenn er eine Untersuchungs- oder Aufklärungspflicht verletzt hat. Den Händler, der nicht zugleich Produzent ist, treffen indessen derartige Pflichten nur dann, wenn besondere Umstände vorliegen.[1] So kommt eine besondere Untersuchungs- bzw. Aufklärungspflicht insbesondere dann in Betracht, wenn Anhaltspunkte für Qualitätsmängel bestehen, etwa wenn dem Verkäufer bereits Schadensfälle bekannt sind. Das **Verschulden des Herstellers** muss sich der Verkäufer nach h.M. nicht nach § 278 BGB

---

[1] Vgl. *BGH* NJW 1968, 2238 m.w.N.; ferner BGHZ 74, 373 (378) = JuS 1979, 902; *BGH* NJW 1981, 1269; NJW 1981, 928 (929); siehe dazu näher MünchKomm/*Westermann*, § 437 Rn. 28 m.w.N.

zurechnen lassen. Der Hersteller ist nach h.M. nicht sein Erfüllungsgehilfe,[2] da der Verkäufer nicht die Herstellung schuldet und der Hersteller somit nicht in dessen Pflichtenkreis tätig wird. Sofern eine eigene schuldhafte Pflichtverletzung des Verkäufers vorliegt, haftet dieser nicht nur auf den Ersatz des an dem Produkt selbst bestehenden Mangelschadens, sondern auch auf Ausgleich der an sonstigen Rechtsgütern entstandenen Schäden (**Mangelfolgeschaden**; z.B.: Körperschaden nach Unfall mit mangelhaftem Fahrrad).

Ansprüche auf vertraglicher Grundlage stehen allerdings grundsätzlich **nur dem Käufer** zu. Dritte können nur unter den Voraussetzungen des **Vertrages mit Schutzwirkung zugunsten Dritter** in den Genuss der Gewährleistungshaftung kommen. Diese liegen bei gewöhnlichen Kaufverträgen allerdings nur äußerst selten vor.

2. Produkthaftung nach dem ProdHaftG

882   Die Produkthaftung nach dem ProdHaftG trifft **nur den Hersteller**, nicht auch den Verkäufer. Der **Lieferant** gilt nur unter den Voraussetzungen des § 4 III ProdHaftG ausnahmsweise als Hersteller, d.h. nur dann, wenn der tatsächliche Hersteller nicht festgestellt werden kann und der Lieferant nicht innerhalb eines Monats nach Aufforderung durch den Geschädigten seinen Vorlieferanten oder den Hersteller benennt. Diese einschränkenden Voraussetzungen der Anwendung des ProdHaftG auf Lieferanten sind nach der Rechtsprechung des *EuGH* durch die Produkthaftungsrichtlinie zwingend vorgegeben und können daher auch nicht durch eine analoge Anwendung des ProdHaftG umgangen werden.[3]

3. Deliktische Haftung nach § 823 I BGB

883   Eine deliktische Haftung des Verkäufers – die anders als die Vertragshaftung auch gegenüber außenstehenden Dritten bestehen kann – setzt voraus, dass der Verkäufer **schuldhaft eine Verkehrspflicht verletzt** hat. Ob den Zwischenhändler eine generelle objektive Verkehrspflicht trifft, keine fehlerhaften Produkte zu vertreiben, ist äußerst zweifelhaft. Richtigerweise wird man schon an dieser Stelle (also auf der Tatbestandsebene[4]) die deliktische Haftung ausschließen können und lediglich ganz ausnahmsweise – unter den gleichen Voraussetzungen wie im Rahmen der vertraglichen Mangelhaftung bei der Verschuldensprüfung – eine Verkehrspflicht zur Untersuchung der Ware annehmen.

Selbst wenn man aber eine generelle objektive Verkehrspflicht annähme, würde doch zumindest das **Verschulden** voraussetzen, dass der Verkäufer die Mangelhaftigkeit der Sache positiv kannte oder bei hinreichend sorgfältigem Verhalten hätte kennen müssen. Den Zwischenhändler treffen jedoch, wie oben zur vertraglichen Haftung ausgeführt, grundsätzlich keine Untersuchungs-, Aufklärungs- oder Hinweispflichten. Daher fehlt es jedenfalls regelmäßig am Verschulden des Verkäufers.

4. Deliktische Haftung nach § 831 I BGB

884   Der **Hersteller** ist auch kein Verrichtungsgehilfe des Verkäufers i.S.v. § 831 BGB, da er nicht von dessen Weisungen im Einzelfall abhängig ist. Der Verkäufer haftet daher für diesen nicht über § 831 BGB.

Lediglich für seine **eigenen Angestellten** kann der Verkäufer gem. § 831 BGB haften – allerdings nur unter den soeben erörterten Voraussetzungen einer unerlaubten Handlung der Mitarbeiter nach § 823 I BGB.[5]

---

[2] Vgl. BGHZ 48, 118; 177, 224 (235) = JuS 2008, 933; BGHZ 181, 317 (325) = JuS 2009, 863; a.A. etwa *Schroeter*, JZ 2010, 495 (497ff.).
[3] Vgl. *EuGH*, Slg. 2002, I-3856, Tz. 36ff. – Kommission/Frankreich, Slg. 2006, I-199, Tz. 31ff. – Skov/Bilka, Bilka/Mikkelsen u.a.
[4] Vgl. zur systematischen Stellung der Verkehrspflichten oben *Systematische Darstellung Deliktsrecht* (Rn. 72).
[5] Vgl. soeben Rn. 883.

II. Ansprüche gegen den Hersteller

Gegen den Hersteller sind Ansprüche aus vertraglichem Gewährleistungsrecht, vor allem aber aus dem Produkthaftungsgesetz (ProdHaftG) und aus dem allgemeinen Deliktsrecht, insbesondere aus § 823 I BGB (sog. deliktische Produzentenhaftung) und aus § 823 II BGB i.V.m. dem Geräte- und Produktsicherheitsgesetz (GPSG) denkbar.   **885**

1. Ansprüche aus dem vertraglichen Gewährleistungsrecht

Da regelmäßig kein Vertrag zwischen Hersteller und Käufer besteht, kommen vertragliche Ansprüche in diesem Verhältnis nur in Betracht, wenn der Vertrag zwischen Hersteller und Verkäufer **Schutzwirkungen zugunsten des Käufers** entfaltet. Hierfür fehlt es aber in aller Regel an der erforderlichen Gläubigernähe, weil zwischen dem Endabnehmer und „seinem" Verkäufer keine besondere Nähebeziehung besteht. Zudem wäre der geschützte Personenkreis für den Hersteller bei Vertragsschluss mit dem Verkäufer nicht erkennbar, wenn auch die Endabnehmer in den Schutzbereich des vom Hersteller mit der Handelsstufe geschlossenen Veräußerungsgeschäfts einbezogen wären.   **886**

Auch eine **Drittschadensliquidation** durch den Verkäufer kommt nicht in Betracht, da der Schadenseintritt beim Endabnehmer nicht als *zufällige* Schadensverlagerung zu qualifizieren ist. Denn der Schaden könnte auf der Handelsstufe nicht eintreten, da hier die Sache nicht verwendet wird.[6]

2. Produkthaftung nach § 1 I ProdHaftG

Die Regelung des § 1 I ProdHaftG ist die wichtigste Anspruchsgrundlage des Produkthaftungsrechts. Die Vorschrift begründet eine **Gefährdungshaftung des Hersteller**s von Produkten für Rechtsgutsverletzungen beim **Verwender** des Produktes oder bei **Dritten**.   **887**

Das ProdHaftG geht auf die europäische **Produkthaftungsrichtlinie** 85/374/EG zurück; bei seiner Auslegung und Anwendung ist daher der Vorrang des Gemeinschaftsrechts, insbesondere das Gebot richtlinienkonformer Auslegung zu beachten.[7] Da die Produkthaftungsrichtlinie nach der Rspr. des *EuGH* zudem vollharmonisierend ist,[8] gelten ihre Vorgaben zugleich als Mindest- und als Maximalstandard für die Anwendung des ProdHaftG; im Anwendungsbereich der Richtlinie gilt deren Auslegung durch den *EuGH* daher zwingend für die Auslegung des ProdHaftG durch die nationalen Gerichte.[9]   **888**

Prüfungsaufbau und Problemübersicht

> I. Anwendbarkeit des ProdHaftG
> II. Verletzung eines geschützten Rechtsguts
> III. Vorliegen eines Produkts
> IV. Fehlerhaftigkeit des Produkts
> V. Kausalität zwischen Produktfehler und Rechtsgutsverletzung
> VI. Herstellereigenschaft des Anspruchsgegners
> VII. Kein Ausschluss der Produkthaftung (§ 1 II ProdHaftG)
> VIII. Rechtsfolge
> IX. Verjährung/Ausschlussfrist (§§ 12 f. ProdHaftG)

a) Anwendbarkeit des ProdHaftG

Bei der Anwendbarkeit des ProdHaftG ist zu unterscheiden: **889**

---

[6] Vgl. zu diesem Kriterium oben *Systematische Darstellung Schadensrecht* (Rn. 553).

[7] Vgl. dazu eingehend *Riehm*, in: Langenbucher (Hrsg.), Europarechtliche Bezüge des Privatrechts, 2. Aufl., 2008, § 3 Rn. 29 ff.

[8] Vgl. die drei Urteile des *EuGH* Slg. 2002, I-3856, Tz. 16 ff. – Kommission/Frankreich; Slg. 2002, I-3887, Tz. 12 ff. – Kommission/Griechenland; Slg. 2002, I-3905, Tz. 25 ff. = EuZW 2002, 574 – González Sánchez/Medicina Asturiana SA.

[9] Vgl. zu einem Anwendungsfall unten Fall 9 „*Das Montagsauto*" (Rn. 927 ff.).

■ In **sachlicher** Hinsicht ist das ProdHaftG neben den allgemeinen deliktischen Anspruchsgrundlagen – insbesondere neben der deliktischen Produzentenhaftung nach § 823 I BGB – **anwendbar (vgl. § 15 II ProdHaftG)**. Dagegen wird es durch die **Spezialregelungen** in § 84 AMG für schädliche Arzneimittel (vgl. § 15 I ProdHaftG) und in §§ 25, 25a Atomgesetz für Schäden aufgrund bestimmter nuklearer Ereignisse verdrängt.[10]

■ In **zeitlicher** Hinsicht gilt es für alle Produkte, die nach dem **1. 1. 1990** in Verkehr gebracht wurden (§ 16 ProdHaftG).

b) Rechtsgutsverletzung

890   Nach § 1 I ProdHaftG sind nur folgende Rechtsgüter geschützt:

■ **Leben, Körper** und **Gesundheit** (wie bei § 823 I BGB[11]).

■ **Sachen.** Anders als § 823 I BGB (aber wie § 7 StVG[12]) stellt § 1 ProdHaftG nicht auf das Eigentum ab. Durch das Kriterium „Sache" werden Schutzgüter wie der bloße (berechtigte) Sachbesitz oder beschränkte dingliche Rechte an Sachen einbezogen,[13] die im Rahmen des § 823 I BGB nur unter dem Gesichtspunkt des „sonstigen Rechts" geschützt sind.[14] Im Übrigen ist der Schutz aber in zweifacher Hinsicht enger als bei § 823 I BGB:

891   – Es werden nur Schäden an **anderen** Sachen als dem fehlerhaften Produkt ersetzt. Damit werden die sog. **Weiterfresserschäden nicht** von § 1 I ProdHaftG erfasst.[15] Dies gilt jedenfalls dann, wenn der Hersteller des defekten Einzelteils auch der Hersteller des Endprodukts ist. **Str.** ist dies allerdings für den Fall, dass ein Fehler eines **zugelieferten Teils** zur Zerstörung des Endprodukts führt. Nach einer Auffassung[16] soll aus § 2 ProdHaftG, wonach ein Produkt auch ein Teil einer beweglichen Sache sein kann, zu schließen sein, dass in diesen Fällen für das restliche Endprodukt eine Haftung nach dem ProdHaftG besteht, insoweit also eine „andere Sache" vorliegt. Nach zutr. **h. L.** ist hier aber eine Haftung nach dem ProdHaftG ausgeschlossen,[17] damit die Schranken des Gewährleistungsrechts nicht durch die Gefährdungshaftung umgangen werden.

892   – Die beschädigte Sache muss für den **privaten Ge-** oder **Verbrauch** bestimmt sein, d. h. sie muss hierfür sowohl nach ihrer Art als auch nach ihrer konkreten hauptsächlichen Verwendung dienen. Für Sachschäden im unternehmerischen bzw. professionellen Bereich bleibt danach nur die deliktische Produzentenhaftung nach § 823 I BGB.[18]

■ § 1 I ProdHaftG begründet dagegen – ebenso wie § 823 I BGB – **keine Haftung für primäre Vermögensschäden** oder für die Beeinträchtigung der allgemeinen Handlungsfreiheit.

c) Produkt (§ 2 ProdHaftG)

893   Der Begriff des Produkts ist in § 2 ProdHaftG legaldefiniert. Danach sind Produkte industriell oder handwerklich hergestellte **bewegliche Sachen** (§ 2 S. 1 ProdHaftG) gleich welchen Aggregatzustandes (d. h. auch Wasser, Dampf und Gas als Energieträger), und **Elektrizität**[19]. Auch **landwirtschaftliche Erzeugnisse** sind Produkte im Sinne des ProdHaftG, ebenso **Tiere** und nach h. M. auch **Mikroorganismen**[20]. Auf die massenhafte Fertigung kommt es dabei nicht an, so dass auch Einzelstücke eines Handwerkers Produkte i. S. v. § 2 ProdHaftG sein können.[21]

---

[10] Vgl. MünchKomm/*Wagner*, § 15 ProdHaftG Rn. 10 ff.

[11] Vgl. oben *Systematische Darstellung Deliktsrecht* (Rn. 18 ff.).

[12] Vgl. dazu oben *Systematische Darstellung Haftung im Straßenverkehr* (Rn. 715).

[13] Vgl. MünchKomm/*Wagner*, § 1 ProdHaftG Rn. 5.

[14] Vgl. dazu oben *Systematische Darstellung Deliktsrecht* (Rn. 36 ff.).

[15] Vgl. dazu unten Fall 9 „*Das Montagsauto*" (Rn. 913 ff.).

[16] Vgl. *Buchner*, DB 1988, 32 (36); *Mayer*, VersR 1990, 691 (698); *Sack*, VersR 1988, 439 (444 f.); Staudinger/*Hager*, 1999, § 823 Rn. B 117; differenzierend Staudinger/*Oechsler*, 2009, § 1 ProdHaftG Rn. 19 ff.

[17] Vgl. *Larenz/Canaris*, Schuldrecht II/2, § 84 VI 1 c (S. 646 ff.); MünchKomm/*Wagner*, § 1 ProdHaftG Rn. 8 f.

[18] Vgl. zu dieser unten Rn. 905 ff.

[19] Bei Elektrizität liegt ein Produktfehler allerdings lediglich bei Frequenz- oder Spannungsschwankungen vor, nicht bei ihrem völligen Ausbleiben (Stromausfall); insoweit handelt es sich um eine bloße Nichterfüllung, die nach Vertragsrecht zu beurteilen ist (vgl. MünchKomm/*Wagner*, § 2 ProdHaftG Rn. 3).

[20] Vgl. MünchKomm/*Wagner*, § 2 ProdHaftG Rn. 4 m. w. N.; hinsichtlich der Mikroorganismen ist die Konkurrenz zu § 37 GenTG zu beachten, der eine – gegenüber dem ProdHaftG subsidiäre – Haftung für gentechnisch veränderte Mikroorganismen begründet.

[21] Vgl. BGHZ 116, 104 (111) = JuS 1992, 608.

d) Produktfehler (§ 3 I ProdHaftG)

Nach § 3 I ProdHaftG ist ein Produkt fehlerhaft, wenn es **im Zeitpunkt des Inverkehrbringens** (vgl. §1 II Nr. 2 ProdHaftG) hinsichtlich **Konstruktion**,[22] **Fabrikation** und ggf. beizugebender **Instruktion** (Bedienungsanleitung) nicht die **Sicherheit** für die geschützten Rechtsgüter bietet, die unter Berücksichtigung aller Umstände **berechtigterweise erwartet werden kann**. Ein Produkt kann also nicht nur mangelhaft sein, weil es unsicher konstruiert oder gefertigt ist, sondern auch allein aufgrund einer in sicherheitsrelevanter Weise mangelhaften Bedienungsanleitung.[23]   **894**

Was in diesem Sinne erwartet werden kann, ist objektiv zu ermitteln, und zwar gem. § 3 I ProdHaftG unter Berücksichtigung der folgenden Gesichtspunkte:[24]   **895**

- **Preis** des Produktes (je billiger ein Produkt, desto geringer sind die Sicherheitserwartungen des Verkehrs).
- **Darbietung** des Produkts im Verkehr (z. B. Werbung mit bestimmten Eigenschaften).
- Avisierte **Gruppe von Benutzern** (z. B. aufgrund der Werbung): Für Fachleute gelten geringere Sicherheitsanforderungen als für Laien.
- Die berechtigten **Sicherheitserwartungen des Verkehrs**: Zu berücksichtigen ist insoweit, ob der Benutzer aufgrund der allgemeinen Lebenserfahrung – oder aufgrund einer entsprechenden Warnung in der Bedienungsanleitung – mit dem Produktrisiko rechnen muss und sich daher selbst schützen kann.[25]
- Zu rechnen ist mit **bestimmungsgemäßem Gebrauch** durch den Benutzer sowie mit vorhersehbarem bestimmungswidrigem Gebrauch (z. B. Verschlucken von Kinderspielzeug), jedoch nicht mit völlig zweckwidrigem Missbrauch.

Im Übrigen muss das Produkt hinsichtlich Konstruktion, Fabrikation und Instruktion dem **Stand von Wissenschaft und Technik nach Maßgabe der anerkannten Regeln des Faches im Zeitpunkt des Inverkehrbringens** entsprechen, soweit diese objektiv erkennbar und ermittelbar sind.[26] Spätere Produktverbesserungen und Fortschritte hinsichtlich des Standes von Wissenschaft und Technik können für sich genommen keinen Fehler der bereits in Verkehr gebrachten Produkte begründen (vgl. § 3 II ProdHaftG).   **896**

Auf die **individuelle Vermeidbarkeit** des Fehlers für den Hersteller kommt es dagegen **nicht** an; das ProdHaftG begründet also – anders als die deliktische Produzentenhaftung nach § 823 I BGB[27] – auch eine Haftung für sog. „Ausreißer", die im Produktionsprozess selbst bei größter Sorgfalt nicht vermieden werden können.[28]

e) Haftungsbegründende Kausalität

Der Fehler des Produkts muss für die eingetretene Rechtsgutsverletzung kausal geworden sein. Da der Zweck des § 1 I ProdHaftG gerade auch darin liegt, bei unvorhersehbaren Schäden Ersatz zu gewähren, findet **nur die Äquivalenz-, nicht aber die Adäquanzformel** Anwendung.[29] Darüber hinaus ist nach dem **Schutzzweck** des § 1 I ProdHaftG zu prüfen, ob die durch den Produktfehler äquivalent kausal verursachten Rechtsgutsverletzungen gerade auf das **spezifische Risiko des Produktfehlers** zurückgehen, der Schaden also nicht auch durch ein mangelfreies Produkt eingetreten wäre. Ausgeschlossen dürfte die Haftung daher etwa sein, wenn die Gesundheitsverletzung erst infolge der psychischen Erregung über den Produktmangel eingetreten ist und nicht unmittelbar durch diesen selbst; Schockschäden bei kör-   **897**

---

[22] Vgl. zu Konstruktionsfehlern, insbesondere zum „Stand der Technik", näher *BGH* NJW 2009, 2952 (2953).

[23] Vgl. näher *BGH* NJW 2009, 2952 (2954); s. a. *OLG Bamberg* NJW-RR 2010, 902 zur Haftung des Betonlieferanten für nicht hinreichend deutliche Warnhinweise an einen Privatkäufer über das Risiko von Verätzungen durch Hautkontakt mit flüssigem Beton.

[24] Vgl. Palandt/*Sprau*, § 3 ProdHaftG Rn. 4 ff.; Staudinger/*Oechsler*, 2009, § 3 ProdHaftG Rn. 41 ff.

[25] Vgl. *BGH* NJW 2009, 1669 (1670) = JuS 2009, 666: Kein Produktfehler bei Kirschkern in einem „Kirschtaler"-Gebäckstück.

[26] Strenger *Larenz/Canaris*, Schuldrecht II/2, § 84 VI 1 b (S. 644 ff.): Auch seriöse Mindermeinungen müssen berücksichtigt werden.

[27] Vgl. dazu unten Rn. 905.

[28] Vgl. *OLG Koblenz* NJW-RR 1999, 1624.

[29] Vgl. dazu oben *Systematische Darstellung Deliktsrecht* (Rn. 89 ff.).

perlicher Verletzung naher Angehöriger sollten aber – wie bei der Gefährdungshaftung nach § 7 I StVG[30] – in den Schutzbereich des ProdHaftG fallen.[31]

898 Zu beachten ist auch insoweit der vollharmonisierende Charakter der **Produkthaftungsrichtlinie**,[32] die ihrerseits autonom, also unabhängig vom deutschen Recht auszulegen ist.[33] Dogmatische Argumentationsfiguren aus anderen Haftungsinstituten des deutschen Rechts können daher nicht ohne Weiteres in das Produkthaftungsrecht übernommen werden. Dementsprechend ist die z. T. vertretene Auffassung nicht unbedenklich, dass aufgrund einer Rechtsfortbildung *praeter legem* Fälle der **höheren Gewalt** vom Schutzzweck des § 1 I ProdHaftG ausgenommen werden sollen, um Wertungswidersprüche mit anderen Tatbeständen der Gefährdungshaftung zu vermeiden.[34] In Zweifelsfällen der wertungsmäßigen Abstimmung mit dem nationalen Haftungssystem ist jedenfalls gem. Art. 234 EG eine Entscheidung des *EuGH* über die Auslegung der Richtlinie einzuholen.

f) Hersteller (§ 4 ProdHaftG)

899 Hersteller eines Produkts ist zunächst, wer als verantwortlicher **Unternehmer** (d. h. nicht als Mitarbeiter) das Endprodukt, einen Grundstoff dazu oder ein Teilprodukt tatsächlich hergestellt hat (§ 4 I ProdHaftG). **Teilprodukt** ist ein Produkt, das zwar bereits hergestellt wurde, aber nicht für den Endverbraucher bestimmt ist, während **Grundstoff** nur das Material ist, aus dem wiederum ein Teil- oder Endprodukt hergestellt wird. Hersteller von Teilprodukten und Grundstoffen haften nur für die Fehlerhaftigkeit ihres Teilproduktes bzw. Grundstoffes, weil sie nur insoweit Hersteller sind.[35]

900 Darüber hinaus **erweitert** § 4 ProdHaftG den Begriff des Herstellers in verschiedener Weise:
- Durch Einbeziehung der **Quasi-Hersteller** (§ 4 I 2 ProdHaftG), die ihren Namen, ihre Marke o. ä. auf Waren anbringen, die ein Dritter hergestellt hat.
- Durch Einbeziehung der **Importeure** aus Nicht-EWR-Staaten (§ 4 II ProdHaftG), um die Last des Prozessierens außerhalb des EWR zu vermeiden.
- Durch Rückgriff auf den **Lieferanten**, wenn weder Hersteller noch Quasi-Hersteller noch Importeur auffindbar sind und der Lieferant nicht innerhalb eines Monats seinen Lieferanten oder Importeur benennen kann (§ 4 III ProdHaftG). Aus dieser Norm ergibt sich zugleich im Umkehrschluss, dass die Haftung nach dem ProdHaftG nicht auf Lieferanten erstreckt werden darf.[36]

901 Die Haftung des Herstellers des Endprodukts, von Teilprodukten oder Grundstoffen, des Quasi-Herstellers und des Importeurs kann **nebeneinander** eintreten. Insbesondere macht ein Fehler eines Teilprodukts oder Grundstoffs regelmäßig auch das Endprodukt fehlerhaft.[37] Mehrere Hersteller haften dabei gem. § 5 ProdHaftG als **Gesamtschuldner**.

g) Ausschluss der Produkthaftung (§ 1 II ProdHaftG)

902 Nach § 1 II ProdHaftG ist die Haftung des Herstellers in folgenden Fällen ausgeschlossen, wobei gem. § 1 IV 2 ProdHaftG die Beweislast jeweils beim Hersteller liegt:
- Wenn er das Produkt **nicht willentlich in Verkehr gebracht** hat (z. B. beim Diebstahl eines Prototyps).
- Wenn die Herstellung oder der Vertrieb **nicht zum Zweck der Gewinnerzielung** und auch nicht beruflich erfolgte.
- Wenn **zwingende Rechtsvorschriften** die Produkteigenschaft vorgeschrieben haben, die sich schließlich als Fehler entpuppt hat, damit der Hersteller sich nicht zwischen Ungehorsam und Produkthaftung entscheiden muss. Das gilt aber nicht bei Rechtsvorschriften, die (wie die meisten) lediglich ein Mindestmaß an Sicherheit fordern. Allein durch deren Einhaltung kann sich der Hersteller der Produkthaftung nicht entziehen. Vielmehr müssen die Vorschriften gerade die konkrete (fehlerhafte) Gestaltung vorgeschrieben haben, damit die Befreiung nach § 1 II Nr. 4 ProdHaftG greift, so dass diese Ausnahmevorschrift kaum je praktisch wird.
- Wenn der Fehler in dem Zeitpunkt des Inverkehrbringens (nicht: der Entwicklung!) nach dem Stand von Wissenschaft und Technik nicht erkannt werden konnte (**Entwicklungsfehler**). Dieser Ausschluss gilt nach ganz h. M.

insofern doch Exkulpation möglich

---

[30] Vgl. dazu oben *Systematische Darstellung Haftung im Straßenverkehr* (Rn. 722).

[31] Vgl. dazu näher MünchKomm/*Wagner,* § 1 ProdHaftG Rn. 21.

[32] Vgl. oben Rn. 888.

[33] Vgl. dazu auch unten Fall 9 „*Das Montagsauto*" (Rn. 915).

[34] So *Larenz/Canaris,* Schuldrecht II/2, § 84 VI 1 e (S. 648).

[35] Vgl. Palandt/*Sprau,* § 4 ProdHaftG Rn. 4 f.

[36] Vgl. *EuGH* Slg. 2002, I-3856, Tz. 36 ff. – Kommission/Frankreich; Slg. 2006, I-199, Tz. 31 ff. = NJW 2006, 1409 – Skov/Bilka, Bilka/Mikkelsen u. a.

[37] Vgl. Palandt/*Sprau,* § 4 ProdHaftG Rn. 3.

nur für Konstruktions- und Instruktionsfehler, dagegen nicht für (unerkannte und unerkennbare) Fabrikationsfehler, d.h. sog. „Ausreißer".[38]

Der **Zulieferer** kann sich des Weiteren nach § 1 III ProdHaftG durch den Nachweis von der Haftung befreien, dass die Verletzung aufgrund eines Konstruktions- oder Instruktionsfehlers des *Endherstellers* geschehen ist. Genau genommen betrifft hier der Produktfehler nur das Endprodukt, nicht das Teilprodukt bzw. den Grundstoff des Zulieferers; bedeutsam ist § 1 III ProdHaftG daher vor allem als Beweislastregel hinsichtlich des konkreten Produktfehlers.[39]

Zu beachten ist ferner, dass ein **vertraglicher Ausschluss** der gesetzlichen Produkthaftung nach § 14 S. 2 ProdHaftG **unwirksam** ist.

h) Rechtsfolge

Rechtsfolge des Anspruchs aus § 1 I ProdHaftG ist grundsätzlich ein Anspruch auf Schadensersatz nach den §§ 249 ff. BGB. Jedoch gelten **Modifikationen** nach dem ProdHaftG: **903**

- Nach § 11 ProdHaftG trifft den Geschädigten bei Sachschäden eine **Selbstbeteiligung** i.H.v. € 500.[40]
- Für das **Mitverschulden** ist § 254 BGB nach § 6 I 1 ProdHaftG entsprechend anzuwenden, wobei der Geschädigte sich – über § 254 II 2 BGB hinaus – auch das Mitverschulden seines **Sachbewahrungsgehilfen** zurechnen lassen muss (§ 6 I 2 ProdHaftG).

Durch das Mitverschulden eines **außenstehenden Dritten** (der also weder dem Hersteller noch dem Geschädigten zurechenbar ist) wird die Ersatzpflicht aber nicht ausgeschlossen oder gemindert (§ 6 II ProdHaftG). Diese Vorschrift stellt klar, dass im Verhältnis zwischen mehreren Schädigern, von denen einer aus § 1 ProdHaftG und der andere aus einer deliktischen Anspruchsgrundlage haftet, die Haftung aus dem ProdHaftG nicht analog § 840 III BGB[41] subsidiär ist.

Beispiel: Ein Autofahrer verliert infolge zu schnellen Fahrens die Kontrolle über sein Auto, wobei das ABS wegen eines Produktfehlers versagt; dabei wird ein Dritter verletzt. Hier haften Hersteller aus § 1 ProdHaftG und Fahrer aus §§ 7 I, 18 I StVG, 823 I BGB als Gesamtschuldner gem. § 840 I BGB, ohne dass im Innenverhältnis die Haftung eines Schädigers vorrangig wäre.

- Bei Gesundheits- und Körperverletzung sowie bei Tötung gelten die §§ 7 ff. ProdHaftG, die inhaltlich im Wesentlichen den §§ 842 ff. BGB entsprechen.[42] Gem. § 8 S. 2 ProdHaftG steht dem Geschädigten auch ein **Schmerzensgeld** nach § 253 II BGB zu.
- Für Körperschäden gilt schließlich die **Haftungshöchstgrenze** des § 10 ProdHaftG (maximal € 85 Mio für Schäden aus einem Produkt oder aus gleichen Produkten).[43]

i) Verjährung/Ausschlussfrist (§§ 12 f. ProdHaftG)

Der Anspruch aus § 1 I ProdHaftG **verjährt** gem. § 12 I ProdHaftG in **drei Jahren** von dem Zeitpunkt an, in dem   **904** der Verletzte Kenntnis von Schaden, Fehler und Haftungspflichtigem erlangt hat oder hätte erlangen müssen. Anders als nach den §§ 195, 199 BGB beginnt die Verjährung nicht erst mit dem Schluss des entsprechenden Jahres zu laufen. Im Übrigen gelten jedoch die gleichen Verjährungsregeln wie im allgemeinen Deliktsrecht, insbesondere der sog. **Grundsatz der Schadenseinheit**.[44]

Während **Verhandlungen** über den Schadensersatz ist die Verjährung gem. § 12 II ProdHaftG **gehemmt**; diese Regelung entspricht § 203 BGB.

An die Stelle der Höchstfristen des § 199 BGB tritt die **Ausschlussfrist** des § 13 ProdHaftG, nach der alle Ansprüche aus dem ProdHaftG **zehn Jahre nach Inverkehrbringen des Produkts** materiell-rechtlich erlöschen. Dabei kommt es nicht auf die Produktserie, sondern auf das konkrete fehlerhafte Produkt an. In Verkehr gebracht ist

---

[38] Vgl. BGHZ 129, 353 (358 ff.) = JuS 1995, 935 – Mineralwasserflasche II; siehe auch MünchKomm/*Wagner*, § 1 ProdHaftG Rn. 51 f; Palandt/*Sprau*, § 1 ProdHaftG Rn. 21. Zum Verhältnis zum Fehlerbegriff, der sich ebenfalls am „Stand der Technik" im Zeitpunkt des Inverkehrbringens orientiert, vgl. MünchKomm/*Wagner*, § 1 ProdHaftG Rn. 50.

[39] Vgl. MünchKomm/*Wagner*, § 1 ProdHaftG Rn. 63.

[40] Vgl. dazu näher unten Fall 9 *„Das Montagsauto"* (Rn. 918).

[41] Vgl. zu dieser Vorschrift oben *Systematische Darstellung Deliktsrecht* (Rn. 263).

[42] Vgl. zu diesen oben *Systematische Darstellung Schadensrecht* (Rn. 633 ff.).

[43] Die Richtlinienkonformität dieser Regelung ist zweifelhaft, vgl. Staudinger/*Oechsler*, 2009, § 10 ProdHaftG Rn. 6; MünchKomm/*Wagner*, § 10 ProdHaftG Rn. 3.

[44] Vgl. dazu oben *Systematische Darstellung Schadensrecht* (Rn. 650).

dieses, wenn es mit dem Willen des Herstellers dessen Organisationsbereich verlassen hat; dafür genügt es nach h. M., wenn es an einen Großhändler ausgeliefert wurde, ohne dass es darauf ankäme, wann es zum Verbraucher gelangt ist.[45]

3. Deliktische Produzentenhaftung nach § 823 I BGB

905   Neben der Gefährdungshaftung nach dem Produkthaftungsgesetz ist gem. § 15 II ProdHaftG auch die deliktische Produzentenhaftung nach § 823 I BGB anwendbar. Als solche bezeichnet man die von der Rechtsprechung entwickelten **Besonderheiten bei der Anwendung des § 823 I BGB** im Rahmen der Haftung für fehlerhafte Produkte. Diese Besonderheiten betreffen einerseits die dem Produzenten auferlegten **Verkehrspflichten** und andererseits – und vor allem – die **Verteilung der Beweislast**.

Die Wurzeln dieser Rechtsprechung liegen im Jahr 1968 (Hühnerpest-Entscheidung[46]), also vor Inkrafttreten des Produkthaftungsgesetzes. Zu diesem Zeitpunkt bestand wegen des Fehlens einer positivrechtlichen Gefährdungshaftung noch ein besonderes Bedürfnis für richterrechtliche Haftungsverschärfungen zu Gunsten der Opfer fehlerhafter Produkte. Auch das Inkrafttreten der europäischen **Produkthaftungsrichtlinie** im Jahr 1985 und des ProdHaftG im Jahr 1990 hat das Bedürfnis nach **flankierender Anwendung des allgemeinen Deliktsrechts** zunächst nicht entfallen lassen, da das ProdHaftG anfangs keinen Anspruch auf Schmerzensgeld gewährte und die Opfer insoweit daher auf die Haftung nach §§ 823 I, 847 a. F. BGB angewiesen waren. Seit am 1. 8. 2002 durch das Zweite Schadensrechtsänderungsgesetz ein allgemeiner – d. h. auch die Gefährdungshaftung einbeziehender – Schmerzensgeldanspruch eingeführt worden ist (vgl. § 8 S. 2 ProdHaftG), ist die Haftung nach dem ProdHaftG der Haftung gemäß dem allgemeinen Deliktsrecht inhaltlich praktisch gleichwertig.[47] Heute ist es daher nicht unzweifelhaft, ob an den deliktsrechtlichen Sonderregeln festgehalten werden sollte; dabei spielen namentlich gemeinschaftsrechtliche Erwägungen eine Rolle.[48] Gegenwärtig werden die Regeln der deliktsrechtlichen Produzentenhaftung von der Rechtsprechung jedoch noch praktiziert[49] und müssen daher auch im Examen beherrscht werden.

a) Persönlicher Anwendungsbereich der Haftungsgrundsätze

906   Die Grundsätze der deliktischen Produzentenhaftung werden von der Rechtsprechung auf **alle Hersteller von Produkten** angewendet; dies betrifft nicht nur industrielle Hersteller,[50] sondern auch Inhaber von Klein- oder Familienbetrieben[51] sowie sogar angestellte Produktionsleiter mit herausgehobener und verantwortlicher Stellung[52]. Auf bloße Zwischenhändler – d. h. auf Personen ohne Verantwortlichkeit für den Produktionsprozess – sind die Haftungsgrundsätze dagegen nicht anwendbar.[53]

b) Verkehrspflichten des Herstellers von Produkten

907   In einer umfangreichen Kasuistik hat der *BGH* verschiedene Verkehrspflichten des Herstellers von Produkten konkretisiert, die wie folgt typisiert werden:

- ■ **Pflicht zur Vermeidung von Konstruktionsfehlern**, d. h. das Produkt muss insgesamt fehlerfrei konstruiert sein, also im Zeitpunkt des Inverkehrbringens dem aktuellen Stand von Wissenschaft und Technik entsprechen.[54]

---

[45]   Vgl. MünchKomm/*Wagner,* § 1 ProdHaftG Rn. 24 ff. m. N. zum Streitstand.

[46]   Vgl. BGHZ 51, 91 – Hühnerpest; vgl. dazu etwa Staudinger/*Hager,* 2009, § 823 Rn. F 1; *Kötz/Wagner,* Deliktsrecht, Rn. 611.

[47]   Die verbleibenden Unterschiede betreffen im Wesentlichen Details, insbesondere den Selbstbehalt bei Sachschäden (§ 11 ProdHaftG), die geringfügig kürzere Verjährung (§ 12 ProdHaftG gegenüber §§ 195, 199 BGB), die zehnjährige Ausschlussfrist ab Inverkehrbringen des Produkts (§ 13 ProdHaftG) und die summenmäßige Haftungsbeschränkung bei Großschäden (§ 10 ProdHaftG); praktisch bedeutsam bleibt allerdings die Begrenzung der Haftung auf privat genutzte Sachen (§ 1 I 2 ProdHaftG).

[48]   Vgl. dazu näher unten Fall 9 *„Das Montagsauto"* (Rn. 919 ff.) sowie *Riehm* (Fn. 7), § 3 Rn. 37 ff.

[49]   Vgl. etwa *OLG Schleswig* NJW-RR 2008, 691; *OLG Celle* VersR 2007, 253; *BGH* NJW 2006, 2262 (2263).

[50]   Vgl. BGHZ 51, 91 – Hühnerpest.

[51]   Vgl. BGHZ 116, 104 = JuS 1992, 608 – Hochzeitsessen.

[52]   Vgl. *BGH* NJW 1975, 1827 – Spannkupplungen (betreffend einen Geschäftsleiter, der zugleich Kommanditist der herstellenden KG war).

[53]   Vgl. *BGH* NJW 2007, 762 = JuS 2007, 389: Keine deliktische Haftung eines Getränkemarkts für dort explodierende, ungekühlt gelagerte Limonadenflaschen; differenzierend Staudinger/*Hager,* 2009, § 823 Rn. F 30 ff.

[54]   Vgl. z. B. *BGH* NJW 1985, 2420 = JuS 1985, 812 – Kompressormotor; vgl. dazu Staudinger/*Hager,* 2009, § 823 Rn. F 12 f.

- **Pflicht zur Vermeidung von Fabrikationsfehlern**, d.h. die Produktion muss laufend überwacht werden, um auszuschließen, dass einzelne Produkte infolge eines personellen oder maschinellen Versagens fehlerhaft sind.[55] Die daran im Einzelnen zu stellenden Anforderungen (Stichprobenkontrollen oder vollständige Überwachung) hängen von den Umständen des Einzelfalles ab, namentlich vom erforderlichen Kontrollaufwand, der Fehlerwahrscheinlichkeit und dem zu befürchtenden Schaden durch einen Produktfehler.
- **Instruktionspflicht**, d.h. dem Produkt muss eine hinreichende Gebrauchsanweisung beiliegen, die auch hinreichende Warnungen vor gefahrbringenden Eigenschaften des Produkts enthält.[56] Eine solche **Warnpflicht** besteht nicht nur in Bezug auf den bestimmungsgemäßen Gebrauch des Produkts, sondern erstreckt sich innerhalb des allgemeinen Verwendungszwecks auch auf einen nahe liegenden Fehlgebrauch;[57] sie kann auch über dasjenige hinausgehen, was das öffentliche Recht verlangt.[58]
- **Produktbeobachtungspflicht**, d.h. der Hersteller hat auch nach Inverkehrbringen der Sache auf evtl. Gefahren des Produkts zu achten. Bei zu Tage getretenen Gefahren besteht dann eine **Warnungspflicht** und ggf. eine **Rückrufpflicht**, wenn nur so eine schwere Gefahr für den Benutzer oder Dritte abgewendet werden kann.[59] Eine allgemeine Pflicht zur Tragung von Nachbesserungskosten im Falle eines sicherheitsrelevanten Produktfehlers besteht jedoch auf der Grundlage des § 823 I BGB nicht, sondern allenfalls im Rahmen einer vertraglich übernommenen Herstellergarantie.[60]

c) Beweislastverteilung

Neben den besonderen Verkehrspflichten, die letztlich aus den allgemeinen Grundsätzen der Verkehrspflichtendogmatik folgen[61] und daher aus dogmatischer Perspektive keine gewichtige Besonderheit bilden, besteht der wesentliche Gehalt der deliktischen Produzentenhaftung in einer abweichenden **Verteilung der Beweislast aufgrund von Sphärengesichtspunkten.** Diese Beweiserleichterungen werden damit begründet, dass viele haftungsbegründende Umstände, namentlich die Verletzung einer Verkehrspflicht und das Verschulden, typischerweise ausschließlich in der internen Sphäre des Produzenten liegen, zu welcher der Geschädigte keinen Zugang hat. Müsste er auch insoweit die konkreten haftungsbegründenden Umstände vortragen und beweisen, so würde die deliktische Produzentenhaftung im praktischen Ergebnis regelmäßig vereitelt werden. Daher muss der Geschädigte nach der Rechtsprechung **nur folgende Umstände beweisen:**[62]

- Die **Fehlerhaftigkeit** des Produkts **zur Zeit des Inverkehrbringens.** Selbst insoweit findet ausnahmsweise dann eine Beweislastumkehr statt, wenn der Hersteller eine laufende Überprüfungs- und Befundsicherungspflicht verletzt hat und aus diesem Grund die Fehlerhaftigkeit zur Zeit des Inverkehrbringens nicht mehr bewiesen werden kann.[63]
- **Kausalität** der Fehlerhaftigkeit für die Rechtsgutsverletzung.
- Bei **Instruktions-** und **Produktbeobachtungsfehlern** auch die objektive Pflichtverletzung durch den Produzenten, da die Umstände, aus denen sich die Instruktions- und Beobachtungspflicht ergeben, i.d.R. nicht in der Sphäre des Herstellers liegen.

Der **Hersteller** muss sich dann **entlasten:**
- Bei **Konstruktions-** und **Fabrikationsfehlern**

908

---

[55] Vgl. z.B. BGHZ 129, 353 = JuS 1995, 935 – Mineralwasserflasche II; vgl. dazu Staudinger/*Hager*, 2009, § 823 Rn. F 17f.

[56] Vgl. etwa BGHZ 64, 46 (49); BGHZ 116, 60 (65) = JuS 1992, 520; *BGH* NJW 1987, 372 (373) = JuS 1987, 320; NJW 1999, 2815 = JuS 2000, 88; vgl. Staudinger/*Hager*, 2009, § 823 Rn. F 14ff.

[57] BGHZ 105, 346 (351) = JuS 1989, 494; BGHZ 106, 273 (283); BGHZ 116, 60 (65, 67) = JuS 1992, 520; *BGH* NJW 1981, 2514 (2515); NJW 1994, 3349 (3350) = JuS 1995, 354; NJW 1999, 2815 (2816) = JuS 2000, 88.

[58] Vgl. *BGH* NJW 1998, 2905 = JuS 1998, 1161 – Feuerwerkskörper; NJW 1999, 2273 – Schnullerflaschen.

[59] Vgl. BGHZ 99, 167 = JuS 1987, 491 – Honda-Fall; Staudinger/*Hager*, 2009, § 823 Rn. F 25f.

[60] Vgl. BGHZ 179, 157 = JuS 2009, 377; siehe dazu auch ausf. *Koch*, AcP 203 (2003), 603ff.

[61] Vgl. zu diesen oben *Systematische Darstellung Deliktsrecht* (Rn. 73ff.).

[62] Grdl. BGHZ 51, 91 (105) – Hühnerpest; *BGH* NJW 1996, 2507 (2508); NJW 1999, 1028 (1029); zusammenfassend *Katzenmeier*, JuS 2003, 943 (947f.); siehe auch den Überblick bei MünchKomm/*Wagner*, § 823 BGB Rn. 592ff., insbes. Rn. 658ff.; Staudinger/*Hager*, 2009, § 823 Rn. F 43ff.

[63] Vgl. BGHZ 129, 353 = JuS 1995, 935 – Mineralwasserflasche II.

- Bezüglich der **Verkehrspflichtverletzung**, indem er nachweist, dass sein Betrieb hinreichend organisiert und kontrolliert ist.
- Bezüglich des **Verschuldens**, indem er nachweist, dass ihm eine etwaige Pflichtverletzung (z. B. ein Fabrikationsfehler) nicht vorwerfbar ist, er sie also nicht erkennen oder jedenfalls nicht vermeiden konnte. Daher besteht bei *Fabrikationsfehlern* keine Haftung für sog. „Ausreißer", die auch bei perfekter Organisation und Kontrolle nicht vermeidbar sind. Bei *Konstruktionsfehlern* kommt ein fehlendes Verschulden allenfalls dann in Betracht, wenn die Produktrisiken nach dem Stand der Technik nicht erkennbar waren.
- Bei **Instruktions-** und **Produktbeobachtungsfehlern** muss der Produzent sich nur hinsichtlich des Verschuldens entlasten, z. B. durch den Nachweis, dass die gefährlichen Umstände nach dem Stand der Technik zum Zeitpunkt der Pflichtverletzung nicht erkennbar waren.

4. Haftung aus § 823 II BGB i.V.m. GPSG

909   Eine deliktische Haftung des Herstellers fehlerhafter Produkte kann sich schließlich auch aus § 823 II BGB i.V.m. den Vorschriften des öffentlich-rechtlichen Produktsicherheitsrechts ergeben.[64] Besonders bedeutsam sind insoweit das Geräte- und Produktsicherheitsgesetz (GPSG)[65] und die auf seiner Grundlage erlassenen Rechtsverordnungen über Sicherheitsanforderungen an bestimmte Produkte. Hierbei handelt es sich um **öffentlich-rechtliche Anforderungen** an die Sicherheit von technischen Arbeitsmitteln und Verbraucherprodukten, die selbständig im Rahmen einer wirtschaftlichen Unternehmung in Verkehr gebracht werden. Die Vorschriften des GPSG sind grundsätzlich als Schutzgesetze im Sinne von § 823 II BGB anerkannt.[66]

Die produktsicherheitsrechtliche **Generalklausel** bildet § 4 II 1 GPSG, wonach ein Produkt nur in den Verkehr gebracht werden darf, „wenn es so beschaffen ist, dass bei bestimmungsgemäßer Verwendung oder vorhersehbarer Fehlanwendung Sicherheit und Gesundheit von Verwendern oder Dritten nicht gefährdet werden." Wegen dieses auf Sicherheit und Gesundheit von Personen begrenzten Schutzbereiches stellt die Regelung – anders als § 3 I GPSG, wonach Rechtsverordnungen auch zum Schutz sonstiger Rechtsgüter zugelassen sind – ein Schutzgesetz **nur hinsichtlich der körperlichen Unversehrtheit**, aber nicht hinsichtlich des Eigentums oder gar des Vermögens dar.[67] Für Verbraucherprodukte bestehen weitere Pflichten (insbesondere Informations-, Überwachungs- und Rückrufpflichten) nach § 5 GPSG, die ebenfalls als Schutzgesetze i. S. v. § 823 II BGB zugunsten der körperlichen Unversehrtheit anzusehen sind.

Führt die Verletzung einer Sicherheitsvorschrift des GPSG bzw. einer auf seiner Grundlage erlassenen Rechtsverordnung also zu einem Schaden eines Dritten, so hat dieser grundsätzlich einen Anspruch gegen den Hersteller bzw. den „Inverkehrbringer"[68] aus **§ 823 II BGB i. V. m. der jeweiligen Sicherheitsvorschrift**. Diese Haftung tritt neben die Haftung nach dem ProdHaftG (vgl. § 15 II ProdHaftG) und auch neben die allgemeine deliktische Produzentenhaftung nach § 823 I BGB, gegenüber der sie den Vorteil hat, konkretere Vorgaben für die Beschaffenheit der Produkte und die Pflichten des Herstellers zu enthalten.

---

[64]   Als weitere Schutzgesetze kommen §§ 229, 222 StGB in Betracht (fahrlässige Körperverletzung bzw. Tötung); insoweit bestehen aber keine Besonderheiten gegenüber dem allgemeinen Deliktsrecht, d. h. der Geschädigte muss insbesondere das Verschulden des Herstellers beweisen.

[65]   Auch dieses beruht in wesentlichen Teilen auf Gemeinschaftsrecht, nämlich auf der Produktsicherheitsrichtlinie 2001/95/EG, vgl. *Klindt,* NJW 2004, 465 ff.; *Riehm* (Fn. 7), § 3 Rn. 40 ff., dort auch Rn. 41a zum Konkurrenzverhältnis zur Produkthaftungsrichtlinie und zum ProdHaftG.

[66]   *BGH* NJW 2006, 1589 zum alten GSG; Palandt/*Sprau,* § 823 Rn. 64.

[67]   Vgl. MünchKomm/*Wagner,* § 823 Rn. 668 ff. (zum ProdSG, dem Vorläufer des GPSG).

[68]   Vgl. dazu *Klindt,* NJW 2004, 465 (468).

B. Fall 9: „Das Montagsauto"

Themenkreis: *Produkthaftungsrecht, deliktische Produzentenhaftung, Weiterfresserschäden,*
Gemeinschaftsprivatrecht

Sachverhalt

Kasimir (K) kauft 2005 beim Autohändler Valentin (V) einen von der Halbgar AG (H-AG) hergestellten   **910**
Neuwagen, den er privat nutzen möchte. Einen Monat nach Inbetriebnahme stellt er das Auto mit an-
gezogener Handbremse auf der abschüssigen Garageneinfahrt ab und steigt aus dem Auto aus, um die
Garage zu öffnen. Beim Schließen der Fahrertür setzt sich das Auto plötzlich in Bewegung und fährt
gegen das Garagentor. Am Auto entsteht dabei ein Schaden von € 2.500, am Garagentor ein Schaden
von € 1.200.

Ein später hinzugezogener Sachverständiger ermittelt, dass sich die Handbremse infolge der Erschüt-
terung beim Türenschließen gelöst hat. Dies konnte passieren, weil bei der Produktion ein nur wenige
Millimeter großes Kunststoffteil im Feststellmechanismus verblieben war, das sich verklemmt und so das
richtige Einrasten der Handbremse verhindert hatte. Ob das Kunststoffteil bei sorgfältigsten Kontrollen
während des Herstellungsprozesses hätte entdeckt werden können, kann der Sachverständige nicht sa-
gen.

Nachdem V in der Zwischenzeit Insolvenz angemeldet hatte, möchte K wissen, ob er von der H-AG
Ersatz von € 3.700 verlangen kann.

Bearbeitervermerk: Die Ansprüche des K gegen die H-AG sind in einem Rechtsgutachten umfassend zu
prüfen. Dabei ist auf alle aufgeworfenen Rechtsfragen – ggf. hilfsgutachtlich – einzugehen. Auf die nachfolgend abgedruckten Vorschriften der Produkthaftungsrichtlinie 85/374/EWG wird hingewiesen.

„Der Rat der EG, […] in Erwägung nachstehender Gründe:
Eine Angleichung der einzelstaatlichen Rechtsvorschriften über die Haftung des Herstellers für Schäden, die
durch die Fehlerhaftigkeit seiner Produkte verursacht worden sind, ist erforderlich, weil deren Unterschiedlichkeit
den Wettbewerb verfälschen, den freien Warenverkehr innerhalb des Gemeinsamen Marktes beeinträchtigen und
zu einem unterschiedlichen Schutz des Verbrauchers vor Schädigungen seiner Gesundheit und seines Eigentums
durch ein fehlerhaftes Produkt führen kann. […]
Der Schutz des Verbrauchers erfordert die Wiedergutmachung von Schäden, die durch Tod und Körperverletzungen verursacht wurden, sowie die Wiedergutmachung von Sachschäden. Letztere ist jedoch auf Gegenstände des
privaten Ge- bzw. Verbrauchs zu beschränken und zur Vermeidung einer allzu großen Zahl von Streitfällen um eine
Selbstbeteiligung in fester Höhe zu vermindern. […]
hat folgende Richtlinie erlassen:

Art. 1. Der Hersteller eines Produkts haftet für den Schaden, der durch einen Fehler dieses Produkts verursacht worden ist.

Art. 4. Der Geschädigte hat den Schaden, den Fehler und den ursächlichen Zusammenhang zwischen Fehler und
Schaden zu beweisen.

Art. 9. Der Begriff ‚Schaden' im Sinne des Artikels 1 umfasst
a) den durch Tod und Körperverletzungen verursachten Schaden;
b) die Beschädigung oder Zerstörung einer anderen Sache als des fehlerhaften Produktes – bei einer Selbstbeteiligung von 500 [€] –, sofern diese Sache
    i) von einer Art ist, wie sie gewöhnlich für den privaten Ge- oder Verbrauch bestimmt ist, und
    ii) von dem Geschädigten hauptsächlich zum privaten Ge- oder Verbrauch verwendet worden ist.

Art. 13. Die Ansprüche, die ein Geschädigter aufgrund der Vorschriften über die vertragliche und außervertragliche
Haftung oder aufgrund einer zum Zeitpunkt der Bekanntgabe dieser Richtlinie bestehenden besonderen Haftungsregelung geltend machen kann, werden durch diese Richtlinie nicht berührt. […]"

Lösung zu Fall 9

Prüfungsstruktur

I. Vertragliche/vertragsähnliche Ansprüche

911 Ein vertraglicher Anspruch des K gegen die H-AG aus § 437 Nr. 3 i.V.m. §§ 280 ff. BGB scheidet aus, weil zwischen K und der H-AG keine unmittelbare vertragliche Beziehung besteht. Eine eventuelle Vertragsbeziehung zwischen V und der H-AG, aus der vertragliche Schadensersatzansprüche resultieren könnten, würde mangels Gläubigernähe keine Schutzwirkungen zugunsten des K entfalten.[69] Für eine eigenständige, außervertragliche Sonderverbindung fehlt es an einem hinreichenden rechtsgeschäftlichen Kontakt (§ 311 I Nr. 3 BGB); insbesondere genügt die auf den Endabnehmer ausgerichtete Markenbildung bzw. Produktwerbung des Herstellers grundsätzlich nicht zur Begründung einer Sonderverbindung, wenn und weil die vertragliche Mediatisierung durch die Handelsstufe offenkundig ist und damit seitens des Endabnehmers kein schutzwürdiges Vertrauen in eine unmittelbare Rechtsbeziehung zum Hersteller besteht.[70]

II. Anspruch aus § 1 I 1 ProdHaftG

912 Der Anspruch des K gegen die H-AG auf Zahlung von € 3.700 kann sich aus § 1 I 1 ProdHaftG ergeben.

1. Rechtsgutverletzung

913 Voraussetzung hierfür ist zunächst die Verletzung eines Rechtsguts des K. Eine solche Rechtsgutverletzung ist in Form einer Sachbeschädigung ohne Weiteres hinsichtlich des Garagentores eingetreten. Näherer Erörterung bedarf indessen die Behandlung der Beschädigung des Autos selbst. Zwar nutzt K dieses nur für private Zwecke; nach § 1 I 2 ProdHaftG besteht die Haftung im Falle einer Sachbeschä-

---

[69] Vgl. nur MünchKomm/*Gottwald*, § 328 Rn. 166 m.w.N.

[70] Vgl. *Medicus/Lorenz*, Schuldrecht II, Rn. 335 ff.; A. A. *Canaris*, JZ 1968, 494 (501 ff.): Eigenständiges Schutzpflichtverhältnis zwischen Hersteller und Endabnehmer.

digung aber nur, „wenn eine **andere Sache als das fehlerhafte Produkt** beschädigt wird". Zu klären ist daher, ob das beschädigte Auto eine „andere Sache als das fehlerhafte Produkt" ist. Daran könnte man denken, wenn man die **Handbremse als eigenständiges (fehlerhaftes) Produkt** ansähe, welches für sich genommen die Haftung nach dem ProdHaftG hinsichtlich des restlichen Autos auslöst. Dafür mag immerhin die Vorschrift des § 2 ProdHaftG angeführt werden, wonach auch ein „Teil einer beweglichen Sache" ein Produkt sein kann. Jedoch dient diese Vorschrift allein dazu, eine Produkthaftung (auch) des Zulieferers zu begründen, die neben die Haftung des Herstellers des Endprodukts tritt; eine Erweiterung der Haftung in sachlicher Hinsicht ist damit nach zutreffender h. M. nicht verbunden.[71] Das „fehlerhafte Produkt" i. S. v. § 1 I 2 ProdHaftG ist m. a. W. das **Endprodukt**, wie es der Käufer erworben hat; dieses ist als Ganzes von der Produkthaftung ausgenommen, so dass insoweit nur eine Haftung nach vertraglichen Grundsätzen in Betracht kommt.

Fraglich kann allerdings sein, ob die sog. **Weiterfresser-Rechtsprechung**, die der *BGH* zu § 823 I BGB entwickelt hat, auf das ProdHaftG übertragen werden kann. Nach dieser Rechtsprechung wird im Rahmen der deliktischen Haftung danach differenziert, ob ein Folgeschaden, der durch einen Produktmangel verursacht wurde, mit diesem Mangel stoffgleich ist oder nicht:[72] Im Falle der Stoffgleichheit gilt ausschließlich Kaufrecht, bei fehlender Stoffgleichheit soll eine deliktische Haftung wegen einer Eigentumsverletzung an der restlichen Sache möglich sein.[73] Gegen eine Übertragung auf das ProdHaftG[74] spricht indessen bereits der eindeutige **Wortlaut des § 1 I 2 ProdHaftG**, durch welchen der Gesetzgeber deutlich zu erkennen gegeben hat, dass die Weiterfresser-Rechtsprechung nicht anzuwenden ist.[75] Diese Vorschrift dient vielmehr dazu, den Anwendungsbereich der – hinsichtlich des Produkts selbst eingreifenden – vertraglichen Mangelhaftung von den Regeln des ProdHaftG abzuschirmen. Angesichts dieses Zwecks von § 1 I 2 ProdHaftG kann diese Vorschrift auch nicht dahingehend teleologisch reduziert werden, dass eine „andere Sache als das fehlerhafte Produkt" schon dann anzunehmen ist, wenn der Schaden mit dem Produktfehler nicht stoffgleich ist.

914

Hinzu kommt, dass § 1 I 2 ProdHaftG unmittelbar auf **Art. 9 lit. b) der Produkthaftungsrichtlinie** zurückgeht und daher gemeinschaftsrechtskonform anzuwenden ist. Auf der Ebene der – autonom auszulegenden – Richtlinie besteht zu einer derartigen teleologischen Reduktion keinerlei Anlass. Die Rechtsprechungsgrundsätze über Weiterfresserschäden sind vielmehr allein durch Defizite des (früheren) deutschen kaufrechtlichen Gewährleistungsrechts bedingt, d. h. durch rein nationalrechtliche Erwägungen, die auf der Ebene des Gemeinschaftsrechts keine Entsprechung haben. Damit steht auch das Gemeinschaftsrecht einer Übertragung der Weiterfresser-Rechtsprechung auf das ProdHaftG entgegen.[76]

915

Soweit K in Höhe von € 2.500 Ersatz des Schadens an dem fehlerhaften Auto selbst verlangt, fehlt es daher nach § 1 I 2 ProdHaftG bereits an einer **Rechtsgutsverletzung**.

2. Übrige Anspruchsvoraussetzungen

Bei dem Auto handelt es sich um eine bewegliche Sache, mithin um ein **Produkt** i. S. v. § 2 ProdHaftG, dessen **Hersteller** i. S. v. § 4 ProdHaftG die H-AG ist. Das Produkt war auch **fehlerhaft**, denn infolge der mangelhaften Handbremse bot es nicht die Sicherheit, die von einem derartigen Produkt berechtigterweise erwartet werden kann (§ 3 ProdHaftG). Der Mangel war schließlich auch **kausal** für die Sachbeschädigung, denn ohne das Kunststoffteil wäre die Handbremse ordnungsgemäß eingerastet und hätte sich beim Schließen der Fahrertür nicht gelöst, so dass das Auto nicht gegen die Garage gerollt wäre.

916

3. Anspruchsausschluss nach § 1 II Nr. 5 ProdHaftG (Entwicklungsrisiko)

Der Anspruch wäre nach § 1 II Nr. 5 ProdHaftG ausgeschlossen, wenn der Fehler „nach dem Stand der Wissenschaft und Technik in dem Zeitpunkt, in dem der Hersteller das Produkt in den Verkehr brachte,

917

---

[71] Vgl. MünchKomm/*Wagner*, § 1 ProdHaftG Rn. 12.
[72] Grdl. BGHZ 67, 359 = JuS 1977, 471 – Schwimmerschalter; BGHZ 86, 256 = JuS 1983, 466 – Gaszug; *BGH* NJW 2001, 1346 = JuS 2001, 710 = JZ 2001, 876 m. Anm. *Lorenz*; *BGH* NJW 2004, 1032 = JZ 2005, 1161 m. Anm. *Gsell*.
[73] Vgl. dazu näher unten Rn. 920 ff.
[74] Befürwortet etwa von *Buchner*, DB 1988, 32 (36); *Katzenmeier*, NJW 1997, 486 (492).
[75] So die h. M., vgl. *Larenz/Canaris*, Schuldrecht II/2, § 84 VI 1 c (S. 646); MünchKomm/*Wagner*, § 1 ProdHaftG Rn. 10 m.w. N.; siehe zum Ganzen auch *Tiedtke*, NJW 1990, 2961.
[76] Vgl. näher *Riehm* (Fn. 7), § 3 Rn. 31; MünchKomm/*Wagner*, § 1 ProdHaftG Rn. 9.

nicht erkannt werden konnte." Dieser Haftungsausschluss für das sog. **Entwicklungsrisiko** bezieht sich nach der zutreffenden und ganz herrschenden Meinung jedoch nur auf Fehler, die *ihrer Art nach* nicht vorhersehbar sind, also auf Fälle, in denen bereits das *Fehlerrisiko* nicht erkennbar ist. Die Erkennbarkeit des konkreten Fehlers im Einzelfall, d.h. im Produktionsprozess, schließt die Haftung nicht aus; vielmehr umfasst die Haftung nach dem ProdHaftG (gerade) auch die sog. „Ausreißer".[77] Der Haftungsausschluss nach § 1 II Nr. 5 ProdHaftG kann m.a.W. **nur Konstruktions- und Instruktionsfehler, aber keine Fabrikationsfehler** – wie den hier vorliegenden – betreffen.[78]

4. Schadensumfang

918   Hinsichtlich der **Höhe** des Anspruchs gelten grundsätzlich die §§ 249 ff. BGB und damit das Prinzip der Totalreparation. Dieser Grundsatz wird aber durch Sondervorschriften des ProdHaftG eingeschränkt. In Betracht kommt hier eine Einschränkung des Ersatzanspruchs des K hinsichtlich des Garagentors gemäß § 11 ProdHaftG. Nach dieser Vorschrift hat der Geschädigte einen Schaden **bis zu einer Höhe von** € 500 selbst zu tragen. Der amtlichen Überschrift dieser Norm ist zu entnehmen, dass es sich insoweit nicht um einen Mindestbetrag, sondern um eine **Selbstbeteiligung** handelt, so dass von jedem Sachschaden € 500 abzuziehen sind (und nicht etwa alle Sachschäden über € 500 insgesamt zu ersetzen sind).[79] Dies entspricht auch der deutschen Fassung von Art. 9 lit. b) ii) der Produkthaftungsrichtlinie.[80]

Aus § 1 I 1 ProdHaftG kann K daher nur € 700 ersetzt verlangen (€ 1.200 abzgl. € 500 Selbstbeteiligung).

III. Anspruch aus § 823 I BGB

919   Neben der Haftung nach dem ProdHaftG kommt auch ein Anspruch aus § 823 I BGB in Betracht. Die allgemeinen deliktsrechtlichen Haftungsregeln sehen **keine Selbstbeteiligung** vor und könnten daher eine eigenständige Funktion erlangen, indem sie einen Anspruch des K gegen die H-AG in Höhe der vollen € 3.500 begründen.

1. Rechtsgutsverletzung

920   Hinsichtlich des **Garagentores** liegt wiederum ohne Weiteres eine Eigentumsverletzung vor. Eine andere Frage ist, ob auch hinsichtlich **der Beschädigung des Autos** eine haftungsbegründende Eigentumsverletzung gegeben ist. Jedenfalls kann der **ursprüngliche Defekt** (Fehler an der Handbremse) nicht als Eigentumsverletzung qualifiziert werden, weil dem K das Fahrzeug nach § 929 S. 1 BGB **von vornherein in mangelhaftem Zustand** übereignet worden ist, er also niemals mangelfreies Eigentum erlangt hatte. Eine relevante Eigentumsverletzung kann daher allenfalls in der weitergehenden Beschädigung des Autos liegen, die durch den Aufprall auf das Garagentor hervorgerufen wurde. Bei **natürlicher Betrachtung** kann ein solches „**Weiterfressen**" eines von vornherein vorhandenen Mangels **auf andere Teile der mangelhaften Sache** als Eigentumsverletzung qualifiziert werden, weil die Substanz von bis dahin unversehrten Teilen der Sache beeinträchtigt worden ist. Aus systematisch-teleologischer Sicht steht der Haftung für „Weiterfresserschäden" **allerdings** entgegen, dass Schäden an der mangelhaften Sache selbst auch durch die Regeln der **Sachmängelhaftung** erfasst werden (insbesondere §§ 437 Nr. 3, 280 ff. BGB). Diese begründen allein eine Haftung des Verkäufers, nicht aber eine Verantwortlichkeit des Herstellers.[81] Die

---

[77]   Vgl. BGHZ 129, 353 (358 ff.) = JuS 1995, 935 – Mineralwasserflasche II; *OLG Koblenz* NJW-RR 1999, 1624 (1625); Staudinger/*Oechsler*, 2009, § 1 ProdHaftG Rn. 118; MünchKomm/*Wagner*, § 1 ProdHaftG Rn. 36.

[78]   Vgl. BGHZ 129, 353 (360) = JuS 1995, 935; *BGH* NJW 2009, 2952 (2955); MünchKomm/*Wagner*, § 1 ProdHaftG Rn. 51 f.

[79]   Vgl. Palandt/*Sprau*, § 11 ProdHaftG Rn. 1; MünchKomm/*Wagner*, § 11 ProdHaftG Rn. 3.

[80]   Die Auslegung der Richtlinie ist insoweit nicht unproblematisch, weil die englische, ungarische und rumänische Sprachfassung von einem „Mindestbetrag" (*lower threshold*) sprechen; vgl. dazu näher *Riehm*, ZJS 2008, 155 (158 f.); *ders.* (Fn. 7), § 3 Rn. 32 ff.

[81]   Vgl. oben Rn. 911.

Anwendung des Deliktsrechts neben dem Recht der vertraglichen Schadensersatzansprüche könnte die gesetzliche Ausgestaltung und Begrenzung der Vertragshaftung in Frage stellen. Begrenzt ist die Vertragshaftung v. a. durch die zweijährige Verjährungsfrist des § 438 I Nr. 3 BGB für alle Mangel- und Mangelfolgeschäden[82], die zudem mit der Ablieferung der Kaufsache zu laufen beginnt. Demgegenüber verjähren deliktische Ansprüche gem. §§ 195, 199 I Nr. 1 BGB nach drei Jahren ab dem Ende des Jahres, in dem der Geschädigte die Rechtsgutverletzung und deren Verursacher kannte oder kennen musste, maximal nach 30 Jahren seit Ablieferung der Kaufsache (§ 199 III 1 Nr. 2 BGB).

Aus dieser Konkurrenzsituation sind verschiedene Auswege denkbar:[83] Entweder werden **beide Haftungsgrundlagen frei und unmodifiziert nebeneinander angewendet**, weil sie unterschiedliche Anspruchsvoraussetzungen und teilweise sogar unterschiedliche Haftungsschuldner (Verkäufer einerseits, Hersteller andererseits) haben.[84] Die entgegengesetzte Lösung besteht darin, die kaufrechtliche Mangelhaftung **insgesamt gegenüber dem Deliktsrecht als speziell** anzusehen, und also – entsprechend der Rechtslage nach dem ProdHaftG – Schäden an der mangelhaften Sache selbst generell aus dem Anwendungsbereich des Deliktsrechts auszunehmen. Hierfür spricht, dass im Kaufrecht seit der Schuldrechtsmodernisierung (2002) ein umfassendes Haftungsregime für alle mangelbedingten Schäden einschließlich der Mangelfolgeschäden und der erwähnten besonderen Verjährungsregeln vorgesehen ist. Der eingetretene Schaden an einer Kaufsache entwertet ferner – aus der Perspektive des Kaufvertrags – nur die vertragliche Leistung selbst, betrifft also stets nur das **Äquivalenzinteresse** (am Erhalt der Kaufsache in der geschuldeten Qualität) und nie das **Integritätsinteresse** (an der Erhaltung der übrigen Rechtsgüter des Käufers). Der Käufer hat nie eine mangelfreie Sache erhalten, so dass sich deren (weitere) mangelbedingte Beschädigung lediglich als Fortsetzung des Sachmangels, d.h. als Realisierung eines seit der mangelhaften Leistung der Kaufsache bereits innewohnenden Risikos darstellt. Es handelt sich um eine Beeinträchtigung des *status ad quem*, also einen typischen vertraglichen Schaden, während das Deliktsrecht ausschließlich auf Beeinträchtigungen des *status quo* Anwendung findet.[85]

Die Rechtsprechung hatte zum alten Schuldrecht aufgrund eines **vermittelnden Ansatzes** die Anwendung des Deliktsrechts neben dem Kaufrecht begrenzt, indem sie nur solche mangelbedingte Eigentumsverletzungen als nach § 823 I BGB ersatzfähig qualifiziert hat, die nicht mit dem Sachmangel selbst „**stoffgleich**" sind.[86] Für eine Deliktshaftung ist danach kein Raum, wenn der Mangel der übereigneten Sache von vornherein insgesamt anhaftet, diese damit für den Eigentümer von Anfang an unbrauchbar ist und sich der Mangel mit dem geltend gemachten Schaden deckt. Umgekehrt kommt eine Deliktshaftung in Betracht, wenn der Mangel nur ein abgrenzbares Teil der Gesamtsache betrifft, das ohne großen Aufwand ausgetauscht werden kann, so dass der Mangel nicht von vornherein der Gesamtsache anhaftet. Diese Rechtsprechung wurde indessen entwickelt, um die **besonderen Härten** zu vermeiden, welche die kurze **sechsmonatige Verjährungsfrist** des § 477 BGB a. F. und die **strengen Anspruchsvoraussetzungen des § 463 BGB a. F.** (arglistiges Verschweigen eines Mangels oder garantiemäßige Zusicherung einer Eigenschaft) für die Schadensersatzansprüche des Käufers mit sich brachten. Die Gewährung eines deliktischen Anspruches bot dem Geschädigten einen (von einfachem Verschulden abhängigen) Schadensersatzanspruch, der erst in drei Jahren ab Kenntnis des Gläubigers von Schaden und Schädiger verjährte (§ 852 BGB a. F.). Infolge der Schuldrechtsreform sind die Einschränkungen des § 463 BGB a. F. durch § 437 Nr. 3 i. V. m. §§ 280 ff. BGB jedoch weggefallen und die sechsmonatige Verjährungsfrist des § 477 BGB a. F. durch die zweijährige Frist des § 438 I Nr. 3 BGB ersetzt worden. Jedenfalls aufgrund dieser

921

922

---

[82] Die Einbeziehung der Mangelfolgeschäden in § 438 I Nr. 3 BGB ist nicht unstreitig: Dafür etwa Regierungsentwurf, BT-Drs. 14/6040 S. 229; *Lorenz/Riehm*, Lehrbuch zum neuen Schuldrecht, Rn. 555; BeckOK/*Faust*, § 438 Rn. 9; MünchKomm/*Westermann*, § 438 Rn. 10; *Mansel*, NJW 2002, 89 (95); dagegen *Canaris*, Karlsruher Forum 2002, 2003, S. 98 f.; *Wagner*, JZ 2002, 475 (479 f.); *Brüggemeier*, WM 2002, 1376 (1382).

[83] Vgl. zur Weiterfresser-Problematik den Überblick bei *Tettinger*, JZ 2006, 641 sowie im Hinblick auf vertragliche Ansprüche *Heßeler/Kleinhenz*, JuS 2007, 706 ff.

[84] So etwa *Gsell*, JZ 2005, 1171 (1173) m.w.N.; ähnlich Staudinger/*Hager*, 1999, § 823 Rn. B 116; *Huber/Faust*, Schuldrechtsmodernisierung, 2002, Kap. 14 Rn. 30 f.

[85] Vgl. etwa *Lorenz/Riehm*, Lehrbuch zum neuen Schuldrecht, Rn. 582 a. E.; *Grigoleit*, ZGS 2002, 75 (79 f.); *Tettinger*, JZ 2006, 644; AnwKomm/*Mansel/Stürner*, § 195 Rn. 57 ff.

[86] Vgl. grundlegend BGHZ 67, 359 = JuS 1977, 471 – Schwimmerschalter; BGHZ 86, 256 = JuS 1983, 466 – Gaszug; aus jüngerer Zeit etwa *BGH* NJW 2001, 1346 = JuS 2001, 710 = JZ 2001, 876 m. Anm. *Lorenz*; *BGH* NJW 2004, 1032 = JZ 2005, 1161 m. Anm. *Gsell*; BGHZ 162, 86 (zum Werkvertragsrecht).

veränderten Rahmenbedingungen sowie der oben[87] vorgetragenen Argumente ist es vorzugswürdig, bei „Weiterfresserschäden" von einem generellen Vorrang der kaufrechtlichen Mangelhaftung gegenüber Ansprüchen aus § 823 I BGB auszugehen.[88] Dadurch wird auch die unter Gerechtigkeitsgesichtspunkten angreifbare Folge der früheren *BGH*-Rechtsprechung vermieden, dass besonders geringfügige („abgrenzbare") Mängel mit einer strengeren Haftung sanktioniert würden als gravierende („nicht abgrenzbare") Mängel. Die Haftung des Herstellers aus § 823 I BGB erstreckt sich daher nach hier vertretener Auffassung nicht auf Schäden an der hergestellten Kaufsache selbst.

923   Spricht man sich demgegenüber für eine unbeschränkte Anwendung des § 823 I BGB auf Weiterfresserschäden aus, so liegt eine haftungsbegründende Rechtsgutsverletzung **auch hinsichtlich der Beschädigung des Fahrzeugs** vor. Gleiches gilt, wenn man eine Fortschreibung der früheren Rechtsprechung befürwortet, weil der ursprüngliche Mangel (Bremsdefekt) lediglich ein geringwertiges, abgrenzbares Teil betrifft und der erhebliche Schaden infolge des Unfalls nicht stoffgleich mit dem Mangel ist.

2. Verkehrspflichtverletzung und Verschulden

924   Voraussetzung für einen Anspruch aus § 823 I BGB ist neben dem Vorliegen einer Rechtsgutsverletzung dann, dass der Schädiger – hier also der Hersteller H-AG – die Rechtsgutsverletzung rechtswidrig herbeigeführt hat. Zwar ist die Rechtswidrigkeit grundsätzlich indiziert, wenn ein Verhalten eine Rechtsgutsverletzung hervorruft. Im vorliegenden Fall liegt die Beschädigung des Fahrzeugs aber nicht im unmittelbaren Wirkungsbereich der haftungsbegründenden Handlung, nämlich des Inverkehrbringens des defekten Fahrzeugs durch die H-AG. Bei derartigen **mittelbaren Verletzungen** ist die Indikation der Rechtswidrigkeit der Handlung (bzw. bereits die Zurechnung des Verletzungserfolgs) grundsätzlich vom Nachweis einer Verkehrspflichtverletzung abhängig.[89] Eine Verkehrspflichtverletzung kann vorliegend allein in einem pflichtwidrigen Ablauf der Produktion gesehen werden (sog. Fabrikationsfehler).[90] Eine solche Pflichtverletzung ist aber lt. Sachverständigengutachten nicht feststellbar. Angesichts dessen ist auch nicht erwiesen, dass der Defekt seitens der H-AG (bzw. seitens deren Organe) erkennbar und vermeidbar war. Es liegt daher aus beweisrechtlicher Sicht ein sog. *non liquet* vor, d.h. die **Tatsachenlage ist unaufklärbar**, so dass es darauf ankommt, zu wessen Lasten diese Unklarheit geht, wer m.a.W. die Beweislast trägt.

925   Grundsätzlich trägt im Rahmen des § 823 I BGB der Geschädigte die Beweislast für die Verkehrspflichtverletzung und das Verschulden,[91] da es sich jeweils um positiv formulierte Tatbestandsmerkmale handelt (sog. Normentheorie[92]). Indessen nimmt die Rechtsprechung im Rahmen der sog. **deliktischen Produzentenhaftung** (§ 823 I BGB) zugunsten des Geschädigten eine Umkehr der Beweislast hinsichtlich der Verkehrspflichtverletzung und des Verschuldens an, wenn – wie hier – feststeht, dass der fragliche Produktfehler seine **Ursache im Verantwortungsbereich des Herstellers hat**. Der Geschädigte muss mit anderen Worten nur den Produktfehler, die Rechtsgutsverletzung und die Kausalität zwischen diesen beiden Elementen beweisen; hinsichtlich der Verkehrspflichtverletzung und des Verschuldens muss sich der Hersteller entlasten.[93] Wendet man diese Rechtsprechung im vorliegenden Fall an, so würde sich das *non liquet* zu Lasten des Herstellers auswirken, d.h. das Gericht müsste bis zum – hier nach Aussage des Sachverständigen nicht möglichen – Beweis des Gegenteils vom Vorliegen einer schuldhaften Verkehrspflichtverletzung ausgehen.

---

[87] Vgl. oben Rn. 920.

[88] Vgl. die Nachw. in Fn. 85. Für eine Beibehaltung der Rechtsprechung etwa *Masch/Herwig*, ZGS 2005, 24. Die Regierungsbegründung zum Schuldrechtsmodernisierungsgesetz hat die Frage der Behandlung von Weiterfresserschäden ausdrücklich offen gelassen, vgl. BT-Drs. 14/6040, S. 229.

[89] Vgl. näher oben *Systematische Darstellung Deliktsrecht* (Rn. 99).

[90] Alternative Pflichtverletzungen betreffen Fehler bei der Konstruktion der gesamten Serie (sog. Konstruktionsfehler), eine unzureichende Instruktion (sog. Instruktionsfehler) bzw. eine mangelnde Produktbeobachtung (sog. Produktbeobachtungsfehler). Für derartige Beanstandungen sind keinerlei Anhaltspunkte ersichtlich.

[91] Vgl. statt aller MünchKomm/*Wagner*, § 823 Rn. 363.

[92] Vgl. grundlegend *Rosenberg*, Die Beweislast, 5. Aufl., 1965, S. 116, 126 ff.; aus neuerer Zeit *Riehm*, Abwägungsentscheidungen in der praktischen Rechtsanwendung, 2006, S. 132 ff.

[93] Vgl. nur BGHZ 51, 91 (102); BGHZ 104, 323 (332) = JuS 1989, 142; zusammenfassend BeckOK/*Spindler*, § 823 Rn. 480, 552 ff.

3. Schadensumfang

Nach §§ 823 I, 249 ff. BGB ist der **gesamte Schaden** zu ersetzen, ohne dass eine Selbstbeteiligung von € 500 abzuziehen wäre. Auf der Grundlage des § 823 I BGB kann *K* daher jedenfalls den gesamten Betrag von € 1.200 für das Garagentor ersetzt verlangen. Geht man weiter – entgegen der hier vertretenen Auffassung – von eine unbeschränkten Anwendung des § 823 I BGB auf Weiterfresserschäden oder von einer Fortschreibung der skizzierten Rechtsprechungsgrundsätze aus, so ist der Anspruch aus § 823 I BGB auch auf Ausgleich der am Auto entstandenen Schäden i.H.v. € 2.500 gerichtet.

926

4. Vereinbarkeit mit der Produkthaftungsrichtlinie

Soweit danach die Voraussetzungen des § 823 I BGB erfüllt sind, stellt sich aus gemeinschaftsrechtlicher Perspektive die Frage, ob eine solche Anwendung nationalen Rechts vor dem Hintergrund der **Produkthaftungsrichtlinie 85/374/EWG** Bestand haben kann. Es ist festzustellen, ob die Anwendung des § 823 I BGB im Anwendungsbereich der Richtlinie[94] zu einem anderen Ergebnis führen darf als zu dem, welches die Richtlinie bzw. das zu ihrer Umsetzung ergangene ProdHaftG vorsieht.

927

a) Abweichung von der Richtlinie

Die deliktische Produzentenhaftung weicht in verschiedenen Punkten vom Haftungsmodell der Richtlinie ab. Das gilt zunächst insoweit, als die Haftung nach § 823 I BGB (jedenfalls formal[95]) eine **Verschuldenshaftung** ist, wohingegen Art. 1 der Richtlinie eine verschuldensunabhängige Gefährdungshaftung anordnet. Vor allem aber stehen dem Geschädigten auf Grund des § 823 I BGB weitergehende Schadensersatzansprüche als nach der Richtlinie zu. Insbesondere finden die **Haftungseinschränkungen bei Sachschäden**, die Art. 9 RL vorsieht (Haftungsausschluss für gewerblich genutzte Sachen und Selbstbeteiligung von € 500, vgl. §§ 1 I 2, 11 ProdHaftG) bei § 823 I BGB keine Entsprechung. Auch die zehnjährige **Ausschlussfrist** nach Art. 11 RL (vgl. § 13 ProdHaftG) ist auf deliktische Ansprüche nicht anwendbar. Des Weiteren ist die **Verjährung** des deliktischen Anspruches in den §§ 195, 199 BGB großzügiger als in Art. 10 I RL geregelt, weil die dreijährige Frist bezüglich des deliktischen Anspruches erst am Ende des Jahres beginnt, in dem der Geschädigte von den Anspruchsvoraussetzungen Kenntnis erlangt oder hätte erlangen müssen, und nicht wie beim Anspruch aus ProdHaftG bereits am Tag der Kenntniserlangung.

928

b) Harmonisierungsgrad der Richtlinie

Fraglich ist, ob diese Abweichungen von der Richtlinie zulässig sind. Würde die Produkthaftungsrichtlinie lediglich eine **Mindestharmonisierung des Verbraucherschutzniveaus im Produkthaftungsrecht** anstreben, so könnten die Mitgliedstaaten ohne Weiteres Regelungen erlassen, die – wie die deliktische Produzentenhaftung – den Verbraucher stärker schützen als die Richtlinie. Der Harmonisierungsgrad der Richtlinie ist durch autonome Auslegung der Richtlinie und des sonstigen Gemeinschaftsrechts zu ermitteln.

929

aa) Wortlaut und Systematik der Richtlinie

Die meisten privatrechtlichen Richtlinien der EG, die nur eine Mindestharmonisierung anstreben, enthalten **allgemeine Öffnungsklauseln**, die es den Mitgliedstaaten gestatten, das nationale Schutzniveau zugunsten der Verbraucher gegenüber der Richtlinie zu erhöhen (vgl. z. B. Art. 14 der Fernabsatzrichtlinie 97/7/EG und Art. 8 II der Verbrauchsgüterkaufrichtlinie 99/44/EG). Das gilt aber nicht für die Produkthaftungsrichtlinie; diese enthält keine allgemeine Öffnungsklausel für strengere Vorschriften der Mitgliedstaaten zugunsten ihrer Verbraucher, sondern lediglich einige **spezifische Optionen** bei der Umsetzung.[96] Darüber hinaus lässt **Art. 13 RL** die im mitgliedstaatlichen Recht gewährten Ansprüche aus der allgemeinen vertraglichen oder deliktischen Schadensersatzhaftung sowie besondere (d.h. auf bestimmte Produktionszweige bezogene[97]) Haftungsregelungen, die bereits bei Inkrafttreten der Richtlinie bestanden, unberührt. Eine Verschärfung der *spezifischen Produkthaftung* gegenüber den Maßstäben der Richtlinie lässt diese Vorschrift hingegen nicht zu. Damit fehlt es an einer allgemeinen Öffnungsklausel.

930

---

[94] Außerhalb des Anwendungsbereichs der Richtlinie (z.B. bei gewerblicher Nutzung der beschädigten Sache) sind die Grundsätze der deliktischen Produzentenhaftung mit der Richtlinie vereinbar, vgl. *EuGH* Slg. 2009, I-4733 = EuZW 2009, 501 – Moteurs Leroy Somer.

[95] Materiell kann dies wegen der geschädigtenfreundlichen Beweislastverteilung anders gesehen werden, vgl. unten Rn. 936.

[96] Vgl. Art. 15 I lit. b (Haftung für Entwicklungsrisiken), Art. 16 I (summenmäßige Haftungsbegrenzung), Art. 9 S. 2 (Ersatz immaterieller Schäden).

[97] Vgl. *EuGH* Slg. 2002 I-3901, Tz. 32 f. – González Sánchez/Medicina Asturiana SA. Musterbeispiel ist die Haftung des Arzneimittelherstellers nach § 84 AMG.

bb) Zwecksetzung der Richtlinie

931   Wie aus den **Erwägungsgründen der Richtlinie** hervorgeht, beruht das differenzierte Haftungskonzept der Richtlinie auf einer komplexen Abwägung zwischen den Interessen der Verbraucher, der Gewährleistung eines unverfälschten Wettbewerbs, der Erleichterung des Handels im Gemeinsamen Markt und dem Bemühen um eine geordnete Rechtspflege. Nach der Rechtsprechung des *EuGH* kann die Umsetzung eines solchen Kompromisses nicht im Wege der Mindestharmonisierung, sondern nur durch eine **Vollharmonisierung** erfolgen, die nicht nur die Verbraucher vor einer zu geringen, sondern auch die Hersteller vor einer zu strengen Haftung schützt.[98] Hierfür wird ferner angeführt, dass die Richtlinie auf der Grundlage des Art. 94 EG ergangen ist, der – anders als Art. 95 EG – keine Öffnungsklausel zugunsten strengerer mitgliedstaatlicher Schutzmaßnahmen vorsieht.[99]

932   Nach der Rechtsprechung des *EuGH* dürfen daher die Mitgliedstaaten im Anwendungsbereich der Richtlinie weder zu Lasten der Verbraucher noch zu Lasten der Hersteller von der Haftungsregelung der Richtlinie abweichen, es sei denn, die Abweichung ist von der Richtlinie explizit zugelassen.

c) Zulässigkeit nach Art. 13 der Richtlinie

933   Zu prüfen ist somit, ob die deliktische Produzentenhaftung unter die **Freistellungsklausel** des Art. 13 der Produkthaftungsrichtlinie fällt und daher von dieser unberührt bleibt. Dafür ist erforderlich, dass es sich um Ansprüche handelt, „die ein Geschädigter aufgrund der Vorschriften über die vertragliche und außervertragliche Haftung [...] geltend machen kann."

aa) Formal-systematische Betrachtung

934   Auf den ersten Blick ist dies der Fall, weil § 823 I BGB ohne Zweifel eine Vorschrift über die **außervertragliche Haftung** ist. Allerdings kann allein die formal-systematische Einkleidung eines Anspruchs im nationalen Recht das Eingreifen der Freistellungsklausel noch nicht rechtfertigen. Denn anderenfalls stünde der Geltungsanspruch der Richtlinie praktisch vollständig zur Disposition der Mitgliedsstaaten, indem diese eine Herstellerhaftung lediglich als „vertragliche oder außervertragliche Haftung" deklarieren müssten, um dem Harmonisierungsanspruch der Richtlinie zu entgehen.

bb) Materielle Kriterien

935   Der *EuGH* hat in teleologischer Interpretation des Art. 13 der Richtlinie vielmehr *materielle* Kriterien für das Vorliegen allgemeiner „Vorschriften über die vertragliche und außervertragliche Haftung" aufgestellt. Zulässig sind danach nur solche Haftungsregelungen, „die wie die Haftung für verdeckte Mängel oder für Verschulden **auf anderen Grundlagen** beruhen."[100] Diese Definition wird vom *EuGH* der durch die Richtlinie eingeführten Regelung gegenübergestellt, „nach der der Geschädigte gemäß Art. 4 der Richtlinie Schadensersatz verlangen kann, wenn er den Schaden, den Fehler des Produktes und den ursächlichen Zusammenhang zwischen dem Fehler und dem Schaden beweist."[101] Damit ein Haftungsregime „auf einer anderen Grundlage" beruht, ist demnach erforderlich, dass der Schadensersatzanspruch des Geschädigten von mehr abhängt als nur vom Beweis des Produktfehlers, des Schadens und der Kausalität. Es müssen mit anderen Worten **zusätzliche Tatbestandsvoraussetzungen** zum Haftungsmodell der Richtlinie hinzutreten, etwa die Existenz eines Kaufvertrages zwischen den Parteien oder ein Verschulden. Die vom *EuGH* beispielhaft zitierten Haftungssysteme für Verschulden und versteckte Mängel zeichnen sich gegenüber der Richtlinie durch derartige zusätzliche, substanziell einschränkende Tatbestandsmerkmale aus. Nur unter diesen Voraussetzungen sind mitgliedstaatliche Tatbestände der Herstellerhaftung mit der Richtlinie vereinbar.[102]

cc) Produzentenhaftung als Regelung „auf einer anderen Grundlage"?

936   Zu prüfen ist nunmehr, ob nach diesen Kriterien die deliktische Haftung des Herstellers eines fehlerhaften Produktes aus § 823 I BGB „auf einer anderen Grundlage" beruht. Auf den ersten Blick ist das der Fall, setzt doch die Haftung nach § 823 I BGB **Verschulden** voraus und enthält damit ein zusätzliches, einschränkendes Tatbestandsmerkmal.[103] Jedoch ist fraglich, ob dem nicht die oben[104] dargelegte Beweislastverteilung entgegensteht.

---

[98]   Vgl. *EuGH* Slg. 2002, I-3827, Tz. 24, 29 – Kommission/Frankreich; Slg. 2002, I-3876, Rn. 20, 29 – Kommission/Griechenland; *Schaub*, ZEuP 2003, 562 (572); ausdrücklich für eine Vollharmonisierung *EuGH* Slg. 2006, I-199, Tz. 23 = NJW 2006, 1409 – Skov/Bilka u. a.

[99]   Vgl. *EuGH* Slg. 2002, I-3827, Tz. 14 – Kommission/Frankreich; Slg. 2002, I-3876, Tz. 10 – Kommission/Griechenland; Slg. 2002, I-3901, Tz. 23 – González Sánchez/Medicina Asturiana SA; *Schaub*, ZEuP 2003, 562 (572).

[100]   *EuGH* Slg. 2002, I-3827, Tz. 22 – Kommission/Frankreich.

[101]   *EuGH* a. a. O. (Fn. 100).

[102]   Vgl. dazu näher *Riehm*, JZ 2006, 1035 (1044 f.).

[103]   Daraus leitet die h. M. die gemeinschaftsrechtliche Zulässigkeit der deliktischen Produzentenhaftung her, vgl. nur BeckOK/*Spindler*, § 823 Rn. 482; MünchKomm/*Wagner*, § 15 ProdHaftG Rn. 2 f., jeweils m. w. N.

[104]   Vgl. oben Rn. 924 f.

Denn *de facto* genügt für die Haftung des Produzenten auf Grund des § 823 I BGB der Beweis des Produktfehlers, des Schadens und der haftungsbegründenden Kausalität. Das entspricht im praktischen Ergebnis genau der vom *EuGH* vorgenommenen Charakterisierung des Haftungsregimes der Richtlinie anhand deren Art. 4. Ein Unterschied besteht lediglich im Hinblick darauf, dass der Hersteller sich von seiner Haftung aus § 823 I BGB theoretisch im Falle eines sog. **„Ausreißers"** wegen fehlenden Verschuldens entlasten kann. Jedoch hat es der *BGH* – soweit ersichtlich – bisher stets verstanden, den Entlastungsbeweis selbst in Ausreißer-Konstellationen durch die Postulation intensiver **Sorgfalts- und Dokumentationspflichten**, bis hin zu einer „Befundsicherungspflicht",[105] zu verhindern. Es sind keine höchstrichterlichen Entscheidungen ersichtlich, die eine Haftung des Produzenten aufgrund fehlenden Verschuldens abgelehnt haben. Für das **praktische Ergebnis** ist dieser Unterschied zur Richtlinie daher vernachlässigbar. Nur auf dieses praktische Ergebnis kommt es jedoch aus Sicht des Gemeinschaftsrechts an, welches gerade indifferent gegenüber mitgliedstaatlichen dogmatischen Einordnungen und juristischen Konstruktionen ist. Daher führt die Anwendung der richterrechtlichen Beweiserleichterungen im Rahmen der deliktischen Produzentenhaftung dazu, dass diese auf § 823 I BGB gestützte Haftung trotz der formalen Geltung des Verschuldensprinzips nicht mehr „auf einer anderen Grundlage" beruht, sondern auf der gleichen Grundlage wie die Haftung nach der Richtlinie.

Hinweis: Die Gegenmeinung ist bei entsprechender Argumentation selbstverständlich vertretbar.[106]

dd) Konsequenzen für die Rechtsanwendung

Hieraus ergeben sich für die deutschen Gerichte **zwei Möglichkeiten der gemeinschaftsrechtskonformen Rechtsanwendung**: Entweder wird der Inhalt der Haftung aus § 823 I BGB an die Haftungsbegrenzungen der Richtlinie angepasst, indem – im Hinblick auf Konstellationen der Herstellerhaftung – der Ersatz von Weiterfresserschäden ausgeschlossen und die Selbstbeteiligung von € 500 angewendet wird. Dies hätte allerdings zur Folge, dass die Deliktshaftung in den betreffenden Konstellationen überhaupt keine eigenständige Bedeutung hat. Darüber hinaus wäre eine Übertragung der Selbstbeteiligung auf das Deliktsrecht aus methodischer Sicht kaum zu rechtfertigen. Eine Alternative besteht darin, bei der Anwendung des § 823 I BGB von der erwähnten Beweislastumkehr abzusehen oder zumindest die Anforderungen an eine Entlastung durch den Nachweis eines Ausreißers abzusenken; dadurch könnte gewährleistet werden, dass das Verschuldenserfordernis eine „echte" Haftungsvoraussetzung ist und als materielles Unterscheidungskriterium zwischen richtlinienbasierter Produkthaftung und mitgliedsstaatlicher Deliktshaftung anerkannt werden kann.

937

Damit bleibt als richtlinienkonformes Auslegungsergebnis des § 823 I BGB nur noch die Beibehaltung der ursprünglich in dieser Norm angelegten Beweislast, d.h. die **Suspendierung der richterrechtlichen Beweislastgrundsätze** der deliktischen Produzentenhaftung. Dann liegt die Beweislast für das Verschulden beim Geschädigten K; dieser hat lt. Sachverhalt den nötigen Beweis nicht erbracht.

938

5. Ergebnis

Es liegt in der Konsequenz der Annahmen des *EuGH* zum Geltungsanspruch der Produkthaftungs-Richtlinie, dass die hinsichtlich der Herstellerhaftung aus § 823 I BGB praktizierten **Beweiserleichterungen außer Anwendung zu bleiben** haben. Daher kommt vorliegend eine Haftung der H-AG aus § 823 I BGB nicht in Betracht, weil der Beweis der Verkehrspflichtverletzung sowie des Verschuldens fehlgeschlagen ist. Daher wirkt sich auch die Weiterfresserproblematik nicht aus.

939

IV. Anspruch aus § 823 II BGB i.V.m. § 4 II 1 GPSG

Denkbar ist schließlich noch ein Anspruch aus § 823 II BGB i.V.m. § 4 II 1 des Geräte- und Produktsicherheitsgesetzes (GPSG). Nach der letztgenannten Vorschrift darf ein Produkt nur in den Verkehr gebracht werden, „wenn es so beschaffen ist, dass bei bestimmungsgemäßer Verwendung oder vorhersehbarer Fehlanwendung Sicherheit und Gesundheit von Verwendern oder Dritten nicht gefährdet werden." Gegen diese Pflicht hat die Herstellerin H-AG verstoßen, als sie das Auto mit der defekten Handbremse in Verkehr gebracht hat. Bei § 4 II 1 GPSG handelt es sich nach ganz h.M. auch um ein **Schutzgesetz** im Sinne des § 823 II BGB.[107]

940

Jedoch ist der Schutzzweck dieser Generalklausel in ihrem Wortlaut ausdrücklich auf den Schutz der „**Sicherheit und Gesundheit von Verwendern oder Dritten**" beschränkt, so dass sie auch nur in diesem Maße Schutzgesetz i.S.v.

---

[105] Vgl. etwa BGHZ 104, 323 (333 ff.) = JuS 1989, 142.

[106] Sie entspricht auch der noch h.M. in der Lit., vgl. etwa MünchKomm/*Wagner*, § 15 ProdHaftG Rn. 2 f.; BeckOK/*Spindler*, § 823 Rn. 482, jeweils m.w.N.

[107] Vgl. nur *Riehm*, (Fn. 7) § 3 Rn. 40 m.w.N.

§ 823 II BGB ist.[108] Die hier eingetretenen Sachschäden liegen damit außerhalb des Schutzzweckes des § 4 II 1 GPSG, so dass insoweit kein Anspruch aus § 823 II BGB i. V. m. § 4 II 1 GPSG besteht.

V. Gesamtergebnis

941   K kann damit von der H-AG lediglich aus § 1 I 1 ProdHaftG Ersatz des **Schadens am Garagentor** unter Abzug eines Selbstbehalts von € 500, mithin € 700 verlangen.

---

[108]   Vgl. oben *Systematische Darstellung Produkthaftungsrecht* (Rn. 909) m. w. N.

C. Aktuelle Rechtsprechung

I. Produktfehler: Anforderungen an die Produktsicherheit

942

BGH NJW 2009, 1669

Der *BGH* behandelt die Frage, nach welchen Vorgaben die Sicherheit von Produkten, die für den Verbraucher bestimmt sind, zu bemessen ist. Ein Verbraucher kaufte in einer Bäckerei einen „Kirschtaler", bei dessen Verzehr er sich an einem versehentlich mit eingebackenen Kirschkern einen Zahn teilweise abbrach. Er verlangt nunmehr von der Bäckerei den Ersatz der von seiner Krankenversicherung nicht übernommenen Zahnarztkosten i. H. v. € 235,60, sowie ein angemessenes Schmerzensgeld (ca. € 200) nach §§ 1 I 1, 8 ProdHaftG.

Der *BGH* beschränkt sich auf die Prüfung etwaiger Ansprüche nach dem ProdHaftG, macht aber deutlich, dass die hierbei maßgeblichen Erwägungen gleichermaßen für entsprechende Ansprüche gem. § 823 I BGB gelten. Ein Anspruch des Kunden gegen die Bäckerei aus § 1 I 1 ProdHaftG besteht nicht, weil der Kirschtaler trotz des eingebackenen Kirschkerns kein fehlerhaftes Produkt war. Ein Produktfehler gem. § 3 I ProdHaftG liegt nur vor, wenn das Produkt nicht diejenige Sicherheit bietet, welche unter Berücksichtigung aller Umstände berechtigterweise erwartet werden kann. Maßgeblich ist dabei der **Erwartungshorizont des Personenkreises**, an den sich der Hersteller mit dem Produkt wendet sowie auch derjenige von Dritten, die mit der Sache in Berührung kommen können. Ist die Ware für den Endverbraucher bestimmt, muss sie grundsätzlich erhöhten Sicherheitsanforderungen genügen. Es sind vom Hersteller jedoch nur **diejenigen Maßnahmen zu treffen, die im konkreten Einzelfall zur Vermeidung einer Gefahr objektiv erforderlich und zumutbar sind**. Bei einem „Kirschtaler" als Lebensmittel für den Endverbraucher sind zwar prinzipiell erhöhte Sicherheitsanforderungen zu beachten. Jedoch muss auch ein Konsument damit rechnen, dass ein „Kirschtaler" einmal einen Kirschkern enthalten kann, sofern nicht vom Hersteller der Eindruck erweckt wird, es handle sich um ein Gebäck mit garantiert vollkommen steinfreien Kirschen. Der **Aufwand einer Kontrolle jeder einzelnen Kirsche ist dem Hersteller nicht zumutbar** und kann von den Verbrauchern nicht berechtigterweise erwartet werden, da diese einerseits mit der Möglichkeit eines versehentlich verarbeiteten Kirschkerns rechnen müssen, andererseits von einem solchen keine schwerwiegenden Gesundheitsgefahren ausgehen.

II. Umfang deliktischer Pflichten und Kostentragung des Herstellers bei nachträglich erkannten Sicherheitsmängeln

943

BGHZ 179, 157 = JuS 2009, 377

Die Entscheidung behandelt die sog. Produktbeobachtungspflicht, also die Frage, in welchem Umfang den Hersteller Gefahrenabwehrpflichten treffen, wenn er von seinem Produkt ausgehende Gefahren erst nach dessen Inverkehrbringen erkennt. Die Klägerin ist eine gesetzliche Pflegekasse, die im Jahr 1995 bei verschiedenen Sanitätshäusern von der Beklagten hergestellte elektrisch verstellbare Pflegebetten kaufte, um diese ihren pflegebedürftigen Versicherten zur Verfügung zu stellen. Im Jahr 2001 informierte die verantwortliche oberste Landesbehörde die Klägerin über Mängel an den Betten, welche die Gefahr von Bränden der elektrischen Antriebseinheiten sowie Einklemmungen der Patienten begründen. Die Herstellerin der Betten bot der Klägerin daraufhin einen Nachrüstbausatz für € 175 bis € 200 je Bett an. Die Pflegeversicherung, welche gem. § 40 III 3 SGB XI zur Beseitigung der Gefahren gegenüber ihren Versicherten verpflichtet ist, war der Ansicht, die Herstellerin habe die Kosten der Nachrüstung zu tragen und behielt sich daher die Rückforderung der für die Umrüstung entstandenen Kosten von insgesamt knapp € 260.000 vor.

Ein Anspruch der Klägerin gegen die Beklagte besteht nach Ansicht des *BGH* nicht. Kaufvertragliche Ansprüche kommen mangels unmittelbarer vertraglicher Beziehungen nicht in Betracht. Für eine Haftung aus § 823 I BGB bzw. § 1 I 1 ProdHaftG fehlt es an einer **Rechtsgutsverletzung**. Dies gilt auch unter Berücksichtigung der Überlegung, dass im Einzelfall bereits die konkrete Gefährdung eines Rechtsguts dessen Verletzung gleichgestellt sein kann und so ein Anspruch gem. § 823 I BGB auf Beseitigung der Gefahr begründet ist; denn vorliegend ist auch **keine solche konkrete Gefährdung** im Hinblick auf eigene Rechtsgüter der Pflegekasse anzunehmen.

Des Weiteren erwägt das Gericht Ansprüche aus **GoA** (§§ 677, 683 S. 1, 670 bzw. 684 S. 1, 812 BGB), aus **Rückgriffskondiktion** (§ 812 I 1 Alt. 1 BGB) oder aus **Gesamtschuldnerregress** (§ 426 I, II BGB). Diese Anspruchsgrundlagen setzen aber jeweils eine bestehende Verpflichtung der Herstellerin gegenüber der Pflegekasse oder den betroffenen Patienten zur Nachrüstung der Betten voraus, die sich nur aus deliktischen Verkehrspflichten ergeben könnte. Der *BGH* verneint diese. Ein Hersteller hat zwar grundsätzlich auch nach Inverkehrbringen seiner Produkte die Pflicht, diese zu beobachten und später bekannt werdenden Gefahren in geeigneter Weise zu begegnen. In welchem Umfang eine Gefahrenabwendungspflicht besteht, ist Frage des Einzelfalls. Jedoch ist die Verkehrssicherungspflicht des Herstellers streng von der Nacherfüllungspflicht des Verkäufers zu unterscheiden: Während Letztere darauf gerichtet ist, dem Käufer ein funktionsfähiges Produkt zur Verfügung zu stellen (Schutz des vertraglichen Äquivalenzinteresses), dient Erstere nur dem Schutz der Rechtsgüter der Benutzer (Schutz von Integritätsinteressen), hier insbesondere der Gesundheit. Insoweit genügt es aber in der Regel, wenn der **Hersteller über die Gefahren umfassend aufklärt und den Produktnutzer so in die Lage versetzt, die Fehler auf eigene Kosten** zu beheben. Eine **Pflicht zur Nachrüstung oder Rücknahme** eines Produkts kann dagegen **nur ausnahmsweise** Gegenstand der deliktischen Haftung sein, da insoweit das vertragliche Äquivalenzinteresse und nicht das Integritätsinteresse betroffen ist. Ein Ausnahmefall im Sinne einer nachgelagerten Beseitigungspflicht liegt dann vor, wenn *nur* durch **Beseitigung des Fehlers oder Rücknahme** des Produktes durch den Hersteller selbst eine **effektive Abwehr** von Gefahren für die durch § 823 I BGB geschützten Rechtsgüter realisiert werden kann. Zu denken ist an Konstellationen, in denen eine Warnung keine hinreichende Wirkung entfaltet, etwa weil sie von den Produktnutzern ignoriert oder nicht verstanden wird. Im gegebenen Fall ist aber davon auszugehen, dass die Pflegekasse – schon aufgrund ihrer gesetzlichen Verpflichtung gegenüber ihren Versicherten – die Warnungen hinreichend ernstnehmen und die Gefahren beseitigen wird. Daher hat der Hersteller seine Verkehrspflichten bereits durch die Warnung erfüllt, so dass die Pflegekasse für die Nachrüstung keinen Ersatz von ihm verlangen kann.

Stichwortverzeichnis

Die Verweise beziehen sich auf die Randnummern, die Hauptfundstellen sind kursiv gesetzt.